D1665995

Michael Fisch
Werke und Freuden

Michael Fisch (Dr. phil.) war von 2008 bis 2011 DAAD-Lektor an der Université La Manouba in Tunesien und hat einen Lehr- und Forschungsaufenthalt an seiner Alma Mater Freie Universität Berlin.

MICHAEL FISCH

Werke und Freuden

Michel Foucault – eine Biografie

[transcript]

Autor und Verlag danken für die freundliche Unterstützung zur Drucklegung:

DAAD – Deutscher Akademischer Austausch Dienst (Bonn)

DAAD
Deutscher Akademischer Austausch Dienst
German Academic Exchange Service

und

Deutsche Botschaft in Tunesien (Tunis)

Botschaft
der Bundesrepublik Deutschland
Tunis

Umschlagkonzept: Kordula Röckenhaus, Bielefeld
Umschlagabbildung: »Michel Foucault«, © Bettmann/CORBIS
Lektorat: Helmut Lotz, Berlin
Satz: Mark-Sebastian Schneider, Bielefeld
Druck: Majuskel Medienproduktion GmbH, Wetzlar
ISBN 978-3-8376-1900-3

Gedruckt auf alterungsbeständigem Papier mit chlorfrei gebleichtem Zellstoff.

Besuchen Sie uns im Internet: *http://www.transcript-verlag.de*

Bitte fordern Sie unser Gesamtverzeichnis und andere Broschüren an unter:
info@transcript-verlag.de

Inhalt

3. EINE PROSA DER WELT 1966-1973

4. DER WILLE ZUR WAHRHEIT 1974-1979

5. Die Regierung des Selbst 1980-1984

6. ANHANG

Vorbemerkung

In der Fortsetzung ihrer Autobiografie *Das Herzzerreißende der Dinge* (1985) – dieses Buch folgt auf die *Reise durch die Nacht* (1984) – notiert die österreichische Schriftstellerin Friederike Mayröcker bereits zu Beginn ihres Textes selbstzweifelnd über ihr Schreibprojekt: »Das Lesen von Biographien ist nicht immer aufschlussreich und selten reizvoll.« Auch wenn es sich in ihrem vorliegenden poetischen Versuch um eine besondere Variante einer Biografie handelt – nämlich um Introspektion, Selbstbetrachtung und Selbstbekenntnis der Autorin –, so stellt sie doch eine Autobiografie her. In ihrem aktuellen Buch *ich bin in der anstalt* (2010) versammelt die Autorin Fußnoten zu einem nicht geschriebenen Werk, man könnte auch sagen: zu einer nicht gelebten Biografie. Der Eröffnungssatz lautet hier: »Bekenntnisse haben nichts mit der Wahrheit zu tun«.

In Verehrung für Jacques Derrida, dessen Werk sie seit Langem rezipiert und verarbeitet, versammelt Friederike Mayröcker zweihundertdreiundvierzig Fußnoten zu einem Haupttext, der selbst nicht gedruckt wird. Dabei gelten Fußnoten als ungeliebte Textsorte, auch wenn sie bei dieser Autorin zu Spuren zwischen Monument und Moment werden. Dieser radikal private Zugang zu Sprache, Literatur und Textsorte ist ein philosophisch-poetischer Vorgang, der sich mit einer Biografie über einen Philosophen nicht vergleichen lässt. »Ich lebe ich schreibe«, heißt es in Friederike Mayröckers Erzählung *mein Herz mein Zimmer mein Name* (1988). Leben und Schreiben sind bei ihr eins.

Friederike Mayröcker schreibt keine Biografie über Jacques Derrida, und Michel Foucault selbst hat keine Autobiografie hinterlassen. Ich wiederum stelle mit diesem Text einen Versuch der Darstellung und Interpretation von Biografie und Werk von Michel Foucault vor, der insbesondere die Verschränkung von Leben und Freude am Werk als Basis hat. In der Hoffnung, dass dieses Buch – das ausdrücklich die Verbindung von Leben und Werk darstellt – zugleich eine Lebensbeschreibung im Sinne der Textsorte Biografie ist und für den einen oder anderen Leser reizvoll und aufschlussreich sein kann, habe ich diesen Text in drei Jahren anregender Denk- und Schreibarbeit verfasst – nicht zuletzt in der Absicht, meine Freude am Lesen der Foucault'schen Texte und Zeugnisse zu vermitteln: »Die Lust des Schreibens und die Lust des Gelesenwerdens sind zweierlei und überhaupt nicht deckungsgleich. Beide stehen ganz für sich allein, oder haben im Grunde nichts miteinander zu tun. Aber je mehr man sie miteinander in Verbindung zu bringen trachtet, desto schlimmeres Unheil wird angerichtet«, schreibt Friederike Mayröcker in ihrer *Reise durch die Nacht*.

Michel Foucault hat kein Buch in der Art des *Über mich selbst* hinterlassen, wie Roland Barthes es 1975 publizierte. Dessen Buch mit dieser sehr schönen Sammlung von Beschreibungen, Erinnerungen, Eindrücken, Fotografien und Zeugnissen über ihn selbst ist ebenso eines für und über den Leser. Sein Nachdenken über sich selbst ist beispielsweise ein Nachdenken über den eigenen Körper, etwa wenn er schreibt: »Mein Körper ist nur dann von allem Imaginären frei, wenn er den Raum seiner Arbeit wieder gefunden hat. Dieser Raum ist überall der gleiche, mit Geduld eingerichtet für die Wollust am Malen, Schreiben und Klassifizieren.«[1] Und deutlicher: »Jähe Mutation des Körpers. Nach der Magerkeit kommt es bei ihm (jedenfalls glaubt er es) zum Bauchansatz. Seitdem ein ewiges Hadern mit diesem Körper, damit er wieder seine wesentliche Magerkeit zurückgewinnt (Imaginarium des Intellektuellen: Abmagern ist der naive Akt des Intelligent-Sein-Wollens).«[2]

Warum eine neue Foucault-Biografie? Warum eine neue Lebens- und Werkbeschreibung? Man könnte ebenso fragen, warum ein neues Porträt, ein neues Stillleben? Die Herausgeber seiner Schriften *Dits et Ecrits* haben eine Art Synthese geschaffen, die neue Erkenntnisse über Foucaults Leben und Werk vermittelt. Damit wird deutlich, dass eine eigentliche Foucault-Biografie, vornehmlich die Beschreibung seines Werkes sein sollte. Mit Foucaults Tod endet zwar das Werk, doch die Biografie endet nicht mit dem Tod. Michel Foucault lebt weiter – durch sein Werk. Der Autor selbst ordnet zwar »pas de publication posthume« (keine postume Veröffentlichung) an und bestimmt somit die Parameter der Rezeption seines Werkes nach seinem Tod von 1984. Was also nicht zu Lebzeiten erscheint, soll auch nach dem Tod keinen Leser finden. Über den tatsächlichen Umfang der noch nicht veröffentlichten Texte (Exzerpte und Fragmente, Notizen und Reste) lässt sich nur spekulieren, auch der vierte Band seiner Geschichte der Sexualität *Die Geständnisse des Fleisches* wird das Bild vom Schaffen dieses Autors nicht komplettieren.

Als 1994 die vier Bände der *Dits et Ecrits* in Frankreich erscheinen, liegt mit einem großen Wurf ein Textkomplex vor, von dessen Existenz man wusste, aber dessen Umfang in seiner unglaublichen Weitläufigkeit und unüberschaubaren Gesamtheit dennoch überrascht. Das Ergebnis der aufwendigen Recherche und chronologischen Anordnung dieser Texte ist ein editorisches Ergebnis von besonderer Bedeutung, denn es macht die Umrisse dieses theoretischen Lebens und Werks vor allem in seinen unentdeckten Spuren sichtbar.

Mein Schriftenverzeichnis der deutschsprachigen Übersetzungen von Foucaults Werk (2008) kommt einer Bibliothek gleich. Diese Bibliothek in einem einzigen Buch, nämlich in der hier vorliegenden Biografie (2011), unterzubringen ist ein Teil von Foucaults Leben. Sobald dieser Zauberer die Kästchen öffnet, verschwinden Autor und Werk. Seitdem Herausgeber, Übersetzer, Leser und Rezipienten seine Texte (re-)präsentieren, erscheint der Autor immer wieder neu. Vielleicht künftig umso klarer.

Sein Werk umfasst zehn zu Lebzeiten veröffentlichte Bücher (inklusive seiner Inauguralvorlesung) mit insgesamt dreitausend Seiten und drei von ihm herausgegebene umfangreiche Bände mit knapp neunhundert Seiten, darüber hinaus annähernd vierhundert Aufsätze, Vorträge, Vorworte und Interviews, die in ihrer Breite erst durch die Veröffentlichung der *Gesammelten Schriften* (*Dits et Ecrits*) zugänglich wurden – alleine diese vierbändige Schriften-Sammlung hat einen Umfang (in der deutschen Ausgabe) von viertausenddreihundert Seiten. Unabsehbar bleibt die Veröffentlichung der zwölf von dreizehn Pariser Vorlesungen von Michel Foucault, von denen bisher acht Bände mit insgesamt zweitausendvierhundert Seiten vorliegen. Es liegen in den deutschen Buchausgaben also mehr als zwölftausend Druckseiten Foucault-Texte bereits jetzt vor. Zu erwarten sind mindestens weitere zweitausend Seiten bedrucktes Papier.

Die anfangs geäußerte Skepsis gegenüber der Veröffentlichung und Übersetzung der *Dits et Ecrits*, die vor allem die auffällig formale Einheit, die ja eigentlich jeder Edition zugrunde liegt, kritisiert, erscheint unangebracht. Sicherlich sind die verschiedenen Texte und Textteile den sich ändernden Schreibgelegenheiten und dem wechselnden Autorwillen unterworfen, doch vermag diese Edition Strukturen der Anordnung zu schaffen, die dem Archivhaften und dem Ereignischarakter des historischen Materials gerecht werden. Die Edition der *Dits et Ecrits* lädt geradezu ein, Foucault'sche Texte zu suchen und diesen Autor (neu) zu entdecken.

Foucaults Werk vollzieht eine Transformation, denn seine Denkbewegungen sind Transformationen einer historischen Arbeit. Er untersucht die Phänomene des historischen Umschlags und des geschichtlichen Wandels und verändert gleichzeitig sein eigenes Selbstverständnis und schützt es auf diese Weise vor methodischen Fixierungen. An der Oberfläche ist diese Transformation als Wechsel von Begriffen, Kategorien und Methoden erkennbar, in der Tiefenbetrachtung dieses Werks zeigt sie sich als Vertiefung und Radikalisierung von Fragestellungen, die in sein Denken umso stärker hineinführen.

Michel Foucault entzieht sich – ähnlich wie Marcel Proust – der Fixierung auf einen Typus, er ist ein unersetzbarer Anderer in der Geschichte und entzieht sich deren Strukturen. Ähnlich wie Marcel Proust verwendet Michel Foucault die Themen seines Lebens wieder und wieder. Es ist darum mehr als nur die Verschränkung von Leben und Werk, vielmehr der publikumswirksame Schrei nach Existenz. Im Gegensatz zu Proust hat sich Foucault einer Einsamkeit des Homosexuellen entzogen. Während Proust lediglich Freundschaft denn Leidenschaft zeigt, offenbart sich Foucault als leidenschaftlicher Denker und passionierter Erotiker.

Ein Roman verhält sich zur Biografie wie ein historischer Roman zur Historiografie. Was fehlt, ist vielleicht die Biografie des Lebenskünstlers und des Lebenswerks. Emphatische Biografien zeigen eine innere Veranlagung des Biografierten, die stärker ist als der Zufall – und zuletzt einer inneren Entwicklung gemäß einer unerbittlichen Logik folgen. Michel Foucault hält niemanden fest, er selbst hat eine

zu große Neugier für das Leben der anderen. Nicht zuletzt spricht seine letzte Vorlesung am Collège de France über die Regierung des Selbst und der anderen. Die
vorliegende Biografie erzählt nicht einen bereits fabrizierten, produzierten Lebens-
roman, sondern spricht über die Quellen jenes Romans, der das Leben Foucaults
ermöglicht. Diese Biografie gibt dem Formlosen Form, der Vielfalt Einheit und
dem Schein Bedeutung: »Sie lauscht nochmals der Stimme, die nicht mehr da ist,
und sie belebt die untergegangene Gattung des Toten-Gesprächs, das ein Gespräch
mit den Lebenden ist«[3], denn »die zum System erstarrte Lebenserfahrung eines
Aussteigers wurde zum Stichwortgeber jener Spießerwelt, die er verächtlich hinter
sich gelassen hatte.«[4]

Das neueste Foucault-Handbuch (2008) verzeichnet drei Biografien über Michel Foucault, von Didier Eribon (1989), James Miller (1993), David Macey (1993)
und David M. Halperin (1995), letztere nicht auf Deutsch übersetzt. Es ist ein Streit
entbrannt, der zwischen Eribon und Miller ausgetragen wird. Wer hat die richtige,
die gültige Biografie – wenn es diese denn jemals geben kann – geschrieben? Verkürzt gesagt wird an Eribon dessen Prüderie kritisiert und an Miller dessen Rück-
führung des Foucault'schen Werkes auf des Autors (Homo-)Sexualität als einem
entscheidenden Impuls. Das führt dazu, dass auch die Rezeption sich genötigt
sieht, eine Entscheidung für oder gegen eine der Biografien zu fällen. Warum können nicht beide Lebensbeschreibungen nebeneinanderstehen? Und eine fünfte
neben einer dritten und vierten Biografie?

Einen entscheidenden Fortschritt in der Foucault-Forschung gibt es, weil die
Foucault'schen *Gesammelten Schriften* (*Dits et Ecrits*) auf Französisch 1994 und in
deutscher Übersetzung von 2001 bis 2005 erschienen sind. Auch dessen Vorlesungen erscheinen seit 1997 auf Französisch und seit 1999 auf Deutsch. Viele weitere
Vorlesungsbände werden erscheinen, sodass es neu zu entdeckende Texte dieses
Autors auch in Zukunft geben wird. Allerdings konnten weder Eribon noch Macey,
noch Miller diese (posthumen) Schriften in ihrer ganzen Breite nutzen.

Neuerdings tauchen aus dem Nachlass gar Mitschriften von Vorlesungen auf,
so eine von Jacques Lagrange aus dem Jahr 1954/55, die somit als die erste rezipier-
bare Foucaults gelten darf. Auch Interviews aus der Foucault'schen Vergangenheit, die nicht in den *Gesammelten Schriften* enthalten sind, werden nun entlegen
publiziert. Es entsteht also eine weitere Rezeptionswelle, die die Sichtweise auf
Leben und Werk von Michel Foucault zwar nicht grundlegend verändern wird,
aber diese neu konturiert und akzentuiert. Die vorliegende Biografie möchte ihren
Anteil dazu leisten.

Wie ist das vorliegende Buch mit dem Titel *Werke und Freuden* aufgebaut?
Schon der Titel erinnert an Marcel Prousts *Werke und Tage*, der sich bekanntlich
auf Heraklits gleichnamigen antiken Text bezog. Die Verbindung von Leben und
Werk, von Arbeit und Lust scheint besonders passend zu sein, die Biografie Michel
Foucaults auf einen griffigen Nenner zu bringen. So geht dieses Buch also chro-
nologisch vor und arbeitet sich an den Aspekten von Erinnerung und Tatsache,

Fiktion und Zeugnis, Lesen und Schreiben, Korrespondenz und Sozialität, Lebens- und Arbeitsziel ab.

Foucault ist ein Theoretiker und ein seriöser Begriffsbilder, der seine Theoreme in Wörter verpackt, welche die gegenwärtigen Diskussionen nachhaltig bestimmen: Macht, Biopolitik, Selbstsorge, Diskurs, Genealogie, Episteme und so weiter. Diese Begriffe übernimmt er zum Teil von seinen Lehrvätern (Georges Canguilhem, Georges Dumézil und Jean Hyppolite), füllt sie neu und legt sie anders fest. Foucault schafft (vor allem seit der theoretischen Wende von 1976) neue Begriffe, um sein Werk transparent und nachvollziehbar, greifbar und verständig zu gestalten. Das Erstaunliche an diesem Denker ist, dass er sich nicht schämt, Irrtümer zuzugeben und Missverständnisse einzugestehen. Damit zeigt er eine Lebendigkeit des Denkens, die ihn einzigartig macht.

Wer ist Michel Foucault? Als Antwort wäre ein bestimmter Zusammenhang des Denkens zu verstehen, verbunden mit dem Beispiel einer besonderen Existenz im politischen Horizont seiner Zeit. Diese komplexe Konstellation von Denken und Schrift, Lektüre und Aktion ist ein Denken der Existenz, deren Spuren im Werk eingezeichnet sind.

Tunis, im April 2011

1. Stimme und Sprache 1926-1954

I. Kindheit und Jugend

»Es war im streng axiologischen Sinne normal,
dass Foucault sich an die Ausarbeitung einer
Ethik machte. Der Normalisierung zugewandt
und zugleich gegen sie gerichtet.«
Georges Canguilhem[1]

Paul-Michel Foucault wird am 15. Oktober 1926 in der kleinen Stadt Poitiers geboren, die in der Mitte eines gedachten Vierecks von La Rochelle (an der Atlantikküste), Nantes (an der Loire Atlantique), Tours (Indre-et-Loire) und Limoges (im historischen Limousin) liegt. Er ist das zweite Kind des Chirurgen Paul-André Foucault, geboren am 23. Juli 1893 in Fontainebleu, und dessen Frau Anne-Marie Malapert, geboren am 28. November 1900 in Poitiers, die ebenfalls einer Arztfamilie entstammt. Foucaults Vater ist darüber hinaus Professor für Anatomie an der École de médecine.

Der Großvater väterlicherseits ist Chirurg in Fontaineblau und der Großvater mütterlicherseits ebenfalls Professor an der École de médecine. Paul-Andre Foucault und Anne-Marie Malpert heiraten 1924. Das erste Kind, die ältere Schwester Francine, wird 1925 geboren, und der jüngere Bruder Denys kommt 1933 zur Welt. Er wird später Chirurg. Die Kinder wachsen in dem katholisch-provinziellen Milieu von Poitiers und Vendeuvre-du-Poitou auf. Der Vater ist von einer erdrückend katholischen Frömmigkeit.

»Ich denke«, sagt Foucault in einem Interview 1982, »dass ein Kind, das in einem katholischen Milieu kurz vor oder während des Zweiten Weltkrieges aufgewachsen ist, die Erfahrung machen konnte, dass es zahlreiche unterschiedliche Weisen zu sprechen und auch zahlreiche Formen des Schweigens gibt. Ich habe meine Kindheit in einem kleinbürgerlichen Milieu, dem der französischen Provinz, verbracht, und die Pflicht zu sprechen, mit den Besuchern eine Konversation zu führen, war für mich etwas so Befremdliches als auch sehr Langweiliges.«[2] Aus dem Zwang heraus, bereits als Kind mit den Gästen der Eltern sprechen zu müssen, entwickelt Foucault einen Ethos des Schweigens.

Weil die Sprache nicht mehr für die (eigene) Repräsentation sorgt und darum (Nicht-)Wissen ermöglicht, wird die repräsentierende Funktion selbst zum Problem. Die Aufgabe, diese Repräsentation zu ermöglichen, geht also an den Menschen selbst über. »Dagegen steht die Analyse der Seinsweise des Menschen nicht innerhalb der Theorie einer Repräsentation«[3], sagt Foucault in seinem Meisterwerk *Die Ordnung der Dinge* (1966).

»Die praktische Analyse dessen, was der Mensch in seiner Existenz ist, wird zur Analytik all dessen, was sich im allgemeinen der Erfahrung des Menschen geben kann.«[4] Der Mensch ist also nicht nur das Subjekt oder das Objekt, sondern »der Organisator des Schauspiels, in dem er auftritt«[5]. Und dieses Schauspiel beginnt bereits im kleinen alltäglichen Theater der zugänglichen Verhaltensweisen, wie Lachen und Weinen, Schweigen und Sprechen, und so weiter. Der Mensch selbst entscheidet darüber, was er mit welchem Schwerpunkt tut.

Wilhelm Schmid schreibt, dass »das Lachen, das Schweigen, das Denken des Todes, die Beziehung zur Dimension der Spiritualität, in der die Sprengkraft der Beziehung zum Anderen am deutlichsten auftritt«, Michel Foucault ermöglichen wird, eine Macht des Lachens und eine Kunst des Schweigens zu entwickeln.[6] Schon in seiner Kindheit angelegt, sucht Foucault eine Gelegenheit des Schweigens, »eine Gelegenheit ebenso reich wie ein Schatz und ebenso unzugänglich«[7].

Foucault wird in der abendländischen Gesellschaft, die zunehmend medial dominiert ist, eine Kultur der Stille vermissen, die er schließlich später real in der japanischen Lebenskultur und irreal in der griechisch-römischen Antike findet. Er fasst es zusammen: »Das ist etwas, von dem ich denke, das es wirklich der Mühe wert wäre, es zu kultivieren. Ich bin dafür, die Stille als ein kulturelles Ethos zu entfalten.«[8]

1930 wird Paul-Michel Foucault in die erste Klasse des Lycée Henri-IV in Poitiers eingeschult. Aufgrund einer Sondergenehmigung kann er vorzeitig zusammen mit seiner ein Jahr älteren Schwester – die er nicht alleine dorthin gehen lassen will – eingeschult werden. Hier besucht er die Grundschulklassen bis 1936 und schließlich deren Aufbauklassen. 1936 trifft ein englisches Kindermädchen in Poitiers ein; es soll mit den Kindern sprechen, um – eine absurde Idee der Eltern – das Schweigen des Sohnes zu brechen.

Am 25. Juli 1934 – Michel Foucault ist sieben Jahre alt – wird der österreichische Bundeskanzler Dollfuß von österreichischen Nationalsozialisten ermordet. Die Ermordung des Politikers, der Zweite Weltkrieg, das Flüchtlingselend und die Okkupation werden Michel Foucaults Denken beeinflussen, denn sein Werk wird lange Zeit von dem einen großen Motiv geprägt sein, die Ideologisierungen der modernen Vernunft durch die Rekonstruktion ihrer Geschichte zu entlarven und dabei das Andere, das Ausgegrenzte, das Deformierte und das zum Schweigen Verurteilte sichtbar zu machen. Was Foucault in seinem Leben sieht, das zeigt sich auch in seinem Werk. Er ist ein Grenzgänger, der sich selbst an die Abgründe bringt.[9]

»Wenn Foucault die Arena betritt, rasch, draufgängerisch, wie jemand, der ins Wasser springt, steigt er über Gliedmaßen und Körper von Hörern, um sein Pult zu erreichen, schiebt er Tonbandgeräte beiseite, um sein Manuskript ablegen zu können – er öffnet seine Jacke, schaltet eine Lampe an und beginnt, auf die Minute pünktlich. Eine starke, tragende Stimme, von Lautsprechern verstärkt, die einzige Konzession an die Moderne, in einem Saal, der von einem aus Stuckbecken aufsteigenden Licht nur spärlich erhellt wird. Es sind dreihundert Plätze vorhanden und fünfhundert zusammengepferchte Personen, die auch das kleinste Fleckchen Raum mit Beschlag belegen. Nicht einmal eine Katze würde da noch einen Fuß hineinsetzen. Das Ganze ist vollkommen klar und schrecklich durchschlagend. Nicht die geringfügigste Konzession an die Improvisation.«[10] Dieser Zeitzeugenbericht von Gérard Petitjean, der vierzig Jahre später die Hörsaalsituation aus Anlass der letzten Foucault-Vorlesung aus dem Zyklus *Les Anormaux* am 19. März 1975 schildert, verdeutlicht die Ernsthaftigkeit seines Sprechers über die Anormalen – ein Herzens- und ein Lebensthema Michel Foucaults.

Es ist vielleicht noch zu früh, darauf hinzuweisen, dass Foucault den Sinn in der Ethik eines Anderen – eines Anders-Denkens, -Werdens und -Handelns – darin sieht, die herrschenden Denkrahmen und etablierten Gegenwartswerte aufzubrechen. Wer aber im Rückblick auf die Wurzeln dieses Denkens schaut, kommt nicht umhin, sich die Biografie dieses Denkers anzusehen. Die Frage des Anderen ist auch die Frage des Anormalen; eine Frage, die zunächst die historische Situation an Michel Foucault richtet, bevor er sich und anderen selbst diese Frage stellen kann: »Man könnte die Geschichte der Grenzen schreiben«, notiert er 1961, »dieser obskuren Gesten, mit denen eine Kultur etwas zurückweist, was für sie außerhalb liegt.«[11] Foucaults Denken trifft sich mit dem Denken Nietzsches – nicht nur an diesem Punkt – in einer Art archäologischen Aus- oder besser gesagt Untergrabung des Subjekts und in der Archäologie einer Rationalität, die das Andere, das Tragische, das Anormale, das Abgründige der menschlichen Existenz – und nicht zuletzt den Tod selbst – ausschließt. Im Vorwort zu Friedrich Nietzsches *Ecce Homo* heißt es: »Aufsuchen alles Fremden und Fragwürdigen im Dasein.«[12]

Michel Foucault erinnert sich an die für ihn einschneidenden Erlebnisse seiner Kindheit: »Ich erinnere mich sehr gut, dass ich das erste Mal großes Entsetzen empfand, als der Kanzler Dollfuß von den Nazis ermordet wurde. Das war 1934, glaube ich. Ich habe die Erinnerung, dass mich das in Schrecken versetzt hat. Ich denke, dass ich dabei meine erste große Todesfurcht empfunden habe. Ich erinnere mich auch an die Ankunft spanischer Flüchtlinge in Poitiers. Der drohende Krieg war unser Hintergrund, der Rahmen unserer Existenz. Dann kam der Krieg.«[13]

Dieser Krieg wird von Michel Foucault so beschrieben: »Stärker als die gewöhnlichen Vorgänge des Familienlebens bildeten die Ereignisse, die die Welt betrafen, die Substanz unserer Erinnerung. Unser Privatleben war bedroht, vielleicht bin ich deshalb von der Geschichte geprägt worden, wie von den Beziehungen, die zwischen der persönlichen Erfahrung und diesen Ereignissen bestehen, von denen wir ein Teil sind.«[14]

Schon in jungen Jahren werden die Einflüsse auf sein Denken durch die Ereignisse der Gegenwart, auf die er empfindlich reagiert, überschattet und modifiziert. Die Gegenwart bestimmt sein allgemeines Konzept, die Wahl seiner Gegenstände und seiner Methode, die durch seine Vorliebe zum Dokument und für das Recherchieren von ihm sogenannter wahrer Tatsachen und die Zusammenstellung von durch ihn kommentierte Dossiers gelegentlich in die Nähe von journalistischen Verfahren rückt.

Michel Foucault erinnert sich:»Zuerst der Faschismus, der als der erste große Schrecken erlebt wird: 1934 wird der österreichische Kanzler Dollfuss ermordet, in Poitiers treffen die Flüchtlinge aus Spanien ein, der Krieg in Äthiopien beginnt, über den er sich mit seinen Schulkameraden streitet. Ich glaube, die Kindheit dieser Generation wurde von den großen historischen Ereignissen geprägt. Die Drohung des Krieges war unser Horizont.«[15] Später fragt er geradezu naiv, aber nicht weniger ernst:»Muss dieser Krieg als ein erster und fundamentaler Sachverhalt angesehen werden?«[16]

Der Rückblick auf diese Kindheit in der französischen Provinz am Vorabend des Zweiten Weltkrieges führt zu einer frühen Erfahrung von Politik und Geschichte. Beispielhaft sind hier die Auswirkungen des deutschen Nationalsozialismus und des europäischen Faschismus insgesamt. Auf einer späten Postkarte vom 13. August 1981, also fünfunddreißig Jahre nach seinem Weggang aus der Provinz, notiert Michel Foucault über Poitiers:»So sieht die Stadt aus, in der ich geboren bin: enthauptete Heilige mit dem Buch in der Hand wachen darüber, dass die Justiz gerecht ist, dass die Schlösser wahrhaft sind. Das ist die erbliche Mitgift meiner Wahrheit.«[17]

Der Nationalsozialismus, der Faschismus, der Stalinismus und nicht zuletzt der Krieg lassen aufgrund ihrer Dramatik literarische Übungen oder philosophische Dissertationen als unbedeutend erscheinen, sie stellen akademische Karrieren und zweckfreie Gelehrsamkeiten deutlich infrage. Man soll die Gegenwart verstehen, so Foucault, um über deren Wahrheit oder Unwahrheit entscheiden zu können, vor allem angesichts totalitärer Erfahrungen, denn »Faschismus und Stalinismus – als Übermächte – führen zur politischen Beunruhigung in unseren heutigen Gesellschaften. Sie haben Mechanismen benutzt und weiterentwickelt, die in den meisten Gesellschaften schon vorhanden waren. Aber nicht nur das, trotz ihres inneren Wahnsinns haben sie in großem Maß die Ideen und Verfahrensweisen unserer politischen Rationalität benutzt.«[18]

Dieses doppelte Problem der politischen Rationalität – die Rationalität des Gräuels, die Rationalität des Normalen, die Rationalität des Diskurses der Wahrheit und das Problem der Wahrhaftigkeit, das davon nicht zu trennen ist – beherrscht zukünftig das Werk von Michel Foucault, der sich selbst als Historiker der Gegenwart und nicht als Philosoph bezeichnet, denn: »die Frage der Philosophie ist die Frage nach dieser Gegenwart, die wir selbst sind. Deshalb ist die Philosophie heute ganz und gar politisch und ganz und gar historisch. Sie ist die Politik, die der Geschichte immanent ist, und sie ist die Geschichte, die für die Politik unentbehrlich ist.«[19] Und weil die geschichtliche Dynamik des Westens tief greifend wechselt und sich die Stellung Europas stark verändert, kommt es zur Erfindung neuer Objekte über die Politik in einer Weise, »die das politische Denken umwälzt«, so Foucault.[20]

Poitiers ist wie so viele andere Kleinstädte um deren Gotteshäuser herum angesiedelt, hier sind es die romanischen Kirchen und der ebenso alte Justizpalast. Die ganze Stadt steht auf einer Felsklippe im Tal des Flusses Clain und wirkt darum sehr gedrängt. Auch wenn neben den alten Gebäuden im Südwesten inzwischen ein Flughafen angesiedelt ist, so wirkt diese Stadt immer noch wie eine Ruine der Vergangenheit: alt und eng, antimodern und repressiv, die Luft des Lebens und den Geist des Denkens abschneidend. Poitiers ist eine bleierne Stadt. Ein Freund Foucaults drückt es so aus: »Ich glaube, es muss schrecklich gewesen sein, seine ganze Kindheit in dieser Atmosphäre zu verbringen.«[21]

Über allem steht die Tradition, und darum soll Michel Foucault den Vornamen des Großvaters und des Vaters bekommen. Doch die Mutter fügt einen Bindestrich dazwischen, darum wird letztendlich aus Paul ein Paul-Michel, der sich zuletzt dann Michel Foucault nennt. Die fünfköpfige Familie bewohnt das Haus des Schwiegervaters, das Malapert 1903 hat erbauen lassen. Es liegt in der Oberstadt, die über den Boulevard de Verdun mit dem Tal des Clain verbunden ist. Die Familie Foucault ist wohlhabend und legt einen großbürgerlichen Habitus an den Tag. So besitzt die Mutter ein Haus in Vendeuvre-du-Poitou, nur wenige Kilometer von Poitiers entfernt. Dazu gehören Ländereien, Güter und Felder. Die angesehene Familie verfügt über ausreichend finanzielle Mittel und kann somit ein Kindermädchen, eine Köchin und einen Chauffeur beschäftigen.

Der Vierzehnjährige wechselt zum Gymnasium. Lange Zeit zählt er zu den Besten seines Jahrgangs und bekommt Auszeichnungen in den Fächern Französisch, Geschichte, Griechisch und Latein. Damit gleicht er Defizite in Mathematik aus. Paul-Michels Noten verschlechtern sich, weil sich die historische Situation allgemein verschlechtert. Die sichere und ruhige Atmosphäre im Lycée wird durch einen starken Flüchtlingsstrom und damit stark steigende Schülerzahlen gestört. Foucault fühlt sich durch die neuen Schüler übertroffen und verdrängt.

Paul-Michel Foucault entschließt sich nicht, wie vom Vater erwartet wird, Chirurg zu werden, sondern Historiker, denn, so drückt er es drei Jahrzehnte später in seiner Archäologie des Wissens aus, das historische Apriori ist die »Gesamtheit der Regeln, die eine diskursive Praxis charakterisieren«[22]. Regeln und Praxis interessieren bereits den jungen Denker. Diese Idee wird vom Vater als inakzeptabel angelehnt, es sei denn, der Sohn schafft es an die Pariser Sorbonne. Dessen Vetter Plattard, ein angesehener Rabelais-Spezialist, hat es hier immerhin zu einer Professur gebracht. Als Historiker wird Foucault sich später im Gegenzug umso mehr für die Medizin interessieren.

Sein Vater sei ein Tyrann gewesen, berichtet der Sohn später, der ihn diszipliniert habe und regelmäßig bestrafen wollte. Aber vielleicht ist der elfjährige Paul-Michel nicht der einsame und zurückgezogene Schüler, sondern eher »Zarathustra gleich in grimmiger, wenn auch erhabener Isolation«[23]. Er ist zurückhaltend und vor allem begabt.

1940 schicken die Foucaults ihre Kinder zur mütterlichen Großmutter Raynard-Malapert auf das elterliche Anwesen in Vendeuvre-du-Poitou. Die deutsche Wehrmacht besetzt Frankreich. Auch die väterlichen Großeltern, die in Paris leben, schließen sich dem Exodus an und finden hier Aufnahme. Am 16. Juni 1940 ersucht Marschall Pétain um Waffenstillstand und ersetzt die französische Regierung durch eine kollaborationsbereite neue Ordnung.

Da viele Lehrer zum Militärdienst eingezogen sind und geflohene Pariser Schüler nun das Lycée Henri-IV besuchen wollen, gerät das schulische Leben durcheinander. Als der vierzehnjährige Foucault die Versetzungsprüfung wiederholen soll, ergreift seine Mutter die Initiative und meldet ihren Sohn am Collège Saint-Stanislas an. Diese geistliche Anstalt wird von Jesuiten, den Brüdern der Écoles chrétiennes, geleitet und beherbergt eher die Kinder des Bürgertums, der Industriellen und Händler. Zudem nimmt sie nur die Söhne (und nicht die Töchter) der Bourgeoisie auf.

Hier unterrichtet der Benediktinermönch Pater de Montsabert. Dessen Unterricht über die Geschichte Frankreichs, insbesondere über Karl den Großen, scheint eine Sternstunde für den jungen Foucault zu sein. Foucaults Mutter ist davon überzeugt, dass er wohl der einzige Lehrer war, der ihren Sohn beeinflussen konnte, denn »die auf solche Weise dargebotene Geschichte konnte gar nicht anders als im Gedächtnis haften«[24]. Hier werden die Wurzeln gelegt für das Geschichtsinteresse Foucaults.

In der Jesuitenschule freundet sich der Schüler mit Pierre Rivière an, einem ebenso wissenshungrigen Jungen, mit dem er um die Auszeichnungen für die besten Schulnoten ringt. Es kann wohl nur ein Zufall sein, dass Michel Foucault drei Jahrzehnte später ein Buch über den Fall des gleichnamigen Elternmörders aus dem 19. Jahrhundert ediert – übrigens vor allem deshalb, weil er sich für die Frage des (freiwilligen) Geständnisses interessiert.[25] Bei aller Rivalität sind sich die beiden zugetan. Ihr Wissensdurst und Lektürehunger ist kaum zu bremsen. Beide haben bald Kontakt zu Abbé Aigrain, einem Professor der katholischen Universität von Angers, bei dem sie sich Bücher ausleihen, vor allem zu philosophischen und historischen Themen. Dieser Lesestoff neben dem Lehrplan bringt beide dazu, beste Abiturnoten vorzulegen.

Über einen Freund der Familie, René Beauchamp, erfährt der Sechzehnjährige von Sigmund Freud und der Psychoanalyse, und angeregt durch seinen Lehrer Dom Pierrot, liest er neben Plato, Pascal und Bergson vor allem den für ihn so bedeutenden Descartes. Dom Pierrot soll die Klasse auf das Abitur vorbereiten; er hält einen guten Kontakt zu wissensdurstigen Schülern und empfängt sie zu Hause. Später erinnert er sich: »Die jungen Philosophiestudenten, die ich kennengelernt habe, habe ich in zwei Kategorien eingeteilt: diejenigen, für die die Philosophie Gegenstand der Neugier war und die sich in Richtung der Kenntnis der großen Systeme, der großen Werke orientieren und so weiter. Und diejenigen, die darin eher eine Quelle persönlicher Unruhe, vitaler Unruhe sahen. Die ersten sind von Descartes geprägt, die anderen von Pascal. Foucault gehörte der ersten Kategorie an. Man spürte bei ihm eine ungeheure intellektuelle Neugier.«[26]

Sein Philosophielehrer wird wegen Beteiligung am Widerstand 1942 deportiert. Seine Mutter veranlasst, dass der sechzehnjährige Michel Privatunterricht bei dem Philosophiestudenten Louis Girard erhält, der später in Poitiers durch seine Erläuterungen zum *Kommunistischen Manifest* bekannt wird. Zum Ende des Schuljahres erhält Foucault den zweiten Preis für Philosophie; der erste geht an Pierre Rivière. In Geschichte und Geografie, Englisch und Naturwissenschaften erhält Michel Foucault den ersten Preis. Auf die Frage, warum er sich entschieden habe, Philosoph zu werden, antwortet Foucault Jahrzehnte später: »Als ich sechzehn oder siebzehn Jahre alt war, wusste ich nur eines: Das Leben in der Schule war eine von äußeren Bedrohungen geschützte Umgebung. Und die Vorstellung, geschützt in einer lernbegierigen Umgebung, in einem intellektuellen Milieu zu leben, hat mich immer fasziniert. Das Wissen muss für mich als etwas funktionieren, was die individuelle Existenz schützt und die Außenwelt zu begreifen erlaubt. Ich glaube, dass es das ist. Das Wissen als ein Mittel zum Überleben, dank des Verstehens.«[27]

Das Collège Saint-Stanislas gilt als Bastion des Widerstands gegen das allgegenwärtige Vichy-Regime. Die Résistance benutzt das Collège als Treffpunkt und tauscht hier Ausweispapiere und Entlassungsscheine. Neben dem Lehrer Dom Pierrot werden weitere Kollegen, aber auch Schüler verhaftet und inhaftiert. Doch der Schulbetrieb geht weiter, und im Juni 1942 legt Foucault die Abiturprüfung in Französisch, in Latein und in Griechisch ab. Im darauffolgenden Jahr folgen die Prüfungen in Philosophie, in den neuen Sprachen, in Geschichte und Geografie. Interessanterweise erhält der Schüler gute bis sehr gute Noten, nur in Philosophie bleibt es bei zehn von möglichen zwanzig Punkten.

Nach dem Abitur stellt sich die Frage nach der weiteren Zukunft des jungen Mannes, die der Vater nur in der Aufnahme eines Medizinstudiums sehen kann. Der Sohn interveniert selbstredend, wie er überhaupt versucht, den Vater bewusst zu enttäuschen. Was er nicht einlöst, realisiert schließlich sein Bruder sieben Jahre später. Denys Foucault studiert Medizin und wird Chirurg im Großraum von Paris. Mithilfe der Mutter kann sich der ältere Sohn durchsetzen und einen selbst gewählten Weg einschlagen.

Michel Foucault bereitet sich im Oktober 1943 auf die Aufnahmeprüfung an der École Normale Supérieure (ENS) in der Rue d'Ulm in Paris vor und absolviert zu diesem Zwecke mehrere Vorbereitungsklassen. Die Pariser Gymnasien sind bekannt für ihre hohe Erfolgsquote bei den Aufnahmeprüfungen, doch der Krieg hält die Mutter aus Angst zurück, den siebzehnjährigen Sohn nach Paris zu schicken. Darum schreibt er sich im Gymnasium von Poitiers ein und besucht die dort zusammengelegte Klasse von dreißig Schülern.

Vor allem Jean Moreau-Reibel, dem Lehrer für Philosophie, ist Foucault zugetan. Dieser ist Lehrer am Gymnasium von Clermont-Ferrand und Dozent an der philosophischen Fakultät von Strasbourg, bevor er nach Poitiers kommt. Ihm verdankt Foucault eine genauere Lektüre von Plato, Descartes, Kant und Spinoza. In den Unterrichtsstunden kommt es meistens zu einem Dialog zwischen dem Lehrer und seinem Schüler, während die anderen teilnahmslos und verloren zuhören. Ein zweiter wichtiger Lehrer ist für ihn Gaston Dez, dessen Vorlesungen er akribisch mit- und abschreibt, um sich auf die Prüfungen genauestens vorzubereiten.

Festzuhalten bleibt, dass Michel Foucault alles in allem ein Einzelgänger ist. Er arbeitet ohne Pause und gibt sich kaum mit Mitschülern ab. Lucette Rabaté berichtet: »Eines Tages kurz vor der Prüfung zog ich mit ihm los, um irgendwelche Auskünfte in der Universität einzuholen. Eine Viertelstunde lang gingen wir nebeneinander her, dann sagte er: Das ist die erste Erholung, die ich mir dieses Jahr gönne. Eine Erholung von einer Viertelstunde.«[28]

Bei der Bombardierung von Poitiers flieht die Familie Foucault im Sommer 1944 in ihr zweites Haus in Vendeuvre. Als im Juni die alliierten Truppen an der Küste der Normandie landen, erreicht der Krieg die gesamte Region. Der Lehrbetrieb wird bis Kriegende im Frühjahr 1945 eingestellt. Danach finden sich vierzehn Kandidaten in den Räumen der juristischen Fakultät von Poitiers ein, um ihre Prüfungen abzulegen, die in den zwölf Tagen vom 24. Mai bis zum 5. Juni stattfinden. Als Wochen später am 16. Juli 1945 bekannt gegeben wird, dass zwei Schüler aus Poitiers bestanden haben, stellt sich heraus, dass Michel Foucault nicht dabei ist. Er wird also vorerst nicht in die École Normale Supérieure in der Rue d'Ulm einziehen können.

II. Aufbruch nach Paris

»Es gibt kein Ich, das mein Bewusstsein
bewohnt. Also nichts, worauf ich meine
Handlungen beziehen könnte. Sie werden
keineswegs erkannt, sondern ich bin sie.«
Jean-Paul Sartre[1]

Michel Foucault gibt nicht auf; er will es nochmals versuchen und sich im folgenden Jahr erneut zu den Prüfungen anmelden. Doch der Beginn des Schuljahres 1945 bedeutet eine Wende in seiner Existenz, denn er zieht im Oktober 1945 nach Paris. Er möchte die Vorbereitungsklasse in Paris besuchen. Der Abschied dürfte ihm leichtgefallen sein, auch wenn er nicht völlig mit seiner Heimat brechen wird, wohl auch, um nicht den Kontakt mit seiner Familie zu beenden. Seinem Vater ist er fern, wie der Vater ihm fern ist, denn ihre Beziehung ist konfliktreich. Der Mutter ist er ein Leben lang verbunden.

Seine Ankunft in Paris führt ihn sogleich ins Quartier Latin. Hier wohnt er bei Maurice Rat, einem Freund der Familie und Lehrer für Literatur an einem Lycée. Wenig später schon hat er ein Zimmer zur Untermiete am Boulevard Raspail zwischen dem Friedhof von Montparnasse und dem Jardin du Luxembourg. Dank des begüterten Elternhauses kann er sich das Privileg eines eigenen Zimmers im Zentrum von Paris leisten. Das erspart im Übrigen dem Einzelgänger ein ungeliebtes Leben in einer aufgezwungenen Gemeinschaft. Es verstärkt zudem das Bild des »ungebärdigen, rätselhaften, in sich verschlossenen jungen Mannes«[2].

Michel Foucault ist einer von fünfzig Anwärtern auf die achtunddreißig Plätze des geisteswissenschaftlichen Studiums an der École Normale Supérieure in der Rue d'Ulm. Er tritt zur Vorbereitung auf die Prüfungen in das Lycée Henri-IV in Paris ein und arbeitet dort fleißig, um schließlich angenommen zu werden. Jean Hyppolite, der die Klasse auf die Philosophieprüfung vorbereiten soll, wird in dieser Zeit der wichtigste Lehrer für ihn. Nicht nur die guten Noten, mit denen er Foucaults Hausarbeiten bewertet, legen die Grundlage für Foucaults spätere philosophische Reputation.

1945 JEAN HYPPOLITE

Auch wenn er seine Schüler scheinbar blendet, indem er behauptet, Hegel auf dem Umweg über Valéry und Mallarmé finden und erklären zu wollen, ist Foucault – vor allem nach dem wenig glanzvollen Unterricht in Poitiers – uneingeschränkt begeistert. Jean Hyppolite kommentiert von 1939 bis 1943 in seinen Vorlesungen die *Phänomenologie des Geistes* von Hegel und die *Geometrie* von Descartes. Mit den beiden Denkern Hegel und Hyppolite wird Michel Foucault später theoretisch brechen.

Jean Hyppolite tritt als Übersetzer und Kommentator von Georg Wilhelm Friedrich Hegels *Phänomenologie des Geistes* hervor und macht das französische Lesepublikum mit dessen Dialektik bekannt. Michel Foucault kritisiert später an Hegels Dialektik, dass sie das Irrationale, das Nicht-Vernünftige nicht anerkennt, sondern nur in eine erweiterte Rationalität zu integrieren versucht. Indem dessen System der Dialektik die Geschichte als eine Entfaltung von Sinn und Freiheit begreife, was vor allem die Existenzialisten um Jean-Paul Sartre verteidigen, laufe sie nicht zuletzt auf den Ausschluss des Anderen, des Nicht-Vernünftigen hinaus. Trotz dieser Kritik fühlt sich Foucault seinem Lehrer und Freund Hyppolite zeit seines Lebens verpflichtet.[3] Durch Hyppolites Übersetzung und Kommentierung der Hegel'schen *Phänomenologie* befördert, erlebt das philosophische Frankreich einen Triumphzug des Hegelianismus. Dieser Philosoph wird seitdem als Begründer der philosophischen Moderne gelesen und verstanden. Der Hegelianismus bereitet die kaum später einsetzende Begeisterung für den Marxismus vor.[4]

Die Stimme Hegels, die von Michel Foucault hier so deutlich herausgehoben wird, hat ihr Fundament in einer – wenn man so will – philosophischen Modeerscheinung. 1946 erscheint Alexandre Kojèves Aufsatz über Hegel, Marx und das Christentum und ein Jahr später sein berühmter Kommentar zur *Phänomenologie des Geistes* als eine Vergegenwärtigung seines Denkens, wie es Kojève selbst ausdrückt. Auch Jean-Paul Sartres Schrift *Der Existentialismus ist ein Humanismus* (1945), der ihn endgültig zur intellektuellen Institution in Frankreich werden lässt, fußt wie überhaupt sein philosophisches Werk auf Hegels Gedankengebäude. Hier steht der – Sartres grundlegende Gedanken – verdichtende Satz: »Der Mensch ist verurteilt, frei zu sein.«

Jean-Paul Sartres unnachgiebige Aufforderung, Freiheit aufrechtzuerhalten und Verantwortung zu übernehmen, trifft noch heute zu; selbst in einer Welt, die einer versöhnenden Bedeutsamkeit beraubt ist. In einem späteren Vortrag sagt Foucault dazu: »Angesichts der Absurdität der Kriege, angesichts der amtlichen Bestätigung von Massakern und Despotismus entstand der Gedanke, dass es wohl dem individuellen Subjekt oblag, seinen existentiellen Entscheidungen einen Sinn zu geben.«[5] Das ist im Übrigen Michel Foucaults Impuls, später eine Philosophie der Erkenntnis zu begründen, insbesondere eine Philosophie der wissenschaftlichen Erkenntnis.

Foucault wendet sich 1966 mit einer klaren Absage gegen Sartre und antwortet erst zwei Jahre später direkt auf Sartres Fragen.[6] Er distanziert sich zum Schluss vehement von Sartre und dessen Epoche, indem er polemisch die Art und Weise von dessen Denken herabsetzt. Später lässt Foucault diese Passage streichen. Andererseits kritisiert er in seinem Buch *Die Ordnung der Dinge* (1966) Sartres *Kritik der dialektischen Vernunft* (1960) offen und eindeutig. Dessen Humanismusbegriff kann und will Michel Foucault zeitlebens nicht akzeptieren. Eher noch erklärt er sich mit Martin Heideggers *Brief über den Humanismus* (1946) einverstanden. Der Humanismus ist in seinen vielen Varianten ein von Philosophen, Theologen, Ideologen und vor allem Politikern je nach Bedarf genutztes Programm. Philippe Lacoue-Labarthe (1940-2007) verkürzt provokant diese Erkenntnis auf die Formel: »Der Nazismus ist ein Humanismus.«[7]

Der Humanist Jean-Paul Sartre kann sich, ohne jemals förmliches Mitglied der Kommunistischen Partei zu sein, noch 1952 zur »führenden Rolle der Sowjetunion« bekennen[8], dem Jahr, in dem irritierender- oder bezeichnenderweise seine Biografie *Saint Genet, Komödiant und Märtyrer* erscheint – ein Buch, das die Sowjets sicher nicht erfreut haben dürfte.[9] Roland Barthes bemerkt, dass sich Sartre in seinem Buch als Intellektueller zu dem Wesen macht, als welches er ihn (seinen Gegenstand Jean Genet) einordnet. Sartre spricht die Sprache, die man Genet von außen anheftet.[10]

Jean Hyppolite, Maurice Merleau-Ponty und Jean-Paul Sartre arbeiten einen neuartigen synkretistischen Humanismus aus, ein Glaubensbekenntnis, das in den vierziger Jahren des vergangenen Jahrhunderts aus Elementen von Hegel und dem jungen Marx sowie Husserl und Heidegger besteht. Diese Denker werden damit allesamt Foucault aufgebürdet; er wird gezwungen sein, sich mit ihnen auseinanderzusetzen. Vor allem *Das Sein und das Nichts* macht schnell deutlich, dass hier eine neue umfassende Philosophie darauf aus ist, die Art und Weise zu verändern, in der die Welt denkt. Sartres bekannte drei philosophische »H«s, die hier verarbeitet werden, lauten bekanntlich: Hegel, Husserl und Heidegger. Auf eigene Faust also liest Foucault Hegel und Husserl. Doch es ist vor allem Heidegger, der für ihn zum eigentlichen Philosophen wird: »Meine ganze philosophische Entwicklung war durch meine Lektüre Heideggers bestimmt. Aber ich habe niemals etwas über Heidegger geschrieben«, sagt Michel Foucault in einem Gespräch 1984.[11]

In Frankreich gilt Heidegger immer noch als Phänomenologe. Er beeinflusst die dortige Interpretation, Entwicklung und Tradition der Phänomenologie grundlegend. Wenn zunächst noch Arbeiten über Husserl Heidegger übersehen, ignorieren Arbeiten über Heidegger keineswegs Husserl. »Das heideggersche Element in den französischen Husserl-Studien zeigt sich noch stärker in den Schriften derer, die Heidegger näherstehen, vor allem in den Arbeiten von Jacques Derrida.«[12] Derridas Texte über Husserl sind zahlreich.[13]

Dennoch bleiben Hegel und Heidegger insofern historisch, »als sie die Geschichte als eine Innerlichkeitsform setzen, in der der Begriff notwendig sein Geschick entfaltet und enthüllt«[14], so Gilles Deleuze. Schon hundert Jahre früher fragt Friedrich Nietzsche: »Wo finden sich Taten, die der Mensch zu tun vermöch-te, ohne vorher in jene Dunstschicht des Unhistorischen eingegangen zu sein?«[15]

In *Das Sein und das Nichts* (1943), der Titel erinnert bewusst an Heideggers *Sein und Zeit* (1927), nutzt Sartre wichtige Hegel'sche Maximen für sein eigenes Werk. Jean Hyppolite bringt es auf den Punkt: »Es ist das Thema der Entfremdung und die Überwindung der Entfremdung, das jetzt im Mittelpunkt unserer Aufmerk-samkeit steht.«[16] Und die Tilgung des Subjekts ist ein zentrales Thema in Michel Foucaults späterem Werk.

Alexandre Kojève wendet Georg Wilhelm Friedrich Hegels Philosophie des Geistes ins Anthropologische und integriert sie in das Geschichtsdenken von Karl Marx und in die Existenzanalyse von Martin Heidegger. Dabei sieht er keinen Unterschied zwischen der dialektischen Methode Hegels und der phänomenolo-gischen Beschreibung Husserls. Dieser Aspekt ist für einen weiteren Hegelianer dieser Zeit, nämlich Maurice Merleau-Ponty, von großer Bedeutung.

Merleau-Ponty verbindet mit Sartre nicht nur die geistige Herkunft aus der Phä-nomenologie Husserls und der Existentialanalytik Heideggers, sondern vor allem auch die politisch-historische Erfahrung der Résistance. In seinem Aufsatzband *Humanismus und Terror* (1947) kommt dieser Sachverhalt deutlich zum Tragen. Für Merleau-Ponty selbst bleibt allerdings die Auffassung vom Primat der Wahr-nehmung und vom Begriff des Bewusstseins fragwürdig, wie dieser es in seinem Buch *Phänomenologie der Wahrnehmung* (1945) darzulegen versucht. Von bleiben-der Bedeutung seines Werkes ist bis heute seine phänomenologisch begründete Erweiterung der materialistischen Subjektivitätsauffassung. In seinem Essay *Was ist Literatur?* (1947) spricht Sartre für eine ganze Generation von Schriftstellern, wenn er feststellt: »Es ist weder unserer Fehler noch unser Verdienst, wenn wir in einer Zeit lebten, in der die Folter etwas Alltägliches war.« Als Reaktion auf den noch nahen Schrecken steht für die Generation der Résistance den Intellektuellen die Aufgabe bereit, »eine Literatur der äußeren Situation« zu schaffen. Das muss nicht zuletzt auch Michel Foucault berühren.[17]

Hyppolite ist Zeitgenosse und Freund von Sartre und Merleau-Ponty. Er ist 1907 geboren, Sartre 1905 und Merleau-Ponty 1908.[18] Sie sind Schulkameraden an der École Normale Supérieure in der Rue d'Ulm, in die Sartre 1924, Hyppoli-te 1925 und Merleau-Ponty 1926 eintritt. Hyppolite selbst hat die seinerzeit not-wendige *Phänomenologie des Geistes* ins Französische übersetzt: »Jean Hyppolite hat alle Wege und Auswege dieses Textes gesucht und durchlaufen, als wäre seine unruhige Frage gewesen: Kann man noch philosophieren, wo Hegel nicht mehr möglich ist? Kann es noch eine Philosophie geben, die nicht mehr hegelianisch ist? Ist das, was in unserem Denken nicht hegelianisch ist, notwendigerweise auch nicht philosophisch? Und ist das, was antiphilosophisch ist, unbedingt nicht-hegelianisch?«[19]

Das sagt Foucault über seinen Lehrer 1970. Jean Hyppolite inspiriert Michel Foucault zu dessen Abschlussarbeit über die *Genese und Struktur der Phänomeno-logie des Geistes* dreiundzwanzig Jahre zuvor.[20] Der Hegelianismus ist in dieser Zeit die große Frage, eine Frage auf Leben und Tod der Philosophie. Und es ist die Philosophie selbst, die diese Frage stellt.[21] Foucault beginnt sein philosophisches Denken mit Hegel um 1950 und wird 1960 seine kantische Wende vollziehen. Selbstredend gehen die hegelianischen Einflüsse auf die französische Philosophie auf andere Denker zurück. So legt Jean Wahl bereits 1929 sein Buch *Das unglückliche Bewusstsein in der Philosophie Hegels* vor, und 1938 ediert und publiziert Henri Lefebvre Lenins Hefte über die Hegel'sche Dialektik. Hegels Denken hat nicht nur Einfluss auf die Philosophie in Frankreich, sondern auch auf die französische Psychoanalyse. Ausgangspunkt ist hier das Seminar von Alexandre Kojève, in dem sich beide Disziplinen kreuzen. An diesem Seminar in der École pratique des hautes études nehmen auch Raymond Aron, Georges Bataille, André Breton, Pierre Klossowski, Jacques Lacan, Maurice Merleau-Ponty und Raymond Queneau teil.

Die Hegel'sche Strömung ist derart stark im Frankreich der Nachkriegszeit, dass Georges Canguilhem 1948 schreibt:»Im Zeitalter der Weltrevolutionen und des Weltkrieges entdeckt Frankreich im strengen Sinne eine Philosophie, die eine Zeitgenossin der Französischen Revolution und größtenteils deren Bewusstwerdung ist.«[22] Und der Triumph des Hegelianismus hat in Jean Hyppolite seine Galionsfigur.

Zu den wichtigen Büchern von Jean Hyppolite gehört *Logik und Existenz* (1953), ein Essay zur Hegel'schen Logik.[23] Foucault weist darauf hin, dass sein Lehrer – sozusagen in dialektischen Wortpaaren – seine Schüler dazu aufforderte, über das Verhältnis zwischen Gewalt und Diskurs oder über die Beziehung von Logik und Existenz oder aber über das Verhältnis zwischen dem Inhalt des Wissens und der formalen Notwendigkeit nachzudenken. »Er hat uns schließlich gelehrt, dass Philosophie eine Praxis ist, die niemals endet; dass sie eine bestimmte Art und Weise ist, die Nichtphilosophie ins Werk zu setzen, ihr dabei aber stets so nahe wie möglich zu bleiben: dort nämlich, wo sie an das Dasein anknüpft. Mit ihm sollten wir immer daran denken: ›Die Theorie mag grau sein, der goldene Baum des Lebens ist grün‹.«[24]

Foucault fühlt sich seinem Lehrer Jean Hyppolite derart verpflichtet – wie übrigens auch Georges Canguilhem und Georges Dumézil –, dass er ihnen später seine eigenen Schriften widmet.[25] Als Michel Foucault 1970 die Nachfolge von Jean Hyppolite am Collège de France antritt, spricht er über die Bedeutung von dessen Werk im Schlussteil seiner Inauguralvorlesung:»Besonders viel aber, glaube ich, verdanke ich Jean Hyppolite. Ich denke, dass dieses Werk, das sich in einigen großen Büchern niedergeschlagen hat, aber noch mehr in Forschungen, in einer Lehrtätigkeit, in einer dauernden Achtsamkeit, in einer Wachheit und Großzügigkeit des Alltags, in einer administrativen und pädagogischen Verantwortlichkeit. Ich denke, dass dieses Werk die fundamentalsten Probleme unserer Zeit getroffen und formuliert hat. Ich gehöre zu denen, die ihm unendlichen Dank schulden.« Und:»Nicht nur ich schulde Jean Hyppolite Dank: denn er hat für uns und vor uns den Weg durchlaufen, auf dem man sich von Hegel entfernt und Distanz nimmt, auf dem man aber auch wieder zurückgeführt wird, allerdings anders und so, dass man ihn von neuem verlassen muss.«[26]

Foucault folgert aus dieser Tatsache einen allgemeinen Status der Philosophie: »So erscheint der Gedanke einer gegenwärtigen, unruhigen Philosophie, die auf der ganzen Linie ihrer Berührung mit der Nicht-Philosophie beweglich ist, nur dank dieser existiert und uns den Sinn dieser Nicht-Philosophie enthüllt.«[27]

Aber warum wird Foucault dann Philosoph? Und nicht Nicht-Philosoph? In einem Interview mit Gérard Raulet antwortet er auf diese Frage ein Jahr vor seinem Tod, rückblickend auf sein Leben: »Ich glaube nicht, jemals den Plan, Philosoph zu werden, gehabt zu haben. Ich hatte keine Vorstellung von dem, was ich aus meinem Leben machen würde. Auch das ist, wie ich glaube, charakteristisch genug für meine Generation. Wir wussten nicht, als wir zehn oder elf Jahre alt waren, ob wir Deutsche werden oder ob wir Franzosen bleiben würden. Wir wussten nicht, ob wir sterben oder die Bombardierung überleben würden. Als ich sechzehn oder siebzehn war, wusste ich nur eins: Das Leben in der Schule war eine vor der Politik geschützte Umgebung. Und die Vorstellung, in einem geschützten Studier- und Intellektuellenmilieu zu leben, hat mich fasziniert. Wissen ist für mich das, was als Schutz der individuellen Existenz funktionieren soll und was zum Verständnis der Außenwelt dient. Darum geht es. Das Wissen als ein Mittel zum Überleben, das sich dem Verständnis verdankt.«[28]

Die Suche nach dem Schutzraum des Wissens scheint ein Foucault'scher Antrieb zu sein, sich der Philosophie zu widmen. Philosophie versteht er später als eine philosophische Tätigkeit, mit deren Hilfe man erreichen kann, »anders zu werden, als man ist«[29]. Denn: »Ich betrachte mich nicht als einen Philosophen. Das ist keine falsche Bescheidenheit, denn die Philosophie, verstanden als autonome Tätigkeit, ist verschwunden, die Philosophie ist heute nicht mehr als der Beruf eines Universitätslehrers.«[30]

1965 findet eine Diskussion zwischen Jean Hyppolite, Georges Canguilhem, Paul Ricœur, Michel Foucault und Hubert L. Dreyfus statt. In einem kurzen Zwiegespräch kommt es zur knappen Festlegung der Standpunkte. Hier trifft der Hegelianer Hyppolite auf den Kantianer Foucault. Hyppolite behauptet: »Während etwa für Kant die transzendentale Analytik einen Typus von Wahrheit darstellte, gilt das für uns heute nicht mehr. Wir sind in einer Anthropologie, die sich selbst überschreitet, aber niemals in etwas Transzendentalem.«[31] Darauf reagiert Foucault: »Ja, aber selbst die Anthropologie, über die wir leider allzu oft nachdenken, ist durchaus etwas Transzendentales, das auf der natürlichen Ebene beansprucht, wahr zu sein.«[32]

Trotz dieser hier kurz angedeuteten späteren Differenz im Denken der beiden fühlt sich Foucault seinem Lehrer verpflichtet. Das zeigt sein Nachruf auf Hyppolite 1968, seine Inauguralvorlesung von 1970 und die Geste, mit der er sieben Jahre nach dem Tod Hyppolites 1975 dessen Witwe ein Exemplar seines Buches *Überwachen und Strafen* schickt, mit der Widmung: »Für Madame Hyppolite, zur Erinnerung an den, dem ich alles verdanke.«[33] Hyppolite wird zu Foucaults Leitfigur jener Jahre, und Foucault gesteht später wiederholt seine Dankesschuld diesem Philosophen gegenüber. Er begegnet ihm Jahre später an der École Normale Supérieure wieder und wird dessen Nachfolger am Collège de France. Beim Tod Hyppolites 1968 sagt Foucault: »Alle, die sich kurz nach dem Krieg auf die Aufnahmeprüfung vorbereiteten, erinnern sich an Hyppolites Vorlesungen über die *Phänomenologie des Geistes*. In diese Stimme, die sich ständig zurücknahm, als meditiere sie in ihrer eigenen Bewegung, erkannten wir nicht nur die Stimme eines Professors; wir hörten auch etwas von der Stimme Hegels und vielleicht sogar von der Stimme der Philosophie schlechthin. Ich glaube nicht, dass jemand die Kraft dieser Präsenz vergessen kann und auch nicht die Nähe, die sie geduldig erzeugte.«[34]

Diese Gedenkfeier aus Anlass des Todes von Jean Hyppolite im Oktober 1968 organisiert Louis Althusser in der École Normale Supérieure. Übrigens lernen sich Althusser und Foucault 1946 in der École kennen; beide verbindet eine lebenslange Freundschaft. Und die Grabrede auf Louis Althusser hält 1990 Jacques Derrida, der Althusser 1952 als seinen Tutor ebenfalls in der Rue d'Ulm kennenlernt.[35] Wenig später erscheint ein Hyppolite gewidmeter Sammelband mit Beiträgen von Georges Canguilhem, Michel Foucault, Jean Laplanche, Michel Serres und anderen. Foucaults Beitrag über *Nietzsche, die Genealogie, die Historie* gehört heute zu dessen berühmt gewordenen Standardtexten.[36]

Um die besondere Position von Jean Hyppolite und weiteren Akademikern wie Georges Canguilhem, Georges Dumézil und Jules Vuillemin für Michel Foucaults spätere Karriere verstehen zu können, ist eine Betrachtung der Funktionsweise des französischen akademischen Feldes, wie es Pierre Bourdieu einmal ausdrückte, hilfreich. Die hohe Konzentration der intellektuellen Elite auf den einen Ort Paris und die gleichzeitig hierarchische Struktur des französischen Bildungswesens mit seinen Eliteinstitutionen schaffen Schlüsselpositionen, deren Inhaber durch Prüfungen, Gutachten und Empfehlungsschreiben über zahlreiche wissenschaftliche und intellektuelle Schicksale entscheiden.

Nikolaus Sombart beschreibt dieses »Kartell von Literatur und Philosophie« in seinen Erinnerungen *Pariser Lehrjahre* (Leçons de Sociologie 1951-1954) als »einen geschlossenen Regelkreis mit eigenen Funktionen, ohne Zentrum und Spitze, mit einer erbarmungslosen Hackordnung, mit seinem subtilen Protokoll und seinen Ritualen, angesiedelt zwischen Universität, Verlagen, Zeitschriften, Académie Française, Collège de France und einer Reihe von Salons«. Soziologisch handelte es sich um eine »Gruppe, fluktuierend in ihrer Zusammensetzung, aber mit genauen Zugehörigkeitskriterien, ein Club, so effektiv wie der Jockeyclub, ein ›network‹«. Dieser Clan rekurriert sich aus allen Schichten der französischen Gesellschaft mit ihren »Schulbildungen, Cliquen, Bettgeschichten, Filiationen, ideologische Kämpfe, philosophische Kontroversen, Intrigen, Rivalitäten, Todfeindschaften, Exkommunikationen, Heiligsprechungen, Verschwörungen, Flüsterkampagnen«. In diesem Klima, in dieser geladenen Atmosphäre wird darüber entschieden, was veröffentlicht wird und was nicht, welche Ideen diskutiert werden und welche nicht, wer welchen Preis bekommt und wer nicht, wer welchen Posten bekleiden wird und wer nicht.[37] »Hier werden die geistigen Moden lanciert.«[38]

Die Stimme Hegels übt auf die fünfzig Schüler im Oktober 1945 einen intellektuellen – wenn nicht gar existenziellen – Schock aus. Doch bereits zwei Monate später nach den ersten Vorlesungen wird Jean Hyppolite an die philosophische Fakultät der Universität Strasbourg berufen, an der bereits Georges Canguilhem lehrt. Sein Nachfolger Dreyfus-Lefoyer kann ihm das Wasser nicht reichen und wird von seinen Studenten ausgelacht. Foucault selbst glänzt mit Noten und erhält das Prädikat »Elite«. Schriftliche Prüfungen sind nur noch Formalität, was bedeutet, dass er besteht. Im Juli 1946 legt er seine mündliche Prüfung in Philosophie vor den beiden Prüfern Pierre-Maxime Schuhl und Georges Canguilhem ab, dem Vertreter der französischen Universitätsphilosophie, der Wissenschaftsgeschichte an der Universität Strasbourg unterrichtet. Canguilhem wird ihm in Folge wiederholt begegnen und in seiner Karriere eine Schlüsselrolle spielen. Sowohl bei der Agrégation (1960), dem mündlichen Teil der Prüfung an der École Normale Supérieure, als auch bei der Suche nach einem Doktorvater für seine Arbeit über *Wahnsinn und Gesellschaft* (1961) wird dieser eine große Rolle spielen.

1946 GEORGES CANGUILHEM

Georges Canguilhem ist ein französischer Wissenschaftshistoriker, der fünfzig Jahre älter ist als Michel Foucault und der die von Gaston Bachelard auf die Physik und die Chemie bezogenen wissenschaftshistorischen Untersuchungen auf die Biologie anwendet. Besonders stark kritisiert Canguilhem die Tendenz und die Methode, Krankheitszustände als Abweichung von einer physiologisch ermittelten Norm zu bezeichnen und zu interpretieren. Dieser Wissenschaftshistoriker betont immer wieder die Autonomie des Lebenden, die Kräfte seiner Selbstregulation und die Selbstgestaltung des je eigenen Körpers. Wichtig seien die Werte und Ziele, die der Körper sich selbst setze, denn: »ein Organismus ist eine gänzlich außergewöhnliche Daseinsweise. Sobald ein Organismus besteht, sobald er lebt, ist er möglich. Das heißt, dass er dem Ideal eines Organismus entspricht. Die Norm oder die Regel seiner Existenz ist durch seine Existenz selbst gegeben.«[39]

Bei dem Versuch, das intellektuelle Fundament für Michel Foucaults Werk zu bestimmen, erliegt man leicht dem Problem, dass der Autor selbst einer seiner besten Interpreten ist. In jeder Phase seiner akademischen Karriere nimmt dieser rückblickende und antizipierende Neuinterpretationen seines Werkes vor, indem er die Projekte der Vergangenheit im Licht der Interessen der Gegenwart neu beschreibt. Damit verändert sich selbstredend sein Blick auf das vergangene als auch auf das zukünftige Werk. Unterschiedliche Aspekte seines Frühwerks, das – wenn man so will – mit der ersten Vorlesung des Neunundzwanzigjährigen im Wintersemester 1954 einsetzt, die er als Repetitor an der École Normale Supérieure in Paris hält, treten später deutlicher hervor. Eine Terminologie, die sich mit den frühen Arbeiten überschneidet – so taucht der Begriff der Genealogie bereits in dieser ersten Vorlesung auf –, ist doch im Spätwerk anders akzentuiert und darum verschieden. Eine Position von Foucault zu bestimmen ist darum schwierig, weil immer zu beachten ist, von welchem Punkt aus der Autor seine eigene Positionierung vornimmt.

In einem ist Michel Foucault allerdings deutlich, nämlich darin, dass seine wissenschaftsgeschichtliche und philosophisch-historische Arbeit im Wesentlichen von Georges Canguilhems Untersuchungen beeinflusst ist. Neben Georges Dumezil und Jean Hyppolite gehört dieser zu den wenigen, die Foucault in seiner Antrittsvorlesung am Collège de France ausdrücklich erwähnt, ihnen gar Anerkennung und Respekt zollt. Es gibt eine stringente Verbindung zwischen Canguilhems Epistemologie und Foucaults Archäologie, die er später in Genealogie umbenennen wird.

Wenngleich Foucaults Projekt einer Archäologie der Humanwissenschaften heute originär erscheint, so teilt es offenkundig eine Reihe wichtiger Ideen mit den Arbeiten von Gaston Bachelard und Georges Canguilhem. Wie Bachelard betont Foucault die Diskontinuität wissenschaftlicher Entwicklungen und die Diversität wissenschaftlicher Rationalitäten. Von Canguilhems Programm einer Geschichte wissenschaftlicher Begriffe und Vorstellungen ist er tief beeinflusst. Allerdings verhält sich für Foucault Wissenschaft zu Epistemologie wie Wissen zu Archäologie.[40] Gegenstand der Epistemologie ist die Wissenschaft, während diskursive Formationen oder Wissen Gegenstand der Archäologie sind. Zwischen diesen beiden Methoden und ihren Gegenständen gibt es Analogien und Veränderungen.

Gaston Bachelard geht davon aus, dass sich Vernunft am besten in einer Reflexion auf Wissen und Wissenschaft, und zwar über das Studium ihrer Wissens- und Wissenschaftsgeschichte, erkennen lasse. Seine Einwände gegen die ältere Wissenschaftsgeschichte konzentrieren sich auf zwei wesentliche Punkte: »Die philosophischen Systeme behandeln den wissenschaftlichen Geist gleichsam als Verlängerung des Alltagsverstandes und schenken der Geschichte der Wissenschaften nur deshalb ihre Aufmerksamkeit, weil sie sich davon Aufschluss über die Fähigkeit zur Vervollkommnung der menschlichen Vernunft erhoffen.«[41] Als geschlossene und finale Systeme drängen sie sich zudem einem offenen wissenschaftlichen Denken auf, während es sich umgekehrt die Wissenschaftsgeschichte nicht leisten kann, innerhalb der Reinheit spekulativen Philosophierens zu arbeiten.

Bachelards Konzept des Nouvel esprit scientifique verrät deutlich seine Treue zu einem positiven Fortschrittsdenken. Er teilt die Geschichte des Wissens in drei Punkte auf: der vorwissenschaftliche Zustand (Antike bis Aufklärung), der wissenschaftliche Zustand (Aufklärung bis zum Anfang des 20. Jahrhunderts) und der neue wissenschaftliche Geist, der mit Albert Einsteins Relativitätstheorie einsetzt.

Wie für Nietzsche, so ist auch für Bachelard Erkennen zunächst ein Verkennen beziehungsweise ein Wiedererkennen. Wir modellieren ein Objekt nach der Gestalt der uns bekannten Alltagswelt. Diese Faktoren führen zu einem Unbewussten des wissenschaftlichen Geistes. Darum gibt der Autor seinem Buch *La formation de l'esprit scientifique* (1938) den Untertitel, der auf Deutsch passend lautet: *Beitrag zu einer Psychoanalyse der objektiven Erkenntnis*.[42] Persönliche Irrtümer und Vorurteile sollen fortan nicht therapeutisch, sondern durch soziale Kontrolle überwunden werden, so Gaston Bachelard, um eine objektive Erkenntnis möglich werden zu lassen.

Dass das Denken von Bachelard und von Canguilhem auf Foucault (und auf Althusser und Serres) einen prägenden Einfluss hat, ist bekannt. Und besonders im Kreis seiner Schüler wird Bachelard auf die Grenzen seines Ansatzes aufmerksam gemacht. So hat etwa Michel Serres, ein späterer Kollege von Michel Foucault in Clermont-Ferrand, die Bachelard'sche Psychoanalyse der objektiven Erkenntnis als ein Traktat der Seelenführung bezeichnet und als einen Versuch, den Prozess der wissenschaftlichen Forschung den Geboten der christlich-abendländischen Moral zu unterwerfen. Schon dessen Sprache deute auf die besondere Form einer Katharsis hin, indem dieser Begriffe wie Habsucht und Unzucht, Stolz und Faulheit, Gefräßigkeit und so weiter benutze.[43]

Michel Serres wirft Gaston Bachelard überdies vor, dass er die Allianz zwischen Wissen und Macht – die Verflechtung der Wissenschaften mit den politischen und militärischen Mächten – ignoriere.[44] Solange eine Wissenschaftsgeschichte an der Trennung von Logos und Mythos, von Wissen und Fiktion festhalte, sei sie zum Scheitern verurteilt. Foucault folgt diesen Einwänden Serres' und dankt ihm, indem er sagt, dass »verschiedene Arbeiten von Michel Serres dieses epistemologische Feld neu definieren«[45]. Georges Canguilhem, dessen Nachfolger als Direktor des Institut d'Histoire des Sciences et des Techniques an der Universität Paris, arbeitet auf der Basis der Ideen seines Vorgängers. Allerdings nimmt er eine Reihe entscheidender Änderungen vor. Seine leitende Idee ist, dass Wissenschaftsgeschichte in erster Linie eine Geschichte wissenschaftlicher Begriffe und weniger eine Geschichte wissenschaftlicher Entdeckungen und Theorien ist.[46]

Damit betreibt er eine Geschichte veridischer Diskurse, also jener Diskurse, die in einer umfassenden Präzisierungspraxis arbeiten, die die Aufgaben haben, Wahres zu sprechen. Foucault hingegen betreibt eine Geschichte der Disziplin, indem er aufzeigt, wie beispielsweise die Medizin in umfassender Praxis auf sich selber wirkt. Der Medizin stellt sich demnach die Aufgabe eines veridischen Diskurses, das heißt einen Raum zu schaffen, in dem sie sich situieren muss, wer in einer Wahrheit leben will. Foucault verlagert also das Problem vom wissenschaftlichen Diskurs Canguilhems auf die Disziplinen, um vom »wahr sprechen« zum »In-der-Wahrheit-sein« zu gelangen. Später wird er den Begriff der Disziplin durch den des Wissens ersetzen.[47]

Doch was ist mit Epistemologie gemeint? Michael Ruoff definiert »Episteme« wie folgt: »Die Naturwissenschaften legen ein Netz von Gesetzen über die Welt, unterwerfen sie einem mathematischen Maß, unterziehen sie der logischen Analyse und klassifizieren die Natur. In dieser Bedeutung beschreiben die Episteme also die Entstehung einer Welt, die in ihren Prinzipien und Regeln so deutlich innerhalb einer Epoche hervortritt, dass sie sich mit einem ganz bestimmen ›Diskurs‹ verbinden lässt.«[48] In seiner Ordnung der Dinge (1966) führt Foucault den Begriff der Episteme ein; sie sollen die Möglichkeit von Wissenschaft erfassen, und ihr angestammtes Arbeitsgebiet wäre die Erfassung des Wissens in historischen Formationen.

In seiner *Archäologie des Wissens* (1969) heißt es: »Unter Episteme versteht man in der Tat die Gesamtheit der Beziehungen, die in einer gegebenen Zeit die diskursiven Praktiken vereinigen können, durch die die epistemologischen Figuren, Wissenschaften und vielleicht formalisierten Systeme ermöglicht werden; den Modus, nach dem in jeder dieser diskursiven Formationen die Übergänge zur Epistemologisierung, zur Wissenschaftlichkeit und zur Formalisierung stattfinden und sich vollziehen. Die Episteme ist die Gesamtheit der Beziehungen, die man in einer gegebenen Zeit innerhalb der Wissenschaften entdecken kann, wenn man sie auf der Ebene der diskursiven Regelmäßigkeit analysiert.«[49]

Viele sehen bereits in Michel Foucaults *Geschichte des Wahnsinns* (1963) den Einfluss von Georges Dumezil, indem der Autor dessen Begriff der »episteme« andeutet: »Man kann sich fragen, ob der Begriff der ›episteme‹, den Foucault schließlich in *Die Wörter und die Dinge* (1966) benutzt, um das historische Apriori zu bezeichnen, das definiert, was in einer bestimmten Epoche denkbar ist, nicht seinen Ursprung in Dumezils Vorstellung eines begrifflichen Gitters hat, das als strukturierende ›Ideologie‹ funktioniert.«[50]

Wie dem auch sei, ein Jahr nach der Veröffentlichung seiner *Archäologie des Wissens* (1969) verdeutlicht Michel Foucault in einem Diskussionsbeitrag, was er als epistemo-nomische, epistemo-kritische und epistemo-logische Analyse bezeichnet. Die epistemologische Ebene seiner Analyse ist »die Analyse der theoretischen Strukturen eines wissenschaftlichen Diskurses, die Analyse des begrifflichen Materials, die Analyse der Anwendungsfelder und der Gebrauchsregeln dieser Begriffe«[51].

Wenn Foucault an die Untersuchungen erinnert, die zur Geschichte des Reflexionsbegriffs unternommen werden und eben auf ebendieser epistemologischen Ebene angesiedelt sind, dann erinnert er an Canguilhem und dessen Untersuchung zur Formation des Konzepts der Reflexion im 17. und 18. Jahrhundert.[52] Im Fortgang spricht er von »epistemologischer Transformation«[53], »epistemologischer Schwelle«[54] und schließlich »epistemologischer Modifikation«: »Modifikationen, die nicht so sehr Modifikationen der Objekte, der Begriffe und der Theorien sind, sondern Modifikationen der Regeln, gemäß denen die biologischen Diskurse ihre Objekte bildeten, ihre Begriffe definierten, ihre Theorie konstituierten. Diese Modifikation der Formationsregeln der Objekte, der Begriffe, der Theorien versuche ich zu isolieren.«[55]

Eine epistemologische Transformation ist die Voraussetzung einer Möglichkeit für die Existenz eines Systems wissenschaftlicher Behauptungen, die sich wiederum als wahr oder falsch erweisen können. Diese Form der Transformation lässt sich als Voraussetzung der Möglichkeit für das Entstehen eines wissenschaftlichen Diskursbereiches bezeichnen, der dann wiederum theoretische Strukturen, begriffliches Material, Anwendungsfelder und Gebrauchsregeln aufweist. Eine epistemologische Transformation, wie sie Foucault realisieren will, soll eine Voraussetzung für die Möglichkeit von Wahrheit oder Falschheit eines wissenschaftlichen Diskursbereiches sein.

Auf Canguilhems Frage nach dem »Cercle d'épistémologie« von 1968: »Soweit es sich um ein theoretisches Wissen handelt, ist es möglich, es in der Spezifität seines Begriffs ohne Bezug auf irgendeine theoretische Norm zu denken?«, antwortet Foucault mit einem klaren Nein.[56] Foucault sieht seine Arbeit auf einer anderen Ebene der Analyse als Canguilhem. Jener »analysierte die Mutationen, die Verschiebungen, die Transformationen im Feld der Geltung und der Verwendungsregeln der Begriffe«[57]. Bei Foucault bildet sich jedoch ein Wissenssystem, dass »sein eigenes Gleichgewicht und seinen eigenen Zusammenhang hat«[58].

Was Foucaults Analyse von der Canguilhems unterscheidet, ist die spezifische Ebene, auf der dieser seine Analyse betreibt. Was beider Arbeiten verbindet, ist die Formulierung von Regeln und Normen, die in ihrer Komplexität einen je eigenen Typus von Gleichgewicht und Zusammenhang erzeugen.[59] Foucault sucht also fortwährend nach einer besonderen Form von Systematik, nach einer Reihe von Regeln, die sowohl Ausschluss als auch Auswahl bedeuten; das sind Festlegungen, die er mit Canguilhem teilt. Doch wie kommen analytische Werkzeuge bei ihm zum Einsatz? Indem er weder einzelne Werke noch einzelne Wissenschaften oder Disziplinen konstituiert, sondern die von ihm sogenannten Diskurspraktiken, die ein Wissen konstituieren. Hier hebt er sich von epistemologischen Wissenschaftshistorikern wie Canguilhem deutlich ab.

Foucault gründet eine Archäologie, die zwischen einem »Willen zum Wissen« (volonté du savoir) und einen »Willen zur Wahrheit« (volonté de la vérité) unterscheidet. Eine Reihe von Regeln und Normen soll festlegen, welche Aussagen wahr oder falsch sind. Dieser regelgeleitete Diskurs hat seine Grenzen im »Willen zur Wahrheit«. Eine Aussage, die beispielsweise eine Regel verletzt, ist nicht wahr oder falsch, allenfalls zusammenhanglos. Folglich wird sich das Wissen weiter unterteilen, eben nicht mehr nur in wahr oder falsch. Diese neuen Unterteilungen haben wiederum neue Regeln, die neue interne Wissenschaftsstrukturen aufweisen. Zu diesen internen Bedingungen (der Möglichkeit von Aussagen überhaupt) gehört schließlich eine Transformation des Willens zur Wahrheit.

Zwischen der Organisation des Wissens und dem Aussprechen der Wahrheit unterscheidet Michel Foucault zwei Episteme, zwei Ordnungen des Wissens, denn »das klassische Sein war ohne Fehler; das Leben ist ohne Randzone und Abstufung«[60]. Während im klassischen Zeitalter der Mensch nur das sehen kann, was er auch wird sagen können, transkribiert er das Sichtbare in Sprache – ein Zustand, von dem wir heute weit entfernt sind. »Das System des Sagbaren kann die Ordnung der Welt abbilden«[61], denn am Anfang war ein Typus, der die individuellen Eigenschaften aus sich selbst hervorgehen lässt: »Am Anfang war das Wort.«[62]

In seinem Buch *Die Ordnung der Dinge* verfolgt der Autor ebendiesen Wandel von der Sprache hin zur Sichtbarkeit und damit zur Geschichtlichkeit der Dinge. Darum kann er sechs Jahre später sagen: »Wenn ich von Episteme spreche, verstehe ich darunter die gesamten Bezüge, die in einer bestimmen Epoche zwischen den verschiedenen Bereichen der Wissenschaft bestanden haben. All diese Phänomene von Bezügen zwischen den Wissenschaften oder zwischen den verschiedenen Diskursen in den verschiedenen Wissenschaftssektoren bilden das, was ich die Episteme einer Epoche nenne.«[63] Diese Veränderung macht aus dem Epistemologen bald den Archäologen und schließlich den Genealogen. Diese Veränderung führt Michel Foucault von der Wissenschaft hin zum Wissen.

Archäologie und Epistemologie trennt deshalb die historische Fragestellung, sobald die Dimension des Wissens hinzukommt. Und gerade solche Veränderungen gehören für Foucault zur Geschichte des Verhältnisses zwischen dem Willen zum Wissen und dem Willen zur Wahrheit. Und nur darum konnte er von spezifischen zu allgemeinen Epistemen wechseln und von der Archäologie zur Genealogie gelangen. Seine Genealogie ist – mit Nietzsche gedacht – eine Analytik der Macht, die theoretisch von ihm im ersten Band der Geschichte der Sexualität eingeführt wird[64], denn »Sexualität liegt nicht immer schon vor, sondern entspringt dem Diskurs der Macht«[65]. Sein Interesse an der Machtanalytik gilt den drei Ebenen von Struktur, Dynamik und Strategie von Machtbeziehungen.[66] Zum Schluss gelangt er zur »Analyse der historischen Formen, in denen sich Individuen als Subjekte konstituieren und anerkennen«. Das beschreibt er im Sinne einer Ethik in den beiden weiteren Bänden von Sexualität und Wahrheit.[67]

»Archäologie, Genealogie und Ethik – also die Analyse der Diskursformationen, der Machtrelationen und der moralischen Selbstarbeit in ihren jeweiligen historischen Formen – sind für Foucault aber nicht einfach drei verschiedene Formen historischer Analyse. Foucault bezeichnet dieses Gesamtunternehmen unter anderem als eine komplexe ›Geschichte der Wahrheit‹, die das Ziel hat, die Entwicklung der Wahrheitsspiele zu untersuchen.«[68]

Im Sommer des für Michel Foucault so wichtigen Jahres 1946 werden die Namen der an die École Normale Supérieure Aufgenommenen angeschlagen, und an vierter Stelle steht seiner. Achtunddreißig von fünfzig jungen Männern im Alter von neunzehn oder zwanzig Jahren werden angenommen. Für ihn beginnt nun ein neues Leben. All die Mühen, das fleißige Studieren und Arbeiten haben sich gelohnt. Zugleich ist er sich darüber bewusst, dass sich die kommenden Jahre für den notorischen Einzelgänger nicht nur angenehm gestalten werden. Er ist nun ein »normalien«.

Foucault soll es wohl nicht gelingen, sich an das Leben in einer Gemeinschaft anzupassen, sich einem sozialen Leben zu fügen, wie es von der Verwaltung der École verlangt wird. Die Tage hier werden für ihn unerträglich, und er zieht sich immer mehr in seine Einsamkeit zurück. Er entwickelt eine kalte Arroganz, indem er über andere spottet, einige mit Spitznamen belegt und über manche Kameraden öffentlich herzieht. Er gerät mit den meisten in Streit, verfeindet sich und wird aggressiv. Er inszeniert seine Genialität in dem vollen Bewusstsein, dass er sie besitze, mit der Folge, dass ihn beinahe alle verabscheuen.

Sein um drei Jahre jüngerer Mitschüler und lebenslanger Freund Maurice Pinguet berichtet in einem Rückblick: »Er liebte brillante Formulierungen und

Wortspiele. Er lachte gern. Er war neugierig auf alles, neugierig vor allem auf Menschen, schnell bereit, neue Ideen aufzunehmen und neuen Gesichtern zu begegnen. Niemals habe ich ihn blasiert oder gleichgültig gesehen. Aber er war ungeduldig, manchmal sarkastisch bis zur Bitterkeit. Er war unbarmherzig gegenüber Illusionen, und niemand glaubte weniger an etwas als er.«[69] Zu dieser Gruppe von engeren Mitschülern gehören neben Pinguet auch Gérard Genette, Jodelet, Molino, Passeron – und die beiden Intellektuellen Pierre Bourdieu und Paul Veyne, die sich später auch biografisch und theoretisch über Foucaults Leben und Werk äußern.[70] Michel Foucault ist ein junger, lachender Mann mit lebhafter Gestik, von dem es heißt, er sei »intelligent, wie alle Homosexuellen«[71].

III. École Normale Supérieure

»Es ist noch nicht einmal möglich, über
Wahrheit zu sprechen, das ist ein Teil der
Qual. Paradoxerweise kann der Künstler,
indem er dem Formlosen Form gibt, einen
möglichen Ausweg finden.«
Samuel Beckett[1]

Im Juli 1946 erhält Michel Foucault im zweiten Anlauf die Zulassung zur École
Normale Supérieure. Weil er sich ärgert, bei der mündlichen Prüfung ein philosophisches Zitat falsch ausgesprochen zu haben, macht er sich ernsthaft daran,
Deutsch zu lernen. Das wird ihm später helfen, die Texte von Hegel, Heidegger,
Husserl, Jaspers, Kant, Marx und Nietzsche im Original zu lesen. An der École
trifft er nach Jean Hyppolite auf eine zweite für sein Leben sehr zentrale Person:
den Wissenschaftsphilosophen und Wissenschaftshistoriker Georges Canguilhem.
Dieser hatte Philosophie und Medizin studiert und die École Normale Supérieure
im gleichen Jahrgang mit Jean-Paul Sartre und Raymond Aron absolviert.

Canguilhem ist im Krieg in der Résistance aktiv, lehrt später an der Universität
Strasbourg und wird schließlich Generalinspektor des nationalen Bildungswesens
in Frankreich. 1955 tritt er an der Pariser Sorbonne die Nachfolge des Wissenschaftsphilosophen Gaston Bachelard an. Canguilhem hat einige einflussreiche wissen-
schaftshistorische Arbeiten zur Geschichte der Medizin und der Historie der Biologie verfasst, die eine neue Perspektive der Wissenschaftsgeschichte begründen. Er
wendet die von Bachelard auf die Physik und die Chemie bezogenen wissenschaftshistorischen Untersuchungen schlichtweg auf Biologie und Medizin an. Canguilhem kritisiert besonders die Tendenz, Krankheitszustände als Abweichung von einer
physiologisch ermittelten Norm zu interpretieren. Er betont die Autonomie des Lebenden, dessen Kräfte der Selbstregulation und Selbstgestaltung im eigenen Körper.
Wichtig seien die Werte und Ziele, die sich der Organismus selbst setze.

Nach Canguilhem ist der Organismus eine gänzlich außergewöhnliche Da-
seinsweise. Sobald der Organismus entstehe, sobald er lebe, sei er auch möglich.
Dann entspreche er dem Ideal des Organismus. Die Norm oder die Regel seiner
Existenz sei durch seine Existenz selbst gegeben.[2] Sozialethisch bedeutet das für
Canguilhem, dass gesellschaftliche Normen nützliche Instrumente für die Förde-

rung der Ordnung im Gemeinwesen sein können, aber dass dabei auch die Gefahr besteht, dass sie zur Beförderung von Lebensentwürfen des Durchschnitts und zu Gesellschaften des Durchschnitts verdinglicht werden. Dieser erdrückenden Durchschnittlichkeit setzt Georges Canguilhem die Normativität des menschlichen Organismus entgegen.[3]

Canguilhem spielt eine bedeutende Rolle im Netzwerk der französischen Nachkriegsphilosophie. Gemeinsam mit seinen Kollegen nimmt er 1946 Michel Foucaults mündliche Aufnahmeprüfung ab. Im Herbst nach bestandener Prüfung beginnt Foucault sein Studium der Philosophie; wenig später kommt Psychologie hinzu. In einem etwas distanzierten Rückblick konstatiert er mehr als drei Jahrzehnte später in einem Interview: »Für jemanden, der am Ende des Zweiten Weltkriegs zwanzig Jahre alt war und der sich von der Moral des Krieges nicht hatte mitreißen lassen – was konnte so jemandem die Politik bedeuten. Diese Gesellschaft, die den Nazismus zugelassen hatte, die vor ihm im Staub gelegen hatte und dann mit fliegenden Fahnen zu de Gaulle übergelaufen war. Die Welt und die Gesellschaft, die uns vorschwebte, wäre nicht nur eine andere gewesen, sondern eine, in der auch wir andere gewesen wären; wir wollten völlig andere sein in einer völlig anderen Welt.«[4]

Jean-Paul Sartre ist knapp über vierzig Jahre alt, und Georges Bataille gründet die Zeitschrift *Critique*. An der École schließt Michel Foucault eine dauerhafte Freundschaft mit vielen Kommilitonen, darunter Pierre Bourdieu, Robert Mauzi, Jean-Claude Passeron, Maurice Pinguet, Jean-Pierre Serre, Paul Veyne und andere. Für ihn persönlich ist es eine unglückliche Zeit, weil er Schwierigkeiten mit seiner äußeren Erscheinung und mit seiner sexuellen Orientierung hat.

Michel Foucault schreibt sich an der nahe gelegenen Sorbonne für die Fächer Philosophie und Psychologie ein. Foucaults philosophisches Interesse gilt zuerst Hegel, dann Marx und schließlich Heidegger. Zu seinen Lehrern zählen neben Jean Hyppolite der Marxist Louis Althusser und der Phänomenologe Maurice Merleau-Ponty. Er hört die Vorlesungen von Merleau-Ponty, der in das Denken von Ferdinand de Saussure einführt. Jean Beaufret stellt Martin Heidegger vor, und Jean Desanti verfolgt die Verbindung von Marxismus und Phänomenologie.[5]

Das Leben in der kargen und tristen Klosterenge dieser philosophischen Lehranstalt mit ihren kleinen, häufig mehrfach belegten Zimmern fällt Michel Foucault nicht leicht. Auch wenn er Freundschaften schließt, sind seine Probleme mit den Regeln und der Präsenz des Gemeinschaftslebens bestimmend. Zeitgenossen beschreiben ihn als egozentrischen Einzelgänger, der zudem – selbst homosexuell – an der gesellschaftlichen Ächtung der Homosexualität im damaligen Frankreich leidet.

Im Dezember 1948 unternimmt der nach außen brillant wirkende Michel Foucault einen ersten Freitodversuch. Vermutlich wegen seiner nicht gelebten Homosexualität und wohl auch, weil er das Leben in der Internatsgemeinschaft hasst. Danach leidet er unter Angstzuständen; er stürzt sich hemmungslos in die Arbeit und verfällt zumindest kurzzeitig dem Alkohol. Fortan widmet er sich ganz dem

Studium der Philosophie und Psychologie. 1949 legt er sein philosophisches Examen (Licence) über Hegels *Phänomenologie des Geistes* ab.

Hegels Diktum, nämlich dass »Philosophie ihre Zeit in Gedanken ist«, vermittelt den Eindruck, dass sie sich auf der Höhe des Geschehens glaubt. Foucault ist fasziniert von dieser Angleichung der »Sicht von sich selbst auf eine aussichtslose Welt«, wie es Peter Sloterdijk ausdrückt.[6] Die Prognose des Selbstabdankens der Philosophie konterkariert Foucault mit einem Denken, das zu sich selbst kommt. Philosophie, verstanden als Spannung zwischen Heteronomie und Autonomie, birgt für ihn neue Perspektiven.

Sein Internatszimmer dekoriert er mit Abbildungen von Folterszenen.[7] Im Juni 1950 unternimmt er einen zweiten Suizidversuch. Im Oktober 1950 macht er einen kurzen Alkoholentzug. Schließlich begibt er sich kurzfristig in psychiatrische Behandlung in die Pariser Klinik Sainte-Anne. Daraufhin kommt es zum Streit mit dem Vater. Der Einfluss von Louis Althusser lässt ihn diese Selbstpsychiatrisierung abbrechen.[8] Wenn man so will, macht er in dieser Klinik die ersten Erfahrungen mit einer (un-)möglichen Grenzziehung von Wahnsinn und Vernunft.

1947 ANTONIN ARTAUD

In der Nacht des 24. Januar 1947 realisiert Antonin Artaud auf der Bühne eines kleinen Pariser Theaters seine lange geplante Idee von einem *Theater der Grausamkeit*. Seit zwölf Jahren tritt der vor Kurzem aus einer psychiatrischen Anstalt entlassene Patient nicht mehr auf, und das so zahlreich erschienene Publikum kann kaum erahnen, was es hier erwarten wird. Neun Jahre wird Antonin Artaud eingesperrt, erträgt mehr als sechzig Elektroschock-Behandlungen und steht nun auf dieser Bühne und murmelt hermetische und fremdartige Formeln, die keiner versteht. Dieses Datum geht in die Geschichte ein, in die Geschichte eines neuen Theaters als dem *Theater der Grausamkeit*.[9]

Es schreit aus ihm heraus: »Hätte es niemals Ärzte gegeben, dann hätte es auch niemals Kranke gegeben. Auch der Tod muss leben; und es gibt nichts, das den Tod so zartfühlend ausbrütet wie ein Irrenhaus. Der Krieg wird Vater und Mutter ersetzen.«[10] Als ob er Michel Foucaults Themen vorwegnimmt, spricht Antonin Artaud diese in wenigen Sätzen aus: Wahnsinn und Psychiatrie, Geburt und Klinik, Tod und Krieg, und so weiter.

Diese Theaternacht scheint unendlich: Mehr als drei Stunden verausgabt sich der Dichter, bis er schließlich erschöpft auf der Bühne zusammenbricht. Der neunundsiebzigjährige André Gide umarmt den erschöpften Antonin Artaud und beendet die Szene. Später erinnert er sich: »Was konnte man sagen? Man hatte gerade einen von einem Gott fürchterlich erschütterten unglücklichen Menschen gesehen. Nie zuvor erschien er mir so bewundernswert.«[11] Vierzehn Monate später, im Mai 1948, stirbt Artaud.

Mit dem Potenzial einer modernen Mischung von Poesie und Prosa bleibt Artauds unheimliches Genie zumindest in der Erinnerung gegenwärtig. Sein, wenn man so will, offenkundiger Wahnsinn zeigt sich in seinem einzigartigen Werk – spätestens im Œuvre nach 1935.

In der besagten Nacht von 1947 überschreitet er mit viel Improvisation die Grenze zwischen Schein und Wirklichkeit, Imagination und Realität. Foucault resümiert knapp fünfzehn Jahre später, Artaud zeige dem Publikum jenen Ort körperlichen Leidens und Schreckens, der das Nichts umgibt oder vielmehr mit ihm zusammenfällt. Eine »Sprache des Wahnsinns entsteht von neuem, aber als lyrischer Ausbruch.«[12] Und dieser Ausbruch entfaltet sich oder spielt auf zwei möglichen Bühnen: in der Psychoanalyse und im Theater, so Foucault. »Körper schreien, Hände und Finger gestikulieren, ohne irgendetwas darzustellen, zu kopieren, nachzuahmen. Und in jeder dieser beiden divergierenden Folgen finden wir Freud und Artaud, die einander ignorieren, aber zugleich in Resonanz miteinander treten.«[13]

Foucault führt weiter aus: »Artaud wird zum Boden unserer Sprache gehören und nicht zu ihrem Bruch, und die Neurosen zu den konstitutiven Formen unserer Gesellschaft.«[14] Und: »Wir finden die Bewegung, in welcher der Sprechende verschwindet, bei Artaud, bei dem jegliche diskursive Sprache sich in der Gewalt des Körpers und des Schreis auflösen muss und das aus der geschwätzigen Innerlichkeit des Bewusstseins entlassene Denken zu materieller Energie wird, zur Qual des Fleisches, zur Verfolgung und zur Zerrissenheit des Subjekts.«[15]

Das, was als geisteskrank bezeichnet wird, bringt gelegentlich moderne Dichtung hervor, so im Fall von Antonin Artaud: »Genau das zieht mich zu Hölderlin hin und zu Sade, Mallarmé oder auch zu Raymond Roussel und Artaud.«[16] Und: »Antonin Artaud war selbst schizophren; nach dem Verblassen des Surrealismus eröffnete er der Poesie neue Perspektiven.«[17] Foucault stellt jedoch die Figur des »poète maudit« infrage: »Von der Position der Ausgebeuteten, der Elenden, des Verworfenen, des Verfemten, des der Subversion und Unmoral Beschuldigten«[18] aus wird sich kein intellektueller Diskurs mehr legitimieren können. Artaud übernimmt aber eine Zeugenfunktion, weil sich sein Leben und Werk aus dem Beziehungskontext von Geisteskrankheit und Literaturproduktion schlüssig erklären lässt.

Foucault sieht in seinem Buch *Wahnsinn und Gesellschaft* (1961) die tragischen Gestalten des Wahnsinns, welche Hieronymus Bosch malt, auch in Antonin Artaud. Er schreibt: »Der Humanismus der Renaissance war keine Vergrößerung des Menschen, sondern bedeutete seine Herabsetzung.«[19] Foucault sieht Artaud ebenso herabgesetzt durch die französische Vor- und Nachkriegsgesellschaft. Diejenigen, die wie Artaud »tragische Erfahrungen« machen, werden weiterhin in den Verliesen der modernen Gesellschaft eingesperrt.

In diesem Buch widmet sich der Autor den Leben, den Äußerungen und den Werken der Künstler und Denker, Schriftsteller und Autoren, die gemeinhin als »verrückt« bezeichnet werden. Über Antonin Artaud, eben einen dieser Gewährsmänner, formuliert es Michel Foucault so: »Man müsste also mit aufmerksamem

Ohr sich jenem Geraune der Welt zuneigen und versuchen, so viele Bilder, die nie in der Poesie ihren Niederschlag gefunden haben, so viele Phantasien wahrzunehmen, die nie die Farben des Wachzustandes erlangt haben.«[20]

Zu diesen als »verrückt« Bezeichneten gehören für Foucault Denker wie Antonin Artaud, Georges Bataille, René Char, Vincent van Gogh, Friedrich Hölderlin, Stéphane Mallarmé, Gérard de Nerval, Friedrich Nietzsche, Pierre Rivière, Raymond Roussel, der Marquis de Sade und August Strindberg. Deren Werke sind allesamt einsam, merkwürdig, fremdartig und unternehmen den verzweifelten Versuch, »die animalischen Energien des Menschseins der Vergessenheit zu entreißen, lassen aus Notwendigkeit dem Toben grausamer und morbider Phantasiegebilde freien Lauf, bevor sie in das Schweigen des Wahns verfallen oder den Freitod wählen«[21]. Deren Werke können weder als unmittelbare noch als eine bestimmte Einheit oder als eine homogene Einheit betrachtet werden[22] – wie übrigens auch das Werk von Michel Foucault.

Sie verarbeiten ihre Erfahrungen in einer geballten Form von Sprache, die für Außenstehende mindestens als hermetisch, ungewöhnlich oder unzugänglich gelten muss. »Man trägt das Phantastische nicht mehr im Herzen. Man braucht, um zu träumen, nicht mehr die Augen zu schließen, man muss lesen.«[23] Am Ende steht das Schweigen: »Durch den Wahnsinn, der sie unterbricht« gibt es »eine Leere, einen Augenblick des Schweigens, eine Frage ohne Antwort, einen Zwist ohne Versöhnung.«[24] Auf diese Weise wird »der Welt ihre Schuld bewusst gemacht«[25]. Diese Schuld der Welt besteht aus dem Teufelskreis von Überschreitung und Schuldgefühl, und Artaud wie Foucault sind auf der Suche nach einem Leben in dieser Welt, denn »seit seiner ursprünglichen Formulierung legt die historische Zeit ein Schweigen auf etwas, das wir in der Folge nur in den Begriffen der Leere, der Nichtigkeit und des Nichts erfassen können. Die Geschichte ist nur auf dem Hintergrund einer geschichtlichen Abwesenheit inmitten des großen Raumes voller Gemurmel möglich, den das Schweigen beobachtet, als sei er seine Berufung und seine Wahrheit.«[26]

Bei Artaud finde sich »diese seltsame und etwas monströse Vermählung von Literatur und Wahnsinn«, so Foucault.[27] Und er habe seine »persönlichen Gedanken über den Wahnsinn und dessen Verhältnis zur Literatur hinzugefügt, vor allem soweit es große Gestalten wie Nietzsche und Artaud betraf«[28]. Und: »Das Verhältnis zwischen Wahnsinn und Verbrechen, Schönheit und Kunst ist ausgesprochen rätselhaft. Wir sollten herausfinden, warum wir diesen Zusammenhang für selbstverständlich halten.«[29]

Antonin Artaud will die eigenen Körpergrenzen überschreiten und eine Art eigene Kreuzigung erfahren. In seinem letzten Hörspiel *Schluß mit dem Gottesgericht* (1947) schlägt er eine Art dionysische Kastration vor, denn: »der Mensch ist krank, weil er schlecht konstruiert ist. Man muss sich dazu entschließen, ihn bloßzulegen, um ihm diese Mirkobe abzukratzen, die ihn zu Tode reizt.« Seine Vorstellung von einem organlosen Körper erscheint vielleicht absurd, und doch greifen die beiden Autoren Gilles Deleuze und Félix Guattari diese Idee in ihrem

Bestsellerbuch *Anti-Ödipus* (1972) auf und weiten sie aus.[30] Im Folgeband *Tausend Plateaus* (1974) widmen sich die beiden Wissenschaftler im sechsten Kapitel dem Thema: »Wie man sich einen organlosen Körper schafft«[31].

Im Nachklang ist Michel Foucault an jener Analyse interessiert, warum durch eine vermeintliche Befreiung eher eine neue moralische und stark repressive Phase ausgelöst wird. Dahinter vermutet er einen moralisierenden Sadismus oder, mit Artaud gesprochen, eine Form von Grausamkeit, auf der jedes Wissen beruht. Er nennt dieses ein »so grausames Wissen« (1962)[32]. In der Analyse einer Psychologie des Wahnsinns offenbart er eine Lächerlichkeit, die ihr Wesentliches zeigt, nämlich die Überprüfung ihrer eigenen Bedingungen.

Antonin Artaud begleitet Michel Foucaults Lebenswerk. Noch in den Vorlesungen *In Verteidigung der Gesellschaft* (1976) kombiniert dieser die Begriffe Vernunft und Wahrheit mit der Grausamkeit: »Die Vernunft steht auf Seiten der Schimäre, der List, der Bösen, auf der anderen Seite, am anderen Ende der Achse haben wir eine elementare Grausamkeit: die Gesamtheit der Gesten, Akte, Leidenschaften, der zynischen und nackten Wutanfälle; wir haben eine Grausamkeit, die aber auch auf der anderen Seite der Wahrheit ist.«[33]

IV. Diplom und Suizidversuch

»Jeder Selbstmordwunsch ist erfüllt von der Welt,
in welcher ich nicht mehr hier oder dort, sondern
allenthalben da wäre und in der jede Zone mir
ganz durchsichtig und zugehörig wäre. Der Selbstmord ist nicht eine Beseitigung der Welt oder meiner Person oder beider zusammen.«
Michel Foucault[1]

Michel Foucault besucht 1947 die Vorlesungen von Maurice Merleau-Ponty über das Thema der Einheit von Seele und Körper und über das Werk des Philosophen Henri Bergson. Diese Stunden veranlassen ihn zu seinem ersten Dissertationspro-jekt, eine Arbeit über die Entstehung der Psychologie bei den Nach-Cartesianern, die er jedoch nicht schreiben wird. Schon im Oktober 1948 wird Louis Althusser Repetitor für Philosophie an der École Normale Supérieure und tritt in die Kom-munistische Partei Frankreichs (PCF) ein. Er wird Foucault zwei Jahre später über-zeugen, ebenfalls Mitglied zu werden. Foucault erinnert sich dreißig Jahre später: »Ich traf mich oft mit Louis Althusser, der in der PCF aktiv war. Übrigens bin ich ein wenig unter seinem Einfluss eingetreten.«[2] Als er 1952 wieder austrat, antwor-tet Althusser auf die Frage nach dem Grund: »wegen seiner Homosexualität«[3].

Als 1952 Stalins Ärzte angeklagt sind, ein Komplott gegen ihn geschmiedet zu haben, riecht diese Denunziation stark nach Antisemitismus. Doch alle Mit-glieder der PCF bemühen sich, die offizielle sowjetische Version zu billigen, auch Foucault. Im Winter, in den Tagen dieser Verschwörung, tritt er aus der PCF aus: »Auch das gehört zu jener verhängnisvollen Art und Weise, zur Existenzweise von Parteimitgliedern: Die Tatsache, etwas vertreten zu müssen, das in diametralem Widerspruch zu dem steht, was man für plausibel hält, war ein Teil jenes Exerzi-tiums der Ich-Auflösung und der Suche nach dem ganz Anderen.«[4] Drei Monate später klärt sich das Komplott auf, Stalin stirbt am 5. März 1953, und die Partei hat keine Antwort: »Das war der Moment, in dem ich die PCF verließ.«[5] Eribon spekuliert, dass Foucault über drei Jahre Mitglied der PCF ist und dass er sich weitaus langsamer vom Marxismus lösen wird. Foucault erklärt, dass »der Marxis-mus keine Philosophie ist, wohl aber eine Erfahrung auf dem Wege, der zu einer Philosophie führt«[6].

1948 erwirbt Michel Foucault die Licence in Philosophie an der Sorbonne und ein Jahr später die Licence in Psychologie. Er hört Vorlesungen bei Daniel Lagache, der die Fächer allgemeine Psychologie und Sozialpsychologie an der philosophischen Fakultät unterrichtet. Die Lehrveranstaltungen in Psychophysiologie interessieren ihn weniger, wenngleich er auch dort ein Zertifikat erwerben muss. Maurice Merleau-Ponty macht in seiner berühmten Vorlesung *Die Wissenschaft vom Menschen und die Phänomenologie* seine Zuhörer, darunter Michel Foucault, mit dem Denken Ferdinand de Saussures bekannt.

Seiner Licence in Psychologie fügt er im Juni 1949 ein Diplom des Institut de psychologie de Paris hinzu, an dem ebenfalls Daniel Lagache lehrt. Als 1967 die französische Originalausgabe des *Vokabulars der Psychoanalyse* von Jean Laplanche und Jean-Baptiste Pontalis erscheint, das heute zu einem Klassiker der psychoanalytischen Kompendien zählt, schreibt Daniel Lagache die Einleitung: »Man schlägt sich also mit Worten, aber nicht um Worte. Was es hinter den Worten zu finden gilt, sind Fakten, Ideen, ist die begriffliche Organisation der Psychoanalyse.«[7]

1948 unternimmt Foucault einen ersten Freitodversuch. 1949 befürchtet er, alkoholabhängig zu sein, und beginnt eine Psychotherapie. 1950 wird er Anhänger der Kommunistischen Partei. Im Juni begeht er einen zweiten Freitodversuch. Foucault beginnt eine Psychoanalyse und akzeptiert endlich nach und nach seine Homosexualität.

Er liest Georges Bataille und ist von dessen Theorie der Überschreitung von Grenzen angetan. Ihm wird (aus politischen Gründen) eine versprochene Assistentenstelle an der Sorbonne verweigert. Eine Art Hexenjagd gegen französische Kommunisten beginnt. Im August ist er zum ersten Mal – aus Anlass einer Studienreise nach Göttingen – überhaupt im Ausland.

Für Michel Foucault beginnt einerseits ein neues Leben, andererseits entwickelt sich seine Persönlichkeit in extremer Weise. Der erste Suizidversuch 1948 im Alter von zweiundzwanzig Jahren ist ein erstes Anzeichen für eine zunächst unheilvolle Entwicklung. Seine Kommilitonen finden eine Art Bestätigung, indem sie sagen, dass sie immer schon vermutet hatten, dass sein seelisches Gleichgewicht mehr als gestört sei. Es heißt, er sei »vermutlich schon immer dem Wahnsinn nahe gewesen«[8]. Es ist Eribon entschieden zu widersprechen, wenn dieser in seinem Buch laufend die These wiederholt, Michel Foucault sei dem Wahnsinn schon immer sehr nahe gewesen. Der Autor unterstellt damit, dass dessen Suizidversuche eine Bestätigung für dessen gestörtes psychisches Gleichgewicht seien.

Als sein Vater von der unheilvollen Entwicklung seines Sohnes erfährt, bringt er ihn höchstpersönlich zu einem Spezialisten der französischen Psychiatrie, Professor Jean Delay am Hôpital Sainte-Anne. Damit hat Michel Foucault 1948 seinen ersten Kontakt mit der Psychiatrie. Diese schmerzliche Episode bringt ihm ein Privileg ein, um das ihn viele seiner Kameraden beneiden: ein eigenes Zimmer.

Er erhält als einziger »normalien« ein Einzelzimmer im Krankenrevier in der École Normale Supérieure. Das bedeutet für ihn zumindest Ruhe beim Arbeiten, isoliert ihn aber weiter von seiner Umwelt. Sein ihn betreuender Arzt in der École kommt zu dem Schluss, dass »diese Störungen von einer sehr schlecht ausgelebten und verarbeiteten Homosexualität«[9] herrühren. Es ist nicht selbstverständlich in der (europäischen) Nachkriegszeit, Homosexualität zu leben, denn es ist eine Zeit starker Nichtakzeptanz und großer Intoleranz. Die Lüste einer abweichenden Sexualität sind nur in den Dunkelzonen des Nachtlebens zugelassen von einer Gesellschaft, die das Abweichende nicht zulässt, sondern ausgrenzt. Homosexualität wird mit Begrifflichkeiten wie Trauma, Neurose, Minderwertigkeit und Disposition zum Unglück in Verbindung gebracht und gleichgesetzt. Die Folgen sind Lüge und Selbstlüge, aber auch Hetze und Gewalt gegen Homosexuelle.

Michel Foucault bleibt also nicht anderes übrig, als nachts in Schwulenbars oder zum Straßenstrich zu gehen. Zunächst kehrt er noch niedergeschlagen von diesen Streifzügen zurück und fühlt sich in der Folge deprimiert. Das wird sich später ändern. Doch noch hält er sich versteckt, und viele seiner Kommilitonen wollen seine Homosexualität nicht bemerken, auch wenn sie darüber spekulieren. Vielleicht auch, weil einige von ihnen selbst schwul sind und die Homosexualität an sich nicht zum Thema machen wollen. Im Nachhinein erklären sie sich Foucaults Interesse für Psychologie, Psychoanalyse und Psychiatrie mit dessen eigener Homosexualität.

Foucault will alles verstehen, was mit dem Privaten und dem Ausschließenden in Zusammenhang steht. Sein stark ausgeprägtes Interesse für Psychologie ist von den Elementen seiner persönlichen Biografie geprägt. Als *Wahnsinn und Gesellschaft* erscheint, sehen alle, die ihn kennen, dass das Buch eng mit seiner persönlichen Geschichte verknüpft ist. Viele sagen, dass sie immer geglaubt haben, dass Foucault eines Tages über Sexualität schreiben wird. Er muss der Sexualität einen zentralen Raum in seinem Werk geben, weil sie ja auch in seinem Leben zentral ist.

Auch in der Erkenntnis der Tatsache, dass die Geschichte des Wahnsinns eine Ergänzung der französischen Aufklärung ist und darum etwas ist, das in der Vergangenheit an die deutsche Philosophie abgegeben wurde, nämlich die Selbstreflexion der Aufklärung gegenüber den von Kant und Hegel, Marx und Freud vorgelegten Studien über Geschichte und Dialektik, Entfremdung und Wahn. Hier versucht Michel Foucault an ebendiese französische Tradition anzuknüpfen. Er sucht Argumente für das normative Urteil, dass nämlich Vernunft und Unvernunft auf unzertrennliche Weise aneinander gebunden sind. Die Behauptung, dass er die Sexualität als Thema diesem Projekt der Aufklärung hinzufügt, kann erst mit dem Erscheinen des ersten Bandes von *Sexualität und Wahrheit* (1976) belegt werden, also dreißig Jahre später. Seine letzten Bücher sind so etwas wie seine persönliche Ethik, die er sich selbst abgerungen hat. Sartre hat nie eine Ethik geschrieben, Foucault dagegen hat es.

Im Nachhinein versuchen alle, die ihn kennen oder eben auch nicht, sich sein Werk als verankert in seiner Jugend zu erklären. Doch sein Werk lässt sich weder aus der Homosexualität allein erklären, auch wenn sie ein wichtiger Impuls ist,

noch kann man auf die dramatischen Jahre in der École Normale Supérieure ungebrochen rückschließen auf ein Werk, das sich in den kommenden vier Jahrzehnten
erst noch entwickeln muss.

1948 LOUIS ALTHUSSER

In der Schule in der Rue d'Ulm übernimmt 1948 ein Absolvent der École Normale
Supérieure die Aufgabe eines »agrégé répétiteur« für Philosophie mit dem Namen
Louis Althusser. Er bereitet die Schüler auf den anstehenden »concours d'agrégation« vor. Dieser dreißigjährige Student ist bis dahin unbekannt und wird es noch
weitere sechzehn Jahre bleiben, doch seine Schüler sind von ihm beeindruckt – so
auch Michel Foucault: »Ich war der Schüler von Althusser.«[10]

Althusser selbst ist 1918 geboren und besteht 1939 die Aufnahmeprüfung an
der ENS, wird ein Jahr später zum Militärdienst eingezogen und verbringt fünf
Jahre in deutscher Kriegsgefangenschaft, bis er mit dem Kriegsende nach Frankreich zurückkehrt. 1948 besteht er die Agrégation, übrigens ein Jahr vor Gilles
Deleuze, und übernimmt fortan die pädagogische Betreuung für die neuen Schüler. Bei Althusser studieren mit Foucault auch Jacques Derrida, Régis Debray und
weitere. Hier entsteht ein Netzwerk der akademischen Elite in Paris der Zeit vor
und nach 1968.

In den fünfziger Jahren deuten sich bereits Althussers psychologische Probleme an: Seminare fallen aus, und der Unterricht ist eher unregelmäßig. Gleichzeitig nimmt er sich viel Zeit für seine Schüler und gibt ihnen den individuellen
Gestaltungsraum, den sie benötigen. Er berät seine Zöglinge in allen Lebensfragen
und rät schließlich Michel Foucault von einer psychiatrischen Hospitalisierung
ab. Louis Althussers Biografie zeigt, dass er die suizidalen Absichten und tiefen
Depressionen von Michel Foucault in der Zeit an der École Normale supérieure als verbindende Erfahrungen des Leids wahrnimmt, die jedoch auf differente
Ursachen zurückzuführen sind, nämlich langjährige Kriegsgefangenschaft bei
Althusser und stigmatisierte Homosexualität bei Foucault.[11] Und er erkennt die
außergewöhnliche Begabung seines Studenten und fördert ihn entschieden. Er
empfiehlt Foucault später für eine Assistentenstelle und vermittelt dessen erste
Buchveröffentlichung: *Psychologie und Geisteskrankheit* (1954), die dieser ihm in
Dankbarkeit widmet.

Ab 1948 macht sich die Kommunistische Partei Frankreichs in vielen Institutionen breit, so auch in der École. Sie löst damit den vorherrschenden Katholizis-
mus ab und politisiert das Leben an der Schule durch und durch. In dieser Zeit
sind die Fragen des Marxismus und der Eintritt in die PCF vorherrschend für französische Akademiker. Als der Kalte Krieg seinen Höhepunkt erreicht und seine
Auswirkungen dazu auffordern, sich zu positionieren und Stellung zu beziehen,
wird auch die ENS politisiert – zugunsten der PCF.

Louis Althusser, der 1948 in die Partei eintritt, überzeugt Michel Foucault, ebenfalls diesen Schritt zu tun. Warum hängen viele französische Intellektuelle der PCF an? In dieser Zeit ist die PCF sehr stark: Fünf Millionen Wähler stimmen für sie, das sind ungefähr 25 Prozent der Stimmen. Zum einen funktionalisiert die Partei die Résistance für eigene (ideologische) Zwecke, zum anderen stilisierten sie sich als Bewahrer einer patriotischen Reinheit. Das zieht auch Akademiker an, und so nennt sich die PCF alsbald die »Partei der Intelligenz«. Als Foucault schließlich 1952 die PCF verlässt, gibt es dennoch keinen Bruch zwischen den beiden Freunden. »Als ich die Partei verlassen hatte, gab es von seiner Seite keinen Bannfluch; er wollte die Beziehungen zu mir nicht abbrechen«, erinnert sich Foucault dreißig Jahre später.[12] Die Beziehung zueinander spielt für beide Männer eine bedeutsame Rolle.

Bevor Michel Foucault 1955 nach Schweden geht, löst er sich nicht nur von der PCF, sondern auch vom Marxismus, der ihm keine Philosophie ist, aber zumindest »eine Erfahrung auf dem Weg, der zu einer Philosophie führt«[13]. Überdies ist Foucault weniger Marxist denn Hegelianer. Er studiert die *Phänomenologie des Geistes* und ist inspiriert von Alexandre Kojèves Buch über Hegel.

Mit dem Werk von Louis Althusser tritt der Marxismus aus der Phänomenologie heraus und lässt sich auf den Strukturalismus ein. Dessen Lektüre der Bücher von Karl Marx stellt die besondere Beziehung zwischen Gegenstand und Darstellungsweise infrage, um das Kapital als reales gesellschaftliches Verhältnis zu dechiffrieren. Dadurch gewinnt die Differenz von Hegel'scher und Marx'scher Dialektik an Profil. Die Ergebnisse dieser Analyse wirken in die Theorielandschaft des westlichen Marxismus der sechziger und siebziger Jahre ein. In einer Art strukturalen Kausalität koexistieren gesellschaftliche Instanzen neben- und miteinander, wie beispielsweise Ideologie, Ökonomie und Politik. Althussers Behauptung liegt darin, dass die verschiedenen gesellschaftlichen Ebenen in ihrer Eigenlogik schärfer gefasst werden sollen und ihre Koexistenz präziser gedacht werden muss.[14]

Als 1964 Althussers Bestseller *Das Kapital lesen* erscheint[15], huldigt dieser seinen Inspiratoren, die zunächst Gaston Bachelard und Jean Cavaillès, später Georges Canguilhem und Michel Foucault sind. Althusser reagiert mit Begeisterung auf Foucaults Bücher *Wahnsinn und Gesellschaft* (1961) und *Die Geburt der Klinik* (1963). Sein Schüler ist ja inzwischen durch seine Publikationen bekannter als der Lehrer selbst.

Als Foucault mit dem Marxismus in seinem Bestseller *Die Ordnung der Dinge* (1966) gnadenlos abrechnet, ist Althusser scheinbar verletzt. Er hat mit seinem viel gelesenen Klassiker über die Neulektüre des *Kapitals* von Karl Marx nicht nur einen internationalen Bestseller geschrieben, sondern zugleich der später entstehenden Studentenbewegung in ganz Europa eine Art Fibel an die Hand gegeben. Darum verwundert es nicht, dass er mit seinem Buch *Für Marx* (1965) in ähnlicher Weise nachlegt.[16] Diese einseitige, weil öffentliche Sicht auf Althusser korrigiert Derrida Jahre später: »Wenn der öffentliche Diskurs« zum Thema Althusser das Echo von Eigennamen wie Pfeile verschießt oder wie Marschrouten über ein zu besetzendes Gelände verteilt, erklingen Namen wie zum Beispiel die von Montesquieu, Rousseau, Marx oder Lenin. Diejenigen, die Althusser näher kamen, bisweilen hinter den großmächtigen Draperien dieses politischen Theaters, diejenigen, die bis in sein Krankenzimmer und an sein Nachtkästchen kamen, wissen, dass sie es der Wahrheit schuldig sind, zum Beispiel auch Pascal zu nennen, und Dostojewski, und Nietzsche und Artaud.«[17]

Nur Gilles Deleuze hält neben Louis Althusser am Werk von Karl Marx fest. Von der strukturalistischen Umwidmung des dialektischen Materialismus entfernt sich Deleuze erst, als er mit Félix Guattari jede gesellschaftliche Formation in einem Schema von Einschluss und Ausschluss definiert und darüber hinaus den Kapitalismus als das ansieht, was dem Zugriff seiner Macht der Integration entgeht.

Interessanterweise trifft die beiden so unterschiedlichen Bücher von Foucault und Althusser, nämlich *Das Kapital lesen* (1964) und *Die Ordnung der Dinge* (1966), ein vergleichbarer Bannstrahl der Kritik. Beide Texte werden zur Zielscheibe einer antistrukturalistischen Polemik, wenngleich beide Bücher eben paradoxerweise gar nicht strukturalistisch gedacht und geschrieben sind.

Auf die Kritik antwortet Michel Foucault: »Man bezeichnete mein Buch als einen rein formalen, abstrakten Text. Doch *Die Ordnung der Dinge* stellt für mich keineswegs ein totales Buch dar. Zumindest in Frankreich ist es eine fest verwurzelte Gewohnheit, ein Buch zu lesen, als wäre es gleichsam ein Absolutum. Dagegen habe ich meine Bücher als Serie verfasst. Sie kreuzen sich, sie schneiden sich.«[18] Nach Althusser ist »das Denken ein eigenes Realitätssystem auf der Basis der realen Welt einer gegebenen geschichtlichen Gesellschaft.«[19] Er deutet Foucaults spätere Arbeiten als den Erfolg versprechenden Weg, »die Geschichte als eine ständig unterbrochene Geschichte tiefgreifender Diskontinuitäten zu begreifen«[20].

Anders als das reduktionistische Geschichtsverständnis des Parteimarxismus erlauben Foucaults Arbeiten die Darstellung komplexer Verflechtungen heterogen erscheinender gesellschaftlicher Ebenen. Auf der anderen Seite sieht Foucault in Althussers Methode »eine logische Analyse des Realen«, aber »was man bei Marx wiederzufinden versucht, ist etwas, das weder die deterministische Zuweisung einer Kausalität noch die Logik hegelianischen Typs, sondern eine logische Analyse des Realen ist«[21].

Wenn Michel Foucault über den für ihn zu theoretischen Aufruf zum Klassenkampf spöttelt, verstehen die meisten Leser, dass er mit dieser Polemik auf die École Normale Supérieure abzielt. Louis Althusser begegnet den Anwürfen dezent, indem er der deutschen Ausgabe von *Das Kapital lesen* eine Art warnendes Vorwort hinzufügt: »Er war einer meiner Schüler, und ein Teil meiner Forschungen ist in seine eingegangen, darunter auch manche meiner Formulierungen. Aber in seinem Denken und Schreiben hat sogar die Bedeutung der Begriffe, die er bei mir entlehnt hat, sich gewandelt und ist zu etwas grundlegend anderem geworden als das, was ich darunter verstand.«[22]

Trotz der Meinungsverschiedenheiten bleiben sie Freunde. Foucault schätzt Althusser weiterhin wert und zollt ihm großen Respekt. Als der Marxismus aus der Mode kommt und viele Althusser beschimpfen, ist es Foucault, der sich schützend vor ihn stellt. Später resümiert er: »Althusser hat die Subjektphilosophie in Frage gestellt, weil der französische Marxismus von etwas Phänomenologie und etwas Humanismus geprägt war und weil die Theorie der Entfremdung aus dem menschlichen Subjekt die theoretische Basis machte, die imstande war, die politisch-ökonomischen Analysen von Marx in eine philosophische Terminologie zu übersetzen. Die Arbeit Althussers bestand darin, die Analysen von Marx wieder aufzunehmen und sich zu fragen, ob in ihnen diese Konzeption der menschlichen Natur, des Subjekts, des entfremdeten Menschen zum Ausdruck kommt, auf der die theoretischen Positionen bestimmter Marxisten beruhten.«[23]

Wie dem auch sei, waren sich Althusser und Foucault nie richtig fremd. Im Gegenteil. Als Althusser 1980 in einem Anfall geistiger Umnachtung seine von ihm sehr geliebte Ehefrau tötet und er für ein Jahrzehnt in die psychiatrische Klinik L'Eau-Vive in Soisy-sur-Seine gesperrt wird[24], ist es Foucault, der ihn regelmäßig besucht. In dieser Zeit wollen beide ein gemeinsames Projekt angehen, das nicht zufällig über Freundschaft sprechen soll: »Die Freundschaft war immer suspekt, weil sie leicht in besondere Freundschaft entartete, eine maskierte Form der Homosexualität.«[25] Zu dieser Gemeinschaftsarbeit kommt es nicht, vielleicht weil Foucault ja bereits 1981 in einem Interview über *Freundschaft als Lebensform* alles sagt.[26]

Auch Derrida besucht Althusser bis zuletzt und liest während der Beerdigung im Oktober 1990 seinen Text über Louis Althusser: »Beim Tod eines Nahestehenden oder eines Freundes gibt es immer diese schuldhafte egoistische und narzisstische, aber auch nicht zu unterdrückende Regung, die darin besteht, sich selbst zu beklagen und zu bemitleiden. Obwohl ich finde, dass diese Regung, beim Tod des Freundes seinen eigenen Tod zu beklagen, etwas unerträglich Gewaltsames an sich hat, verspüre ich keinen Wunsch, mich dessen zu enthalten, und dies bleibt die einzige Art und Weise, Louis in mir zu bewahren.«[27]

1949 GEORG WILHELM FRIEDRICH HEGEL

In einer Rezension des Buches über den jungen Hegel von Georg Lukács unterstreicht Jean Hyppolite Hegels Kenntnis ökonomischer Theorien über die grundsätzlich unvereinbaren Einzelziele der Individuen und die gleichwohl beobachtbare Erreichung kollektiven Gemeinwohls. Von dieser Theorie schreibt Hyppolite, »wird Hegel bereits auf die Idee einer List der Vernunft geführt, auf eine Dialektik, die angezielte Vorhaben und erreichte Ziele einander gegenüberstellt, also auf eine konkrete Dialektik, in der Hegel ›das Leben des Denkens und das Denken des Lebens einander annähert‹«[28].

Foucaults Lehrer Hyppolite stellt sich gegen eine zu stark anthropologische Lesart der *Phänomenologie des Geistes* und übt damit Kritik an Alexandre Kojève[29] – und hier am Werden der *Phänomenologie des Geistes* als einem eigentlichen Thema. Gegen die Marxisten verteidigt er die Dialektik bei Hegel als stets durch einen leben-

digen Gegensatz in Gang gesetzt: Niemals habe dieser seine Dialektik als mono-
lithische Entwicklung des Einen verstanden, lediglich als Geist oder Geschichte.[30]

Nach Hyppolites Verständnis ist Hegel der Philosoph der Versöhnung im Denken durch das Denken. Foucault spricht sich später gegen solche Dialektik aus,
die durch das Denken Unterschiede aufheben will und das Andere des Denkens
– beispielsweise die Erfahrung – zum Verschwinden bringen will. Foucault favo-
risiert eine »gegenwärtige unruhige Philosophie« auf der Grenze der Philosophie
zu dem, was nicht Philosophie ist. Dort wo es für das Hegel'sche Denken darauf
ankommt, Widersprüche als wechselseitige Anerkennung zu bewerten und ihre
gedankliche Aufhebung zu antizipieren, dort führt Foucault sein Denken an die
Grenze, »in eine Unruhe hinein, die reine Gegenwärtigkeit ist und keine Rückver-
sicherung in der Vergangenheit nötig hat«[31].

Auf der Basis der französischen Aufklärung setzt sich Foucault von zwei
deutschsprachigen Denkern ab: von Hegel und von Freud. In seinem Werk ringt
er um die Abgrenzung der beiden. Eine Abgrenzung zu Freud vollzieht Foucault
offen, die zu Hegel versteckt. In seinem Buch *Wahnsinn und Gesellschaft* (1961)
erwähnt der Autor zwar Hegel, aber eben nur gelegentlich. Foucault sieht die politische Auflösung der Entfremdung durch Hegel, deren Preis die ideelle Entfremdung ist. Unter Entfremdung versteht Foucault hier Geisteskrankheit: Also sieht
er eine Trennung von Vernunft und Unvernunft durch Hegel; eine Trennung, der
Foucault nicht zustimmen wird.

Zunächst noch erscheint Michel Foucault gerecht, wenn er sagt: »Die größte
Erweiterung des philosophischen Gegenstandsbereichs verdanken wir Hegel.«[32]
Doch schon bald wendet sich das Blatt. Hegel verstehe das Individuum als »Ich«
oder als »Subjekt« und behaupte, dieses Individuum reflektiere sich in sich selbst.
Foucault wirft in einem Interview ein: »Der Philosophie Hegels und der Philosophie Sartres und all diesen Versuchen, die Totalität des Konkreten zu denken, war
gemeinsam, dass dieses Denken ganz um die Frage kreiste: Wie ist es möglich, dass
all dies einem Bewusstsein, einem Ego, einer Freiheit, einer Existenz geschieht?
Oder umgekehrt: Wie konnte das Ego, das Bewusstsein, das Subjekt oder die Freiheit in der Welt der Geschichte, der Biologie, der Sexualität, des Begehrens überhaupt entstehen?«[33] Foucault sieht hier das elementare Problem bei Hegel, welches
er das »Subjektproblem« nennt: »Heute fragt man vielmehr, unter welchen Bedingungen ein beliebiges Subjekt in das systematische Netz der uns umgebenden Dinge eindringen, funktionieren und dort als Knotenpunkt fungieren kann.«[34]

Noch im Januar 1976 stellt Foucault in seiner Vorlesung *In Verteidigung der
Gesellschaft* fest, dass »die Dialektik durch die Geschichte hindurch die Bildung
eines universellen Subjekts« garantiere. »Die Hegelsche Dialektik müssen als von
Philosophie und Recht betriebene Kolonisierung und autoritäre Befriedung eines
historisch-politischen Diskurses verstanden werden, der zugleich Feststellung,
Ausrufung und Praxis des Gesellschaftskriegs war.«[35] Mit der Dialektik serviert
Foucault den ganzen Hegel in einem Atemzug ab, wenn er sagt: »Die Dialektik
ist die philosophisch und vielleicht politisch verordnete Pazifizierung dieses bitte-

ren und parteiischen Diskurses des fundamentalen Krieges.«[36] In den Kontext von Hegel und Dialektik rückt Foucault seinen Diskurs von Macht und Krieg. Später wird zu untersuchen sein, mit welchen Opfern Foucault diese Fehde gegen Hegel führt – und zwar gegen Hegel und für Kant.

Michel Foucault will also aus dem Umkreis der Hegel'schen Philosophie austreten. Dessen Werk hat einen großen Einfluss auf das Denken französischer Intellektueller wie Georges Bataille, André Bréton, Jacques Derrida, Jean Hyppolite, Alexandre Kojève, Alexandre Koyré, Henri Lefebvre und weitere. Als Hyppolites Schüler ist Foucault seit seinen Studienjahren mit Hegel vertraut.

Ein Vierteljahrhundert später beschreibt er in seiner Antrittsvorlesung am Collège de France den Denkweg seines Lehrers als einen Weg, der von Hegel wegführt, zu ihm zurückkehrt und wieder von ihm fortführt: »Aber um Hegel wirklich zu entrinnen, muss man ermessen, was es kostet, sich von ihm loszusagen; muss man wissen, wie weit uns Hegel insgeheim vielleicht nachgeschlichen ist; und was in unserem Denken gegen Hegel vielleicht noch von Hegel stammt; man muss ermessen, inwieweit auch noch unser Anrennen gegen ihn eine List ist, hinter der er uns auflauert: unbeweglich und anderswo.«[37]

In seiner berühmt gewordenen Inauguralvorlesung *Die Ordnung des Diskurses* (1970) stellt der Autor seine Epoche unter das Zeichen des Bemühens, Hegel zu entkommen. In seiner vehementen Haltung gegen Hegel wird dessen Bedeutung deutlich, die er für den Ausgangspunkt der philosophischen Moderne innehat. Ausgerechnet in der Sphäre des Politischen findet Foucault schließlich die zentralen Motive, nämlich die durch Hegel begründete Tradition als Instrumente einer Macht zu entlarven. Foucaults Gegenprojekt zu Hegels *Phänomenologie des Geistes* heißt *Wahnsinn und Gesellschaft*.

Schon 1963 schreibt Foucault in einem Text über Georges Bataille, dieser sei »eine einzigartige Erfahrung, nämlich sich die Überschreitung, als eine Sprache vorzustellen, die das dialektische Denken, die Erfahrung des Widerspruchs ablösen kann«[38]. Dass es sich hierbei um eine Überschreitung der von Hegel konzipierten Dialektik handelt, ist nicht offenkundig. Und in *Wahnsinn und Gesellschaft* (1961) erläutert Foucault, dass Hegels Verständnis der Neuzeit als politische Versöhnung den Preis der Abspaltung des Wahnsinns von der Vernunft habe. Die Vernunft befindet sich seither in einem Zustand des Unglücks, so Foucault, ihr fehle das Andere, der Wahn, die Unvernunft. Darin klingt paradoxerweise das große Thema aus Hegels *Phänomenologie des Geistes* an, nämlich das Thema des »unglücklichen Bewusstseins«.

Und dieses Thema bestimmt interessanterweise die gesamte französische Hegel-Rezeption. Bei Sartre ist es das Sein und bei Derrida die Sprache. Für Foucault ist unglücklich nur ein vergangenes, vormodernes Bewusstsein: »Aber ist nicht gerade Hegel der Philosoph der größten Differenzen? Befreit die Dialektik gar nicht das Abweichende, sondern garantiert, dass es stets wieder eingefangen wird. Muss daran erinnert werden, dass die Dialektik stets einen schulmeisterlichen Ursprung hat. Unfehlbar nimmt sie ihren Anfang bei dem erfundenen Frage- und Antwort-

Spiel zwischen Schüler und Lehrer, das immer wieder aufs Neue die Aporie des Seins und des Nichtseins entstehen lässt: ›Dies ist rot; das ist nicht rot. – Ist jetzt Tag? Nein, jetzt ist Nacht.‹«[39]

In seiner Besprechung von Gilles Deleuzes beiden philosophischen Klassikern *Differenz und Wiederholung* und *Logik des Sinns* schreibt Michel Foucault 1969: »Zur Befreiung der Differenz brauchen wir ein Denken, ohne Widerspruch, ohne Dialektik und ohne Negation.«[40] Und: »Das Sein ist das, was sich stets von der Differenz aussagen lässt; es ist die Wiederkunft der Differenz.«[41] Schon diese überschaubaren Stationen von 1961, 1963, 1969 über die Antrittsvorlesung (1970) bis zur Vorlesung *In Verteidigung der Gesellschaft* (1976) und darüber hinaus zeigen, wie die Auseinandersetzung mit Hegels Werk das Denken Foucaults prägt.

Von großer Bedeutung für seine kritische Haltung gegen Hegel bleibt Foucaults Vorbehalt gegen dessen Totalitätsanspruch. Auch in seiner Auseinandersetzung mit der Geschichte steht Foucault gegen Hegel. Er will die Gegenwart aus der Kontinuität mit der Vergangenheit heraus begreifen, um sich auf diesem Weg mit ihr zu versöhnen. Die Identifizierung von dem, was an der eigenen Identität durch Vergangenheit bestimmt ist, erfolgt mit dem Ziel der Befreiung.[42]

Es geht nicht um die kontemplative Erinnerung oder historische Integration, sondern um die Möglichkeit des Bruchs, um eine Transformation dessen, was gewesen ist, zu konstituieren. Die Gestaltung einer eigenen Identität geschieht nur in der und durch die Befreiung von der Vergangenheit. Dieser Prozess einer Befreiung aus der Historie kommt niemals zum Ende. Er stellt eine Bewegung in die Freiheit dar.

1950 Paul Veyne

Die Vernunft ist nicht in der Geschichte, sie ist vielmehr geschichtlich. In der Vernunft verliert sich der Mensch in ein Nirgendwo, denn sie ist an einen Ort und an eine Zeit gebunden, die wiederum ihre Inhalte bestimmen. Die Geschichte hat weder Richtung noch Sinn, weder Anfang noch Ende. »Die Fabeln, die die Geschichte erzählt«, so Paul Veyne, »sind die Geschichten von Praktiken, in denen die Menschen Wahrheiten gesehen haben, und von ihren Kämpfen um diese Wahrheiten.«

Er kommt wohl darauf an, dass der Historiker sich von den Begriffen der Tradition, der Kausalität, der Entwicklung, des Geistes, der Mentalität und des Werkes als homogenen Einheiten verabschiedet, damit sich ihm die wahre Geschichte zu erkennen gibt. Er muss die Diskurse als »die Gesamtheit aller effektiven Aussagen« in ihrer Neutralität untersuchen. Und er muss diese Ereignisse in der Ordnung der Diskurse zu beschreiben versuchen.[43] Denn: »Die Sprache erhebt sich nicht auf dem Hintergrund des Schweigens: sie erhebt sich auf dem Hintergrund von Diskursen.«[44]

Michel Foucaults *Revolutionierung der Geschichte*, wie der Historiker Paul Veyne sein 1978 zuerst auf Französisch und 1992 auf Deutsch erschienenes Buch über

Foucault und die Geschichte programmatisch betitelt, und vor allem dessen Erhebung der Geschichtswissenschaft zur Königsdisziplin haben viele Rezeptionisten übersehen, vor allem die Historiker selbst, dabei ist »Foucault der vollendete Historiker, ist die Vollendung der Historie«[45].

Die Auseinandersetzung um Foucault und die Geschichtsschreibung ist quasi ein Abbild der Historie der Geschichtsschreibung: Seit den sechziger Jahren des letzten Jahrtausends gibt es in der deutschen wie in der französischen Geschichtsschreibung einen Kampf um die Machtposition, den zunehmend die Sozialgeschichtsschreibung zu gewinnen verlangt. Innerhalb des geschichtswissenschaftlichen Diskurses kommt es also zu Sedimentierungen innerhalb von Mikromächten, wie Michel Foucault heute sagen würde.

Die Praxis der Geschichtenerzähler ist lange Zeit mit den Ritualen der Macht verbunden, so Foucault. Der Diskurs der Historiker rechtfertigt lange Zeit die Macht – unterschiedliche Makro- und Mikromächte. Eine Funktion von Geschichte und ihren Erzählern besteht darin, »die Menschen rechtlich an die Kontinuität der Macht und durch die Kontinuität der Macht zu binden«[46]. Geschichte, wie sie die Geschichtsschreiber erzählen, dient der Stärkung der Macht.

Damit übernehmen Historiker bis heute eine Art Machtritual, so der Autor, denn die Historie schreibt die historischen Gesten in einen historischen Diskurs ein, bringt auf diese Weise historische Vorbilder in Umlauf und funktioniert damit als Verstärker der Macht.[47]

Somit kommt Michel Foucault zu dem verblüffenden Ergebnis: »Die Historie ist der Diskurs der Macht, der Diskurs der Verbindlichkeiten, dank welcher die Macht unterwirft. Indem die Historie bindet und versteinert, ist die Macht Grundlegung und Garant der Ordnung. Und die Historie ist eben der Diskurs, der diese beiden Funktionen, die die Ordnung sichern, intensiviert und wirksamer werden lässt.«[48] Dass diese provokanten Thesen besonders die Historiker schrecken, verwundert nicht. Es ist vor allem Paul Veyne, der diese Foucault'schen Thesen als Erster verteidigt.

In jüngerer Zeit – vor allem seit Michel Foucaults Tod – durchläuft der Umgang mit dessen Werk einen besonderen (historischen) Wandel. Seine Konzepte von Diskursanalyse, Mikrophysik der Macht, Subjektivierung und Gouvernementalität finden ihren Niederschlag in den Publikationen (meist jüngerer) Geschichtswissenschaftler. Als wolle man mit Foucault gegen Foucault arbeiten. Es wird oftmals die Referenz gar nicht mehr ausgewiesen. Dieses Phänomen verweist auf eine erfrischende Normalität im Umgang mit dem »historischen« Werk von Michel Foucault.

Dahinter steht zum einen die Hinwendung der Geschichtsschreibung zur Kulturwissenschaft, andererseits bietet die neu entstehende Kulturgeschichte keine mehr oder weniger klar abgegrenzten Untersuchungsbereiche, was nicht zuletzt eine populäre Leserschaft freut. Eine neue analytische Perspektive, die bis in Fachkreise hinein ihre Anhänger findet, konstituiert Sinnzusammenhänge, Bedeutungskontexte und fragt nach den Handlungsmöglichkeiten von Menschen (überhaupt). Damit werden Foucaults Perspektiven auf Geschichte nicht zuletzt von den Historikern selbst bestätigt.

Paul Veyne bringt es auf den Punkt: »Der Nicht-Philosoph, der ich bin, hat den vielleicht naiven Eindruck gehabt, das zwei Haltungen aufeinandergestoßen sind; die eine bestand darin, für sich gute Gründe zu finden, um sich recht geben zu können; die andere darin, zu wissen, was man will, und damit hat es sich; zudem man nicht mehr machen kann.«[49] Und: »Die Philosophie Foucaults ist beinahe trivial und paradox zugleich. Die Bestimmung der Philosophie steht hier auf dem Spiel.«[50] Zuletzt fragt er provokant: »Verdirbt Foucault die Jugend? Lässt er das Proletariat im Stich?«[51]

Michel Foucault würde darauf – so Paul Veyne – antworten: »Ziehen wir die Konsequenzen aus der Unmöglichkeit zu begründen, indem wir gewahr werden, dass es genauso unnütz ist wie unmöglich«[52], denn »es ist Foucaults Originalität unter den großen Denkern dieses Jahrhunderts gewesen, unsere Endlichkeit nicht in eine Grundlage neuer Gewissheiten umzuwandeln.«[53]

Aber was bedeutet dieses (neue) historische Denken Michel Foucaults? Als sein Buch *Wahnsinn und Gesellschaft* (1961) erscheint, erkennt kein französischer Historiker die Tragweite dieses Textes – dem stehen deutsche Historiker, spätestens seit der Veröffentlichung der deutschsprachigen Ausgabe acht Jahre später, in nichts nach. In diesem Buch zeigt der Autor vier entscheidende Dinge:

Erstens sagt Foucault, dass Wahrheit nicht mit den Dingen identisch ist und nicht mit den Objekten übereinstimmt. Hier spricht der Kantianer zu seinen Lesern, der sie auffordert, die uns umgebenden Begriffe (wie Wahrheit) historisch zu prüfen und neu auszulegen.

Zweitens hat jede historische Tatsache etwas Einmaliges. Für Foucault gibt es keine allgemeinen Wahrheiten, sondern nur singuläre. Darum liegt der Geschichte der Menschheit weder eine Realität noch eine Rationalität, noch eine Dialektik zugrunde.

Drittens bleibt uns dieses historisch Singuläre verborgen, weil die Menschen die historischen Tatsachen (als Realität oder Objekt) immer nur als Allgemeines wahrnehmen. Der Historiker muss dieses Verborgene im Sinne der Foucault'schen Archäologie zutage fördern.

Viertens handelt es sich bei dem Allgemeinen um historische Tatsachen, die sich allerdings über die (geschichtliche) Zeit verändern. Sie drängen sich dem Menschen als wahr auf, ohne der Wahrheit zu entsprechen. Hat demnach historische oder politische Praxis überhaupt einen Wahrheitswert?

Veyne resümiert: »Foucault behauptet nicht, dass es keine Wahrheit gebe, weder im Rahmen seines angeblichen Historizismus noch aus anderen Gründen und auch auf keiner Diskussionsebene.«[54] Foucault entgegnet: »Wenn man sich innerhalb eines Diskurses auf die Ebene des Urteils begibt, ist die Grenzziehung zwischen dem Wahren und dem Falschen weder willkürlich noch veränderbar, weder institutionell noch gewaltsam.«[55]

Michel Foucault konstatiert, dass die Menschen niemals wissen können, wo ihre Grenzen liegen: »Nun ist die Aussage, auch wenn sie nicht verborgen ist, nicht deshalb bereits sichtbar. Man darf einer bestimmten Wendung des Blicks und der Haltung, um sie erkennen und in sich betrachten zu können. Vielleicht ist sie dieses zu Bekannte, das sich unaufhörlich entzieht; vielleicht ist sie wie jene vertrauten Transparenzen, die, auch wenn sie in ihrer Dichte nichts verbergen, nicht in aller Klarheit gegeben sind.«[56]

Der Autor erklärt selbst, dass er als Historiker der Medizin und der Wissenschaften versucht habe, in den »Geschichten der Wissenschaften, der Erkenntnis und des menschlichen Wissens etwas zu finden, das gewissermaßen deren Unbewusstes darstellt«[57].

Der Diskurs dieses Unbewussten des Wissens wird später als kantisches Apriori genauer definiert. Foucault nennt es das »historische Apriori«[58], aus dem ein ganzes Weltbild folgt: »Die Geschichte der Wissenschaften, die Geschichte der Erkenntnisse, gehorcht nicht einfach dem allgemeinen Gesetz des Fortschritts der Vernunft; das menschliche Bewusstsein oder die menschliche Vernunft sind nicht gleichsam Besitzer der Gesetze ihrer Geschichte.«[59] In der praktischen Arbeit soll der Historiker sich stets um seinen »systematischen Skeptizismus hinsichtlich anthropologischer Universalien«[60] bemühen. Foucault fügt hinzu: »Ich betätige mich niemals als Prophet; meine Bücher sagen den Leuten nicht, was sie tun sollen.«[61]

Veyne stellt fest: »Foucaults Skeptizismus bezieht sich also nicht auf die Tatsachen, auf den tatsächlichen Zeitpunkt und auch nicht auf historische Daten, von denen seine Bücher ja voll sind; sein Skeptizismus gilt dem Allgemeinen, zum Beispiel der Frage, was denn echte Demokratie sei.«[62]

Und weiter – ganz im Sinne Michel Foucaults: »Wir sollten daher nicht in der Geschichte nach jenen großen Worten suchen, in denen wir Wegmarken für das menschliche Abenteuer zu erblicken glauben, nach Worten wie Universalismus, Verinnerlichung, Entzauberung der Welt, Rationalisierung, Humanisierung, Individualismus, Monotheismus und so weiter. Diese Allgemeinbegriffe kann man beliebig füllen, so gibt es zum Beispiel keine Rationalisierung an sich und der Gottesstaat ist auf seine Weise ebenso rational wie Rousseaus Gesellschaftsvertrag.«[63]

Vermutlich versteht kein Zweiter Michel Foucaults historisches Engagement so sehr wie Paul Veyne. Als die Zeitschrift *Critique* im September 1986 eine Sondernummer zu Michel Foucault veröffentlicht, schreibt Veyne unverblümt offen: »Foucault hatte keine Angst vor dem Tode. Er äußerte sich manchmal in diesem Sinne seinen Freunden gegenüber, wenn die Unterhaltung auf den Selbstmord zu sprechen kam, und die Fakten haben, wenn auch auf andere Weise, bewiesen, dass er nicht prahlte.«[64]

V. Psychologie und Philosophie

> »Im Zeitalter des Menschen sah ich, wie
> sich an der von Leben und Tod geteilten
> Wand eine immer schmuckloser werden-
> de Leiter erhob und wuchs, mit einer ein-
> zigartig herausreißenden Macht versehen:
> der Traum.«
> René Char[1]

Foucault will nach seiner Rückkehr aus Deutschland Frankreich ganz verlassen und möchte zunächst nach Dänemark. Er liest auf Anregung von Jean Wahl Kafka und Kierkegaard und lernt im Juni 1952 den Komponisten Pierre Boulez kennen. Er wird zur Agrégation in Philosophie zugelassen und erhält in einem Auswahl-verfahren als zu bearbeitendes Thema von Georges Canguilhem den Komplex »Se-xualität« (Staatsexamen). Im Oktober wird er Repetitor für Psychologie an der École Normale Supérieure. An seinen Vorlesungen, die sehr schnell sehr gut besucht sind, beteiligen sich bald Jacques Derrida, Gérard Genette, Paul Veyne und andere.

Als Stipendiat der Fondation Thiers beginnt Foucault seine Dissertation über die Bach-Cartesianer und die Geburt der Psychologie. Auf der Rückseite von Flug-blättern der kommunistischen Zelle der École Normale Supérieure macht er sich Notizen zu Martin Heidegger und Edmund Husserl. Es gehört beinahe schon zum philosophischen Kanon dieser Zeit, sich mit Husserl, Heidegger und Hegel zu be-schäftigen. Foucault lernt die deutsche Sprache, um deren Texte im Original lesen zu können.

1952 arbeitet Foucault als Psychologe (bei Jean Delay am psychiatrischen Kran-kenhaus Saint-Anne) und erwirbt im Juni das Diplom für Psychopathologie am In-stitut für Psychologie in Paris. Schließlich verlässt er die Fondation Thiers und wird Assistent für Psychologie an der Faculté des lettres in Lille. Mit Zustimmung von Louis Althusser verlässt er die Kommunistische Partei (P.C.F.) im Oktober 1952.

Nach einer Theatervorstellung von Samuel Becketts *Warten auf Godot* erlebt Michel Foucault eine Art Bruch. Er beschäftigt sich fortan mit dem Surrealismus und liest Georges Bataille, Samuel Beckett und Maurice Blanchot. Foucault ist da-mit im Trend einer neuen französischen Rezeption, wenn er diese nicht zumindest vorwegnimmt, denn »an selbständigen Denkern können genannt werden Georges

Bataille, Maurice Blanchot, Pierre Klossowski, Kostas Axelos. Nicht minder bedeut-
sam Vladimir Jankélévitsch und Emmanuel Lévinas.« Diese Denker werden den
»Verfall des Existentialismus«[2] einleiten, und Foucault wird seinen eigenen Beitrag hierzu leisten in einer Art Gegenphilosophie der Humanwissenschaften.

Michel Foucault begeistert sich für Nietzsche und serielle Musik. Er besucht
Jacques Lacans Seminar an der Klinik von Saint-Anne. Er besucht in der Schweiz
Ludwig Binswanger, der die Heidegger'sche Daseinsanalyse in die psychoanaly-
tische und psychiatrische Praxis eingeführt hat, wenngleich »der Weg über eine
mehr oder minder Heideggerianische Philosophie kein Initiationsritus ist, der den
Zugang zum Esoterischen des Daseinsanalyse eröffnet«[3]. Das von *Sein und Zeit* in-
spirierte Buch stellt dem In-der-Welt-Sein als Sorge das Über-die-Welt-hinaus-Sein
der Liebe zur Seite und versucht beides als eines In-der-Welt-über-die Welt-hinaus-
Seins zu vermitteln.[4] Dass das In-der-Welt-Sein ebenfalls ein In-der-Welt-Sein der
Sprache ist, wird Michel Foucault später noch zeigen.

Die »nackte Erfahrung des Sprechens«, wie es Foucault in seinem Mallarmé-
Aufsatz nennt, ist eine »nach außen gekehrte Sprache, zum Konsumiertwerden
bestimmte, zirkulierende Sprache«[5]. Früh erkennt Foucault, dass wir durch Selbst-
Einschließung (In-unserer-Welt-Sein) in Spiele der Sprache wie »Individuum«,
»Kritik« und »Sexualität« unsere je eigene Wirklichkeit weitgehend nach diesen
Mustern (der Sprache) organisieren.

Foucault schreibt eine Einführung zu Binswangers Buch *Traum und Existenz*.
Ludwig Binswanger schließe die Analyse des Menschseins an eine Analyse des Daseins an, so Michel Foucault[6], wobei »die Analyse des Traumes entscheidend sei,
um die grundlegenden Bedeutungen der Existenz hervorzukehren«[7]. Doch kann
nach Foucaults Auffassung eine Analyse sich selbst nicht genug sein.[8]

Im August 1953 verlässt Michel Foucault Paris, um in Italien Urlaub zu machen. James Miller schreibt: »Die vorausgegangenen Monate waren sehr fruchtbar
gewesen. *Warten auf Godot* hatte ihn inspiriert, und er war mit erneutem Eifer
wieder an die Arbeit gegangen. Er hatte sich auf eine ausführliche Studie über den
Schweizer freudianischen Psychiater und Heideggerianer Ludwig Binswanger eingelassen. Er befand sich mitten in einer Liebesaffäre mit dem Komponisten Jean
Barraqué. Wie nie zuvor war er in die Welt der Pariser Avantgarde eingetaucht.«[9]

Er liest Hegel, Marx und Freud, mit dem Ziel, diese zu »entsakralisieren«[10].
Schon seit 1951 rezipiert er Heidegger. Das sind seine gegenwärtigen Bezugsach-
sen. Allerdings wird Hegel bald seine zentrale Bedeutung verlieren, und »Marx,
Nietzsche und Heidegger werden (ihm) nun gerade deswegen wichtig, weil sie
dem philosophischen Diskurs gründlich misstrauen«[11]. Am Strand von Civitavecchia liest Foucault Nietzsches *Unzeitgemäße Betrachtungen* mit intensivem Interesse. Der Freund und Urlaubsbegleiter Maurice Pinguet erinnert sich: »Ich hätte es
meiner Vorstellung vom Philosophen gemäßer gefunden, wenn er Husserl oder
Hegel entziffert hätte«[12], aber »unsere ganze Epoche trachtet Hegel zu entkommen«[13], warum nicht auch Foucault, und seit er für Nietzsche brennt, will er dessen Beispiel folgen und »ein Einzelgänger bleiben«[14].

Michel Foucault liest viel Sigmund Freud, so erinnert sich Maurice Pinguet, er ist ein fleißiger Hörer von Jacques Lacan und behält eine aufrichtige Hochschätzung für die geschichtlichen Arbeiten von Karl Marx. Foucault geht schließlich abrupt von Marx zu Heidegger über, denn er will die »Werke Heideggers gewissenhaft« durcharbeiten. Er hilft ihm endlich, »Philosoph zu sein, ohne an die Philosophie zu glauben«[15].

1951 Martin Heidegger

Bis heute sieht man philosophische Parallelen zwischen Heideggers Kritik an der Technik und seiner Prognose eines untergehenden Abendlands und Foucaults Vernunftkritik in archäologischer und genealogischer Hinsicht. Interpreten spüren gemeinsame Quellen auf, etwa die prälogischen und prämoralischen Diskurse des Denkens in der griechischen Antike. Auch der Machtphilosoph Nietzsche ist beiden ein Vordenker. Foucault und Heidegger sehen beide das Humanismus-Problem. Hier setzt nicht zuletzt Foucaults Kritik an Sartre und an dessen Thematisierung der Fragen von Endlichkeit und Tod ein. Die Erfahrung der Endlichkeit und des Seins, der Grenze und der Überschreitung trägt das Heidegger'sche Doppelmoment der »Freiheit zum Tode« in sich, das Sartre mit seinem Humanismus-Konzept so nicht unterstützen kann.

So wie Heidegger in seiner Geschichte des Seins zeigt, auf welche Weise ein bestimmtes Verständnis des Seins in einer geschichtlichen Epoche neue Fragen aufwirft und somit neue Wissenschaften und Techniken möglich macht, so macht Foucaults Archäologie deutlich, welche epochalen, genauer gesagt epistemischen Verschiebungen als »Bedingungen des Auftauchens von Aussagen«[16] neue Wissenschaften und Paradigmenwechsel ermöglichen. In seiner Genealogie zeigt Foucault außerdem, welche Praktiken zum historischen Apriori eines wissenschaftlichen Diskurses gehören und wie dieser Diskurs regelmäßig mit einem »Willen zur Wahrheit«[17] verbunden ist.

Wie der »Wille zum Wissen« auch ein »Wille zur Macht« ist, wie Diskurse normieren und ausschließen, wird zu Foucaults Thema.[18] Das Problem der Macht thematisiert er allerdings erst nach dem Mai 1968, hierbei interessieren ihn dann vor allem die spezifischen Machtwirkungen.[19] Die Heidegger'sche Ontologie ist für Foucault schließlich nicht nur die Bedingung der Möglichkeit analytischer, sondern auch normativer Kritik.

Walter Seitter bemerkt nicht ganz zu Unrecht, dass »sich das Wort ›Wahrheit‹ auch im Text über den Traum und die Traumtheorie rar macht«[20]. Dabei geht die Wiederherstellung des Traumes in Richtung des Verstandes, also in die Richtung einer potenziellen Wahrheit. Erst in der Schlusspassage seiner Binswanger-Einleitung kommt Foucault öfter auf das Wort »Wahrheit« zurück, »und zwar in einer Weise, die etwas zugleich Unbestimmtes und Pathetisches hat«[21].

Es gibt also Bezugspunkte im Werk dieser beiden großen Denker des 20. Jahrhunderts, dennoch scheinen die Texte der beiden kaum vergleichbar zu sein. Sie sind jeweils auf ihre Weise solitär, und es lässt sich nicht nachweisen, dass Foucault von Heidegger abhängig, allenfalls inspiriert wäre. Es gibt eine Art gemeinsames Interesse an gleichen philosophischen Themen. Es bleibt schwierig, trotz einer interpretierbaren Nähe dieser beiden Denker, im philosophischen Denken Michel Foucaults eine Rezeption von Martin Heidegger zu erkennen. Heidegger ist unbestreitbar wichtig für Foucault, aber er hat nie über ihn explizit geschrieben. Das bekannte Wort von Michel Foucault sei an dieser Stelle wiederholt: »Meine ganze philosophische Entwicklung war durch meine Lektüre von Heidegger bestimmt. Ich kenne Heidegger genügend, ich kenne *Sein und Zeit* praktisch nicht, und auch nicht die jüngst herausgebrachten Sachen.«[22]

Als Foucault 1951 mit seiner Heidegger-Lektüre beginnt, ist dieser deutsche Denker, der unter Nationalsozialismus-Verdacht steht, in Frankreich absolut tabu. Dabei setzt eine französische Rezeption bereits kurze Zeit nach der deutschen Veröffentlichung von *Sein und Zeit* (1927) ein. Als erste Übersetzung erscheint allerdings *Was ist Metaphysik?* (1929) in französischer Sprache. Diese Vorlesungstexte und Teile aus *Sein und Zeit* erscheinen unter dem französischen Titel *Qu'est-ce la métaphysique?*.

Heideggers Denken ist ein Denken der Unverfügbarkeit des zeitlichen Seins, des endlichen, freien und einmaligen Seins des Seienden. Ist in *Sein und Zeit* das Dasein im Wesentlichen endlich und frei analysiert worden, so überträgt Heidegger diese Momente nach seiner »Kehre« von 1929/1930 auf das Sein, das, so der Philosoph, dem Dasein selbst noch zugrunde liegt. Wie es also im Frühwerk die Momente der Endlichkeit, Freiheit und Individualität gibt, so sind im Spätwerk Heideggers die Endlichkeit, Offenheit und Einzigkeit (als mögliche Kritik der Technik) Folge der metaphysischen Vergessenheit des Seins. Während bei Heidegger die genannten Momente einer Kritik dienen, haben sie bei Foucault die Funktion des Widerstands und des Denkens von Subjektivität.

Die »Kehre« von der Endlichkeit des Daseins zur Endlichkeit des Seins vollzieht sich zwischen dem 1928 erschienenen Buch über *Kant und das Problem der Metaphysik* und Heideggers Freiburger Antrittsvorlesungen *Was ist Metaphysik?* von 1929. Heideggers Fragestellungen hinsichtlich des Begriffs Freiheit erfahren ihre Umstellung zwischen *Vom Wesen des Grundes* (1929) und *Vom Wesen der Wahrheit* (1930). Endlichkeit steht für das Vergängliche, und Freiheit steht für das Zukünftige.

Die Heidegger'schen Texte der Vorkriegszeit sind insbesondere für Jean-Paul Sartre von entscheidender Bedeutung. Dessen Werk *Das Sein und das Nichts* wäre ohne *Sein und Zeit* kaum denkbar gewesen und zeigt ja bereits im Titel die Nähe zu Heidegger an. Heideggers Begriff des Daseins wird von Sartre mit »réalité-humaine« gedeutet und wiedergegeben, damit verweist dieser auf seine eindeutig humanistische Lektüre, die Heidegger selbst so niemals intendierte.[23]

Eine Distanzierung vom humanistischen Begriff des Existenzialismus, den, wie gesagt, Foucault stark kritisiert, beginnt erst nach dem Krieg, initiiert durch

Emmanuel Lévinas, Jean Wahl und weitere Phänomenologen. Auch Heidegger selbst stellt sich gegen die existenzialistische Interpretation seiner Fundamentalontologie, indem er nicht zuletzt seinen *Brief über den Humanismus* (1946) an Sartre richtet, was zu selten in der philosophischen Lektüre gesehen wird.[24]

Die Wirkung Martin Heideggers in Frankreich nimmt in den fünfziger und sechziger Jahren weiter zu durch persönliche französisch-deutsche Kontakte und durch Heidegger-Kolloquien in Frankreich, an denen der Philosoph selbst teilnimmt. Er bleibt nach wie vor wegen seiner Haltung während und nach der Zeit des Nationalsozialismus umstritten. Heideggers Hoffnung auf eine mögliche »Kehre« der Seinsgeschichte mithilfe der Nationalsozialisten sollte sich gründen auf ein Seinsverständnis, das »ein zurechnendes Verhältnis zum Wesen der Technik erlangt«[25].

Die in seinem »Humanismus-Brief« einsetzende Phase der »Topologie des Sein«[26] deutet Martin Heideggers »Kehre« zur Ethik als eine Wende in dessen Denken an, die sicher nicht zufällig in die Zeit nach 1945 fällt, weil der Nationalsozialismus aus seiner Sicht die überhaupt höchste Steigerung des seinsverlassenen Nihilismus im Kampf »um die unbeschränkte Ausnutzung der Erde als Rohstoffgebiet und um die illusionslose Verwendung des ›Menschenmaterials‹ im Dienste der unbedingten Ermächtigung des Willens zur Macht«[27] war.

Die jedoch bis heute gleichbleibend intensive Beschäftigung mit dem Werk Martin Heideggers in Frankreich macht aus dem deutschen Denker gar einen »französischen Philosophen«[28]. Foucault resümiert: »Seltsamerweise ist Heidegger für einen Franzosen gar nicht schwer zu verstehen: Wenn jedes Wort ein Rätsel ist, dann hat man eine gute Chance, zu verstehen. *Sein und Zeit* ist schwierig, die späteren Werke sind klarer.«[29]

Foucault ist mit der deutschen Philosophie bereits gut vertraut, sowohl mit den Denkern der Tradition wie Hegel, Kant, Marx oder Nietzsche, als auch mit den Philosophen des 20. Jahrhunderts wie Freud, Cassirer, Husserl oder Jaspers – er macht sich aber eben auch mit Heidegger vertraut. Erstaunlicherweise erwähnt er Heidegger in seinem Einführungstext zu *Traum und Existenz* nicht, wenngleich dieser für Binswangers Daseinsanalyse von fundamentaler Bedeutung ist.

In seinen ersten beiden Veröffentlichungen spricht Michel Foucault deutlich die Sprache von *Sein und Zeit*. Sowohl in der Binswanger-Einleitung als auch in dessen Buch *Psychologie und Persönlichkeit*[30] führt er die Begriffe Eigentlichkeit (Heidegger) und Entfremdung (Marx) zusammen, um dann, aus einer historischen Perspektive heraus, auf die Bedingungen der Konstitution von Wahnsinn als Gegenstand der Wissenschaft zu reflektieren.

Im Dezember 1963 liest Foucault erneut Heidegger, darum unterbricht er seine Arbeit am Manuskript zu *Die Ordnung der Dinge*. Er leitet kurz zuvor eine öffentliche »Diskussion über den Roman«, bei der der Gesprächsteilnehmer Jean-Paul Faye ausführlich über Heideggers Einfluss auf Camus, Sartre und Robbe-Grillet referiert. Erst 1966 erwähnt Foucault Heidegger zum ersten Mal namentlich in einem Interview, nie schreibt er über ihn einen Aufsatz, eine Reflexion, ein Porträt oder Ähnliches.

In einem Gespräch, das unter dem Titel *Ist der Mensch tot?* erscheint, nimmt Foucault seine Position zum Humanismus ein, indem er formuliert:»In Wirklichkeit gibt es den Humanismus in anderen Kulturen gar nicht, und selbst in unserer Kultur ist er wahrscheinlich nur ein Trugbild. Die Hauptverantwortlichen für den heutigen Humanismus sind ohne Zweifel Hegel und Marx.« Sartre habe »mit der *Kritik der dialektischen Vernunft* in gewisser Weise einen Endpunkt gesetzt«. Denn: »Die *Critique de la raison dialectique* ist der großartige, pathetische Versuch eines Menschen des 19. Jahrhunderts, das 20. Jahrhundert zu denken. In diesem Sinne ist Sartre der letzte Hegelianer, und ich würde sogar sagen: der letzte Marxist.«[31] Sartres Vormund, so Foucault, schützt uns vor Heidegger.[32]

Nietzsche habe gezeigt, dass der Tod Gottes den Menschen nicht hervortreten, sondern verschwinden lasse. Diese im Hegel'schen Sinne nicht-dialektische Kultur erscheine ebenfalls bei Heidegger, als er versuchte, »das Grundverhältnis des Seins in einer Rückwendung zu den griechischen Ursprüngen zu erfassen«[33]. Schließlich habe Heidegger »sich in seinem langen Nachdenken immer stärker von Nietzsche bedrängt gefühlt«. Und wenn Sartre diesem Drängen nicht nachgegeben habe, dann läge das ausschließlich daran, dass dieser »seit langem aufgehört habe zu philosophieren«[34], polemisiert Michel Foucault 1966.

Ulrich Johannes Schneider führt aus: »Foucaults Philosophie entwickelt sich von Anfang an eigenständig und nicht im Modus der Anlehnung. Stille Begeisterung und lakonische Absetzung charakterisieren seine philosophiehistorischen Obligationen, negativ sehr deutlich im Falle von Hegel oder Husserl und den mit ihnen verbundenen Traditionen des dialektischen Denkens (Hegel) und der phänomenologischen Methode (Husserl). Wenn man bei Foucault überhaupt von einer positiven Aufnahme deutscher Philosophen sprechen kann, dann in Bezug auf Kant und Nietzsche.«[35] Die Absetzung von Hegel wird von Foucault mit der genealogischen Theorie Nietzsches, nämlich einer vielfach gebrochenen und nur stückhaft gegenwärtigen Vergangenheit vollzogen. »Nietzsches Genealogie ist Kritik als Subversion, ist Mobilisierung eines Gegengewissens und Aufklärung über die eigene Unmöglichkeit, jemals nach reinen aufgeklärten Maßstäben leben zu können.«[36]

Ebenso kritisiert Foucault Husserls Einführung des transzendentalen Ichs in dessen Spätphase seiner am Anfang noch analytisch-deskriptiven Phänomenologie. Schneider begründet: »Die Konstitutionsleistungen des menschlichen Subjekts hat der als Psychologe und Psychiater ausgebildete Foucault schon früh relativiert und im Laufe seiner schriftstellerischen Produktion immer deutlicher als traditionelle Sackgasse einer zuletzt unkritischen Philosophie gebrandmarkt.«[37]

Wie gesagt, ist neben den vielfachen Nennungen Heideggers in Gesprächen einzig die Ablehnung des geschichtsphilosophischen Visionärs Heideggers, der sein Denken nicht dem abendländischen Mythos einer Metaphysik opfert, sondern es zur Alternative einer postmetaphysischen Epoche macht, die als das Hören auf das Sein das überkommende philosophische Gerede überwinden und das Denken neu formulieren will.

Das erscheint Foucault zunächst noch suspekt. Aber auch hier lässt sich kein für Foucault typisches Heidegger-Bild ablesen. Es verhält sich ähnlich wie mit Marx, dass Foucault beide rezipiert und zugleich marginalisiert. Es gibt – wenn man so will – eine einsame Foucault'sche Textstelle, in der Heideggers Denken explizit als philosophische Figur angesprochen wird, und zwar in seinem Buch *Die Ordnung der Dinge*.

Hier unternimmt der Autor den Versuch einer Archäologie der Humanwissenschaften und bringt diesen mit der Philosophie des Humanismus des 19. und 20. Jahrhunderts zusammen. Foucault denkt die Heidegger'sche Endlichkeit des Menschen, und nicht nur darum endet der Text mit der oftmals zitierten Wette, »dass der Mensch verschwindet wie am Meeresufer ein Gesicht im Sand«[38].

Unter den Veränderungen des Wissens von den Dingen und ihrer Ordnung, dem Wissen der Identitäten, der Unterschiede, der Merkmale, der Äquivalenzen und der Wörter erscheint zwar bis zur Gegenwart die Gestalt des Menschen, doch, so Michel Foucault, »es war die Wirkung einer Veränderung in den fundamentalen Dispositionen des Wissens«, die uns zu dem Schluss bringen muss: »Der Mensch ist eine Erfindung.«[39]

In der *Ordnung der Dinge* nennt Foucault Heideggers Namen nicht als Beleg einer These oder als Name eines Autors, sondern als Hinweis auf eine potenzielle Erfahrung des Denkens. Gemeint ist das Denken des Ursprungs und des Noch-nicht-Gedachten: »Dem Denken stellt sich nun eine Aufgabe: den Ursprung der Dinge in Frage stellen, aber ihm die Frage stellen, um ihn zu begründen, indem die Weise wiedergefunden wird, auf die sich die Möglichkeit der Zeit gründet, jener Ursprung ohne Ursprung oder Anfang, von wo aus alles seine Entstehung haben kann.«[40] Ein modernes Denken, so Foucault, entdeckt das Zurückweichen des Ursprungs und die Wiederkehr der Sorge, denn »am Gegenpunkt dieser Wiederkehr zeichnet sich die Erfahrung Hölderlins, Nietzsches und Heideggers ab«[41].

Die Endlichkeit des Menschen, sein Tod ist für Foucault kein Gegenstand des Denkens, sondern ein Zustand, in dem er Erfahrungen macht, die ihm diese Endlichkeit zeigen: in der Sprache, in der Arbeit, im Leben und so weiter. Der Mensch ist zur Analytik der Endlichkeit aufgerufen, weil er sich nicht in der Unendlichkeit des Denkens aus den Positivitäten seiner Existenz befreien kann. Darum gilt für die Moderne: »Wenn das Wissen des Menschen endlich ist, dann weil es ohne mögliche Befreiung in den positiven Inhalt der Sprache, der Arbeit und des Lebens gefangen ist.«[42]

Das Nicht-Gedachte ist das Foucault'sche Potenzial, und er erinnert an Heideggers *Brief über den Humanismus* (1946), wenn er sagt: »Der Mensch und das Unge-dachte sind auf archäologischer Ebene Zeitgenossen. Das Ungedachte ruht nicht im Menschen, es ist in Beziehung zum Menschen das ›Andere‹. Das ganze moderne Denken ist von dem Gesetz durchdrungen, das Ungedachte zu denken.«[43]

Man erhält hier das außergewöhnliche Leseerlebnis, als kopiere Michel Foucault den typisch Heidegger'schen philosophischen Duktus.

Das entscheidende Kapitel aus *Die Ordnung der Dinge* ist bekanntermaßen der zehnte und letzte Abschnitt »Die Humanwissenschaften«. Hier prononciert der Autor seine Annahme, dass der Mensch eine Funktion des von ihm produzierten Wissens geworden ist und philosophisch damit als nicht mehr begreifbar gelten muss. Es scheint eine Unvereinbarkeit zwischen Anthropologie und Sprachphilosophie zu geben, wenn Foucault sagt: »Es kann sein, dass darin eine unauslöschliche Kluft besteht (in der genau wir existieren und sprechen), so dass man jede Anthropologie, in der die Frage nach dem Sein gestellt würde, und jede Auffassung der Sprache oder der Bedeutung, die das Sein des Menschen erreichen, offenbaren und befreien will, zu den Hirngespinsten zählen müsste.«[44]

Nach Foucault sind die Humanwissenschaften von der philosophischen Unmöglichkeit ihres Gegenstands nicht berührt. Sind gar nicht berührbar, weil sie für sich weder ein Repräsentationsverhältnis aufgebaut haben noch eine Möglichkeit der Erkenntnisbewegung zwischen dem Signifikat und dem Signifikanten gefunden haben. Nach Walter Seitter werden die Humanwissenschaften seit Foucault in einem breiten Spektrum präsentiert:

(Zugrundeliegende Positivitäten):	(Biologie)	(Ökonomie)	(Linguistik)
Humanwissenschaften:	Psychologie	Soziologie	Kulturwissenschaften
Gegenwissenschaften:	Psychoanalyse	Ethnologie	Sprechtheorie

Biologie, Ökonomie und Linguistik bilden seit dem 19. Jahrhundert als zugrundeliegende Positivitäten die Wissensfigur »Mensch«. Seit dem Ende des 19. Jahrhunderts beginnen die Humanwissenschaften mit einer Umverteilung in dieser Denkform: »Was Biologie, Ökonomie und Linguistik vom Menschen sagen, ›verdoppeln‹ die Humanwissenschaften durch das Aufsetzen dessen, was die Menschen selbst für Vorstellungen davon und dabei haben.«[45] Die Gegenwissenschaften errichten das jeweils ihnen eigene Denkgebäude.

Die Humanwissenschaften richten sich auf diese Weise in der Entfernung vom Sein des Menschen ein: »Der Gegenstand der Humanwissenschaften ist also nicht die Sprache, es ist jenes Wesen, das vom Innern der Sprache, durch die es umgeben ist, sich beim Sprechen den Sinn der Wörter oder der von ihm gesprochenen Sätze repräsentiert und sich schließlich die Repräsentation der Sprache selbst gibt.«[46]

In seiner Archäologie der Humanwissenschaften mit dem Titel *Ordnung der Dinge* (1966) sieht der Autor einen besonderen Schwerpunkt in der Linguistik, denn: »die linguistische Analyse ist mehr eine Wahrnehmung als eine Erklärung«[47]. In seiner – so der Titel – *Archäologie des Wissens* (1969) kommt Foucault deutlicher auf die Sprache zu sprechen: »Wer spricht? Wer in der Menge aller sprechenden Individuen verfügt begründet über diese Art von Sprache? Wer ist ihr Inhaber? Wer erhält von ihr seine Einzigartigkeit, sein Prestige, und umgekehrt: Von wem erhält sie wenn nicht ihre Garantie, so wenigstens ihren Wahrheitsanspruch?«[48] Kurze Zeit später eröffnet Foucault seine Inauguralvorlesung *Die Ordnung des Diskurses* (1970) mit Reflexionen zur Sprache selbst und zu dem, der spricht:»Ich hätte gewünscht, dass es hinter mir eine Stimme gäbe, dass diese Stimme spräche.«[49]

Wer denkt hier nicht an den späten Heidegger? Dessen sprachphilosophische Überlegungen stellen bereits Jahrzehnte vor Foucault die Autonomie des Subjekts infrage:»Die Sprache spricht«, sagt Heidegger.»Die Sprache? Und nicht der Mensch? Wir fragen: Inwiefern spricht der Mensch? Wir fragen: Was ist sprechen? Die Sprache spricht. Ihr Sprechen spricht für uns im Gesprochenen.«[50] Für Heidegger ist der Mensch nicht nur Subjekt, sondern auch Objekt seiner eigenen Betrachtung.

Für Foucault ist der Mensch die Bedingung aller möglichen Erkenntnis und ein Faktum, das sich empirisch untersuchen lässt, außerdem ein Wesen, das von Nicht-Gedachtem (das er nicht versteht) umstellt ist, und ein Produkt einer langen Geschichte, deren Quelle er ist und deren Anfänge er niemals erreichen kann:»Der Mensch ist der Schöpfer der Geschichte, aber er kennt nur solche Anfänge, die ihm die Praktiken des Jetzt aufdrängen.«[51]

Foucault verortet das Potenzial der Humanwissenschaften in der Wiedererrichtung des Repräsentationsverhältnisses und schließt damit die Historizität einer solchen Konstruktion gleich mit ein. Seine Aussage, dass»der Mensch verschwinde wie am Meeresufer ein Gesicht im Sand«[52], erklärt ein altes Stadium für beendet und kündigt geschichtsphilosophisch ein neues an.

In diesem historischen Zwischenstadium gilt es nun eine Brücke zu finden. Diese Kluft dient Foucault als Verweis, wird aber nicht von ihm überbrückt. Hier weicht Foucault von Heidegger ab, denn»die Wiederkehr des wissenschaftlichen Denkens und seines anthropologischen Paradigmas hat Foucaults philosophische Produktivität nicht im gleichen Maße wie Heidegger gefesselt. Wo sich Heidegger im Nachweis des obsolet Metaphysischen erschöpfte, öffnet Foucault seinen Denkweg von Anfang an für eine komplexe Wirklichkeit herrschender Vernunft, die durch den Metaphysikverdacht nicht zu erschüttern ist.«[53] In einem Punkt jedoch sind sich beide einig, nämlich in der Überwindung des Humanismus.

Foucaults Gegenmodell zu den etablierten Disziplinen der Humanwissenschaften ist durch gezielte Umkehrungen spezifischer Wissensbestimmungen gekennzeichnet. Die Humanwissenschaften als Gegenwissenschaften zur Philosophie bilden für Foucault das Element einer möglichen Analytik. Diese Möglichkeiten einer Analytik werden an den Voraussetzungen der auf einer universalen Wahrheit des Subjekts aufgebauten Diskursform vorgenommen, und zwar gegen einen universalen Wahrheitsbegriff, gegen die Vorstellung von Machtfreiheit und gegen autoritäre Expertenkulturen. 1977 erklärt er:»Ich spreche über Wahrheit und versuche zu erkennen, wie sich um Diskurse, die als wahr angesehen werden, bestimmte Machteffekte entfalten, aber eigentlich geht es mir darum, Instrumente der Analyse und der politischen Aktion zu entwickeln.«[54]

Wahrheit versus Humanismus? In den Humanwissenschaften bindet sich nach Foucault die Wahrheit an die Idee ihrer Freilegung: »Wahrheit wird damit, so wie bei Nietzsche oder Heidegger, nicht als unmittelbare Eigenschaft von Aussagen bezüglich der Welt gedacht, sondern als gewissermaßen ermöglicht und vermittelt durch sich in der Welt bildende Erfahrungsgitter, innerhalb deren Ordnung Gegenstände überhaupt erst gesehen und thematisiert werden können.«[55] Foucault sagt es selbst: »Die Wahrheit anwenden, wo immer das möglich ist, aus ihr einen Punkt irreduziblen Widerstands machen.«[56]

Bei Foucault wie bei Heidegger ist Wahrheit nichts Anzutreffendes, sondern etwas Verborgenes, anders als bei Heidegger liegt jedoch bei Foucault diese Verborgenheit als offene Herrschaft zugleich zutage. Foucault berücksichtigt in seiner Suche nach Wahrheit immer auch Gedanken des Widerspruchs, des Konflikts oder der Überlagerung.

Foucault bleibt mit seinem Erfahrungsbegriff hingegen hinter der Heidegger'schen Metaphysik-Kritik, die vor allem das wissenschaftliche Denken erledigen soll. Für ihn ist der Bereich geltender Wahrheit durch keine Geste abzuschaffen oder zu verlassen, weshalb seine Analysen ihren aporetischen Charakter bewusst bekennen können und ihn nicht als Schicksal erleiden müssen.

Im Oktober 1979 diskutiert Michel Foucault mit Hubert Dreyfus und Paul Rabinow über seine Arbeiten über »Gouvernementalität« im Rahmen der Tanner-Lecturs in Stanford auf der Grundlage seiner Heidegger-Lektüre. Deren Studie *Jenseits von Strukturalismus und Hermeneutik*, die acht Jahre später erscheint, stellten Foucaults Verfahren als radikalere Kritik des rationalen Denkens als die von Heidegger dar, weil es Foucault in seiner Archäologie und Genealogie darum geht, über die Heidegger'sche hermeneutische Ontologie hinauszuwollen.

Foucault untersucht die Frage der Genealogie im Verhältnis zur Archäologie und sieht in dieser Kombination von Genealogie und Archäologie, die einander abwechseln, stützen und ergänzen, eine gewisse Priorität. Die Genealogie dominiert die Archäologie: »Der Genealoge ist ein Diagnostiker, der sich auf die Beziehungen von Macht, Wissen und Körper in der modernen Gesellschaft konzentriert. Unterhalb der längeren Kontinuitäten kultureller Praktiken, die der Genealoge isoliert, hat der Archäologe immer noch eine klärende Rolle zu spielen.«[57] Foucaults Ausarbeitung seiner Genealogie ist der entscheidende Motor für seine befriedigende, selbstbewusste und komplexe Analyse der Macht.

Foucault vermeidet ein halbes Jahrhundert später das hermeneutische Dilemma, die Sprache dessen sprechen zu müssen, was überwunden werden soll. Darum verzichtet Foucault ab einem bestimmten Punkt auf die Philosophie, um schließlich im strengen Sinn genealogisch-historisch vorgehen zu können. Foucault will sein eigenes Sprechen der allgemeinen Historizität entziehen.[58] Dieses Vorgehen bildet die immer wieder von Foucault wiederholte Aussage, er sei kein Philosoph: »Ich bin kein Experimentator und kein Theoretiker. Ich betrachte mich nicht als Philosoph. Das Problem der Wahrheit dessen, was ich sage, ist für mich ein sehr schwieriges, ja sogar das zentrale Problem.«[59]

Es gibt ontologische und geschichtsphilosophische Parallelen im Werk Heideggers und Foucaults, und beide haben die bislang radikalste Kritik an der Moderne formuliert. Doch es herrscht gelegentlich eine gewisse Sorglosigkeit im direkten Vergleich der beiden hinsichtlich der verschiedenen Situationen und Einsätze beider Denker. »Jedes Unternehmen, das das moderne Denken erklären will, wird darauf achten müssen, nicht einen weiteren Diskurs einzuführen, der die Welt als Bild und sich selbst als nicht darin verwickelt setzt. Es kann keine totale Theorie der Repräsentation, der transzendentalen Konstitution oder der Diskursproduktion sein, sondern muss in der Lage sein, aus der Sprache und der Geschichte heraus zu erklären, warum sich Abbildungsweisen der Welt entwickelten und als den Menschenwissenschaften dienlich galten.«[60]

Im Mai 1984, vier Wochen vor seinem Tod, spricht Foucault zum letzten Mal über die Bedeutung Martin Heideggers für sein Werk in einem Interview mit André Scala. Dieses Gespräch erscheint posthum. Hier konstatiert Foucault im Rückblick: »Heidegger ist stets für mich der wesentliche Philosoph gewesen. Ich habe als Erstes Hegel gelesen, danach Marx, und dann fing ich an, Heidegger zu lesen, und schließlich las ich Nietzsche.«[61]

Die Beziehung zu Heidegger lässt sich vielleicht als eine Art verschwiegener Respekt definieren: »Dieser Respekt drückt sich durch sparsame beiläufige Verweise auf einen gerade in Frankreich vieldiskutierten Denker ebenso bewusst aus wie durch das späte Bekenntnis einer entscheidenden Beeinflussung.«[62] Heideggers Aussage im bekannten *Spiegel*-Interview, die Franzosen würden seriöserweise nur auf Deutsch philosophieren, denn diese »versichern, sie kämen mit ihrer Sprache nicht durch«[63], gehört zu einer seiner großen Gesten.

Beide – Heidegger und Foucault – rechnen auch mündliche Aussagen dem eigenen Werk zu. Foucault hat wie Heidegger seine Vorlesungen als Manuskripte ausgearbeitet. Bei beiden erscheinen diese Werkformen posthum. Beiden Denkern wird von Zeitzeugen nachgesagt, sie besäßen große Ernsthaftigkeit und keine Spur von Eitelkeit. Weil das Philosophieren bei ihnen beiden diese Authentizität erreicht, hinterlassen beide einen großen persönlichen Eindruck. Michel Foucault weitet den Horizont der europäischen Philosophie thematisch und methodisch in einer Weise aus, die über Martin Heideggers Problembewusstsein hinausgeht und dessen Philosophie allzu oft unberührt lässt.[64]

1952 Karl Marx

Étienne Balibar, der eine knappe Untersuchung über das Verhältnis von Foucault zu Marx geschrieben hat, behauptet, dass Foucaults Kritik an Marx nur dem Zweck dient, den Bruch mit Freud zu untermauern. Er geht in seiner Analyse jedoch zu stark auf den Freudo-Marxismus von Wilhelm Reich ein, als dass er tatsächlich die Texte von Karl Marx heranzieht. Foucaults Kritik an Marx sei »in erster Linie gegen die Psychoanalyse gerichtet«[65].

Zur Untermauerung seiner These konzentriert sich Balibar auf die Analyse des ersten Bandes von *Sexualität und Wahrheit* mit dem Titel *Der Wille zum Wissen* (1976). Es gehe um die Art und Weise, wie sich hier Marxismus und Psychoanalyse überkreuzen, so Balibar. Foucaults eigener Diskurs richte sich dabei auf Objekte wie Machtinstitutionen, Widerstände, Ausschließungen, moralische und sexuelle Devianzen, politische Ökonomie, und so weiter. Mit seinem Diskurs bilde Foucault einen Kontrapunkt »zu seiner Kritik des Humanismus und des anthropologischen Zirkels«[66].

Drei Punkte stelle Foucault dabei heraus, die sich im Kern gar nicht gegen Marx richten: die historische Falschheit, die Abhängigkeiten von (juridischer) Macht und das Prinzip der sozialen Homöomerie (beispielsweise die Familie).[67] Bei diesem (unglücklichen) Versuch, Marx vor Foucault in Schutz zu nehmen, bleibt der Eindruck, dass Balibar seinem (großen) Thema mit Absicht ausweicht.

Er ist bekannt als Mitautor von Althussers Buch *Das Kapital lesen* (1964) und beweist damit sowohl nicht nur seine historisch-politische Einstellung zum politisch-konkreten Marxismus der sechziger Jahre als auch seine Bekanntheit mit Michel Foucault und dessen Umfeld. Dreißig Jahre später scheint es, als rücke ein überzeugter Marxist von alten Thesen ab und versuche paradoxerweise Michel Foucault nicht als Marx-kritisch, sondern als in erster Linie Freud-kritisch darzustellen. Das widerspricht vielen Selbstaussagen Foucaults zu Marx, seinem Werk und seiner Rezeption – und zum Marxismus, Sozialismus und Linksradikalismus seiner Zeit.

Gilles Deleuze weist – gegen Étienne Balibar – darauf hin, dass das, was »in diffuser oder gar konfuser Weise für den Linksradikalismus charakteristisch war«, theoretisch gesehen »das Wiederaufwerfen der Fragen der Macht war, das sich sowohl gegen den Marxismus als auch gegen die bürgerliche Konzeption richtete«[68].

Der von Félix Guattari eingeführte Begriff der Transversalität verweist auf die Verbindung praktischer und theoretischer Aspekte in dem Kampf »für ein besseres Leben« – benutzt also nicht den Begriff vom Marxismus, Sozialismus oder Linksradikalismus.[69] »Der Linksradikalismus bemüht sich jedoch beständig um die Bewahrung und Reintegration allzu dürftiger Bruchstücke des Marxismus, um sich erneut darin zu vergraben und einen Gruppenzentralismus zu restaurieren, der wieder an die alten Praktiken, einschließlich des Stalinismus[70], anknüpfte.«[71]

An diesem Punkt – dem Kampf »für ein besseres Leben« – sieht Foucault vermutlich eine subjektbestimmte und nicht marxistische Möglichkeit. »Der Hass muss nur lebendig genug sein, dann lässt sich aus ihm große Freude ziehen«, so Gilles Deleuze, »nicht die Freude am Hassen, sondern die Freude, all das zu zerstören, was das Leben verletzt.«[72]

Foucault entwickelt die Theorie einer politischen Philosophie[73], die ihre Referenz nicht bei Hegel und Marx hat, sondern bei Kant und der Idee der Aufklärung. Dennoch ist das Verhältnis von Foucault zu Marx voller Widersprüche. Der Autor sagt selbst dazu: »Ich finde es nicht sachdienlich, mit Marx selbst Schluss zu machen. Marx' Leistungen sind unbestreitbar.«[74] Aber: »Was jedoch den Marxismus betrifft, so ist die Lage völlig anders. Der Marxismus ist nämlich die Ursache der Verarmung, der Austrocknung der politischen Einbildungskraft.«[75] Der Marxismus sei nichts anderes als eine Erscheinungsweise der Macht in einem elementaren Sinn. Der Marxismus, so Foucault, sei eine Summe von Machtverhältnissen oder eine Summe von Mechanismen und Dynamiken der Macht, und darum »konnte der Marxismus nicht ohne die Existenz einer Partei auskommen«[76]. Es soll nicht darum gehen, Marx zu kritisieren, sondern eine Kritik zu entwickeln, die fragt: »Auf welche Weise verleumdet der Marxismus heute das, was für Marx wesentlich gewesen wäre?«[77]

Wie gesagt, kommt Foucault über Althusser in Kontakt mit den Marx'schen Schriften. Während ihm Althussers Position innerhalb der Kommunistischen Partei Frankreichs eher suspekt (oder nicht evaluierbar) ist, beeindrucken ihn dessen theoretische Schriften zu Marx sehr wohl, »weil Althusser die traditionelle marxistische Interpretation vom gesamten Humanismus, Hegelianismus und auch von aller Phänomenologie, die darauf lasteten, befreit und insofern aufs Neue eine Lektüre von Marx möglich gemacht hat, die nicht länger eine universitäre, sondern geradezu eine politische Lektüre war«[78].

Marx selbst sagt, dass er die Idee des Klassenkampfes bei den französischen Historikern gefunden habe.[79] Der Kampf zwischen den Völkern inspiriert ihn zu seiner Theorie einer Revolution, dem Klassenkampf, doch »was mich an den marxistischen Analysen frappiert, ist, dass es immer um Klassenkampf geht, aber dass man einem Wort in dem Ausdruck weniger Aufmerksamkeit widmet, und zwar dem ›Kampf‹«[80]. Damit übernimmt Karl Marx im 19. Jahrhundert eine besondere, eine bestimmende Rolle. Marx hat nach Michel Foucault: Erstens »einen prophetischen Charakter«, zweitens »eine bestimmte Art von Wahrheit ausgesprochen«, drittens »diese Wahrheit verabsolutiert« und viertens »ist er nicht ein ausschlaggebender Besitzer der Wahrheit«[81].

Schwierigkeiten sieht Foucault, weil: Erstens »der Marxismus in Verbindung mit der Partei ein Machtverhältnis aufweist«, zweitens »es den marxistischen Parteien an der Fähigkeit mangelt, Probleme (der Medizin, Sexualität, Vernunft und des Wahnsinns) zu berücksichtigen«, drittens »es der Partei nicht gelingt, diese Probleme mit verschiedenen gesellschaftlichen Bewegungen in Verbindung zu bringen«, viertens »die Partei es ermöglicht, über den Marxismus als Staatsphilosophie hinauszugehen«[82].

In einem Gespräch 1975 stellt Foucault in ironischem Ton fest, dass »es eine Wissenschaft gibt, die man ›Kommunistologie‹ nennen könnte und die eine historische Wissenschaft wäre, die sehr präzise institutionelle Analysen beinhalten würde. Doch fürs erste entzieht sich uns die ›Kommunistologie‹, von der her sich der Marxismus als Wissenschaft, als Dogma entwickelt hat, noch.«[83]

Am Anfang des Marxismus steht jedoch der Namenspatron, und der benutzt ein Konzept, das bereits innerhalb des Diskurses existiert. Er formuliert auf der Grundlage dieses Konzepts Regeln für den bereits bestehenden Diskurs, verlagert ihn und macht ihn zum Fundament einer anderen, neuen Analyse. »Meines Erachtens ging Marx ähnlich vor wie viele andere Gründer neuer Wissenschaften oder neuer Diskurstypen.«[84] So übernimmt Marx beispielsweise den Begriff des Mehrwerts von Ricardo.

Aus diesem Grund vor allem weigert sich Foucault, sowohl den Marxismus als auch die Psychoanalyse als Wissenschaften zu bezeichnen.[85] Außerdem würden mit dieser Bezeichnung an diese beiden Diskurse zu hohe Anforderungen gestellt, sodass es zu ihrem eigenen Wohl besser wäre, sie nicht als solche zu bezeichnen. Foucault erscheint es als paradox, dass ausgerechnet Marxismus und Psychoanalyse den Status von Wissenschaften reklamieren, während sie selbst positive Wissenschaften verachten. Man reklamiere für diese beiden Disziplinen einen Status, der gar nicht so wichtig für sie sei.[86]

Wie schon in seiner kritischen Haltung gegenüber der Hegel'schen Philosophie bleibt Foucaults Vorbehalt beim Marxismus und bei der Psychoanalyse gegen deren Totalitätsanspruch, der umso deutlicher hervortritt, wenn diese sich selbst als Wissenschaften bezeichnen. Marx' Deklaration der ökonomischen Sphäre der Produktionsverhältnisse zur fundamentalen Struktur treffen im Besonderen seine Kritik. Hieraus würden sämtliche Diskursformen abgeleitet, wie es der Marxismus zuletzt vormacht.[87]

Foucaults eigene philosophische Tätigkeit ist darum nicht marxistisch, freudianisch oder hegelianisch, weil er sich gegen jede Bestimmung der Philosophie als Aktivität der Totalisierung wehrt. Nach seiner Ansicht ist Philosophie eine verstreute Aktivität mit jeweils begrenztem Auftrag; diese Aktivität wird in verschiedenen Bereichen und in vielfältiger Form ausgeübt. Sein Hauptinteresse ist dabei, die Gegenwart zu diagnostizieren.[88]

1953 FRIEDRICH NIETZSCHE

Für Foucault wird Heidegger zum wesentlichen Denker, denn seine ganze philosophische Entwicklung ist durch seine Heidegger-Lektüre bestimmt.[89] Über Maurice Blanchot kommt Michel Foucault zu Georges Bataille und über diesen schließlich zu Friedrich Nietzsche. Dessen *Unzeitgemäße Betrachtungen* (1873-1876) und zahlreiche Texte der 1880er Jahre begeistern ihn, hier vor allem das *Buch der Morgenröthe* (1881) und *Die fröhliche Wissenschaft* (1882).

Heideggers erstes Nietzsche-Buch (1936) vertieft allgemein die französische Nietzsche-Diskussion, die bereits gegen Ende des 19. Jahrhunderts einsetzt. Nietzsches Denken beeinflusst Autoren wie Gide und Valéry. Erste Nietzsche-Texte werden vor der Jahrhundertwende ins Französische übersetzt.[90] In der Folge des zweiten Nietzsche-Buches von Heidegger (1961) weitet sich das Interesse an diesem Philosophen aus und vertieft sich.[91] Es scheint so, als sei die Generation der sechziger Jahre von einer rein nietzscheanischen Perspektive bestimmt. In der französischen Nietzsche-Diskussion gilt dieser als Prophet des Individualismus und als Vollender der kopernikanischen Wende. Vor allem eben Heideggers Nietzsche-

Interpretation unterstützt diese Debatte. Erst Derrida versucht Nietzsche vor der subjektiven Sichtweise Heideggers zu retten[92], und Deleuze schließlich historisiert diesen deutschen Denker und entspannt damit die Sichtweise auf Nietzsche.[93]

Eigentlich heißt das Theoriegestirn der sechziger Jahre Nietzsche–Freud–Marx und löst das alte Trio Hegel–Husserl–Heidegger ab. Nicht zuletzt die bei Gallimard edierte Ausgabe der *Œuvres philosophiques complètes* von 1967, die Deleuze und Foucault verantworten, bewirkt diesen Wechsel. Neben Foucault legitimiert Deleuze die Prinzipien und Perspektiven dieser Nietzsche-Ausgabe.[94] Deleuzes Interpretation, dass Nietzsche mit seiner Idee des Übermenschen eine Gestalt schafft, die das Allzumenschliche hinter sich lässt, imponiert Foucault. Das Problem heißt nun nicht mehr »Was ist?« sondern »Wer ist?«. Gegen Hegel und für Nietzsche argumentieren Deleuze und Foucault, dass »der Übergang des Subjekts in das Prädikat und des Prädikats in das Subjekt die logische Urteilsform als Fremdbestimmung aufhebt«[95].

Im August 1953 am Strand von Civitavecchia liest Foucault Nietzsches *Unzeitgemäße Betrachtungen* mit großem Interesse. Hier im Italienurlaub beginnt seine eigentliche Nietzsche-Lektüre, und »ich erkannte, dass Nietzsche über Heidegger hinausgegangen ist«[96]. Das Buch, das Foucault so stark berührt, ist in vielerlei Hinsicht eine Art Nebenprodukt, in dem Nietzsche versucht zu verstehen, wer er ist und was aus ihm werden wird.

Die vier Aufsätze der *Unzeitgemäßen Betrachtungen* schreibt der Autor zwischen 1873 und 1876 nieder, also nach der ignoranten Aufnahme, die sein erstes Buch *Die Geburt der Tragödie* (1872) findet. Die Aufsätze der *Unzeitgemäßen Betrachtungen* stellen auf sehr verschiedene Weise die Versuche ihres Autors dar, ein eigenes Ziel und eine eigene Notwendigkeit höherer Art zu finden. Diese Betrachtungen, so erklärt Nietzsche später, »bieten eine Vision meiner Zukunft, meine innerste Geschichte, mein Werden«[97]. Schließlich nennt der Autor den Untertitel seines *Ecce Homo*: *Wie man wird, was man ist*.[98]

Zu werden, was man ist, ist keine leichte Aufgabe – auch für Nietzsche nicht. Bereits mit achtzehn Jahren weiß dieser, dass ihm das Leben Probleme bereiten wird, und nur zehn Jahre später gilt das auch für sein (erstes) Werk: »Spätestens 1862 wusste Nietzsche, dass mit seinem Leben etwas schief gegangen war. Die Vergangenheit lastete wie ein Alpdruck auf ihm, die Erziehung nahm ihm die Luft, zum Atmen, die Erwartungen, die man an ihn stellte, widersprachen seinen eigenen. Seine Sehnsüchte waren ohnehin von einer anderen Welt.«[99]

Als Foucault Nietzsche entdeckt, steht er kurz vor seinem siebenundzwanzigsten Geburtstag und legt endgültig seine Masken ab.[100] Nietzsches Masken halten bis zum Schluss, auch wenn er seinen Freundschaftsbegriff anders definiert als seine Freunde. Nietzsche meint den »gefährlichen Gott, dem keiner widersteht, es ist die treibende Kraft hinter der Sexualität«, denn »so sehr er die Frauen schätzte und gelegentlich um sie warb – er begehrte sie nicht«[101].

Seit 1866 war Nietzsche mit Erwin Rohde zusammen, bis zum endgültigen Bruch 1879. Davor war er mit Carl von Gersdorff seit 1864 eng befreundet. Hinzu kamen die platonischen Liebesbeziehungen zu Paul Deussen seit 1862, ab 1876 zu Paul Rée, Heinrich von Köselitz, Ludwig von Scheffler und Heinrich von Stein, und zuletzt seit 1878 zu Franz Overbeck. Moral interessiert Nietzsche nicht, denn nicht sein Denken, sondern die Welt ist die »Hölle«! Doch welche Welt? »Das Weltbild des jungen Nietzsche, das die Erscheinungen durchschaute und den ›leidenden und zerquälten Gott‹ dahinter entdeckte, war bloße Projektion.«[102] Die Verdrängung des Sexuellen und der Leib, der an sich selbst zweifelte und sich nicht mehr erträgt, will seinen Untergang: »Hinter deinen Gedanken und Gefühlen steht dein Leib und dein Selbst im Leibe: die terra incognita.«[103]

Nietzsches ungelöster Konflikt, die Dinge nicht beim Namen nennen zu können oder nennen zu wollen, das Geheimnis seiner Sexualität zu wahren und der Vernunft des Leibes zu gehorchen, treibt ihn – wenn man so will – in den Wahnsinn. »Es ist wahr, wir lieben das Leben, nicht, weil wir an das Leben, sondern weil wir an das Lieben gewöhnt sind. Es ist immer der Wahnsinn in der Liebe. Es ist aber auch immer etwas Vernunft im Wahnsinn.«[104] Nietzsche bietet Foucault geradezu die Themen an, die des Lesers eigenes Dasein betreffen.

Man kann, wenn man so will, im Werk Michel Foucaults drei Achsen eines Koordinatensystems ermitteln. Zunächst die Achse des »Wissens«, die durch die epistemologischen Untersuchungen der Jahre 1961 bis 1966 angeregt ist und deren methodologische Voraussetzungen schließlich in der *Archäologie des Wissens* (1969) reflektiert werden. In der Verbindung der beiden Achsen »Wissen und Macht« finden sich die Texte *Überwachen und Strafen* (1975) und *Der Wille zum Wissen* (1976). Die Achse des »Subjekts« wird in den letzten noch zu Lebzeiten des Autors veröffentlichten Büchern *Der Gebrauch der Lüste* (1984) und *Die Sorge um sich* (1984) präsentiert. Alle drei Achsen dieses Koordinatensystems im Werk von Michel Foucault haben ihre philosophische Basis in der Rezeption des Werks von Friedrich Nietzsche.[105]

Das ist darum vielleicht weniger überraschend, weil beide – Nietzsche wie Foucault – den Subjektbegriff kritisch in den Mittelpunkt ihres Schaffens stellen. Allerdings scheint bereits Nietzsche der Subjektbegriff als Symptom eines Aberglaubens, denn Subjekt, »das ist die Terminologie unseres Glaubens an eine Einheit unter all den verschiedenen Momenten höchsten Realitätsgefühls: wir verstehen diesen Glauben als Wirkung einer Ursache, – wir glauben an unseren Glauben so weit, dass wir seinetwillen die ›Wahrheit‹, ›Wirklichkeit‹, ›Substantialität‹ überhaupt imaginieren. – ›Subjekt‹ ist die Fiktion, als ob viele gleiche Zustände an uns die Wirkung eines Substrats wären, aber wir haben erst die Gleichheit dieser Zustände geschaffen.«[106]

Michel Foucaults Werklektüre und Textkenntnis von Friedrich Nietzsche ist zuletzt besser als die von Martin Heidegger, »dennoch sind dies die zwei Grunderfahrungen, die ich gemacht habe. Ich hatte versucht, in den fünfziger Jahren Nietzsche zu lesen, aber Nietzsche ganz allein sagte mir gar nichts! Dagegen Nietzsche und Heidegger, das war der philosophische Schock!«[107] Und obwohl diese beiden Autoren besonders stark von Foucault berücksichtigt werden, hat Foucault nichts über Heidegger und nur sehr wenig über Nietzsche geschrieben. Er ist überzeugt, dass es wichtig ist, »eine kleine Anzahl von Autoren zu haben, mit denen man denkt, mit denen man arbeitet, aber über die man nicht schreibt«[108].

Peter Sloterdijk konstatiert: »Doch erst nach Nietzsches Inversion des Platonismus und nach Heideggers Neuansatz der philosophischen Besinnung von einem ›anderen Anfang‹ her ließ sich mit größerer Bestimmtheit erkennen, was es mit einem Denken auf sich haben würde, dessen generativer Pol effektiv aus dem Bannkreis metaphysischer Wesenstheorien herausgetreten wäre. Es würde sich um ein Denken handeln müssen, das sich an das Abenteuer eines ganz verzeitlichten und bewegten Daseins ausliefert, ohne Rückhalt zu suchen in den klassischen Fiktionen eines transzendenten Subjekts oder eines absoluten Objekts.«[109] Und frappierend stellt Sloterdijk fest: »Das Phänomen Foucault gleicht hierin dem Nietzsches, bei dem auf analoge Weise quasi-platonische Leidenschaften in antiplatonische Exerzitien mündeten.«[110]

Die allgemeine Erkenntnis, dass Nietzsche der Vordenker unserer Zeit sei, setzt sich zunehmend durch. Ginge es nach Foucault, würde er es wohl auch in Zukunft bleiben. In seinem Kapitel über Nietzsches Apollinik schreibt Wilhelm Schmid: »Wo immer man auch hinkommt – Nietzsche lacht. Er war schon da.«[111] Auf diese Weise wird klar, dass unser heutiges Denken und Sein von Nietzsche schon vor hundertdreißig Jahren eröffnet wird. Wenn wir diesen großen Denker heute feiern, müssen wir zugleich feststellen, dass er in seiner Zeit weitgehend unbeachtet bleibt. Der Philosoph selbst empfindet sich als nicht zeitgemäß oder gar als »Frühgeburt einer noch unbewiesenen Zukunft«[112], denn »erst das Übermorgen gehört mir. Einige werden posthum geboren.«[113]

In dem Interview vom Mai 1984 mit dem nietzscheanischen Titel *Die Rückkehr der Moral* spricht Michel Foucault von seinem »grundlegenden Nietzscheanismus« und davon, dass er »Nietzscheaner« sei, der versuche herauszufinden, »was man mit Hilfe von Texten Nietzsches – aber auch mit antinietzscheanischen Thesen – in diesem oder jenem Bereich machen kann«[114]. Zweifellos ist Nietzsche für Foucault der Philosoph, von dem und mit dem er denkt.

Und es ist nicht nur die Vorgehensweise, nämlich seine Analyse von Machtverhältnissen und seine Ziele der Ausarbeitung einer neuen Lebenskunst, die Foucault in seiner Nietzsche-Lektüre anwenden will. Vor allem die Frage nach der Wahrheit, das heißt für ihn nach dem Diskurs wahr oder falsch, und nach dem Subjekt motivieren Foucault. Diese von Foucault geknüpfte Wahlverwandtschaft bezeichnet ein gemeinsames Verständnis von Philosophie, das Wilhelm Schmid auf den Punkt bringt: »Nietzsches Lachen lachte aus Foucault.«[115]

Nietzsche sagt es selbst: »Ihr solltet vorerst die Kunst des diesseitigen Trostes lernen – ihr solltet lachen lernen, meine jungen Freunde.«[116] Vor diesem Horizont steht das (tatsächlich auch reale) Lachen und ist so zu verstehen. In der *Ordnung der Dinge* spricht der Autor vom »Aufbrechen des Gesichts des Menschen im Lachen«[117]. Übrigens endet dieses Buch nicht nur, sondern es beginnt auch mit einem Lachen.

Nietzsche konstituiert für Foucault eine »Zäsur in der Geschichte des abendländischen Denkens. Der Modus des philosophischen Diskurses hat sich mit ihm verändert«[118], so Foucault. Diese Zäsur ist für ihn nicht nur Lektüreerlebnis oder Philosophiegeschichte, sondern bedeutet für ihn einen Schock jenseits des Elfenbeinturms:»Nietzsche war eine Offenbarung für mich. Ich hatte das Gefühl, da ist jemand, der ganz anders war, als man es mich gelehrt hatte. Ich las ihn mit großer Leidenschaft und brach mit meinem bisherigen Leben; ich kündigte die Stelle im Krankenhaus und verließ Frankreich. Ich glaubte, in einem Gefängnis zu sein. Durch Nietzsche wurde mir alles sehr fremd.«[119]

Diese Zäsur besteht für Michel Foucault darin, dass Nietzsche die Gegenwart »in das Feld der Philosophie einführt. Zuvor kannte der Philosoph nur die Zeit und die Ewigkeit. Doch Nietzsche hatte eine Besessenheit für die Aktualität.«[120] Nietzsche hat entdeckt,»dass die besondere Tätigkeit der Philosophie die diagnostische Arbeit besteht: Was sind wir heute? Was ist das für ein Heute, in dem wir leben? Mir scheint, Nietzsche hat der Philosophie ein neues Objekt gegeben, das ein wenig in Vergessenheit geraten ist.«[121]

Die wohl bekannteste nietzscheanische Diagnose ist die (oftmals falsch verstandene) These vom Tod Gottes. Diese Diagnose bedeutet nach Friedrich Nietzsche zunächst,»dass der Glaube an den christlichen Gott unglaubwürdig geworden ist«[122]. Damit ist aber nicht nur der christliche Gott selbst, sondern auch seine Position und Funktion im abendländischen Denken als Garant für Sinn und Wahrheit gemeint. Die Konzeption des christlichen Gottes erfülle, so Nietzsche, zwei Funktionen: Einerseits verbürgt diese Funktion eine zumindest prinzipielle Erkenntnisfähigkeit für das Subjekt und erlaubt dessen Konstituierung, andererseits steht der Glaube an Gott beispielhaft für das Vertrauen in die Möglichkeit, durch Erkenntnis an der ewigen Welt des Guten zu partizipieren.

Gerade im Spätwerk lässt Foucault mehrfach den Gedanken an das Subjekt aufkommen, etwa in seiner Vorlesungsreihe *Hermeneutik des Subjekts* (1982). Die Suche nach einer neuen Subjektivität, nach einer neuen Kohärenz und nach dem subjektiven Wunsch, ein Werk ins Leben zu rufen, lässt ein wenig den Verdacht aufkommen,»dass alles nur geschrieben wurde«, um eine Hermeneutik des Subjekts zu konstituieren. Diese böswillige Unterstellung, nämlich einer kontinuierlichen Anstrengung, Subjektivität neu zu begründen, mildert sich jedoch im Foucault'schen »soin de soi«[123], denn es gehe schließlich darum,»sich um sich selbst zu sorgen, um seiner selbst willen«[124].

Mit dem Verlust des christlichen Gottes wandelt sich für den nun Gottlosen die Bedeutung der Welt, in der er lebt. Sie wird für ihn sinnlos, denn die überirdische Instanz für die Kommunikation zwischen Diesseits und Jenseits geht ihm verloren. Der Gottlose wird folglich zum Nihilisten, denn nichts hat einen Wert, und alles ist vergebens. Wie aber ist der christliche Gott gestorben? Durch den »tollen Menschen« verkündet Nietzsche:»Wir haben ihn getötet, – ihr und ich! Wir alle sind seine Mörder!«[125] Die Frage, die sich anschließt, lautet, wie wir das getan haben. Nach Nietzsche ist es der Wille zur Wahrheit, der uns bewegt. Das bedeutet: »die christliche Moralität selbst, der immer strenger genommene Begriff der Wahrhaftigkeit, die Beichtväterfeinheit des christlichen Gewissens, übersetzt und sublimiert zum wissenschaftlichen Gewissen, zur intellektuellen Sauberkeit um jeden Preis.«[126] Diese christliche Moralität selbst setze eine Dynamik in Gang, »welche am Schluss sich die Lüge im Glauben an Gott verbietet«[127].

Die Annahme, der christliche Gott sei ein Garant für Wahrheit, genügt nicht den Forderungen, die durch das nun entstehende wissenschaftliche Gewissen angelegt sind. Er ist also der Wille zur Wahrheit, der das Festhalten an einem unbedingten Wahrheitsgrund und damit an wahren Aussagen mit absolutem Geltungsanspruch unmöglich macht. Der Tod dieses Gottes bedeutet die Entgöttlichung der Wahrheit und damit die Umwertung des Wahrheitsbegriffs, die Foucault so zusammenfasst: »Die Wahrheit ist von dieser Welt; in dieser wird sie aufgrund vielfältiger Zwänge produziert, verfügt sie über geregelte Machtwirkungen. Jede Gesellschaft hat ihre eigene Ordnung der Wahrheit, ihre allgemeine Politik der Wahrheit.«

Foucaults Anknüpfungspunkt an Nietzsche ist die Tatsache: »An Nietzsche hat mich frappiert, dass für ihn eine Rationalität – die einer Wissenschaft, einer Praxis, eines Diskurses – sich nicht nach der Wahrheit bemisst, die diese Wissenschaft, dieser Diskurs, diese Praxis hervorbringen können. Die Wahrheit ist selbst Teil der Geschichte des Diskurses und ist gleichsam ein Effekt innerhalb eines Diskurses oder einer Praxis.« An höchster Priorität steht eben für Michel Foucault die Suche nach einer Wahrheit, denn: »Es genügt nicht, die Geschichte einer Rationalität zu schreiben, was wir brauchen, ist eine Geschichte der Wahrheit.«[128] Doch die bisherige Geschichte der Wahrheit ist eine Geschichte des Irrtums und der Willkür.[129]

Der Tod Gottes ist der Grund und das Resultat einer historischen Auffassung von Wahrheit, nämlich dass Gott die Wahrheit und die Wahrheit göttlich sei. »Aber wie, wenn dies gerade immer mehr unglaubwürdig wird, wenn nichts sich mehr als göttlich erweist, er sei denn der Irrtum, die Blindheit, die Lüge – wenn Gott selbst sich als unsere längste Lüge erweist?«, fragt Nietzsche in der *Genealogie der Moral*.[130]

Den Bruch, den die Philosophie von Friedrich Nietzsche in Hinsicht auf seine philosophisch wissenschaftliche Einstellung für ihn darstellt, präzisiert Michel Foucault: »Ich kann nur sagen, dass ich ideologisch Historizist und Hegelianer bin, solange ich nicht Nietzsche gelesen hatte.«[131] Der siebenundzwanzigjährige Hegelianer wird 1953 zum Nietzscheaner, für den »die Vernunft die Stelle Gottes einnimmt«[132]. Durch die Lektüre von Nietzsches Werk wird aus dem Historizisten der Historiker Foucault. Ein Historiker, der die universalen Ansprüche der Rationalität und die aus ihr resultierende teleologische Auffassung von Geschichte, die im Verlauf der Historie eine sich entwickelnde Vernunft sieht, zurückweist.

Michel Foucault drückt es so aus: »Die wirkliche Historie hat keine Angst, ein perspektivisches Wissen zu sein. Die Historiker versuchen in ihrem Wissen alles zu verwischen, was ihren Standort in Raum und Zeit, ihre Einstellung und ihre unvermeidlichen Gefühle verraten könnte. Der historische Sinn, wie Nietzsche ihn versteht, weiß dagegen, dass er auf einer Perspektive beruht, und verleugnet nicht das System der eigenen Ungerechtigkeit. Der historische Sinn gibt dem Wissen die Möglichkeit, innerhalb seines Erkenntnisprozesses die eigene Genealogie zu ergründen.«[133]

Die Geschichte der Wahrheit ist die Historie ihrer Entdeckung oder ihrer Verdunkelung. Wahrheit ist für Foucault das, was sich real abspielt, etwas, das vom Subjekt gespielt wird und dessen Spielregeln variabel sind. Die Geschichte der Wahrheit ist die Historie des »Wahrsagens, worunter die Formen zu verstehen sind, unter denen sich die Diskurse über einen Bereich von Dingen bezüglich deren Wahr- und Falschsein äußern«[134]. Die Geschichte der Wahrheit ist die Geschichte des Erscheinens von Wahrheitsspielen. Die »kritische Geschichte des Denkens« ziele darauf ab, »zu erfahren, wie sich die verschiedenen Wahrheitsspiele gebildet haben«[135].

Foucault besteht darauf, dass er keine Auslegung des nietzscheanischen Denkens bieten wolle, sondern dass man bei ihm »ein Modell für die Analyse der, wie ich es nennen möchte, Politik der Wahrheit an die Hand« gegeben bekomme.[136] Die politische Wahrheit aber steht im Plural. Peter Sloterdijk sieht das »Spiel« von Michel Foucault am Ende einer philosophischen Reihung von »Ereignis«, »Freiheit« und »Selbstgestaltung«. Foucault stelle sich der Herausforderung, »das Kernstück aller Philosophie, die Theorie der Freiheit neu zu denken: nicht mehr im Stil einer philosophischen Theologie der Befreiung alias Entfremdungstheorie, sondern als eine Lehre von dem Ereignis, das den Einzelnen freigibt und indem er sich selbst gestaltet aufs Spiel setzt.«[137] Wir müssen, so Foucault, »die Zeit heute anders leben. Gerade heute.«[138]

1984 spricht – sozusagen im Rückblick auf dreißig Jahre philosophische Praxis mit Nietzsches Werk – Foucault davon, dass er drei traditionelle Probleme untersuche[139]:

Erstens welches Verhältnis wir zur Wahrheit durch wissenschaftliche Erkenntnis haben, zu jenen »Wahrheitsspielen«, die so große Bedeutung in der Zivilisation besitzen und deren Subjekt und Objekt wir gleichermaßen sind.

Zweitens welches Verhältnis wir aufgrund dieser seltsamen Strategien und Machtbeziehungen zu den anderen haben?

Drittens welche Beziehungen zwischen Wahrheit, Macht und Selbst bestehen?

Während die besondere Archäologie von Michel Foucault die Strukturen untersucht, die das Auftauchen von bestimmten Diskursen in verschiedenen Epochen bestimmen, in denen die individuellen Existenzen der Menschen eingebunden sind, wendet sich der spätere Foucault ab 1970 der Analyse von Machtverhältnissen zu, die seines Erachtens noch unterhalb der archäologischen Untersuchungsebene anzusiedeln sind: »Man muss die Archäologie auf die Erforschung der Machtmechanismen gründen, die Körper, Gesten und Verhalten besetzt haben.«[140]

Die politische Technologie des Körpers, so Foucault, findet sich in der Kreuzung des Machtverhältnisses von Wissen und Körper wieder. Die Institutionen und Machtapparate, die sich dieser Technologie bedienen, das heißt der Staat, der sich ihrer bedient, erlebt einen Gewinn an Machttechnologien. Dieses Phänomen hat seine Grundlage in der Verbindung von Macht und Wissen.

Diese interne Beziehung von Macht und Wissen wird das Thema von Michel Foucaults Buch *Überwachen und Strafen* (1975). Hier entwirft er plakativ die direkten Verbindungen:

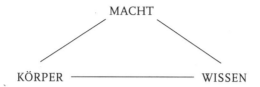

Die Bewegungen der Geschichte resultieren nach Nietzsche aus »sich abspielenden Überwältigungsprozessen«[141]. Foucault geht es wie Nietzsche bei seiner Machtanalyse darum, »unter dem Rechten, wie es eingerichtet ist, unter dem Geordneten, wie es angeordnet ist, unter dem Institutionellen, wie es installiert ist, die vergessene Vergangenheit der wirklichen Kämpfe, der tatsächlichen Siege und Niederlagen aufzudecken, die vielleicht verschleiert worden sind, die aber tief eingeschrieben bleiben«[142].

Wahrheitsspiele sind Spiele der Macht, denn die Frage nach dem Grund eines Rechts, einer Ordnung oder einer Institution wird durch die Genealogie – ein Begriff, den Foucault von Nietzsche übernimmt – des infrage kommenden Gegenstandes beantwortet. Die Frage nach dem Grund versucht nachzuspüren – ganz im Sinne Martin Heideggers –, aus welchen historischen Zufällen und Kämpfen die herrschenden historischen Voraussetzungen einer bestimmten Zeit, besonders der Gegenwart, sich haben bilden können.

Doch was ist Genealogie? Die Genealogie stellt sich der traditionellen historischen Methode entgegen. Ihr Ziel ist es, »die Einmaligkeit der Ereignisse unter Verzicht auf eine monotone Finalität ausfindig zu machen«[143]. Die Genealogie spürt Diskontinuitäten auf, wo andere kontinuierliche Entwicklungen finden. Sie meidet die Suche nach einer Tiefe, stattdessen sucht sie die Oberflächen der Ereignisse: »Während der Interpret verpflichtet ist, wie ein Ausgräber den Dingen auf den Grund zu gehen, gleicht der Moment der Interpretation (Genealogie) einem Überblick von immer höherer Warte, vor dem sich die Tiefe in stets erweiterter Sichtbarkeit ausbreitet; von neuem wird die Tiefe zu einem absolut oberflächlichen Geheimnis.«[144] Als Genealoge sieht der Interpret (und der Rezeptionist) die Dinge aus der Ferne.

»Gleichwohl hält Foucault das Universum des orthodoxen metaphysischen Denkens mit professioneller Kühle im Blick«[145], so Peter Sloterdijk. Die »abgekarteten Spiele« von Substanz (»Welt als Sphäre«), Subjekt (»Ich als Zirkel«) und Sein (»Gott als Zentrum«) müssen überwunden werden, um das Foucault'sche Unternehmen des Denkens realisieren zu können. »Der Sinn von Sein ist nicht Bestand und zeitlose Wesensbewährung, sondern Ereignis, Horizonteröffnung und Zeitigung von vorübergehenden Ordnungen.«[146]

»Die Genealogie hat das Graue zum Gegenstand«, so Holger Ostwald, »will sagen, das Urkundliche, das Wirklich-Feststellbare, das Wirklich-Dagewesene.«[147] Dieses »Grau in Grau der Geschichte« ist dabei aber nichts »als eine oberflächliche Gegebenheit zu nehmen, die auf einige grundlegende und dauerhafte Prinzipien zurückzuführen ist«[148], behauptet Foucault, es ist, so Nietzsche, »eine fortgesetzte Zeichen-Kette von immer neuen Interpretationen und Zurechtmachungen«[149], die es nun zu entziffern gilt.

Wenn mit der Genealogie nach einer Herkunft gefragt wird, dann geht es nicht um den Ursprung. Die Suche nach dem Ursprung geht nach »ihrer in sich gekehrten Identität, nach ihrer unbeweglichen und allem Äußeren, Zufälligen und Zeitlichen vorgehenden Form und nach dem ›es selbst‹ eines mit sich selbst übereinstimmenden Bildes«[150]. Foucault bringt Nietzsches genealogisches Unterfangen auf eine einfache Formel: Es geht um Herkünfte, nicht um Ursprünge. Die Herkunft zu rekonstruieren, das ist die Aufgabe jeder Genealogie.[151]

Mit dem Tod des christlichen Gottes beziehungsweise des rationalen Grundes der Wahrheit muss auch die Frage nach dem Grund der untersuchten Begebenheiten umgewertet werden: »Der Ursprung liegt immer vor dem Fall, vor dem Körper, vor der Welt und vor der Zeit. Er liegt bei den Göttern und seine Erzählung ist immer eine Theogonie.«[152]

In seinem wichtigen Text *Nietzsche, die Genealogie, die Historie* von 1971, der zuerst in einer Festschrift für Jean Hyppolite erscheint, verstärkt Foucault seine Aussage: »Die Erforschung der Herkunft liefert kein Fundament: sie beunruhigt, was man für unbeweglich hielt; sie zerteilt, was man für eins hielt; sie zeigt die Heterogenität dessen, was man für kohärent hielt.«[153] Das Bedeutende zeigt sich nur durch seine genealogische Erforschung als etwas bedeutend Gewordenes und verbürgt eine unumstößliche Wahrheit. Es geht bei dieser Form der historischen Analyse darum, »die Verbindungen, die Begegnungen, die Stützen, die Sperren, die Kräftespiele, die Strategien etc. wiederzufinden, die in einem bestimmten Moment das geformt haben, was in der Folge als Bedeutung, Universalität, Notwendigkeit funktioniert.«[154]

Der Tod des christlichen Gottes und die Umwertung der Wahrheitswerte sind nicht nur ein philosophisches Geschehen, sondern sie bedeuten ein verändertes Selbstverständnis des Menschen, denn der Tod des christlichen Gottes ist zugleich das Ende einer Theologisierung des Menschen. Gott als Garant einer Wahrheit verschwindet also, und der Mensch kann – frei nach Nietzsche – diese Wahrheit nicht voraussetzungslos übernehmen, denn für den nun Gottlosen »bedeutet der Tod Gottes das Ende der Metaphysik, aber die Stelle bleibt leer, und es ist keinesfalls der Mensch, der die Stelle Gottes einnimmt«[155]. In seinem Buch *Die Ordnung der Dinge* spitzt es Foucault kurze Zeit später zu: »Mehr als den Tod Gottes, oder vielmehr in der Spur dieses Todes und gemäß einer tiefen Korrelation mit ihm, kündigt das Denken Nietzsches das Ende seines Mörders an.«[156]

Der Tod des christlichen Gottes bedeutet für das Subjekt, dass die Verbindlichkeit seiner bisherigen Subjektivität und seines Selbstverständnisses als Geschöpf

dieses Gottes, und damit als Vernunftswesen, verloren geht. Zu diesem Selbstver-
ständnis gehört eine Verbindlichkeit, die mit dem Tod Gottes verloren geht. Der
Bezug auf den christlichen Gott soll alle Beliebigkeit zerstören, um eine absolute
Sicherheit und Beruhigung zu garantieren, diese sind nun verloren.

In seiner *L'Anthropologie de Kant* (1961) heißt es: »Die Wegstrecke der Frage:
›Was ist der Mensch?‹ im Feld der Philosophie vollendet sich in der Antwort, die
die Frage zurückweist: der Übermensch.«[157] In einer Art ethischer Selbstbefragung
nach dem Tod Gottes stellt sich der Mensch, das Subjekt, die für ihn existenzielle,
nutzbringende Frage: »Was soll ich tun?« Er kann sich nun nicht mehr auf eine höhere Autorität berufen – weder den christlichen Gott noch die universale Vernunft
–, sondern kann und muss Antworten finden immer in Bezug auf die Wahrheit,
denn »sobald wir die absolute Wahrheit leugnen, müssen wir alles ›absolute Fordern‹ aufgeben«. Wer fordert, muss die Wahrheit suchen, finden und sagen, sagt
uns Nietzsche. Darum sieht er die einzige Konsequenz in der Beantwortung der
Frage nach dem richtigen Tun nur in einer »Reduktion der Moral auf Ästhetik!«[158].

Die Frage, was im Leben zu tun sei, kann nur noch in ästhetischer Hinsicht
beantwortet werden, nicht mehr in einem ethischen Fordern (nach universalen,
allgemeinen, normativen Maßstäben). Das Selbstverständnis des Menschen,
des Subjekts, ist nicht festgelegt, darum muss er »seinem Charakter, Stil geben,
was eine große und seltene Kunst« ist. Diese Kunst übt der aus, »welcher Alles
übersieht, was seine Natur an Kräften und Schwächen bietet, und es dann einem
künstlerischen Plan einfügt«[159]. Der Mensch kann sich selbst gestalten, denn »im
Menschen ist Geschöpf und Schöpfer vereint: im Menschen ist Stoff, Bruchstück,
Überfluss, Lehm, Kot, Unsinn, Chaos; aber im Menschen ist auch Schöpfer, Bildner, Hammerhärte«[160].

Das Gesunde ist das Kranke: Nietzsches Vorstellung ist keine Kritik der Gegenwart im Sinne einer Verwerfung oder einer Negation des Jetzt, sondern die Formulierung der Einsicht, »dass wir unter entfremdeten Maßstäben arbeiten und
denken«[161]. Foucault spricht: »Die Regel macht es möglich, dass der Gewalt Gewalt
angetan wird und eine andere Herrschaft die gerade Herrschenden unters Joch
beugt. Die Regeln sind leer, gewalttätig, nicht zweckbezogen. Das Spiel der Geschichte dreht sich um die Frage, wer sich der Regeln bemächtigt.«[162]

Mit dem Tod des christlichen Gottes ist der Mensch frei geworden, Sartre
würde sagen, zur Freiheit verurteilt. Ihm ist nunmehr kein Sinn und keine Bestimmung vorgegeben, die ihn festlegt. Er ist frei von einer Definition und von
einem vorgegebenen Selbstverständnis. »Wenn ich vom Tod des Menschen spreche, möchte ich allem ein Ende setzen, das dieser Erzeugung des Menschen durch
den Menschen eine feste Erzeugungsregel, ein wesentliches Ziel vorgeben will.«[163]
Sein Kollege Jules Vuillemin, der sich in seinem Kant-Buch mit Heidegger beschäftigt, schreibt: »Der Tod Gottes und als Folge daraus der Tod des Menschen,
das ist der Horizont, auf dessen Hintergrund sich die Kritik der reinen Vernunft,
des endlichen Denkens entfalten kann.«[164]

Der Mensch, das Subjekt, muss sich finden und selbst definieren: Aus dem
»Werde, der du bist!« wird ein »Erfinde dich selbst!«. Joachim Köhler bezieht das
treffend auf Friedrich Nietzsche, indem er notiert: »Sein Ruf wird erhört und seine
Stimme scholl: ›Werde neu!‹«[165]

Für Michel Foucault geht es um die »Destruktion dessen, was wir sind, und die
Kreation von etwas ganz anderem, eine völlige Innovation«. Für ihn ist das, »was
produziert werden muss, nicht der Mensch, so wie ihn die Natur vorgezeichnet
hätte, oder so wie es ihm sein Wesen vorschreibt; wir müssen etwas produzieren,
was noch nicht existiert und wovon wir noch nicht wissen können, was es sein
wird«[166]. Foucault bleibt jedoch pessimistisch, wenn er sagt, dass »der Mensch am
Ende seiner langen und verschlungenen Wege niemals sich selbst begegnet ist«[167].
Vielleicht ist die Konstitution einer neuen Subjektivität – nach dem Tod des christlichen Gottes – zu stark auf die Operation reduziert, die das menschliche Subjekt
als ein Erkenntnisobjekt und Erkenntnissubjekt sieht.

1954 Friedrich Binswanger

Ludwig Binswangers Entwurf einer Daseinsanalyse zählt zu den wohl ursprünglichen Formen des Denkens. Das wird in dem Moment erkennbar, als Michel
Foucault selbst den Begriff Geschichte neu denkt und auf diese Weise Geschichte
macht: »Ich glaube, dass die Daseinsanalyse mir dazu gedient hat, das, was das
akademische psychiatrische Wissen an Schwerfälligem und Oppressivem hatte,
besser zu erfassen und einzukreisen.«[168]

Die französische Übersetzung dieses Textes stammt von Jacqueline Verdeaux
und erscheint unter dem französischen Titel *Le rêve et l'existence* und mit einem
Einführungstext von Michel Foucault 1954. Dieser Einführungstext ist – ähnlich
wie Sartres Einführung zu Genet oder Flaubert – um ein Vielfaches umfangreicher als der Primärtext selbst.[169] Die Edition an sich ist ein guter Schachzug im
intellektuellen Feld nicht nur in Frankreich, denn mit diesem Buch führt Foucault
nicht nur Binswanger, sondern vor allem auch sich selbst beim französischen Lesepublikum ein.

Die Übersetzerin Jacqueline Verdeaux ist in dieser Zeit eine wichtige Ge-
sprächspartnerin für Michel Foucault. In ihren Diskussionen stellt sie ihm nicht
zuletzt zwei (zu diesem Zeitpunkt nicht realisierbare) Buchprojekte vor, nämlich
eine Geschichte der Todes und eine Geschichte der Psychiatrie. Zudem unterstützt
Foucault sie bei der französischen Übersetzung von Ludwig Binswangers Buch,
denn er hat bereits selbst einige Binswanger-Texte übersetzt, will diese aber nicht
veröffentlichen.[170]

Zunächst korrespondiert Michel Foucault mit dem Psychoanalytiker, dessen
Onkel Otto Binswanger den Philosophen Friedrich Nietzsche im Oktober 1877
nach dessen Zusammenbruch in seine Klinik in Jena aufnahm. »Professor Bins-

wanger ließ den dreiunddreißigjährigen Nietzsche vor Medizinstudenten im Hörsaal als alten Soldaten auftreten und ordentlich marschieren«, so Joachim Köhler.[171]

Michel Foucault besucht den Freund Sigmund Freuds, den guten Bekannten und Briefpartner von Martin Heidegger in dessen nobler Schweizer Klinik Bellevue. Ludwig Binswanger, 1881 geboren, ist bei ihrer Begegnung über siebzig Jahre alt und reagiert auf Foucaults Manuskript mit Lob und Zustimmung.[172] Dabei erkennt Binswanger sehr genau, dass Foucault die Grundgedanken von *Traum und Existenz* sehr genau erkennt, diese aber auch umkrempeln will.

Foucault emanzipiert sich von Binswanger, indem er in dessen Gedankenhaushalt randaliert und dessen psychiatrische Ordnung zerstört; er tobt sich intellektuell aus. Beispielsweise stellt Foucault eines seiner Lebensthemen in den Mittelpunkt, indem er den Suizidversuch, in dem sich der brennende Wunsch verbirgt, den unumgänglichen Vatermord zu realisieren, zur Sprache bringt. Seinen Vatermord begeht Foucault in der Welt der Philosophie, indem er sich von Binswanger befreit, um frei zu werden für ein Glück in der Erfahrungswelt. Ludwig Binswanger ist im Gegensatz zum leiblichen Vater ein sich auflösender Vater, der den Sohn freigeben kann. Foucaults Vater stirbt 1959 und Ludwig Binswanger 1966. Spätestens jetzt ist Foucault frei.

Foucaults Text in Binswangers Buch ist darum ein Text des Glücks. Und Glück ist für Foucault nach seiner Lektüre von *Traum und Existenz* eine, wenn nicht die Grundform der Existenz. Foucaults Text ist ein Text über eine Leerstelle, denn er ersetzt den Binswanger'schen Begriff Liebe durch Zweifel.[173]

Foucault macht gar eine Selbstaussage, wenn er sagt: »Ich liebe ihn«, und in unausgesprochener Deutung sagt er sogar im Sinne Marcel Prousts[174]: »Ich liebe überhaupt nicht und niemand. Ich liebe nur mich.«[175] Ähnlich wie Proust kann Foucault eine lebenswerte Welt ohne Liebe aber mit Selbstliebe (zu einem anderen) entwerfen.

Ludwig Binswanger behauptet entgegen Martin Heidegger die Überlegenheit der Liebe über das In-der-Welt-Sein: »So sehr wir von der Wahrheit des Satzes der Überlegenheit der Liebe überzeugt sind, so sehr sind wir uns aber zugleich bewusst, wie wenig unsere eigenen Mittel ausreichen, um sie bis ins letzte zu erweisen.«[176]

Das Existenzial Liebe liegt jenseits von Urteil und Schluss, jenseits der Sorge und diesseits der Erfahrung, denn »gerade da, wo Du bist, entsteht ein Ort für mich«[177]. Binswanger bringt das Thema des Raumes in den Bezugspunkt der Liebe.

Foucaults Text über Binswanger stellt die zerbrechliche Einheit von Welt und Existenz, hier noch unter dem Einfluss von Maurice Merleau-Ponty, auf phänomenologischer Basis dar, die nicht als Vermögen oder Wunsch, sondern als Einstellung des Bewusstseins begriffen wird. Später übernimmt Foucault von ihm den Begriff des Eigenleibs, des gelebten Körpers, um schließlich die sexuellen Bedeutungen als »Interkorporalität« bezeichnen zu können.[178] Allerdings mildert er gleich zu Beginn seiner Einführung ab, sich von der Phänomenologie zur Anthropologie hinwenden zu wollen. Diese Anthropologie will Binswanger selbst formulieren, indem er allerdings die Fundamentalontologie Heideggers nicht antastet, sondern voraussetzt.[179]

Michel Foucaults Text hingegen zielt auf eine Kraft des Traumes ab, in dem die Einbildungskraft zwischen Welt und Existenz sich zeigt. Und er lässt nicht die äußerste Möglichkeit unerwähnt, nämlich in der Feier des Suizids die je eigene Welt zu liquidieren. Foucaults Text ist die träumerische und traumhafte Vision der eigenen Zukunft, deren Präzision erstaunt und im Rückblick die Thesen zur Einbildungskraft der Träume bestätigt.[180]

Seine *Introduction* ist neben dem Buch *Maladie mentale et Personnalité* die erste Veröffentlichung von Michel Foucault; beide erscheinen 1954. Beide Texte sind einerseits von der Phänomenologie (Merleau-Ponty) und andererseits vom Marxismus (Althusser) beeinflusst. Michel Foucault betrachtet in dieser seiner Beschäftigung Wissenschaft immer als Objekt. Wenn er sich selbst in dieser Wissenschaft als Subjekt platziert, dann um von innen heraus die Leistung ihrer Erkenntnis zu kontrollieren und gegebenenfalls durch anschließende Apparate der Erkenntnis zu erweitern.

Psychologie betreibt Foucault unter den Begriffen Phänomenologie und Geschichte. Erst später wird er das Wort »Phänomenologie« ablehnen.[181] Sein Buch *Wahnsinn und Gesellschaft* trägt im Untertitel das Wort »Geschichte«. Bedeutend für seine Beschäftigung mit der Psychologie ist seine Einführung in den Binswanger-Text von 1954 bis zur Abkehr von ihr in seinem Buch *Die Ordnung der Dinge*. Später wird sich der Autor auch von seinen Texten aus der Zeit vor 1960 distanzieren.

Foucault distanziert sich allerdings von der Psychologie, ohne sich einer anderen Subjektwissenschaft zuzuwenden, etwa der Soziologie. »Beide Subjektwissenschaften verweist er auf die größtmögliche Fremdheit ihres Gegenstandes und damit auf die Gegenwissenschaften Psychoanalyse und Ethnologie.«[182] Die Einleitung zu Binswangers Text zeigt Foucault als Autor, der mit einem systematischen philosophischen Anspruch auf die Konstitution der Welt trifft. Ausgehend von Binswanger, möchte Foucault die Traumerfahrung für das Verständnis existenzieller Strukturen nutzen und zugleich eine Anthropologie der Einbildungskraft konzipieren.[183]

Mit Binswanger sucht Foucault Anschluss an jene psychoanalytische Traumtheorie, wonach der Traum keine bloße Reihung von Bildern darstellt: »Das Bild ist eine Sprache, die ausdrückt, ohne zu formulieren.«[184] Der Traum hat stattdessen mit imaginärer Erfahrung und Erkenntnis zu tun: »So wie jede Imaginations-Erfahrung ist das Träumen eine anthropologische Anzeige von Transzendenz, und in diesem Transzendieren zeigt er dem Menschen die Welt, indem er selber Welt wird und selber die Gestalten von Licht und Feuer, von Wasser und von Dunkelheit annimmt. Die Geschichte des Traumes lehrt uns für seine anthropologische Bedeutung, dass er Offenbarung der Welt in ihrer Transzendenz ist – aber auch Modulierung der Welt in ihrer Substanz, in ihrer Materialität.«[185]

Foucault kritisiert an Freud dessen Kurzschluss zwischen Bildern und sprachlich formulierbarer Bedeutung. Es ist die Frage von Sprache und Bild, von Signifikat und Signifikant und von Subjekt und Objekt, an der Foucault – auf diese verknappte Weise gesprochen – rührt. Nicht zuletzt folgt das Auffüllen des Objekts mit Subjekthaftigkeit verbunden mit der Frage:»was ermöglicht eigentlich der Psychoanalyse die Erkenntnis eines anderen?«[86] Folglich entspricht einer Zerstörung von Bildern nun eine Destruktion der Wörter.[87]

Die Themen, an die Michel Foucault hier rührt, sind nicht nur die von Ludwig Binswanger, sondern die der französischen Philosophen Jean-Paul Sartre und Gaston Bachelard. Dessen *Die Luft und die Träume. Essay über die Imagination der Bewegung* von 1943 ist leider zu wenig bekannt, aber:»Bachelard hat tausendfach Recht, wenn er die Imagination gar im Innersten der Wahrnehmung am Werk und die geheime Arbeit zeigt, die das Objekt, das man wahrnimmt, in das Objekt verwandelt, in das man schauend sich versenkt. Niemand hat die dynamische Arbeit der Imagination und den stets vektoriellen Charakter ihrer Bewegung besser erfasst als Bachelard.«[188] Mit seiner Binswanger-Edition stellt Foucault nicht nur sich selbst, sondern auch seine intellektuellen Leitsterne Nietzsche und Freud, Bachelard und Heidegger einem potenziellen Publikum vor.[189]

Anders hingegen lautet Jean-Paul Sartres Aussage aus dessen Buch *Das Imaginäre* (1940), nämlich dass man, um zum Beispiel einen Zentauren zu imaginieren, eine Welt benötige, eine Vorstellung vom Zentauren und die Vorstellung einer Welt, in welcher ein Zentaur nicht existiertm ist – heute ein Allgemeinplatz. Das Imaginäre geschieht hierbei konstituierend, isolierend und negierend. Entscheidend sei, dass die Imagination sich als Negation von Existierendem betätige, so Sartre. Damit bedeute das Bewusstsein relative Freiheit vom Sein.[190]

Was sich zunächst wie eine Bestätigung von Sartres Thesen liest, mildert der Autor Foucault zunehmend ab, um schließlich den »Versuch einer Bekämpfung Sartres auf dem Boden einer von Sartre abhängigen Begrifflichkeit«[191] durchzusetzen. Nicht erst seit Sartres Kritik an Bataille von 1953 lehnt Foucault Sartre selbst ab. Schließlich bedeutet die Lektüre eines Aufsatzes von Sartre über Bataille (den Sartre vor dem Zweiten Weltkrieg geschrieben hatte) eine weitere Wende in Foucaults Denken, welcher – so Foucault – von Unverständnis, Ungerechtigkeit, Arroganz, Gehässigkeit und Aggressivität geprägt sei, dass er seitdem unwiderruflich für Georges Bataille und gegen Sartre eintritt.

Gegen Jean-Paul Sartres These, Imagination sei kraft ihrer Negation der Realität Ausdruck der Freiheit des Bewusstseins, setzt Michel Foucault die Behauptung, die Imagination sei an der Konstitution von Wirklichkeit beteiligt:»In der Tat müssen wir uns fragen, ob das Bild wirklich, wie Sartre meint, Bezeichnung des Wirklichen selbst ist – wenn auch negativ und im Modus des Irrealen.«[192]

Zugespitzt formuliert:»Meine Wahrnehmung selbst wird imaginär, obwohl sie ganz Wahrnehmung bleibt.«[193] Foucault vertritt die These, dass der Traum alles andere als ein harmloser Komplize des Schlafes sei. Der Traum führt stattdessen in die tiefsten Dimensionen des Menschseins und der Existenz hinein. Michel Foucault weist jedoch Sigmund Freuds Auffassung, den Traum lediglich als sexuelles Begehren zu deuten, entschieden zurück. Freud habe den Traum vorschnell in Sprache übersetzt, während Binswanger sich auf die Bilder des Traumes beziehe.

Foucault selbst sieht die Träume als Boten der Fantasie, weil sie das Gewohnte durcheinanderwirbeln. Damit sind Träume der Literatur und der Poesie gleichgesetzt, so Foucault.

Hier setzt eine Kritik Michel Foucaults ein, die sich an Jacques Lacan schult: »Man könnte sagen, die Psychoanalyse habe dem Traum keinen anderen Status gewährt als den des Sprechers [»parole«]; sie hat ihn in seiner Realität als Sprache [»langue«] nicht anerkennen können. Das Sprechen impliziert, um etwas sagen zu wollen, eine Welt des Ausdrucks, die ihr vorangeht, sie unterstützt und es ihr gestattet zu verkörpern, was sie sagen will.«[194] Denn Lacan habe alles ihm Mögliche getan, um den Punkt aufzuzeigen, an dem die signifikante Dialektik der Sprache erstarrt[195]; und: »Der Psychoanalyse ist es niemals gelungen, die Bilder sprechen zu lassen.«[196]

Foucault nimmt die Traumanalyse zum methodischen Anlass, um Husserls Bedeutungstheorie gegen Freuds Symptomatologie auszuspielen, die Kluft zwischen einer Psychologie des Sinnes und einer Psychologie der Bilder aufzutun und nicht zuletzt auf die Phantasmen von Jacques Lacan hinzuweisen.[197] Binswangers existenzialphilosophische Wendung der Psychoanalyse hat Folgen für die freudianische Traumdeutung, so Foucault, denn er verschiebt den Akzent von der Symboldeutung zur Rekonstruktion des Trauminhalts. Die Erfahrung in der Daseinsanalyse lehrt, »dass es oft gerade nicht die Träume mit auffallend starkem Bildgehalt sind, die dem Psychiater Besorgnis einflößen, sondern diejenigen, in denen der Bildgehalt und damit auch die dramatische Bewegung des Traums hinter dem reinen Stimmungsgehalt zurücktreten«[198].

Der über dreißig Jahre mit Sigmund Freud befreundete Ludwig Binswanger lässt es zwar nicht zum Bruch mit dem Vater der Psychoanalyse kommen, kritisiert aber dennoch die orthodoxe Psychoanalyse, die »in ihrer Befangenheit im Mechanismus und damit in der (mechanischen) Wiederholung merkwürdig blind gegenüber der Kategorie des Neuen und damit des eigentlich Schöpferischen im Seelenleben überhaupt ist«[199].

Träume produzieren einen Überschuss in die Wirklichkeit, sie lassen uns erkennen, dass alles auch anders sein kann, als es vielleicht ist. Der Traum, vor allem der Morgentraum, weise auf eine im Menschen angelegte ursprüngliche existenzielle Freiheit hin. Traum und Existenz gehören nach Binswanger zur gleichen Ordnung. Schlaf und Traum gehören nach Foucault keineswegs zum selben System. Während der Schlaf der Regeneration diene, sei der Traum dem Tod zugeordnet: »Am tiefsten Punkt seines Traumes begegnet der Mensch dem Tod. Der Traum lässt sich mit diesem Schlaf auf nichts ein. Er richtet sich auf die Existenz, und dort sieht er in vollem Licht den Tod als Schicksal der Freiheit.«[200]

Zu Beginn seiner Einführung zitiert Foucault René Char aus dessen *Partage formel*: »Im Zeitalter des Menschen sah ich, wie sich an der von Leben und Tod geteilten Wand eine immer schmuckloser werdende Leiter erhob und wuchs, mit einer einzigartig herausreißenden Macht versehen: der Traum.«[201]

Foucaults Einleitung beinhaltet bereits Hinweise auf dessen spätere sogenannte Diskursanalyse, deren Hauptzweck es sein wird, mit der historischen Bedingtheit die Veränderbarkeit der Anordnung aller Diskurse herauszuarbeiten, wie der Autor herausstellt:»Ich habe mir vorgenommen den Menschen zu zeigen, dass sie weit freier sind, als sie meinen; dass sie Dinge als wahr und evident akzeptieren, die zu einem bestimmten Zeitpunkt der Geschichte hervorgebracht worden sind, und dass man diese Evidenz in den Köpfen der Menschen zerstören kann.«[202]

1953 veröffentlicht Roland Barthes seinen heutigen Klassiker *Am Nullpunkt der Literatur*, Jacques Lacan hält seinen bekannten Vortrag *Funktion und Feld des Sprechens und der Sprache in der Psychoanalyse*, und Gilles Deleuze veröffentlicht sein erstes Buch *Empirismus und Subjektivität*. Interessanterweise bildet sich in Frankreich eine Art Gegenphilosophie zum alles bestimmenden Existenzialismus aus, die einerseits ihre Wurzeln in den Humanwissenschaften hat, andererseits in den von Walter Seitter sogenannten »Nichtphilosophen mit philosophischen Anspruch«[203], wie etwa die Sprach- und Literaturwissenschaften. Nur um zwei Vertreter zu nennen: Roland Barthes, der sich auf Ferdinand de Saussure beruft, und Jacques Lacan, der eine Rückkehr zu Freud bewirken möchte, aber auch die unter Vorbehalt zu nennenden Claude Lévi-Strauss und Michel Foucault.

Für Jacques Lacan sollte das Etikett des Nichtphilosophen eingeschränkt werden, denn »sein sich auf seine einzelwissenschaftliche Praktik beziehender Diskurs kommt durchweg der philosophischen Diskursebene sehr nahe«[204]. Lacan zählt mit Wittgenstein und Heidegger zu den wenigen, die ein diesem Jahrhundert zugehöriges Philosophieren inaugieren. Es wird gar behauptet, Lacan entstelle in seinem Rückgang zu Freud gar die Psychoanalyse.

1954 erscheint Foucault erste selbstständige Veröffentlichung *Psychologie und Persönlichkeit*. Auf der Rückseite des Buch-Manuskripts befindet sich ein bislang unbekannter und darum unveröffentlichter Text zu Nietzsche. Hierin artikuliert er die drei verwandten Erfahrungen: Traum, Rausch und Wahnsinn.

2. Ethos des Schweigens 1955-1965

VI. Uppsala, Warschau und Hamburg

»Die Menschen sind so notwendig verrückt,
dass nicht verrückt sein nur hieße, verrückt
sein nach einer anderen Art von Verrücktheit.«
Blaise Pascal[1]

Das Leben Michel Foucaults zieht, in den seit 1994 im Original vorliegenden vier Bänden der *Dits et Ecrits*, die von 2001 bis 2005 in deutscher Übersetzung erscheinen, am aufmerksamen Leser vorbei. Die verschiedenen hier versammelten Textsorten ergeben ein faszinierendes Lebensbild, das sich mit ungetrübter Offenheit und subjektiver Wahrhaftigkeit zeigt. Als die vier Bände der *Dits et Ecrits* zehn Jahre nach des Autors Tod erscheinen, ist die Überraschung perfekt.

Eigentlich verfügt der Autor, dass posthum keine Texte aus seiner Feder mehr veröffentlicht werden sollen, glücklicherweise entscheiden die Editoren und Erben anders und publizieren neben diesen Schriften ebenfalls dessen Vorlesungen und weitere Texte. Mit den *Dits et Ecrits* liegen nun Tausende von Seiten gesprochener und geschriebener Worte vor: »Sie tragen den Namen von jemandem, der hinter den Status des Autors seine deutlichen Fragezeichen setzte, der auch später nicht viel Aufhebens von sich selbst machte, der sich wenig um Konsequenzen und Kontinuität scherte und nicht etwa trotzdem, sondern gerade so seine unverkennbare Eigenart erhielt.«[2]

Die vier Bände der *Dits et Ecrits* sind eingeteilt in die Perioden 1954-1969, 1970-1975, 1976-1979 und 1980-1988. Diese Aufteilung ergibt sich aus praktischen Gründen des Textumfangs, denn so enthält jedes der vier Bücher circa eintausend Druckseiten und der erste Band zusätzlich eine Zeittafel mit einhundert Seiten und der letzte Band einhundert Seiten Register und Inhaltsverzeichnis. Viertausend Druckseiten »Schriften« aus vierunddreißig Jahren Autorenarbeit sind nun präsent wie ein monumentale, unendliche Suche nach der verlorenen Zeit. Dieses Werk liest sich wie ein Roman, in dem der Autor darum bittet, ihn nicht aufzufordern, derselbe zu bleiben.[3]

Der erste Band endet in dem Jahr, als Foucault im Alter von dreiundvierzig Jahren seine *Archäologie des Wissens* veröffentlicht, die Begriffe Diskurs und Archiv in sein Denken einführt[4], eine neue, generalisierende Denkmethode entwickelt und nicht zuletzt den Ruf als Professor an das Collège de France erhält. Fortan will er

»das Wissen, seine Bedingungen und den Status des wissenden Subjekts aufs Neue befragen«,[5] mit dem Ziel, eine Geschichte der Denksysteme zu schreiben. Dieser erste Band der Schriften führt dem Leser die Genese des Foucault'schen Denkens vor Augen, der als ein bis heute aktueller und neugieriger Autor erscheint.

Die *Dits et Ecrits* edieren in chronologischer Reihenfolge alle nur denkbaren Textsorten dieses Autors. Die Leser können sich für eine kursorische Lektüre entscheiden, die quasi suchend und entdeckend durch diese vier Bände führt, oder aber in ebendieser zeitlichen Folge rezipieren. Die historisch-chronologische Lektüre zeigt den Autor in der Entwicklung seines Denkens. Ein mutiger Denker, der dazu bereit ist, Irrtümer zuzugeben und Neuansätze zu wagen.

Die posthume Vermehrung der Textmasse, die an sich schon ihresgleichen sucht, soll dadurch vermieden werden, dass in diese Edition nur bereits zu Lebzeiten des Autors veröffentlichte Schriften aufgenommen werden. Folgende Fragen sind allerdings noch offen: Was wird mit den noch nicht veröffentlichten Texten geschehen? Werden diese Texte eines Tages aus dem Dunkel des Foucault-Archivs in das Licht der Buchveröffentlichung geholt? Die Vorlesungen am Collège de France werden getrennt veröffentlicht; hier werden zwölf Bände mit schätzungsweise gesamt sechstausend Druckseiten erwartet. Diese Buchtexte werden auf der Grundlage von Manuskripten und Tonbandaufzeichnungen ediert. Was passiert mit den Vorlesungen, die der Autor an anderen Universitäten gehalten hat?[6]

Rechnet man die bereits veröffentlichten Buchausgaben hinzu, liegen entsprechend weitere viertausend Seiten vor. Im Nachhinein zeigt sich, dass Foucault seine Buchausgaben immer wieder leicht verändert hat, etwa bei der Titelwahl, beim Weglassen oder Hinzufügen von Textpassagen oder bei der Autorisation von Übersetzungen und so weiter. Ein gutes Beispiel stellt hier die Titelwahl für *Les Mots et les choses* dar: Zunächst galt noch der Arbeitstitel »Buch über Zeichen« oder »Über Ordnung«, wenngleich es weder um Worte noch um Dinge geht, sondern um »diskursive Praktiken, die zwischen den Worten und den Dingen ihr Spiel treiben«[7]. Der deutsche Titel *Ordnung der Dinge* ist darum nicht glücklich gewählt, aber auch nicht schlechter als der französische Originaltitel.

Gesamt sind bei einer zukünftigen Beschäftigung mit dem Denken Michel Foucaults knapp vierzehntausend Druckseiten zu rezipieren – eine Textmenge, die weiter ansteigen wird aufgrund anzunehmender posthumer Veröffentlichungen, allerdings ist auch deshalb »die Interpretation niemals abgeschlossen, weil es nichts zu interpretieren gibt«[8].

In den fünfziger Jahren veröffentlicht Michel Foucault fünf Texte, die für sein Lebenswerk von großer Bedeutung sind und durch die Edition der *Dits et Ecrits* erst gelesen werden können. Der 1953 geschriebene Text *Die wissenschaftliche Forschung und die Psychologie*, der in seiner französischen Originalfassung erst vier Jahre später erscheint, wird in dieser Edition der Schriften zum ersten Mal in deutscher Übersetzung präsentiert.

Bislang war der Text *Psychologie und Persönlichkeit*, der 1954 erscheint und damit als die erste Veröffentlichung dieses Autors gilt, in einer von ihm überarbeiteten Fassung mit dem deutschen Titel *Psychologie und Geisteskrankheit* ab 1968 im Suhrkamp Verlag zugänglich. Sowohl die Einleitung Michel Foucaults in Ludwig Binswangers *Traum und Existenz* (1954) als auch dessen Bericht über *Die Psychologie von 1850 bis 1950* (1957) sind nun in den *Dits et Ecrits* rezipierbar. Schon die Titel zeigen ein vornehmliches Interesse des erst dreißigjährigen Autors an der Psychologie.

Im Oktober 1952 bekommt dieser eine Stelle als Assistenzprofessor für Psychologie an der Universität Lille. Was den Philosophen am Psychologen Binswanger interessiert, ist dessen Theorie der Daseinsanalyse, einer existenzialistischen Psychotherapie, die Anleihen bei der Existenzialontologie Martin Heideggers macht. Man könnte sagen, dass Foucault – der Heidegger als den für ihn neben Nietzsche maßgeblichen Philosophen anerkennt – nicht über Heidegger direkt schreibt, sondern den Umweg über Binswanger sucht. Bis zu seinem Tod wird Foucault keinen großen Text über Heidegger schreiben. In diesen frühen fünfziger Jahren zeigt sich ein junger Mann, der sich auf der Suche befindet: zwischen Psychologie und Philosophie, zwischen Existenzialismus und neuen, eigenen, noch zu definierenden Wegen.

Das im Jahr 1954 veröffentlichte schmale Buch *Maladie mentale et personnalité* weist – im Vergleich zu der heute bekannteren Ausgabe von 1962 *Maladie mentale et psychologie* – einige Unterschiede auf. Während der erste Teil dieses Bandes fast unverändert bleibt, zeigt der zweite Teil starke Umarbeitungen des Autors. Während 1954 der zweite Teil noch *Les conditions réelles de la maladie* heißt, steht nun in der Neuausgabe von 1962 *Folie et culture*.[9]

Wenn Foucault später *Wahnsinn und Gesellschaft* (1961) als sein erstes »wirkliches« Buch bezeichnet, distanziert er sich sozusagen von *Psychologie und Geisteskrankheit* (1954). Dennoch erscheint die überarbeitete Neuausgabe ein Jahr später (1962) und zeigt die enge Verwandtschaft der beiden Bücher.[10] Mit dem Veröffentlichungsjahr von *Wahnsinn und Gesellschaft* steht des Autors Zweifel am Feld der Psychologie und ihrem Untersuchungsthema, der Geisteskrankheit, fest. Er fragt in einer an Nietzsche und Heidegger geschulten historisch-anthropologischen Analyse nach den Bedingungen der Entstehung der Geisteskrankheit, kurz des Wahnsinns.

In einem Gespräch mit Stephan Riggins gesteht Michel Foucault, dass er immer nur »wenig Anziehung für das französische gesellschaftliche und kulturelle Leben« verspüre. Zu diesem Zeitpunkt, so Foucault, gilt Schweden als ein sehr viel freieres Land, vor allem auch was das persönliche Leben betrifft. Das sei ein wichtiger Grund dafür gewesen, weshalb er Frankreich 1955 verlässt.[11]

»Es scheint also«, so Didier Eribon, »dass Foucault so viele Schwierigkeiten hatte, seine Homosexualität auszuleben, dass allein das Exil ihm die Aussicht bot, den Schraubstock lockern zu können, der ihn erstickte.«[12] Vermutlich gibt es aber weitere Gründe, die ihn zu dieser Entscheidung veranlassen: »Nach seiner Prüfung für die Universitätslehre in Philosophie und seinen zwei Studienjahren in Psychopathologie am Pariser Institut für Psychologie hat er nur eine Assistentenstelle an der geisteswissenschaftlichen Fakultät von Lille bekommen, und zweifellos wünscht er das Weite zu suchen.«[13]

Dank der Empfehlung seines Lehrers und Freundes Georges Dumézil, der öfter in Schweden lebt und dort an der Hochschule für Orientalistik arbeitet, kommt Foucault nach Schweden. Er rät ihm, eine Stelle als Lektor an der Universität Uppsala und damit verbunden die Stelle des Leiters der Maison de France ebenfalls dort anzunehmen. Durch Vermittlung von Raoul Curiel, der im Oktober 1954 begeistert über Michel Foucault spricht, verschafft ihm Georges Dumézil einen »Spitzenjob für kulturelle Beziehungen«[14]. Dumézil und Curiel lernen sich 1934 kennen und werden Freunde, Curiels Begegnung mit Foucault 1954 macht nicht nur einen großen Eindruck auf ihn; ihr folgt eine kurze Liebesgeschichte.[15]

Zehn Jahre später sagt Foucault in einem Gespräch mit Alain Badiou über seine Anfangszeit in Schweden, dass der Aufenthalt ihm zu erkennen erlaube, das »was wir in fünfzig oder hundert Jahren sein werden, wenn wir alle reich, glücklich, aseptisch geworden sind«[16]. Die schwedischen Lebensjahre mögen Foucault als Erfüllung einer Voraussage Nietzsches erscheinen, der bekanntlich den letzten Menschen prognostiziert als einen satten und mit allen gleichen Menschen, der das Glück gefunden habe. Nach Foucault soll schließlich gelten, dass »wir tatsächlich die letzten Menschen im Sinne Nietzsches« sind.[17] Foucault plant in seinen schwedischen Jahren ein Buch über Nietzsche, das er allerdings nicht beendet. Er entdeckt Nietzsche in diesen Jahren und ist begeistert von dessen Werk.

Ende August 1955, knapp neunundzwanzig Jahre alt, kommt Michel Foucault in Schweden an. Mit einer Leidenschaft für das Wissen ausgestattet, knüpft er dort schnell Freundschaften und beginnt mit großer Spannbreite nicht nur wissenschaftlich zu arbeiten. In seinem Buch *Wahnsinn und Gesellschaft* erwähnt der Autor die »lange schwedische Nacht«, und er vermisst die Sonne, die »in Sigtina überhaupt nicht aufgeht«, denn er habe ein »nietzscheanisches Bedürfnis nach Sonne«[18].

Dennoch ist diese Etappe, so der Zeitzeuge Jean Piel, für seinen Lebensweg ungeheuer wichtig, und das, obwohl diese Erfahrungen bald auch ihre Schatten zeigten. Enttäuschungen führen zur Bitterkeit, und in einigen autobiografischen Äußerungen spricht Michel Foucault eher abgekühlt über seine drei schwedischen Jahre. Georges Dumézil erinnert sich: »Er herrschte über die schwedische Jugend, über die ›gute Gesellschaft‹ der Universität. Seine öffentlichen Vorlesungen erregten Aufsehen. Er ist ein glücklicher Mensch. Unter diesen Umständen entdeckte ich ihn.«[19]

Neben seinen obligatorischen Universitätsvorlesungen in französischer Sprache veranstaltet er Vorlesungen zur französischen Literatur, die zunächst für eine kleine Gruppe von Studierenden bestimmt ist und bald schon die Elite der Universität anzieht. 1956 spricht er über »Das zeitgenössische französische Theater« und absichtsvoll provozierend über »Die Konzeption von Liebe in der französischen Literatur von de Sade bis Jean Genet«. 1957 referiert er über »Die religiöse Erfahrung in der französischen Literatur von Chateaubriand bis Bernanos«, was nicht zuletzt die lutherischen Hörer herausfordert. Foucault interessiert sich sehr für die Avantgarde in Dichtung und bildender Kunst. In der Maison de France bildet er einen Kreis von Freunden, mit denen er über die Werke von Manet und Giacometti, über die Dichtung von Char und Mallarmé spricht. Neben Mozart hört er vor allem die zeitgenössischen Meister der seriellen Musik – besonders gerne die *Goldberg-Variationen* von Bach.

Tagsüber besucht Foucault die Bibliothek, in der er zahlreiche Quellen zur Geschichte der Klinik entdeckt. Er verbringt dort Stunde um Stunde damit, skandinavische, deutsche, italienische und französische Texte zu studieren. Es geht ihm in der Hauptsache um die Fortführung seiner Studien »über die Geschichte des gesellschaftlichen, moralischen und imaginären Kontextes, in dem sich die Psychiatrie bis zum 19. Jahrhundert und bis in die Gegenwart entwickelt«[20]. Das kündigt bereits den Theoretiker an, der sich selbst nach der Veröffentlichung von *Die Ordnung der Dinge* (1966) zum kalten und leidenschaftlichen Systematiker erklärt. Doch sein Anspruch, zu zeigen, dass unser Denken und Handeln, unser Leben und Sein allesamt Teile des gleichen Organisationsschemas sind und damit von gleichen Kategorien abhängent wie die wissenschaftliche und technische Welt[21], zeigt sich bereits in diesen schwedischen Jahren, die nicht zuletzt die Veröffentlichung von *Wahnsinn und Gesellschaft* (1961) zur Folge haben.

In *Wahnsinn und Gesellschaft* stellt Michel Foucault gleich zu Beginn fest: »Die Konstituierung des Wahnsinns als Geisteskrankheit am Ende des achtzehnten Jahrhunderts trifft die Feststellung eines abgebrochenen Dialogs, gibt die Trennung als bereits vollzogen aus und lässt all die unvollkommenen Worte ohne feste Syntax, die ein wenig an Gestammel erinnerten und in denen sich der Austausch zwischen Wahnsinn und Vernunft vollzog, im Vergessen versinken. Die Sprache der Psychiatrie, die ein Monolog der Vernunft ist, hat sich nur auf einem solchen Schweigen errichten können.«[22] Jürgen Habermas stellt zwei Jahrzehnte später fest: »Was dieses Buch über die kulturgeschichtlich angelegte Studie eines Wissenschaftshistorikers hinaushebt, ist ein philosophisches Interesse am Wahnsinn als einem Komplementärphänomen zur Vernunft.«[23]

Die Gruppe von Freunden, mit denen Foucault einen großen Teil seiner Zeit verbringt, ist nicht nur von Diskussionen über Kunst, Literatur und Musik in Anspruch genommen; sie gehört zwingend zu Foucaults auch fröhlichem Leben in Uppsala. Gemeinsames Kochen und das Festhalten an alltäglichen Aufgaben gehören ebenfalls zu den (oftmals vergessenen) Charakterzügen Michel Foucaults. Wenn durchreisende französische Persönlichkeiten in die Maison de France kommen, nutzt dem Gastgeber sein Freundeskreis als eine Art Runde, deren Gesprächsleiter er selbst ist, die Werke dieser Person zu sehen, zu lesen oder zu hören. Unter den prominentesten Gästen dieser drei Jahre sind Albert Camus, Marguerite Duras, Alberto Moravia, Claude Simon, aber auch Roland Barthes, der zum Gewohnheitsgast avanciert.[24]

Foucault lernt Barthes im Dezember 1955 kennen, weil dieser in den Weihnachtsferien nach Paris zurückkehrt, und sie werden durch eine lebenslange Freundschaft bis zu Barthes' Tod 1980 verbunden sein. Zu dieser Zeit hat Barthes außer *Le Degré zéro de l'écriture* (1953) nur wenig veröffentlicht. Wie ja auch Foucault fast nur das Buch *Maladie mentale et personnalité* (1954) publiziert hat.

Die Freundschaft der beiden ist von Anfang an durch eine gewisse intellektuelle und persönliche Rivalität gekennzeichnet, die ihre Beziehung nicht immer stabil erscheinen lässt. Doch bei allen Zerwürfnissen bleibt Foucault treu und trägt dazu bei, dass Barthes 1975 ins Collège de France gewählt wird; er selbst hält gar die Laudatio auf den Bewerber. Und als am 26. März 1980 Roland Barthes von einem Lastkraftwagen angefahren wird und an den Folgen des Unfalls stirbt, hält Foucault vor der Vollversammlung der Professoren am Collège de France die traditionelle Totenrede.

Im März 1956 lernt Michel Foucault in Uppsala auch Georges Dumézil persönlich kennen, der später dessen Berufung an das Collège de France maßgeblich beeinflussen wird.[25] Foucaults Förderer Jean Hyppolite hält im Maison de France in Uppsala einen Vortrag über *Hegel und Kierkegaard in der französischen Gegenwartsphilosophie*.

Aufgrund methodischer Schwierigkeiten lehnt der Professor, den sich Foucault als Betreuer seiner Habilitationsschrift auswählt, dessen Arbeit ab. Das ist wohl der wesentliche Grund, warum Foucault eine Abneigung gegen Schweden fasst und mit dem Unterrichtsjahr 1957/58 die Position des Direktors des Centre Culturel français an der Universität Warschau übernimmt. Dass er mit seiner Habilitationsschrift dennoch auf dem richtigen Weg ist, zeigen bereits seine frühen Arbeiten über Psychologie und Psychiatrie. Nicht zuletzt empfiehlt Hyppolite, die Habilitationsschrift (thèse) an der Pariser Sorbonne bei Canguilhem einzureichen.

Die kleine Abhandlung *Psychologie und Geisteskrankheit* (1953) ist Foucaults Versuch, die Eigenständigkeit der Psychologie gegenüber der Medizin zu beweisen. Der Autor plädiert dabei für eine Ergänzung der Psychologie durch eine Phänomenologie des Wahnsinns, die es erlaubt, sich in die Erfahrungen der Kranken hineinzuversetzen. Beide – Psychologie und Phänomenologie – sind jedoch nur in der Lage, die Erscheinungsformen der Geisteskrankheit zu zeigen, nicht aber die Bedingungen ihres Auftretens in der Gesellschaft zu erklären, denn »die Vernunft hielt sich für gesunden Verstand, sie spricht im Wahn«[26].

Zwischen einer Skizzierung der psychologischen Dimensionen und der gesellschaftlichen Bedingungen dieser Krankheit mit Namen Wahnsinn bewegt sich dieses Buch. Sein Autor ist auf der Suche nach dem »Geheimnis der rätselhaften Subjektivität«[27].

Der 1957 erschienene Aufsatz *Die wissenschaftliche Forschung und die Psychologie* ergänzt die genannten Bücher. Er ist ein weiterer Versuch, sich über die Bedingungen der Möglichkeit psychologischer Erkenntnis Klarheit zu verschaffen. Hier verrät sich bereits der Einfluss des Wissenschaftshistorikers Gaston Bachelard, wenn Michel Foucault sagt: »der Historiker gehört seiner eigenen Geschichte an, der Geschichte wird ihre eigene Wahrheit wiedergegeben.«[28]

Erkenntnis ist für Foucault fortan nicht mehr Bewusstsein, sondern Technik, und Wissenschaft ist nicht mehr reines Denken, sondern auch Praxis. Gleichzeitig verweist er auf die Grenzen der Wissenschaft, die sich vornehmlich in der sozialen Praxis zeigen: »Wie eine Forschung ausgehend von einer Wissenschaft oder einer Praxis entsteht, und wie Forschung, Praxis und Erkenntnis mit den wirklichen Bedingungen der menschlichen Existenz verbunden sind.«[29] Das Problem der Forschung in der Psychologie liege darin, dass man »der Forschung Rechenschaft für die Wissenschaft abverlangen muss«[30], so Michel Foucault. Diese Rechenschaft führt schließlich zu den »Existenzbedingungen der Wahrheit«[31].

Das Aufblitzen und Untergehen neuer Diskursformationen füllt den Raum der Geschichte fugenlos aus. In dieser chaotischen Vielfalt vergehender Diskursuniversen bleibt für einen »übergreifenden Sinn kein Platz mehr«[32], so Jürgen Habermas.

Paul Veyne erfindet hierfür den Begriff des Kaleidoskops: »Dieses Kaleidoskop erinnert kaum an sukzessive Gestalten einer dialektischen Entwicklung; es erklärt sie nicht durch ein Fortschreiten des Bewusstseins, übrigens auch nicht durch einen Abstieg, noch durch den Kampf zweier Prinzipien: Wunsch und Repression – jeder Schnörkel verdankt seine bizarre Gestalt dem Raum, den ihm die angrenzenden Praktiken gelassen haben.«[33]

In *Wahnsinn und Gesellschaft* schreibt Michel Foucault eine »Geschichte der Grenzen, mit denen eine Kultur etwas zurückweist, was für sie außerhalb liegt«[34]. In seinem Anliegen, darüber zu schreiben, konstatiert er: »Ich habe nicht versucht, die Geschichte dieser Sprache der Psychiatrie zu schreiben, vielmehr die Archäologie dieses Schweigens.«[35]

1955 Georges Dumézil

Michel Foucault verlässt dank der Initiative Georges Dumézils Frankreich am 26. August 1955 in Richtung Schweden. Dumézil nimmt Kontakt mit Foucault auf und empfiehlt ihm die Stelle des Leiters der Maison de France in Uppsala, die er im Herbst 1955 antritt. Die nun folgenden fünf Jahre im Ausland, 1955-1958 in Uppsala, 1958-1959 in Warschau und 1959-1960 in Hamburg, hängen scheinbar immer mit Dumézil zusammen. Als Dumézil seinen Schützling im Frühling 1956 in Uppsala besucht, bietet der knapp Sechzigjährige dem Neunundzwanzigjährigen gleich das Du an.[36]

Die hier einsetzende Freundschaft zwischen den beiden hat etwas Überraschendes. Sowohl der Altersunterschied als auch die differierenden politischen Einstellungen sind kein Hindernis. »Foucault ist von Dumézil begeistert«, so Didier Eribon, aber »auch wenn die homosexuelle Komplizität natürlich eine entscheidende Rolle bei der Entstehung und Entwicklung der Freundschaft spielt«, geht diese nicht darüber hinaus.[37]

Nach den drei Jahren in Uppsala reist Foucault im Oktober 1958 nach Warschau. Das von der französischen mit der polnischen Regierung ausgehandelte Kulturabkommen sieht die Gründung eines Kulturzentrums innerhalb der Warschauer Universität und damit die Stelle eines Lektors für französische Sprache und Literatur vor.[38] In Schweden belastet Foucault das Unterrichtsdeputat von zwölf Stunden, das ihn davon abhält, seine »thèse« zu schreiben. Trotz der Freundschaften mit Jean-Christophe Oberg, Erik Nilsson und anderen ist es vor allem eine Art Isolierung, die ihn aus Uppsala wegzieht, darum schreibt er an Georges Dumézil Ende Februar 1958 einen Brief mit dem Wunsch, nach Frankfurt a.m. gehen zu wollen. Es soll schließlich nicht Frankfurt sondern Warschau werden.

Georges Dumézil ist selbst Anfang der dreißiger Jahren Französisch-Lehrer in Uppsala, war davor sechs Jahre in der Türkei und davor in den zwanziger Jahren Philosophie-Professor in Warschau. Doch die Situation in Warschau scheint sich entscheidend verändert zu haben, wenn Foucault schreibt: »Hier ist alles entsetzlich: Elend, Schmutz, Rüpelhaftigkeit, Presse, Durcheinander, Schlamperei. Und eine Einsamkeit, wie ich sie nicht für möglich gehalten hätte.«[39] Von vornherein erscheint klar, dass Foucault nicht lange in Warschau bleiben will. Er nutzt die Zeit, um an seiner »thèse« zu arbeiten. Resignierend schreibt er: »Ich muss einen Beruf finden, denn ein weiteres Semester hier ist undenkbar. Was für Erdnüsse werde ich verkaufen.«[40]

Die Frage erledigt sich bald, denn Foucault lernt einen jungen Mann kennen, mit dem er eine Beziehung eingeht. Er will in dem seinerzeit für ihn erstickenden und traurigen Land ein paar glückliche Stunden verbringen. Doch dieser Mann arbeitet für die polnische Geheimpolizei, den Staatssicherheitsdienst, der auf diesem Wege Informationen über westliche diplomatische Kreise, Expressungsmaterial oder andere Druckmittel zu bekommen versucht. Um diesen Problemen aus dem Weg zu gehen, bittet Foucault den französischen Botschafter von sich aus, das Land verlassen zu können.

Kaum zurück in Frankreich, spricht Foucault beim Leiter des französischen Unterrichtswesens am Pariser Quai d'Orsay vor und äußert den Wunsch, nach Deutschland zu gehen. Er spricht bereits respektabel deutsch, weil er Heidegger und Husserl im Original liest und sich auch für Nietzsches Werk begeistert. Wie Jean-Paul Aron und Jean-Paul Sartre geht also auch Michel Foucault für ein Jahr in eine deutsche Stadt; er wählt Hamburg.

Seine Aufgaben in der norddeutschen Hafenstadt sind nahezu identisch mit denen, die er in Uppsala und Warschau zu erfüllen hat. Er soll das Kulturinstitut leiten, Besucher empfangen und Vorlesungen am Fachbereich Romanistik der philosophischen Fakultät an der Universität Hamburg halten. Er spricht erneut über das zeitgenössische französische Theater, kommentiert die Werke Albert Camus' und Jean-Paul Sartres. Sein Engagement liegt hauptsächlich in der Leitung des Institut français und dessen Aufgabenbereichen – Foucault wohnt in der Direktoriumswohnung über dem Institut.

Im Institut français inszeniert er das Drama *Die Witwenschule* von Jean Cocteau und empfängt unter anderem Alain Robbe-Grillet, die seitdem befreundet sind. Außerdem verbringt er viel Zeit in der Hamburger Universitätsbibliothek, denn nachdem er seine »thèse« bei Jean Hyppolite in Paris abliefert, entscheidet er sich für das Thema seiner »thèse complémentaire«, die die Übersetzung von Immanuel Kants *Anthropologie* sein wird. Diese Arbeit entsteht in den beiden Hamburger Jahren.[41] Später wird er darauf insistieren, dass er den Begriff *Anthropologie* nicht von Freud, sondern von Kant für seine Arbeit ableitet. Kant benutzt diesen Begriff, um »die Geschichte dessen zu bezeichnen, was eine bestimmte Form von Philosophie nötig macht«.[42]

Als Foucault im Sommer 1960 – nach fünf Jahren – nach Frankreich zurückkehrt, ist er knapp dreiunddreißig Jahre alt. Zwei Aspekte sind wohl bedeutend für die biografischen Momente dieser Jahre: Zum einen beginnt, notiert und beendet Foucault seine »thèse«, und zum anderen ist er einfach abwesend, das meint, eben nicht in der Enge der französischen Nachkriegszeit. Als Folge der Algerienkrise ist Frankreich am Rand eines Bürgerkriegs, und Charles de Gaulle wird Ende 1958 mit knapp achtzig Prozent der Stimmen zum ersten Präsidenten der – wenn man so will – von ihm gegründeten fünften Republik gewählt.

Der französische Botschafter Etienne Burin des Roziers, der im Laufe des Sommers 1958 – fast zeitgleich mit Michel Foucault – in Warschau eintrifft, erinnert sich: »Über den Neuankömmling wusste ich damals fast überhaupt nichts. Bekannt war mir nur, dass er aus Uppsala kam. Wenn ich zurückdenke, sehe ich vor mir einen lächelnden, liebenswürdigen, ungezwungenen jungen Mann, der sich auf eine Aufgabe freute, deren Wichtigkeit, Tragweite und große Schwierigkeiten ihm von vornherein klar waren.«[43]

Foucault engagiert sich nicht nur an der Universität, im Centre culturel français, sondern auch in der Botschaft selbst: Dort hat er zwischenzeitlich die Funktion eines Botschaftsrats im Bereich kultureller Veranstaltungen. Wie gewohnt übt er gerne zwei Funktionen parallel aus: sowohl Dienst- als auch Lehrverpflichtungen. Und so schreibt er auch in Warschau an seiner *Geschichte des Wahnsinns* weiter. Über die Tatsache, dass Foucault eine homosexuelle Beziehung eingeht, die ihn zur Ausreise zwingt, schreibt der Botschafter in seiner Erinnerung lapidar: »Unerwartete Umstände zwangen Michel Foucault dann aber, seine Mission vorzeitig zu beenden.«[44]

James Miller konstatiert in seiner Biografie mit Recht, dass wichtiger noch als alle bedeutenden Figuren des Geisteslebens für Foucault sein einflussreicher akademischer Förderer Georges Dumézil (1898-1988) ist, der nicht zuletzt die erfolgreiche Kampagne anführt, seinem Schützling 1970 im Collège de France einen Platz zu sichern.[45] Dumézil, der auf dem Gebiet der vergleichenden Mythenlehre forscht und zuvor Philologie und Religionsgeschichte studiert hat, achtet auf seine Unabhängigkeit und steht auf diese Weise kurzlebigen intellektuellen Modeerscheinungen immer distanziert gegenüber.[46]

Dumézil strebt nicht an, eine vollständige Archäologie der europäischen Kultur anzubieten, deren biblische Wurzeln lässt er beispielsweise außer Acht. »Aber mit seinem Gegenstandsfeld hat er faktisch Foucaults Autoethnologie vorgearbeitet«, so Walter Seitter. Er hat zudem Foucaults archäologischer Orientierung die Markierung vorgegeben und seine inhaltlichen Fragestellungen vorweggenommen.[47]

Während Dumézil zu Anfang noch der traditionellen ethnologischen Methode von James Frazer folgt, die dieser in seinem Klassiker *Der Goldene Zweig* einer breiten Öffentlichkeit vorstellt, ändert sich seine Methode, sobald er in den zwanziger Jahren die Arbeiten von Émile Durkheim und Marcel Mauss studiert. Wie Claude Lévi-Strauss akzeptiert er den bestimmenden Lehrsatz Durkheims, dass die Konzepte und die Wesen der Mythen wichtige soziale und kulturelle Tatsachen kollektiv repräsentieren. Anders als Lévi-Strauss behauptet Dumézil jedoch nicht, universelle Schablonen der Ordnung entdeckt zu haben, die im menschlichen Geist vorzufinden zu seien. Er grenzt sich ab, indem er die zeitlichen und räumlichen Begrenzungen dieser Strukturen, die er untersucht, hervorhebt. »Für mich erweckt das Wort Struktur das Bild eines Spinnengewebes, das oft von Marcel Mauss benutzt wurde«, erklärt er bei Gelegenheit, »wenn man sich in einem gedanklichen System auf ein Konzept bezieht, hat man es mit einer Gesamtheit zu tun, da alle Teile wie durch Fäden miteinander verbunden sind.«[48] Dumézil widmet Foucault zwei Texte: den Anhang zu seinem Buch *Du mythe au roman* (1970) und den mit Didier Eribon gemeinsam herausgegebenen Band *Entretiens* (1986).

Auch Foucault verknüpft die Vorstellung der Struktur mit einem dunklen, aber soliden Gewebe. Wiederholt bekennt er sich direkt zu Dumézils Vorbild und Einfluss, zunächst im ursprünglichen Vorwort von *Wahnsinn und Gesellschaft*, in dem er sich bedankt: »Bei dieser Aufgabe, die unweigerlich eine etwas einsame sein musste, haben alle diejenigen, die mir geholfen haben, ein Recht auf meine Anerkennung. Und Georges Dumézil als Erster, ohne den diese Arbeit nicht unternommen worden wäre.«[49] Gewidmet ist das Buch allerdings Erik Nilsson, einem jungen Mann, den Foucault in der schwedischen Zeit ins Herz schließt.

Und zuletzt bekennt er sich 1984 in seiner letzten Vorlesung am Collège de France *Die Regierung des Selbst und der anderen* (Zweiter Teil) zu Dumézil. In dem Text *Die Geburt der Klinik* (1963) betont er unter Rückgriff auf ihn, dass »eine Analyse dann struktural genannt werden darf, wenn sie ein veränderbares System auf die Bedingungen, unter denen diese Veränderungen stattfinden, untersucht«[50]. Foucault bezieht sich häufig auf Dumézils Arbeiten, »da er sich stark für alles interessiert, was mit den Wissenschaften vom Menschen zu tun hat«[51]. Er liest dessen Bücher *L'Héritage indo-européen à Rome* (1949), *Les Rituels indo-européens à Rome* (1952), *Les Dieux des Indo-Européens* (1954), *Aspects de la fonction guerrière* (1956) und nicht zuletzt das bedeutende *L'Idéologie triparite des Indo-Européens* (1958), das er von Dumézil geschenkt bekommt.

Am 25. Juni 1957 strahlt der Sender Freies Berlin die deutsche Übersetzung eines Textes von Michel Foucault über *Probleme und Leistungen moderner französischer Wissenschaft* aus. Hierin kommt Foucault auf Dumézil zu sprechen: »Er stellt die große Architektur der indoeuropäischen Mythen wieder her und hat auf diese Weise ein Werk begründet, das einen sehr viel maßgeblicheren Beitrag zur Anthropologie leistet als Merleau-Pontys Spekulationen über die Physiologie und Psychologie des Reflexes.«[52]

Die Referenz, die Foucault in seiner Antrittsvorlesung *Die Ordnung des Diskurses* (1971) zudem seinem Lehrmeister erweist, zeugt von einer Ambivalenz gegenüber der strukturalistischen Methode, die dieser ausdrücklich für eine Analyse der »dreiteiligen Ideologie« der Herrscherfunktion, der Kriegsmittel und Fruchtbarkeitstechnik in der indoeuropäischen Mythologie in Anspruch nimmt. Foucault konstruiert einen Strukturalismus ohne »Strukturalismus«, der für ihn letztlich nur »eine kleine Episode dieses großen Phänomens des Formalismus im 20. Jahrhundert ist«[53].

Foucault erscheint es allemal im Sinne Dumézils, den Formalismus und nicht den Strukturalismus zu studieren, schließlich durchquert der Formalismus die abendländische Kultur während des ganzen 20. Jahrhunderts. »Man denke an das ungewöhnliche Geschick des Formalismus in der Malerei, an die formalen Untersuchungen in der Musik, an die Bedeutung des Formalismus in der Analyse der Folklore, der Sagenerzählungen – also an Bereiche, in denen Georges Dumézil arbeitet.«[54] Foucault drückt es verkürzt so aus: »Der Formalismus im Allgemeinen ist wahrscheinlich eine der zugleich stärksten und vielseitigsten Strömungen, die Europa im 20. Jahrhunderts gekannt hat.«[55]

Er schreibt Dumézil die Funktion zu, »die innere Ökonomie eines Diskurses ganz anders zu analysieren als mit den Methoden der traditionellen Exegese oder des linguistischen Formalismus; er hat mich gelehrt, durch Vergleiche das System der funktionellen Korrelationen zwischen Diskursen zu etablieren; er hat mich gelehrt, die Transformationen eines Diskurses und die Beziehungen zur Institution zu beschreiben«[56].

Doch es ist Georges Dumézil und eben nicht Claude Lévi-Strauss, der Michel Foucault durch seine Vorstellung von Struktur dazu inspiriert, auch beim Wahnsinn nach »strukturierten Erscheinungsformen« zu suchen. Zuletzt aber negiert er in seiner *Archäologie des Wissens* (1969) jede Verwandtschaft mit dem Strukturalismus, denn dieser biete »nicht die Übertragung einer strukturalistischen Methode auf das Gebiet der Geschichte«[57].

Als Foucault aus Hamburg nach Paris zurückkehrt, bietet ihm das Ministerium den Posten des Direktors am Institut français in Tokio an. Doch er lehnt ab, denn er möchte in der Nähe des jungen Philosophiestudenten Daniel Defert bleiben und »seine verliebte Leidenschaft mit ihm auszuleben« – also vorerst in Paris sein.[58] Auch als ihn 1981 die französische Regierung unter Mitterrand als Kulturberater nach New York schicken will, wird er ablehnen.

1956 JACQUES LACAN

In den Analysen der Texte von Jacques Lacan kann Michel Foucault Parallelen zu seiner Kritik an Jean-Paul Sartre finden. In seinem berühmten Vortrag über *Das Spiegelstadium als Bildner der Ichfunktion* auf dem Psychoanalytiker-Kongress 1936 in Marienbad belustigt sich Lacan über »jene existentielle Negativität«, die durch das »zeitgenössische Philosophieren über Sein und Nichts« so lebhaft befördert wird.[59] Für Lacan ist die Rückkehr zu Freud seit seinen ersten Aufsätzen aus den dreißiger Jahren eine Rehabilitierung des Wahnsinns, um im Wahnsinn selbst den Status einer »verwandelten Wahrnehmung« und einer »besonderen Art des symbolischen Ausdrucks« zu entdecken.[60] Wie Foucault bezieht Lacan eine diametral entgegengesetzte Position zu Sartre, indem beide bei der Charakterisierung des Subjekts von einer dezentralen »Verkennungsfunktion« ausgehen.

Die entscheidende Gegenposition zur Philosophie Sartres bezieht Lacan mit Foucault, weil beiden der Ansatz eines dezentrierten Entwurfs von Bewusstsein und Subjektivität gemein ist, von dem aus sie die grundlegenden Kategorien des Denkens infrage stellen und umwerten: »Aus psychoanalytischer Perspektive hat Lacan die Tatsache ins Licht gerückt, dass die Theorie des Unbewussten nicht mit einer Theorie des Subjekts (im cartesianischen und im phänomenologischen Sinne) vereinbar ist. Lacan zieht den Schluss, dass man gerade deshalb die Philosophie des Subjekts aufgeben und von einer Analyse der Mechanismen des Unbewussten ausgehen müsse«, so Michel Foucault 1996.[61]

Der Punkt des Bruches mit Sartre ist nach Foucault »für den Tag anzusetzen, an dem uns Lévi-Strauss für die Gesellschaften und Lacan für das Unbewusste gezeigt haben, dass der Sinn wahrscheinlich nur der Oberflächeneffekt, eine Spiegelung, eine Schaumkrone war, und dass das, was uns in der Tiefe durchquerte, was uns zeitlich voraus war, was uns Halt gab in Zeit und Raum, das System war«[62].

Dieses Reale ist nur vom Imaginären (wie es Sartre definiert) und vom Symbolischen (wie es Lacan festschreibt) her zu verstehen. In seinem ersten *Seminar* (1954) führt Lacan aus, dass ein Bild nicht nur im Stadium des Spiegels die erste Form ist, sondern grundsätzlich immer die erste Form ist, in der sich ein Subjekt sieht und seine Welt strukturiert.[63]

In ähnlicher Weise wie Sigmund Freud setzt Jacques Lacan in seinem Aufsatz über das *Spiegelstadium als Bildner der Ichfunktion* (1949) der cartesianischen Philosophie des Verstandes (Cogito) das Modell einer dezentrierten Subjektivität entgegen, die sich an der Erfahrung eines Kleinkindes ablesen lässt, welches sich selbst im Spiegel erkennt und begeistert jubiliert. Diese (frühe) Erfahrung ist »jeder Philosophie entgegengestellt, die sich unmittelbar vom Cogito ableitet«[64].

»Der Spiegel ist der gemeinsame Ort dessen, was innerhalb und außerhalb des Bildes ist«[65], so Michel Foucault. Daniel Defert führt aus: »Der Spiegel reflektiert die Blickfunktionen. Der Spiegel verdoppelt nicht den Inhalt. Er reflektiert die Funktionen und nicht die Gegenstände.«[66] Wenn äußere Objekte und innere Bilder übereinandergeblendet werden, dann erst werden sie zu wahrnehmbaren und wahrgenommenen Objekten. Lacan erinnert auf diese Weise daran, wie das Verhältnis von Bildern und Objekten tatsächlich organisiert ist.[67]

Die frühe Form der Selbsterkenntnis – des kleinen Kindes vor dem Spiegel – bestimmt Lacan als eine Identifikation im psychoanalytischen Sinn als »subjektive Verinnerlichung eines Bildes«; eine Identifikation, die zu einer »Spaltung des Subjekts« führe. Diese Form der Spaltung des Subjekts im Spiegelstadium bringt

Lacan auf den Punkt, indem er sagt: »Das Ich [»je«] ist nicht das Ich [»moi«], das Subjekt ist nicht das Individuum.«[68]

Ein anderer Schritt, bei dem äußere Dinge einen Weg zu uns finden, ist die Einordnung der privaten Imagination in eine Symbolik, womit diese dem Gesetz unterworfen wird, um schließlich kommunizierbar und überhaupt erst wahr sein zu können: »Die Sprache verknotet das Imaginäre und das Reale.«[69] Was den Aspekt der Darstellbarkeit des Imaginären betrifft, so stehen Foucaults Ausführungen unmittelbar in der Nähe der Gedanken, die Lacan in seinem Vortrag über das *Spiegelstadium als Bildner der Ichfunktion* entwickelt. Hier stellt Lacan eine Beziehung in der Analyse des Imaginären als einer Ausarbeitung des Symbolischen her, über das sich »die phantasmatische Reifung der Größe und Mächtigkeit des Subjekts inszeniert«[70].

Dieses Reale, so formuliert es Lacan in seinem *Seminar*, vermittelt den Eindruck, immer realer werden zu können. Das Reale erhält seinen Platz von dem Symbolischen in dem Maße, wie das Symbolische das Auge so positioniert, dass das imaginäre Bild und das reale Objekt deckungsgleich werden.[71]

Er konkretisiert später: »Das Reale erscheint dort, wo das Symbolische Lücken und Risse hat, Einschnitte in der Signifikantenkette, die das Subjekt an das Reale binden.«[72] Damit ist das Reale grundsätzlich eine Funktion des Symbolischen, und hierbei nicht als Objekt, sondern als etwas, das einem die Sprache verschlägt. Auf diese Weise kann es heißen: »Was nicht symbolisiert werden kann, erscheint im Realen.«[73]

Lacan benutzt Kant'sche Formeln, wie etwa das »Ding an sich«, das als das gewandelte Reale erscheint.[74] Aber er liest »Kant mit Sade« – darum Philosophie mit Psychologie – und kommt auf diese Weise zu der Aussage, dass Schmerz und Lust einen »Endpunkt: die Ohnmacht des Subjekts« haben.[75]

In der *Archäologie des Wissens* (1969) antwortet Michel Foucault auf die Frage: »Wer spricht?« mit den Worten: »Irgendwer spricht!« Doch »was er sagt, sagt er nicht von irgendwo aus«[76]. In seinem Vortrag vom 22. Februar 1969 mit dem bekannten Titel *Was ist ein Autor?* fragt Michel Foucault mit Samuel Beckett: »Was liegt daran, wer spricht, hat jemand gesagt, was liegt daran wer spricht?«[77] Diese Leerstelle, diese Gleichgültigkeit, die in dieser Frage steckt, verweist auf die immer noch aktuelle Frage nach der »Auslöschung des Autors«[78].

Die Frage nach dem Autor beinhaltet eben auch die Frage nach dem Subjekt. Vor diesem Hintergrund spielt die Lacan'sche Theorie gerade in den sechziger Jahren des letzten Jahrhunderts eine entscheidende Rolle. Wenn Derrida diese Rolle auf »das engste Umfeld der Psychoanalyse, in Wirklichkeit im eigensten Element der Psychoanalyse« sieht[79], dann schiebt er absichtlich den gesellschaftlichen Radius beiseite. Dennoch, so Derrida, erfolgt die »Ausarbeitung der Lacan'schen Theorie im Umfeld der Frage des Subjekts und zwar des Subjekts der Wissenschaft«[80] angesichts einer antizipierten Gewissheit in logischer Zeit[81] und zeitgleich in Anbetracht des trügerischen Gottes in einer *La science et la vérité*.[82]

Gerade vor dem Hintergrund der Studentenproteste in Frankreich in dieser Zeit stellt Jacques Lacan – entgegen der Foucault'schen These vom Tod des Menschen – fest:»Ich glaube nicht, dass es irgendwie legitim ist, geschrieben zu haben, dass die Strukturen nicht auf die Straße gehen, weil es, wenn es irgend etwas gibt, das die Mai-Ereignisse beweisen, genau dieses Auf-die-Straße-Gehen der Strukturen ist.«[83]

Die Strukturen oder besser gesagt die Diskurse, die Foucault in der *Archäologie des Wissens* konzipiert, enthalten bestimmte Redemengen, Redebereiche und Redepraktiken, die wiederum bestimmen, was gesagt wird und was nicht. Im Sinne eines Sprechaktes ordnet der Autor das Sagbare, das, »was zur Sprache kommt, mit dem Ergebnis, das etwas zur Sprache kommt und anderes nicht«[84], Was übrig bleibt, ist eine Fraglichkeit als solche.

Wer auf diese Weise das »Wer«, das »Wo« und das »Was« an das Sprechen bindet, knüpft seine Ideen an eine Anonymität, die weder das selbstständige Individuum noch die allumfassende Allgemeinheit sieht. Foucault führt in besagtem Vortrag weiter aus, dass erstens der Autorname unmöglich ist, zweitens der Autor nicht Eigentümer seiner Texte ist, drittens die Kritik dem Autor Texte zuschreibt, damit das Werk unsicher bleibt und viertens, dass der Autor in Diskurstypen oder in diskursiven Feldern positioniert wird.

Das passiert dadurch, dass dieser sich in »Redeketten und Redefelder einfügt« und »Position bezieht unter Bedingungen, die er nicht beherrscht«[85]. Das bedeutet eine eindeutige Absage an das Subjekt, an die Vernunft, an den Autor: »Gott ist tot, der Mensch ist tot, der Autor ist tot.«[86]

Lacan weist im Gegenzug darauf hin, dass es gar nicht um die Negierung des Subjekts geht, sondern um dessen Abhängigkeit. Er betont die Abhängigkeit von der Materialität des Signifikanten. Das Schreiben [»écriture«] ist ein Spiel der Zeichen, das sich wenig am bedeuteten Inhalt [»signifié«] als an der Natur des Bedeutenden [»signifiant«] ausrichtet.[87] Folglich ergänzt Lacan die Begriffe [»écrit«] für das Geschriebene, [»parole«] für das Sprechen und [»factuer«] für den Diskursträger.[88]

Michel Foucault befindet sich in relativer Abhängigkeit von Wissensformen, Diskurspraktiken und Machtstrategien. Subjektive Aneignung und intersubjektive Versöhnung sind nicht in Sicht, doch »wie lässt sich ein Denken« in Grenzen verbinden mit einem Reden über Grenzen, ohne dass das eine durch das andere desavouiert wird?«, fragt Bernhard Waldenfels.[89] »Es spricht im Andern, sagen wir, und bezeichnen mit dem Andern eben den Ort, den der Rückgriff auf das Sprechen evoziert in jeder Beziehung, in die er interveniert«, antwortet Jacques Lacan.[90]

Damit nicht genug, »begehrt der Phallus als Signifikant den Andern«[91], denn »das Unbewusste ist der Diskurs des Andern«[92]. Nicht ganz umsonst befürchtet Lacan, dass die Militanz seines Denkens Foucault nicht zur Ruhe kommen lässt. Auch wenn dieser zunehmend von dessen Werk abrückt, verbindet ihn dieser Impuls zeitlebens mit Lacan.

Im Versuch, sein Denken nach außen zu kehren, flüchtet Foucault in die Positivität historischen Materials. Diesen von Deleuze sogenannten »romantischen Positivismus« gibt Foucault bald auf.[93] Er versucht seit dem Erscheinen der *Archäologie des Wissens* das Ungedachte zu denken und das Sein der Sprache zu finden. Es gibt eine Grenze zwischen Fraglichem und Fraglosem, zwischen dem, was zur Sprache kommt, und was nicht.[94]

Der springende Punkt der Foucault'schen Diskursanalyse der Sprache ist die Spezifität und Produktivität ihrer diskursiven Praxis. Diese Praxis enthält die Gesamtheit der Regeln der Sprache; es ist eben der Diskurs zum System Sprache, dem Foucault sich ausliefert. Er besteht darauf, dass es an sich eine Ordnung gibt, »eine Ordnung des Wissbaren, nicht aber die Ordnung, einer ergänzenden Verdoppelung des Gesagten durch das Ungesagte«[95].

1967 erscheint sozusagen als kritischer Beigesang zur Rezeption von Ferdinand de Saussure die *Grammatologie* von Jacques Derrida, begleitet von seinen Studien, die in *Die Schrift und die Differenz* versammelt sind. Diese Bücher können bedingt als Reaktion auf Foucaults Bestseller *Die Ordnung der Dinge* angesehen werden.[96] Doch von wo aus spricht dieser Autor Michel Foucault, der gerne seiner Autorschaft entsagen und in der Namenlosigkeit eines Diskurses untertauchen würde.

Das Erscheinen der *Schriften* von Lacan 1966 kommentiert Foucault nicht. Wenn er den Namen des Psychoanalytikers nennt, dann in Verbindung mit dem Ethnologen Claude Lévi-Strauss (geboren 1908), denn »die Entdeckung von Lévi-Strauss und Lacan (geboren 1901) gehören in den Bereich der so genannten Humanwissenschaften«[97]. Und diese neuen Forschungen lösen nicht nur das überkommene Menschenbild des Humanismus ab, sondern machen die Idee des Menschen in Forschung und im Denken überflüssig.[98]

Foucault bekennt, dass er die »Texte Lacans schlecht verstehe, um auch nur den kleinsten Kommentar abgeben« zu können.[99] Er findet dessen Texte zu hermetisch, zu schwierig, denn »um Lacan zu verstehen, muss man ihn bekanntlich nicht nur lesen, sondern auch an seinem Unterricht teilnehmen, seine Seminare besuchen, eine Analyse absolvieren. Ich habe nichts davon getan.«[100] Das ist vielleicht eine »ehrliche, aber irritierende Nicht-Bezugnahme angesichts eines Denkers, der wie kein anderer die Subjektfigur mit einer Revision des Freud'schen Begriffs der Psyche und einer grundsätzlich philosophischen Auffassung des psychoanalytischen Geschäfts jenseits seiner therapeutischen Funktion verbindet«[101].

Foucaults Lehrer Althusser ehrt unumwunden die Leistung Lacans: »Dass unsere Lektüre Freuds vollkommen verändert worden ist, verdanken wir den jahrelangen einsamen, unbeirrbaren und scharfsichtigen theoretischen Anstrengungen von Jacques Lacan.«[102] Althusser fühlt sich Lacan zutiefst geistesverwandt und betrachtet ebenso Lévi-Strauss als den »gefährlichsten Kerl der Stunde«[103]. In einem unveröffentlichten Text über Claude Lévi-Strauss schreibt er, dass »das Thema Lévi-Strauss und Strukturalismus gegenwärtig und für lange Zeit von vorrangiger Bedeutung ist«[104].

Michel Foucault räumt sowohl der Psychoanalyse als auch der Ethnologie die je hervorragende Stellung einer Gegenwissenschaft ein, in der sich die allen Humanwissenschaften innewohnende kritische Funktion am besten als Prinzip einer

Unruhe verkörpert. Er meint damit die Strukturale Anthropologie von Claude Lévi-Strauss und die Strukturale Psychoanalyse von Jacques Lacan. Desonders die drei Figuren der Endlichkeit, die Lacan entwickelt: Tod [»Mort«], Begehren [»Désir«] und die Sprache als Gesetz [»Loi-langage«], übernimmt Michel Foucault.[105] Nicht zuletzt lösen sowohl Ethnologie als auch Psychoanalyse den Menschen auf,[106] so Foucault.

Diese Dreierkonstellation Foucault–Lacan–Lévi-Strauss ist getrübt. Foucault äußert sich nur in einem Gespräch aus Anlass des Todes von Lacan 1981 direkt zu ihm: »Er wollte einfach nur Psychoanalytiker sein. Das setzte in seinen Augen einen radikalen Bruch mit allem voraus, was die Psychoanalyse in die Abhängigkeit der Psychiatrie bringen oder zu einem verfeinerten Zweig der Psychologie machen konnte. Er suchte eine Theorie des Subjekts.«[107] Lévi-Strauss hält Lacan auf Distanz.[108] Lacan selbst ist an beiden interessiert und intensiviert nach den ersten Begegnungen in den frühen fünfziger Jahren sogar seinen Kontakt zu Michel Foucault.

Auch wenn Lacan 1953 im Pariser Krankenhaus Sainte-Anne sein Seminar hält, das ein Jahr später als Buch erscheint[109], so betont Foucault ausdrücklich, dieser Veranstaltung niemals beigewohnt zu haben.[110] Allerdings kennt er Lacan und seine Schriften; er liest und zitiert ihn. Nachdem er seine Dissertation *Wahnsinn und Gesellschaft*, in der Lacan jedoch nicht erwähnt wird, 1961 veröffentlicht, nennt er dessen Namen anschließend häufig als einen, der ihn nachhaltig beeinflusst habe – neben Blanchot, Dumézil und Roussel.[111] »Die Bedeutung Lacans beruht darauf«, so Foucault, »dass er gezeigt hat, wie sich durch die Worte des Kranken und die Symptome seiner Krankheit hindurch die Struktur, das System der Sprache ausdrückt – und nicht das Subjekt. Vor jeder menschlichen Existenz, vor jedem menschlichen Denken, gäbe es demnach schon ein Wissen, ein System, das wir wiederentdecken.«[112]

Lacan hält im September 1953 seinen berühmten Vortrag *Fonction et champ de la parole et du langage en psychoanalyse*, den er später in sein Buch *Écrits* aufnimmt.[113] Im April 1963 veröffentlicht Lacan seinen Text *Kant avec Sade* (1962) in der Zeitschrift *Critique*, der ursprünglich als Vorwort zu einer Buchausgabe der *Philosophie im Boudoir* gedacht ist, aber vom Verlag abgelehnt wird. Dieser für ihn so wichtige Text ist ganz durchdrungen von seiner Lektüre von *Wahnsinn und Gesellschaft*.[114] In seinen Seminaren spricht Lacan über Foucaults Text *Die Geburt der Klinik* (1963). Foucault selbst ist wiederum bei den Lacans privat zum Essen eingeladen.[115]

Im Frühjahr 1964 spricht Jacques Lacan über *Die vier Grundbegriffe in der Psychoanalyse*. Im folgenden Jahr arbeitet er über *Problèmes cruciaux pour la psychoanalyse*. Im Seminar vom Mai 1966 mit dem Titel *L'objet de la psychoanalyse* geht er in Gegenwart von Michel Foucault auf das Gemälde *Las Meninas* von Diego Velázquez ein.[116] Im ersten Kapitel von *Die Ordnung der Dinge* analysiert Foucault dieses Bild vor dem Hintergrund von Sprache und Malerei: »Vergeblich spricht man das aus, was man sieht: das, was man sieht, liegt nie in dem, was man sagt.«[117]

Lacan widerspricht Foucaults Thesen, indem er das Subjekt retten will und damit im klaren Gegensatz zu dessen postulierter These vom Verschwinden des

Subjekts steht. Als Foucault am 22. Februar 1969 seinen inzwischen berühmten Vortrag *Was ist ein Autor?* vor der Société française de philosophie hält, ist Lacan persönlich anwesend. Von Becketts Formulierung ausgehend, fragt er nach der Gleichgültigkeit des Sprechens als dem wohl grundlegenden ethischen Prinzip zeitgenössischer Literatur. Dieser Gleichgültigkeit stellt er die Verwandtschaft von Tod und Schreiben zur Seite.

Lacan selbst geht auf Distanz zu Foucaults Formulierungen vom »Tod des Subjekts« und vom »Tod des Menschen«, schließlich will er selbst eine »Geschichte der Subjektivität« auf dem Feld der Psychoanalyse etablieren.[118] Sein Programm ist die Neubegründung der Psychoanalyse durch eine Re-Lektüre der Freud'schen Texte, denn »die Rückkehr zu Freuds Text zeigt den absoluten Zusammenhang zwischen seiner Technik und seiner Entdeckung und erlaubt gleichzeitig, seinen Vorgehensweisen den gebührenden Rang zuzuweisen«[119].

Lacan spricht von dem »Ereignis Freud«[120], und er verbindet die von ihm selbst als »Rückkehr zu Freud« bezeichnete Neugestaltung der Psychoanalyse mit modernen sprachwissenschaftlichen Erkenntnissen. In dessen Selbstverständnis bedeutet das: »Während Freuds Verdienst in der Entdeckung des Unbewussten liegt, besteht Lacans Leistung darin, die Struktur des Unbewussten als die einer Sprache erkannt zu haben.«[121] Allerdings versteht Lacan Sprache als ein System von Zeichen, und »die Psychoanalyse entdeckt im Unbewussten über ein solches Sprechen hinaus die ganze Struktur der Sprache«[122].

In diesem Bemühen stützt er sich auf die strukturale Linguistik nach Ferdinand de Saussure und Roman Jakobson. An diesem Punkt sind sich Lacan und Lévi-Strauss, sehr nahe. Er liefert Lacan, wenn man so will, ein wichtiges Verbindungsglied für seine im Entstehen begriffene Theorie. Gemeinsam ist beiden die programmatische Berufung auf deren geleistete Begründung einer strukturalistischen Formanalyse (Saussure und Jakobson) und die damit verbundene Übertragung der strukturalistischen Erkenntnis (Barthes und Genette) über die Sprache auf die Wissensfelder sowohl der Ethnologie und Psychoanalyse als auch der Philosophie und Literatur.

Mit der Idee eines Zusammenhangs von Unbewusstem und Sprache sorgt Jacques Lacan für Irritationen innerhalb der psychoanalytischen Bewegung in Frankreich und zugleich für eine beträchtliche Faszination. Prägend sind dabei die Theoreme von: erstens der Rolle des Anderen für die Ich-Bildung, zweitens der Funktion des Signifikanten in der Rede, drittens der Kritik des universitären Intellektualismus und viertens der Theorie der Negativität des Begehrens. Ein Fazit liegt für ihn darin, dass »es keine Bedeutung gibt, die nicht notwendig auf eine andere Bedeutung verweist«[123].

Seit 1951, als Lacan die ersten Seminare noch in seiner Wohnung hält, beschäftigt er sich mit einem »fortgesetzten Kommentar zum Werk Freuds«[124] und gelangt dabei zu dem Resultat, dass »der Begriff des Signifikanten, wie er in der modernen linguistischen Analyse dem Begriff des Signifikats entgegengesetzt wird, unverzichtbar ist für jede Artikulation des analytischen Phänomens«[125]. Lacans

Theorie-Klassiker mit dem simplen Titel *Écrits* erscheint 1966 und wird bis heute unverändert nachgedruckt.

1969 ermöglicht ihm Foucault, einige Seminare an der Universität von Vincennes zu halten. Schließlich findet Lacan in der juristischen Fakultät an der Place du Panthéon Unterschlupf. Als bei der ersten Sitzung seiner Vorlesung am 3. Dezember 1969 ihn störende Studenten bedrängen, antwortet er mit den im Nachhinein zu einer Apostrophe gewordenen Worten: »Wonach ihr euch als Revolutionäre sehnt, das ist ein Herr und Meister. Ihr werdet ihn bekommen.«[126]

In seinem ersten Band zur Geschichte der Sexualität *Der Wille zum Wissen* (1976) vollzieht Michel Foucault einen Bruch mit der Psychoanalyse und mit Jacques Lacan. Er betrachtet »das Gesetz des Begehrens und den es begründenden Mangel konstitutiv«[127] und entdeckt hinter diesem Gesetz den, der es formuliert (Lacan), als einen Repräsentanten der Macht. Foucault vermutet hinter der Lacan'schen Theorie, wie ja auch beim Freudo-Marxismus, ein Dispositiv von Macht und Wissen.[128] Hinter dem Subjekt des Begehrens lauere die Analytik der Macht, so Foucault.

Lacan betont wiederholt, wie gut er sich durch Foucault in seiner Beziehung zu Freud verstanden fühlt. Foucault würdigt Lacan anlässlich seines Todes im September 1981 und kommt wenige Monate später in seiner Vorlesung *Hermeneutik des Subjekts* (1982) am Collège de France auf ihn zu sprechen: »Lacan ist wohl seit Freud der einzige gewesen, der die Frage der Beziehung zwischen Subjekt und Wahrheit wieder ins Zentrum der psychoanalytischen Problematik stellen wollte.«[129] Die Psychoanalyse Lacans antizipiert die Formeln der Linguistik, denn sie übernimmt eine »Vorläuferrolle in dem Bereich, um den herum eine Neuordnung der Wissenschaften in der Regel eine Revolution der Erkenntnis signalisiert«[130]. Lacan spricht hiermit die Wissenschaften vom Menschen an.

Lacans Leistung liegt im Nachweis, dass durch den Diskurs des Kranken und die Symptome seiner Neurose hindurch die Strukturen der Sprache selbst sprechen: »ihr System und nicht etwa das Subjekt«. Denn: »Vor jeder menschlichen Existenz und jeglichem menschlichen Denken gilt danach ein Wissen, ein System, das wir wiederentdecken.«[131] Die wohl berühmteste These des französischen Psychoanalytikers ist die, dass das Unbewusste wie eine Sprache strukturiert sei: »die Sprache existiert samt ihrer Struktur« und lässt das sprechende Subjekt als ihren Sklaven erscheinen.[132]

Diese These bedeutet, dass die Behandlungssituation selbst, der Dialog zwischen Therapeut und Patient, in die Reflexion über das Psychische einbezogen werden muss. Dieser Dialog selbst wird von Lacan als eine sprachliche Manifestation verstanden, die nicht über Absichten, Verschwiegenes und Verdrängtes analysiert werden kann. Lacan sagt, »dass die Konsequenzen der Entdeckung des Unbewussten in der Theorie noch nicht einmal halb erfasst sind, wenngleich die Erschütterung, die sie in der Praxis bewirkt hat, spürbarer ist, als man sich davon Rechenschaft gibt«[133].

1957 Michel Leiris

Neben der *Geburt der Klinik* veröffentlicht Michel Foucault 1963 ein Buch über Raymond Roussel. Beide Bücher erscheinen im Verlag Gallimard am gleichen Tag, worauf der Autor besteht. Foucault will damit ein Signal senden, um die »Gleichwertigkeit der beiden Interessenschwerpunkte unter Beweis zu stellen«[134]. Das Buch über Raymond Roussel, das auf den ersten Blick aus dem Rahmen der sonstigen Veröffentlichungen von Michel Foucault fällt, ist allerdings Bestandteil eines umfangreichen literarischen Komplexes.

Eine ganze Reihe von Artikeln, Vorworten und Interviews deuten Foucaults Lektürehunger und Literaturinteresse schon im Vorfeld an. Allerdings wird das Buch über Roussel auch das einzige sein, das sich ausschließlich einem Schriftsteller widmet. Das verwundert im Nachhinein, denn Foucault schreibt über viele ihn inspirierende Autoren, Dichter, Dramatiker, Schriftsteller – darunter Bataille (1963), Flaubert (1964), Mallarmé (1964), Nietzsche (1966), Roussel (1962-1964), Rousseau (1962) – oder benennt sie zumindest – wie beispielsweise Michel Leiris.

Ein in dieser Zeit nahezu kaum bekannter Autor ist Raymond Roussel. Michel Leiris erinnert sich im ersten Band seiner Autobiografie *Biffures* (1948) an Roussel.[135] 1983 erinnert sich Michel Foucault: »Ich hatte erfahren, dass Michel Leiris Roussel kannte, denn sein Vater war Roussels Börsenmakler. Ich bin von den Bezügen zwischen Leiris und Roussel durch *Biffures* angezogen worden, worin so einiges an Roussel denken lässt. Ich habe mit Leiris darüber gesprochen, doch alles, was er über Roussel zu sagen hatte, hat er in seinen Artikeln geschrieben.«[136] Foucault geht so weit, zu sagen, dass »es die *Biffures* von Leiris brauchte, damit die Inständigkeit der Stimme von Roussel für uns wahrnehmbar wird«[137].

Mit dem Beginn seiner Arbeit an dem Buch über Roussel stattet Foucault Leiris einen Besuch ab, um ihn um Informationen über diesen Autor und sein Werk zu bitten, denn »um uns in diesem Labyrinth zu orientieren, gibt es wenig – außer einigen wunderbaren Anekdoten, die Leiris erzählt«[138].

Foucault kommt also in seiner Recherche über Roussel schließlich zum Werk von Leiris: »Es lässt sich heute nichts über Roussel sagen, das nicht eine unübersehbare Schuld gegenüber Michel Leiris bekundet: Seine Artikel, aber auch das gesamte Werk sind die unumgängliche Schwelle zu einer Lektüre Roussels«[139], denn »es zeigt sich jener Positivismus Roussels, an den Leiris gerne erinnert«[140]. Nach seinem Tod fällt Roussel erst recht in Vergessenheit, »bis zu dem Tage, da Leiris diese allzu rasch erloschene Flamme wieder entzündet«[141].

Seitdem lässt ihn die Faszination an dessen Werk nicht mehr los, und er setzt Leiris in eine Reihe mit Bataille, Blanchot, Breton[142] und Klossowski[143]; nicht zuletzt weist Foucault sogar Korrespondenzen dieser Autoren untereinander nach.[144] In einer Doppelrezension von Gilles Deleuzes Büchern *Differenz und Wiederholung* (1969) und *Logik des Sinns* (1969) stellt Foucault zunächst einen Vergleich mit Klossowski her, um schließlich über Leiris zu konstatieren: »Es wäre gut, die großartigen Folgen von Leiris einmal deleuzianisch zu analysieren.«[145] Und wenn

Deleuze in seinen Büchern »das Geflecht aus Dummheit, Eitelkeit und Selbstgefälligkeit, das den großen Platz der Philosophie ernährt«, aufs Korn nimmt, dann
ergänzt Foucault ironisch: »Lächerliches Wurzelwerk, würde Leiris sagen.«[146]

Dieser scheinbar ironische Abstand, den Leiris hier zum Menschlich-Allzu-
menschlichen einnimmt, ist begründet in jenem Impetus, der sein Leben und sein
Werk bestimmt, denn: »Man muss das Leben ändern«. Das diese Haltung nicht
nur Mut, sondern auch Geduld verlangt, Sartre würde vielleicht das Wort Engagement wählen, erlangt seine literarische Stimme von Buch zu Buch mehr Kraft
und Reife. Michel Butor weist mit Recht darauf hin, dass sein Werk von Buch zu
Buch revolutionärer geworden ist, »weil er seine Versuchung zum Nihilismus voll
und ganz überwunden hat«[147]. Dem Werk von Michel Leiris ist – wie dem Marcel
Prousts – der Charakter des Endgültigen eigen.

Wenn Leiris die Formel »Man muss das Leben ändern« – ein Satz, der auf Rim-
baud zurückgeht – bemüht, dann zieht er aus ihr Folgerungen für sein Werk. Im
Nachwort zu *Mannesalter* sagt Leiris: »Es handelt sich dabei weniger um das, was
gewöhnlich engagierte Literatur genannt wird, als vielmehr um eine Literatur, in
welcher ich mich selbst voll und ganz zu engagieren versuchte. Nach innen, wie
nach außen: denn ich erwarte, dass sie mich verwandelt, sie mir hülfe, Bewusstsein
zu erlangen, aber auch, dass sie ein neues Element in meine Beziehungen zu andern
Menschen brächte, zuallererst in meine Beziehungen zu den mir Nahestehenden,
die nicht mehr ganz die gleichen sein können, wenn ich das ans Licht gebracht haben würde, was man zwar vielleicht bereits vermutet hatte, aber gewiss auf eine nur
sehr undeutliche Weise. Dabei spielt kein Verlangen nach zynischer Brutalität mit.
Eher die Begierde, alles zu gestehen, um von neuen Grundlagen auszugehen.«[148]

Das Geständnis geht einher mit einem Scheitern und möglichen Brüchen; Er-
rettung daraus kann es nur durch Kontinuität und Geduld geben – nicht zuletzt
durch Vertiefung und Beständigkeit. Alles Zaudern und Schwanken, alle Ausflüch-
te und Winkelzüge gilt es zu überwinden. Ein Versuch zur Liquidierung und zum
plötzlichen Bruch ist die psychoanalytische Behandlung, der sich Leiris 1929 unterzieht, und die Reise nach Afrika, von der er erst 1933 nach Paris zurückkehrt. Der
Versuch zur Liquidierung wird begleitet durch Freitodversuche. Der erste autobiografische Versuch *Mannesalter* tritt schließlich an die Stelle dieser Freitodversuche
und ist somit ein Ergebnis der eingestandenen Niederlagen dieses Autors.

Die zweite groß angelegte vierbändige Autobiografie beginnt mit dem ersten
Buch *Streichungen* (1948). Während *Mannesalter* (1939) noch eine Autobiografie
klassischen Typs darstellt, verstärkt der Autor seine Neigung, »sein Leben zu erzählen«, indem er es schließlich auf vier Bände ausbreitet. »Das Enthüllen de-
mütigender Geheimnisse verhindert keineswegs die Selbstgefälligkeit«, so Michel
Butor.[149] Allerdings stehe das Ich am Ende dieser Autobiografie nicht mehr am
gleichen Punkt wie zu dessen Beginn, darum sieht dieses Ich die Dinge entsprechend anders.

In *Mannesalter* betrachtet der Autor seine Vergangenheit von der Sichtweise der
Sexualität aus; dieser Gesichtspunkt scheint für ihn in jener Zeit privilegiert. Leiris

durchforscht die eigene Sexualität und kommt zu dem frappierenden Ergebnis, dass er der Sexualität selbst genau dieses Privileg entzieht.

In einem Interview thematisiert Michel Foucault 1984 ebendiese zweifelhaften Geständnisse der (Homo-)Sexualität und nimmt die literarischen Beispiele von Cocteau, Proust und Roussel und kommt zu dem Schluss:»Das Werk ist mehr als das Werk: Das Subjekt, das schreibt, ist Teil des Werks.«[150]

Mit dem Buch *Steichungen* gibt er der Sprache den Vorzug und benutzt sie als Instrument für den Aufbau seiner Autorschaft und damit seiner selbst. Die *Streichungen* stellen die Erschütterungen des Lebens, das Stolpern der Person und das Ausgleiten des Denkens ins Zentrum der Beschreibung: Schaum, Wellen und Wirbel wirken auf die gewöhnlich ruhige Oberfläche der Sprache mit dem großen Effekt der Präsentation von »Materialien, deren datierbare Erfahrungen ich festzuhalten versuche, um den Teil der Wahrheit, die sie mir zu enthalten schienen, zu isolieren und zu verhindern, dass die Ader wieder versiege«, so der Autor.[151]

Michel Butor verweist auf die Verwandtschaft von Marcel Proust und Michel Leiris, denn für beide ist die Erfahrung im Bereich der Sprache entscheidend. Proust nennt diese Spracherfahrung, die für ihn ebenfalls zum Bereich der Empfindungen gehören, Impressionen und Reminiszenzen. Leiris sieht in Wortreihungen und Wörterkombinationen die für ihn zentralen Begriffe Konvergenzen und Auflösungen. Er glaubt, diese Begriffe und diese Tatsachen »vollzögen sich einfach in den Dingen«.[152] Hier liegt die Verwandtschaft der beiden Schriftsteller, denn »beide liefern uns außerordentlich präzise Techniken zur Selbsterkenntnis, deren Wirksamkeit jedermann leicht nachprüfen kann«[153]. Auf ebendiesen Aspekt kommt Michel Foucault in einer Diskussion über den Roman zu sprechen. Und wenn sich Paarungen auftun – hier Leiris und Proust, dort Proust und Bergson oder Proust und Joyce –, »ergibt sich immer eine ganze Serie von Überkreuzungen«[154].

Bei einem Vortrag, den Michel Leiris im Collège philosophique über Raymond Roussel hält, spürt Michel Butor, wie Leiris bei jedem Satz die Angst quält, er könne die Zuhörer durch das Persönliche in seiner Beziehung zu Roussel in die Irre führen, und daher Leiris versucht, Roussel so objektiv wie möglich darzustellen: »Zum Glück für seine Zuhörer ohne Erfolg«[155].

1958 Claude Lévi-Strauss

Foucaults Auseinandersetzung mit dem Strukturalismus erstreckt sich über die gesamte Dauer seines wissenschaftlichen Lebens. Die Frage, ob Foucault ein Strukturalist ist, beantwortet er selbst mit einem klaren Nein. Sein Biograf Didier Eribon ist sich da nicht ganz sicher und behauptet, Foucault habe sich in der Bezeichnung des Strukturalismus durchaus wiedererkannt.[156] Foucault selbst antwortet in einem Interview im April 1967 auf die Frage, ob er – aufgrund des publikumswirksamen wie wissenschaftlichen Erfolges seines Buches *Die Ordnung der Dinge* (1966) – nicht gar zum Hohepriester des Strukturalismus avanciert sei: »Ich bin höchstens der Chorknabe des Strukturalismus. Sagen wir, dass ich die Glocke geläutet habe, dass die Gläubigen niedergekniet sind und die Ungläubigen Schreie ausgestoßen haben. Aber der Gottesdienst hatte bereits seit langem begonnen.«[157]

Für Foucault gibt es nur zwei Formen des Strukturalismus, zum einen in den besonderen Gebieten der Linguistik, der Religionsgeschichte und der Ethnologie, zum anderen sei der Strukturalismus »eine theoretische Aktivität«, die »als philosophische Aktivität gelten kann, sofern man davon ausgeht, dass die Aufgabe der Philosophie die Diagnose ist«[158].

Irgendwie sitzt Foucault zwischen den Stühlen, wenn er auf den Strukturalismus angesprochen wird, denn einerseits begrüßt er dessen Methode, andererseits lehnt er die Bezeichnung, er sei ein Strukturalist, »sehr rasch und auf zunehmend lebhafte Weise ab«[159]. Sartres Ansicht, der sich ja selbst als Existenzialist bezeichnet, dass die Strukturalisten (Althusser, Dumézil, Foucault, Lacan und Lévi-Strauss) eine kohärente Gruppe bilden, ist darum umso fragwürdiger. Auch kann keiner dieser Teilnehmer eine Gruppe erkennen, die eine Einheit bilden würde.[160]

Wenngleich Foucault sich also nicht als Strukturalist bezeichnet, hat er doch mehr gemein mit Lévi-Strauss, als hier zunächst aufleuchtet. Neben Georges Dumézil steht Claude Lévi-Strauss, dem er vor allem in den frühen sechziger Jahren seine Bewunderung ausspricht. Nachdem sich Foucault vom Sartre'schen Humanismus befreit, indem er den Humanwissenschaften eine paradoxe Auffassung vom Menschen vorwirft, weist er der Psychoanalyse (Lacan) und der Ethnologie (Lévi-Strauss) einen außerordentlichen und außergewöhnlichen Platz zu.

Beide Disziplinen seien zu Gegenwissenschaften geworden, die ihr humanwissenschaftliches Gegenüber »auf ihr epistemologisches Fundament zurückführen«[161]. Beide Disziplinen haben ein gemeinsames Feld, und beide fragen nach dem Unbewussten der Kulturen oder der Historizität der Kulturen – und nicht zuletzt nach dem Unbewussten der Subjekte, die »zweifellos die allgemeinsten Probleme, die sich hinsichtlich des Menschen stellen können«, aufwerfen.[162]

Die Ordnung der Dinge (1966) erwähnt mehrfach namentlich Claude Lévi-Strauss, denn der Autor hat ihn im Sinn, wenn er die Ethnologie als eine Gegenwissenschaft beschwört. Lacan wird nicht ausdrücklich erwähnt, aber Foucaults Appell an die Linguistik und die Theorie des Unbewussten verweist auf ihn. Diesen Impuls wird Foucault in der *Archäologie des Wissens* (1969) nur drei Jahre später »die Schwelle der Wissenschaftlichkeit«[163] nennen, und er »werde kein Recht auf Ruhe haben, solange er sich nicht von der Ideengeschichte getrennt habe«[164]. Für einen Neuanfang der Humanwissenschaften im Sinne dieser Gegenwissenschaften brauche es folgend auch die Linguistik und die Sozialwissenschaften.[165]

Die heute zu Klassikern avancierten Bücher von Claude Lévi-Strauss *Die elementaren Strukturen der Verwandtschaft* (1949), *Traurige Tropen* (1955), *Strukturale Anthropologie* (1958) und *Das wilde Denken* (1962) rezipiert Michel Foucault kurz nach ihrem Erscheinen. Lévi-Strauss' Kampfruf, »den Menschen zu begründen und den Menschen aufzulösen«[166], nimmt Foucault in die *Ordnung der Dinge* auf, wenn er: »Die Idee einer psychoanalytischen Anthropologie, die Idee einer menschlichen Natur sind nur fromme Wünsche. Man kann von beiden sagen, was Lévi-Strauss von der Ethnologie sagt, dass sie den Menschen auflösen.«[167] Das Buch *Die elementaren Strukturen der Verwandtschaft* ist ein Sammelband mit Aufsätzen, der bei Plon 1949 – dem ersten Verlag von Foucault – nach langer Zeit des Wartens endlich erscheint. Der junge Ethnologe Lévi-Strauss wird noch zwei weitere Veröffentlichungen benötigen, bis er in aller Munde ist. Erst der *Strukturalen Anthropologie* gelingt diese Popularität, vor allem angesichts dieses Buchtitels, der ja nachgerade dazu berufen ist, seinen Autor bekannt zu machen. Foucault ist vom Erfolg dieses Buches beeindruckt, denn »er bewundert die Art und Weise, wie dieser es verstanden hat, die Schranken zwischen den Spezialistenkreisen der fachwissenschaftlichen Publikationen und dem großen, aufgeschlossenen Publikum aufzuheben«[168].

Als schließlich Foucaults *Die Ordnung der Dinge* (1966) erscheint, ist die Auseinandersetzung um den Strukturalismus auf ihrem Höhepunkt. Lévi-Strauss' *Strukturale Anthropologie* (1958) gilt seit Langem als das Manifest einer neuen Schule und löst in allen Bereichen der Kultur einen Schock aus. In seinem Angriff gegen Sartre 1962 führt Foucault dessen Philosophie des Humanismus und Existenzialismus auf den Stand einer zeitgenössischen Mythologie zurück.

Diesem Angriff schließen sich mehr oder weniger Pierre Bourdieu, Michel Foucault, Jacques Lacan und andere an. Lacans Veröffentlichung der *Ecrits* (1966) und Foucaults Ausspruch vom »Tod des Menschen« verstärken diesen Umbruch. In erster Linie aber markieren Lacan und Lévi-Strauss den theoretischen Raum, in dem sie sich befinden und dem sie das Etikett des Strukturalismus aufdrücken lassen.

Foucaults außergewöhnliche Versuche, die historischen Formen und Variationen des rationalen Subjekts, des medizinischen Subjekts, des kriminellen Subjekts, des sexuellen Subjekts und des ethischen Subjekts zu untersuchen, stehen in der Anerkennung der strukturalistischen Vertreibung des Bewusstseins aus der teleologischen Hierarchie, in der sowohl die materialistische als auch die phänomenologische Tradition lang genug verharrt. Nicht nur in dieser Hinsicht bleibt Foucault doch Lévi-Straus verpflichtet.

Wenngleich Lévi-Strauss von Foucault nicht als Lehrer genannt wird, so umso deutlicher Dumézil, der wiederum mit Lévi-Strauss theorieverwandt ist. Es ist der Verdienst von Didier Eribon, diese Tatsache hervorgehoben zu haben. Wenngleich sich Foucault nicht als Strukturalist bezeichnet, dann umso deutlich als Historiker. Für die Bezeichnungen seiner Gegenwartsdiagnose gebraucht er immer wieder zwei Begriffe: Archäologie und Genealogie. Dass allerdings Geschichte und Ethnologie zwei grundsätzlich verschiedene Vorgehensweisen sind, stellt Lévi-Strauss vehement in Abrede.[169] Die Geschichte – wie die Ethnologie – »ist das Unentrinnbare, das Gewöhnliche, manchmal das Anstößige, manchmal aber das Umstürzende«[170].

Wenn Lévi-Strauss auf seine wissenschaftliche Prägung verweist, benennt er vornehmlich den Marxismus und die Freud'sche Psychoanalyse – hier ist er von Foucault nicht weit entfernt –, denn sie zeigen, so formuliert er es in den *Traurigen Tropen* (1955), dass »die wahre Realität gerade jene ist, die nicht offen zutage liegt, und sie machen deutlich, dass das Wesen des Wahren noch in der Tendenz, sich zu entziehen, aufscheint«[171]. In der *Strukturalen Anthropologie* schreibt Lévi-Strauss drei Jahre später:»Das Unbewusste beschränkt sich auf einen Ausdruck, mit dem wir eine Funktion bezeichnen: Die symbolische Funktion, die zwar spezifisch menschlich ist, die sich aber bei allen Menschen nach denselben Gesetzen vollzieht; die sich in Wahrheit auf die Gesamtheit dieser Gesetze zurückführen lässt.«[172]

Wie Foucault verweist auch Lévi-Strauss auf seine Verbindung zu Lacan. Die Kombination einer Theorie des Unbewussten mit einer Theorie von der Sprache treibt alle drei um, Lévi-Strauss ergänzt diese um seine strukturalistische Theorie der Ethnologie. Wenngleich Lévi-Strauss hiervon, im speziellen Sinn von Lacan, beeinflusst ist, so grenzt er parallel Teile seiner Theorie davon ab, beispielsweise in seiner Ansicht über die Wirksamkeit der Symbole[173], die therapeutischen Effekte im Schamanismus, die Versprachlichung in der psychoanalytischen Theorie, die Fälle gesellschaftlicher und nicht individueller Mythen und die Bezeichnung des Signifikanten,»der eben nichts repräsentiert«[174].

Wenn Foucault in seinem Buch *Die Ordnung der Dinge* die Gegenwissenschaften ausruft, verschont er dabei die Ethnologie, die Linguistik und die Psychoanalyse Lacan'scher Prägung. Auf den Spuren von Lacan und Lévi-Strauss unternimmt Foucault in diesem Werk jene archäologische Arbeit, die ihn bekannt macht. Ein Jahrzehnt später wird sich die genealogische Suche in seinem Buch *Der Wille zum Wissen* (1976) gegen Lacan wenden. In einer Art zweiter Abrechnung widersetzt er sich den Analysen der Befreiungsideologien, des Freudo-Marxismus, der Theorien des Begehrens und des Rückfalls auf Bataille und Sade.

Diese widersprüchlichen, aber miteinander verwandten Theorien seien in die »Dispositive der Macht« verstrickt.[175]

1959 RENÉ DESCARTES

In seinem ersten archäologischen Werk *Wahnsinn und Gesellschaft* (1961) untersucht Foucault die Geschichte des Wahnsinns. Dieser wird bekanntlich im Zeitalter der Vernunft als das Andere der Vernunft ausgegrenzt. Diesseits der Alternative von exklusiver und inklusiver Vernunft könnte die Geschichte des Wahnsinns ihre Spaltkraft in der Zeit haben. In Mittelalter und Renaissance bedeutet der Wahnsinn Chaos, Unordnung und Strafe Gottes – in Erinnerung an die Macht Gottes und an das Gebot der Nächstenliebe. Als eine vertraute Fremdheit der sprechenden Welt wird der Wahnsinn im Zeitalter der Klassik nur noch als bloße Negation der Vernunft zum Verstummen gebracht.

Als erstes philosophisches Zeugnis führt Foucault zur Illustration seiner Thesen über die Geschichte des Wahnsinns die *Meditationen* von Descartes an, denn »Descartes' Vorgehen, das aus den *Meditationen* klar herauszulesen ist, hat die Evidenz, wie sie erscheint, wie sie sich gibt, wie sie sich unmittelbar und zweifelsfrei dem Bewusstsein gibt, zum Ursprung und zum Ausgangspunkt des philosophischen Verfahrens gemacht«[176]. Außerdem hätten die *Meditationen* subjektiven Charakter, denn jeder Leser könne sich an Descartes' Stelle setzen.[177] Georges Canguilhem behauptet gar, dass Foucault »Descartes damit betraut hat, uns die Vorstellung, die das klassische Zeitalter sich vom Wahnsinn machte, zu veranschaulichen«[178].

Wer an Foucaults zweites großes Buch *Die Ordnung der Dinge* (1966) denkt, sieht in der Tätigkeit des Ordnens die klassische Erkenntnis, so Pravu Mazumdar. Die Dinge seien nicht mehr »ontologischer Sondernatur«, sondern sie würden erkannt »in ihrem Repräsentiertsein«.[179] Als Beleg für seine Thesen des Ordnens zieht er die *Regulae* von Descartes heran. Canguilhem weist darauf hin, dass Descartes von Foucault »nur zwei oder drei Mal erwähnt wird und der einzige zitierte Descartes'sche Text, nämlich einige Zeilen aus der *Regulae*, nur wegen der offenkundigen Abhängigkeit der Kategorie des Maßes von der Kategorie der Ordnung angeführt wird«[180].

Foucaults *Ordnung der Dinge* und Descartes' *Regulae* erkennen bereits in den Unterschieden der Proportionen ein Ordnungsproblem. Im Anschluss an die Betrachtung von Maß und Proportion als mögliche Regeln des Ordnens versucht Mazumdar eine archäologische, besser gesagt eine Foucault'sche Lesart des Textes von Descartes. Canguilhem merkt an, dass die meisten Kritiker »den Begriff der Archäologie längst verwerfen und durch Genealogie ersetzen«[181]. Zudem wolle Foucault gar keine allgemeine Theorie einer Archäologie des Wissens verfassen, sondern »lediglich über deren Anwendung in den Humanwissenschaften schreiben«[182].

Dass die *Regulae* als ein posthumer Text von Descartes, der unvollständig nur einundzwanzig von geplanten sechsunddreißig Regeln enthält, ein nur wenig beachtetes Fragment bleibt, ist ein philosophischer Allgemeinplatz. Auch die Dichte ihrer Verkettung bereitet Probleme bei der Lektüre: »Doch entnimmt die Archäologie gerade diesem Text den Begriff jener Ordnung, die in den von ihr freigelegten Wissensgebieten der ›taxinomia‹ gesucht wird.«[183] Allerdings müsse sich eine solche archäologische Lektüre an der »Seinsweise der Zeichen« orientieren, an dem Verhältnis der Zeichen zur Konstitution des Wissens.[184]

Im Repräsentations-Kapitel seines Buches bietet Foucault die Basis hierfür: »Plan einer allgemeinen Wissenschaft der Ordnung; Zeichentheorie zur Analyse der Repräsentation; Anordnung in geordneten Tableaus von Identitäten und Unterschieden«. Dieses Kapitel steht unter der Überschrift »Mathesis und Taxinomia«[185]. Mazumdar entwickelt an diesem Foucault'schen Text affirmativ seine Idee von einem »Medium des Vergleiches« und kommt schließlich ebenso affirmativ zu einem »Tableau der menschlichen Erkenntnis«. Bestenfalls liege demnach dem Denken eine Erkenntnis in Form von Propositionen, eine unmittelbare Gewissheit evidenter Daten und nicht zuletzt zuletzt die wahre Zusammensetzung ebendieser Daten vor.

»Die Einteilung der Erkenntnis in ihre verschiedenen Vermögen fällt unterschiedlich aus«, so Pravu Mazumdar, »je nachdem, ob man auf die Gegenwart der Erkenntnis oder auf ihre Vergangenheit Bezug nimmt.«[186] So lässt sich – unter Zuhilfenahme eines Descartes-Textes – ein entscheidender Foucault-Text neu lesen.

Foucault selbst stellt sein Ordnungssystem grafisch dar[187] als eine allgemeine Ordnungswissenschaft, in der die Taxinomia ein Kontinuum der Dinge und eine Kraft der Vorstellung beinhaltet. Die Imagination lässt jenes erscheinen, was nicht ist, erlaubt jedoch zugleich, das Kontinuierliche zu zeigen.

In seinem Klassiker erörtert Foucault die philosophischen Voraussetzungen für die spezifische Wahrnehmung des Wahnsinnigen als einer Form der Unvernunft. Diese Voraussetzungen sind mit dem Namen Descartes' und dessen Weigerung benannt, den Wahnsinn unter die Irrtümer einzuordnen, die sich von der Vernunft ebenso schnell auflösen lassen wie etwa die Sinnestäuschung oder der Traum. Der Wahnsinn sei keine Möglichkeit der Vernunft, sondern das genaue Gegenteil. Es könne kein Cogito des Wahnsinnigen geben, weshalb die Vernunft dem Wahnsinnigen mit Gewalt aufgezwungen würde. Darum, so Foucault, gehöre der klassische Wahnsinn zum »Gebiet des Schweigens«[188].

Foucaults Rückgriff auf Descartes wird in keinem Buch deutlicher als in *Wahnsinn und Gesellschaft*. Und wenn mit dem Erfolg auch die Kritik kommt, dann richtet sich diese ausgerechnet gegen Foucaults Auslegung der Texte von Descartes. Der vier Jahre jüngere Jacques Derrida kritisiert ihn in seinem Text *Das Cogito und die Geschichte des Wahnsinns* scharf, weil er glaubt, den Unstimmigkeiten und Scheinheiligkeiten sogenannter klassischer Texte intensiver auf der Spur zu sein als Foucault; sowohl bei Platon und Rousseau als auch beispielhaft in den *Meditationen* von Descartes.

Foucaults beiläufiger und kurzer Interpretation der *Meditationen über die Grundlagen der Philosophie* begegnet Derrida in einer einschüchternden und herablassenden Präsentation interpretatorischer Spitzfindigkeiten. Er geht sogar so weit, Foucaults Auslegung als naiv zu bezeichnen.[189]

Insgesamt will Foucault das Subjekt nicht preisgeben, wie so oft sein Satz vom Tod des Menschen falsch verstanden wird, sondern es neu und anders analysieren. Derridas für ihn so typischen Vorwurf, der seine spätere Auffassung von Textualität vorwegnimmt oder bestätigt, bezieht sich darauf, dass Foucault etwas Äußeres von diesem philosophischen Diskurs annehme und beschreibe. Foucaults Reaktion kritisiert Derridas »Reduktion diskursiver Praktiken auf textuelle Spuren«[190] und verweist auf die Notwendigkeit, über die Texte durch deren Analyse hinauszugehen. Für den durch Nietzsche beeinflussten Foucault führt das zur Analyse der Mechanismen von Macht, in denen die Ideen der Wahrheit und des Subjekts ihre Bedeutung haben. Wenn »die Wahrheit weder außerhalb der Macht steht noch ohne Macht ist«[191] – und nichts außerhalb der Machtstrukturen existiert –, dann kann es nicht darum gehen, das Bewusstsein zu verändern, denn es gilt das System, das Regime, die Regierung zu verändern, die in bestimmten Machtverhältnissen die Wahrheit produzieren.[192]

Auch wenn Derridas Kritik nicht oberflächlich auf einen Effekt zielt, sie im Gegenteil tiefgründig und scharfsichtig ist, so ist sie aber auch auf persönliche Weise brutal. Es erscheint darum auf den ersten Blick, also wolle Derrida mit seiner Kritik, die erst sechs Jahre nach dem Erscheinen von *Wahnsinn und Gesellschaft* folgt, den großen Erfolg von *Die Ordnung der Dinge*, das nur wenige Monate vor dieser Kritik erscheint, unterlaufen.

Foucault schweigt zu Derridas Vorwürfen und wird sich erst Jahre später dazu äußern.[193] Derrida wird nach Foucaults Tod seinen Angriff relativieren.[194]

VII. Was ist Aufklärung?

»Es genügt nicht, dass ein Weiser die Natur
und die Wahrheit erforscht; er muss auch
den Mut haben, sie zu sagen – zugunsten
der kleinen Anzahl derer, die denken wollen und können.«
Julien Offray de La Mettrie[1]

Wie bereits erwähnt, bereitet sich Michel Foucault nach seinem Studium auf seine Dissertation vor, die im Kontext zweier unterschiedlicher Themen steht und die einen doppelten Bezug zur Macht und zum Wissen widerspiegeln soll. Diese Themen lauten:»Begriff der Kultur in der zeitgenössischen Psychologie« (als Hauptthese) und»Malebranche und das Problem der Wissenschaften vom Menschen bei den Nach-Cartesianern« (als Ergänzungsthese). Doch kommt es anders: Das Hauptthema der Dissertation weitet sich aus und führt schließlich zu seinem Buch über *Wahnsinn und Gesellschaft* (1961). Das zweite Thema wandelt sich und führt zu einer Arbeit über die *Anthropologie* von Immanuel Kant, die Michel Foucault als»thèse complémentaire« einreicht.[2] Dieser hier von ihm eingeschlagene philosophische Bogen von Descartes zu Kant wird sein populäres Werk *Die Ordnung der Dinge* (1966) prägen.

Diese beiden Themen markieren den Ausgangspunkt einer ersten und für alles Spätere entscheidenden Gabelung in Foucaults Schriftstellerleben zwischen den beiden Typen: Analyse des Wissens im Kontext institutioneller Macht und Analyse des Wissens im Kontext diskursiver Macht. Foucaults Denken bewegt sich also zwischen den Feldern von Wissenschaft und Kultur, Erkenntnis und Gesellschaft, Diskurs und Macht – verallgemeinert gesagt:»zwischen den Ereignissen des Wissens und den kulturellen Maschinen, die ihnen nachträglich Dauer und Einheit verleihen«[3]. Gleichzeitig gesteht der Denker ein:»Ich denke, um zu vergessen.«[4]

Das Problem der Humanwissenschaften sieht Michel Foucault folglich im Spannungsfeld der Wissensarten untereinander – verallgemeinert gesagt:»zwischen den Ereignissen des Wissens und den diskursiven Verkettungskräften, die diesen nachträglich Dauer und Einheit verleihen«[5]. Die Linerarität führt nach Jacques Lacan zwangsläufig zu einer»Kette des Diskurses«[6]. Damit führt das Problem zu den Analysen des Wissens im Rahmen der ihm eigenen Ordnungen. Entscheidend für Foucault ist jedoch, dass dieses Wissen nicht als autonom betrachtet werden kann, sondern stets in einem Spannungsfeld seiner Andersartigkeit analysiert werden muss. Folglich interessiert sich Foucault für den Zwang, wie er auf dem Bewusstsein lastet und wie er sich in den Körper einschreibt[7], und so für die Beziehung von Wissen und Macht.[8]

Das betrifft selbstredend die Philosophie als eine Humanwissenschaft, wie François Ewald festhält: »Die Philosophie als Akt steht der Philosophie als Diskurs über die Totalität gegenüber: sie wird in verschiedenen Bereichen, verschiedenen Disziplinen, verschiedenen Wissenschaften ausgeübt, wo sie mit der Produktion einer neuen Aussage übereinstimmt. Die Philosophie als Akt hat keinen eigenen Bereich. Sie bildet für sich keine eigene Disziplin. Sie ist etwas, das sich in unterschiedlichen Bereichen ereignet – etwas mit Ereigniswert.« Neben der Erkenntnis des Diskurses tritt der Wert der Diagnose, denn, so Ewald: »Der philosophische Akt hat außerdem den Wert und die Gestalt einer Diagnose.«[9]

Interessanterweise gehört die Philosophie niemandem außer den Denkern, und weil jeder Mensch denken kann, hat er auch das Potenzial zu philosophieren. Der Diskurs der Philosophie ist zudem nicht der eines Spezialisten, denn dieser Diskurs gehört keiner Disziplin an, außer der Philosophie selbst. Foucault sieht mit Kant das Problem, dass hier die Gefahr besteht, dass die Philosophie sich an dieser Stelle auslöschen könnte. Wie könnte eine Alternative aussehen? »Hat der Philosoph selbst die Möglichkeit, philosophische Akte zu vollziehen? Oder muss er dazu Spezialist einer Disziplin werden?«[10]

Michel Foucault erfindet einen neuen Stil in der Philosophie, eine Praktik des Philosophen, die sich in den Formen der akademischen Philosophie nicht wiedererkennt. »Foucault war nicht Philosoph in dem Sinne, dass er eine Doktrin ausgearbeitet hätte, die sein Engagement erklärte, er war es durch sein Leben.«[11] Er wählt den Weg der Transformation der Philosophie aus ihrer Geschichtlichkeit heraus in die Gegenwart. Indem er die Gegenwart differenziert, objektiviert er sie. Sein philosophischer Akt liegt sozusagen in der Differenzierungsbewegung, nämlich der Gegenwart Distanz zu sich selbst zu verschaffen, und der Praxis, Identitäten zu unterscheiden: »Foucault diagnostiziert für die Gegenwart den Augenblick, von dem ab Politik nicht mehr der Einsatz von Subjektivitäten ist.«[12]

Es gilt also jetzt, über das Modell einer Befreiung nachzudenken. Weil es aber nichts zu befreien gibt, so Foucault, außer den Produktionsmethoden in der Psychologie, Kriminologie, Sexualogie, kurz gesagt in den Humanwissenschaften, geht es folglich darum, neue Beziehungen insgesamt zu schaffen: also neue Macht-Beziehungen, neue Beziehungen zwischen den Individuen und neue Formen sozialer Zusammengehörigkeit. Nach Foucault muss das Modell von Freiheit neu gedacht und über das Modell der Befreiung hinausgedacht werden. Hierzu helfen ihm die Texte Kants. Er träumt von einer Menschheit aus Individuen, die einander in ihrer Fremdheit verbunden sind, den Menschen vor allem durch das verbunden, was sie von ihnen trennt. Letztlich werden nur einsame Menschen einander eines Tages begegnen können.[13]

Interessanterweise bewegt sich Foucault sozusagen mit zwei Flügeln, das heißt: er bearbeitet, beschreibt und veröffentlicht immer zwei Themen parallel und präsentiert auf diese Weise regelmäßig zwei Bezüge, zwei Themen oder zwei Bücher: 1954 ist es die Einführung zu Ludwig Binswanger *Introduction* und das Buch *Psychologie und Geisteskrankheit*, danach das bislang unveröffentlichte und erst kürzlich aufgefundene Manuskript zu *Problèmes de l'anthropologie* (1955) und fünf Jahre später das Manuskript zu *Anthropologie d'un point de vue pragmatique* (1960). Es sind die eingereichten akademischen Thesen *Wahnsinn und Gesellschaft* als Hauptthese und die Übersetzung der *Anthropologie* von Immanuel Kant als Ergänzungsthese zur Dissertation, und schließlich erscheinen (auf den Tag genau) 1963 die beiden schmalen Bücher *Die Geburt der Klinik* und *Raymond Roussel*.

Es scheint, als trete dieser Autor (bis in unsere Gegenwart hinein) als ein Denker mit zwei Gesichtern auf: Er zeigt uns das etablierte Gesicht mit der Maske der Wissenschaftsgeschichte und das subversive Gesicht mit der Maske der literarisch-künstlerischen Avantgarde – und zusätzlich ab den siebziger Jahren mit der Maske der direkten politischen Einmischung. Dieses Doppelgesicht zeigt bis heute ein aktives Denken, welches an der heterotypen Grenze zwischen Wissenschaft und Kunst, Wahrheit und Fiktion, Wissen und Macht sichtbar wird.[14]

Im Oktober 1960, nach seiner Rückkehr aus Deutschland, wird Michel Foucault – zunächst als Dozent und zwei Jahre später als Professor – an die Universität Clermont-Ferrand, eine kleine Provinz-Universität unweit von Paris, berufen und wohnt seitdem wieder in der französischen Hauptstadt (in der Rue Monge 59). Michel Foucault ist ein strenger, aber beliebter Lehrer. Er hält Vorlesungen über Allgemeine Psychologie und versucht seine Studenten in die Geheimnisse des Rorschachtests einzuführen, für die er sich selbst begeistert, weil sie ein Wissen darüber schaffen können, was der andere im Kopf habe. Diese Tests stehen quasi als Symbol für sein Interesse am Anderen oder, genauer, am anderen Wissen.

In Clermont-Ferrand schließt Michel Foucault Freundschaft mit Jules Vuillemin und Michel Serres. Er trifft sich häufig mit Gilles Deleuze; mit Michel Serres bespricht er die Ideen seines kommenden Buches *Die Ordnung der Dinge*.[15] Über einen Freund lernt er in dieser Zeit den Philosophiestudenten Daniel Defert kennen, der ihm von 1963 bis zu seinem Tod 1984 zwei Jahrzehnte als Liebes- und Lebensgefährte zur Seite stehen wird. Anlässlich eines privaten Essens soll Foucault die Ansicht geäußert haben, dass es keine Zivilisation gäbe, solange nicht die Ehe unter Männern zugelassen werde.[16] Diese für ihn glückliche Beziehung erlaubt Foucault zumindest seine Art von Doppelgesichtigkeit.

Es scheint beinahe so, als wolle Foucault seine These von der »Abwesenheit des Werkes« – die im Übrigen keine Zustimmung bei der Verteidigung seiner Dissertation am 20. Mai 1961 findet – spielerisch praktizieren. Schließlich steht für ihn an der Grenze dieser Doppelgesichtigkeit das Schweigen, denn an der Grenze zweier Diskurse (die in unserer Kultur nach wie vor als nicht vereinbar erscheinen, nämlich Wissenschaft und Kultur) gibt es nach Foucault nur noch dieses Potenzial: das Schweigen.

1960 IMMANUEL KANT

Im Dezember 1784 veröffentlicht Immanuel Kant seine Preisschrift *Beantwortung der Frage: Was ist Aufklärung?* in der *Berlinischen Monatsschrift*. Kant datiert den Text auf den 30. September 1784. Diese Arbeit ist die Antwort auf eine Frage Johann Friedrich Zöllners (1748-1805), der zu einer Gruppe von Denkern der Aufklärung gehört, die ihr Zentrum in Berlin hat. In der Beantwortung eines umstrittenen Artikels in dieser Monatsschrift, dessen Autor dafür eintritt, dass Priester und Geistliche bei der Eheschließung keine Rolle mehr spielen sollen, und der Ansicht ist, dass die religiöse Zeremonie bei der Hochzeit im Widerspruch zum Geist der Aufklärung steht, vertritt Zöllner die Auffassung, die Grundsätze der Sittlichkeit seien bereits wankend und die Geringschätzung der Religion könne diesen Prozess nur beschleunigen. Man soll es folglich unterlassen, »unter dem Namen der Aufklärung die Köpfe und Herzen der Menschen zu verwirren«[17].

In einer Anmerkung im Text stellt er die Frage »Was ist Aufklärung?« in den Zusammenhang mit der Frage nach der Wahrheit. Was ist Wahrheit, soll zuerst beantwortet werden, bevor man überhaupt aufzuklären beginne. Noch habe er diese Frage nirgends beantwortet gefunden.[18] Kant erklärt: »Die Wahrheit zu sagen ist also eine Pflicht, aber nur gegen denjenigen, welcher ein Recht auf die Wahrheit hat. Kein Mensch aber hat das Recht auf eine Wahrheit, die anderen schadet«, und dennoch: »Alle rechtlich-praktischen Grundsätze müssen strenge Wahrheit und keine Ausnahmen enthalten, weil diese die Allgemeinheit vernichten.«[19]

Und ebendiese Frage nimmt sich Kant zur Beantwortung vor. Allerdings ist er nicht der Einzige, der sich mit ihr befasst. Es kommt gar zu einem Streit, und die Antwort Kants ist wohl die philosophischere, besser gesagt die grundsätzlichere, aber sie ist keineswegs die einzige Reaktion auf diese Preisfrage. Kant behauptet allgemein philosophisch, die Aufklärung sei die Bestimmung der Menschen, während sich die meisten anderen Beiträge mit praktischeren Fragen beschäftigen. Kants Antwort auf die Frage lautet, und diese Sentenz ist der berühmte Anfangssatz jenes bekannten Textes: »Aufklärung ist der Ausgang des Menschen aus seiner selbst verschuldeten Unmündigkeit.«[20]

Gleich zu Beginn seiner Antwort konfrontiert Kant den Menschen mit seiner Verantwortung für sein je eigenes Leben, denn dessen Unmündigkeit sei schließlich selbst verschuldet. Zum Ende seines Textes verweist der Autor auf das Paradoxon, welches das Preußen von Friedrich II. darstellt. Dieser Staat erlaubt als Monarchie die Gedankenfreiheit in religiösen Dingen, die eine freistaatliche Republik in dieser Zeit nicht zuzugestehen wage. Preußen hat »ein wohldiszipliniertes zahlreiches Heer zum Bürgen der öffentlichen Ruhe«, und aufgrund einer Bedrohung der individuellen Freiheit des Bürgers – also der bürgerlichen Freiheit – ist eine größere Gedankenfreiheit möglich, zumindest nach der Ansicht von Kant: »Wenn denn die Natur den Keim, für den sie am zärtlichsten sorgt, nämlich den Hang und Beruf zum freien Denken, ausgewickelt hat: so wirkt dieser allmählich zurück auf die Sinnesart des Volkes (wodurch dieses der Freiheit zu handeln nach und nach

fähiger wird), und endlich auch sogar auf die Grundsätze der Regierung, die es ihr
selbst zuträglich findet, den Menschen, der nun mehr als eine Maschine ist, seiner
Würde gemäß zu behandeln.«[21]

Der Philosophie wird auf diese Weise die Rolle zugeschrieben, im Staat das
herbeizuführen, was der Plan der Natur schon gewesen sei. Die Freiheit des Denkens werde zu größerer bürgerlicher Freiheit führen, das scheint Kant jedenfalls
zu glauben, wenn er sagt:»Die Hindernisse der allgemeinen Aufklärung« werden
allmählich weniger. Was immer man sonst über das Preußen seiner Zeit und damit über Friedrich II. zu sagen vermag, dieser sei ein »glänzendes Beispiel« für
einen Monarchen, der zeige, dass es nötig sei, in den Künsten und in der Wissenschaft den Vormund der Menschen zu spielen, sodass »noch kein Monarch demjenigen vorging, welchen wir verehren«[22]. Die preußische Freiheit Friedrichs II. hat
auch ihre Gedankenfreiheit »vorzüglich in Religionssachen«. Diese erstreckt sich
beispielsweise nicht auf die politische Freiheit. Darum räumt Immanuel Kant ein,
dass er dennoch glaube, dass das »ein bedeutendes Vorzeichen künftiger Dinge
sei«[23] und skizziert damit, was praktische Freiheit sein kann.

Auf den Aspekt des freien Denkens verweist Kant bereits wenige Jahre vorher
in seiner Beantwortung der Frage *Was heißt: Sich im Denken orientieren?* (1786).
Seine Antwort lautet:»Sich im Denken überhaupt orientieren, heißt also: sich bei
der Unzulänglichkeit der objektiven Prinzipien der Vernunft im Fürwahrhalten
nach einem subjektiven Prinzip derselben bestimmen.«[24] Und dieses subjektive
Prinzip ist nicht zuletzt notwendig, um sich ein eigenes Urteil zu bilden – weniger
im Sinne einer Meinung denn im Sinne einer Position, etwa in einer Diskussion
oder in einem Streit.

Jede Form von Subjektivität gilt Foucault als Aktualisierung einer bestimmten
Möglichkeit und eines bestimmten Selbstverhältnisses des Menschen, darum sagt
Martin Heidegger:»Dasein ist je seine Möglichkeit«.[25] Das Individuum soll also
seine Form von Subjektivität – um seiner Freiheit willen – zu erreichen versuchen.[26] Subjektivität gleich Aktualisierung und Authentizität gleich Identität und
nicht zuletzt Denken gleich Freiheit. Freiheit verstanden als autonomer Selbst-
steuerungsprozess gibt Foucault die Möglichkeit, sich affirmativ auf Kants Begriff
der Aufklärung zu beziehen.

Aber was ist Aufklärung für Kant? Sie ist, so sagt er im ersten Satz seines Aufsatzes,»der Ausgang des Menschen aus seiner selbst verschuldeten Unmündigkeit«.
Positiv formuliert ist sie also das Reifestadium der Menschheit. Unmündigkeit ist
für Kant »das Unvermögen, sich seines Verstandes ohne Leitung eines anderen zu
bedienen. Selbstverschuldet ist diese Unmündigkeit, wenn die Ursache derselben
nicht am Mangel des Verstandes, sondern der Entschließung und des Mutes liegt,
sich seiner ohne Leitung eines anderen zu bedienen.«[27]

Die Frage nach dem, was wir heute sind, sieht ihre Antwort in der aktualitäts-
bezogenen Reflexion der Aufklärung sowie der künstlichen Existenz modernen
Selbstbezugs.[28] Liegt hier der Zusammenhalt des modernen Menschen? Wir sollten den Mut haben, selbst zu denken, sagt Kant. Das bringt besonders deutlich das

Horaz'sche Motto der Kant'schen Aufklärung zum Ausdruck: »Sapere aude!« oder »Habe Mut, dich deines eigenen Verstandes zu bedienen!«[29]

Es seien Faulheit und Feigheit, die der Aufklärung im Wege stehen, so Kant.[30] Zwar mag es für jedes einzelne Individuum schwierig sein, sich aus der Vormundschaft zu befreien, doch eine Öffentlichkeit hat größere Chancen, darum genießt der Mensch »im öffentlichen Gebrauch seiner Vernunft eine uneingeschränkte Freiheit«.[31] Anders gesagt: Die Öffentlichkeit schützt ihn.

Das Einzige, was man braucht, ist Freiheit, und zwar nur die »unschädlichste« Freiheit, die man sich denken kann, nämlich die, »von seiner Vernunft in allen Stücken öffentlichen Gebrauch zu machen«[32]. Mit öffentlichem Gebrauch der Vernunft meint Kant den Gebrauch der Vernunft durch einen Autor »vor dem ganzen Publikum der Leserwelt«[33].

Immanuel Kant ist also zum Zugeständnis bereit, dass der private Gebrauch der Vernunft, das heißt der Gebrauch der Vernunft in einer Staatsstellung oder einem Amt, möglicherweise nicht frei ist und sogar nicht frei sein sollte. Hier müsse man gehorchen. Wir müssen beispielsweise unsere Steuern zahlen. Die öffentliche Aufklärung einzuschränken wäre jedoch »ein Verbrechen wider die menschliche Natur«[34]. Kant will nicht sagen, dass er in einem aufgeklärten Zeitalter lebt, aber er ist bereit zu erklären, dass er in einem Zeitalter der Aufklärung lebt, das bedeutet, in einer Epoche, in der kleine Schritte in Richtung auf ein aufgeklärtes Zeitalter möglich sind.[35]

Michel Foucaults deutliche Nähe zur Philosophie Kants ist unübersehbar und die Artikulation deutlich. Der kantische Indikator drückt sich in Worten wie Kritik, Subjekt und Objekt[36], selbstredend in Denken aus. Nach Foucaults Bezeichnungen wie Archäologie, Genealogie[37] und anderen Begriffen mutet eine allgemeine Bezeichnung wie die »kritische Geschichte des Denkens«[38] nunmehr sparsam an – eben beeinflusst durch Kant. Was kann eine kritische Geschichte des Denkens anderes sein als ein Denken, das sich im Modus der Geschichte mit sich selbst befasst.[39]

Foucaults Gesamtprojekt lässt sich vielleicht auf die von ihm selbst in einem Lexikonbeitrag von 1984 gebrauchte Formel einer »Kritischen Geschichte des Denkens« bringen. Es geht ihm, so Foucault, »um die Regeln, nach denen mit Bezug auf bestimmte Dinge das, was ein Subjekt sagen kann, der Frage des Wahren und des Falschen untersteht«, oder »unter welchen Bedingungen eine Sache zum Objekt für eine mögliche Erkenntnis« werden kann.[40]

Foucault drückt es folgendermaßen aus: »Aber was ist die Philosophie heute – ich meine die philosophische Aktivität –, wenn nicht die kritische Arbeit des Denkens an sich selber? Und wenn sie nicht, statt zu rechtfertigen, was man schon weiß, in der Anstrengung liegt, zu wissen, wie und wie weit es möglich wäre, anders zu denken?«[41]

Es besteht die Gefahr, dass das Denken sich selbst nur als Denken sieht, welches in der Rekonstruktion geistiger Tätigkeit etwas Normatives mitschwingen lässt und uns vortäuscht, das Wissen von den Bedingungen seines Auftretens für trennbar zu halten: »Foucault ist dort am anregendsten, und bleibt es nach aller Wahrscheinlichkeit, wo er in der Anstrengung seiner großen Werke darauf hinarbeitet, ein Dilemma aufzuweisen: dass nämlich die Geschichte des Denkens nicht gedacht werden kann, ohne dass das Denken seine Grenzen und Klammern mitdenkt, und damit seine eigene Geschichte zum Motor der Reflexion werden lässt.«[42]

Bereits in der Ergänzungsthese zu seiner Dissertation schreibt Foucault, dass man der kantischen Frage »Was ist der Mensch?« eine Antwort entgegenhalten müsse, »die sie zurückweist und entwaffnet: Der Übermensch«[43]. Der Übermensch bedeutet ein Bündel aus Paradoxien, das heißt der Mensch der möglichen radikalen Veränderungen, der labyrinthische und nicht mögliche Mensch, der Mensch, der viele Menschen in sich trägt, der in der Lage ist, sich von sich selbst zu lösen und über sich selbst zu stehen, an sich zu arbeiten und sich selbst zu formen, sich zu erfinden und ein anderer zu werden.

Foucaults Perspektive des Übermenschen, die er in *Die Ordnung der Dinge* wenige Jahre später als eine Bewegung von Kant zu Nietzsche entwickelt, ermöglicht es, die vielen Anthropologien seit Kants Schrift *Anthropologie in pragmatischer Hinsicht* (1798) zu relativieren. Das kantische Denken unter der Prämisse einer »Analytik der Endlichkeit«, die sich mit dem Tod Gottes und in dem Verschwinden der Metaphysik zeigt, soll in Beziehung gesetzt werden mit den geschichtlichen, diskursiven Realitäten. Das versteht Foucault unter anderem unter einer Archäologie der Humanwissenschaften. Dieses Projekt ist nietzscheanisch und hat doch seine Wurzeln in der kantischen Anthropologie.[44]

Foucault orientiert sich in seinem Denken an Kant, insofern es ihm darum geht, die Begriffe Aufklärung und Kritik neu zu bestimmen. Er versucht die kritische Reflexion Kants unter veränderten historischen Bedingungen in ihrer Radikalität und Präzision fortzuführen. Dabei denkt er philosophisch mit Kant und betrachtet dessen Werk als symptomatisch für jenen epistemologischen Bruch, der nach Foucaults Auffassung um 1800 in der abendländischen Ordnung des Wissens eintritt. Er schärft seine philosophische Reflexion auf diesen Bruch, indem er fragt, welche Theoreme Kants geeignet sind, diesen Bruch zurückzunehmen.

Dabei bezieht er sich in folgenden Texten auf Kants Werk. Die ersten drei Texte stammen aus den sechziger Jahren: *Einführung in Kants Anthropologie* (1960)[45], *Was ist die Philosophie?* (1966)[46], *Was ist ein Autor?* (1969)[47] Weitere drei Texte stammen aus den siebziger und achtziger Jahren: *Was ist Kritik?* (1978)[48], *Der Mensch ist ein Erfahrungstier* (1980)[49], *Was ist Aufklärung?* (1984)[50] Zu berücksichtigen ist außerdem ein Auszug aus einer Vorlesung: *Was ist Aufklärung?* (1983)[51] und nicht zuletzt *Eine autobiographische Skizze* (1984)[52]

Foucault studiert Kants Schriften intensiv; eine Schrift, die ihn besonders interessiert, übersetzt er gar ins Französische. Er reicht diese Übersetzung 1960 als *Thèse complémentaire* zu seiner *Thèse d'Etat* an der Sorbonne im Fach Philosophie ein. Der Übersetzung stellt er eine Einleitung mit dem Titel *Einführung in die Anthropologie von Kant* voran.[53]

Die Kant-Übersetzung der *Anthropologie in pragmatischer Hinsicht* wird 1964 erstmals veröffentlicht und seitdem mehrfach aufgelegt. Von seiner Einleitung hingegen lässt Foucault in der Zeit seines Lebens nur die ersten Seiten publizieren. Auch in den Schriften *Dits et Ecrits* erscheint nur eine *Notice historique*, ein *Geschichtlicher Abriss*, denn er untersagt posthume Publikationen.[54] Erst in der gegenwärtig erscheinenden Edition der Anthropologie-Übersetzung ist seine siebzigseitige Einleitung nun vollständig und damit erstmalig auf Französisch veröffentlicht.

Michel Foucault zentriert seine Einleitung auf den Autor Immanuel Kant und dessen Anthropologie; er argumentiert insofern philosophisch und nicht archäologisch. Das könnte man ihm sozusagen als Defizit auslegen, wo er doch die archäologische Sichtweise auf die Dinge postuliert.[55] In der ausführlichen monografischen, ja biografischen Behandlung der Person Kant liegt somit die Bedeutung dieser Schrift. Nirgends sonst stellt er seine Einschätzung der philosophischen Positionen Kants so deutlich dar.

In der Einführung fragt Foucault nach der Anthropologie im Denken Kants und nach den (Um-)Brüchen im Wissen, die um 1800 durch dessen Anthropologie zum Ausdruck kommen. Für Kant ist Anthropologie nur ein Schritt auf dem Weg in eine Transzendentalphilosophie. In der Zeit nach ihm werde sich das anthropologische Denken verselbstständigen und damit totalisieren. Das anthropologische Denken werde nach 1800 die Kritik liquidieren, so Michel Foucault.[56]

Kant habe seine Anthropologie (1798) durchweg auf die *Kritik der reinen Vernunft* (1781) bezogen – so Foucault – und er habe diese siebzehn Jahre später wieder zurückgenommen. Foucault zufolge decken Anthropologie und Kritik bei Kant den gleichen Bereich ab: Der Mensch der Anthropologie ist ebenso endlich, wie es in der *Kritik der reinen Vernunft* das Erkenntnisvermögen ist. Indem die Anthropologie es allerdings mit der Endlichkeit als körperlicher Konstitution zu tun hat, wiederholt sie die *Kritik der reinen Vernunft* wie in einem Negativ.[57]

Foucault insistiert geradezu auf der Behauptung, Kant habe seine Anthropologie bereits seit 1772 grundiert und seine drei Kritiken *Kritik der reinen Vernunft* (1781), *Kritik der praktischen Vernunft* (1788) und *Kritik der Urteilskraft* (1790) bildeten die Grundlage für die Fragen seiner *Anthropologie in pragmatischer Hinsicht* (1798) mit den zentralen philosophischen Fragen. Während Kant in der *Kritik der reinen Vernunft* (Kanon der reinen Vernunft – Zweiter Abschnitt)[58] das Feld der Philosophie noch in drei Fragen vereint sieht, nämlich in: »Was kann ich wissen?«, »Was soll ich tun?« und »Was darf ich hoffen?«, kommt in der späteren »weltbürgerlichen Bedeutung«[59] und der posthum herausgegebenen *Logik* die vierte entscheidende philosophische Frage hinzu: »Was ist der Mensch?« Damit bilden Wissen, Handeln, Hoffen und Fragen als die vier philosophischen Eckpunkte das anthropologische Viereck.[60]

Zu ergänzen wären diese Fragen um: »Was kann ich?«, »Was weiß ich?« und »Was bin ich?«. Foucault historisiert die Apriori eines transzendental-empirischen Denkens zugunsten neuer Formen der Subjektivierung. Das Erkenntnismodell der *Kritik der reinen Vernunft* und der *Kritik der praktischen Vernunft* folgt dem Motiv, den legitimen und illegitimen Gebrauch von Erkenntnis, Begehren und Lust zu unterscheiden. Für Erkenntnis ist im juridischen Sinne der Verstand zuständig, für das Begehren die Vernunft und für das Gefühl die Urteilskraft.

Die Kant'sche Anthropologie erweist sich als Entsprechung zum Unternehmen seiner Kritik: »Der empirischen Beschreibung und Bestimmung des Menschen entspricht auf theoretischer Ebene die Kritik, die die Möglichkeit von Erfahrung limitiert. Anthropologische und transzendentale Problematik sind nicht von einander zu trennen.«[61]

Diese Erkenntnis nimmt Foucault in sein Werk *Die Ordnung der Dinge* auf. Hier nimmt er erneut und grundlegend Bezug auf die vierte Frage, die die Sorge um den Menschen zum Ausdruck bringt, die aber »nur für die schönen Seelen das schließlich wiedergekommene Jahr eines menschlichen Reiches« sein werden.[62] Dennoch, so Michel Foucault, hat »die anthropologische Frage keinen eigenständigen Inhalt«[63].

Diese Anthropologie legt, so Foucault, die Akzente auf Zeitlichkeit, Kunstfertigkeit und sprachliche Konstitution.[64] Der Mensch steht in der Philosophie Kants einem Denken des Absoluten eben nicht entgegen, denn Endlichkeit ist bei diesem Philosophen nicht absolut. Nicht zuletzt weist Foucault darauf hin, dass Kant den Zusammenhang zwischen Anthropologie und Kritik lediglich in einigen Fußnoten und Briefen reflektiert.

Für das akademische Jahr 1982/1983 kündigt Michel Foucault am Collège de France eine Vorlesungsreihe mit dem Titel *Die Regierung des Selbst und der anderen* an.[65] In der ersten Vorlesung vom 5. Januar 1983 kommt er auf Kant zurück. In diesem Vortrag macht Foucault eine für sein Werk entscheidende Aussage zur kantischen Anthropologie: »Die Philosophie als Problematisierung einer Aktualität und als Befragung dieser Aktualität durch den Philosophen, der an ihr teilhat und der sich durch sie situieren muss, dies alles dürfte die Philosophie als Diskurs der Moderne und über die Moderne charakterisieren.«[66] Aber: »Was ist unsere Aktualität? Welches ist das Feld möglicher Erfahrungen? Es geht dabei nicht um eine Analytik der Wahrheit, sondern es wird dabei um das gehen, was man eine Ontologie der Gegenwart, eine Ontologie unserer selbst nennen könnte.«[67]

Michel Foucault begreift die eigenen genealogischen und archäologischen Forschungen nicht nur als historische, sondern vor allem als kritische Arbeit, die er der Aufklärung verpflichtet sieht.[68] Sie haben Begriffe wie Leben, Freiheit und Autonomie zum Ziel.[69] Auch Kant hat immer wieder Texte über Begriffe geschrieben, so über Geschichte[70], Rasse[71], Teleologie[72] und zuletzt über die »Beantwortung der Frage: Was ist Aufklärung?«. Allerdings lässt sich bei Foucaults Arbeiten zur Kant'schen Aufklärung keine klare Trennung von Begriffsarbeit und Quellenkritik erkennen.[73] Erkennen bedeutet hier auch wiederzuerkennen und anzuerkennen. Wiedererkennbarkeit, Identität und Synthesis sind Prinzipien der Repräsentation.[74]

Zudem liest Foucault Kant von der dritten Kritik her. Im Ethos der Aufklärung vereint sich die Kritik mit einer Schöpfung unserer selbst in unserer Autonomie zu einer »Arbeit unserer selbst an uns selbst«[75]. Ein Vierteljahrhundert nach seiner ersten Beschäftigung mit Kant – Ende der fünfziger Jahre übersetzt Foucault während seines Aufenthaltes in Hamburg, wo er als Leiter des Institut français arbeitet, Kants Text *Anthropologie in pragmatischer Hinsicht* – und quasi zum 200. Geburtstag des Textes *Beantwortung der Frage: Was ist Aufklärung?* führt Foucault seine Gedanken zu Ende.

Mithilfe der genetischen Methode legt Foucault die Schichten der Anthropologie frei und zeigt, dass sie inhaltlich-thematisch an Kants vorkritische, kritische und nachkritische Periode sowie an zeitgenössische anthropologische Studien anknüpft.[76] Er macht deutlich, dass die Anthropologie mit dem gleichzeitig ist, was der Kritik vorausgeht, nämlich mit der Kritik selbst und mit dem, was die Kritik bald liquidieren wird.[77]

Der Gegenstand der *Anthropologie in pragmatischer Hinsicht* (1798) ist, so Michel Foucault, der Mensch als Weltbürger, der seine drei Gemütsvermögen Erkenntnis, Lust und Begehren erkennt. »Und ich habe also demnach keine Erkenntnis von mir, wie ich bin«, so Kant, »sondern bloß, wie ich mir selbst erscheine. Das Bewusstsein seiner selbst ist also noch lange nicht eine Erkenntnis seiner selbst.«[78] Nicht zuletzt belebt der Geist das Gemüt durch Ideen. Im kantischen Text *Der Streit der Fakultäten* (1798) sieht Foucault die kantische Frage, ob der Mensch im beständigen Fortschreiten zum Besseren möglich sei.[79]

Kant formuliert in diesem Text, dass das Bewusstsein der Kürze des Lebens nicht aus dem schwindenden Quantum der verbleibenden Lebensfrist erwächst, sondern aus dem Lastcharakter des Daseins, welches sich mit jedem Tag ein Pensum der Sorge auferlegt, deren Abarbeitung die Lebenskräfte dauerhaft bindet und die Geschlechter folgenreich vereint, bevor sie aneinandergeraten. Das moralische Postulat, dass der Mensch seine Anlagen nur langsam entwickelt, enthält für das geschärfte Bewusstsein um die Zeit des Subjekts die Zumutung des Opfers inmitten der permanenten Wendung zum Besseren, denn: »Alles wird besser, nichts wird gut.«[80]

Foucault resümiert Kants Text über die *Beantwortung der Frage: Was ist Aufklärung?* (1784) mit den Worten: »In diesem Text spielt Kant offensichtlich auf die traditionellen Überlegungen an, die die Beweise für den Fortschritt oder den Nichtfortschritt des menschlichen Geschlechts in dem Umsturz von Weltreichen und Katastrophen suchen, durch welche die am besten gefestigten Staaten untergingen, und in den schicksalhaften Wendungen, welche die bestehenden Mächte schwächen und neue zum Vorschein kommen lassen. Habt Acht, sagt Kant zu seinen Lesern, nicht in den großen Ereignissen müssen wir das rememorative, demonstrative und prognostische Zeichen für den Fortschritt suchen, sondern in den weit weniger sichtbaren Ereignissen.«[81]

Mit diesem Schluss kann Foucault das Werk von Kant für seine eigene philosophische Arbeit nutzbar machen, die sich hier in der Vorlesungsreihe über *Die*

Regierung des Selbst und der anderen darstellt. So sieht er beispielsweise auf der Folie der Gouvernementalität das im »homo oeconomicus« angelegte Denken mit dem Recht (und dem Rechtssubjekt) auf Dauer unvereinbar, denn die ökonomische Rationalität ist für Regierung und Wissenschaft nicht transparent.[82]

Konstatiert Foucault in seinem Vortrag *Was ist ein Autor?* (1969) eine ethische Unbekümmertheit des Schreibenden, eine Praxis des Öffnens des Raumes und stellt er ebendort das Fortleben des Autors in Aussicht, so betont er in seinem Vortrag *Was ist Kritik?* (1978), dass für ihn Kritik philosophisch an Kant anschließt und an dessen Verständnis von Aufklärung gebunden ist. In beiden Texten identifiziert er Selbsttechniken, die gebunden sind an Wissen, Macht und Politik. Er unterscheidet individual-ethisches Verhalten und gesellschaftlich-dominante Moral.[83]

Der 1978 gehaltene Vortrag *Was ist Kritik?* bereitet den Weg für den bekannteren Aufsatz *Was ist Aufklärung?* (1984). Foucault fragt nicht nur, was Kritik ist, sondern versucht die Fragen zu verstehen, die die Kritik einführt, und versuchsweise ihre Tätigkeit zu umreißen. Judith Butler stellt zwanzig Jahre später fest, dass »die Frageform, in der der Sachverhalt verhandelt wird, vielleicht das Wichtigste ist, was von diesem Vortrag und dem folgenden, weiter entwickelten Essay bleibt«[84]. Die Frage *Was ist Kritik?* ist ein Paradigma für das kritische Unternehmen ihres Autors und stellt die Frage, was diese Kritik, die wir durchführen und anstreben, eigentlich ist. Darüber hinaus inszeniert Michel Foucault »auch eine gewisse Art des Fragens, die sich als zentral für den Vollzug der Kritik selbst erweisen wird«[85]. Foucaults berühmter Text über Kant, in dem die zentralen Motive seines Spätwerks zusammenkommen, illustriert eindrucksvoll die Frage nach dem kritischen Verhältnis zu sich selbst.

Foucault fragt: »Wie können wir die Formierung unseres Selbst durch die Geschichte unseres Denkens analysieren? Was ist meine Gegenwart? Was tue ich, wenn ich von meiner Gegenwart spreche? Welche Gegenwart produziert Sinnhaftigkeit für meine philosophische Reflexion? Was soll man mit dem Willen zur Revolution tun? Wer sind wir zum jetzigen Zeitpunkt?«[86]

Insbesondere die Kontroversen zwischen französischer (im Zuge der Diskussion um den Strukturalismus) und deutscher (zentriert um die Frankfurter Schule[87]) Kritik veranlassen Foucault wiederholt dazu, auf Kant zurückzugehen. Er betont dabei, dass die Aufgabe der Kritik und der Aufklärung nicht rein erkenntnistheoretisch sei, sondern dass Aufklärung im Sinne Kants eine Haltung sei.[88] Er stellt dabei die Frage, ob der Begriff Aufklärung in historisch-philosophischer Forschung nicht übergreifender, etwa auch für die griechische Antike, verwendet werden könne.[89]

Seine Hauptthese ist, dass die Aufklärung die Frage der Vernunft nach ihrer eigenen Gewordenheit und nach ihrer Historizität ist. In diesem Punkt ist Foucault selbst ein Aufklärer; wenngleich sein Aufklärungsverständnis eher philosophisch denn historisch erscheint.[90] Im Vorlesungstext von *Was ist Aufklärung?* heißt es darum: »Wir sollten niemals vergessen, dass die Aufklärung ein Ereignis oder eine Gesamtheit von Ereignissen und komplexen historischen Prozessen ist, die an einem bestimmten Punkt der Entwicklung der europäischen Gesellschaften lokalisiert sind. Diese Gesamtheit schließt Elemente sozialer Transformation ein, Typen politischer Institutionen, Formen des Wissens, Projekte einer Rationalisierung von Wissen und Praktiken und technologischen Veränderungen, die schwierig in einem Wort zusammenzufassen sind, selbst wenn viele dieser Phänomene heute immer noch wichtig sind.«[91]

In seinen Vorlesungen am Collège de France von 1975/76, die posthum unter dem Titel *In Verteidigung der Gesellschaft* erscheinen, verweist Foucault auf Kants Schrift *Zum ewigen Frieden*. Die Titel seiner Schriften *Ideen zu einer allgemeinen Geschichte in weltbürgerlicher Hinsicht, Mutmaßlicher Anfang der Menschengeschichte, Das Ende aller Dinge* oder *Zum ewigen Frieden* belegen, wie sehr der Aufklärer Immanuel Kant von den nicht auflösbaren Fragen bewegt ist. Die aufklärerische Idee des Fortschritts, nämlich Perfektion durch Perfektibilität zu ersetzen, wird im geschichtsphilosophischen Verlauf auf ein Problem treffen, nämlich dass Wachsen des Weltalters durch die Idee des Jüngsten Tages oder des Jüngsten Gerichts sowohl ein Ende wie ein Garant der Erfüllung gesetzt ist. Die Bilanz, die Gott mit Blick auf sein Werk zieht, ist so desaströs, dass es zu einer Frage der Glaubwürdigkeit wird, die Geschichte der Welt ungeschehen zu machen. Kants Anspruch, die Geschichte als Entwicklung der Freiheit aus sich selbst heraus verständlich zu machen, führt zu der Weigerung, einen göttlichen Zweck in ihr zu suchen.

In den Vorlesungen von 1978/79 mit dem Titel *Die Geburt der Biopolitik (Die Geschichte der Gouvernementalität II)* verweist Michel Foucault wiederum auf Immanuel Kant: »Was ist es, das im Grunde diesen ewigen Friedens durch die Geschichte hindurch garantiert und uns verspricht, dass er tatsächlich eines Tages innerhalb der Geschichte Form und Gestalt annehmen kann? Der Wille der Menschen? Keineswegs.«[92] Seine Auseinandersetzung mit Kant könnte man darum als ein lebenslanges Gespräch mit dessen Werk verstehen, in dem er seine eigene Haltung gegenüber der Gegenwart wiederholt überprüft und verändert. Er bestimmt sein Projekt der Aufklärung und der Kritik, indem er es auf die eigene Gegenwart bezieht, denn Aufklärung ist bestimmend für das, was wir heute sind.[93]

Foucault nimmt Kants Begriff der Aufklärung als Mittel für seine Analyse der Ontologie der Gegenwart. Generell stellt er seine Geschichte der Denksysteme als Ausdruck eines philosophischen Projekts dar, welches er Ontologie der Gegenwart oder kritische Ontologie unserer selbst nennt. Es geht ihm darum, deutlich zu machen, »wie eng das Denken mit unserer Lebenspraxis verwoben ist«[94]. In dieser Geschichte der Denksysteme werden die beiden Begriffe Denken und Wissen zentral verbunden. Damit fällt die Geschichte des Denkens nicht zusammen mit den üblichen Formen von Philosophiehistorie, Ideen- oder Wissenschaftsgeschichte; sie befasst sich vielmehr mit dem Denken einer Kultur im Ganzen.[95]

Dafür analysiert er die bestimmenden Regeln der Vernunft zum Zwecke ihrer kritischen Infragestellung. Vernunft oder eben besser gesagt die Vernunftregeln werden von ihm als etwas historisch Entstandenes und damit auch als etwas historisch Veränderbares betrachtet. Vernunft wird bei ihm statt einer das Subjekt normierenden Universalregel zu einer sich verändernden, in die historische Bewegung sich einlassende Aktivität. Foucault will Kants Aufgabe aufnehmen und einen Versuch unternehmen, kritische Vernunft mit universalen, objektiven Begründungen und mit aktuellen, sozialen Bedingungen zu identifizieren.[96]

Diese Intention führt zu Foucaults Definition von Aufklärung. Die wesentlichen Aspekte dieses Begriffs von Aufklärung lassen sich in vier Punkten knapp charakterisieren: Erstens wird Vernunft von Foucault nicht als universale Regelgebung identifiziert. Das Projekt seiner aufklärenden Philosophie sieht Michel Foucault demnach nicht in der Erstellung, Verteidigung oder Begründung eines solchen universalen und für alle Menschen gültigen Kanons der Vernunft. Zweitens denkt er das Subjekt nicht in Begriffen einer ihm innewohnenden Natur eines Wesens des Menschen. Seine kritische Analyse bewegt sich nicht auf der Folie einer philosophischen Anthropologie. Vielmehr will er nicht hinterfragte Vorstellungen über die menschliche Natur erschüttern, um sowohl historische Kontingenzen als auch Machtbeziehungen aufzuzeigen. Drittens ersetzt Foucault mit seiner Ontologie der Gegenwart die philosophische Aufgabe der Etablierung universaler Vernunftgesetze durch eine gegenwartsbezogene Analyse konkreter Vernunftformen. Foucault geht es dabei um die Freilegung von konkret bestimmenden Denk-, Erfahrungs- und Handlungsmustern. Viertens ist das Ziel seiner Ontologie der Gegenwart, den Menschen in eine Distanz freier Selbstbestimmung zu setzen und damit in eine Distanz zu den gesellschaftlich herrschenden Rationalitätsformen zu positionieren. »Was dem Menschen wiedergegeben werden soll, ist nicht die Wahrheit seiner selbst, sondern vielmehr eine Freiheit zu sich selbst«[97], also die Fähigkeit, sich im Angesicht der ihm zu Bewusstsein gebrachten Strukturen und Voraussetzungen selbst zu bestimmen: »Weil gleichwohl die menschliche Vernunft immer noch nach Freiheit strebt, wenn sie einmal die Fesseln zerbricht.«[98]

Michel Foucault entfaltet mit diesen Überlegungen die These, dass die Aufklärung und der Humanismus keine notwendige Einheit bilden, sondern im Gegenteil, dass die Aufklärung über die Grenzen der vermeintlich allgemeingültigen Vernunfttheorien hinweg gewissermaßen das Projekt der Aufklärung vollendet, indem es das reale Subjekt noch von den philosophisch, wissenschaftlich und gesellschaftlich erzeugten Beschränkungen der Idee eines Subjekts freisetzt. Im Zentrum seiner auf die Gegenwart bezogenen Ontologie steht eine Radikalisierung der Aufklärung, die sich eine (neue) Theorie des Subjekts zum Ziel setzt und damit die allgemeine Erkenntnis- und Vernunfttheorie der Moderne begründet. Foucaults Projekt ist es, eine Geschichte der Subjektivitäten zu entwickeln, die die Analyse von Erfahrungsbereichen erweitern soll.

Auf die Frage nach dem Subjekt bleibt Foucault zeitlebens ambivalent. Einerseits fesselt ihn die von Kant im Anschluss an eine Selbstreflexion über seine kritische Grundlegung der Vernunft formulierte Frage: Was ist der Mensch? Zugleich aber lehnt er jede universale Beantwortung dieser Frage ab. Ihn interessieren umso stärker die Bedingungen der Konstitution der modernen Erfahrung des Subjekts. Weil diese moderne Erfahrung wesentlich an der Theorie des Subjekts orientiert ist, muss die kritische Befreiung des Subjekts von den Zwängen der Gegenwart hier ansetzen.

In der Thematisierung subjektphilosophischer Denkformen, sozialer Machtverhältnisse und möglicher Widerstandsformen im Sinne alternativer Lebensweisen findet Foucault eine Antwort auf die Frage nach der Wahrheit, der Machtverhältnisse und so weiter. Das Subjekt muss sich selbst als ein Moment von Wissen, Macht und Selbstpraxis begreifen. Foucault verknüpft seine Suche nach Formen der »Selbsttechnik« und der »Selbstpraktik« unmittelbar mit der Verpflichtung zur autobiografischen Tätigkeit und zur Form diskursiver Selbstdarstellung. Diese Verknüpfung – nämlich das Leitmotiv einer Verpflichtung sich selbst und der Gegenwart gegenüber – nennt Foucault das philosophische Ethos, und sie findet in der von ihm so genannten Ontologie der Gegenwart statt. Es ist jedoch keine Ontologie des Menschen, sondern eine Ontologie des Subjekts der Moderne. In der »Haltung der Moderne« äußert sich unsere Konzeption und Verwaltung von Erfahrung[99] Kant sagt in diesem Kontext: »Dass aber ein Publikum sich selbst aufkläre, ist eher möglich; ja es ist, wenn man ihm nur Freiheit lässt, beinahe unausbleiblich.«[100]

Foucault kombiniert Kants Kritiken und dessen Anthropologie mit Heideggers Ontologie. Er historisiert Kants Frage nach den Bedingungen der Möglichkeit und verpflichtet Heideggers Frage nach dem Sein auf eine Untersuchung der Seinsweisen von Ordnung. So kommt er zum Fundament seines Buches über die *Ordnung der Dinge*. Nicht zuletzt sieht sich der Mensch in der neuen Endlichkeit seiner Existenz.[101] Es geht nicht länger um Wahrheit, sondern um das Sein. Dieses Sein ist begrenzt durch den Tod (des Menschen).

Foucaults Diagnose, die in den Ausspruch vom Tod des Menschen mündet, vollzieht einen Bruch mit der Gegenwart, das heißt einen Bruch mit dem Humanismus, der aus dem mehr oder weniger befreiten Subjekt, das Herr seiner selbst sein soll, etwas Überholtes macht, etwas, das uns nicht mehr gehört, aus dem wir nicht mehr hervorgehen, das wir nicht mehr sind, so Foucault. Die Diagnose vom Tod des Menschen sagt uns nicht nur, was wir sind und wo wir uns befinden, sie weist zugleich auf eine Aufgabe hin, die uns gestellt wird. Darum ist die Foucault'sche Diagnose zugleich Prognose und Verordnung.

In seinem Buch *Ordnung der Dinge* stirbt der Mensch zweifach. Zunächst stirbt er als Feststellung, nämlich in der Konstatierung seines Todes, und in der Behauptung, die seinen Tod ankündigt. »Der Tod des Menschen, als das Verschwinden des Subjekts, weist darauf hin, dass eine andere Politik möglich ist, eine Politik, die nicht die Idee eines Zentrums, den Privilegien des Staates, der Politik, der Mächte untergeordnet ist.«[102] Der Mensch ist eine Erfindung; er wird schweigen, verschwinden und sterben – er verschwindet »wie am Meeresufer ein Gesicht im Sand«[103].

Nach Foucaults Tod wird es Versuche geben, »seine Spuren durch die Rückkehr zum Humanismus, zum Subjekt, zu Kant zu begraben.[104] Wahrscheinlich haben es sich die akademischen und die politischen Philosophien zur Aufgabe gemacht, sein Gedächtnis zu schmälern. Damit bezeugen sie aber zugleich, dass sie nur existieren können, indem sie sich reaktiv, auf negative Weise, gegen ein Werk richten, dessen Präsenz und Risiko sie weiterhin bedroht.«[105] Von der Frage Kants »Was ist Aufklärung?« ist es für Foucault nicht weit zu der eigenen Frage: »Was ist Revolution?«[106] Wenn Kant auf die Frage nach der Revolution unmissverständlich antwortet: »Durch eine Revolution wird niemals wahre Reform der Denkungsart zu Stande kommen«[107], denn die Freiheit und nicht die Revolution sei die Grundlage für Aufklärung, weil »zu dieser Aufklärung aber nichts erfordert wird als Freiheit«[108], dann soll der Mensch »von seiner Vernunft in allen Stücken öffentlichen Gebrauch machen«[109].

Die Bedeutung Kants für Foucault kommt nicht zuletzt in dem Lexikonartikel zum Ausdruck, den er unter dem Pseudonym Maurice Florence über sich selbst verfasst. Dieser beginnt mit den ironischen Worten: »Wenn Foucault wirklich in der philosophischen Tradition steht, so in der kritischen Tradition, welche die von Kant ist, und so könnte man sein Unternehmen ›Kritische Geschichte des Denkens‹ nennen.«[110]

Bei der Bestimmung dessen, was Denken besagt und was ein Philosoph tut, rückt Foucault ausdrücklich in Heideggers Nähe, indem er zwei Arten von Philosophen unterscheidet: »Die einen eröffnen neue Wege wie Heidegger, die anderen betätigen sich gewissermaßen als Archäologen; sie erforschen den Raum, in dem das Denken sich entfaltet, die Bedingungen dieses Denkens und seine Konstitutionsweise.«[111] Diese Form einer Archäologie des Denkens ist im labyrinthischen »Sein der Sprache« verwurzelt und bewegt sich in den Archiven, um dort nach dem »rohen Sein« zu fahnden.[112]

Allerdings bezeichnet das Subjekt sein Sein nur, »indem alles, was es bedeutet, schrägstreicht, wie daraus erhellt, dass es um seiner selbst willen geliebt werden möchte, ein Trugbild, das nicht darin aufgeht, als grammatikalisch benannt zu werden.[113]. Auf diese Weise schafft das Subjekt den Diskurs ab, so Jacques Lacan. Aber dadurch, »dass das, was von diesem Sein im Urverdrängten lebendig ist, sein Signifikantes darin findet, dass es das Kennzeichen der Verdrängung vom Phallus erhält«[114], wird das Unbewusste zur Sprache.

VIII. Wahnsinn und Gesellschaft

> »Wer sind wir? Wer sind wir als Aufklärer, als Zeugen
> dieses Jahrhunderts der Aufklärung? Vergleichen
> wir diese Frage mit der kartesischen Frage: Wer bin
> ich? Wer bin ich als dieses einzigartige, aber uni-
> verselle und nicht geschichtliche Subjekt. Wer bin
> ich? Denn dieses Ich des Descartes ist jedermann,
> ganz gleich wo und wann er lebt.«
> Michel Foucault[1]

Am 20. Mai 1960 verteidigt Michel Foucault seine beiden »thèses« an der Pariser
Sorbonne und beendet seinen Vortrag mit den Worten: »Um über den Wahnsinn
sprechen zu können, bedarf es des Talents eines Dichters.«[2] Einerseits reicht er
die französische Übersetzung von Immanuel Kants *Anthropologie in pragmatischer
Hinsicht* und eine von ihm verfasste Einleitung *Über Entstehung und Struktur der
Anthropologie Kants* ein, die von Jean Hyppolite betreut wird. Andererseits legt er
seine Schrift *Wahnsinn und Unvernunft (Folie et déraison)* über die Geschichte des
Wahnsinns im klassischen Zeitalter vor, betreut von Georges Canguilhem und Daniel Lagache.

Einer anfänglichen Skepsis folgt schon bald eine große Begeisterung, und
Georges Canguilhem legt bis ins hohe Alter Wert darauf, einem klugen Kopf wie
Foucault zum Durchbruch verholfen zu haben, denn »die Disputation der Arbeit
hat das Erscheinen einer Differenz und eines Bruchs im universitären Wissen an
den Tag gebracht«[3]. Das umfangreiche Manuskript von knapp tausend Seiten erhält die Bestnote der Kommission und wird als Habilitationsschrift an der Sorbonne zugelassen. Im Rückblick konstatiert Foucaults Gutachter immer noch begeistert: »Es ist unbestreitbar, dass Foucault von seiner ersten meisterlichen Arbeit
an, als er die Umhüllung zerreißt, unter der sich eine Normalisierungstechnik als
ein Wissen darstellte, Bewegungen kultureller und politischer Undiszipliniertheit
wenn schon nicht ausgelöst und angetrieben, so doch bestärkt hat.«[4]

So wie Michel Foucault 1960 für Verblüffung sorgt, macht es ihm schon 1938
Raymond Aron mit seiner Arbeit *Introduction à la philosophie de l'histoire* vor. Bei
beiden ist die Aufregung um den Aufweis der Grenzen der Wissenschaftlichkeit

ebenso groß, so wie es der Aufweis der Grenzen der Objektivität in der Geschichtswissenschaft zu tun vermag.[5]

Foucault bezeichnet später *Wahnsinn und Gesellschaft* als sein erstes Werk, was im bibliografischen Sinne sicher nicht zutrifft.[6] Nach der Einleitung in Ludwig Binswangers *Traum und Existenz* (1954) und der Untersuchung *Psychologie und Geisteskrankheit* (1954) ist *Wahnsinn und Gesellschaft* (1961) die erste seiner großen historischen Studien, die mit *Die Ordnung der Dinge* (1966) fortgesetzt wird, doch »mit Binswanger begreift Foucault den Traum als die Dimension einer eigenständigen Wirklichkeit, die von der Welt des Schlafes und des Bewusstseins abzugrenzen ist«[7]. Für Foucault ist der Traum eben nicht der Komplize des Schlafs, denn aus dem Schlaf, der den Traum möglich macht, wird der Traum, der den Schlag unmöglich macht. In Binswangers *Traum und Existenz* ist eine Konfrontation von Psychoanalyse und Phänomenologie angelegt, die der Fundierung einer dezentralen Hermeneutik den Weg bereitet und das Verhältnis von subjektiver Expression und einer Ordnung des Imaginären neu bestimmen soll.

Über den psychologischen Rahmen der frühen Arbeiten weist *Wahnsinn und Gesellschaft* weit hinaus, weil der Autor Einflüsse aus den Bereichen der Epistemologie, Psychoanalyse, Philosophie und Literatur zu einem heterogenen Ganzen zu verarbeiten versucht. Im ersten Teil von *Psychologie und Geisteskrankheit* jedoch will der Autor ein Apriori freilegen, um kulturelle Vorurteile zugunsten von strukturalen Beschreibungen auszugeben.[8] Ziel ist eine Phänomenologie zur Unterscheidung des »Normalen und des Pathologischen«[9] für eine Reflexion auf das Verhältnis des Kranken zur Umwelt. Der entmündigte oder zwangseingewiesene Kranke wird auf diese Weise zum »Knotenpunkt sämtlicher gesellschaftlicher Suggestionen«[10]. Foucault wählt für seine Beschreibung die »Subjektivität des Verrückten«[11] als den Ausgangspunkt seiner künftigen Untersuchung. Er erfindet einen »homo psychologicus«, der zur Wahrheit keine bestimmte Beziehung habe, denn die ihm »eigene Wahrheit« ist ihm gleichzeitig »eine dargebotene und verborgene Wahrheit«[12].

Foucaults Archäologie des Wahnsinns unterscheidet sich von der Dialektik, insofern sie keine Vermittlung der historisch getrennten Begriffe von Wahnsinn und Vernunft fordert, sondern eine Rückkehr zur ursprünglichen Einheit der Unvernunft. Die Möglichkeit einer Umkehr zum Ursprung der Unvernunft erkennt Foucault vor allem in der Literatur. Unvernunft sei »als streng poetische oder philosophische Erfahrung, die von Sade bis Hölderlin, bis Nerval und bis Nietzsche wiederholt wird, das reine Eintauchen in eine Sprache, die die Geschichte aufhebt«[13].

Foucaults Projekt der *Histoire de la folie*, einer Geschichte des Wahnsinns im Zeitalter der Vernunft, wie es in der deutschen Übersetzung heißt, wird später von den Historikern Robert Mandrou und Fernand Braudel als bedeutender Beitrag zur Geschichte der Mentalitäten gewürdigt. Der französische Begriff »folie« ist in seiner Bedeutung umfangreicher als das deutsche Äquivalent; so denkt Foucault immer auch die Bedeutungen »Narrheit«, »Torheit«, »Verrücktheit« und »Wahnsinn« mit. Nicht umsonst verweisen diese Begriffe auf die vom Autor für seine

Studie hinzugezogenen literarischen Bücher *Das Narrenschiff* (1508) von Sebastian Brant *und Lob der Torheit* (1511) von Erasmus von Rotterdam. Während der Wahnsinn sich an der zeitlichen Dimension der Geschichte orientiert, ist die Erinnerung an die Unvernunft (in der Literatur) einer nicht mehr erinnerbaren Wahrheit, die sich der Geschichte entzieht, gültig. Damit formuliert die Archäologie noch einmal ihren Anspruch, die »Abwesenheit des Werkes« zum Gegenstand der Untersuchung zu nehmen. Foucault ermittelt eine »Archäologie der Leere«, die er in einer Kette von paradoxen Bestimmungen als eine untergründige Sprache bestimmt, die sich wiederum von der Sprache der Vernunft als ein subjektloses Schweigen abhebt.[14]

Von der Abwesenheit über die Leere kommt Foucault schließlich zum Aspekt des Schweigens als einer wichtigen Voraussetzung für sein Denken und Schreiben über den Wahnsinn, denn »seit seiner ursprünglichen Formulierung legt die historische Zeit ein Schweigen auf etwas, das wir in der Folge nur in den Begriffen der Leere, der Nichtigkeit und des Nichts erfassen können. Die Geschichte ist nur auf dem Hintergrund einer geschichtlichen Abwesenheit inmitten des großen Raumes voller Gemurmel möglich, den das Schweigen beobachtet, als sei er seine Berufung und seine Wahrheit.«[15]

Eine praktische und bedeutungsvolle Voraussetzung für das Verfassen dieses monumentalen Buches ist Foucaults Aufenthalt in Schweden seit 1955. Hier spürt er das quellenreiche Archiv für seine Studie auf, nämlich die Bibliotheca Walleriana an der Universität Uppsala, die eine übergroße Sammlung medizinischer Texte des 15. bis 19. Jahrhunderts enthält.[16] Er schreibt den Text in Warschau fort und beendet ihn in Hamburg.

Foucaults Wunsch, das zur disziplinären Zergliederung des Denkens neigende Frankreich seiner Zeit zu verlassen, trifft bei seinem Freund und Förderer Georges Dumézil auf ein offenes Ohr. Er ist es, der diese medizin-historische Bibliothek rühmt und Foucault dazu bringt, nach Uppsala zu wechseln. Anfangs versucht er gar seine Studie als akademische Qualifikationsarbeit beim schwedischen Wissenschaftshistoriker Sten Lindroth einzureichen, doch der lehnt ab. Letzten Endes ist es eine glückliche Wendung, wenn Foucault schließlich an der Sorbonne habilitiert wird. *Folie et déraison* erscheint 1961 durch Vermittlung von Philippe Ariès im Verlag Plon als gekürzte Taschenbuchausgabe.[17]

Der Umfang der dreihundert Seiten zeigt schon äußerlich an, dass das Buch um mehr als die Hälfte reduziert ist. Erst nach dem Verkauf der Rechte an Gallimard 1972 erscheint es Buch unter dem Titel *Histoire de la folie à l'age classique* vollständig, allerdings ohne das alte Vorwort. Die deutsche Ausgabe, die erst 1969 bei Suhrkamp erscheint, ist um knapp achtzig Seiten gekürzt – wie alle fremdsprachigen Lizenzausgaben. Wenige Wochen nach der französischen Publikation beginnt mit dem 31. Mai 1961 eine Folge von Radiosendungen bei France-Culture über die *Geschichte des Wahnsinns* (und die Literatur), die sich zwei Jahre fortsetzen wird. Spätestens jetzt wird Michel Foucault, der erst fünfunddreißig Jahre alt ist, einer breiten Öffentlichkeit bekannt.

Seit der Veröffentlichung von *Wahnsinn und Gesellschaft* eröffnen seine Studien der Welt neue Vorgehensweisen und Gegenstandsbereiche. Sein Schreiben charakterisiert sich in den vier entscheidenden Momenten, die Reiner Keller[8] ermittelt: Erstens kultiviert der Autor einen eigenen, sich verändernden Schreibstil. Argumente und Daten (Protokolle und literarische Texte, Bilder und philosophische Abhandlungen) sprudeln. Er verzichtet auf eine strenge Argumentation und eine lückenlose Systematisierung. Nicht zuletzt entwickelt er eigene theoretische Konzepte. Zweitens liefert der Autor keine geschlossene Darstellung seiner empirischen Vorgehensweise, denn jedes Thema erhält eine eigene Herangehensweise. Er verzichtet auf eine Standardisierung, denn noch gibt es eine eigene, für Foucault typische Kunstlehre, die verwandt mit Ethnologie, Soziologie und Empirie ist. Drittens setzt sich der Autor in seinen Arbeiten mit eigenen Erfahrungen auseinander (so fällt die Arbeit an *Wahnsinn und Gesellschaft* in eine Zeit, in der er selbst psychisch leidet). Er sagt, dass seine Werke Teil seiner Biografie seien, und stellt die Normen von Denken und Handeln, die Kontrolle des Ichs und das Agieren der Vernunft infrage. Und viertens liebt der Autor Anspielungen. Im philosophischen wie literarischen Kontext seiner Zeit besticht er durch immense Kenntnisse. Anspielungen und nicht immer ausgewiesene Zitate aus Literatur, Poesie und Philosophie bestimmen seine Bücher. Allerdings wird sein späterer Stil straffer und schnörkelloser.

Seine empirischen Bekundungen der historischen Konstitution des Subjekts beginnt Foucault mit einer Analyse der »Geschichte des Wahns im Zeitalter der Vernunft«. Er untersucht hierin die institutionellen Praktiken und die Ebene des Wissens und der philosophischen Reflexion über den Wahnsinn. Drei historische Epochen stehen hierbei im Fokus: das Mittelalter und die Renaissance, das klassische Zeitalter (von der Mitte des 17. Jahrhunderts bis zum Ende des 18. Jahrhunderts; der Autor vermeidet bewusst die Bezeichnung Zeitalter der Aufklärung) und zuletzt die Neuzeit (von der Französischen Revolution bis zum Ende des 19. Jahrhunderts).

Diese letzte Epoche reicht selbstredend bis in unsere Gegenwart hinein. Sie sei, so Foucault, für unser modernes abendländisches Verständnis des Denkens, der Vernunft und des Handelns bestimmend. Noch in den Vorlesungen über *Die Anormalen* (1975) knüpft er an dieses Thema an, etwa wenn er von der psychiatrischen und medizinischen Behandlung von »Monstern, masturbierenden Kindern oder Homosexuellen« spricht.[19] Schon zehn Jahre zuvor weist er auf die sprachlichen, juristischen und medizinischen Äußerungsformen gegen »Inzest, Sodomie und Homosexualität« hin.[20] Der Bereich sprachlicher Verbote wird zum Gegenstand der Zensur – und das ist erst der Anfang.

Das Buch *Wahnsinn und Gesellschaft* (1961) entsteht zum großen Teil im Ausland – in Uppsala, Warschau und Hamburg – und stellt einerseits eine Synthese der früheren Arbeiten dar, andererseits ist es aber auch das Fundament künftiger Werke und »die erste Bestätigung eines neuen, noch immer suchenden, aber schon sehr eigenständigen Denkens«[21].

Begonnen in einer schwedischen Nacht und beendet im Sonnenlicht der polnischen Freiheit, wird das Buch *Wahnsinn und Gesellschaft* zu einem Manuskript von knapp tausend Seiten. Das Vorwort ist datiert mit »Hamburg, den 5. Februar 1960«[22]. Das Vorwort endet mit einem vieldeutigen Zitat René Chars, den Foucault sehr verehrt und hier programmatisch verwendet: »Ich nahm den Dingen die Illusion, die sie erzeugen, um sich vor uns zu bewahren, und ließ ihnen den Anteil, den sie uns zugestehen.«[23] Foucault liebt die Formulierung Chars: »Entwickelt eure rechtmäßige Andersheit.«[24]

Schon seiner Einführung zu *Traum und Existenz* stellt Foucault ein Zitat von René Char voran: »Im Zeitalter des Menschen sah ich, wie sich an der von Leben und Tod geteilten Wand eine immer schmuckloser werdende Leiter erhob und wuchs, mit einer einzigartigen herausreißenden Macht versehen: der Traum. Hier nun weicht die Dunkelheit und das Leben, in Gestalt einer strengen allegorischen Askese, wird Eroberung der außerordentlichen Mächte, von denen wir uns verschwenderisch durchzogen fühlen, die wir aber mangels Redlichkeit, Grausamkeit im Urteil und Beharrlichkeit nur unvollständig ausdrücken können.«[25] Denn wer die subjektorientierte Vernunft entlarven will, der »darf sich nicht den Träumen überlassen, die diese Vernunft in ihrem ›anthropologischen Schlummer‹ überfällt«[26].

Im Gesamtwerk Foucaults nimmt *Wahnsinn und Gesellschaft* als ein erster theoretischer Höhepunkt der Arbeiten, die von ihm unter dem Begriff Archäologie subsumiert werden, darum eine besondere Stellung ein; eine Stellung, die zugleich auf das kommende Werk verweist.

In seiner Vorlesung *Die Macht der Psychiatrie* (1974) betont der Autor beispielsweise, der hier behandelte neue Ansatz bei einer »Mikrophysik der Macht«[27] sei »ungefähr der Zielpunkt oder jedenfalls der Unterbrechungspunkt dieser Arbeit, die ich ehedem in der *Histoire de la folie* ausgebreitet habe«[28].

In seinen späteren Untersuchungen wird Michel Foucault den hier noch abstrakten Begriff der Macht genauer fassen. Er wird Macht als Interaktion kriegführender Parteien, als dezentriertes Netzwerk von leibhaftigen Konfrontationen von Angesicht zu Angesicht und schließlich als produktive Durchdringung und subjektivierende Unterwerfung des Anderen verstehen. Macht ist zunächst ein Synonym für eine »rein strukturalistische Tätigkeit«, und sie nimmt bald den Platz ein, den Jacques Derrida dem Begriff der Differenz zuweist.[29]

Foucault stellt bereits Jahre zuvor in *Psychologie und Geisteskrankheit* fest, dass, »wo das normale Individuum die Erfahrung des Widerspruchs macht, der Kranke eine widersprüchliche Erfahrung macht; die Erfahrung des Einen öffnet sich auf den Widerspruch, die des Anderen schließt sich über ihm«[30]. Während es in der ersten Fassung mit dem Titel *Maladie mentale et personnalité* (1954) um die reale Bedingung der Krankheit geht, werden in der zweiten Fassung mit dem veränderten Titel *Maladie mentale et psychologie* (1962) die historischen Konstitutionen der gesamten Strukturen der Geisteskrankheit bearbeitet. Das fünfte Kapitel »Der Wahnsinn, Gesamtstruktur« reflektiert die theoretischen Voraussetzungen dieses Unternehmens, wie Foucault es in *Wahnsinn und Gesellschaft* darstellt.

Jürgen Habermas fasst zusammen, dass dessen Buch über den Wahnsinn und die Gesellschaft eine »Studie zur Vor- und Urgeschichte der Psychiatrie«[31] ist. Dem ist entschieden zu widersprechen, denn der Autor unternimmt eben nicht den Versuch einer Geschichte der Psychiatrie, sondern die »Geschichte einer unvernünftigen Gesellschaft, die ihr Gegenteil, den Wahnsinn auszugrenzen sucht«[32]. Der Wahnsinn erhält durch den Vorgang der Ausschließung eine eigenständige Geschichte, die in ihren sozialen Praktiken und Begriffen vom Mittelalter bis in die Gegenwart reicht. Der Autor sagt es selbst: »Ich betreibe keine Psychiatrie. Für mich geht es allein um die Frage nach den wirklichen Ursprüngen des Wahnsinns.«[33] Und: »Der Wahnsinn existiert nur in einer Gesellschaft.«[34]

Das zentrale Thema von *Wahnsinn und Gesellschaft* ist die Trennung. Im Vorwort betont der Autor: »Konstitutiv ist lediglich die Geste, die den Wahnsinn abtrennt, und nicht die Wissenschaft, die in der nach der einmal vollzogenen Trennung wiedereingetretenen Ruhe entsteht.«[35] Diese Geste, die den Wahnsinn und die Vernunft hervorbringt, etabliert zwischen sich das Schweigen, darum bezeichnet Foucault seine Studie als eine »Archäologie des Schweigens«, denn »ich habe nicht versucht, die Geschichte dieser Sprache zu schreiben, vielmehr die Archäologie dieses Schweigens«[36].

Es gibt einen Nullpunkt in der Geschichte des Wahnsinns, den man wiederzufinden suchen muss, so Foucault. Es gibt einen sogenannten »dégro zéro« der abendländischen Geschichte, der »die toten Dinge herunterfallen lässt«[37]. Die Referenz auf das Erstlingswerk *Le degré de zéro de la littérature* (1953) von Roland Barthes ist unübersehbar.[38] Dessen Unterscheidung der formalen »écriture« eines Textes von seinem Stil und seiner Sprache ist auch für *Wahnsinn und Gesellschaft* von großer Bedeutung.

Im Zentrum seines (gesamten) Werks steht für Foucault der Begriff der Erfahrung, denn ihn interessieren die Bedingungen, unter denen Erfahrungen möglich sind. Besonders in *Wahnsinn und Gesellschaft*, dem eigentlichen Beginn seines theoretischen Werks erkundet er die Achse: Trennung – Geste – Erfahrung –: Schweigen.

Der Schüler Jacques Derrida wird zwei Jahre später gegen seinen Lehrer Michel Foucault einwenden, dass die nicht-wahnsinnige Sprache immer eine Sprache der Vernunft sei, und darum gegen Foucaults Idee des Schweigens argumentieren: »Derjenige, der die Geschichte der Entscheidung, der Trennung, des Unterschieds schreiben will«, riskiere, »die Teilung als Ereignis oder als Struktur, die der Einheit einer ursprünglichen Präsenz begegnet, zu konstituieren und so die Metaphysik in ihrem fundamentalem Tun zu bekräftigen.«[39] Die Trennung jener ungeteilten Erfahrung (des Wahnsinns) behauptet demnach eine verlorene Präsenz der Realität.

Bei Foucault werde, so Derrida, »das Schweigen des Wahnsinns im Logos dieses Buches nicht ausgesprochen und kann nicht ausgesprochen werden, sondern wird indirekt, metaphorisch im Pathos dieses Buches gegenwärtig gemacht«[40]. Die Vernunft kann als Produkt einer Struktur der Ablehnung verstanden werden, so Philipp Sarasin, und »darin liegen das aufklärungs-kritische Pathos und zugleich die Bedeutung von *Wahnsinn und Gesellschaft*«[41]. Foucault entwirft hier nicht nur ein düsteres Bild der Vernunft; er stellt die Psychoanalyse »in die Ahnenreihe der einsperrenden und Geständnisse erzwingenden Vernunft«, die »der souveränen Arbeit der Unvernunft fremd«[42] bleibt und »weder befreien noch transkribieren, geschweige denn erklären«[43] kann.

Die Praxis der Internierung beruft sich auf den Gegensatz von Vernunft und Unvernunft. Die Internierung hat weniger die Absicht, den Wahnsinn auszulöschen oder zu verjagen, die Internierung »ist nicht die Beschwörung einer Gefahr«, sondern die Internierung manifestiert das, was der Wahnsinn ist, das »An-den-Tag-bringen des Nicht-Seins«.[44] Die Ausschließung als soziale Praxis bewirkt eine Unterdrückung des Nichts, eine Unterdrückung der »leeren Negativität der Vernunft«, so der Autor. Auf diese Weise wird erkannt, dass »der Wahnsinn nichts ist; das heißt, dass er einerseits als Unterschied perzipiert wird, andererseits die Internierung keinen anderen Zweck als die Korrektur haben kann«[45].

Foucaults Weigerung, »Kausalität zwischen den Bereichen der Praxis und den Bereichen der Theorie anzunehmen, ist für jeden Versuch, seine Ausführungen zusammenzufassen, gefährlich, denn man führt unvermeidlich Gegenständlichkeiten dort wieder ein, wo Foucaults Sprache daran arbeitet, sie zum Verschwinden zu bringen«[46]. Die Methoden haben sich eben verändert, und die moderne Bestimmung des Wahnsinns »gehorcht sozialen, moralischen und medizinischen Indikationen«[47].

Es geht ihm um den konstitutiven Zusammenhang der Humanwissenschaften mit den Praktiken einer überwachenden Isolierung. »Die Geburt des Psychiatrischen Anstalt, der Klinik überhaupt, ist beispielhaft für eine Form der Disziplinierung, die Foucault später als die moderne Herrschaftstechnologie schlechthin beschreiben wird.«[48]

Einerseits erweist sich Foucaults Wissenschaftsgeschichte als eine Rationalitätsgeschichte, weil sie »die Konstituierung des Wahnsinns spiegelbildlich zur Konstituierung der Vernunft«[49] verfolgt. Andererseits kristallisiert Foucault zwei Gestalten heraus, die interniert werden und diese Internierung nicht verlassen können – den Wahnsinnigen und den Kriminellen. Beide sind die letzten Objekte eines gesellschaftliches Ausschlusses, der bis heute anhält. Darum hat der moderne Begriff des Wahnsinns keine Begründung im wissenschaftlichen Interesse, sondern reklamiert einen öffentlichen Bereich für sich, »dessen Form noch völlig offen ist und zwischen Bestrafung und Betreuung schwanken kann«[50].

Im Rahmen der immer wieder kontrovers diskutierten Frage nach Kontinuität und Diskontinuität im Werk Michel Foucaults zeigt sich, dass die frühe Geschichte des Wahnsinns ein entscheidendes Fundament legt. Dessen Ideen nimmt der Autor darum in *Überwachen und Strafen* (1975) als auch in seiner Geschichte der Sexualität wieder auf. Der Wahnsinnige und der Kriminelle treten erstmals als Menschen (Subjekte) auf, deren Internierung die Rolle einer ständigen Beobachtung übernimmt. Das Ziel dieser Beobachtung liegt darin, eine zu gewährende Freiheit außerhalb des Ausschlusses zu bemessen. Dieses Ziel benötigt eine ständige Kontrolle, für diese sind die entscheidenden Kriterien: die Repression (Strafe und Therapie), die Beobachtung (Internierung und eine Art Asyl-Tagebuch) und die Dokumentation (Verwaltung von Krankengeschichten).

Interessanterweise beginnt von nun an der bislang sprachlose Wahnsinn als eine Geschichte der Krankheit zu sprechen, und das Subjekt, also der Wahnsinnige, erfährt die Geschichte seines Wahnsinns, seines Selbst, die nicht die letzte sein wird. In der Vorlesung *Die Anormalen* (1975) stellt Foucault fest, dass »die Strafe dem Gesetz des Alles oder Nichts gehorchen« muss.[51] Es gilt darum folgende verhängnisvolle Achse: Schuld – Urteil – Strafe.

Allerdings ist die Fähigkeit des Psychoanalytikers, die Geisteskrankheit des Patienten zu verstehen, getrübt: »Die Psychoanalyse kann einige der Wahnsinnsformen auflösen; sie bleibt der souveränen Arbeit der Unvernunft fremd. Sie kann weder befreien noch transkribieren, geschweige denn erklären, was es in dieser Mühe an Essentiellem gibt.«[52]

Wahnsinn und Gesellschaft (1961) ist einerseits eine historische Analyse, die den unterschiedlichen Definitionen des Wahnsinns in den Zeitaltern der Renaissance, der Klassik und der Moderne nachgeht. In Erweiterung und Überschreitung der epistemologischen Ansätze von Bachelard und Canguilhem bietet Foucaults Studie eine Geschichte der sozialen und institutionellen Praktiken des Umgangs mit dem Wahnsinn, die in einer radikalen Kritik an der modernen Psychiatrie mündet. Ihr wirft Foucault vor, den Wahnsinn nicht aus den Zwängen der Vernunft befreit zu haben, was ihr eigener Ansatz wäre, sondern einer neuen, subtileren Form der Herrschaft unterworfen zu haben.

Foucault geht es »um nichts Geringeres als um das Schicksal der abendländischen Vernunft, so wie sie sich im 17. Jahrhundert, im klassischen Zeitalter herauszubilden beginnt«[53]. Das ausdrücklich genannte Thema des Buches ist das Phänomen des Wahnsinns. Gleichzeitig richtet sich Foucaults Analyse auf dessen Gegenbegriff: die Vernunft. Seine *Geschichte des Wahnsinns* ist »eine Geschichte des Anderen, dessen, was für eine Zivilisation gleichzeitig innerhalb und außerhalb steht, also auszuschließen ist, aber indem man es einschließt«[54]. Die *Geschichte des Wahnsinns* ist eine Geschichte der Vernunft, die ihren Gegenstand über dessen Anderes zu fassen sucht.

Foucaults Hinweis auf das Andere und die Andersheit, die der Geschichte des Wahnsinns zugrunde liegen und dieser zugleich entfliehen, wirkt wenig klar, wenn man Foucaults spätere Aussage über das, was er »das Zurückweichen und die Wiederkehr des Ursprungs«[55] nennt. Er weist darauf hin, dass sich dem Denken eine Aufgabe stellt, »den Ursprung der Dinge in Frage zu stellen, aber ihn in Frage zu stellen, um ihn zu begründen, indem die Weise wiedergefunden wird, auf die sich die Möglichkeit von Zeit gründet, jener Ursprung ohne Ursprung oder Anfang, von wo aus alles seine Entstehung haben kann«[56].

Seine Darstellung des Wahnsinns als tiefer Andersheit kommt der »Exegese, die durch Verbote, Symbole und Bilder, durch den ganzen Apparat der Offenbarung hindurch nach dem Wahnsinn horcht, der immer geheim bleibt, immer jenseits seiner selber«[57], gefährlich nahe. Interessanterweise richtet sich die Analyse in *Wahnsinn und Gesellschaft* auf öffentlich zugängliche Praktiken und deren Effekte, sie richtet sich nicht auf geheime ontologische Quellen.

1961 RAYMOND ROUSSEL

Das Buch über Raymond Roussel, das am gleichen Tag wie *Die Geburt der Klinik* erscheint[58], zeigt nicht, wie sonst üblich bei Michel Foucault, das eigentliche Thema sofort an. Dass Foucault das Nebeneinander von Fiktion und Philosophie ernst nimmt, belegt insbesondere diese Publikationspraxis. Diese beiden, auf den ersten Blick so unterschiedlichen Werke, eines historisch und eines literaturkritisch, eines imperativ und eines imaginativ, handeln beide eben doch »vom Raum, von der Sprache und vom Tod«[59].

Mit seiner Studie über Roussel beginnt Foucault bereits im Dezember 1961. Sie nimmt in seinem Werk eine besondere Stellung ein, denn sie markiert die Abwendung von einer »Anthropologie der Imagination« hin zu einer »Anthropologie des Ausdrucks«[60] und damit zu einer Ontologie der Literatur, in der das Sein der Sprache durch sprachliche Unterschiede indiziert wird.[61]

Seine Beschäftigung mit moderner französischer Literatur fällt in die Jahre 1962 bis 1966, denn hier publiziert er eine Vielzahl an Artikeln, Vorworten, Aufsätzen und Interviews zu Schriftstellern. In dieser Zeit entwickelt Foucault eine »Ontologie der Sprache«, deren Auflistungen und Klassifizierungen in eine formale »Ontologie der Literatur« münden.[62] Das Buch über Roussel fällt darum aus dem Rahmen, weil jener der einzige Autor ist, dem Foucault ein separates Buch widmet. Roussel hat also eine besondere Bedeutung für ihn.

Neben diesem Buch veröffentlicht Foucault eine Variante des ersten Kapitels dieses Buches mit dem Titel *Dire et voir chez Raymond Roussel*[63] 1962 und einen kleinen Aufsatz mit dem Titel *Pourquoi réédite-t-on l'œuvre de Raymond Roussel? Un précurseur de notre littérature moderne*[64] 1964, in dem er die besondere »Inständigkeit dieser Stimme« proklamiert.[65]

Foucault entdeckt Roussels Werk in seiner Zeit in Schweden. Beim Besuch einer Buchhandlung entdeckt er dessen Buch *La Vue*, dessen erste Zeilen ihm gleich klarmachen, dass es sich um eine außergewöhnlich schöne Prosa handelt. Als er den Buchhändler nach dem Autor fragt, empfiehlt ihm dieser die Lektüre von *Comment j'ai écrit certains de mes livres*.[66] Später liest er dann systematisch dessen Bücher: »Als ich die Verfahrensweisen und Schreibtechniken von Raymond Roussel für mich entdeckte, ist eine bestimmte zwanghafte Seite von mir verführt worden.«[67]

Dessen literarische Techniken fesseln Foucault, die von ihm entwickelten Sprachspiele und speziellen Verfahrensweisen. Es gibt in *Comment j'ai écrit certains de mes livres* eine beschriebene Maschinerie, die die Sprache ins Unendliche wuchern lässt: »Roussel hat Sprachmaschinen erfunden, die wohl außerhalb des

Verfahrens kein anderes Geheimnis besitzen als den sichtbaren und tiefen Bezug, den jede aufgelöste Sprache mit dem Tod unterhält, aufnimmt und unendlich verdoppelt.«[68]

Die Analyse verschiedener Spiele, durch die Dinge und Wörter benannt und entzogen, verraten und maskiert werden, beleuchtet den unermüdlichen Lauf durch den der Sprache und dem Sein gemeinsamen Bereich. Roussels Sprachspiele artikulieren eine Sprache, in der der Tod zu einem wichtigen Phänomen wird, wobei er »im vollen Sinn des Wortes« positiv verstanden wird.[69] Die Krankheit löst sich von der Metaphysik des Übels und findet in der Sichtbarkeit des Todes die adäquate Form, in der ihr Gehalt positiv erscheint. Roussel, so Leiris »bestätigt im Leben den Tod«[70].

Roussels Manie ist die Erfindung immer neuer Sprachspiele, indem er seine außerordentlichen und oft finsteren Fantasiegebilde mit trockenem Humor und (pseudo)wissenschaftlicher Detailbesessenheit ausarbeitet. Dieser exzentrische Dramatiker und Dichter unterwirft sich bei der Komposition seiner Texte einer Reihe willkürlicher, unumstößlicher Regeln. Seine Begeisterung für Wortspiele ist ungebrochen, und er baute seine Texte um homophone Strukturen, etwa wenn Wörter und Sätze gleich klingen und doch völlig verschiedene Bedeutungen haben: »Stellen Sie sich nur einmal vor, wir hätten *Comment j'ai écrit certains de mes livres* nicht: Ich glaube, es wäre streng genommen unmöglich, die Verfahrensweisen zu rekonstruieren.«[71]

Raymond Roussel (1877-1933) ist Schriftsteller und Erbe eines riesigen Vermögens. Er scheidet 1933 im Alter von 56 Jahren aus dem Leben. (Foucault stirbt mit 57 Jahren). Roussels Todesumstände sind bis heute nicht ganz geklärt; Spekulationen sagen Freitod, den Roussel »nach wochenlangem Drogenrausch im Zustand intensiver Euphorie begangen hatte«.[72] Foucault stellt klar: »Dieser Mensch hatte Drogen genommen, um etwas zu finden, was er verloren hatte, und versucht, durch Zustände intensiver Euphorie seine Wahrheit und sein Geheimnis zu entdecken, allerdings stets vergebens, vielleicht mit Ausnahme dieser Nacht.«[73]

Das Geheimnis seiner einzigartigen Bestimmung chiffriert Roussel in seinen Büchern, wodurch seine Texte zu einem privaten Irrgarten werden, welcher verbirgt und zugleich enthüllt. Er will seine Leser dazu anhalten, »anders zu denken«, und ihnen in seinen Texten »eine Selbsttilgung und Selbstverwirklichung ermöglichen«[74]. Foucault denkt, dass der dunkle Wunsch, den jeder Schriftsteller hat, darin mündet, die eigene Seinsweise zu modifizieren: »Man schreibt, um anders zu sein, als man ist.«[75]

Dieser Autor gilt bis heute als eine Randerscheinung des französischen literarischen Surrealismus, wenngleich »die Bezüge zwischen Roussel und den Surrealisten von episodischer Natur sind«[76]. Während Breton vom »größten Magnetiseur der Moderne« spricht[77], entdeckt Foucault in dessen Werk eine »Furcht vor dem Signifikanten«[78].

James Miller unterstellt Foucault ein biografisches Interesse an Raymond Roussel, um »seine eigenen evidenten Qualen und vielleicht auch die hermetischen Impulse hinter seinem lebenslangen Interesse an den Formen der Erfahrung zu erhellen, die wir oft als verrückt, krank oder kriminell bezeichnen«[79]. So wie Roussel schreibt Foucault seine Bücher, »um ein anderer zu werden, als der, welcher man ist«[80].

Der Stil des letzten Buches von Roussel und der Stil der letzten Werke von Foucault ähneln einander in der Hinsicht, dass sie »durchsichtig, nüchtern, klar sind, so als ob Foucault im Akt des Schreibens auf der Suche gewesen sei nach einer neuen Genügsamkeit«. Foucaults Arbeit nähert sich am Ende wie Roussels Leben »mit einer zweideutigen Geste, so als ob ihm schließlich die volle Bedeutung der fatalen Versuchung klar wird«[81], so James Miller.

Vermutlich aber versucht Foucault bei Roussel viel grundsätzlichere Einsichten nachzuweisen: »Es erscheint Roussel so, wie er sich selbst definiert hat, als Erfinder einer Sprache, die nur sich selbst sagt, einer in ihrem verdoppelten Sein absolut einfache Sprache, einer Sprache der Sprache. Die Furcht vor dem Signifikanten macht aus dem Leiden Roussels gerade die einsame Zurschaustellung dessen, was unserer eigenen Sprache am nächsten ist.«[82] Dabei geht Foucault von Roussels letzter Schrift *Comment j'ai écrit certains de mes livres* aus, die zuerst zwei Jahre nach dessen Tod 1935 veröffentlicht wird: »Roussel hatte 1932 dem Drucker einen Teil des Textes zugesandt, der nach seinem Tode als *Wie ich einige meiner Bücher geschrieben habe* erschien. Es war abgemacht, dass diese Seiten nicht zu seinen Lebzeiten erscheinen sollen.«[83]

Was auf den ersten Blick reine Fantasie zu sein scheint, ist das Ergebnis einer literarischen Technik, die die Rede in Sinnesleere stürzt. Roussels Verfahren zielt darauf ab, Benennungen zu schaffen, die nicht erwartete Bedeutungen hervorbringen und einen nicht geahnten Spalt in der Sprache offenlegen. »Roussels Texte inszenieren eine phonetisch minimale, semantisch aber immense Differenz eines Wortes, genaugenommen die Abweichung einer winzigen graphischen Markierung in Gestalt eines Buchstabens.«[84]

»Roussels Art und Weise des Erfindens ist ihrer Natur nach durchaus dichterisch, so sagt er, und es handelt sich tatsächlich um das Verfahren des Reimes in einer außerordentlich weit entwickelten und wie zum Zerspringen gebrachten Form«, erklärt Michel Butor schon 1950.[85] Die Fülle der Wiederholungen und Reproduktionssysteme, die wir in Roussels Texten erkennen, wirken keinesfalls durch das Zusammentreffen von Wörtern, so Butor, sondern »diese Besessenheit von Wörtern und ihrem Zusammentreffen kann uns nur begreiflich machen, welche unwiderstehliche Kraft, welcher tiefe und genaue Instinkt Roussel geleitet haben, gerade diese einzigartige Verfahrensweisen für das Schreiben seiner Werke zu wählen«[86].

Eine kleine morphologische Abweichung ist für den Autor wesentlich; er nennt das Beispiel des phonetischen Unterschieds von »billard« (Billard) und »pillard« (Räuber). Wenn sich »billard« unmerklich in »pillard« verwandelt, dann kehrt sich der erste Buchstabe schriftlich um (aus b wird p), und zugleich verändert sich der Sinn des kompletten Satzes in jedem seiner Wörter radikal: »Im eponymen Satz, der also am Ende des Textes wiederkehrt, fungiert die kaum wahrnehmbare Klangmodulation (b/pillard) gleichsam als Ursprung und Schwelle.«[87] Aus »les lettres du blanc sur les bandes du vieux pillard« (die Briefe des Weißen über die Banden des alten Räubers) wird »les lettres du blanc sur les bandes du vieux billard« (die Buchstaben aus Weiß auf den Banden des alten Billardtischs). Michel Foucault stellt fest, dass der Sinn über diese Schwelle zu einem doppelbödigen weißen Raum der Sprache gleitet, der in einer winzigen Differenz als eine arglistige und fallenreiche Leere sichtbar wird.[88] Die Roussel'schen Verfahrensweisen sind eng mit des Autors Lebensthemen verbunden, sie stellen ihre Lebenselemente dar.[89]

Bei Roussel handelt es sich um einen literarischen Text, der sich in Selbstbezügen erschöpft. Es geht um das Geringste, das Äußerste, das, was der Sprache eigen ist, wo sie sich in Literatur verwandelt. Es sind Druckbuchstaben in typografischer Materialität, die in ihrer Verdoppelung weiße Kreidebuchstaben auf den Banden des Billardtisches evozieren.

Nach Foucault erfindet Roussel damit einen gegenteiligen Stil: »Der Stil ist die Möglichkeit, dasselbe, jedoch auf andere Weise zu sagen. Die gesamte Sprache Roussels sucht – als umgedrehter Stil, unterschwellig zwei Sachen mit denselben Worten zu sagen.«[90] Roussels Sprache bewirke, dass »die Dinge nur durch sie selbst möglich sind«, und er ereiche damit »die Nähe zum Tod, zum Tod, der die Wahrheit verdoppelt«[91].

Das Schöpferische der Sprache entspringt bei Raymond Roussel der Tatsache, dass sich diese auf sich selbst bezieht. Eine Alternative, die Sprache in ihren despotischen, tyrannischen – Roland Barthes nennt es – »faschistischen« Begrenzungen und Einzwängungen zu überlisten und an ihre Grenzen zu führen, über diese hinauszugehen, um in neue, unbekannte, unbenennbare Dimensionen vorzustoßen, ist die Erfindung neuer, zusätzlicher, selbstbestimmter Grenzen und Zwänge. Roland Barthes erläutert: »Die Sprache als Performanz aller Rede ist weder reaktionär noch progressiv; sie ist ganz einfach faschistisch; denn Faschismus heißt nicht am Sagen hindern, es heißt zum Sagen zwingen.[92]

Seine Beschäftigung mit dem Werk von Raymond Roussel führt Michel Foucault zu zwei Einsichten: Zum einen erkennt er die Unabhängigkeit des Sprachgeschehens von einem Autor-Subjekt, und zum anderen ist die Sprache nicht die Wiedergabe, die Repräsentation der Welt, sondern erst deren Ermöglichung und Strukturierung. In seiner Studie über Roussel wird für Foucault der Tod zum Thema, denn wo die Sprache passiert, da ist die Wirklichkeit tot. Die Stelle, an der die Sprache beginnt, ist »die Grenze des Todes«, und diese Grenze »eröffnet gegenüber der Sprache oder vielmehr in ihr einen unendlichen Raum«, denn »auf der Linie zum Tod reflektiert sich die Sprache selbst«.[93] In seiner Studie über Roussel formuliert Foucault seine sprachontologischen Voraussetzungen, auf deren Fundament eine folgende Lektüre anschließen soll. In seinen Schriften zur Literatur[94] stellt Foucault die wichtigen Figuren des so von ihm genannten »selbstimpliziten Sprechens«: die innere Verdoppelung (Sprache setzt sich selbst als Gesetz), die Spiegelreflexion (das Sprechen stellt sich selbst dar), die Überschreitung (der Grenze des Unmöglichen) und das Simulakrum (Trugbilder von dargestellten Dingen). Inzwischen ist klar, dass »es sich bei diesen vier Punkten jeweils um Figurationen der Selbstdarstellung der Sprache handelt, das heißt um Konstruktionen der literarischen Rede«[95], so wie es die Literatur von Raymond Roussel zeigt. Alle aus Roussels literarischem Verfahren entwickelten Motive sammelt Foucault in seinen Texten zur Literatur, indem er die Sprache als Konsequenz aus dieser Bestimmung des Fiktiven in eine formale Ontologie überführt.

Michel Foucaults Buch über Raymond Roussel wird ein Jahr nach seinem Erscheinen von Alain Robbe-Grillet und von Maurice Blanchot mit Neugier und Interesse zur Kenntnis genommen.[96] Zunächst abwartend und verhalten, äußert sich Blanchot zuletzt euphorisch.

Michel Butor stellt fest: »Das ganze Werk Roussels ist also, genauso wie das Werk Marcel Prousts, eine Suche nach der verlorenen Zeit, doch das Wiedergewinnen der Kindheit ist durchaus keine Rückkehr in die Vergangenheit, es ist eine Rückkehr von vorn, denn das wiedergefundene Ereignis verändert sein Niveau und seine Bedeutung.«[97]

1962 Stéphane Mallarmé

Michel Foucault hat einen Literaturbegriff, der mit einem Kanon oder einer bestimmten Entwicklung übereinstimmt; er hat allerdings einen Begriff von Literatur, der nicht historisch begründet ist; der durch Stichworte wie »unendliches Sprechen«, »Abwehr des Todes« oder »Selbstimplikation« charakterisiert ist. »Wie die Analogie zum Wahnsinn zeigt«, so Ulrich Johannes Schneider, »wird bei ihm der vorübergehende Charakter des Sprechens betont«[98]. Sprechen versteht Foucault im Sinne der Literatur als eine unablässige Tätigkeit, die mit dem Leben selbst synonym ist.

Für Foucault ist Literatur aber nicht das Sprechen über Emotionen oder Erfahrungen; außerdem hat Literatur keine Bedeutungsstruktur. Literatur ist für Foucault ontologisch, das heißt, sie soll dort ein Sein bestimmen, wo sonst die Rede von Sinn und Bedeutung ist. In seinem großen Aufsatz über Maurice Blanchot *Das Denken des Außen* (1966) sagt er, dass das abendländische Denken lange gezögert habe, das Sein des Sprechens zu denken, so »als hätte es die Gefahr geahnt, die der Evidenz des ›ich bin‹ vor der nackten Erfahrung des Sprechens droht«[99].

Auf diese Weise wird der Wettbewerb zwischen Philosophie und Literatur deutlich, ohne dass Foucault eine Alternative anbieten kann und will, denn »Literatur ist bei ihm nicht das Versprechen einer die Defizite des philosophischen Denkens überspielenden intellektuellen Technik, es ist vielmehr die beständige Erinnerung der philosophischen Arbeit daran, dass ihre Gegenstände und Methoden einer Sprache der Wissenschaft zugehören, welche die Selbstimplikation immer wieder aufsprengt und in Bedeutungsmuster auseinander legt«[100].

Im August 1964 rezensiert Michel Foucault das Buch *Das Mallarmé'sche imaginäre Universum* von Jean-Paul Richards, das zwei Jahre zuvor erscheint.[101] Seine Besprechung ist der einzige größere Text über Stéphane Mallarmé und erscheint zeitgleich mit der Beantwortung der Frage »Warum gibt man das Werk von Raymond Roussel wieder heraus?« vom August 1964 und der Rezension einer Übersetzung von Vergils *Äneis* durch Pierre Klossowski mit dem Titel *Die Wörter bluten*, ebenfalls vom August 1964.

Foucault widmet Mallarmés Texten keine eigene Studie, während sich Jean-Paul Sartre ein Leben lang mit Mallarmé auseinandersetzt. Eine Studie, die über tausend Seiten umfassen sollte, wird 1962 bei einem Bombenattentat auf seine Wohnung vernichtet. Erhalten geblieben ist das Fragment *Mallarmés Engagement* (1979). Dieser Dichter ist ein wichtiger Bezugspunkt für den Philosophen und damit Paradigma für einen modernen lyrischen Diskurs, der von ihm als totale Revolte im Universum der Sprache verstanden wird. Darum konstatiert Sartre über Mallarmé: »Sein Engagement erscheint mir so total wie möglich, gesellschaftlich ebenso wie poetisch.«[102]

Der Einfluss auf Sartre liest sich bis in die Formulierungen und Formeln hinein, wie sie dieser in seinen Büchern verwendet. Sogar der Titel *Das Sein und das Nichts* (1943) findet sich in der Korrespondenz Mallarmés. Sartre zieht immer wieder zwei seiner Texte heran: *Un coup de dès* und *Igitur*, um Theoreme seiner Phänomenologie zu erläutern. Mallarmé erkläre in *Un coup de dès*, so Sartre, dass jedes Individuum als Mensch »eines Zufalls« erscheint und dass die Existenz des Menschen als »Faktizität« gelten müsse.[103]

In seiner Kritik des Buches von Richards über Mallarmé (1842-1898) beantwortet Foucault die Frage, wie Richards eigentlich über Mallarmé spricht, dass dieser seine Arbeit als Analytiker ausübe mit dem Ziel, »eine gewisse Summe der Sprache mit ein wenig ausgefransten Grenzen, bei der Gedichte, Prosastücke, kritische Texte, Bemerkungen zum Verfahren, englische Wörter und Themen, Fragmente und Entwürfe, Briefe und Rohfassungen zusammenzuzählen«[104].

Jean-Paul Richards benutzt in seiner Analyse das Vokabular der Psychoanalyse auf der Suche nach einer »darunterliegenden Spiegelung«, um so etwas zu finden wie »die Seele, die Psyche, die Erfahrung oder das Erlebnis«. Foucault fragt mit Recht kritisch, ob diese Begriffe aus der Psychoanalyse ihren Sinn wahren, »wenn man ihre Anwendung auf die Bezüge der Sprache zu sich selbst und zu ihren inneren Netzen begrenzt«[105].

Damit schlägt Richards eine neue Methode der Literaturanalyse vor. Er fragt nach einer »Sprache im Umlauf« und einer »Sprache im Stillstand«, denn »diese dokumentarische Masse bewegungsloser Sprache (bestehend aus einer Ansammlung von Rohfassungen, Fragmenten und Kritzeleien) ist nicht nur eine Hinzufügung zum Opus, gleichsam eine es umgebende, satellitenhafte und stammelnde Sprache, die allein dazu bestimmt ist, besser verstehen zu können, was im Opus gesagt wird; sie ist auch dessen spontane Exegese«[106].

Nicht zuletzt lässt die Sprache ein unsichtbares Webmuster zwischen Biografie und Autorschaft hervortreten. Die Rohfassungen, Fragmente und Kritzeleien zählen zum Werk und sind Dokumente einer Begegnung zwischen Leben und Werk. Das Mallarmé'sche Werk ist nach Foucault ein »für die Erhellung bestimmter Sprachblock«. Um an dieser Erhellung zu partizipieren, entwickelt Richards eine Methode, die weder auf das Leben noch auf das Werk Mallarmés reagiert, sondern einen Gegenstand festlegt: »der Raum des Wortes, der offen ist, da jede wiedergefundene Spur in ihm ihren Ort finden kann, aber zugleich absolut verschlossen, weil er allein als Sprache Mallarmés existiert«[107].

Erhellung setzt das Dunkel voraus; gerade die Texte von Stéphane Mallarmé gelten als schwierig oder dunkel.[108] Als Zwanzigjähriger proklamiert er in seinem Artikel *Hérésies artistiques. L'art pour tous* (1862) demonstrativ für die Poesie ein Geheimnis, das dem Mysterium der Religion vergleichbar sein soll. Dichtung hat für ihn den Geist des Erhabenen und den Genius der Inspiration. Die Erfahrung des Schönen und Erhabenen zerschlägt die Kontinuität von Sinnlichkeit und Verstand, darum kämpft er mit diesen Forderungen zeitlebens auf verlorenem Posten. Er ist stark von Baudelaire inspiriert, dessen Werk er zwanzigjährig liest und dem er das Sonett *Le Tombeau de Charles Baudelaire* (1895) widmet.

Die ästhetische Erfahrung ist für Mallarmé wesentlich mit der Poesie verknüpft und steht offensichtlich in einem Spannungsverhältnis zwischen Selbst- und Weltverhältnis, das dem Subjekt von außen eingeprägt wird. Ein Motiv hierbei liegt auch in der Erfahrung der Differenz zwischen den Bedingungen möglicher und den Bedingungen wirklicher Erfahrung. Wie es keine Entfremdung zwischen Natur und Kunst geben kann, soll es auch keine mimetisch konnotierte Zuordnung von Mensch und Welt geben. In *Sur l'évolution littéraire* (1891) betont er: »Ich glaube, dass die jungen Dichter dem Ideal der Poesie näher sind als die Parnassiens, die ihre Themen noch in der Art der alten Philosophen und Rhetoriker behandeln, indem sie die Gegenstände direkt vorführen. Ich glaube dagegen, dass nur allusiv gesprochen werden sollte.«[109]

Richards Methode besitzt weder das logische Analysemodell (Metasprache) noch das linguistische Modell (Definition und Funktion von Bedeutungsmustern), noch das mythologische Modell (Segmente von Fabeln und Korrelation dieser Elemente) – auch nicht das freudianische Modell, das rhetorische oder exegetische Modell, und nicht das Informationsmodell. Richards Eklektizismus gibt sich damit zufrieden, ein Modell nach dem anderen zu verwenden, und fragt zugleich, ob die Literaturanalyse insgesamt überhaupt ein erschöpfendes Modell sein kann. Richards neues Modell berücksichtigt die »nackte Erfahrung der Sprache, als den Bezug des sprechenden Subjekts zum eigentlichen Sein der Sprache«[110]. Nicht der Bezug eines Menschen auf die Welt, sondern der Bezug des Dichters auf die Sprache steht hier im Vordergrund.

Mallarmés Poesie ahnt das Nichts eines intentionslosen Raumes, darum konzentriert der Dichter sich auf die Idee des Weißen, des »blanc«, wenn die weiße Buchseite als Emblem für die Vorstellung eines Raumes des Schweigens hervortritt. Das Weiße umrahmt und durchbricht den Text, trägt zugleich die Wörter und ermöglich das freie Spiel ihrer vielfältigen Bedeutungen. Mallarmé träumt den Traum vom »œuvre pure«. Es geht ihm um die Betonung des Eigenwerts und der Eigendynamik der Wörter. Auf diese Weise provoziert er ein »quant au livre«, ein »Flügelzittern der Poesie«.

Mallarmés Texte sind komplex und auf Mehrdeutigkeiten, syntaktische Möglichkeiten und vielfältige Klangharmonien zugeschnitten; die elaborierte Schreibweise dieses Autors führt zu Übersetzungsproblemen, deshalb kann es wohl die letztgültige Fassung und Lektüre eines Mallarmé-Textes nicht geben.

IX. Die Geburt der Klinik

»In diesem Buch ist die Rede vom Raum,
von der Sprache und vom Tod. Es ist die
Rede vom Blick.«
Michel Foucault[1]

Nach seiner Rückkehr nach Paris verbringt Michel Foucault lange Tage in der Bibliothèque Nationale. Im November 1961, nachdem er sechs Monate zuvor seine »thèse principale« an der Sorbonne glanzvoll verteidigt hat, vollendet er die Niederschrift von *Die Geburt der Klinik*. Im Dezember 1961 beginnt er mit der Arbeit an seinem Buch über Raymond Roussel. Beide Bücher erscheinen zeitgleich im April 1963. Das Manuskript von *Die Geburt der Klinik* gibt er seinem Lehrer Althusser im September 1962 zur Lektüre.

Foucault wird im Oktober 1960 zunächst Privatdozent und schließlich Professor für Psychologie und Philosophie an der Universität Clermont-Ferrand. An der École normale entwickelt er eine Abneigung gegen die strukturale Analyse. Kurze Zeit nach Michel Serres lernt er im Februar 1962 Gilles Deleuze kennen, der soeben sein Buch über Nietzsche veröffentlicht hat.[2]

Im Januar 1963 tritt Michel Foucault zusammen mit Roland Barthes und Michel Deguy in den Redaktionsbeirat der Zeitschrift *Critique* ein. Im März kritisiert Jacques Derrida in einem öffentlichen Vortrag Foucaults Aussagen zu Descartes' erster *Meditation* in dessen *Histoire de la folie*. Vor allem der Vorwurf des »strukturalistischen Totalitarismus« trifft Foucault sehr, da er dem Strukturalismus äußerst skeptisch gegenübersteht. Seitdem ist die Beziehung zwischen Derrida und Foucault angespannt.

Seinen Sommerurlaub verbringt Foucault mit Roland Barthes und Robert Mauzi in Tanger und Marrakesch. Das Angebot, die Leitung des Institut français in Tokio anzunehmen, schlägt er aus, um bei seinem Lebensgefährten Daniel Defert zu bleiben. Bereits ein halbes Jahr später, Anfang 1964, geht Defert nach Tunesien, wo ihn Foucault regelmäßig besucht. 1965 übernimmt Foucault schließlich eine Gastprofessur in Tunis.

Durch seine intensive Arbeit in der Pariser Bibliothek kühlt das Verhältnis zu Roland Barthes ab, vor allem weil sie sich nur noch selten treffen. Foucault liest erneut Heidegger und unterbricht die Arbeit an *Die Ordnung der Dinge*. Er liest *Die*

Herausbildung des Begriffs der Reflexe von Georges Canguilhem, der einer seiner engsten Vertrauten ist. Gelegentlich trifft er die Freunde Gilles Deleuze, Pierre Klossowski und Jean Beaufret.

Schon in einer Fußnote seiner Dissertation notiert Foucault: »Es müsste eine genaue Untersuchung geben, was ›sehen‹ in der Medizin des 18. Jahrhunderts bedeutet.«[3] Dieser Frage widmet sich *Die Geburt der Klinik.* Nachdem Foucault mit wenig Begeisterung Derridas Einleitung zu Edmund Husserls *Der Ursprung der Geometrie* studiert, wird ihm klar, dass er seinen Begriff von Archäologie schärfen muss. Von der *Geburt der Klinik* (1963) bis zur Antrittsvorlesung *Die Ordnung des Diskurses* (1970) arbeitet der Autor unter und mit dem methodischen Begriff Archäologie.

Schon im Untertitel heißt es: *Eine Archäologie des ärztlichen Blickes*, während in *Wahnsinn und Gesellschaft* (1961) der Begriff nur im Vorwort genannt wird. Hier heißt es: »Ich habe nicht versucht, die Geschichte dieser Sprache zu schreiben, vielmehr die Archäologie des Schweigens.«[4] Mit diesem Begriff der Archäologie meint Foucault das Aufwühlen des Bodens, auf dem die Menschen stehen, und diesen Begriff findet Foucault »wohl bei Kant, dem er auch andere Begriffe und Ausdrücke wie Erfahrung, Kritik oder Bedingung der Möglichkeit entleiht«[5]. Foucault stellt klar, dass »eine Archäologie die Beschreibung des Archivs« bedeutet. Dieses Archiv meint die »Gesamtheit der Regeln, einer bestimmten Epoche und Gesellschaft«, und hierbei geht es um die Grenzen und Formen: der »Sagbarkeit«, der »Aufbewahrung«, des »Gedächtnisses«, der »Reaktivierung« und der »Aneignung«[6].

Foucault definiert also seine archäologische Methode als eine Beschreibung des Archivs. Bei dieser willkürlichen Definition führt er diesen Terminus neu ein: »Das Archiv ist zunächst das Gesetz dessen, was gesagt werden kann, das System, dass das Erscheinen der Aussagen als einzelner Ereignisse regiert. Aber das Archiv ist auch das, was bewirkt, dass all diese gesagten Dinge sich nicht in einer Vielzahl anhäufen, sich nicht in eine Linerarität einschreiben und nicht durch Umstände verschwinden.«[7]

Der Begriff des Archivs selbst soll einen Operationsraum erfassen, der die Aussageanalyse und die Archäologie umgibt, darum könnte man sagen, dass in der Idee des Archivs – mehr als in den Konzepten von Aussage und Diskurs – Foucaults Theorie der Geschichte enthalten ist.[8]

Mit dem eröffnenden Satz »In diesem Buch ist die Rede vom Raum, von der Sprache und vom Tod. Es ist die Rede vom Blick«[9] nimmt Foucault jene Themen auf, die auch in seinem Buch über Raymond Roussel große Bedeutung haben. Foucaults Gedanke, dass das Subjekt in der Sprache gefangen ist, heißt auch, »dass man niemals absolut über die Sprache verfügt«[10]. Die Sprache ist jener Raum, in welchem das Subjekt in Grenzbereiche der Erfahrung kommt – in der Philosophie wie in der Literatur, in der Erfahrung der Sexualität wie in der Realität des Wahnsinns. Neben den Begriffen »Sprache« und »Raum« sind hier die Termini »Tod« und »Blick« evident für Foucault; hinzu kommt die Frage nach dem besonderen Ort der »Klinik«. Den klinischen Diskurs bestimmt er wie folgt: »Die Klinik konstituiert weder eine wahre noch eine falsche Wissenschaft. Sie ist eine zugleich theoretische und praktische, deskriptive und institutionelle, analytische und reglementierende, ebenso aus Schlussfolgerungen wie aus Entscheidungen, aus Behauptungen wie aus Entscheidungen zusammengesetzte Aussagengemeinschaft.«[11]

Die Geburt der Klinik setzt also die Analysen aus Wahnsinn und Gesellschaft insofern fort, als hier die Bedingungen für das ärztliche Wissen in der Klinik untersucht werden. Auch der Gegenstand dieses Wissens konstituiert sich durch institutionelle, pädagogische und politische Vorgaben. Das Subjekt des ärztlichen Wissens ist also kein Ergebnis logischer Schöpfungen der Medizin, sondern es erweist sich über weite Strecken als das Ergebnis einander begegnender Diskurse. »In Die Geburt der Klinik entwickelt Foucault in erster Linie die Verbindung von Sichtbarem und Sagbarem als Zeugnis der Entwicklung des ärztlichen Wissens.«[12] Auch in dieser Analyse sind die Sprache und die Zeichen der Dinge durch eine unendliche Verweisstruktur verwoben, die in der Klassik eine fundamentale Veränderung erfährt. »An die Stelle der Ähnlichkeit der Zeichen tritt die Repräsentation der Sprache.«[13] Ab jetzt gibt es für Foucault einen Diskurs der repräsentierenden sprachlichen Zeichen.

Die Theorie der natürlichen Zeichen und der Durchlässigkeit des Signifikanten auf das Signifikat führt dazu, dass die Krankheit vollkommen in ihrer Erscheinung aufgehen kann. Foucault übersetzt die Philosophie natürlicher Zeichen auf den Bereich der Klinik und bedient sich dabei nicht bei Ferdinand de Saussures, sondern bezieht sich auf Étienne Bonnot de Condillacs. Mit dessen Zeichentheorie erkennt er die grundsätzliche Gleichzeitigkeit von Sehen und Sagen, denn beide »manifestieren von vornherein eine Wahrheit der Krankheit«[14]. Zudem zeigt er, dass »die Gestalten des Wissens und die der Sprache einem und demselben Grundgesetz gehorchen«[15].

Michel Foucault wendet sich von einer Erforschung gesellschaftlicher Praktiken, welche die subjektive und universale Erfahrung des Wahnsinns verständlich machen und kontrollieren, ab und jenen Praktiken zu, die es dem Menschen gestatten, sich selbst als Objekte im reinsten Sinn zu behandeln. Statt Diskurse und Praktiken als Bereiche menschlicher Erfahrung zu sehen, richtet sich nun seine Aufmerksamkeit auf den Körper, der sich als Leichnam dem ärztlichen Blick darbietet und dessen dinghafte Starre die Suche nach verborgener Bedeutung ausblendet.

Im Spannungsbogen von Körper und Tod zeigt Foucault, wie die Obduktion des Leibes den ungehinderten Blick erlaubt, denn der tote Leib bringt ans Licht, was der lebendige Körper verbirgt. Auf diese Weise wird der Tod, wie Foucault es nennt, zum Analytiker. Er gewährt nicht bloß die ideale Perspektive für die anatomische Forschung, sondern ermöglicht überdies, die genauen Beziehungen zwischen dem Leben und der Krankheit zu finden. Damit hat der Tod eine unübersehbare Präsenz im Wissen vom Lebendigen, denn: »Es ist von entscheidender und bleibender Bedeutung für unsere Kultur, dass ihr erster wissenschaftlicher Diskurs über das Individuum seinen Weg über den Tod nehmen musste.«[16]

1963 JACQUES DERRIDA

Als 1986 Klaus Laermanns polemischer Aufsatz über die von ihm sogenannte »Frankolatrie« als die »neueste Wiederkehr des Neuen« erscheint, reagiert er damit auf die fast zur intellektuellen Mode gewordene strukturalistische Rezeptionshaltung in Deutschland. Sein Artikel klagt an, dass diese »Frankolatrie« »statt sprachlichem Saftgulasch nur Gedankenschonkost bietet, statt flüssiger Süffigkeit ein quatschendes Gepansche«[17]. Das Problematische an diesem Pamphlet ist weniger die Tatsache, dass es keine Textzeile von Barthes, Derrida, Lacan, Lévi-Strauss oder anderen enthält – um etwa eine Argumentationskette zu präsentieren –, sondern vielmehr, dass dieser diffamierende Beitrag seine Wirkung nicht verfehlt. Der Kampf um die kritische Vernunft ist hiermit eröffnet, zumal jüngere Wissenschaftler sich der Rezeption des französischen Denkens »kaum noch verweigern können«[18].

Spätestens mit diesem Artikel geistern die Vorurteile über Leben und Werk von Derrida durch die akademische Geisteswelt. Dieser sokratische Verführer der Jugend sei ein »jüdischer Mystiker«, der den »Tod des Subjekts« verkünde und auch das »Ende der Geschichte« prophezeie.[19] Die Wogen dieser ehrabschneidenden Vorurteile sind inzwischen geglättet, und die Derrida'sche Methode ist heute ein wichtiges theoretisches Gerüst für die Diskurse der Literatur-, Kultur- und Sozialwissenschaften: »Selbst in der Architektur ist Derridas Praxis der Dekonstruktion nicht mehr wegzudenken.«[20]

Unter Dekonstruktion versteht Jacques Derrida eine Aufmerksamkeit gegenüber den Strukturen, denn »dekonstruieren meint eine strukturalistische Geste, die sich einer notwendigen strukturalistischen Problematik bewusst ist«. Zugleich wendet sich die Dekonstruktion gegen den Strukturalismus, denn »es geht darum, die Strukturen auseinanderzunehmen, abzubauen, abzutragen«. Diese geschichtliche Bewegung sei keine negative Operation, so Derrida noch 1985, denn die Dekonstruktion sei weder Analyse noch Kritik. »In der Arbeit der Dekonstruktion musste ich die Vorsichtsmaßnahmen verschärfen, schließlich alle traditionellen philosophischen Begriffe beseitigen, um aber gleichzeitig die Notwendigkeit zu unterstreichen, auf sie zurückzukehren, wenngleich ich sie dabei durchgestrichen habe.«[21]

Der am 15. Juli 1930 im algerischen El-Biar geborene Jacques Derrida ist französischer Staatsbürger, Jude und wächst mit Katholiken und Muslimen auf. Als der Zehnjährige wegen seines jüdischen Glaubens von der Schule verwiesen wird, macht er seine erste Fremdheitserfahrung, denn auch in der jüdischen Gemeinschaft fühlt er sich fremd. Dennoch bildet sich hier der Charakter einer Zugehörigkeit zum Judentum heraus: »Verletzung gewiss, empfindliche und engagierte Sensibilität für den Antisemitismus wie für den Rassismus, Antwort eines Verwundeten auf die Xenophobie, aber auch Ungeduld angesichts jeder herdenhaften Identität und des militanten Charakters der Zugehörigkeit im Allgemeinen«. Das Werk von Derrida ist von diesem Unbehagen an der Zugehörigkeit befallen, »denn die Dekonstruktion des Eigentlichen scheint das Denken dieses Unbehagens selbst, das denkende Unbehagen zu sein«[22].

Nachdem Derrida 1949 Algerien verlässt, studiert er an einer der Eliteschulen, der »grandes écoles« in Paris. Der Sechsundzwanzigjährige erhält 1956 ein Harvard-Stipendium. Zehn Jahre später wird er von René Girard nach Baltimore zu einem Kolloquium über die Modeströmungen des französischen Strukturalismus eingeladen. An dieser Tagung nehmen Roland Barthes, Gerard Génette, Lucien Goldmann, Jean Hyppolite, Jacques Lacan, Paul de Man, Tzvetan Todorov und Paul Vernant teil, unter diesen Referenten begeistert vor allem Jacques Derrida durch seine luzide Kritik am ethnologischen Strukturalismus von Claude Lévi-Strauss. Seinen in Baltimore gehaltenen Vortrag veröffentlicht der Autor später ein Jahr in dem Aufsatzband *Die Schrift und die Differenz* (1967).[23]

1959 erhält er die Zulassung als Universitätsdozent und wird Assistent von Gaston Bachelard und Georges Canguilhem an der Sorbonne. Seine erste Buchveröffentlichung, die Einleitung in Edmund Husserls *Ursprung der Geometrie* (1962), ist preisgekrönt.[24] Dem folgt eine Untersuchung über das Problem des Zeichens in der Philosophie Edmund Husserls.[25] 1967 ist der Kulminationspunkt in seinem Denken. In diesem einen Jahr veröffentlicht er die drei wohl wichtigsten Bücher: *De la grammatologie*, *La voix et le phénomène* und *L'écriture et la différance*.[26]

Eine Art Wendepunkt stellt der spätere Vortrag über Recht und Gerechtigkeit in Walter Benjamins Text *Kritik der Gewalt* dar. Der New Yorker Vortrag, der wenig später in dem Buch *Gesetzeskraft* veröffentlicht wird, trägt dazu bei, die juristische Diskussion um Recht und Gerechtigkeit zu erweitern.[27] Derridas philosophische Perspektive befruchtet sowohl die Justiz als auch die Philosophie. In diesem Spannungsverhältnis liegt ein grundlegender Impuls für eine aufklärerische Kritik, die im Zusammenhang mit Derridas Methode der Dekonstruktion steht.

Derridas Seitenblick auf juristische Problemstellungen zeigt sein Interesse für über die Philosophie hinausgehende Themen. Das verstärkt bei seinen Kritikern das Vorurteil, er sei ein unseriöser Grenzgänger. In seiner Dankesrede zum Frankfurter Adorno-Preis reagiert er auf diese Kritik, dass er sich nämlich keineswegs einer »universitären Kultur« verpflichtet fühle. Ähnlich wie Foucault beschäftigt er sich mit der Literatur von Baudelaire und Celan, aber auch mit der Ethnologie von Claude Lévi-Strauss oder der Semiologie von Ferdinand de Saussure. Auch die Religionsphilosophie von Emmanuel Lévinas, die politische Theorie von Carl Schmitt, nicht zuletzt die Psychoanalyse von Sigmund Freud interessieren ihn. Er ist offen für Kunst und Musik, Film und Fotografie und schreibt engagiert über diese Themen.

Am 9. Oktober 2004 stirbt Derrida in Paris. In einem Interview drei Wochen zuvor spricht er davon, dass das Philosophieren für ihn nichts anderes bedeute als das »Sterben zu lernen«[28]. In einer Rede aus Anlass des ersten Todestages sieht sich Peter Sloterdijk als Alpinist, der auf dem Gipfel des »montagne Derrida« ankommt und bemerkt, dass dieser Berggipfel von einem Gebirgszug umgeben ist, den man nicht mehr aus dem Blick verlieren kann.[29]

Posthum wird an die Edition sämtlicher Seminare von Jacques Derrida gedacht. Diese auf dreiundvierzig Bände angelegte kritische Ausgabe ist durchaus mit der Michel-Foucault-Edition der *Dits et Ecrits* und der *Vorlesungen am Collège de France* zu vergleichen. In diesen Bänden wird vieles noch zu entdecken sein.

Jacques Derrida entwickelt seine Theorie der Dekonstruktion mit dem Ziel, den Autor zu dekonstruieren, den Prozess des Schreibens zu bezeichnen und die Phänomene des Schreibens freizulegen. In erster Linie ist sie eine Praxis der Lektüre, ein bestimmter Umgang mit Texten und deren Interpretation. Die Dekonstruktion will es zu ihrer Aufgabe machen, das, was die Metaphysik als sekundär fasst, primär zu begreifen.[30]

In der Psychologisierung der Zeichentheorie entwickelt er ein Konzept, das einen Ausweg aus der Präsenz des gesprochenen Wortes vorsieht, denn »es hat den Anschein, als ob die Schrift die Sprache begreifen würde (in allen Bedeutungen des Wortes)«[31]. Die Schrift sei das Zeichen des Zeichens, der Signifikant des Signifikanten.

Nach dem Begriff der Dekonstruktion führt Derrida den Terminus »différance« ein: »Jeder Begriff ist seinem Gesetz nach in eine Kette oder ein System eingeschrieben, worin er durch das systematische Spiel von Differenzen auf andere Begriffe verweist. Ein solches Spiel, die différance ist eben nicht einfach ein Begriff, sondern die Möglichkeit der Begrifflichkeit, des Begriffsprozesses und Begriffssystems überhaupt.«[32] Der Begriff »différance« meint den reinen Prozess der Differenzierung zwischen zwei oder mehreren Zeichen.[33]

In seinem späteren Werk sind Begriffe wie der »Andere« (Emmanuel Lévinas)[34], die »Freundschaft« (Carl Schmitt)[35] und die »Gerechtigkeit« (Karl Marx)[36] mit dem Werk anderer Philosophen verbunden. Gerade in seinem Buch *Marx Gespenster* fordert Derrida Gerechtigkeit für Marx, weil der »Zynismus des guten Gewissens« die »Gespenster« der westlich-liberalen Demokratien ausblendet.[37] In deren Blick gibt es die westlich-marktliberale Demokratie als den einzig gangbaren politischen Weg, dabei bedarf es einer radikaleren Demokratie, die den Weg der Ökonomisierung des Sozialen und die neoliberale Gangart verlässt.

Derridas werkgeschichtliche Auseinandersetzung mit Lévi-Strauss findet in der *Grammatologie* (1967) statt. Zu einer Re- und Dekonstruktion der Komplizenschaft von Stimme und Präsenz liest er Rousseau und de Saussure, und im zweiten Teil seines Buches Lévi-Strauss. Es gibt drei mögliche Lesarten der Auseinandersetzung zwischen Derrida und Lévi-Strauss: erstens Derridas Dekonstruktion und Lévi-Strauss' Strukturale Anthropologie sind nicht vereinbar, zweitens ein Zugriff auf die Dekonstruktion unterstützt Derridas Kritik an Lévi-Strauss (wie es Jonathan Culler vertritt), und drittens das Vorgehen der beiden ist komplementär und nimmt darum die Vorwürfe Derridas ernst und spart nicht mit Kritik gegenüber der Dekonstruktion.

Allerdings schätzt Derrida an Lévi-Strauss ein Denken, das sich über die tradierte Opposition von Paarbildungen hinwegsetzt. In diesem Kontext verbindet beide Denker die Einheit von Schrift und Gewalt. Diesen Zusammenhang radikalisiert Derrida, indem er darauf hinweist, dass die Gewalt »abgeleitet ist gegenüber einem auf natürliche Weise unschuldigen Wort«[38].

Eine Begegnung mit der Psychoanalyse Lacans kann vor allem deshalb nur stattfinden, weil Derrida kein typischer Vertreter der Philosophie ist. Nicht nur seine grenzüberschreitenden Interessen, auch die Dekonstruktion an sich ist ihm hier hilfreich. Seine Methode der Dekonstruktion ist, auch wenn die logozentrische Unterdrückung der Schrift als Verdrängung bezeichnet werden kann, keine Psychoanalyse der Philosophie. Die individuelle Verdrängung lasse sich jedoch allein von der logozentrischen Verdrängung der Schrift begreifen. In seinem paradigamtischen Text über Jacques Lacan (1991) unterstreicht Derrida diesen Anspruch.[39]

Der mit Michel Foucault ausgetragene Streit scheint sich insbesondere auf einen wesentlichen methodischen Unterschied zu beziehen, denn die Foucault'schen Verfahren operieren auf ihre Weise selbstreflexiv, wenngleich die praktische Notwendigkeit dieser Verfahren in einem Theorieraum für sich sprechende Ergebnisse erzielt. Wie Foucault ist auch Derrida durch Marx und Freud geprägt; sind ihre Texte Bezüge auf Nietzsche und Heidegger. Allerdings stellen sich Derridas Texte »ausdrücklich unter das Zeichen der Differenz und suchen in ihrem Namen sich einen ganz eigenen Ort«[40]. Derridas Verhältnis zu Heidegger entzieht sich jeder Einteilung. Er ist dem Denken Heideggers nicht nur verpflichtet, er bedient sich auch dessen Einsichten in seiner Lektüre anderer philosophischer Texte, anderer philosophischer Denker. Aber er kopiert diese Einsichten nicht einfach, sondern schöpft aus ihnen ein neues Denken. Die Unterstellung, Derrida würde Heidegger imitieren und seine Arbeiten würden sich nur im besonderen Stil unterscheiden, ist böswillig und unbegründet. »Gerade in der Nähe selbst impliziert diese Imitation eine Alterität, die das Verhältnis Derridas zu Heidegger mehr als ein Verhältnis zu jedem anderen Denker prägt.«[41] Seine Theorie lässt sich eben nicht nur durch ihr Verhältnis zu Heidegger begreifen, zumal Derrida ein ungewöhnlicher Leser ist. Er unterzieht die Texte einer akribischen Analyse und kommt darum zu überraschenden Ergebnissen – etwa indem er seine Heidegger-Lektüre gar nicht infrage stellt und er dessen Denken einfach nur bestätigt.[42]

Heidegger, der nicht vom Geschlecht spricht, ignoriert beispielsweise alle Fragen und Probleme menschlicher Sexualität. Das »Dasein« eines geschlechtslosen Wesens bei Heidegger kann also nicht über das aktuelle Thema einer Geschlechterdifferenz gedacht werden, sondern nur über das ontologische Thema von »Daseins«-Strukturen. Heidegger ignoriert die Fragen des Geschlechts, weil sein Denken sich auf der Ebene bewegt, die tiefer angelegt ist als die der bloß existenziellen Probleme.[43] Martin Heidegger zieht »die Weltlichkeit der Welt« vor.[44]

Insgesamt lässt sich bestätigen, dass Derrida stark von Heidegger beeinflusst ist, sogar die Texte von Hegel und Husserl aus dessen Perspektive liest und nicht zuletzt andere Theorien im Sinne Heideggers kritisiert. So ist beispielsweise sein Angriff auf Sartre 1968 eine kreative Wiederholung von Aspekten, die Heidegger im *Humanismusbrief* (1946) aufwirft.[45] Derrida bestätigt, dass »keine meiner Untersuchungen ohne den Ansatz der Heideggerschen Fragestellung möglich gewesen« wäre.[46] Derridas Gedanken widersprechen vor allem den späten Gedanken Heideggers nie.[47] Auch darum wird dessen Angriff auf Sartre (wie der auf Foucault) oft als ungenau und pauschal bewertet. Mit der Heidegger'schen Descartes-Kritik wird Derrida Foucaults Descartes-Auslegung kritisieren.

Im März 1963 findet eine Konferenz an der Pariser Sorbonne statt, auf der der vier Jahre jüngere Derrida den Kollegen Foucault scharf angreift. In seinem Vortrag *Das Cogito und die Geschichte des Wahnsinns* kritisiert er Foucaults Untersuchung *Wahnsinn und Gesellschaft*. Diesen Vortrag nimmt er vier Jahre später in sein Buch *Die Schrift und die Differenz* (1967), einer Sammlung von elf Aufsätzen und Vorträgen aus der Zeit von 1959 bis 1967, auf und macht ihn damit allgemein zugänglich.[48]

In *Cogito und Geschichte des Wahnsinns* weist Derrida in einer detaillierten Rekonstruktion der angeführten Descartes-Kritik nach, dass Foucaults Interpretation des Wahnsinns eine auf Nietzsche zurückgehende Absicht der genealogischen Untergrabung des tradierten Vernunftbegriffs verfolge. Dieser beruhe darüber hinaus auf einer dialektischen Konzeption von Vernunft und Wahnsinn; eine Konzeption, die nicht zuletzt in einer Hegel'schen Tradition stehe.

Zu Foucaults Ehrenrettung bleibt zu konstatieren, dass gerade Derrida dabei ist, einen eigenen philosophischen Ton zu entwickeln und zu kultivieren. Indem er die Suche nach Zweideutigkeiten und Widersprüchen in Foucaults Werk in den Rang eines Dramas hebt, behandelt er die Kunst des Kommentars so, wie Foucault die Geschichte des Wahnsinns angeht. Beide sind auf der Suche nach dem apokalyptischen, atemraubenden Bruch mit einer konstruierten, konstituierten Normalität.

Derridas Vorgehensweise in seinem Pariser Vortrag ist kennzeichnend. Er entdeckt bei Foucault eine kurze und eher beiläufige Interpretation von Descartes *Meditationen über die Grundlagen der Philosophie*. In herablassender Art und Weise stellt Derrida seine Spitzfindigkeiten zur Schau, um letztlich Foucaults Auslegung dieses Textes in Zweifel zu ziehen und als naiv zu bezeichnen.[49]

In einem zweiten Angriff weist er darauf hin, dass in Foucaults Darstellung der Funktion, die dem Wahnsinn während der Renaissance zugewiesen wird, und in Nietzsches Einschätzung der Faszination für das Dionysische eine Übereinstimmung vorliege. Damit stellt Derrida die historisch-philosophische Motivation Foucaults infrage, denn: »Wenn man die Geschichte der Entscheidung, der Trennung, des Unterschieds schreiben will, riskiert man, die Teilung als Ereignis oder als Struktur, die der Einheit einer ursprünglichen Präsenz begegnet, zu konstituieren und so die Metaphysik in ihrem fundamentalen Tun zu bekräftigen.«[50]

In einem dritten Schritt stellt Derrida anzügliche Fragen, etwa in der Art, wenn Foucault unfähig sei, dem metaphysischen Denken zu entkommen, wie solle er dann in der Lage sein, das *Lob der Torheit* zu singen, ohne es zugleich zu verstümmeln? Hiermit wiederholt Derrida den Vorwurf, den Foucault Erasmus von Rotterdam macht. »In diesem Sinn bin ich versucht«, so Derrida, »das Buch Foucaults als eine mächtige Schutzgeste und als Geste des Einschließens zu betrachten.«[51] Vielleicht habe Foucault diese Geste benutzt aufgrund einer eingestandenen Furcht, selbst wahnsinnig zu werden, so Derrida polemisch weiter.

Michel Foucault ist während dieses Vortrags anwesend und erträgt kommentarlos die Angriffe seines einstigen Schülers. Deleuze berichtet später, wie sehr ihn die Bemerkung über Furcht, wahnsinnig zu werden, getroffen habe. Dabei benutzt Foucault das Studium der Geschichte als »ein Mittel dazu, nicht wahnsinnig zu werden«[52]. Derridas Kritik trifft Foucault ins Mark, denn sie ist brutal persönlich und verletzend.

Erst fünf Jahre später reagiert Foucault auf Derridas Kritik. Umso schärfer fällt seine Reaktion aus, denn nach seiner Überzeugung betreibe dieser eine gefährliche Verkürzung diskursiver Praktiken auf textliche Spuren. Allerdings will Foucault nicht auf Derrida direkt antworten, wie er sagt, sondern er »möchte bestenfalls einige Anmerkungen hinzufügen. Anmerkungen, die sicherlich recht äußerlich erscheinen und dies auch genau in dem Maße sein werden in der Art und Weise, wie man Texte in Frankreich praktiziert und lehrt, ihm fremd sind.«[53] Die japanische Zeitschrift *Paideia* veröffentlicht in ihrer Sondernummer über Michel Foucault dessen *Erwiderung auf Derrida*. Anfang 1972 schreibt er: »Ich habe zu zeigen versucht, dass die Philosophie weder historisch noch logisch erkenntnisbegründend ist, sondern dass für das Wissen Bedingungen und Bildungsregeln bestehen, denen der philosophische Diskurs ebenso wie irgendeine andere Diskursform mit rationalem Anspruch in jeder Epoche unterworfen ist.«[54]

Die inzwischen berühmte Passage in *Wahnsinn und Gesellschaft* ist ein kurzer Abschnitt über Descartes, der keine drei Seiten umfasst. Descartes Cogito weiß sich selbst als vernünftig und geht im Blick auf die Wahnsinnigen davon aus, ebenso »von Sinnen zu sein, wenn ich sie mir zum Beispiel nehme«. Damit steht der Descartes'sche Vernunftbegriff gegen den Wahnsinn, und der Wahnsinnige erscheint als Unvernünftiger. Es geht um die Frage, ob Descartes sich täusche, ob er träume oder ob er wahnsinnig sei.[55]

Während der Kritiker Derrida dem Autor Foucault vorwirft, Descartes oberflächlich und naiv zu lesen und darzustellen, antwortet der Autor dem Kritiker, die Textgrenzen der *Meditationen* willkürlich zu überschreiten. Es geht entweder um die Lesart vom »Subjekt des Denkens« (Foucault) oder um die »Struktur einer différance« (Derrida). Letzterer behauptet, dass die Vernunft »in dem historisch Gesagten, in dem die Philosophie ihre Ruhe findet und den Wahnsinn ausschließt, sich selbst verrät«[56].

Foucaults Verletzung über Derridas polemische Anwürfe zeigt sich, wenn er den »Nachweis eines Descartes betreffenden Irrtums« vermisst, feststellt, dass »es sich ja nicht weniger um eine Sünde, als um einen Lapsus handelt« und dass »eine einzige Sünde genügt, und ein ganzes Leben ist verpfuscht«[57]. Foucault wirft nun Derrida seinerseits »die Reduktion diskursiver Praktiken auf textuelle Spuren« vor, die dazu führe, »dass es nichts außerhalb des Textes gebe, sondern dass in ihm, in seinen Zwischenräumen, in seinen Leerstellen, in seinen Ungesagtheiten das Reservat des Ursprungs liegt«[58].

Nach einer detaillierten Gegenbeweisführung zu den Thesen Derridas kommt Foucault direkt auf dessen Theorie der »Spur« zu sprechen und merkt nun polemisch an: »Wie aber könnte eine Philosophie der Spur, die die Tradition und die Aufrechterhaltung der Tradition verfolgt, für eine Analyse des Ereignisses empfänglich sein?«[59] Seine Anmerkungen enden mit dem Satz: »Doch bei wem liegt die Naivität?«[60]

In der Chronologie der Ereignisse – vom Beginn der Kritik Derridas im März 1963 bis zur Reaktion Foucaults im Februar 1972 – fällt das lange Schweigen auf, das knapp zehn Jahre bis zum Dezember 1981 anhält. Als Derrida in Prag nach einem Treffen mit Dissidenten unter dem Vorwurf des Drogenhandels verhaftet wird, setzt sich Foucault nachdrücklich für seine Freilassung und entsprechende Proteste der französischen Regierung ein. Derrida dankt zuletzt Foucault mit der Folge, dass sie sich gelegentlich wiederbegegnen.

Auf einem Kolloquium aus Anlass des dreißigjährigen Erscheinens von *Wahnsinn und Gesellschaft* im November 1991 geht der Referent Derrida erneut auf seine Kritik ein und zieht eine Verbindung zu Freud und Lacan. Zuletzt lautet der komplette Titel dieses Referats *Gerecht sein gegenüber Freud. Die Geschichte des Wahnsinns im Zeitalter der Psychoanalyse.* Er konstatiert: »Dass es dann 1972 zu einer Verdüsterung unserer Freundschaft kam, ohne dass dies an meiner Bewunderung etwas änderte, hatte durchaus etwas mit diesem Buch zu tun sowie mit einer gewissen Auseinandersetzung, die sich daraus ergab.«[61]

Einerseits weist Derrida erneut Foucaults Reaktion zurück, erklärt sogar die damalige Auseinandersetzung nunmehr »zu einer Sache der Archive«[62], andererseits zollt er ihm am Ende seines Textes großen Respekt und erinnert an dessen phänomenale Bücher über *Sexualität und Wahrheit.* »Diese Geschichte der Sexualität soll nicht eine Geschichte von Historikern sein«, denn die Sexualität wird bei ihm nicht zum Gegenstand der Geschichte, sondern so Foucault »die Geschichte umstellt das Wort Sexualität mit Anführungszeichen«, die ihre Bedeutung haben. »Es handelt sich somit um die Geschichte eines Wortes.«[63] Die Geschichte dieser unterbrochenen Freundschaft endet – über Foucaults Tod im Juni 1984 hinaus – mit ebendiesem Erinnerungstext vom November 1991.

1964 PIERRE KLOSSOWSKI

Im August 1963 liest Michel Foucault die Aufsätze von Pierre Klossowski über Friedrich Nietzsche. Er lernt ihn persönlich über Roland Barthes kennen und bringt ihn wiederum mit Gilles Deleuze zusammen; dessen Beziehung zu Klossowski festigt sich 1964. Foucault und Deleuze, Deleuze und Klossowski, Klossowski und Foucault treffen sich regelmäßig, aber nie zu dritt. Im März 1964 erscheint Foucaults umfangreicher Aufsatz über Klossowski[64] und fünf Monate später seine Besprechung der Vergil'schen *Äneis*-Übersetzung von Klossowski.[65]

Im Oktober 1964 hält Michel Foucault seine erste Vorlesung über Sexualität an der Universität Clermont-Ferrand. Hier wird das Fundament für die späteren Bände von *Sexualität und Wahrheit* gelegt. Er will von da an das Verhältnis zwischen kritischem Denken und anthropologischer Reflexion untersuchen. Sein Buch *Die Ordnung der Dinge*, an dem er bereits arbeitet, bezeichnet der Autor als sein »Buch über die Zeichen«. In einem Brief drei Monate später widerruft er allerdings: »Ich habe nicht über Zeichen gesprochen, sondern über die Ordnung.«[66]

Neben der Sexualität ist die Literatur das große Thema in den sechziger Jahren. Sein Interesse an Literatur bleibt rege bis zum Tod und reicht bis zu den ersten Veröffentlichungen zurück. So fragt bereits seine Einleitung zu Ludwig Binswangers *Traum und Existenz* (1954) nach dem Epischen, Lyrischen und Tragischen. Sein besonderer Augenmerk gilt hier jedoch dem Tragischen, das er in Anlehnung an Heidegger als den lediglich »möglichen Übergang von der Anthropologie zur Ontologie« bezeichnet.[67]

Achim Geisenhanslüke, Arne Klawitter und Stefan Wunderlich haben in ihren Arbeiten über Foucault auf diesen besonderen Aspekt hingewiesen.[68] Das Leitmotiv des Tragischen ist der Ansatzpunkt für eine Ontologie der Literatur in *Wahnsinn und Gesellschaft*, ebenso wie in der frühen Schrift *Psychologie und Geisteskrankheit*, in der er sich an verschiedenen Stellen auf die tragische Zerrissenheit bei Hölderlin, Nerval, Roussel und Artaud beruft.

Michel Foucault selbst formuliert den Begriff der »Ontologie der Literatur« in seinem Text *Die Sprache, unendlich* (1963).[69] In der Literatur von Bataille sieht er eine »Ontologie der Literatur« als den Begriff der Überschreitung, bei Blanchot als das Denken des Außen und bei Klossowski als die Darstellung des Simulakrums.[70] In seinem Text über die *Ordnung der Dinge* sieht er die Moderne als Zeichen für das Wiederauftauchen des (ontologischen) Seins der Sprache, das zugleich das Verschwinden des Subjekts vorwegnimmt, das wiederum seine Theorie bestimmt. Vor allem in den sechziger Jahren äußert sich Foucault wiederholt zur Funktion moderner Literatur als einer Form des von ihm so bezeichneten Gegendiskurses.

Batailles Konzept der Überschreitung lässt sich ebenso auf Blanchot und Klossowski übertragen, denn die Erfahrung der Überschreitung zeichnet sich ab vor dem Hintergrund der Erfahrung vom Tod Gottes – mit dem der menschlichen Existenz die Grenze des Unbegrenzten genommen ist – und auf der Folie der Erfahrung der Sexualität, die die Grenze bildet und die nur in der Erotik zu überschreiten wäre. Der Tod Gottes, die Zerstörung der Welt, die Auflösung der Person, die Aufspaltung des Körpers, der Funktionswandel der Sprache sind charakteristisch für Klossowskis Werk. Was Klossowski positiviert, zerstört die Ordnung Gottes, zu der »die Identität Gottes als letztes Fundament, die Identität der Welt als umgebendes Milieu, die Identität der Person als wohlbegründete Instanz, die Identität der Körper als Basis, schließlich die Identität der Sprache als Macht zur Bezeichnung des ganzen Restes« gehört.[71]

Die Schriften Klossowskis kündigen bereits an, wo die Bewegungen dieser Überschreitung sind: in den Wellen, die ans Ufer hinlaufen und zurückrollen, sich überschlagen, aufschäumen und sich auslöschen. Es geht darum, »endlich unsere Sprache zu befreien«, um eine Sprache, die kein Subjekt mehr haben kann und soll, möglich zu machen.

Diese Auflösung des Subjekts oder der Ich-Identität ist auch als Einheitspunkt von Klossowskis Lebenswerk zu interpretieren, in dem Moment, wo sich seine Nietzsche-Deutung mit seiner Sade-Interpretation deckt, vor allem aber wohl ablesbar in seinem Hauptwerk *Die Gesetze der Gastfreundschaft* (1965). Hier in den Variationen der Heldin Roberte geht es um die Differenzierung einer unbekannten Identität. Darum wird Roberte von ihrem Schöpfer vielfach gespiegelt in den Medien Literatur, Zeichnung, Fotografie und Film. Diese Variationen des einen Themas, nämlich dass es eine originale Roberte nicht gibt, bestätigen die Auflösung ihrer personalen Identität.

Wenn Octave das Gesetz der Gastfreundschaft verkündet, demzufolge er den Gästen seine Frau Roberte schenkt, dann geht es dem Autor darum, das Wesen Robertes zu vervielfachen, Trugbilder und Widerspiegelungen zu schaffen. Deleuze spitzt es zu:»Das ganze Werk Klossowskis strebt auf ein einziges Ziel hin: Den Verlust der personalen Identität zu bezeugen, das Ich aufzulösen, das ist die glanzvolle Trophäe, die die Figuren Klossowskis von einer Reise an den Rand des Wahnsinns zurückbringen.«[72]

Wie Foucault ja in *Wahnsinn und Gesellschaft* feststellt, gibt es keine Kommunikation zwischen der Vernunft und dem Wahnsinn, denn die Struktur der Sprache verfestigt sich zugunsten des einen und macht damit den anderen stumm. Darum unternimmt Foucault eine »Archäologie des Schweigens«. Die Sprache verdankt ihr Vermögen zur Überschreitung, etwa in der Literatur von Bataille, Blanchot und Klossowski, dem umgekehrten Bezug, »nämlich von einem unreinen Sprechen zu einem reinen Schweigen, und dass sich in dem endlos von dieser Unreinheit durchquerten Raum das Sprechen an ein solches Schweigen wenden kann«[73].

Das Werk von Pierre Klossowski beruht auf einem Parallelismus von Körper und Sprache und zugleich auf einer wechselseitigen Reflexion. »Durch Denken wirkt die Sprache und durch Pantomime aber der Körper«, wie es Gilles Deleuze ausdrückt.[74] »Der Körper ist Sprache, weil er im wesentlichen Flexion ist. In der Reflexion ist die körperliche Flexion gleichsam verdoppelt, geteilt, sich selbst gegenüber gestellt, auf sich reflektiert; sie erscheint schließlich für sich, befreit von allem, was sie gewöhnlich verbirgt.«[75]

Von der Sprache ist der Weg zur Überschreitung bei Klossowski nicht weit, denn für die Erfahrung der Überschreitung kommt es ebenfalls darauf an, sich von einer Sprache und einer Ethik zu lösen, welche die einer »geteilten Welt« ist. Die Überschreitung selbst bejaht sowohl die Begrenzung des Seins als auch »jenes Unbegrenzte, in welches sie ausbricht und das sie damit erstmals der Existenz erschließt«[76].

Wenn das Sprechen ein aktives Verhalten gegenüber den Widerspiegelungen, Echos und Verdoppelungen ist, dann führt das zu der Deleuze'schen These, dass »die Auflösung des Ichs nun nicht mehr eine pathologische Bestimmung ist, sondern zur höchsten Macht wird, die reich ist an positiven und heilbringenden Versprechen«. Und »ausschweifend ist das Ich nur, weil es zunächst aufgelöst wird«[77].

Foucault verhandelt also in erster Linie den Zusammenhang zwischen dem Sein der Sprache in der Literatur und der modernen Erfahrung der Endlichkeit als Grundlage einer Ontologie der Literatur – insbesondere in den Texten von Bataille und Blanchot, Roussel und Robbe-Grillet, aber auch bei Pierre Klossowski.

Als dessen Roman *Baphomet* 1965 in dem Pariser Verlag Mercure de France erscheint, ist dieser keinem anderen gewidmet als eben Michel Foucault.[78] Zu Lebzeiten sind ihm zwei Texte gewidmet; eben Pierre Klossowskis *Baphomet*, aber auch George Dumézils *Gesta Danorum* (1961). Beide sind väterliche Freunde für Michel Foucault, und ihre Werke haben für ihn eine gewisse autoritative und magistrale Funktion, weil sie vor allem auf die Raum-und-Zeit-Bestimmung hinweisen, »die für Foucault, für die Auswahl, für die Konturierung seines Gegenstandsfeldes bestimmend geworden«[79] ist.

In diesem Text verhandelt der Autor die Frage nach der Identität von Personen, deren Spiegelung, Verdoppelung und Wiederholung. Baphomet ist das zwiegeschlechtliche Idol, das der Orden der Templer anbetet. Therese erkennt in Roberte ihre spätere Wiedergeburt. Ihr Bruder Damien ist die Doppelung ihres perversen Gatten Octave, einem Theologen.

Der Knabe Baphomet wird von seiner Tante den Templern zur Erziehung überantwortet, zunächst als Lustobjekt begehrt, dann als Verräter verdächtigt und schließlich als der göttliche Baphomet verehrt und ermordet. Der literarische Text von Klossowski spielt Jahrhunderte später, vermutlich in der Zeit seines Erscheinens, und konfrontiert seine Leser mit starken Bildern und drastischen Szenen. Die Seelen verstorbener Menschen tummeln sich in andauernder Unzucht, und ihr Hüter und Bewahrer, der Ordensmeister Jacob von Molay, erliegt selbst dem Zauber Baphomets. Hinter den theologischen Formen des Glaubens verbergen sich Bilder der Erotik, die der Autor enttarnt. Der Reiz dieses Romans liegt darum nicht in der Kraft religiöser Gewalt, sondern in der Stärke der ästhetischen Reize.

Foucault setzt sich öffentlich für Klossowski ein. Dieses Engagement führt zu regelmäßigen, häufigen Besuchen. Klossowski liest Foucault Kapitel für Kapitel seines da noch ungedruckten Romans *Der Baphomet* vor. Auf diese Weise wird das Buch bereits demjenigen gewidmet, der es als Erster hört.[80] Kurz nach seinem Erscheinen erhält dieses Buch den Prix des Critiques.[81]

Der 1905 geborene Pierre Klossowski ist zwei Jahrzehnte älter als Michel Foucault. 1963 lernt Foucault den Achtundfünfzigjährigen kennen, der in dieser Zeit am Roman *Der Baphomet* (1965) und an seinem Text über *Nietzsche und der Circulus vitiosus deus* (1969) arbeitet.[82] Zudem wird er auf Anregung von Foucault das Nietzsche-Buch der *Fröhlichen Wissenschaft* ins Französische übertragen und in der Nietzsche-Ausgabe der *Œuvres philosophiques complète* veröffentlichen.[83]

Diese Ausgabe wird von Deleuze und Foucault verantwortet.[84] Klossowskis Nietzsche-Buch ist Deleuze gewidmet[85] und wird vom Autor mit der Nietzsche-Frage eröffnet, was uns heute »philosophisch leben« bedeute.[86] Klossowski und Foucault finden beide die Antwort darin, dass die Philosophie nicht nur ein Wille zum Wissen, sondern auch eine Lebensform ist. In seinem Aufsatz über Klossowski zitiert Foucault ausführlich den Aphorismus 341 aus der *Fröhlichen Wissenschaft*, in dem es auf den Augenblick und »dich selber« ankommt, denn »die ewige Sanduhr des Daseins wird immer wieder umgedreht – und du mir ihr, Stäubchen vom Staube!«[87].

Foucaults Bewunderung für Klossowski hält zeitlebens an. 1964 veröffentlicht er einen umfangreichen Text über dessen Werk. Hier analysiert er das Spiel der Doppelungen und Trugbilder, des Blicks und der Sprache. Foucault weist vier Kategorien des Sehens bei Klossowski nach: das Simulakrum (Trugbild), die Similitude (Ähnlichkeit), die Simultanität (Gleichzeitigkeit) und die Simulation (Vortäuschung). Außerdem macht er entsprechende Sprachkategorien fest: die Evokation (Anrufung), die Provokation (Hervorhebung) und die Revokation (Widerruf).[88]

In seinem Aufsatz *Die Prosa des Aktaion* spricht Foucault von einer seit Langem verloren gegangenen Erfahrung, von der noch Reste und Spuren übrig sind: »Der Weg der Theologen und der Weg der griechischen Götter, deren strahlende Rückkehr Nietzsche, augenblicklich verkündet«, werde bei Klossowski wiederentdeckt und in die Konfiguration des modernen Wissens eingezeichnet. Dabei handele es sich um eine »Rückkehr der Götter«, als »wenn dir eines Tages oder Nachts, ein Dämon in deiner einsamsten Einsamkeit nachschleicht und dir sage: ›Dieses Leben, wie du es jetzt lebst und gelebt hast, wirst du noch einmal und noch unzählige Male leben müssen; und es wird nichts Neues daran sein, sondern jeder Schmerz und jede Lust und jeder Gedanke und Seufzer und alles unsäglich Kleine und Große deines Lebens muss dir wiederkommen, und Alles in derselben Reihe und Folge‹.«[89]

Vielleicht ist es gar nicht mehr notwendig, an Götter zu glauben, wenn die Menschen sich der göttlichen Struktur, der Glaubensüberzeugung bedienen. Das kann zu einer Alleinstellung der Theologie führen, die den Gott verleugnet und eine mögliche Einheit von »Theologie und Pornographie« möglich macht. Klossowskis Frage ist hier anschließend die Frage nach der Bedingung, unter der die Beschreibung »sich auf die Perversion der Körper als Pathologie« bezieht.[90]

Die Gegenwart sei die Zeit der großen Wende, so Foucault, getragen von dem Versuch, die griechische Erfahrung wiederzugewinnen. Es ist nicht die Erinnerung an die Zeit des Ursprungs, nicht die Rede von der Tiefe des Grundes, sondern die Wahrnehmung der Transformation des Wissens, die sich hier vollzieht und die eine andere Sprache und eine neue Erfahrung möglich macht. Mit Nietzsches Aphorismus 341 aus der *Fröhlichen Wissenschaft* gesprochen heißt das: »Du bist ein Gott und nie hörte ich Göttlicheres.«[91]

Die Lektüre des Nietzscheanischen Werkes gibt den Anstoß dazu, sowohl für Klossowski als auch für Foucault und Deleuze, die Kategorie des Subjekts, seine Suprematie, seine begründende Funktion infrage zu stellen. Es geht nicht um ein Spekulieren, sondern um die Umsetzung eines Werks in die Praxis, die Umkehrung des Subjekts in etwas radikal anderes.[92] Es geht für Foucault in seinen folgenden Analysen nicht um das, was Systeme konstruieren, sondern auch um das, was direkte und persönliche Erfahrungen bedeuten. Diesen – wenn man so will – anderen Begriff von Philosophie führt Foucault auf Bataille und Blanchot, Nietzsche und Klossowski zurück.

Allerdings beginnt die französische Wiederentdeckung von Nietzsches Werk mit den Aufsätzen von Bataille, die er 1937 in seiner Zeitschrift *Acéphale* publiziert. 1939 vertritt Klossowski erstmals bei einem öffentlichen Vortrag die Ansicht, das Sade nicht der Anti-Christ sei, sondern dass dieser nur zeige, dass das Böse ein natürliches Ereignis des freien Willens sei. In seinem Vortrag *Sade et la Révolution* zieht er politische Konsequenzen: »Dieses Böse muss daher ein für alle mal ausbrechen; die Saat des Bösen muss aufgehen, damit der Geist sie ausrotten und vertilgen kann.«[93]

Georges Batailles Tenor als eine Wiedergutmachung an Nietzsche ist dessen Verteidigung durch den Nationalsozialismus der ungerechtfertigten Vereinnahmung. Batailles Verteidigung gipfelt in dem bekannten Bonmot: »Ich bin Nietzsche«. Dieses Bekenntnis legt er in seinen Büchern *Sur Nietzsche* und *Mémorandum* ab. Wenn *Sur Nietzsche* der erste Fixpunkt der Nietzsche-Renaissance in Frankreich ist, dann folgt mit Klossowskis *Nietzsche und der Circulus vitiosus deus* der zweite Höhepunkt. Dazwischen liegen die Bücher und Aufsätze von Maurice Blanchot und Gilles Deleuze, Michel Foucault und Jacques Derrida. Während Bataille sagt: »Ich bin Nietzsche«, formuliert Klossowski defensiver: »Wollen wir ihn vielleicht für uns sprechen lassen.«[94]

X. Tunis und Vincennes

»Egal, wer spricht, doch was er sagt, sagt er
nicht von irgendwo aus. Er ist notwendig in
das Spiel einer Äußerlichkeit eingefangen.«
Michel Foucault[1]

Im Mai 1965 wird eine Kampagne einiger Hochschullehrer gegen Michel Foucault aufgrund seines Privatlebens geführt. Somit wird verhindert, dass er in die Hochschulverwaltung berufen wird. Zumindest hat er keine Lust mehr, in Clermont-Ferrand zu lehren. Er sucht eine andere Lehrtätigkeit, was nicht ganz leicht ist. Auf eine Bewerbung am Collège de France verzichtet er zugunsten von Georges Duby. An der Sorbonne bewirbt er sich aus Angst vor Feindseligkeiten nicht. Er denkt an einen akademischen Wechsel ins Ausland und zuletzt landet er in Tunis.

Gérard Deledalle richtet 1963 die »licence de philosophie«, einen Diplomstudiengang, mit dem man nach Abschluss am Wettbewerb (»concours«) zur Erlangung der Lehrerlaubnis an staatlichen Gymnasien teilnehmen kann, an der Universität von Tunis ein. Deledalle lädt nur ein Jahr später Jean Wahl zu Gastvorträgen nach Tunis ein, der wiederum nach seiner Rückkehr nach Paris den Kontakt zu Michel Foucault herstellt. Nachdem das tunesische Hochschulministerium zustimmt, kann dieser als Gastprofessor für Philosophie von Clermont-Ferrand an die Universität Tunis wechseln.

Foucault kennt Tunesien bereits, weil Daniel Defert seit 1964 regelmäßig hier ist, wo Foucault ihn schließlich mehrfach besucht. Ende 1966 kommt er vorerst für längere Zeit in Tunis an und kann mit seinem Lebensgefährten ein Haus in Sidi Bou Saïd beziehen. Der Arbeitsvertrag bezieht sich auf drei Jahre, aber er unterrichtet schließlich nur zwei Jahre an der Universität von Tunis. Hier schreibt er Aufsätze und hält Vorlesungen, die nicht zuletzt die Grundlage zur *Archäologie der Wissenschaften* (1969) bilden. Diese Texte sind eine Art vorweggenommene Legitimation oder Verteidigung seiner neuen archäologischen Methode.

»Ein Land, das von der Geschichte gesegnet ist und, weil es Hannibal und den heiligen Augustinus hervorgebracht hat, das ewige Leben verdient«, wie es Foucault bei einem Besuch der Ruinen von Karthago auf den Punkt bringt.[2] Im Nachbarort von Carthage wird er zukünftig sein Domizil beziehen und zwei Jahre in dem Küstendorf Sidi Bou Saïd (in den ehemaligen Pferdeställen des Bey) wohnen.

Jean Daniel erinnert sich: »In diesem Dorf, in dem er glücklich war, kannte jedermann ihn wegen seiner Gewohnheit, vom frühen Morgen an vor den Fenstern seiner Villa zu arbeiten, und wegen seiner Versessenheit darauf, sich im Sonnenlicht zu bewegen und zu leben.«[3]

Sidi Bou Saïd ist neben Carthage der im Ausland wohl bekannteste Ort in Tunesien, dank seiner unvergleichlich schönen Lage auf einem ockerfarbenen Felsen, der den Golf von Tunis überragt, und dank seiner bis heute gut erhaltenen mittelalterlichen Architektur. Der Name des Ortes stammt von seinem Gründer, dem Einsiedler, Religionskämpfer und Schutzherrn der Piraten Abu Saïd El Beji. Er wird 1159 in einem Vorort von Tunis geboren, besucht die Universität und Moschee Zitouna, geht auf Pilgerreise nach Mekka und bekennt sich zum Sufismus. Nach seiner Rückkehr zieht er sich auf den beschriebenen Felsen zurück, wo er meditiert und Andacht hält. Er wird zum Anführer einer mystischen Bewegung des Islam und stirbt 1236 an dieser Stätte. Im 15. Jahrhundert wird aus seinem Grab ein Mausoleum, und der Ort trägt von nun an den Namen Sidi Bou Saïd. Bis heute ziehen zu seinen Ehren jedes Jahr im August bunte Prozessionen durch die Straßen mit Ruhmesgesängen für den heiligen Bou Saïd.

Ich schreibe dieses Buch über Michel Foucault in meiner Zeit als DAAD-Lektor an der Université La Manouba von Oktober 2008 bis Juni 2011. Ich wohne in dem kleinen Fischerdorf La Goulette unweit von Michel Foucaults Domizil und kann ein wenig (allerdings vierzig Jahre später) die Atmosphäre nachempfinden, in der er sich befand. La Goulette ist die erste Küstenstadt nach Tunis, und ihr kommt die Rolle einer engen Hafeneinfahrt zu, der sie ihren Namen verdankt: Halk el Qued. Fährschiffe fahren täglich nach Genua und Marseille. Am Ausgang des Hafens liegt das kleine Stadtviertel La Petite Sicile, in dem ich wohne. Es ist der letzte Überrest einer kosmopolitischen Vergangenheit, in der Christen und Juden aus Italien, Malta und Sizilien und muslimische Araber zusammengelebt haben.

In den Wintermonaten bin ich oft der einzige Europäer in diesem kleinen Ort; nur im Sommer verirren sich wenige Touristen an diesen Platz. Nach La Goulette folgen Le Kram, Kherredine, Karthago (mit den Stationen Salammbo, Byrsa, Dermech, Hannibal, Présidence und Amilcar) und schließlich entlang der Mittelmeerküste Sidi Bou Saïd; danach La Marsa, Gammarth und Raoued.

Zu dritt gehen Jean Daniel, Daniel Defert und Michel Foucault zum Strand und sprechen über Philosophie und Literatur: »Zuletzt als ich ihn an dieser Stelle sah, spielte Foucault auf Julien Gracq und André Gide an, die sein Freund Roland Barthes mit Wonne neuentdeckte. In dieser Umgebung schien er die Philosophie zu meiden, die Literatur war eine Zuflucht.«[4]

Sprache und Literatur sind entscheidende Themen für ihn in den sechziger Jahren. Wenn er über Literatur spricht, dann ist seine Sprache bildlich, fast poetisch. Das ist »die einzige Weise, dem gerecht zu werden, was Foucault als das Wesen der Literatur begreift«[5]. Er sieht in der Literatur sowohl die Doppelstruktur des Textes als auch dessen Intertextualität. Diese Perspektive ist in der französischen Literaturwissenschaft seit den fünfziger Jahren verankert; sie hat sich durch die

Arbeiten von Maurice Blanchot und Roland Barthes herausgebildet und wird – zuvor durch Michael M. Bachtin entwickelt – von Julia Kristeva weitergeführt. Diese Theorie steht zwar gegen Michel Foucaults Idee der unendlichen Verschachtelung, aber hat – wenn man so will – die gleichen Wurzeln. »Doch Foucaults Interesse an den unendlich verschachtelten Texten ist kein literaturtheoretisches. Immer wieder ist es der Tod, der in den Mittelpunkt seiner Überlegungen rückt.«[6] Die Faszination am Phänomen der Selbstdarstellung der Sprache bringt ihn nicht zuletzt zum Entwurf einer Ontologie der Literatur, bei der »das Sprechen sich so weit wie möglich von sich selbst entfernt«[7].

Die Sprache übernimmt jene Aufgabe, die die Geschichte im 19. Jahrhundert innehatte als eine Geschichte der Grenze, des Extremen, des Protests und der Übertretung: »Im Moment, und das übrigens schon seit dem 19. Jahrhundert, erscheint das Spiel mit der Grenze, ihre Infragestellung und Übertretung mit viel größerer Heftigkeit im Bereich der Sprache. Das Problem Vernunft-Unvernunft finden wir jetzt im Innern der Sprache. Im zugleich rein und homogen gemachten Feld der Sprache spielt sich genau das ab, was wahrscheinlich die Möglichkeit der Infragestellung unserer Kultur ist.«[8]

Die Universität befindet sich am Boulevard du 9. Avril[9], und anfangs nimmt Foucault noch den TGM-Zug bis Tunis-Marine. Er geht den Boulevard Habib Bourguiba zu Fuß hinauf und quer durch den Souk und die Medina. Sein Lehrdeputat umfasst alle drei Jahrgänge, und er spricht über Descartes, Nietzsche und Husserl, aber auch über die Malerei von der Renaissance bis Manet. Auch differiert er die Ergebnisse der Psychologie, Psychiatrie und Psychoanalyse. Im Auditorium sitzen bis zu zweihundert Studierende.

Foucault beteiligt sich aktiv am Universitätsleben und verkehrt mit den französischen Professoren. Außerdem besucht er den »Club philosophique«, den die Studierenden selbst organisieren. Im »Club Tahar Hadad« am Boulevard Pasteur hält er Vorträge, die von Jelila Hafsia eingeleitet werden. 1967 besucht ihn sein alter Lehrer und Freund Jean Hyppolite und spricht an der Universität über Hegel und die moderne Philosophie. Auch Paul Ricœur kommt nach Tunis. Doch die beiden verstehen sich nicht gut und geraten in Streit über den Strukturalismus.

Festzuhalten bleibt, dass Foucault nur wenige Monate nach dem Erscheinen von *Die Ordnung der Dinge* (1966) Frankreich verlässt und in Tunesien am Manuskript von *Archäologie des Wissens* (1969) arbeitet, denn er »will erklären, was ich in den Büchern habe machen wollen, in denen noch so viele Dinge dunkel geblieben waren. Den Raum abstecken, der diese Untersuchungen ermöglicht, und vielleicht sogar andere, die ich nie fertigstellen werde; kurz: jenem Wort ›Archäologie‹ Bedeutung verleihen.«[10] Michel Foucault arbeitet hartnäckig und fleißig, morgens am Schreibtisch in Sidi Bou Saïd und nachmittags in der Nationalbibliothek in Tunis. Sein Buch ist fertig, als er Tunis im Herbst 1968 verlässt; es erscheint Anfang 1969.

Im Dezember 1966 beginnt eine stürmische Phase der politischen Agitation an der Universität von Tunis. Als ein Student aus nichtigem Grund von einem

Polizisten verprügelt wird, bricht die Revolte los. Als ein halbes Jahr später die israelische Armee im Sechs-Tage-Krieg siegt, durchzieht eine Welle der Gewalt das Land. Die pro-palästinensischen Proteste kippen in antisemitische Aktionen um. Foucault dokumentiert diese Pogrom-Atmosphäre und notiert, dass es über fünfzig Brandstiftungen, knapp zweihundert Plünderungen und eine geschändete Synagoge gibt. Die Staatsmacht reagiert mit Strenge; die Universitäten werden von einer weiteren Protestwelle erfasst. Marxistische, trotzkistische und maoistische Studierende schließen sich zusammen, um eine radikale Opposition gegen Präsident Bourguiba zu formieren. Im Juni 1968 reagiert dieser mit Härte und lässt Hunderte Studierende einsperren.

Im Spätsommer versucht Foucault zugunsten der Inhaftierten auszusagen; seine Hartnäckigkeit wird damit beantwortet, dass ihn Polizisten in Uniform oder Zivil bedrohen. Die Studierenden werden zu sehr schweren Gefängnisstrafen verurteilt. Foucault macht quasi politische Erfahrungen vor den Pariser Mai-Unruhen 1968: »In meiner Stellung als Professor, als Franzose, war ich in gewisser Weise vor den örtlichen Autoritäten sicher, was es mir leicht gemacht hat, eine Reihe von Aktionen zu unternehmen und gleichzeitig aufmerksam zu beobachten, wie die Regierung auf all das reagierte.«[11]

Er ist beeindruckt von dem Mut, mit dem die Studierenden sich in ihren Aktionen und Protesten erheblichen Risiken aussetzen. Das ist für Foucault eine wichtige, unmittelbare politische Erfahrung. Er sieht sich veranlasst, die tunesischen Studenten zu unterstützen, wenngleich sie sich auf den Marxismus, mit Radikalität, Gewalt und Intensität berufen. Foucaults Eintreten in den politischen Prozess rund um die Fragen der 68er beginnt also nicht in Europa: »Das bedeutete Tunesien für mich: Ich musste in die politische Debatte eintreten. Nicht im Mai 68 in Frankreich, sondern im März 68 in einem Land der Dritten Welt«[12], und »das war es, was ich in Tunesien gesehen habe, den Beweis für die Notwendigkeit des Mythos, einer Spiritualität, die Unerträglichkeit bestimmter Situationen, die Kapitalismus, Kolonialismus und Neokolonialismus hervorrufen«[13], darum ist das, »was ich 1968-1969 in Frankreich gesehen habe, genau das Gegenteil dessen, was mich im März 1968 in Tunis interessiert hatte«[14]. Auch wenn Foucault 1969 nach Frankreich auf den Ruf an die Universität von Vincennes zurückkehrt, so behält er doch sein Haus in Sidi Bou Saïd. Er kehrt noch einmal 1971 nach Tunesien zurück; beschließt aber, dieses Land danach nicht wieder zu betreten, weil er sich dort aus politischen Gründen nicht wohlfühlt.

Tatsächlich ist die Situation schwierig: Am 20. März 1956 wird zwar die 240 Jahre alte Dynastie abgeschafft und Tunesien formell unabhängig. Der sechsundsiebzigjährige Bey El-Amin muss abtreten, und 1957 proklamiert das Parlament die Republik und wählt Habib Bourguiba zum Staatspräsidenten. Dieser verleiht sich anschließend selbst den Titel El-Mujahid el-Akbar (der allergrößte Kämpfer) und inszeniert einen Kult um seine Person. Heute steht in Monastir das pompöse Bourguiba-Mausoleum. Bourguiba tritt für Religionsfreiheit, die rechtliche Gleich-

stellung von Mann und Frau und für soziale Absicherung und allgemeine Bildungs-
chancen ein. Mehr als dreißig Jahre regiert er Tunesien als aufgeklärter Autokrat.
Am 7. November 1987 (dem heutigen Feiertag der so bezeichneten Erneuerung) wird der inzwischen dreiundachtzigjährige Bourguiba durch einen unbluti-
gen Putsch des bis dahin nur kurz amtierenden Ministerpräsidenten Zine el-Abidi-
ne Ben Ali abgesetzt. Dieser reformiert den Staat, liberalisiert die Wirtschaft und
schaltet die Opposition aus. Tunesien ist vergleichsweise modern, sicher und vor
allem friedlich. Lange Zeit ist aber das Land mit einem Netz aus Geheimpolizei
und mit einem System von Spitzeln überzogen, die staatlichen Medien sind in
der Hand des Präsidenten und seiner Familie, die Opposition ist eingeschüchtert,
und es besteht weiterhin ein für westliche Demokraten kaum fassbarer (jedoch in
der arabischen Welt nicht unüblicher) Personenkult um diesen Präsidenten. Sein
Konterfei begegnet einem an jeder Straßenkreuzung, in jedem noch so kleinen
Geschäft, an Hauswänden und in öffentlichen wie privaten Gebäuden.

Am 17. Dezember 2010 – über vier Jahrzehnte nach Foucault Tunesienaufenthalt – übergießt sich der junge Tunesier Mohammed Bouazidi mit Benzin und
zündet sich an. Bouazidi, der einen Märtyrertod stirbt für eine im Folgenden entstehende Befreiungsbewegung, reagiert mit seinem Suizid auf die alltägliche Gewalt, Unterdrückung und Korruption des Regimes von Ben Ali. Sein Suizid und
der Freitod weiterer Entrechteter führt zu einer politischen Widerstandsbewegung,
die zuletzt am 14. Januar 2011 den tunesischen Präsidenten und seine Familie ins
Exil zwingt. Tunesien tritt mit der Befreiung aus autokratischer Herrschaft eine
Lawine los, die Ägypten, den Jemen, Jordanien und Syrien, Libyen und Algerien
und weitere arabische Staaten nicht unberührt lassen.[15]

1965 Ferdinand de Saussure

Das wirkungsmächtigste Buch über das Sprachdenken im 20. Jahrhundert ist mit
dem Namen Ferdinand de Saussure verbunden. Es ist der drei Jahre nach seinem
Tod aus Vorlesungen zusammengestellte *Cours de linquistigue générale*. Dieser gilt
allgemein als die Geburtsstunde sowohl der modernen Sprachwissenschaft als auch
des allgemeinen Strukturalismus. Ferdinand de Saussure ist somit posthum der Begründer der strukturalen Linguistik und des Strukturalismus schlechthin. Noch bis
1930 bleibt der Strukturalismus auf die Linguistik (Roman Jakobson) beschränkt,
doch bald schon folgt die strukturale Anthropologie (Claude Lévi-Strauss), die strukturalistische Psychoanalyse (Jacques Lacan) und die strukturalistische Literaturwissenschaft (Roland Barthes). Die Sprachauffassungen der strukturalistischen Schulen prägen mehrere Jahrzehnte die fachliche Praxis der Linguistik.

Seine sprachwissenschaftlichen Studien absolviert Ferdinand de Saussure in
Leipzig bei dem Junggrammatiker Karl Brugmann, die er dort 1880 mit einer Dis-
sertation abschließt. Von 1881 bis 1891 setzt Ferdinand de Saussure seine Studien in
Paris fort. Schließlich kehrt er nach Genf zurück und arbeitet an der dortigen Uni-

versität als freier Dozent bis 1896. Zuletzt erhält er eine ordentliche Professur für indoeuropäische Sprachen und Sanskrit. Dieser Lehrstuhl wird 1906 umbenannt in »Allgemeine Linguistik und vergleichende Geschichte der indoeuropäischen Sprachen«. Saussure hat ihn bis zu seinem Tod 1913 inne. Er stirbt im Alter von fünfundfünfzig Jahren.

In den Jahren 1907 bis 1911 veranstaltet Ferdinand de Saussure drei große Vorlesungen in theoretischer Linguistik, die seinen eigentlichen Ruhm begründen. In diesen Vorlesungen formuliert er seinen Anspruch auf die Gründung einer eigenständigen Sprachwissenschaft. Darum trennt er das Phänomen Sprache in die drei Teilbereiche Sprache, Sprachfähigkeit und Sprechen auf. Darüber hinaus kommt er zu der Erkenntnis, dass eine Wissenschaft von der Sprache, die die Bereiche »langue« und »parole« untersuchen will, nicht ohne andere Wissenschaften wie Soziologie, Ethnologie, Geschichte, Psychologie und Physiologie auskommen kann: »Indem man die Sprache vom Sprechen scheidet, scheidet man zugleich: erstens das Soziale vom Individuellen; zweitens das Wesentliche vom Akzessorischen und mehr oder weniger Zufälligen.«[16]

Die Linguistik ist eine anthropologische, soziale und psychologische Wissenschaft, weil die konventionelle Sprache nur dem Menschen eigen ist und der Ursprung des gesprochenen Wortes in der Leidenschaft und nicht im Bedürfnis liegt. Nur die »langue« (die Sprache als Zeichensystem) kann von einer autonomen Linguistik betrachtet werden. Gleichzeitig ist die Sprache als System von Zeichen bereits für Saussure Gegenstand einer erst noch zu gründenden Wissenschaft, nämlich der Semiologie. Hier definiert er zwei Betrachtungsweisen der Linguistik, eine diachronische (die Entwicklung und Geschichte betreffend) und eine synchronische (das System der Sprache untersuchend): »Der Gegensatz zwischen dem Diachronischen und dem Synchronischen zeigt sich auf Schritt und Tritt.«[17]

Das sprachliche Zeichen bestimmt Saussure als die Verbindung zwischen einem Lautbild und einer Vorstellung (Signifikant und Signifikat), womit er folglich die Unterscheidung von »signatum« (Bezeichnetem) und »signant« (Bezeichnendem) für sich nutzt. Sein entscheidender Schritt ist es, den Bezeichnungseffekt der Sprache entgegen der Tradition nicht mehr als Repräsentation und die Sprache selbst als identitätslos und sekundär gegenüber den von ihr bezeichneten Objekten zu bestimmen, sondern diesen Bezeichnungseffekt als immanentes und konstitutives Prinzip der Sprache anzusehen, indem er die Differenz zwischen den sprachlichen Zeichen als Ursache ihrer Identität (und nicht umgekehrt) bestimmt.

Die Differenz ist damit das Prinzip, welches Signifikant und Signifikat erst erzeugt. Ein Laut ist signifikant durch sein Unterschiedensein von anderen, nicht aber durch einen konkreten Inhalt. Signifikant und Signifikat sind deshalb Werte, nicht weil sie durch ihren Inhalt, sondern durch ihre Beziehungen mit den anderen Zeichen des Systems bestimmt sind. Ihre Eigenschaft liegt darin, etwas zu sein, was die anderen nicht sind. Saussure bestimmt die Schrift sekundär zur gesprochenen Sprache folgendermaßen: »Die Sprache ist ein System von Zeichen, die Ideen ausdrücken und insofern der Schrift vergleichbar. Nur ist sie das wichtigste dieser Systeme.«[18]

Ferdinand de Saussure denkt das Verhältnis von Sprache und Schrift analog dem von Geist und Körper. Jacques Derrida dokumentiert diesen Sachverhalt:»Mit einer behutsamen Bewegung, deren Notwendigkeit kaum wahrzunehmen ist, beginnt alles, was seit wenigstens zwei Jahrtausenden sich unter dem Namen der Sprache zu versammeln trachtete und damit schließlich auch Erfolg hatte, sich nun in den Namen der Schrift zu verlagern, zumindest darunter sich zusammenfassen zu lassen.«[19]

Ferdinand de Saussure muss seine Entdeckung des Prinzips der Differenz aufgrund seines Anspruchs, die Linguistik als autonome Wissenschaft zu etablieren, verleugnen. Doch der Wert dieser Entdeckung, die übrigens für alles gilt, was sich als Zeichensystem begreifen lässt, bleibt bestehen. Hierzu sagt Derrida:»Wenn man die Differenz als den verschütteten Ursprung der Abwesenheit und der Anwesenheit, als die höheren Formen des Verschwindens und des Erscheinens des Seienden anerkennt, dann bliebe zu ergründen, ob das Sein vor seiner Bestimmung in Abwesenheit oder Anwesenheit schon im Gedanken der Differenz impliziert ist.«[20]

Die beiden ersten französischsprachigen Auflagen des *Cours de linquistigue générale* erscheinen 1916 und 1922, die erste deutschsprachige Ausgabe unter dem Titel *Grundfragen der Allgemeinen Sprachwissenschaft* 1931, die zweite Auflage 1967 und die dritte [erweiterte] Auflage 2001. Die ersten Buchveröffentlichungen fallen in die Zeit des Paradigmenwechsels vom Induktionismus zum Konventionalismus[21]. In diesem Kontext wird nun der *Cours de linguistique générale* als ein mit dem wissenschaftlichen Zeitgeist übereinstimmendes Plädoyer für eine konventionalistische Begründung der Linguistik aufgenommen.

Ohne Zweifel legt der *Cours* eine solche Rezeption nahe; allerdings finden sich hierin auch Passagen, die einer konventionalistischen Deutung zuwiderlaufen. Die Richtung geht eher in eine hermeneutisch-dialektische Begründung sprachtheoretischer Erkenntnis. Der seit dem 20. Jahrhundert sich zunehmend auch in den Geisteswissenschaften durchsetzende erkenntnistheoretische Konventionalismus wird für das zweifelhafte Verständnis des Saussure'schen Denkens in zweifacher Weise konstitutiv.

Zum einen löschte der Konventionalismus alle Spuren des Saussure'schen Denkens, die sich im *Cours* gegen die Konzeption von Charles Bally und Albert Sechehaye zu erhalten versuchten, aus den Gründungsjahren der modernen Sprachwissenschaft. Zum anderen bestimmt dieser Konventionalismus den sprachtheoretischen Horizont, der Bally und Sechehaye bei ihrer Editionsarbeit selbst anleitet.

Zu kritisieren ist, dass Bally und Sechehaye das Denken Saussures in Form einer Lehre als geschlossenes System überliefern wollen. Es bleibt bis zuletzt zu fragen, warum eigentlich de Saussure nicht selbst seine Überlegungen publiziert hat. Vermuten lässt sich, das dieses Versäumnis sowohl von einer Stärke zeugen kann als auch von dessen Zweifeln an einer systematischen Darstellbarkeit dieses Gegenstands der Sprachwissenschaft. Festzuhalten bleibt, dass de Saussures Sprachdenken keinesfalls abgeschlossen ist. Die Editionsarbeit der Herausgeber Charles Bally und Albert Sechehaye stellt eine entscheidende Stufe der Wirkungsgeschichte dar, die das Saussure'sche Denken in seiner authentischen Form falsch darstellt, und das aus mehreren Gründen.

Zum einen haben weder Bally noch Sechehaye die drei Genfer Vorlesungen von Saussure über Allgemeine Sprachwissenschaft überhaupt gehört, sondern sie mithilfe von Nachschriften von Studenten rekonstruiert. Leider haben die beiden Herausgeber bei dieser Gelegenheit auch nicht nach weiteren Nachschriften geforscht. Erst jüngst sind Nachlasstexte aufgetaucht, die nun auch in die deutsche Sprache übertragen sind.[22] Zum anderen sind weder Charles Bally noch Albert Sechehaye zwei Saussure-Schüler im üblichen Sinn, sondern bereits zu Beginn des 20. Jahrhunderts selbst Linguisten mit eigener Schule. Bei der Editionsarbeit wird eine Systematik zugrunde gelegt, die Albert Sechehaye selbst entwickelt.

Nach dieser Systematik wird das Quellenmaterial von de Saussure angeordnet. Darüber hinaus werden inhaltlich verschiedene Quellen ineinander verschachtelt und nebeneinanderstehende Quellen miteinander verschmolzen. Weitere Quellen werden durch Einschübe, Streichungen, Hinzufügungen modifiziert und dadurch in ihrem Sinn zum Teil entstellt. So stammt etwa der Anhang »Prinzipien der Phonetik« selbst gar nicht von Ferdinand de Saussure.[23] Im Paragraf »Synchronisches Gesetz und diachronisches Gesetz« werden einerseits ganze Absätze in den ursprünglichen Text eingefügt und andererseits Fragen, die der Autor an seine Leser richtet, von den Herausgebern selbst im Text beantwortet.[24] Gleichsam als Hüter des *Cours de linquistigue générale* haben beide Herausgeber wenig später mit eigenen Publikationen dessen Wirkungsgeschichte bestimmt. Dabei fasst Saussure sein Sprachdenken als eines in Bewegung auf und als räumlich differenziert. Er sagt selbst, »dass eine sich selbst überlassene Sprache [»langue«] einer unbegrenzten Zersplitterung ausgesetzt« ist.[25]

Die Einsicht in das Prinzip des Wandels und in den Ort als Transformation machen ihm die Erkenntnis möglich, dass sprachliche Zeichen wechselseitig determiniert sind. Das kleinste Element der Sprache – das Zeichen – ist nicht korrigierbar und besitzt keine Intention. Das Zeichen ist der »inneren Nichtigkeit der Sprache« ausgeliefert oder anders gesagt: »Die Präsenz einer Form ist in den Formen, die sie von Moment zu Moment umgeben.«[26]

Ferdinand de Saussures Versuch, der Sprachwissenschaft eine zeichentheoretische Basis zu geben, bleibt jedoch einzelsprachig, weil sein Bestreben, vielsprachige Phänomene zusammenzufassen, unmöglich erscheint. Ihm wird bewusst, dass sein Versuch einer Regelkonstitution scheitern muss und nur theoretisch begründbar ist, aber nicht real existiert. Er hat zudem in seiner Lebenszeit noch keine Vorstellung vom Unbewussten, wie es später Jacques Lacan konstatieren wird.[27]

Als Foucault 1975 bei einer Versammlung im Collège de France darum bemüht ist, seinen Begriff von Semiologie zu definieren, beginnt er mit Saussure. Wenn man die Dinge verzerre, würde man sagen, die Semiologie sei nach der Sprachwissenschaft entstanden, so wie die Sprachwissenschaft nach der Philologie entstanden sei. Aber man müsse, so Foucault, vielmehr sagen, dass an der Wende vom 19. zum 20. Jahrhundert eine »Reihe verschiedener Geburten, eine verstreute und gleichzeitige Entstehung« stattgefunden habe.

Die Sprachwissenschaft habe bereits in ihren Anfängen das Versprechen einer Semiologie in sich getragen. Linguistik ist die Wissenschaft von der Sprache, die vom sprachlichen Phänomen getrennt ist. Sie wird von Saussure begründet mit der Idee einer allgemeinen Wissenschaft von den Zeichen, unter denen die Sprachzeichen nur ein Sonderfall sind. Beinahe gleichzeitig versuchen andere Linguisten eine Klassifikation der Zeichen und ihrer unterschiedlichen Mechanismen zu geben.

Michel Foucault hört zum ersten Mal von Ferdinand de Saussure in den Vorlesungen von Merleau-Ponty. Saussure, der damals bereits fünfzig Jahren tot war, wurde völlig ignoriert, zwar nicht von den französischen Philologen und Linguisten, aber von anderen Phänomenen. »Als Saussure definierte, was die Sprache gegenüber dem Sprechen oder die Synchronie gegenüber der Diachronie sein soll, brachte er einen neuen Sektor für mögliche Untersuchungen, ein neues Gegenstandsfeld, das es zuvor nicht gab, zum Erscheinen.«[28]

Schließlich und parallel zu diesen Entwicklungen bringt die Infragestellung ihres eigenen Materials auf konzertierte Weise die formalen Eigenschaften der nonverbalen Sprachen ins Spiel. Foucault erklärt darum, dass man es am Beginn des 20. Jahrhunderts weniger mit der Geburt einer Wissenschaft als vielmehr mit einem Kulturphänomen mit zahlreichen Dimensionen zu tun hat. Die Prozesse vervollständigen unabhängig von einander die Phänomenologie und die Psychoanalyse als einen Prozess, durch den die Beziehung des Sinns zum Signifikanten als eine gebildete Öffentlichkeit gesehen wird.

Als das Problem der Sprache immer vordergründiger wurde, schien es ebenso deutlich, dass die Phänomenologie nicht weiter fähig sein würde, den Sinneffekten weiterhin Rechnung zu tragen. Das kann zu dieser Zeit nur die strukturale Analyse, so Foucault, »in der das Subjekt im Sinne der Phänomenologie nicht als Sinnstifter eingreift«[29]. Merleau-Pontys Vorlesungen von 1949 wecken neben dem Interesse für Saussure auch Foucaults Vorliebe für ein formales Denken, mit dem er sich vom Strukturalismus abgrenzt. Die Philosophie der Bedeutung, deren Repräsentant Maurice Merleau-Ponty ist, steht widerständig gegen das Andere, das Neue – und »das ist das Zeichen, das ist die Sprache selbst«[30].

Als Foucault zwanzig Jahre später auf Mallarmé zu sprechen kommt, verweist er darauf, dass dieser ein Zeitgenosse von Saussure sei: »Ich fand es beeindruckend, dass Ende des 19. Jahrhunderts das Problem der Sprache – allein aus der Sicht ihrer internen Struktur und unabhängig von den Bedeutungen betrachtet – bei Saussure auftauchte und fast genau zur selben Zeit Mallarmé eine Literatur der reinen Sprache begründete, die auch unsere Zeit noch beherrscht.«[31]

Er stellt zuletzt Ferdinand de Saussure in eine Reihe mit Husserl und Freud, denn zum einen: »Und wenn nicht mit Freud, Saussure und Husserl die Frage

nach der Bedeutung und dem Verhältnis zwischen Bedeutung und Zeichen Ein-
gang in die europäische Kultur gefunden hätte, wäre es offensichtlich auch nicht
erforderlich, den Boden zu erforschen, auf dem unser Verständnis von Bedeutung
ruht.«[32] Und zum anderen: »Mit Saussure, Freud und Husserl erscheint nun geradezu im Kern der Erkenntnis des Menschen wieder das Problem des Sinns und
des Zeichens. Das heißt, wir können uns fragen, ob die Wiederkehr des großen
Problems des Sinns und des Zeichens und der Ordnung der Zeichen in unserer
Kultur gleichsam überlagert, was das klassische Zeitalter und die Moderne aus-
gemacht hatte.«[33]

Bislang, so sagt Foucault mit Saussure, ist die Ordnung des Menschen und die
der Zeichen in unserer Kultur nicht vereinbar. Der Mensch stirbt an den Zeichen,
die in ihm entstehen, wie es zuerst Friedrich Nietzsche sagt.

1969 schreibt Foucault eine Einleitung zu *Grammaire générale et raisonnée*, die
von Claude Lancelot und Antoine Arnauld neu herausgegeben wird. Selbstredend
kommt der Autor der Einführung bereits auf der ersten Seute auf Saussure zu
sprechen. Hinter der lapidaren Erwähnung des *Cours* versteckt sich eine Selbstver-
ständlichkeit, mit der er Saussure voraussetzt.[34]

Auch in dem inzwischen berühmten Vortrag *Was ist ein Autor* (1969) steht
Saussure als Begründer der Linguistik an erster Stelle für Foucault. Und in seinem Vortrag an der Universität von Tunis *Linguistik und Sozialwissenschaften* (1968)
stellt er eine Verbindung zwischen Ferdinand de Saussures *Strukturaler Linguistik* und der *Strukturalen Anthropologie* von Claude Lévi-Strauss her mit dem einen
Unterschied, dass »die Saussure'sche Linguistik die Sprache nicht als eine Übersetzung des Denkens und der Vorstellung, sondern als eine Kommunikationsform
ansieht«[35]. Die junge, von Saussure verkündete Wissenschaft von den Zeichen,
die sich auch Semiotik oder Semiologie nennt, »befreit sich mehr und mehr und
scheint ungeheure Anwendungsfelder haben zu können«[36].

3. Eine Prosa der Welt 1966-1973

XI. Die Ordnung der Dinge

»Eine Prosa der Welt zu beschwören, hieße eigentlich,
unserem schweigenden und auf naive Weise unbeweglichen Boden dessen Brüche, dessen Instabilität,
dessen Lücken wiederzugeben. Es hieße, uns daran
zu erinnern, dass wir auf dem Rücken eines Tigers sitzen. Es hieße schließlich die essentielle Leere aus jedem vorstellbaren Blickwinkel heraufzubeschwören
– jenen formlosen Strudel tierischer Energien, den
Nietzsche das Dionysische genannt hatte.«
Michel Foucault[1]

Michel Foucault wird mit einem Schlag bekannt als im April 1966 sein Buch *Die
Ordnung der Dinge* bei Gallimard erscheint. Völlig unerwartet verkauft sich dieses
Buch innerhalb von zwei Monaten besser als alle Auflagen von Sartres Hauptwerk
Das Sein und das Nichts (1943). Die erste Auflage ist bereits nach sechs Wochen ver-
griffen. Die Zeitung *L'Express* geht schließlich so weit, das Buch als die größte Revolution in der Philosophie seit dem Existenzialismus zu bezeichnen. Sätze wie vom
»Tod des Menschen« oder »Der Marxismus ruht im Denken des neunzehnten Jahrhunderts wie ein Fisch im Wasser« kursieren seitdem als emblematische Phrasen.
      Dabei unterzieht der Autor seine bereits bekannten Ideen vom Konstruktions-
charakter des Menschen weiteren Überlegungen. Dazu müssen nach einer an Lévi-Strauss angelehnten Methode die Ursachen der Veränderung von Maßstäben
in unterschiedlichen Wissensformationen dargelegt werden. Um die Gegenwart
begreifen zu können, muss man – so Foucault – archäologisch aufdecken, wie das
heutige Wissen funktioniert beziehungsweise wie es formiert ist. Wissensformationen verändern sich demnach weniger aufgrund des Einflusses großer Theoretiker oder Praktiker (Philosophen oder Politiker), sondern sind durch entlegene
und weit verstreute Texte als die Folge einer kollektiven Denkpraxis nachweisbar,
so zum Beispiel in Gerichtsakten, Verwaltungsprotokollen, Enzyklopädien oder
populärwissenschaftlichen Veröffentlichungen.
      In *Ordnung der Dinge* analysiert der Autor die Episteme der Renaissance, Auf-
klärung, Klassik und der Moderne des 19. Jahrhunderts. »Wenn Foucault sich
nochmals die klassische ›episteme‹ der Repräsentation vergegenwärtigte, so war

für ihn klar, dass vor dem Ende des 18. Jahrhunderts der ›Mensch‹ nicht existierte. Er existierte ebensowenig wie die Kraft des Lebens, die Fruchtbarkeit der Arbeit oder die historische Mächtigkeit der Sprache.«[2] Sarasin weist mit Recht darauf hin, dass die Episteme Foucault weiterhin in Bann halten, denn »Historizität ist der Modus, in dem er selber denkt«[3].

Seine Rede vom »Tod des Menschen« wird berühmt und seine These vom Verschwinden des Menschen »wie am Meeresufer ein Gesicht im Sand« populär.[4] Kurzum, *Die Ordnung der Dinge* ist wie ein Paukenschlag und entwickelt sich schnell zum Verkaufsschlager. Dieser Bestseller der sechziger Jahre wird von den Menschen im Urlaub am Strand gelesen. Hält man sich den pathetischen Ton vor Augen, den Foucault in diesem Buch anschlägt, dann erstaunt der Erfolg der *Ordnung der Dinge* wenig. Der Autor spricht beispielsweise vom »abendländischen Denken«, von »unserer Zeit«, von der »Moderne« und so weiter. Er stellt fest, dass wir »schon nicht mehr denken«. Seine Äußerungen wirken dadurch allgemein und attraktiv. Ein jeder Leser kann sich also angesprochen fühlen.[5] In seiner Rezension schreibt Gilles Deleuze: »Ein neues Bild des Denkens, eine neue Konzeption dessen, was Denken heißt, darin besteht heute die Aufgabe der Philosophie.«[6]

Und diese Aufgabe macht sich Foucault zum Ziel. Dennoch gilt *Die Ordnung der Dinge* als eine besonders schwierige Arbeit Foucaults. Er schreibt eben keine Geschichte der Wissenschaften, sondern stellt die Frage nach deren Entstehungsbedingungen. Foucault kommt dabei zu dem Schluss, dass weder das Wesen Mensch stabil ist noch die Modelle seiner Selbstbestimmung und die angewandten Methoden.[7] Nicht zu vergessen ist, dass 1966 eines der großen Jahre der französischen Human- und Geisteswissenschaften ist: Barthes, Benveniste, Genette, Greimas, Lacan, Lévi-Straus, Todorov veröffentlichen wichtige Bücher und gewöhnen ein Lesepublikum an neue Themen. Allerdings kommt keines von ihnen an die Verkaufszahlen von *Ordnung der Dinge* heran. Neid und Missverständnis führen darum zu scharfen Polemiken gegen Foucaults Buch. So nennt ausgerechnet Althusser dessen Buch »das letzte Bollwerk der Bourgeoisie«. Im Mai, also einen Monat nach Erscheinen von *Ordnung der Dinge*, erhält Michel Foucault einen begeisterten Brief von René Magritte. Mit der Folge, dass beide bis zu dessen Tod im August 1967 engen Kontakt pflegen. Foucault veröffentlicht schließlich ein Buch über ihn.[8]

Nachdem Foucault 1965 die erste von vielen Vortragsreisen nach Brasilien unternimmt, erhält er im September 1967 einen Ruf an die Universität von Tunis. Hier lehrt er zum ersten Mal seit 1955 wieder Philosophie. Seine Vorlesung über den »philosophischen Diskurs« knüpft an *Die Ordnung der Dinge* an. Er genießt die Natur Nordafrikas und eifert Nietzsche nach, indem er sich vornimmt, jeden Tag etwas »griechischer, brauner, asketischer und sportlicher« zu werden: »Ich bin wegen des mythischen Bildes gekommen, das alle Europäer sich gerade von Tunesien machen: Sonne, Meer, die Trockenheit Afrikas.«[9]

Befremdlich an *Die Ordnung der Dinge* mag der schroffe Ton erscheinen, in dem der Autor das neuzeitliche Subjekt nicht nur kritisiert, sondern auf Nietzsches Spuren nicht nur den Tod Gottes, sondern gleich den Tod des Menschen ausruft.

Die Radikalisierung im Schlusssatz seines Buches, dass man sehr wohl wetten könne, dass der Mensch verschwinde wie am Meeresufer ein Gesicht im Sand, verweist noch nicht auf das positive Projekt einer Lebenskunst, wie Foucault sie seit den siebziger Jahren denkt. Plötzlich – so erscheint es – will er den Menschen lehren, wie er ein wahres und selbstmächtiges Subjekt werden kann.

Von den Dispositiven der Macht gelangt er zu den Vorzügen einer verinnerlichten Selbstregulierung, allerdings weniger gemeint als Rückkehr zur Moral oder als Rückzug ins Private. Foucault verändert später seine Einstellung gegenüber der Macht grundlegend; statt des juristischen Begriffs zieht er nun einen strategischen Terminus vor, der sich insbesondere mit den Arbeiten um die Biomacht und damit verbunden um die Lebenskunst abzeichnet.

Der Grundbegriff Macht muss jedoch von einer begrifflichen Bindung an Unterdrückung und Herrschaft frei sein, und er soll der Idee Raum geben, dass Machtverhältnisse zuallererst Handlungsspielräume eröffnen, »und zwar für alle Personen, die von Machtrelationen betroffen sind«[10].

Gegenüber dem Begriff Macht zeigt sich die methodische Radikalität Foucaults, der sein strategisches Denken spätestens jetzt auf das Auslöschen von und das Verzichten auf tradierte Kategorien wie Macht aufbaut. Die Entmachtung der Macht vor dem historischen Wissen, dass jede Zeit von Denkphänomenen beherrscht wird, zeigt einen betont wichtigen Denkmodus in dessen Werk. In *Die Ordnung der Dinge* dekonstruiert Foucault radikal die bekannten Diskurstypen der Humanwissenschaften und demonstriert auf diese Weise deren Begrenztheiten. Die Wissenschaften vom Menschen sind ebenso wenig wie ihre klassischen Vorläufer zu einer umfassenden Theorie des Menschen fähig: »Sie sind in ähnlicher Weise zur Desintegration verdammt.«[11] Auf diese Weise wird die von ihnen vereinnahmte »Natur des Menschen« nun neu als eine archäologische Wissensformation verstanden. Allerdings ist diese archäologische Ausrichtung hier noch nicht besonders scharf konturiert.[12]

In seiner überzeugenden Studie *Auf der Suche nach einer neuen Lebenskunst* zeigt Wilhelm Schmid deutlich, wie Michel Foucault seine Umdeutungen vornimmt. Das Selbst der Moderne versucht einen individuellen Existenzstil, eine Lebenstechnik zu entwickeln und kann darum nicht mehr das neuzeitliche Wissenssubjekt mit seinen Universalitätsansprüchen sein, das die Grenzen jeder möglichen Erfahrung erkennen kann und erklären will. Schmids Studie erläutert die Möglichkeiten, die eigene Existenzform genauer zu hinterfragen und sich auf ein (neues) Spiel einzulassen, das unter diesen Umständen Leben heißt. Sich gegen andere abzugrenzen und Veränderungen auszuschließen scheint allerdings diesem Selbst der Moderne unmöglich zu sein. Die Erfahrung vom Verschwinden des Menschen im Tod, in der Lust, im Spiel der Wahrheit oder in der Sprache löst die tradierte anthropologische Illusion auf, dass der Mensch überzeugende fundamentale Attribute besitzen könnte.

Die Normierungen, denen das Subjekt in den Jahrhunderten zuvor unterworfen wird, bestimmen nun nicht mehr den Prozess autonomer Selbstkonstituierung. Foucaults Rede vom Tod des Menschen soll darum richtig als ein Beginn der Arbeit an einer neuen Form der Subjektivität verstanden werden. Die Arbeit des Aufklärers wird im Sinne Kants durchaus weiterbetrieben, und das gesellschaftlich und politisch nicht Tolerable kann nun eben auch nicht mehr toleriert werden. Foucaults Idee einer neuen Lebenskunst hat prozessualen Charakter, denn eine Erfahrung ist immer etwas, woraus man verändert hervorgeht.

Foucaults Rückgriff auf die Formulierung vom Tod des Menschen meint mit Heidegger die Endlichkeit des Menschen, denn:»Die Erfahrung der Endlichkeit ist dem Menschen zum einen in der Form der Zeit gegeben, die der historizistischen Geschichte entspricht, zum anderen in der Begrenztheit möglicher Erfahrung überhaupt, sowie in der Erfahrung der Endlichkeit seines Lebens, auf die das moderne Wissen den Menschen reduziert.«[13]

Foucault formuliert es so:»Der Mensch ist in der Analytik der Endlichkeit eine seltsame, empirisch-transzendentale Dublette, weil er ein solches Wesen ist, in dem man Kenntnis von dem nimmt, was jede Erkenntnis möglich macht.«[14] Somit ist auch Kants Werk eine Philosophie der Endlichkeit, in dem Sinne, dass das Denken des Absoluten keine Macht besitzt. Die Idee des endlichen Wesens Mensch formuliert nicht Kant, sondern Foucault. Dieser sieht in seiner Analytik der Endlichkeit vier Komponenten: Wiederholung des Positiven im Fundamentalen, Verdoppelung des Empirischen im Transzendentalen, kontinuierlicher Bezug des Verstandes zum Ungedachten und nicht zuletzt Rückzug und Wiederkehr des Ursprungs.[15]

Wie der Schlusssatz des Buches, so hat auch der Anfangssatz besondere Aufmerksamkeit verdient:»Dieses Buch hat seine Entstehung einem Text von Borges zu verdanken und dem Lachen, das bei seiner Lektüre alle Vertrautheiten unseres Denkens aufrüttelt.«[16] Der Borges-Text erzählt von einer chinesischen Enzyklopädie, in der Tiere in Gruppen eingeteilt werden, die zunächst keine Ordnung erkennen lassen, wie in: Tiere, die dem Kaiser gehören, einbalsamierte Tiere, gezähmte, Milchschweine, Sirenen, Fabeltiere, herrenlose Hunde, in diese Gruppe gehörende, die sich wie Tolle gebärden, die mit einem ganz feinen Pinsel aus Kamelhaar gezeichnet sind, und so weiter, die den Wasserkrug zerbrochen haben, die von Weitem wie Fliegen aussehen.

Dieser Text lässt die Lust an der Versammlung weit auseinanderliegender Objekte erleben; die Monstrosität besteht darin,»dass der gemeinsame Raum des Zusammentreffens darin selbst zerstört wird«[17]. Der exotische Zauber dieser Taxinomie erreicht ein anderes Denken, das zugleich die Grenze unseres Denkens bedeutet.»Die schiere Unmöglichkeit, dieses zu denken«, verweist uns auf die alphabetische Serie als Verbindung, um die eigene Vorstellungskraft und jedes mögliche Denken zu überschreiten.»Was ist eigentlich möglich zu denken und um welche Unmöglichkeit handelt es sich«, fragt Foucault.[18] Und er beweist mit der Auswahl des Textes, dass er eine Denkbewegung von Jorge Louis Borges aufnimmt, um eine gewisse Bodenlosigkeit im bestehenden modernen Denken nachzuweisen.»Postmodernes Denken wäre dann zunächst das Gelächter über die Bodenlosigkeit der nachkantischen Philosophie, die Verabschiedung des historischen und transzendentalen Denkens«[19], erklärt Peter Bürger. Peter Sloterdijk fragt: »Worin liegt die eigentümliche Gewissheit eines designativen und taxinomischen Systems, durch das sich im Medium prädikativer und vorprädikativer Operationen eine Ordnung in den Dingen lesen lässt?«[20] Foucault präsentiert eine allgemeine Ordnungswissenschaft in folgender Disposition:

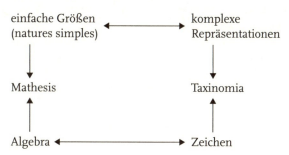

Die Taxinomia beinhaltet ein Kontinuum der Dinge und eine Kraft der Imaginationen, die das erscheinen lässt, was nicht ist, zugleich aber gestattet, das Kontinuierliche an den Tag zu bringen[21], denn, so Foucault, »weil der Geist analysiert, erscheint das Zeichen, und weil der Geist Zeichen disponiert, setzt sich die Analyse unaufhörlich fort«[22].

Statt die Legitimität des Anspruchs zu erläutern, ein nicht mehr subjektorientiertes Denken zu begründen, nähert sich Peter Bürger dem Foucault'schen Buch von der Seite der Ästhetik. Darum geht er weitaus milder mit dem Buch *Ordnung der Dinge* um als etwa andere deutschsprachige Rezipienten. Manfred Frank greift Michel Foucault in einer Vorlesung mit seiner Ansicht scharf an, dass *Die Ordnung der Dinge* »kein neues Denken eröffnet, sondern eher die Hintertreppe zu dem, was wir schon kannten und nicht unbedingt zurückwünschten«[23].

Jürgen Habermas teilt zwar Foucaults Kritik des subjektzentrierten Denkens: »Wohl hatte Foucault die subjektphilosophische Befangenheit der Humanwissenschaften einleuchtend kritisiert: diese fliehen aus der Aporetik widersprüchlicher Selbstthematisierungen des sich erkennenden Subjekts und verstricken sich dabei nur um so tiefer im selbstverdinglichenden Szientismus.«[24] Allerdings kritisiert er die Machttheorie in dessen Spätwerk, die wiederum die Aporie der Subjektphilosophie, »nämlich die Überlagerung von empirischer und transzendentaler Perspektive, nur reproduziere«[25].

Herbert Schnädelbach schreibt ähnlich missverständlich: »Foucaults Bild des philosophischen Diskurses der Moderne ist das Ergebnis einer junghegelianischen Projektion, die unhaltbar ist. Die Anwendung seiner Archäologie der Humanwissenschaften auf die jüngste Philosophiegeschichte vermag nicht zu befriedigen.«[26]

Die Inhaber philosophischer Lehrstühle an deutschen Universitäten reagieren zunächst lange nicht auf Foucault und später abweisend bis diffamierend. Foucaults neuer Ansatz für eine moderne Subjektivitätsphilosophie, die den Menschen nicht mehr im Zentrum und als einzigen Orientierungspunkt sieht – in

Heideggers Worten »Substanz des Seienden als dessen Subjekt ist«[27] – und die Foucault selbst also gar nicht als Subjektphilosophie bezeichnet, wird von jenen Professoren mit oftmals kruden Argumenten vom Tisch gewischt. Foucault, wie bei Schnädelbach geschehen, in einen junghegelianischen Kontext zu stellen und ihm eine Verbindung zu einem Diskurs der Moderne zu unterstellen ist absurd. Diese Feststellung scheint wohl der Tatsache geschuldet, dass der Autor seinen Text aus Anlass einer Festschrift zu Habermas' sechzigstem Geburtstag veröffentlicht – vermutlich ein politisch motivierter Freundschaftsbeweis.

Gelassener reagiert Gérard Lebrun, der behauptet, dass *Die Ordnung der Dinge* »ihre polemische Schärfe verloren habe«. Auch wenn Foucault ein unbequemer Denker sei, »der sich allein mit der Methodologie der Humanwissenschaften befasst«, so sei dieses Projekt auch »ein Kind seiner Zeit«[28]. Als Erster reagiert Peter Sloterdijk auf *Die Ordnung der Dinge*, die ja im Untertitel *Eine Archäologie der Humanwissenschaften* heißt. In einer Art Doppelbesprechung von *Les mots et les choses*, das in der deutschen Übertragung »Die Wörter und die Dinge« und eben nicht *Die Ordnung der Dinge* heißen sollte, berücksichtigt er auch die *L'archéologie du savoir*.

Drei Jahre später erscheint sein umfangreicher Essay *Michel Foucaults strukturale Theorie der Geschichte*. Darin ist er klug genug zu erkennen, dass »Foucault sich kommentierend neben sein Werk stellt«, indem er »einen gestischen Raum okkupiert, in dem sich das zufällige Ich zu exemplarischen, historischen und existentiellen Positionen aufheben möchte«[29]. Und in der Tat belegt der erste Band der *Dits et Ecrits* posthum, dass sich Michel Foucault auf über tausend Druckseiten parallel zu seinen bis dahin drei bekannten Monografien *Wahnsinn und Gesellschaft* (1961), *Die Ordnung der Dinge* (1966) und *Archäologie des Wissens* (1969) äußert.

Foucault steht quasi zwischen den »mythologischen Zusammenhängen«, dem öffentlichen wie dem privaten Mythos, so Sloterdijk, um zu demonstrieren, dass »ein Text in Bezügen mitbegründet ist, die nicht (immer) die der Buchstäblichkeit sind«[30]. Foucaults archäologisches Projekt wird von ihm also in den beiden letzten Monografien begründet, indem er die epistemologischen Bedingungen des Denkens über den Menschen am Beispiel menschenspezifischer Objektivitäten wie Kultur, Sprache, Mythos, Psyche, Wissenschaft und so weiter untersucht. »Der Mensch als Reflexionsobjekt und Seinssubjekt der Modernität füllt das Vakuum, das vom Zerfall der klassischen einen Philosophie und ihres alles ordnenden Diskurses aufgerissen wurde.«[31] Nun erscheint allerdings der Mensch an der Schwelle der Moderne in einer zwiespältigen epistemologischen Stellung als Subjekt und Objekt des Erkennens: »Sein endliches ›Ich bin‹ wird von seinem endlichen ›Ich denke‹ zum Objekt gewählt.«[32] Damit spalten sich die Substrate des Menschlichen beispielsweise in: Leben/Psyche, Arbeit/Produktion und Sprache/Symbolik. Die drei wissenschaftlichen Großräume der Humanwissenschaften sind das psychologische, das soziologische und das linguistisch-mythologische Modell.

Diese Modelle haben die Antwort auf die Frage »nach dem in den Humanwissenschaften jeweils geltenden Rationalitätstyp sowie die Möglichkeit der Beziehung von Leben, Arbeit und Sprache auf die Ordnung der Vorstellung. Diese

Modelle bilden sich durch Übernahme der in den empirischen Paralleldisziplinen geltenden Modelle.«[33]

Michel Foucaults Beschäftigung mit den Humanwissenschaften lässt sich in vier Phasen einteilen: erstens in die materiale Analyse zur Geschichte der Humanwissenschaften mit den beiden wesentlichen Werken *Wahnsinn und Gesellschaft* (1961) und *Die Ordnung der Dinge* (1966), zweitens in die methodologische Reflexion mit der Erarbeitung einer Diskursanalyse, die der Autor in seiner *Archäologie des Wissens* (1969) formuliert und darstellt, drittens in die Arbeit an der Analytik der Macht, für die als Beispiel die Bücher *Überwachen und Strafen* (1975) und *Der Wille zum Wissen* (1976 stehen, deren Instrumentarium und das in den vielen Vorlesungen am Collège de France entwickelte Konzept der Gouvernementalität[34] und zuletzt in die Zuwendung an die Fragen der Ethik, die in den Bänden der Geschichte der Sexualität beantwortet werden: *Der Gebrauch der Lüste* (1984), *Die Sorge um sich* (1984) und *Die Geständnisse des Fleisches* (bislang unveröffentlicht).

Das Projekt der ersten Phase bezeichnet der Autor als »innere Ethnologie unserer Kultur und unserer Rationalität«[35], denn wie ein Ethnologe, so müsse auch der Archäologe sich der Vorstellung einer europäischen Wissenschaftskultur entledigen. Während *Wahnsinn und Gesellschaft* noch die soziale und kulturelle Ausgrenzung des Wahnsinns als des von der Vernunft unterdrückten Anderen untersucht, analysiert *Die Ordnung der Dinge* die komplementären Mechanismen, mittels derer die Vernunft Beziehungen der Ähnlichkeit, Identität und Äquivalenz herstellt.[36]

Bevor Michel Foucault auf den Diskurs zu sprechen kommt, analysiert er die Ursprünge und Ordnungen der Humanwissenschaften. Das letzte Kapitel von *Die Ordnung der Dinge* ist darum den Humanwissenschaften gewidmet. Der Autor setzt hier seine von ihm so definierten Humanwissenschaften in eine Beziehung zu einem Dreieck existierender und exakter Wissenschaften; das er »Das Trieder des Wissens«[37] nennt. Die drei Seiten dieses Dreiecks sind zum einen die rein deduktiven Wissenschaften (Mathematik und Physik),zum anderen die empirischen Wissenschaften (Linguistik, Biologie, Ökonomie) und nicht zuletzt die philosophische Reflexion.

Die Humanwissenschaften selbst gehören keiner dieser drei Wissensformen an, denn sie »bringen kein vorgezeichnetes Gebiet als Erbschaft mit«.[38] Allerdings unterhalten die Humanwissenschaften Beziehungen zu diesen drei Wissenstypen. Doch »der Mensch existierte ebensowenig wie das Leben, die Sprache und die Arbeit«, und darum behandeln »die Humanwissenschaften nicht das Leben, die Sprache und die Arbeit des Menschen«[39].

Spricht man in früher Zeit von einer Wissenschaft vom Menschen, dann »bildet die Anthropologie vielleicht die grundlegende Position, die das philosophische Denken von Kant bis zu uns bestimmt und geleitet hat«[40]. Marx wendet diesen Begriff einer Wissenschaft vom Menschen utopisch und in Foucaults Verständnis unwissenschaftlich, denn die ihn stützende Anthropologie sei keine Wissenschaft, sondern eine dogmatische »präkritische Analyse«. Zugespitzt: »All diesen Formen linker und linkischer Reflexion kann man nur ein philosophisches Lachen ent-

gegensetzen – das heißt: ein zum Teil schweigendes Lachen.«[41] Michel Foucault
gehe es tatsächlich darum, die Humanwissenschaften zu begründen, so Gilles Deleuze: »Aber es ist eine giftige Begründung, eine Archäologie, die ihre Idole zerbricht. Ein tückisches Geschenk.«[42]

Dennoch besteht zwischen dem utopischen Humanismus (Marx und Sartre)
und den Humanwissenschaften (Foucault und Deleuze) ein Zusammenhang.[43]
Die Humanwissenschaften ermöglichen einen politischen Humanismus, indem
sie die Denkfigur ausbilden, in der sich überhaupt erst die Idee einer Humanisierung gesellschaftlicher Verhältnisse fassen lässt. Claude Lévi-Strauss verweist
bei dieser Praxis auf die Ethnologie (und Michel Serres auf die Historie), die –
ähnlich wie die Humanwissenschaften – die »Totalität der bewohnten Erde« zum
Gegenstand hat[44], denn: »Die Humanwissenschaften ermöglichen nicht nur die
politische Utopie einer humanisierten Gesellschaft, sie folgen vielmehr in ihrem
Vollzug selbst schon einer methodologischen Utopie: die Totalität des Menschen
herzustellen, indem sie alle trennenden Fremdheiten überwinden.«[45]

Allerdings ist Foucault an den »historisch-konzeptuellen Voraussetzungen
einer Genese der (Human-)Wissenschaften«[46] interessiert, nicht nur an deren
politischer Utopie. Es besteht ein Riss, der nicht beseitigt werden kann, weil er
der höchste Gegenstand des Denkens ist: »Der Riss ist im Menschen das Ende des
Menschen oder der Ursprung des Denkens. Das Cogito eines aufgelösten Ich.«[47]
Gilles Deleuze sieht in dem Wissen, das sich auf den Menschen bezieht – im Sinne
der Humanwissenschaften –, allein »die Ethnologie, die Psychoanalyse und die
Linguistik, die die drei großen Achsen des Endlichen bilden«[48].

Zunächst erscheint Foucaults Buch so, als wären hier Literatur und Ästhetik
untergeordnet, aber dem ist keineswegs so. Weil das Denken seinen Gegenstand
formt, ist seine innere Natur nicht das gesuchte »Unvordenkliche«, sondern eben
auch das Produkt des Denkens, welches das Undenkbare wie einen Schatten mit
sich führt. Der Hinweis auf die Foucault'schen Arbeiten über Mallarmé soll hier
veranschaulichen, dass dieser in dessen Werk »die Wiederentdeckung eines Wissens vom Sein der Sprache sieht«[49]. In der Moderne ist die Literatur das, was das
Funktionieren von Sprache kompensiert, so Foucault: »Durch sie glänzt das Sein
der Sprache erneut an den Grenzen der abendländischen Kultur und in ihrem
Herzen.«[50] Literatur erscheint demnach immer als das, was gedacht werden muss.
»Künftig wird Sprache ohne Anfang, ohne Endpunkt und ohne Verheißung wachsen. Die Bahn dieses nichtigen und fundamentalen Raumes zeichnet von Tag zu
Tag den Text der Literatur.«[51]

Schon in seiner *Vorrede zur Überschreitung* (1963) erklärt Foucault, dass »das
philosophische Subjekt aus sich selbst herausgeworfen ist, verfolgt bis an seine
Grenzen, und es ist die Souveränität der philosophischen Sprache, die vom Grunde dieser Entfernung in der maßlosen, von dem aus seiner Höhle gerissenen Subjekt hinterlassenen Leere spricht«[52].

Neben der Literatur ist die Kunst präsent. In seiner zu Recht berühmten, weil
genialen Interpretation des Bildes *Las Meninas* (Die Hoffräulein) von Diego Veláz-

quez verweist Foucault auf den Akt der Repräsentation. Velázquez malt auf seinem Bild selbst den Vorgang des Malens dieses Bildes. Im Mittelpunkt steht der Maler und hinten seine Leinwand. Das von ihm porträtierte spanische Königspaar ist abwesend; nur in einem kleinen Spiegel im Hintergrund ist es zu sehen. Alle direkt abgebildeten Figuren schauen aus dem Bild heraus, dem Bildbetrachter in die Augen. Sie schauen auf den im Bild selber fehlenden Ort, an dem sich das Subjekt in dreierlei Hinsicht befindet: der Maler als repräsentierendes Subjekt, das Königspaar als Subjekt der Repräsentation und das Betrachtungssubjekt.

Der Maler kann den Akt der Repräsentation als solchen darstellen, weil er deren Subjekt nicht darstellt. Und indem er umgekehrt die Repräsentation als solche repräsentiert, vermag Velázquez deren Subjekt nicht zu repräsentieren.[53] Foucault liest das Gemälde unter dem Aspekt von Repräsentation und Subjekt, dem Emblem seiner Geschichte in *Die Ordnung der Dinge*. Seine Erklärung des Bildes dient ihm dazu, die Wissensformation zum Thema zu machen.»Foucaults Bildanalyse zeigt, wie sämtliche Themen der klassischen Auffassung der Repräsentation repräsentiert sind.«[54]

Michel Foucaults *Las Meninas*-Beschreibung gilt in seiner Präsentation als wesentliche Voraussetzung der Archäologie, denn »sie fasst die Malerei und mit ihr die Literatur als einen Hohlraum auf, der vom sehenden, lesenden, malenden und schreibenden Denken nur begehbar ist, wenn es sich vom sicheren Boden seiner Philosophien und Theorien entfernt«[55]. Außerdem zeigt er am Beispiel der »Hoffräulein« die »unbegrenzte Herrschaft der Repräsentation«[56].

1966 Maurice Blanchot

Foucault versucht Dichtung, Tod und Raum auf eine andere, neue Weise zusammenzubringen. Er kreist dabei beschreibend um das Werk von Maurice Blanchot, das sich außerhalb einer Subjektivität aufhalte. Zwar sei »das sprechende Subjekt dasselbe wie dasjenige, von dem gesprochen wird«, aber »das ›Ich denke‹ führe zur unbezweifelbaren Gewissheit des Ich und seiner Existenz; das ›Ich spreche‹ rückt diese Existenz in die Ferne, zerstreut sie, löscht sie aus und lässt nur eine Leerstelle erscheinen«[57], so Foucault in seinem inzwischen berühmt gewordenen Aufsatz über Blanchot *Das Denken des Außen*, der im Juni 1966 in der Zeitschrift *Critique* erscheint.

Dieses spezifische Blanchot'sche Denken könnte man, so Foucault, »hinsichtlich der Innerlichkeit unserer philosophischen Reflexion und der Tatsachenorientierung unseres Wissens mit einem Wort als das *Denken des Außen* bezeichnen«[58]. Wenngleich Blanchot hier sozusagen als ein Zeuge dieses *Denkens des Außen* genannt wird, so ist er doch für Foucault eine wichtige Quelle für seine folgenden Thesen.

Gilles Deleuze konstatiert: »Das Innen als Werk des Außen: in seinem gesamten Werk scheint Foucault von diesem Thema eines Innen verfolgt zu werden, das nur die Falte und nur das Außen ist, so als ob das Schiff lediglich eine Falte des

Meeres wäre.«[59] Das Subjekt ist eine Identität ohne Substanz, das heißt, es hat keine andere Dichte, keine andere Materialität als die einer Differenz oder einer Grenze. Der Ort (des Anderen) ist dieser Rand, diese Grenze:»Ein Ort, der genau genommen nicht mehr einen Raum einnimmt, sondern der an den äußersten Enden eines Raumes seine Singularität abgrenzt.«[60] Dieser Ort, der das Subjekt bestimmt, formt zugleich dessen Identität, die sich wiederum »im Verhältnis der Norm zu den Objekten und im Verhältnis der Norm zu den Subjekten«[61] erkennt.

Sades endloser Monolog, der »als gesetzloses Weltgesetz nur das nackte Begehren zu Wort kommen lässt«, oder Hölderlins Dichtung, die die schillernde Abwesenheit der Götter verkündet fordern als ein neues Gesetz die Pflicht »endlos auf rätselhafte Hilfe zu warten«. Mallarmés Abschied von der Sprache als dem von ihr Bezeichneten – »von Igitur bis hin zur autonomen, zufallsbestimmten Theatralität des Livre« – oder Artauds Bewegung, »in der der Sprechende verschwindet« und »bei dem jegliche diskursive Sprache sich in der Gewalt der Körpers und des Schreis auflösen muss«, oder die Fragen der »gebrochenen Subjektivität und Überschreitung« bei Klossowski, dessen »Erfahrung des Doppelgängers, der Äußerlichkeit der Trugbilder, der wahnhaft theatralischen Vervielfachung des Ich«[62] stehen hier Pate.

All diese Beispiele ermuntern Michel Foucault in seiner besonderen Perspektive auf das Werk von Maurice Blanchot: »Blanchot ist wahrscheinlich weit mehr als nur ein Vertreter dieses Denkens des Außen; er stellt für uns eher die Verkörperung dieses Denkens dar: die reale, absolut ferne, schillernde, unsichtbare Gegenwart, das unabwendbare Schicksal, das unausweichliche Gesetz, die ruhige, unendliche, gemessene Kraft dieses Denkens.«[63]

In den fünfziger Jahren des vergangenen Jahrhunderts ist Maurice Blanchot der wohl unsichtbarste Bekannte in der französischen Literatur. In seinem Hauptberuf ist er Kritiker, ein Rezensent von ähnlichem Format wie Edmund Wilson in den USA, und er umgibt sich mit Geheimnissen wie J. D. Salinger. Seine Anonymität wird für ihn zum Fetisch; er erlaubt sich keine Kontakte zu anderen Autoren, keine Fotografien, keine Vorträge, keine Interviews. Diese Mysteriosität wirkt anziehend auf Michel Foucault.

Foucault wird zum Kenner der Blanchot'schen Literaturtheorie und eignet sich dessen literarische Mittel und rhetorische Techniken an. Als sich zuletzt eine reale Begegnung mit Blanchot als möglich erweist, sagt er diese als eine Art innere Verbeugung ab. Er kennt ja die Schriften und hat nun kein Bedürfnis mehr, den Autor zu treffen.[64] Blanchot wird sich später mit einer eigenwilligen Foucault-Edition bedanken.[65] Ganz im Gegensatz dazu lernen sich Blanchot und Derrida im Mai 1968 kennen und führen seitdem eine intime Freundschaft, wenngleich sich Derrida sehr wohl an dessen »jahrzehntelange Abkehr von der Welt« erinnert.[66]

Maurice Blanchot ist Jahrgang 1907 und gehört zu der Generation von Jean-Paul Sartre. Er ist ein jüdischer Emigrant aus Litauen und einer der ersten Anhänger der Phänomenologie und des Existenzialismus in Frankreich. Mit Begeisterung liest er Martin Heideggers *Sein und Zeit* (1927), das »einen wahrhaft intellektuellen Schock« bei ihm auslöst, denn »ein Ereignis erster Größe hatte stattgefunden«[67].

Ähnlich wie Heidegger will er anfangs die politische Rechte unterstützen, ist sogar Parteigänger der Action Française und veröffentlicht Artikel in deren Journal
Combat, in denen er die Feigheit der französischen Politik anprangert.[68] Interessanterweise spart eine aktuelle französische Edition der *Ecrits politiques* (2003) die
politischen Texte dieser Zeit aus.[69] Nachdem die deutschen Truppen in Frankreich
einmarschieren, wechselt er die Fronten und wird als glühender Patriot nun Mitglied der Résistance.

Später übernimmt er Heideggers Begriffe für seine eigene Theorie, etwa Termini wie »das Namenlose«, »das Nichts«, »der Tod«, »das Ungedachte« und so
weiter. Zwei neuere Editionen betiteln sich gar mit diesen Termini.[70]

Derrida erinnert sich an die besondere Bedeutung der Heidegger'schen Exis-
tenzialie »Tod« für Blanchot, »der nicht aufhörte den Tod zu denken, seinen
eigenen Tod zumal, das was er den Augenblick meines Todes nannte«[71]. In dem
gleichlautenden Text *Der Augenblick meines Todes* (1994) schreibt Blanchot: »Ich bin
lebendig. Nein, du bist tot.« Beide Stimmen streiten sich und teilen sich.

Blanchot schreibt diesen für ihn biografisch so wichtigen Satz, weil – wie Derrida berichtet – »am 20. Juli 1944 ich das Glück erlebte, fast erschossen zu werden«[72]. Das personale Ich spricht in dieser Zeile »von dem jungen Mann, der er
war, und das bin immer noch ich«[73]. Ein Zeuge spricht, »ein Zeuge von jeher«, so
lautet der Nachruf von Derrida auf Blanchots tatsächlichen Tod im Februar 2003.
Und dieser Zeuge sagt vor allem »Ich erinnere mich« und »Ich bin lebendig«[74].

Zu Maurice Blanchot gehört neben Robert Antelme, Georges Bataille und René
Char vor allem Emmanuel Lévinas, denn beide verbindet die jüdische Tradition,
die Angst vor Verfolgung, die Erinnerung an den Holocaust. In seinem großartigen Buch *L'Écriture du desastré* erinnert sich Blanchot »der Heimsuchung durch
die unnennbare Einäscherung, die der Holocaust war«, so Jacques Derrida.[75] In
L'Écriture du desastré schreibt der Autor von der »Brandwunde des Holocaust«, der
»mittäglichen Vernichtung« und dem »bewegungslosen Vergessen«, dem »Ein-
gedenken des nicht Erinnerbaren«, das die Katastrophe ist, auch wenn wir diese
Katastrophe »vielleicht unter anderem Namen kennen«[76].

Blanchot hat ein Händchen für gute Buchtitel; so sind seine literatur-, kultur-
und textkritischen Arbeiten erschienen unter *L'Espace littéraire* (1955), *Le Livre à
venir* (1959), *L'Écriture du desastré* (1965) und *L'entretien infini* (1969). Und er ist
ein Vielschreiber; Foucault verweist auf fünf Bücher, die in neun Jahren erscheinen: *Aminadah* (1942), *L'Arret de Mort* (1948), *Au moment voulu* (1951), *Celui qui ne
m'accompagnait pas* (1953) und *La Dernier Homme* (1957). Blanchots Berichte, die
er selbst als »récits« statt »écrits« bezeichnet, beeinflussen den Nouveau Roman
von Michel Butor und Alain Robbe-Grillet. Foucault gesteht, dass »es ungeheuer
schwierig ist, diesem Denken eine Sprache zu verleihen«[77].

Wie Heidegger treibt Blanchot die Sprache an ihre Grenzen und findet nicht
eine widersprechende Positivität, sondern eine sich verlierende Leere. Jedes beein-
druckende Kunstwerk ist nach Blanchot eine einzigartige Mixtur aus Form und
Chaos. Werke müssen Rauschzuständen, Träumen oder Leidenschaften abgerun-

gen werden, denn sie sollen eine besondere Form der Weisheit kommunizieren. Bei der Erkundung des Unbewussten und des Ungedachten entdeckt der Autor, so Blanchot »einen Teil seiner selbst und sogar noch mehr: seine Wahrheit, seine einzige Wahrheit«[78].

Es sind eben auch die großen Begriffe, die ihn interessieren, wenn er beispielsweise 1955 schreibt: »Die Annäherung der Lektüre ist vielleicht ein schwieriges Glück, aber Lesen ist das Ungezwungenste überhaupt, Freiheit ohne Arbeit, ein reines Ja, das sich im Augenblick entfaltet.«[79] Noch auf der Grundlage einer Idee »engagierter Literatur«, »diesem Ausdruck, dem Sartre eine Leuchtkraft verlieh«, weiß Blanchot, »dass wir Sklaven waren, dass wir Sklaven bleiben und bleiben werden«, »dass es Freiheit nur für den anderen gibt und durch den anderen«. Er stellt sich die Frage, ob sich – wenn es der Mensch nicht schafft – der Schriftsteller befreien kann, und falls das nicht gelingt, will er »niemals wieder Schriftsteller sein«[80].

In der Kommunikation der Literatur sieht er selbstverständlich Aspekte des Lesens, der Lektüre und des Lesers, aber auch das Werk, die Geschichte und die Leere. Diese Form der Analyse erinnert stark an die Foucault'sche Vorgehensweise, nämlich das Benennen und Kompilieren, das phänomenologische Interesse an scheinbar tradierten Realien, die ganz neu erscheinen in der Art, wie sie neu beschrieben und analysiert werden. Literatur und Kunst sei sowohl eine »ursprüngliche Erfahrung« als auch eine zu denkende Zukunft; diese verbinde sich mit der »Frage der Kunst« in einer »romantischen Genialität«; in ihrer Dialektik treffen »das Werk und das Heilige« aufeinander und schließlich führe »die Frage der Kunst« zur »radikalen Umkehr«[81].

XII. Die Heterotopien und der utopische Körper

>»Wir leben nicht in einem leeren, neutralen Raum.
>Wir leben, wir sterben und wir lieben nicht auf einem
>rechteckigen Papier. Wir leben, wir sterben und wir
>lieben in einem gegliederten, vielfach unterteilten
>Raum mit hellen und dunklen Bereichen, mit unter-
>schiedlichen Ebenen, Stufen, Vertiefungen und
>Vorsprüngen, mit harten und mit weichen, leicht zu
>durchdringenden, porösen Gebieten.«
>Michel Foucault[1]

Ende Dezember 1966 gestaltet Foucault in Paris eine Radiosendung über die »Heterotopien«. Der Sender France Culture strahlt diesen von Foucault selbst gesprochenen Text am 7. Dezember 1966 aus. In diesem Text gibt es das, was man die verschenkten Begriffe nennen könnte: eine Eingebung, ein paar Erklärungen, das Vergessen und Erinnern, die Skizzen zu einer groß angelegten Theorie. Dieser wichtige Text über die Heterotopien wird erst vierzig Jahre später als selbstständiges Buch publiziert.

Foucault schwebt eine Wissenschaft vor, die alle mythischen und realen Räume umfasst, und diese Wissenschaft soll Heterotopologie heißen. Schon in seiner *Ordnung der Dinge* (1966) spricht er über die Heterotopien, wenn er ein beliebig anmutendes Ordnungssystem meint, etwa die vierzehn von Borges zitierten Tierkategorien. Allerdings fasst der Autor den Begriff, sowohl in diesem Bestseller als auch in seinem Radiovortrag, nicht enger im Umfeld von Macht, Wissen und Raum, sondern erwähnt ihn auch später nur beiläufig. So kommt der Begriff der Heterotopie in den *Dits et Ecrits* nur drei Mal vor. In einem Gespräch mit Paul Rabinow von 1982 erinnert sich Michel Foucault: »Der Raum hat in jeder Form von Gemeinschaftsleben fundamentale Bedeutung. Der Raum hat bei jeglicher Machtausübung fundamentale Bedeutung. Es ging um Heterotopien, wie ich das damals genannt habe, um spezielle Räume innerhalb mancher sozialer Räume, die eine andere Funktion haben als die übrigen Räume und gelegentlich sogar genau entgegengesetzte Funktionen.«[2]

Foucault träumt von einer Wissenschaft der vollkommen anderen Räume, die den Namen Heterotopie tragen soll und deren Gegenstand die verschiedenen Räume, die anderen Orte und die mythischen und realen Negationen von Räumen sind, in denen die Menschen leben.

»Diese gerade in der Entstehung begriffene Wissenschaft«, so der Autor im Radio im Dezember 1966, »möchte ich in allerersten Umrissen skizzieren.«[3] Jede Gesellschaft schafft sich einerseits ihre Heterotopien. Diese haben vielfältige Formen, und sie sind nicht konstant. Allerdings sind biologische Heterotopien und Krisenheterotopien nach und nach verschwunden und durch Abweichungsheterotopien ersetzt worden. Und jede Gesellschaft kann andererseits im Laufe ihrer Geschichte bereits erschaffene Heterotopien wieder auflösen und zum Verschwinden bringen oder immer wieder neue Heterotopien schaffen. Hier nennt Michel Foucault vor allem den Friedhof als Beispiel.

Foucault fasst zusammen: »In aller Regel bringen Heterotopien an ein und demselben Ort mehrere Räume zusammen, die eigentlich unvereinbar sind.«[4] In seinem Vortrag *Von anderen Räumen*, den er im März 1967 hält, benennt Foucault sechs Kriterien für Heterotopien: Utopien sind Orte ohne realen Ort. Zwischen den Utopien und den Heterotopien steht der Spiegel als gemeinschaftliche Erfahrung. Der Spiegel selbst ist jedoch eine Heterotopie und jede Heterotopie hat eine genau festgelegte Funktionsweise. Je nach Synchronie der Kultur, in der sich die Heterotopie befindet, kann diese eine ganz andere, neue Funktionsweise erhalten.

Heterotopien besitzen die Fähigkeit, mehrere reale Orte, mehrere Orte, die eigentlich nicht miteinander verträglich sind, an einem einzigen Ort nebeneinander zu positionieren und Heterotopien stehen meistens in Verbindung mit zeitlichen Brüchen, das bedeutet, dass sie einen Bezug zu Heterochronien haben. Darum ist der Friedhof ein hochgradig heterotoper Ort.

Heterotopien setzen immer ein System der Öffnung und Abschließung voraus, das diese einerseits isoliert und andererseits den Zugang zu ihnen ermöglicht. Gegenüber dem übrigen Raum üben Heterotopien eine Funktion aus, die sich zwischen zwei extremen Polen bewegt. Entweder schaffen sie einen illusionären Raum, oder sie schaffen einen anderen Raum, der eine vollkommene Ordnung aufweist.[5]

Der vom Rundfunk ausgestrahlte Text mit dem Titel *Der utopische Körper* ist eine von zwei Auftragsarbeiten zum Thema Utopie, deren erster Begriff der Heterotopie in einer anderen, nämlich räumlichen Bedeutung aufgegriffen wird. Den zweiten Text über utopische Körper sendet ebenfalls France Culture zwei Wochen später, am 21. Dezember 1966. Während seines Aufenthaltes in Tunis arbeitet Foucault jedoch weiter an der Ideenkonzeption des anderes Raumes und benennt etwa das Beispiel der »Strohhütte von Djerba« als ein Beispiel einer Ewigkeitsheterotopie in seinem Text, denn »die Idee, einen Raum aller Zeiten zu schaffen, als könnte dieser Raum selbst endgültig außerhalb der Zeit stehen«, ist für Foucault ein moderner Gedanke.[6]

Heterotopien als Orte der Utopie können sowohl abgeschlossen als auch offen sein, denn sie selbst stellen schließlich alle anderen Räume infrage: »Ich glaube, dass es zwischen den Utopien und diesen völlig anderen Orten, den Heterotopien, eine gemeinsame, gemeinschaftliche Erfahrung gibt, für die der Spiegel steht. Denn der Spiegel ist eine Utopie, weil er ein Ort ohne Ort ist.«[7] Der Spiegel als Gegenort ist ein Beispiel für eine Utopie wie etwa die Gegenräume, die die Kinder entdecken: Das kann der Garten, der Dachboden, das Indianerzelt oder das Bett der Eltern sein. Übrigens ist der Garten seit der frühen Antike ein Ort der Utopie: »Wenn man den Eindruck hat, Romane ließen sich leicht in Gärten ansiedeln, so liegt das daran, dass der Roman zweifellos aus der Institution der Gärten entstanden ist. Das Schreiben von Romanen ist eine gärtnerische Tätigkeit.«[8] Literatur ist darum ein utopischer Ort und es zeigt sich, dass »die erwachsene Gesellschaft lange vor den Kindern ihre eigenen Gegenräume erfunden hat, diese lokalisierten Orte jenseits aller Orte«[9].

Literatur als Ergebnis (zum Beispiel die Bücher) ist demnach eine Heterotopie, sowohl Literatur als Prozess (das Schreiben) als auch Motive, die die Literatur hervorbringt. Foucault zeigt das in seinem Text über den utopischen Körper am Beispiel von Marcel Proust. Es ist jener Ort, »den Proust bei jedem Erwachen vorsichtig und ängstlich aufs Neue besetzt«, der Ort, dem wir nicht entkommen, sobald »wir die Augen geöffnet haben«[10]. Gemeint ist sowohl das Bett, unter dessen Decke »wir uns morgens verkriechen«, als auch der Körper, denn »er ist der absolute Ort, das kleine Stück Raum, mit dem wir buchstäblich« eins sind.[11]

Foucault sieht im Körper »eine gnadenlose Topie«, auch wenn wir jeden Morgen im Spiegel dieselbe Erscheinung sehen. »Mein Körper ist der Ort, von dem es kein Entrinnen gibt, an den ich verdammt bin.« Er glaubt, dass die Utopien von Ansehen, Schönheit, Faszination gegen den Körper geschaffen sind. Darum wäre die allererste Utopie für ihn eine Utopie des körperlosen Körpers: »Die Utopie ist ein Ort jenseits aller Orte, aber ein Ort, an dem ich einen körperlosen Körper hätte, einen Körper, der schön, rein, durchsichtig, leuchtend, gewandt, unendlich kraftvoll, von grenzenloser Dauer, von allen Fesseln frei, unsichtbar, geschützt und in ständiger Umwandlung begriffen wäre.«[12]

Seinen nicht utopischen Körper zum Verschwinden bringen zu lassen bedeutet für Foucault das Auslöschen dieses Körpers, aber »diese Utopie ist das Land der Toten«[13]. Und dieser Körper wäre einer ohne Seele. Grundsätzlich gilt für Foucault, dass der Körper ein Phantom ist, das einer Spiegelwelt mit ihren Trugbildern angehört. Nicht erst seit der Erfahrung der Moderne weiß der Mensch, dass der Körper »Hauptakteur aller Utopien« ist, etwa wenn es um das Maskieren, Schminken, Tätowieren geht. »Sie legen auf dem Körper eine Sprache nieder, eine rätselhafte, verschlüsselte, geheime, heilige Sprache, die auf ebendiesen Körper die Gewalt Gottes, die stumme Macht des Heiligen oder aber heftiges Begehren herabrufen. Maske, Tätowierung und Schminke versetzen den Körper in einen anderen Raum, an einen anderen Ort, der nicht direkt zu dieser Welt gehört. Sie machen den Körper zu einem Teil des imaginären Raumes, der mit der Welt der Götter oder mit der Welt der Anderen kommuniziert.«[14]

In seiner Analyse des utopischen Körpers bewegt sich Foucault im Dreieck von Spiegelbild und Imagination, von Körper und Seele, von Leben und Tod. Dass er den Körper zum Mittelpunkt seiner Utopiekonzeption erhebt, hat den einen Grund darin, dass »der Körper der Nullpunkt der Welt« ist.[15] Bekanntlich befindet sich Roland Barthes mit seiner Ideenkonzeption schon weitaus früher an einem »Nullpunkt der Literatur«.[16] In seiner Semiotikkonzeption entwickelt er ähnliche Beispiele wie Foucault.[17]

Wiederholt beklagt Michel Foucault mit Roland Barthes den Verlust an sozialer und politischer Fantasie, eine Utopie oder eine Vision einer humanen Gesellschaft zu denken, zu experimentieren und zu praktizieren. Viele Gesellschaftsentwürfe des 18. und 19. Jahrhunderts scheinen vergessen zu sein, etwa der Gesellschaftsvertrag von Jean-Jacques Rousseau oder der utopische Sozialismus von John Locke. Besonders »in der westlichen Gesellschaft gab es einen Überfluss von fruchtbaren Produkten der sozio-politischen Einbildungskraft«[18]. Was diese Einbildungskraft angeht, leben wir in einer verarmten Welt. Und tatsächlich erscheint es im 21. Jahrhundert so, als ob jeder Gedanke an eine Utopie verloren wäre. Dabei »ist es möglich, die Vergangenheit nur durch eine Analyse der Gegenwart zu verstehen«[19].

Eine utopische Vorstellung von Politik scheint es nicht mehr zu geben, nämlich eine Vorstellung davon, wie das Leben in einer anderen Gemeinschaft aussehen könnte. Das erscheint Foucault als Rätsel, darum will er »eine neue Vorstellung von Politik entstehen lassen«, ohne dabei zu vergessen, dass »trotz allem der Marxismus eine wichtige Rolle spielt«[20]. Ebendieser Marxismus sei aber auch schuldig daran, dass aus dem Werk von Marx und Engels nur mehr das Programm einer autoritären Schule gelesen werde. Der Versuch, den Sozialismus auf eine wissenschaftliche Grundlage zu stellen und somit diskursfähig zu machen, führt dazu, dass das Problem der Macht nicht ausreichend formuliert und analysiert worden ist. Darum schließt Foucault hier mit der Formation der Begriffe von Biomacht und Bio-Politik an.

Kapitalismus und Sozialismus unterwerfen das menschliche Leben der Idee des Nutzens. Beide Gesellschaftstypen definieren sich über den Begriff der Arbeit, entweder indem sie die Arbeit zum Prinzip menschlicher Existenz erklären oder diese Normierung als Schicksal des Lebens schlechthin festlegen. Davon muss sich eine sozialistische Idee befreien, will sie eine utopische Idee sein. »Denn das Leben und die Zeit des Menschen sind nicht von Natur aus Arbeit, sie sind: Lust, Unstetigkeit, Fest, Ruhe, Bedürfnisse, Zufälle, Begierden, Gewalttätigkeiten, Räubereien etc. Und diese ganze explosive, augenblickhafte und diskontinuierliche Elegie muss das Kapital in kontinuierliche und fortlaufend auf dem Markt angebotene Arbeitskraft synthetisieren, was Zwang impliziert: den des Systems der Beschlagnahme.«[21]

Im Gegensatz zu den historischen Utopien, wie dem Goldenen Zeitalter, dem zukünftigen Idealstaat oder dem guten Leben im Schlaraffenland, werden die Wünsche und Leidenschaften zu einer nur noch geografischen Utopie verdichtet. Eine Utopie, die das Leben nicht in Beschlag nimmt, sondern in der das Leben in vollen Zügen genossen wird, wäre das irdische Paradies oder ein Garten des Rausches und Spiels. Es ist wohl kaum zu erwarten, dass diese Utopie Realität wird, zumal »die kapitalistischen Utopien leider die üble Neigung haben, Realität zu werden«[22].

Die Grenzen des abendländischen Denkens – des Denkens der westlichen Gesellschaft – sind die Grenzen einer utopischen Vernunft. Mit dem Begriff der Heterotopie weist Michel Foucault auf den Unterschied zwischen dem rational-utopischen und dem zauberhaften anderen Denken hin. Hierbei unterscheidet er zwei Formen des utopisch-abendländischen Denkens: die Utopie des Ursprungs als Traum, die dem klassischen Denken angehört, und die Utopie der Vollendung, die dem modernen Denken zuzurechnen ist.

Indem sie die Vergangenheit und die Zukunft fundieren, bleiben diese Formen des Denkens an die Kategorien von Kontinuität und von Kausalität gebunden, die nicht zuletzt die *Ordnung der Dinge* garantieren. Das utopische Denken habe eine beruhigende Funktion, und das heterotopische Denken stehe im Zeichen der Unruhe, so Michel Foucault, denn die Utopien trösten, und »wenn sie keinen realen Sitz haben, entfalten sie sich dennoch in einem wunderbaren und glatten Raum, sie öffnen Städte mit weiten Avenuen, wohlbepflanzte Gärten, leicht zugängliche Länder, selbst wenn ihr Zugang schimärisch ist«[23].

Die Heterotopien beunruhigen, wahrscheinlich deshalb, »weil sie heimlich die Sprache unterminieren, weil sie verhindern, dass dies und das benannt wird, weil sie die gemeinsamen Namen zerbrechen oder sie verzahnen, weil sie im voraus die Syntax zerstören und nicht nur die, die die Sätze konstruiert, sondern die weniger manifeste Syntax, die die Wörter und Sachen zusammenhalten lässt«[24].

Wolle man aus der Ordnung der Dinge eine Ordnung der Utopie ableiten, dann wäre das vermutlich eine Atopie, das heißt eine Unordnung, die sich herstellt aus einer großen Zahl möglicher Ordnungen. Diese charakterisiert Foucault als »gesetzlose« und »ungeometrische« Dimensionen einer »Heterotopie«. Der utopische Impuls, der von Foucaults Büchern ausgeht, ist lange nicht gesehen worden. Scharfe Kritiker geißeln ihn immer noch als »obskurantisch«, dessen »anarchistische Ideologie« eine »kulturphilosophische Spekulation« und ein »anti-aufkläre-risches Unternehmen« sei, welches keine »wirklichen Erkenntnisse« vermittle.[25] Immer wieder heißt es, Foucault leugne die Geschichte und damit jede Möglichkeit einer Veränderung. Dieser Vorwurf muss absurd erscheinen angesichts seiner Überlegungen zur Heterotopie und Utopie.

Deshalb ist Michel Foucaults Rückgang auf den Körper als den (letzten) Ort der Utopie darum so besonders, weil dieser »unter den Händen des Anderen endlich jenseits aller Utopie existiert«[26]. Und wie der Spiegel den Tod besänftigt, so beruhigt die Liebe den Körper. Schon 1966 nimmt damit der Autor das zum Zentrum seiner Arbeit, was Jahre später in den Bänden von *Sexualität und Wahrheit* seinen Ausdruck findet.

1967 MICHEL SERRES

Nachdem Foucault von einer Campingreise aus den algerischen Bergen, dem Tassili-Plateau, nach Tunis zurückkehrt, trifft er den tunesischen Hochschulminister Chadli Klibi. Er liest Fernand Braudels Buch über das Mittelmeer, Trotzkis *Permanente Revolution* und beschäftigt sich mit Wittgenstein und den englischen Analytikern. Am 12. April 1967 erscheint ein Porträt über Foucault in der tunesischen Zeitung *La Presse de Tunis*: »Der größte Hörsaal der Universität Tunis vermag die mehreren hundert Studenten und freien Hörer nicht zu fassen, die jeden Freitagnachmittag die Vorlesung von Michel Foucault hören möchten.«[27] Am 1. Juni 1967 begegnet er dem tunesischen Präsidenten Bourguiba.

Kurz darauf kommt es in Tunis aufgrund des Sechstagekrieges zu Demonstrationen vor der US-amerikanischen Botschaft und zu Übergriffen auf jüdische Geschäftsleute. Bis heute wird spekuliert, dass diese Pogrome inszeniert sind, um Oppositionelle inhaftieren zu können. Foucault trifft sich wiederholt mit politisch interessierten und agierenden Studenten. Später wird der tunesische Geheimdienst versuchen ihn dahingehend einzuschüchtern, dass er Tunesien verlassen soll. Wenngleich die Regierung einen Gerichtshof schafft, der eigens die Studierenden aburteilen soll, entschließt sich Foucault, weiterhin in Tunesien zu bleiben.

In Großbritannien erscheint die englische Übersetzung von *Historie de la folie* mit einem Vorwort von David Cooper in der renommierten Edition *Studies in Existentialism and Phenomenology* von Ronald D. Laing. Foucaults Wunsch, nach Frankreich zurückzukehren, wird blockiert durch anhaltende Widerstände gegen seine Person. Von seiner Idee, an der Sorbonne zu arbeiten, nimmt er Abstand zugunsten einer Bewerbung auf einen Lehrstuhl an der Universität von Nanterre. Hier wird er gar als Professor für Psychologie berufen. Weil Foucault zuletzt den Eindruck gewinnt, das Bildungsministerium verzögere die Bestätigung eben dieser Berufung, beschließt er, ein weiteres Jahr in Tunesien zu bleiben und nicht nach Nanterre zu gehen.

Im November 1967 erscheint die italienische Übersetzung von *Les mots und les choses* bei Rizzoli. In Mailand lernt er Umberto Eco kennen. Im Dezember wird eine Verletzung der Netzhaut festgestellt, die möglicherweise von einem Tumor stammt oder aber durch Überarbeitung hervorgerufen wurde. Vier Monate später kündigt die Zeitschrift *La Quinzaine littéraire* auf der ersten Seite eine Polemik zwischen Sartre und Foucault an, doch zunächst geht Foucault auf Sartres Provokationen nicht ein.[28]

Michel Foucaults Buch über den Wahnsinn erscheint 1961 zunächst bei Plon, dem Verlag, der die Texte von Lévi-Strauss veröffentlicht. Eigentlich will der Autor dem Getto akademischer Veröffentlichungspraktiken entkommen, darum lehnt er das Angebot von Presses Universitaires de France ab und zieht es vor, Lévi-Strauss zu folgen, der wie Sartre ein breites Lesepublikum erreicht. Kurz nach der Veröffentlichung wird sein Buch von Maurice Blanchot in der *Nouvelle Revue Française* besprochen. Beifall kommt ebenfalls von Roland Barthes und Michel Serres, die beide zu den ersten Kritikern gehören. Barthes konstatiert eine strukturalistische Geschichtsschreibung, und Serres weist auf die nahe Verwandtschaft zu Nietzsches *Geburt der Tragödie* hin. Auch Gaston Bachelard und Fernand Braudel gratulieren.[29] Michel Serres verweist auf die Übereinstimmung zwischen Michel Foucaults Darstellung der Funktion, die dem Wahnsinn während der Renaissance zugewiesen wird, und Friedrich Nietzsches Einschätzung der Faszination des Dionysischen für die griechische Antike. Derrida führt aus: »Wenn man die Geschichte der Entscheidung, der Trennung, des Unterschieds schreiben will, dann riskiert man die Teilung als Ereignis oder als Struktur, die der Einheit einer ursprünglichen Präsenz begegnet, zu konstituieren und so die Metaphysik in ihrem fundamentalen Tun zu bekräftigen.«[30]

Serres wird durch sein Hermes-Projekt einem größeren akademischen Publikum bekannt, wenngleich er selbst nie ein großes Lesepublikum erreicht.[31] Allerdings ist Serres – neben Deleuze und Foucault – der Einzige im intellektuellen Paris der sechziger und siebziger Jahre, der sich mit den aktuellen Umbrüchen in der Biologie beschäftigt.[32] Sein Hermes-Projekt beweist dieses Interesse für Kybernetik und Genetik.

Im Kontext der Sozialgeschichte der »Annales«-Gruppe arbeiten zu den Themen Wissenschaft- und Philosophiegeschichte Althusser, Bachelard, Canguilhem, Guéroult und Serres zusammen. Auch wenn Foucault nicht dieser Gruppe angehört, hat er Kontakt zu deren Mitgliedern – so auch zu Michel Serres. Interessanterweise gilt dieser als einziger französischer Philosoph, der die strukturalistische Methode konsequent befolgt. Eine Struktur sei ein Ensemble von Elementen und Beziehungen, wobei weder der Inhalt noch die Natur der Beziehungen spezifiziert werden. Nach dieser Spezifikation ergebe sich ein Modell oder ein Paradigma. Die Struktur sei demnach analog zu einer konkreten Methode. Eine Analyse ist nur dann strukturell, wenn sie ein Modell aufzeigen kann, ohne auf die Bedeutung gegebener Inhalte verweisen zu müssen.[33]

Interessanterweise kümmert sich die Foucault-Forschung wenig um die Beziehung dieser sich im Denken sehr nahestehenden Autoren. Im jüngst erschienenen *Foucault-Handbuch* (2008) wird der Name Michel Serres ein einziges Mal erwähnt. In einem Nebensatz wird auf das gemeinschaftliche Denken von Barthes, Foucault, Kristeva und Serres verwiesen. Deren Beiträge zur Ideologie- und Gesellschaftskritik stünden im Dienste der Analyse und Kritik des Sichtbaren und seiner Medien, heißt es lapidar.[34]

Dabei gibt es beispielsweise Parallelen in der Beschreibung der Todsünden wie Habsucht und Unzucht, Gefräßigkeit und Gier, Stolz, Eitelkeit und Faulheit, die Michel Serres zugunsten von Askese und Fleiß abwertet.[35] In einer Abkehr von Bachelard bestätigt Serres die seit jeher bestehende Allianz zwischen Wissen und Macht, die Verflechtung der Wissenschaften mit den politischen und militärischen Apparaten. »Seinem Urteil nach ist jede Wissenschaftsgeschichte so lange zum Scheitern verurteilt, wie sie an der Trennung von Logos und Mythos, von Wissen und Fiktion festhält und vor den Isomorphismen, den fremden Äquivalenzen zwischen wissenschaftlichen Systemen, Fabeln, Romanen, Gemälden, Maschinen und Produktionsinstrumenten die Augen verschließt.«[36]

Ähnlich wie Foucault befasst sich Serres mit dem epistemologischen Bruch. Dabei negiert er den Terminus des transzendentalen Subjekts und sieht Bedingungen der Möglichkeit von Erkenntnis nur in der gesellschaftlichen Wirklichkeit als gegeben an. In seinen epistemologischen Arbeiten beruft er sich darum wie Althusser auf die Schriften von Marx, der das kritische Denken Kants auf die Füße gestellt habe. Nach Serres erreicht die Wissenschaft ihr Stadium der Reife, wenn sie ihre Sprache reguliert und nicht mehr auf Werte und Erfahrungen anderer Wissensbereiche angewiesen ist.

1968 JEAN-PAUL SARTRE

Im Februar 1968 spricht Michel Foucault an der Universität von Tunis über die italienische Bildtradition. Diesem öffentlichen Vortrag wohnt unauffällig Ahmed Ben Salah, der spätere tunesische Premierminister, bei, der mit seinen planwirtschaftlichen Maßnahmen nur vier Jahre später scheitern wird. Im März werden nach großen Demonstrationen an der Universität viele Studenten von der Polizei inhaftiert. Foucaults Vermittlungsgespräche mit Präsident Bourguiba und dem französischen Botschafter bleiben leider erfolglos. Es gibt inzwischen Studentendemonstrationen in Berlin, Madrid, Rom, Warschau und Paris.

Als Anfang September der Prozess gegen über hundert studentische Aktivisten in Tunis eröffnet wird, spielt Foucault der Presse und der Verteidigung entlastende Informationen über die Inhaftierten, die er zu einem großen Teil kennt, zu; doch die Anwälte haben kaum Gelegenheit, zu Wort zu kommen. Einige Studenten werden mit bis zu fünfzehn Jahren Gefängnis bestraft. Ende September beendet das französische Außenministerium Michel Foucaults Tunesienaufenthalt. Sein Nachfolger an der Universität wird Jean Wahl.

Seit dem Mai 1968 kommt es zu Straßendemonstrationen in Paris und zur Besetzung der Sorbonne. Als Foucault nach Paris zurückkehrt, bezieht er eine große Wohnung im achten Stock eines Neubaus im 15. Arrondissement in der Rue de Vaugirard 285, deren Balkon eine wunderbare Aussicht auf den Pariser Westen bereithält. Als Leiter des philosophischen Fachbereichs an der Reformuniversität in Vincennes gerät er sogleich in die politischen Auseinandersetzungen der 68er-Revolte. Er begegnet hier Hélène Cixous und Alain Badiou.

Nach einer Protestkundgebung schließt die französische Regierung am 2. Mai 1968 die Pariser Sorbonne. Die Polizei geht brutal gegen die Demonstranten vor, auch gegen unbeteiligte Zuschauer. Die Proteste richten sich gegen das autoritäre Verhalten des französischen Erziehungssystems. Im Zentrum des Quartier Latin kommt es zu weiteren Ausschreitungen, und Barrikaden werden errichtet. Die französische Barrikade hat ja eine besondere historische Bedeutung.[37]

Am 10. Mai 1968 endet zunächst diese Nacht der Barrikaden, und zwar aufgrund des rücksichtslosen und äußerst gewaltsamen Vorgehens der Polizei – mit der Folge, dass die Gewerkschaften drei Tage später zum Generalstreik aufrufen. Eine Million Menschen kommen in den Straßen von Paris zusammen; auf diese Weise wird aus den Studentenprotesten eine allgemeine Revolte gegen die autoritäre französische Regierung.

Den 10. Mai 1968 und seine Folgen erlebt Daniel Defert hautnah mit, und er berichtet seinem Lebensgefährten per Telefon nach Tunis von den Pariser Ereignissen. Wenngleich Foucault im entfernten Tunis an den letzten Seiten seiner *Archäologie des Wissens* schreibt, so ist er doch bestens informiert. Nachdem Charles de Gaulle Ende Mai 1968 Neuwahlen ausruft, bekommt die Revolte eine Quittung, indem die Mehrheit der Franzosen den gaullistischen Parteien einen überwältigenden Wahlerfolg erteilt und die Regierung in ihrem Amt bestätigt. Doch lernt diese neue Regierung hinzu und beginnt mit Reformen im Bildungssystem. Der neue Erziehungsminister Edgar Faure veröffentlicht zu Beginn des Studienjahres 1968 ein neues Rahmenrichtliniengesetz für die Universitäten. Leitlinien wie Autonomie, Interdisziplinarität und Partizipation aller Angehörigen der Hochschulen werden fortan großgeschrieben. Dieses Gesetz wird später den Namen von Faure tragen.[38]

Wenige Wochen zuvor lässt der Minister neue Institute eröffnen, die als Centres expérimentaux bezeichnet werden. Der ehemalige Dekan der Pariser Sorbonne Raymond Las Vergnas wird das Centre expérimental von Vincennes in Betrieb nehmen und den Vorlesungsplan organisieren. Vergnas holt sich beratende Hilfe von Roland Barthes, Georges Canguilhem, Jacques Derrida und anderen für die Organisation des Lehrkörpers und die Bestimmung der Lehrinhalte. Bald schon trommelt die französische Presse mit der falschen Polemik, dass »extreme Linke« in der Auswahlkommission der Reformuniversität von Vincennes säßen.[39]

Die Auswahlkommission einigt sich neben weiteren Namen auf die Berufung von Michel Foucault für den Lehrstuhl für Philosophie.[40] Diese Berufung, die am 1. Dezember 1968 in Kraft tritt, erregt zunächst einiges öffentliches Aufsehen, denn Foucault ist in dieser Zeit schon recht berühmt. In einem Vortrag im Februar 1969 in der Société française de philosophie spricht er über seine Methode einer Archäologie des Wissens und verdeutlicht bei der Gelegenheit seine theoretische Distanz zu Roland Barthes und Jacques Derrida.

Im Januar 1969 öffnet die neue sogenannte Reformuniversität von Vincennes ihre Türen. Doch schon am 23. Januar 1969 kommt es zum Streik und zu ersten Institutsbesetzungen durch die Studierenden. Die in Frankreich für ihre Brutalität bekannten polizeilichen Sondereinsatzkräfte Compagnie Républicaine de Sécurité (CRS) kommen schnell zum Einsatz, um für Ruhe und Ordnung zu sorgen. Seit den Studentenunruhen von 1968 will die französische Regierung rasch das Universitätswesen insgesamt reformieren.

Vielleicht aber zieht die Kommission neben fachlichen Aspekten auch die Tatsache ins Kalkül, mit der Berufung Foucaults auch Aufmerksamkeit für Vincennes zu erregen. Vor allem die (leninistische, maoistische, marxistische, trotzkistische, stalinistische) französische Linke, die diesen Denker wenig schätzt und weiterhin behauptet, er sei ein Gaullist, ist nicht begeistert. Foucault selbst kommt nun die Aufgabe zu, weitere Kollegen zu finden, die im Studienfach Philosophie unterrichten wollen. Immerhin wirbt er Alain Badiou, Gilles Deleuze, Judith Miller (die maostische Tochter von Jacques Lacan), Jacques Rancière und Michel Serres für Vincennes an. Außerdem werden Étienne Balibar, François Châtelet und Henri Weber berufen. Foucault kümmert sich nicht nur um die Philosophie, sondern engagiert sich ebenfalls bei den Historikern, Psychologen und Soziologen.

Das Öffnen der Türen von Vincennes geschieht mit Verspätung, also nicht mit den ersten Vorlesungen im Januar, sondern offiziell erst Wochen später. Die Studentenproteste vom 23. Januar 1969 führen zunächst zum Erliegen des Universitätsbetriebs. Die Universitätsbesetzung dauert dann aber nicht einmal einen Tag. Viele Professoren solidarisieren sich mit den Studierenden, so auch Michel Foucault. Die Sondereinsatzkräfte der Polizei gehen brutal vor und nehmen neben den Streikenden auch Foucault und Defert fest. Am nächsten Morgen kommen sie wieder frei. Etliche Studierende werden der Universität verwiesen, Hunderte werden mit Strafverfolgung bedroht.

Am 10. Februar 1969 findet ein Treffen revoltierender Studenten statt. Sie wollen die Konsequenzen aus dem Polizeiüberfall auf die Reformuniversität von Vincennes diskutieren. Michel Foucault, der junge Professor aus Vincennes, empört sich derart über die Vorfälle, dass ihn die Zeitung *Le Monde* am nächsten Tag als aktiven Militanten darstellt. Mit lautstarker Unterstützung ergreifen Jean-Paul Sartre und Michel Foucault an diesem Tag Partei für die Studierenden: »Sartre, sois bref – fasse dich kurz«, soll Foucault notiert haben. Während Sartre Reden hält, ist Foucault bereit zu handeln, denn »zuerst bist du ein Intellektueller, dann ein Kämpfer«[41]. Sartres und Foucaults Engagement führt zu erneuten Protesten, Streiks und Besetzungen an der Universität von Vincennes.

1968 gilt, wenn auch unter veränderten Vorzeichen, das Diktum von Charles de Gaulle: »Voltaire verhaftet man nicht.« Darum hütet sich die Polizei, Sartre auch nur anzurühren. Die Geburtsstunde des von außen betrachtet »linken Intellektuellen« Foucault beginnt, und ein Personalwechsel unter den Intellektuellen stellt sich ein: Der Typus des Schriftstellerphilosophen weicht der neuen Generation von Universitätsprofessoren, darunter und vor allem Michel Foucault. Doch ein Missverständnis liegt auf der Hand: Foucault ist kein Linker und wird auch keiner werden.

Irritierend erscheinen vorschnelle Zuweisungen dieser Art, auch wenn Foucault etwa »fraglos als 68er« bezeichnet wird.[42] Wenn dieses Jahr als Wendepunkt in seinem Denken festzumachen sein sollte, dann verweigert er sich jedoch selbst ebendiesen Etikettierungen. In der Folge der siebziger Jahre ist Foucault oft auf den Straßen zu sehen, wenn er aktiv an Demonstrationen und Aktionen teilnimmt. Er ist einerseits dem Vorwurf des Gaullismus ausgesetzt und kooperiert andererseits gleichzeitig mit Maoisten und Trotzkisten – auch mit Katholiken und Konservativen.

Claude Mauriac erinnert sich an den 27. November 1971: »Jean Genet, unrasiert, mit seinem weißen struppigen Haar. Michel Foucault. Und dann kommt in diesen Raum in der Rue Marcadet noch ein kleiner, alt gewordener, zurückhaltender Mann, der fast kein Wort sagt: Jean-Paul Sartre. Er setzt sich mir gegenüber, zu meinen Seiten sitzen Genet und Foucault. Habe ich wirklich richtig gesehen und verstanden? Mir ist so, als sähen sie sich zum ersten Mal: Jean-Paul Sartre und Michel Foucault. So erlebte ich die erste Begegnung zwischen dem großen alten und dem großen jungen Philosophen, zwischen Jean-Paul Sartre und Michel Foucault.«[43] Der Dreiundsechzigjährige trifft den Zweiundvierzigjährigen; aber auch: Der Hagiograf Sartre trifft den Heiligen Genet.

Foucault und Sartre sehen sich bereits zwei Jahre vorher aus Anlass der Räumung der Fakultät von Vincennes, doch haben sie hier keine Gelegenheit, miteinander zu sprechen. Im November 1971 treffen sie sich aus Anlass einer Aktion gegen Rassismus. Als sie nach der Diskussion mit einer großen Menge auf der Straße demonstrieren, entstehen die bekannten Fotografien, die die beiden – mit Genet – zeigen. Später sieht man Foucault und Genet in den Straßen der Goutted'Or spazieren.

Leider bleibt ein konstruktiver Dialog zwischen Foucault und Sartre aus. Foucaults mikrologische Betrachtungen von Versuchen der Disziplinierung und Methoden der Unterdrückung sind Sartres Denken eigentlich gar nicht so fern. Vielleicht aber kommt der Konflikt von weiter her, von Foucaults Lehrer Louis Althusser, der selbst eine Art Rivale von Sartre ist. Gleichwohl stellt sich für Sartre ebenso die politische Frage des Sozialismus als Alternative zum Kapitalismus. Als Foucaults Verlag *Die Ordnung der Dinge* mit dem Slogan ankündigt: »Die größte Revolution seit dem Existenzialismus«, ist der zumindest werbewirksam in Szene gesetzte Bruch in der französischen Philosophie vollzogen. Der Slogan lautet: »Michel Foucault – Der Mensch ist eine moderne Erfindung.«[44]

Wenn der Autor in seiner *Ordnung der Dinge* den Menschen tatsächlich verschwinden lässt, dann ist das auch eine Kritik am Subjektbegriff Sartres.[45] Die einzig direkt ausgetragene Kontroverse zwischen Sartre und Foucault dreht sich um das Problem des Subjekts.[46] Die *Ordnung der Dinge* richtet sich gegen Sartre und sein Denken; schon das Manuskript enthält viele im Druck emendierte kritische Einwände und Polemiken gegen Sartre.[47] Foucault sieht in Sartre nur noch den Vertreter von Anthropologie, Dialektik und Humanismus.[48]

Der synkretistische Humanismus der Nachkriegszeit ist nach Foucault eine moralistische Verschmelzung aus Camus und Sartre, und er habe vorgegeben, Probleme zu lösen, die er nicht einmal begriffen habe. Diese Verschmelzung sei im Namen des Menschen (des Humanismus) begründet, und wer wagt es schon, gegen den Menschen etwas zu sagen?

Die theoretische Notwendigkeit, das Prinzip Mensch zu leugnen, ist für Sartre ein logischer Skandal.[49] Foucault dagegen will nicht mehr die anderen zum Schweigen bringen, indem er etwa vorgäbe, dass ihr humanistisches Anliegen, die

Worte der Menschen richtig seien. Er wird den modernen Humanismus »wie am Meeresufer ein Gesicht im Sand« auswischen.[50]

Dessen zweites Hauptwerk *Die Kritik der dialektischen Vernunft* (1960) – nach *Das Sein und das Nichts* (1943) – sei »die großartige und pathetische Anstrengung eines Menschen des 19. Jahrhunderts, das 20. Jahrhundert zu denken. In diesem Sinne ist Sartre der letzte Hegelianer, und ich würde sogar sagen: der letzte Marxist.«[51]

Foucault behauptet wiederholt, dass er in Bezug auf Sartre ohne Kritik spreche, aber »die Dinge haben sich verändert, und zwar auf allen Gebieten«, und »als Sartre seine großen Werke veröffentlichte, war die politische Lage in Frankreich, dass man von jeder Philosophie eine Antwort verlangte. Und seine Philosophie gibt tatsächlich Antworten.«[52]

Sartre lehnt sich bei der Wahl des Titels an Kants *Kritik der reinen Vernunft* an. Wie Kant kritisiert Sartre eine Vernunft, die sich verabsolutiert gegenüber der Perspektive des Menschen. Wie Kant schließt sich Sartre dem Optimismus an, der da lautet: Du sollst, also kannst du. Wie Kant fordert Sartre die Vernunft auf, sich einer radikalen Selbstkritik zu unterziehen und ihre eigenen Grenzen zu reflektieren. Auf dieser Folie bindet Sartre die Wirklichkeit der Dialektik an das Handeln des endlichen Menschen, darum »braucht man keine Kriterien mehr, und es wird sogar müßig, die Erkenntnis kritisieren oder begründen zu wollen. Denn die Erkenntnis, in welcher Form auch immer, ist eine bestimmte Beziehung des Menschen zu der Welt, die ihn umgibt. Wenn der Mensch nicht mehr existiert, verschwindet diese Beziehung.«[53]

Foucault sieht in Sartre einen Denker, der sich mit hundert Problemen beschäftigt, um den bereits angekündigten zweiten Band sein *Kritik der dialektischen Vernunft* zu schreiben. Ihm geht es um eine Verbindung von Existenzialismus und Marxismus. »Sartre hat diese Dialektik des Weltbildes frühzeitig erkannt und lässt sich dann langsam immer tiefer in den Marxismus verstricken, von dem er sich erst gegen Ende seines Lebens wieder abkehrt.«[54] Seine Synthese aus Existenzialismus und Marxismus erklärt Sartre zur Philosophie seiner Zeit.

Es ist ein Versuch, die vielfältigen Weisen bloßzulegen, in denen der Mensch, angetrieben von gesellschaftlichen Mächten, die er selbst erschafft und aufrechterhält, sich seiner Freiheit aktiv entfremdet. Sartres Philosophie der Freiheit wird unter dem Schlagwort Existenzialismus berühmt und vor allem in seinem Hauptwerk *Das Sein und das Nichts* formuliert, dessen Titel bewusst an Heideggers *Sein und Zeit* erinnern soll. Dessen Hauptwerk liest Sartre in den dreißiger Jahren. Ein zweiter Band von *Das Sein und das Nichts* erscheint posthum als *Cahiers pour une morale* (1983).[55]

Sartre konzipiert den Bezug des Menschen zu seinem Sein als praktisch. Dieser Bezug erweist sich jeden Tag neu und kulminiert in dessen Freiheit. Diese ist von der Notwendigkeit nicht unterscheidbar wie von ihrer transhistorischen Beziehung, die über eine Bilanz der Welt hinausweist. Die Freiheit des Subjekts ist mehr und etwas anderes als ihre Erfahrungsumstände. Das Transhistorische zwingt das Subjekt, etwas aus dem zu machen, was die anderen aus ihm machen wollen. Das Subjekt muss über das Transhistorische hinausgehen, dabei hilft ihm ein eigener Begriff von Zeitlichkeit und Engagement, dann rücken Denken und Handeln zusammen. Die Freiheit ist so lange erbärmlich, wie sie im Bewusstsein eingeschlossen ist und nicht praktisch wird.

Von der Struktur seiner Existenz her ist der Mensch frei, das heißt, er ist ontologisch gesehen frei, sein Leben täglich zu ändern. Denn, so Sartre, »frei sein heißt zum Freisein verurteilt zu sein«[56]. Wer frei ist, der ist verantwortlich, und wer verantwortlich ist, der ist auch frei. Der Mensch kann sich nicht von der Freiheit befreien, er kann nicht nicht frei sein. Das nennt Sartre die Faktizität der Freiheit, die immer auch sichtbare Ergebnisse nach sich ziehen soll. Die Geschichte und das Transhistorische begegnen sich im Zeichen der Freiheit.

Darum ist es nur konsequent, wenn Jean-Paul Sartre die Verleihung des Nobelpreises für Literatur ablehnt. Im Bruch mit den Erwartungen an ihn, in der Verweigerung öffentlicher Ehrungen, im Ekel vor bürgerlichen Ritualen (beispielsweise das Preisgeld karitativ auszugeben) liegen die literarisch-politischen Konsequenzen des »penseur privé«. Wie schon in *Die Wörter* (1964) beschrieben, fehlt diesem Autor jede Eitelkeit, wenn er die Wahrheit über die eigene Wahrheit sagt.

Die Verantwortung darf darüber hinaus als die eigentliche große Entdeckung Sartres gefeiert werden, obgleich sie weniger Beachtung fand.[57] Und nicht zuletzt will Sartre die »Wahrheit der Geschichte« auf einen sicheren Boden stellen und sein philosophisches Vorhaben als Grundlegung einer »Prolegomena zu einer jeden künftigen Anthropologie umschreiben«[58]. Gelegentlich werden hierbei die Begriffe Mensch, Subjekt, Humanismus und Anthropologie diffus synonym verwendet.[59]

In seinem Vortrag *Der Existentialismus ist ein Humanismus* (1945) tituliert Jean-Paul Sartre den Existenzialismus nicht nur als solchen, sondern propagiert ihn zugleich als einen Optimismus individueller Freiheit und Verantwortung: »Es gibt aber keinen anderen Sinn von Humanismus, der im Grunde folgendes meint: der Mensch ist ständig außerhalb seiner selbst; indem er sich entwirft und verliert außerhalb seiner selbst, bringt er den Menschen zur Existenz, und andererseits kann er existieren, indem er transzendente Ziele verfolgt.«[60]

In seiner Studie über Jean Genet von 1952 schreibt Jean-Paul Sartre: »Er hat seine Hauptentscheidung getroffen, als er sein erstes Gedicht geschrieben und öffentlich vorgelesen hat: alles übrige wird sich nach und nach ergeben. Woher aber kommt diese Entscheidung?«[61] Sartre unterstellt Genet, dass seine Handlung Ursachen hat, und er sieht in ihnen »nicht ihre Faktoren, sondern allgemeine Themen, die die Entscheidung organisiert«[62]. Die Entscheidungen fassen die Leitmotive, die das Leben der Individuen lenken, zusammen. Damit schließt Jean-Paul Sartre das Unbewusste vollkommen aus und wendet sich gegen Sigmund Freud.

Der voluminöse Text der *Kritik der dialektischen Vernunft* (1960) ist offensichtlich unter großem Druck geschrieben; er erscheint passagenweise manisch, so als wolle der Autor seine Sache um jeden Preis darstellen und seine grundlegende Frage beantworten, nämlich ob »wir heute die Mittel haben, eine strukturelle und historische Anthropologie zu konzipieren«[63]. Es geht Sartre darum, »endlich an das Grundproblem heranzugehen: Gibt es eine Wahrheit vom Menschen?«[64]

In *Das Sein und das Nichts* beschreibt Sartre den Menschen noch als das Individuum mit einer ursprünglichen Freiheit, die ihre Grenze nur in der Freiheit des anderen erfährt. Darum muss sich die Freiheit zuerst in der zwischenmenschlichen Beziehung bewähren. Im Gegensatz zu Kant argumentiert Sartre nicht juristisch, sondern aus der individuellen Perspektive heraus. Zur Freiheit gehören außerdem Sprache und Individualität.[65]

Nun will Sartre in der Erfahrung des Marxismus die Wirklichkeit des Menschen beschreiben. In *Das Sein und das Nichts* ist es der Blick des anderen, der das Individuum zum Objekt macht, nun ist es die Materialität des Seins in einer Welt des Mangels, die das Individuum zu einem Feind des anderen werden lässt. In *Das Sein und das Nichts* bestimmt Sartre die Existenz: »Das Bewusstsein ist ein Sein, dessen Existenz die Essenz setzt, und umgekehrt ist es Bewusstsein von einem Sein, dessen Essenz die Existenz impliziert, das heißt, dessen Erscheinung verlangt zu sein.«[66]

Für ihn gehören Sein und Bewusstsein zusammen, denn das Individuum hat Bewusstsein von seiner Existenz. Darum erhebt sich das Bewusstsein nicht grundsätzlich über das Sein. Hiermit schließt Sartre an Heidegger an, dessen zentraler Begriff in *Sein und Zeit* das Dasein ist. Mit dem Begriff des Daseins fragt dieser nach dem Sinn vom Sein, um eine in der philosophischen Tradition unbeachtete Dimension des Denkens zu enthüllen.[67]

Neben Freiheit und Verantwortung setzt Sartre die Begriffe Wahl und Willen. Die von Nietzsche antizipierte These vom Willen zur Macht führt den Menschen nicht zur Anpassung an die Natur, sondern zu deren Beherrschung. Als die *Kritik der dialektischen Vernunft* 1960 erscheint, in der diese Begriffe weitgehend dargelegt werden, ist es merkwürdig still um dieses Buch, bis es zum ersten offenen Affront durch die Kritik von Claude Lévi-Strauss kommt, der Sartre vorwirft, dass er in seinem Festhalten an dem Begriff des Menschen die Dimension der Wahrheit auf den Raum des Menschen verengt.

Diese Kritik trägt den Namen Strukturalismus und wird die Phänomenologie (oder den Existenzialismus) eines Jean-Paul Sartre vorläufig ablösen. Zwar erkennt Sartre die Existenz von Strukturen und ihre Bedeutung als Handlungsraum an, aber für ihn sind Strukturen keine eigenständigen Wesenheiten, sondern lediglich eine ursprünglich vom Menschen geschaffene Wirklichkeit, die sich wiederum ihm entfremdet hat.

Foucault als der historische Gegner Sartres, der Angreifer äußert sich selbstkritisch: »Es gibt einen Augenblick in der menschlichen Praxis, in dem sich die Evidenzen trüben, die Lichter ausgehen, die Dunkelheit einbricht. Die Leute werden dann wahrnehmen, dass sie als Blinde agieren und dass es folglich eines neuen Lichts, einer neuen Beleuchtung, neuer Verhaltensregeln bedarf: Genau dann wird ein Objekt zum Problem.«[68] Bernard-Henri Lévy fragt ketzerisch, ob es nicht »um das Programm des rebellischen, unglaublich unverschämten, aber eben deshalb

auch erfindungsreichen und genialen Sartre handelt, der sein Leben damit verbringt, aus den Trümmern seiner überkommenen Vorstellungen das Licht neuer
Objekte und Probleme hervorströmen zu lassen?«[69]

Sartre antwortet auf den gärenden Marxismus-Vorwurf: »Gezielt wird auf den
Marxismus. Es handelt sich darum, eine neue Ideologie zu konstituieren, das letzte Bollwerk, das die Bourgeoisie noch gegen Marx errichten kann.«[70] Foucault hält
dagegen mit seinem ganz persönlichen Erfahrungsschatz: »In Tunesien beriefen
sich alle auf den Marxismus mit radikaler Gewalt und Intensität und mit beeindru-
ckendem Elan. Für die jungen Leute stellte der Marxismus nicht nur eine bessere
Weise dar, die Realität zu analysieren, sondern zugleich eine Quelle moralischer
Energie, das Bekenntnis zu ihm war gleichsam ein existentieller Akt von außer-
ordentlicher Tragweite. Ich glaube nicht, dass die theoretische Bezugnahme dieser
Kämpfe auf den Marxismus das Entscheidende war. Ich will sagen: Die marxistische Schulung der tunesischen Studenten reichte nicht sehr tief, und sie bemüh-
ten sich auch nicht um deren Vertiefung. Wichtig war etwas ganz anderes. Ohne
eine politische Ideologie oder eine politische Weltanschauung wäre der Kampf
zweifellos nicht ausgebrochen; dagegen waren die Exaktheit der Theorie und ihre
Wissenschaftlichkeit völlig zweitrangige Fragen, die eher als Trugbild dienten denn
als Anweisung zu korrektem und richtigem Verhalten.«[71]

Trotz bestehender Differenzen und Abgrenzungen nähert sich Foucault auch
Sartre an, und wenn beide in den Straßen von Paris demonstrieren, dann ist das
nicht nur ein Symbol äußerlicher Annäherung. Ein wichtiger Punkt zwischen beiden ist sicherlich, dass sich Sartre mit seiner *Kritik der dialektischen Vernunft* primär
an der nach Karl Marx revolutionären Aufhebung der Entfremdung des Menschen
orientiert. Foucault orientiert sich dagegen an Friedrich Nietzsche. Nun zeigt aber
gerade Deleuze, dass sich das Denken von Marx und Nietzsche nicht gegenseitig
ausschließt. »Der Grund, weshalb Foucaults Denken dem Sartres immer wieder
ähnelte und doch von ihm verschieden blieb, ist am Ende darin zu sehen, dass
Sartre ein systematisch orientierter Denker war. Foucault dagegen nicht.«[72]

Ein Grund dafür ist, dass Foucault durchaus verschiedene Positionen einnehmen kann und darum nicht etikettierbar ist. Er lebt in verschiedenen Kulturkrei-
sen, bereist viele Länder und begreift sich als Experimentator – und nicht wie Sartre als Theoretiker. Auf die Frage, ob Foucault zu Sartres Beerdigung geht, antwortet
er knapp: »Das versteht sich von selbst.« Knapp fünfzigtausend Menschen folgen
im April 1980 dem Sarg zum Friedhof Montparnasse. Für Sartre ist Philosophie
wie eine Droge, apollinisch verkörpert sie für ihn ein individuelles Prinzip, und
gelegentlich setzt er seine ironischen Akzente, etwa wenn er schreibt: »Wir gehen
umsonst zugrunde; der Mensch ist eine nutzlose Passion.«[73]

XIII. Archäologie des Wissens

»Es ist das ›Sein der Sprache‹, von dem die ›Ordnung der Dinge‹ sprach, das ›Es gibt Sprache‹, auf
das sich die ›Archäologie‹ beruft, das mit jeder
Gesamtheit variiert. Es ist das ›Man spricht‹ als
anonymes Murmeln, das je nach betrachtetem
Korpus dieses oder jenes Aussehen annimmt.«
Gilles Deleuze[1]

Nachdem die Universität von Vincennes im Januar 1969 offiziell eröffnet ist, wird
sie umgehend und in doppelter Hinsicht zum Testfall: »für die politische Macht,
die alle herausragenden Köpfe des Geistes- und Humanwissenschaften dort versammelt hat; für die Studentenbewegung, die sehen will, wie weit ihre Autonomie
wirklich reicht«[2]. Doch schon beim ersten Konflikt greift die Polizei durch.

Michel Foucault steht als Leiter des Fachbereichs Philosophie einerseits auf
der Seite der Studierenden, will andererseits aber seine Seminare abhalten. Er beteiligt sich am körperlichen Widerstand gegen die Polizei, an der Besetzung von
Institutsgebäuden und wird folglich festgenommen. Parallel stehen auf dem Programm seine Vorlesung *Sexualität und Individualität*, die dem in der *Archäologie
des Wissens* angekündigten Forschungsvorhaben als »einer Analyse der Ethik der
Sexualität« entspricht[3], und sein Seminar *Das Ende der Metaphysik*, eine Nietzsche-
Veranstaltung. Nur ein Jahr später wird er über *Die Epistemologie der Wissenschaften
vom Leben* und über *Nietzsche, die Genealogie und die Geschichte* sprechen. Mehr als
sechshundert Hörer wollen seine Vorlesungen besuchen.[4]

Im März 1969 erscheint bei Gallimard sein drittes großes Buch *Archäologie des
Wissens*, dessen knappe Darstellung des bereits schon früher Gesagten und dessen
Abgrenzung zum Strukturalismus (auch gegen Roland Barthes und Jacques Der-
rida) so manche Leseerwartung enttäuscht. Im April 1969 unterliegt Charles de
Gaulle einem Referendum und tritt zurück.

Der Druck auf Vincennes wird größer, auch weil die Presse wiederholt Schlag-
zeilen damit macht, dass Maoisten und Trotzkisten den Ton angeben. Der Versuchsuniversität von Vincennes wird im Januar 1970 die Lizenz für Philosophie
von staatlicher Seite verweigert, wenngleich unter Edgar Faure immer artikuliert
wird, dass Vincennes vor allem eine Versuchsuniversität, ein Pilotprojekt darstellt.

Der Bildungsminister Olivier Guichard erklärt, es gäbe dort zu viele Vorlesungen über Politik und Marxismus. In einem Interview im Februar stellt sich Foucault den Angriffen, und er sieht im ministeriellen Vorgehen einen Versuch, den Philosophieunterricht (an Gymnasien und Universitäten) ganz abschaffen zu wollen.[5] Man habe ihm eine Falle gestellt, denn »das, was ihr da lehrt, entspricht nicht unserem Verständnis der Philosophie und eines philosophischen Lehrplans«, so seine Gegner. Die Idee – so Michel Foucault –, »eine (philosophische) Freiheit zu erproben«, scheint nun doch unmöglich zu sein.[6]

Nach nur einem Jahr verlässt Michel Serres Vincennes: »Ich hatte den Eindruck, in derselben Atmosphäre von intellektuellem Terrorismus wie der zu versinken, die die Stalinisten verbreiten, als ich Zögling der Rue d'Ulm war.«[7] Die universitären Konflikte und die absurden Kämpfe um Lehrinhalte frustrieren Foucault so sehr, dass er versucht, nur noch wenig Zeit auf dem Campus von Vincennes zu verbringen und stattdessen seine Forschungen in die Bibliothèque Nationale in Paris zu verlegen. Vor allem aber leitet er in dieser Zeit die Kampagne für seine eigene Wahl in das Collège de France ein, indem er sich der Unterstützung von Freunden wie Georges Dumézil versichert, der seit einem Jahr dort arbeitet. Ende November 1969 wird Jean Hyppolites Lehrstuhl für die Geschichte des philosophischen Denkens in einen Lehrstuhl für die Geschichte der Denksysteme umgewandelt. Anwärter sind Paul Ricœur und Yvon Belaval – und auch Michel Foucault. Am 30. November 1969 entscheidet sich die Professorenversammlung des Collège de France nicht nur für die Umwidmung in einen Lehrstuhl für die Geschichte der Denksysteme, sondern auch für die Schaffung eines Lehrstuhls für die Soziologie der Zivilisation. Beide Projekte zielen auf Michel Foucault und Raymond Aron.

Foucault bleibt offiziell zwei Jahre in Vincennes, und diese Zeit von 1968 bis 1970 ist bewegend für ihn, denn hier kommt er direkt in Kontakt mit der Politik, der Presse und – wenn man so will – der Geschichte. Jules Vuillemin erinnert sich: »Er begegnet der Geschichte wie ein auf dem Meeresgrund gesunkener Taucher, den ein plötzlicher Sturm an den Strand schwemmt.«[8]

Didier Eribons Biografie über Michel Foucault, die fünf Jahre nach dem Tod des großen Denkers erscheint, berichtet ausführlich über diese Zeit. Dem Pariser Mai sind vielleicht die schönsten Seiten dieses Buches gewidmet; Foucault, der zunächst nicht in Frankreich ist und doch in der Folge durch die 1968er politisiert wird, seine Darstellung einer vom Marxismus und seinen Parteien schwer enttäuschten französischen Linken, die sich nach dem Scheitern vom Mai 1968 bis heute die Wunden leckt; diese Linke, die die Kritik legitimiert und die Passivität verabsolutiert.

»Man frage mich nicht, wer ich bin, und man sage mir nicht, ich solle der gleiche bleiben«, so Michel Foucault in der *Archäologie des Wissens*.[9] Damit inszeniert er nicht nur geschickt sich selbst, sondern versteckt sich vor Zuschreibungen von außen. Sein selbst gewähltes Motto lautet darum: »Der maskierte Philosoph«[10]. Als wolle er versuchen, den Kommentar zu seinem Werk und seiner Person als ein nutzloses Spiel mit dem »doppelten Boden des Wortes«[11], als geschwätzige Suche nach dem nicht existenten Geheimnis einer eigentlichen Bedeutung zurückweisen und gerade dadurch die Kommentatoren anlocken. Was sich hinter der Maske des Autors versteckt, ist nicht der Autor selbst, sondern sein Werk. Gilles Deleuze betont: »Eine Maske oder ein Doppelgänger, ein Double. Jeder kann diese Ähnlichkeit oder dieses Double auf seine Weise herausholen.«[12]

Seit den Ereignissen des Pariser Mai markiert das Thema Macht einen radikalen Neubeginn in Foucaults theoretischer Entwicklung. Das auffallende Verhältnis von Kontinuität und Bruch bestimmt bislang dieses Macht-Denken, doch ab jetzt verändert sich die Perspektive auf und erweitert sich der Blick für diese Fragestellung. Drei schlüssige Modelle erscheinen: das entwicklungsgeschichtliche Modell, das genealogische Modell mit seinen Beziehungen, Integrationen und produktiven Disziplinen und das strukturale Modell mit dem Konglomerat, dem Mechanismus und dem Organismus.

Aber alles in allem gilt jedoch, dass »die Mechanismen der Macht notwendige Bedingung sind, während die kapitalistische Ökonomie faktische und das heißt kontingente Bedingung ist«[13]. Auf der Folie von Politik sollte Macht immer eine Politik der Wahrheit sein. Neben diesen Begriff tritt folgend der Begriff der Wahrheit bei Foucault.

Michel Foucault wird in seinem Spätwerk den Begriff des Subjekts neu fassen und damit zeigen, welche Konsequenzen diese Neufassung für seine frühere Diskursanalyse und Machtgenealogie haben wird. Außerdem wird er ein normatives Gegenmodell einführen, nämlich die Idee fröhlicher Subjektivität mit der Fragestellung, ob dieses Modell eine Gegenmoral der Moderne sein kann und ob diese fröhliche Subjektivität systematische Machtstrukturen auflösen wird. In *Die Geburt der Klinik* (1963) fragt der Autor: »Wäre nicht eine Diskursanalyse möglich, die in dem, was gesagt worden ist, keinen Rest und keinen Überschuss, sondern nur das Faktum seines historischen Erscheinens voraussetzt?«[14]

Foucault spricht damit gegen die Intention und für die Differenz der Aussagen und konturiert sein Projekt einer »positiven« Diskursanalyse. Davor kommt jedoch das Projekt einer *Archäologie des Wissens* (1969), das seinen klassischen Ausdruck bereits in der drei Jahre zuvor erscheinenden *Ordnung der Dinge* (1966) erhält. Dieses Buch, eine vergleichende Analyse zwischen Biologie, Ökonomie und Linguistik der Neuzeit, ist bis heute solitär. Anstatt Leben, Wirtschaft und Sprache als linearen oder sachlichen Fortschritt zu konstatieren, geht es dem Autor um die Explikation einer bislang nicht gesehenen Ebene. Es geht ihm um die Regeln, die für die Konstitution wissenschaftlicher Objektbereiche entscheidend sind.

Nachdem die *Ordnung der Dinge* großen Erfolg bei Publikum und Kritik hat – sie wird international rezipiert –, unternimmt der Autor den Versuch, seinen Standort zu präzisieren. In den Aufsätzen *Antwort auf eine Frage* (1968) und *Über die Archäologie der Wissenschaften* (1968) kommt er dem Wunsch der Leser nach, »über seine Theorie und die Implikationen seiner Methode kritische Anmerkungen zu machen, die deren Möglichkeit begründen«[15].

Daniel Defert berichtet, dass die *Archäologie des Wissens* eine lange Genese hat und dass die Urfassung des Werkes über sechshundert Seiten umfasst.[16] Die spä-

tere Druckfassung wird auf weniger als die Hälfte gekürzt. Die hand- und ma-
schinenschriftliche, umfangreiche Textfassung befindet sich heute in der Pariser
Bibliothèque Nationale. Wenngleich das Buch zunächst wenig Begeisterung beim
Publikum auslöst, stellt doch Gilles Deleuze die zukunftsweisende Perspektive
fest: »Ein neuer Archivar ist in der Stadt berufen worden und es ist etwas grundlegend Neues in der Philosophie entstanden. Dieses Werk besitzt die Schönheit
dessen, was es verwirft: ein strahlender Morgen.«[17]

Michel Foucault beginnt mit der Arbeit an diesem Buch, als die *Ordnung der
Dinge* im Januar 1966 bei Gallimard in Druck geht. Seit einem Jahr lebt er im tunesischen Küstendorf Sidi Bou Saïd und hält Seminare und Vorlesungen an der
Universität von Tunis. Am 30. September 1968 beendet das französische Außenministerium Foucaults Aufenthalt und beruft als seinen Nachfolger Jean Wahl auf
den Lehrstuhl in Tunis. Drei Jahre schreibt der Autor mit großer »theoretischer
Anstrengung«[18] an seiner *Archäologie des Wissens*.

Oft wird darauf hingewiesen, dass die *Archäologie des Wissens* eine Ausnahme
in Foucaults Gesamtwerk darstellt. Die Archäologie ist keine historische Schrift
und dabei eine methodologische Herausforderung. Sie gibt vor, »eine Methodenre-
flexion zu sein, ist in Wahrheit aber deren radikale Kritik«[19], und in der *Archäologie
des Wissens* ist der Autor »offensichtlich erstmals den Gefahren der eigene Theorie
auf der Spur«[20]. Foucaults Zauberwort zur Lösung von Differenzen und Missverständnissen heißt »Diskurs beziehungsweise diskursives Ereignis«[21].

So sehen einige Rezipienten das »methodologische Scheitern der Archäologie«[22] und andere Leser eine neue »archäologische Beschreibung«[23] mit den Kriterien, dass die archäologische Beschreibung den Diskurs in seiner Gesamtheit
untersucht, die archäologische Beschreibung den Diskurs in seiner Spezifität definiert, die archäologische Beschreibung nicht nach dem souveränen Werk fragt
und dass die archäologische Beschreibung keine Rekonstruktion eines Identitäts-
austauschs von Autor und Werk ist.[24]

Damit nimmt Foucault Abstand zu seinem eigenen Schreiben, befragt sich
gleichzeitig in der *Archäologie des Wissens* selbst (eingerahmt von einer Einleitung
und einem Schlussteil) und bezieht den Leser direkt in den Text ein. »Wo Foucault
das sekundäre Sprechen über sich selbst als artifiziell in die Archäologie des Wissens einbaut, eben in Einleitung und Schluss, spricht er vor allem das Problem
an, dass er als Autor von Büchern dezidiert Ich sagt und überhaupt wenig Selbst-
bescheidung im Auftreten übt.«[25]

Michel Foucault stellt fest, dass sich in der Neuzeit diese Regelsysteme, er
nennt sie folgend Episteme, für die betreffenden Wissenschaften zweimal verändert haben: Zum einen gilt in der Renaissance Denken und Erfahrung als analog,
darum kann eine Homologie von Sprache und Sein existieren und zum anderen
löst sich an der Schwelle zum 19. Jahrhundert diese Homologie durch ein vom
Menschen bestimmtes Erfahrungsgitter ab.

In seiner *Archäologie des Wissens* definiert der Autor: »Die Episteme ist keine
Form von Erkenntnis und kein Typ von Rationalität, die, indem sie die verschie-

densten Wissenschaften durchdringt, die souveräne Einheit eines Subjekts, eines
Geistes oder eines Zeitalters manifestiert; es ist die Gesamtheit der Beziehungen,
die man in einer gegebenen Zeit innerhalb der Wissenschaften entdecken kann,
wenn man sie auf der Ebene der diskursiven Regelmäßigkeiten analysiert.«[26]

Das Verhältnis von Wissen, herkömmlicher Analyse von Wissenschaften und
Archäologie bildet den Höhepunkt des Foucault'schen Werks. Die tiefere Ebene
einer Analyse der Wissenschaften soll die Beziehungen von diskursiver Praxis,
Wissen und Wissenschaft untersuchen. Es gibt also eine diskursive Achse »Praxis – Wissen – Wissenschaft« und fortan keine ideengeschichtliche Achse »Bewusstsein – Erkenntnis – Wissenschaft« mehr, denn diese lässt sich vom Index der
Subjektivität nicht befreien.[27] Der Übergang von Wissen zu Wissenschaft folgt in
vier Schritten: erstens auf der Ebene der Positivität, auf der eine diskursive Praxis
sich einrichtet und als autonome Praxis zutage tritt, zweitens an der Schwelle der
Epistemologisierung, die erreicht ist, wo strengere Verifikations- und Kohärenz-
normen Geltung erlangen, drittens an der die Schwelle der Wissenschaftlichkeit,
die durch Konstruktionsgesetze der Propositionen charakterisiert sind, und viertens auf der Ebene der Formalisierung und Axiomatisierung.

Diese Schritte inszeniert Foucault, um »zwischen verständigungsorientiertem,
technischem und herrschaftlichem Wissen unterscheiden zu können«[28]. Die Homologie von Sprache und Sein betont Gilles Deleuze, wenn er sagt:»das Sprache-
Sein oder das ›Es gibt‹ der Sprache variiert mit jeder Formation und ist trotz seiner
Anonymität nicht weniger singulär, ›das rätselhafte und prekäre Sein‹, das man
nicht von diesem oder jenem Modus ablösen kann.«[29] Claudia Honegger antwortet ihm ironisch:»Die Sprache ist wieder da und der Mensch geht unter.«[30]

Die beiden Regeln (Denken und Erfahren) bilden die Vorstruktur jeder wissenschaftlichen Welt- und Objekterfahrung. Sie determinieren den materialen
Möglichkeitshorizont erfahrbarer Objekte und selbst erfahrender Subjekte, außerdem Begriffsfelder und Verwendungskontexte:»Es handelt sich um eine Untersuchung, in der man sich bemüht, festzustellen, von wo aus Erkenntnisse und
Theorien möglich gewesen sind, nach welchem Ordnungsraum das Wesen sich
konstituiert hat, auf welchem historischen Apriori und im Element welcher Positivität Ideen haben erscheinen, Wissenschaften sich bilden, Erfahrungen sich in
Philosophien reflektieren, Rationalitäten sich bilden können, um sich vielleicht
bald wieder aufzulösen und zu vergehen.«[31]

Foucaults Vorstellung von einem Wissensarchäologen ist die, dass dieser in
sachlicher Distanz die Regeln der Strukturierung, die konstitutiv für die Erfahrung
und Wahrheit bestimmter Epochen der Erkenntnisgeschichte unserer Kultur sind,
rekonstruiert. Foucaults methodologische Ausrichtung auf die internen Strukturen der Diskurse treibt ihn in die Arme einer Verabsolutierung des diskursiven
Geschehens, welches nun zugleich als autopoietische Erzeugungsebene erscheint.
Diese Ebene will im Folgenden das Diskurssubjekt, das Diskursobjekt, das Begriffsfeld und den Kontext aus sich selbst heraus generieren.

Auf diese Weise entstehen Diskursformationen, deren Regeln nichts als dieser Autogenese zuzuschreiben sind: »Diese Systeme ruhen im Diskurs selbst, oder vielmehr an seiner Grenze, an der die spezifischen Regeln definiert werden, die ihn als solchen existieren lassen. Unter Formationssystem muss man also ein komplexes Bündel von Beziehungen verstehen, die als Regel funktionieren: Es schreibt das vor, was in einer diskursiven Praxis in Beziehung gesetzt werden musste, damit diese sich auf dieses oder jenes Objekt bezieht, damit sie diese oder jene Äußerung zum Zuge bringt, damit sie diesen oder jenen Begriff benutzt, damit sie diese oder jene Strategie organisiert.«[32]

Mit Diskurs meint Foucault die sprachliche Seite einer diskursiven Praxis, die der Autor definiert als »eine Gesamtheit von anonymen historischen Regeln«[33], die in einer gegebenen Raum-Zeit-Konstellation der Herstellung von Wissen zugrunde liegen. Die *Archäologie des Wissens* konzentriert sich auf einen primär sprachlich ausgerichteten Diskursbegriff. Der Diskurs wird als eine Menge von Zeichenfolgen konstituiert.[34]

Die Gesamtheit dieser Diskurse nennt Michel Foucault das »historische Apriori«, und er meint damit, dass dem Wissen eine »rein empirische Figur« immanent ist.[35] Der Diskursbegriff, den Foucault Anfang der sechziger Jahre begründet und in seiner *Archäologie des Wissens* (1969) überstrapaziert, erhält zunehmend eine »schwimmende Bedeutung«[36].

Die Außenverhältnisse des Diskurses werden durch Michel Foucault in folgender Veränderung beschrieben: In *Wahnsinn und Gesellschaft* (1961) steht der Diskurs in einem direkten Ausdrucksverhältnis mit nichtdiskursiven Bedingungen. In *Die Geburt der Klinik* (1963) steht der Diskurs in einem direkten Ausdrucksverhältnis mit nichtdiskursiven Bedingungen. In *Die Ordnung der Dinge* (1966) erreicht der Diskurs den Höhepunkt seiner Eigenständigkeit, und nichtdiskursive Praktiken treten zurück. In der *Archäologie des Wissens* (1969) bleiben die nichtdiskursiven Bestandteile weitgehend vom Diskurs abhängig. In *Die Ordnung des Diskurses* (1972) gehört die Macht noch wesentlich zum Diskurs selbst. In *Die Macht der Psychiatrie* (1973) tritt dem Diskurs die Disziplinarmacht als Dispositiv gegenüber. Zuletzt ordnet sich der Diskurs in *Überwachen und Strafen* (1975) mit den nichtdiskursiven Praktiken in das Dispositiv ein, und die Macht erscheint als produktive Größe.[37]

Der Begriff Diskurs unterliegt also einem Wandel und bereitet von Beginn an Probleme. Das französische Substantiv »discours« ist in seiner Bedeutung durch diverse konventionelle, rhetorische, politische und literarische Kontexte eingegrenzt. Michel Foucault instrumentalisiert diesen Begriff für sein theoretisches Programm, dem er zunächst noch den Namen »archéologie« gibt. Um die Bedeutung dieser beiden Begriffe ist es nicht gut bestellt, zumal die deutsche Übersetzung in »Diskurs« und »Archäologie« linear zwar richtig ist, aber diese zugleich entstellt.

Diskurs ist abgeleitet vom lateinischen »discursus«, dem das Verb »discurrere« zugehört; es meint »hierhin oder dorthin laufen« – entsprechend dem »courir ça et là«. Ein Diskurs ist ein Gespräch; doch wer einen »discours« hält, gibt keine

»conférence«. Foucault befindet sich – alle Reglementierung ablehnend – in seiner Benutzung der Begriffe zwischen »normiertem Sprachsystem« und »individueller Sprachverwendung«.[38] Die Verwendung des Begriffs »discours« und der Diskurs im Allgemeinen ist keine Wortkombination im Sinne der Saussure'schen »parole«, sondern eher eine Zauberformel im Sinne dessen »cours«: »Saussures Einsicht, wonach sprachliche Bedeutsamkeit durch phonische Unterscheidung der Zeichen zustande kommt, müsse ausdifferenziert werden.«[39] Manfred Frank weist darauf hin, dass Claude Lévi-Strauss in seiner *Strukturalen Anthropologie* in den verschiedenen Verwandtschaftsorganisationen Netzstrukturen und Transformationsgruppen entdeckt und bekannt gemacht hat[40], denn »Mythen sind als Diskurs-Strukturen in ihren kleinsten konstitutiven Einheiten nicht Phoneme, Morpheme oder Syntagmen, sondern Sätze.«[41] Diesem Weg folgt Michel Foucault, indem er nach den Stufen der »langue« und der »parole« zuletzt die des »discours« erklimmt. »Im Werk von Lévi-Strauss und Saussure wird die Struktur (der Sprache, des Lebens, der Wirtschaft) wieder autonom, sie koppelt sich ab vom Sprechen, das heißt von den Sinneffekten.«[42]

In seinem Buch *Die Ordnung der Dinge* schränkt der Autor den Ausdruck »discours« auf die »Episteme des klassischen Zeitalters« ein.[43] Der Diskurs erlaubt – als symbolische Handlung – das Miteinander-Sprechen und das Miteinander-Handeln. Es wird demnach immer eine Ordnung der Diskurse geben, aber nicht immer »eine« für »alle« Diskurse. Die Geschichte der Diskurse zwingt zur Formulierung von historischen Aprioris, deren Vielfalt ihre Relativität anerkennt.[44]

Während in der *Ordnung der Dinge* noch eine homogene Ordnung beschrieben wird, tritt in der *Archäologie des Wissens* drei Jahre später der Begriff der Diskontinuität in den Vordergrund, aber »der Begriff der Diskontinuität ist paradox«, denn er grenzt das Feld ab und vereinzelt die Gebiete; er ist »zugleich Instrument und Gegenstand der Untersuchung«[45]. Michel Foucault muss auf die Diskontinuität bestehen, denn »die Alternative wäre die Kontinuität, das heißt das Sich-Durchhalten Eines, das in allen Transformationen grundsätzlich dasselbe bliebe. Ein solches wäre in letzter Konsequenz nur als Subjekt zu denken. Ein Subjekt der Geschichte denken hieße hingegen, das Konzept der *Archäologie* verraten.«[46]

Aus Identität folgt Diskontinuität, und aus Nicht-Identität folgt Kontinuität. Wenn wir von Identität sprechen, dann geht es um einen Mangel an Identität. Bezogen auf den Menschen bezeichnet Identität zumeist die Unterschiedlichkeit dieses bestimmten Wesens. Hin und wieder wird der Begriff auch unscharf für die Individualität eines Wesens gebraucht. Bezogen auf unterscheidbare Größen bezeichnet der Begriff auch eine größtmögliche Übereinstimmung. Bezogen auf Ausdrücke und Begriffe meint Identität oft den gleichen Umfang dieser Ausdrücke.

In einem weiteren Sinn wird unter Identität häufig die Summe der Merkmale verstanden, anhand derer ein Individuum von anderen unterschieden werden kann. Diese Identität erlaubt eine eindeutige Identifizierung in physiologischer Hinsicht. Ein anderes Begriffsverständnis subsumiert unter Identität alle Merkmale, die ein Individuum ausmachen, und unterscheidet darunter die Ich-Identität mit seinen einzigartigen Merkmalen und die Wir-Identität mit einer Gruppe geteilter Merkmale. Neben diesem auf objektiv vorhandene Merkmale bezogenen Begriffsverständnis, und häufig nicht deutlich von diesem zu unterscheiden, existiert eine Bedeutung von Identität, in der der Begriff auch auf das subjektive Bewusstsein dieser Merkmale bezogen wird.

Die Summe der Schwankungen eines Individuums führt dazu, dass es sich nicht identisch verhalten kann. Hier zeigt sich ein beharrliches, identisches Festhalten an einem Rest oder einem Vorbehalt. Im klassischen Sinne spricht man hier von Nicht-Identität. In einem vorgegebenen Konzept von Persönlichkeit wäre das eine Vorstellung von Nicht-Identität. Radikale Versuche zur Identität kosten das Leben. Sie ist immer eine Eigenschaftskette, die sich im Zustand radikaler Bedürfnisse befindet.

So wie die Eigenschaftskette, funktioniert – nach Jacques Lacan – auch die Sprachkette als eine Kette aus material instabilen Elementen, die die Sprache (oder die Eigenschaften) konstituieren. Ein doppeltes Spiel von Kombination und Substitution, von Signifikant und Signifikat, von Metonymie und Metapher bilden den Diskurs: »Dieses signifikante Spiel von Metonymie und Metapher wird bis zu und samt seiner aktiven Spitze, die mein Begehren auf ein Nein des Signifikanten oder auf einen Seinsmangel festkeilt und mein Los mit der Frage meines Schicksals verknüpft, in seiner unerbittlichen Finesse dort gespielt – und zwar bis die Partie aufgehoben wird – wo ich nicht bin, weil ich mich an dem Ort nicht festlegen kann.«[47] Darum erscheint »zu diesem Zweck dann eine Topologie, ohne die es unmöglich ist, die Struktur eines Symptoms auch nur zu notieren«[48].

Was also sind Diskurse nach des Autors Meinung? Diskurse sind eine Art Rahmen, die etwas einschließen. Foucaults Begriff des Diskurses stellt sich gegen hermeneutische Nivellierungen und Uniformierungen in der Komplexität der Geschichte. Diskurse sind nicht hintergehbar, so Foucault, und sie sind keine Phantome, doch »ihr Seins-Status ist die reine Virtualität, während ihre Wirklichkeit die permanente Veränderung und Neuschöpfung von diskursiv konstituiertem Sinn ist«[49].

Was Michel Foucault in *Archäologie des Wissens* (1969) und *Ordnung der Dinge* (1966) entwickelt, geht in sein spätes Projekt *Der Wille zum Wissen* (1976) ein. Wichtig ist ihm die Betonung der archäologischen und genealogischen Ebene, wobei die genealogische Perspektive entweder auf innerdiskursive Kommunikationsregeln, soziale Mikropraktiken oder kulturelle Selbstverhältnisse abhebt, wie das folgende Schema zeigen soll:

Archäologie des »Wissens« →	Kohärenzstrukturen »Episteme«	Wahrheit »Seiendes«
Genealogie der »Macht« →	Mikropraktiken »Dispositive«	Macht »Soziales«
Hermeneutik des »Subjekts« →	Selbstverhältnisse »Ethik«/»Asketik«	Subjekt »Individuelles«

Foucaults *Archäologie des Wissens* teilt mit Nietzsches Selbstverständnis und Heideggers Seinsgeschichte die Grundüberzeugung, nämlich dass es nicht möglich sei, unsere Lebenswelt von einem archimedischen Ort aus zu interpretieren, sozusagen aus einem unendlichen Bewusstsein heraus. Das moderne Bewusstsein ist darum nicht endlich, weil es »nicht Grund seiner selbst ist, das heißt seines eigenen Bestehens, sondern nur seiner Entwürfe«[50].

Foucaults Verfahren in der *Archäologie des Wissens* ist nicht teleologisch, nicht zielorientiert und auch nicht sinnausgerichtet. Er behauptet nicht – wie Heidegger und Derrida –, dass sich durch die Neuzeit eine in sich stimmige Interpretation des Seins durchziehe und verstärke, die auf die Fantasie einer Selbstermächtigung von Subjektivität und auf eine Seinsverdunkelung hinauslaufe, »deren Dämmerung wir an den ›science humaines‹ erlebten«[51].

Foucault verbindet seine Genealogie mit dem Historismus. Mit dem an Nietzsches Genealogie orientierten Verzicht auf Hypothesen des Verständnisses und den Herleitungen von (symbolischen) Ordnungen hängt »der Verdacht gegen eine Geschichtsschreibung in kontinuierlicher Kategorie zusammen«[52]. Foucaults Option für eine diskontinuierliche Kategorie ist zwiespältig. Er erklärt bereits in seiner *Ordnung der Dinge*, dass es das »Denken in Diskontinuitäten« als Erfindung ablehnt. Foucaults Geschichtsmodell denkt »Geschichte als kontinuierliche Bewegung der Wiederaneignung eines verlorenen Ursprungs«[53].

1969 Gilles Deleuze

Zwei Jahre nach Foucaults Tod setzt ihm der Freund Gilles Deleuze ein Denkmal, das schlicht seinen Namen trägt. Die beiden älteren Aufsätze *Ein neuer Archivar* (1970) und *Ein neuer Kartograph* (1975), die sich auf die Bücher *Archäologie des Wissens* (1969) und *Überwachen und Strafen* (1975) beziehen, überarbeitet Deleuze und fügt sie mit vier weiteren neuen Texten zu einem Porträt zusammen.[54] Es erscheinen außerdem drei Texte über das Wissen, die Macht und die Subjektivierung und ein vierter über den Tod des Menschen neu.[55] Im zuletzt genannten Text entwirft der Autor das Modell des Foucault'schen Denkens und Schaffens. Kaum jemand erfasst den schöpferischen Aspekt von Foucaults Werk besser als Deleuze, gelegentlich geht seine Interpretation über das hinaus, was man in den Texten tatsächlich lesen kann.

In seiner Rezension *Ein neuer Archivar* benennt Deleuze das positive Modell der *Archäologie des Wissens* als »die serielle Methode, wie sie heutzutage von den Historikern angewandt wird«[56]. Das Neue am »neuen, poetischen und romantischen Positivismus« dieser Archäologie sei die projektive Applikation der seriellen Methode. Deleuze benennt das Vorgehen: »Man muss die Serien verfolgen und die Ebenen durchqueren, sich nie damit zufriedengeben, die Phänomene und Aussagen bloß gemäß einer horizontalen oder vertikalen Dimension zu entwickeln, sondern die bewegliche Diagonale bilden, auf der sich der Archivar-Archäologe bewegt.«[57]

Deleuze bezeichnet zudem die Foucault'sche Archäologie als »die Konstitution einer Oberfläche der Inschrift«[58]. Die Privilegierung der Oberfläche gegenüber der hermeneutischen Dimension der Tiefe eines Textes führt Deleuze zu einer neuen und radikalen antisystematischen Form des Denkens, die sich im Besonderen dem Zugriff des Freud'schen Terminus des Unbewussten entzieht. Dieser antisystematische Charakter verbindet ihn mit dem Werk von Jacques Derrida und Michel Foucault. Im Unterschied zu Sigmund Freuds und Jacques Lacans Theorie des Unbewussten als einer Instanz des (phallischen) Mangels lässt sich Gilles Deleuze von der Vorstellung leiten, das Unbewusste sei eine (ewige) Wunschmaschine, die jede Form der Ödipalisierung des Subjekts unterlaufe.

Mit Félix Guattari zusammen entwickelt Gilles Deleuze die Idee des Anti-Ödipus.[59] Die Autoren formulieren den neuen Begriff des Rhizom als einer wild wuchernden Struktur, die es erlaubt, Singuläres frei von allen Versuchen der Hierarchisierung mit Singulärem zu verbinden. Beispielsweise wenn beide Autoren von einem »organlosen Körper«[60] als einem »masochistischen Körper«[61] sprechen. Die ausführliche Beschreibung einer masochistischen Szene[62] in *Tausend Plateaus* endet mit dem Satz: »Das ist kein Phantasma, sondern ein Programm.«[63] Als erste Bände der von ihnen angelegten Buchreihe *Kapitalismus und Schizophrenie* erscheint *Anti-Ödipus* (1972) und *Tausend Plateaus* (1974). Zuletzt veröffentlichen beide Autoren *Was ist Philosophie?* (1991), und soeben ist die erste Doppelbiografie über Deleuze und Guattari als eine »biographie croisée« erschienen.[64]

Es gibt den individuellen und den sozialen Körper, »und dabei soll der Körper als Symbol, als semantisches und ikonisches Simulakrum, keine Rolle spielen?«, fragt Jürgen Link.[65] »Die sportlichen Körper im Fernsehen, die Lustkörper auf den Reklamen? Vielmehr muss man, will mir scheinen, die semantische Seite der Kollektivsymbole sozusagen als Ensemble hochmobiler diskursiver Angelschnüre betrachten, die ständig überall auf der Lauer liegen, mit eigener sehr dünner Materialität.«[66]

Der Begriff des Rhizom erweist sich nicht zuletzt als eine der einflussreichsten theoretischen Grundfiguren des neueren Denkens. Deleuze und Guattari entwickeln ihn als Gegenbegriff zum psychoanalytischen Terminus des Mangels. Deleuzes besonderes Interesse gilt einem antisystematischen, lustbetont-anarchistischen Impuls des Denkens. Es ist die Betonung des antisystematischen Charakters der literarischen Sprache, die Deleuze mit Foucault verbindet.

Deleuze und Foucault nehmen vielfältig und oftmals aufeinander Bezug. Sowohl das politische Engagement als auch die philosophische Grundeinstellung verbinden beide seit ihrer ersten Begegnung: Deleuze erinnert sich: »Ich habe ihn um 1962 kennengelernt, als er gerade *Raymond Roussel* und *Geburt der Klinik* beendete. Nach 1968 bin ich dann wieder zu der von ihm und Daniel Defert gegründeten Groupe d'information sur les prisons (Gruppe zur Information über Gefängnisse G.I.P.) gestoßen.«[67] Die GIP prangert nicht nur die unerträglichen Zustände in französischen Gefängnissen an, sondern im Besonderen den speziellen Machttypus, den das Gefängnisregime darstellt.

Dennoch ist sein Verhältnis zu Foucault anders als das etwa zu Guattari: »Meine Beziehung zu Félix Guattari sind zwangsläufig andere, weil wir eine lange gemeinsame Arbeit haben, während ich mit Foucault nicht zusammengearbeitet habe.«[68] Das Buch über Foucault habe er aber geschrieben »aus Notwendigkeit für mich, aus Bewunderung für ihn, aus Emotion über seinen Tod und dieses Werk, das unterbrochen wurde«[69]. Und damit steht er nicht allein, Paul Veyne tut es ihm mehrfach nach – zuletzt 2008[70]: »Wie Paul Veyne sagt: Was sowohl zur Zeit wie zur Ewigkeit im Gegensatz steht, das ist unsere Aktualität. Foucault ist der aktuellste der heutigen Philosophen, derjenige, der am radikalsten mit dem 19. Jahrhundert gebrochen hat. Was ihn interessiert, ist die Aktualität.«[71]

In den Jahren von 1965 bis 1968 ist Foucault in Tunesien, sodass Deleuze ihn kaum treffen kann, und in der Zeit nach 1976 – nach der Veröffentlichung von *Der Wille zum Wissen* – befindet sich Michel Foucault in einer Krise des Denkens: »Er hat eine Krise durchgemacht, in jeder Beziehung, politisch, vital, im Denken. Wie bei allen großen Denkern ist sein Denken immer über Krisen und Erschütterungen verlaufen, als Bedingung der Schöpfung, als Bedingung einer äußersten Kohärenz.«[72]

»Foucault hat nach ›Der Wille zum Wissen‹ mehr und mehr das Gefühl, dass er im Begriff steht, sich in die Machtverhältnisse einzuschließen. Und er kann sich noch so oft auf Widerstandspunkte als Gegenüber der Machtherde berufen – woher kommen diese Widerstandskräfte? Foucault fragt sich: Wie kann man die Linie überqueren, wie die Kräfteverhältnisse überschreiten?«[73]

Die Logik seines Denkens ist die Gesamtheit seiner Krisen, die sein Denken durchläuft, denn »es gibt keinen großen Denker, der keine Krisen durchläuft, sie zeigen die Stunden seines Denkens an«[74]. Und weiter: »Das Denken Foucaults ist ein Denken, das sich nicht entwickelt, sondern durch Krisen vorwärtsbewegt hat.«[75]

In seiner Einleitung zu *Der Gebrauch der Lüste* (1984) antwortet Foucault quasi posthum, dass es für ihn dreimal die Notwendigkeit gab, »theoretische Verschiebungen vorzunehmen«, um überhaupt »weiterschauen und weiterdenken« zu können.[76]

Aber auch infolge politischer Differenzen, etwa in der Frage der Rolle des Terrorismus und der Reaktion der Regierungen in Frankreich, Italien und Westdeutschland, bricht der Dialog zwischen den beiden ab. Anlass für den Konflikt zwischen Deleuze und Foucault ist der Rechtsanwalt von Andreas Baader und Ulrike Meinhof, der in Frankreich politisches Asyl sucht. Klaus Croissant versucht mit öffentlichen Auftritten einer Auslieferung an die Bundesrepublik Deutschland zu entgehen. Foucault unterstützt Croissant, indem er aus streng juridischer Perspektive argumentiert; er unterstützt den Anwalt und nicht dessen Klienten. Deleuze geht weiter als Foucault und unterstützt darüber hinaus die Rote Armee Fraktion und deren Aktion gegen einen vermeintlich entstehenden Polizeistaat. Der Konflikt spitzt sich zu, und der Bruch ist damit perfekt. Zu einer Versöhnung zwischen Deleuze und Foucault kommt es bis zu dessen Tod 1984 nicht mehr.[77]

In der Reaktion auf Foucaults ersten Band seiner Geschichte der Sexualität (1976) fragt Gilles Deleuze, ob man der Macht und ihren Dispositiven eine konstituierende Dimension zusprechen kann, die lange dem Staat und seinen Apparaten vorbehalten ist. Deleuze ist der Meinung, dass Foucault in seiner Repressionshypothese zu weit geht. Er charakterisiert dennoch das eigene wie das Foucault'sche Verfahren als »découpages inusités«, als dieselbe Fixierung auf das Bestehende.[78]

Dessen Machtdispositiv zerschlage die komplexen Gefüge, die aus heterogenen Elementen und Ebenen bestehen, zwischen denen der Wunsch zirkuliert. »Ein soziales Feld definiert sich nicht durch seine Widersprüche«, so Gilles Deleuze, »sondern durch seine Fluchtlinien.«[79] Weil Foucault in seiner Betrachtung der Sexualität den Primat des Begehrens vor der Macht nicht akzeptiert, muss er folglich zur Konzeption der Lüste greifen, die wiederum auf eine Norm bezogen ist.

Foucault und Deleuze verbindet das Problem des Diskurses, die Logik des Sinns und die Frage der Macht. Ihre erste Begegnung im Februar 1962 steht unter dem Einfluss Nietzsches. Deleuze veröffentlicht sein Nietzsche-Buch und exportiert darin den Begriff der Genealogie.[80] Deleuzes Aspekte über die Genealogie, die Sinntheorie, das Kraftverhältnis und die Machtanalyse bei Nietzsche übernimmt Foucault für seine Arbeit und fragt (im Sinne von Deleuze): »Welchen ernsthaften Gebrauch kann man von Nietzsche machen?«, denn »Deleuze hat ein großartiges Buch über Nietzsche geschrieben«[81]. Foucault und Deleuze praktizieren eine beinahe nietzscheanische Orthodoxie.[82]

Wie für Nietzsche, so gilt auch für Foucault, dass der Begriff der Kraft selbst, »eine Kraft ist, die sich auf eine andere Kraft bezieht«, so Deleuze.[83] Denn: »Was ist die Macht? Macht ist ein Kräfteverhältnis, oder vielmehr jedes Kräfteverhältnis ist ein Machtverhältnis.«[84] Foucaults Thesen, dass die Macht mehr bewirkt und produziert, als dass sie verhindert und unterdrückt; dass Macht nicht besessen, sondern ausgeübt wird, dass sie auf die Unterscheidung von Herrschendem und Beherrschtem übergreift, sind nietzscheanischer Herkunft: »Die Macht ist Kraft und Kräfteverhältnis, nicht Form. Und die Konzeption der Kräfteverhältnisse bei Foucault, der hier Nietzsche fortsetzt, ist einer der wichtigsten Punkte seines Denkens.«[85]

1967 verantworten Gilles Deleuze und Michel Foucault die französische Ausgabe der von Giorgio Colli und Mazzino Montinari veranstalteten Kritischen Gesamtausgabe der Werke und des Nachlasses von Friedrich Nietzsche. Sie veröffentlichen aus diesem Anlass gemeinsam eine kurze, leider nur vierseitige Einführung zu dieser französischen Lizenzausgabe. Die Hoffnung der beiden liegt darin, dass zukünftig keine verfälschten Texte Nietzsches mehr gelesen werden, sondern dass es eine Art Rückbesinnung auf Nietzsche in Frankreich gibt: »Wir wünschen uns, dass das neue Licht, das die unveröffentlichten Schriften auf den Philosophen werfen, das einer Rückkehr zu Nietzsche sein wird.«[86]

In den kommenden Jahren kommentieren beide gegenseitig ihre Arbeiten, so zum Beispiel *Differenz und Wiederholung* (1968) und *Logik des Sinns* (1969) durch Foucault[87] und *Archäologie des Wissens* (1969) und *Überwachen und Strafen* (1975) durch Deleuze. Foucault schwärmt: »Eines Tages wird das Jahrhundert deleuzianisch sein«[88], und Deleuze konstatiert: »Es hat den Anschein, als ob endlich etwas Neues seit Marx auftaucht.«[89]

In seiner Untersuchung *Logik des Sinns* formuliert der Autor eine kritische Hinterfragung des hermeneutischen Begriffs von Sinn. Er versucht ihm eine paradoxe Grundstruktur nachzuweisen, wobei der Ausgangspunkt der Gegensatz von Sinn und Unsinn ist. Der Einblick in die Paradoxie des Sinns führt Deleuze hierbei zu einer radikalen Absage an die hermeneutische Tiefendimension eines literarischen Textes zugunsten der Befürwortung seiner reinen Oberfläche. Das führt ihn schließlich dazu, Sinn nur noch als Funktion des Unsinns zu sehen und Unsinn umgekehrt nur noch als Form der Stiftung von Sinn anzuerkennen.

In der paradoxen Verknüpfung von Sinn und Unsinn macht sich Nietzsche bemerkbar, demzufolge Sinn ja immer nur als Effekt einer (selbst nicht dem Begriff des Sinns) unterworfenen Instanz zu verstehen ist. Die Befürwortung der Oberfläche gegenüber der hermeneutischen Tiefendimension eines Textes führt Deleuze zu einer völlig neuen und radikalen Form des Denkens. Dieses Denken verweigert sich insbesondere dem Zugriff des Freud'schen Terminus des Unbewussten.[90] Im Unterschied zu Freud und Lacan lassen sich Deleuze und sein Mitstreiter Guattari davon leiten, dass die Vorstellung des Unbewussten eine ewig produzierende Wunschmaschine sei, die jede Form der Ödipalisierung des Subjekts unterlaufe.

Deleuze übernimmt von Foucault den Begriff der Subjektivierung für seine Theorie der Faltung, und zwar sowohl in Bezug auf seine frühen wie späten Schriften, und definiert: »Falte = Zone der Subjektivierung«[91]. Schon in seinem Buch über Proust (1964)[92] als auch in seiner Studie über Spinoza (1968)[93] und zuletzt in seinem Band über Leibniz (1988)[94] sind diese Ansätze der Faltung zu erkennen: »Diese Faltung der Linie ist genau das, was Foucault zuletzt Subjektivierungsprozess nennt, als er sie als solche zu erforschen beginnt«, so Deleuze.[95]

Mit den Begriffen Explikation, Implikation und Komplikation formiert Deleuze den Bereich des Denkens der Sprache und der aus oder in ihr zu erschaffenden Erkenntnis. Gegen Foucaults Kritik der Innerlichkeit setzt Deleuze ein Denken des Außen: »Das Außen ist keine erstarrte Grenze, sondern eine bewegliche Materie, belebt von peristaltischen Bewegungen, von Falten und Faltungen, die ein Innen bilden: nicht etwas anderes als das Außen, sondern genau das Innen des Außen.«[96] Das Denken des Außen beschreibt Foucault ja bereits bei Blanchot.

In der Charakterisierung der Falten wird die Affinität zu den Kategorien der Sensation und Diagrammatik, der Minorliteratur und Chromatik, dem Bewegungsbild wie der Rhythmik deutlich. Die Falte wirkt als kontinuierliche Variation produktiv und singularisierend, mit der Folge, dass sich die Kategorie einreiht in die vor dem zitierten Passus aufgeführte quantitative Stilistik, die dem Subjektivitätsgedanken in dem Sinne angenähert wird, den Deleuze bei Foucault findet. Die Falte beschränkt sich nicht allein auf den Kontext der Subjektivierung, sondern charakterisiert ebenfalls die Axiomatik des Foucault'schen Denkens: »Das Werk Foucaults verknüpft sich erneut mit den großen Werken, die für uns das, was Denken heißt, verändert haben.«[97]

Interessanterweise publiziert Deleuze nach seiner Monografie über Foucault (1986) nur zwei Jahre später ein Buch über Leibniz (1988) mit dem Titel *Die Falte*. Nicht nur der Titel knüpft an das Porträt an, sondern auch die Untersuchung selbst erinnert an Foucaults eigene Schriften und Arbeitsweise. Deleuze versucht darin die zentralen Denkfiguren einer bestimmten Epoche in einem umfassenden, mentalitätsgeschichtlichen Sinn zu entwickeln. *Die Falte* beschreibt nicht nur das Denken von Leibniz, sondern entwickelt den Leitbegriff der Formation des Barock. Schon *Differenz und Wiederholung* befasst sich mit Leibniz' Denken, dennoch schreibt er keine Monografie, sondern eine Untersuchung über die Achse »Barock-Falte-Leibniz«.

Für seine besondere Theorie der Subjektivität, die ja auf Foucault zurückgeht, definiert Deleuze den Begriff der Inflexion: »So ist die Inflexion das reine Ereignis der Linie oder des Punktes, das Virtuelle, die Idealität par excellence.«[98] Von der Inflexion her bestimmt Deleuze den Punkt, an dem sich das Subjekt einstellt, um die Welt zu betrachten. Und diese Denkfigur benutzt der Autor bereits in seiner Studie über Proust. Hier wendet sich das Subjekt (inhaltlich) auf die Inflexion zurück.

Deleuze sieht in der grenzenlosen Freisetzung der Falte das Charakteristikum des Barock, das die notwendige Verbindung von Seele und Materie, von Innen und Außen bereitstellt und gewährleistet. Die Falte ist eine »göttliche Maschine«, die die Welt zusammenhält und als Zusammenhang neu erschafft, denn »die Inversion ist eine Virtualität, die sich unaufhörlich differenziert: sie aktualisiert sich in der Seele, aber sie realisiert sich in der Materie, beide je nach ihrer Seite«[99]. Deleuze will zu den Faltungen gelangen, sprich: in das Innen des Denkens, wobei Innen nicht Innerlichkeit bedeutet.

Foucault selbst benutzt den Begriff der Faltung bereits in einem Aufsatz von 1964, wenn er sagt: »Wir sind in dieser Faltung der Zeit«, oder »Eine Falte des Gesprochenen, die eine Abwesenheit des Werkes ist«[100]. Foucault liest das Buch von Deleuze über Proust aus diesem Jahr und übernimmt offensichtlich hieraus den Begriff für seine Arbeit.[101] Allerdings ist die Falte nicht das Einzige, was Deleuze an Leibniz und dem Barock fasziniert. Ihn interessiert dessen Transformation philosophischer Begriffe. So transformiert Leibniz den von Descartes überkommenen, traditionellen Begriff des Konzepts und damit zugleich dessen Philosophie: »Zunächst ist das Konzept kein einfaches, logisches Sein, sondern ein metaphysisches Sein; es ist keine Mehrzahl und keine Gesamtheit, sondern ein Individuum; es definiert sich nicht durch ein Attribut, sondern durch Prädikat-Ereignisse.«[102]

Die Idee eines ausdifferenzierten Konzeptbegriffs differenziert Gilles Deleuze so: »Konzept« bedeutet die eigentliche Begrifflichkeit des Begriffs, »Perzept« bezeichnet die neuen Seh- und Wahrnehmungsweisen, die der Begriff erschließt, und »Affekt« meint die Wucht, mit der der Begriff uns trifft und den Anstoß, den er uns vermittelt.[103]

Leibniz' Denkmodell bestimmt die Welt selbst als ein Ereignis. Das ist möglich auf der Folie einer Vielzahl von Welten, die in den Monaden eingeschlossen sind oder sich aus diesen erst entwickeln: »Die Welt ist ein Ereignis und muss in jedem Subjekt als ein Grund eingeschlossen sein, aus dem jedes Subjekt die Verfahren zieht, die seinem Gesichtspunkt entsprechen.«[104]

XIV. Die Ordnung des Diskurses

»Es gehört meines Dafürhaltens zu den großen Män-
geln der Foucaultschen Schriften, dass er der expli-
ziten Ausarbeitung einer positiven oder negativen
Theorie des Subjekts keine gesonderte Anstrengung
gewidmet hat. Was sich als Konstante an Foucaults
Cogito-Streit erkennen lässt, ist gestischer Natur:
Eine Art Atheismus zweiter Potenz, der als Irreligio-
sität vor dem Ich eingesetzt wird; und in dessen Ge-
folge ein stoischer und zugleich dramatischer Rückzug aus dem Humanismus in eine Identität ohne
personales Gesicht.«
Peter Sloterdijk[1]

Am 22. Februar 1969 hält Michel Foucault den heute so berühmten Vortrag *Was ist ein Autor?* in der Société française de philosophie. Diese Veranstaltung ist schon darum ein Ereignis, weil sie durch den Ort geehrt wird und als offizielles Zeichen Respekt erfährt. Diese ansonsten geschlossene Gesellschaft von knapp zweihundert Mitgliedern öffnet ihre Tür einmal im Quartal, um einem geladenen Gast die Möglichkeit zu geben, sich und sein Denken in einem Vortrag vorzustellen. Jeder große französische Philosoph lässt diese Initiation über sich ergehen.

Jean-Paul Sartre etwa spricht am 2. Juni 1947 über *Bewußtsein und Selbsterkenntnis* und Louis Althusser auf den Tag genau ein Jahr vor Michel Foucault über *Lenin und die Philosophie* und merkt kritisch an: »Philosophieprofessoren sind Professoren, das heißt Angestellte eines bestimmten Erziehungssystems; sie sind diesem System unterworfen und haben insgesamt die gesellschaftliche Funktion der Indoktrinierung gemäß den Normen der herrschenden Ideologie. Philosophen sind Intellektuelle, also Kleinbürger, die insgesamt der bürgerlichen und kleinbürgerlichen Ideologie unterworfen sind.«[2]

Foucaults Thema ist die Verwandtschaft von Tod und Schreiben und sorgt unter dem Gesichtspunkt des Selbstkommentars und der Neuformulierung seiner Schreibintention für erhebliche Diskussion – vor allem mit Lucien Goldmann und Jean Wahl. Der Titel deutet bereits das Thema an, nämlich die weitere Beschäftigung mit der Frage des Subjekts und das Sich-daran-Annähern in der Beschreibung des Schreibvorgangs. Seine im Aufsatz über Stéphane Mallarmé geäußerte These vom »Tod des Dichters«[3] nimmt Foucault hier nun wieder auf und untersucht die gesprochenen Dinge ohne Rückbezug auf den Autor. In der Gleichgültigkeit der Frage nach dem, wer spricht, ergibt sich für die Literaturkritik, so Foucault, das gängige Thema der »Auslöschung des Autors«[4]. Er will folgend nicht wiederholt das »Verschwinden des Autors«[5] konstatieren, sondern folgend die Orte ausfindig machen, an denen seine Funktion ausgeübt wird. Dabei kommt er zu den bahnbrechenden Thesen, dass der Name des Autors nicht definiert ist und keinen Eigennamen hat, dass der Autor weder Eigentümer noch Verantwortlicher, weder Produzent noch Erfinder seiner Texte ist, dass dem Autor ein (unsicheres) Werk zugeschrieben wird, was ja die Aufgabe der Literaturkritik sei, und dass der Autor seine Positionen allein im Buch, in Diskurstypen, im diskursiven Feld (Philosophie, Disziplin, Transformation) hat.

Michel Foucault will dabei die historisch-soziologische Analyse der Autor-Person beiseitelassen und lediglich den Bezug zwischen Text und Autor fassen: »Foucault will die These der Hermeneutik, dass sich ein Text konstitutiv aus der Individualität seines Autors speist, von ihren historischen Bedingungen her entschlüsseln, indem er das moderne Phänomen problematisiert, ein Individuum als alleinige Quelle seiner literarischen Arbeiten und Garanten von deren Wahrheit zu begreifen.«[6]

Seine Schlussfolgerung lautet: »Der Autorname hat seinen Ort nicht im Personenstand der Menschen, nicht in der Werkfiktion, sondern in dem Bruch, der eine bestimmte Gruppe von Diskursen und ihre einmalige Seinsweise hervorbringt. Folglich könnte man sagen, dass es in einer Kultur wie der unseren eine bestimmte Anzahl von Diskursen gibt, die die Funktion Autor haben, während andere sie nicht haben.«[7] Dabei kommt dem Ich eine besondere Rolle zu, denn das Ich verweist auf ein Individuum ohne Entsprechung, das Ich bezeichnet einen Plan, und das Ich ist dasjenige, das spricht.[8]

Foucault erklärt: »Ich habe nicht gesagt, dass ich die Existenz des Menschen oder des Subjekts auf eine Funktion reduziere, ich habe die Funktion analysiert, innerhalb derer so etwas wie ein Autor existieren konnte. Ich habe keine Analyse des Subjekts vorgenommen. Es gibt kein absolutes Subjekt.«[9] Petra Gehring erinnert daran, dass Foucault selbst »einerseits die Instanz des Autors als Einbruchstelle der Macht in den Text entlarvt« und andererseits »auf die Frage nach sich selbst die vielzitierte Äußerung vom fröhlichen oder besser glücklichen Positivisten« bereithält.[10]

Das nicht vorhandene absolute Subjekt ist auch Thema seiner Inauguralvorlesung *Die Ordnung des Diskurses*, deren Titel symptomatisch an das Buch *Die Ordnung der Dinge* (1966) erinnert. Wenngleich zwischen dem letzten Buch *Archäologie des Wissens* vom März 1969 bis zur Antrittsvorlesung im Dezember 1970 nur wenig Zeit vergeht, findet eine Umorientierung, ein Wandel im Denken Foucaults statt – eine Politisierung und eine Radikalisierung, vielleicht weil er ab nun einen akademischen Ort und damit einen intellektuellen Bezugspunkt hat.

Unmittelbar nach dem relativen Erfolg von *Die Ordnung der Dinge* beginnt Foucaults Lehrer Jean Hyppolite mit seinem Einsatz für dessen Berufung an das Collège de France. Nach dem Tod des Philosophiehistorikers zwei Jahre später setzen von nun an der Religionswissenschaftler Georges Dumézil und der Philosoph Jules Vuillemin die Unterstützung fort. Zunächst schlägt Vuillemin vor, einen Lehrstuhl für die Geschichte der Denksysteme einzurichten. Mit der inhaltlichen Entscheidung für diesen neuen Lehrstuhl – und nicht für einen der Philosophie des Handelns – fällt die Entscheidung: Nicht Paul Ricœur (Philosophie des Handelns) oder Yvon Belaval (Geschichte des rationalen Denkens), sondern Michel Foucault wird seinem Lehrer Jean Hyppolite an das Collège de France folgen.

Auch wenn Foucaults Berufung erfolgreich ist, bleibt doch ein bitterer Beigeschmack, denn diese Wahl ist quer durch alle Gremien des Collège de France umstritten und führt zunächst zur Spaltung. Pierre Daix erinnert sich: »Als die Nachricht seiner Wahl im Sommer bekannt wurde, erschien mir die Berufung Michel Foucaults an das Collège de France als einer der Knotenpunkte in der Topographie der Wiederaufnahme des Lehrbetriebs.«[11] Hier konnten sich kaum größere Gegensätze begegnen: »das Allerheiligste des französischen Universitätswesens« und der Denker, der »den Tod des Menschen«[12] ausruft. Schließlich ist es so weit, und Michel Foucault hält am 2. Dezember 1970 seine Antrittsvorlesung mit dem Titel *L'ordre du discours*. Im Hörsaal Acht des Collège de France herrscht großes Gedränge, und in den benachbarten Räumen wird die Rede per Fernsehen übertragen.[13] Michel Foucault ist endlich am Ziel und Professor für die Geschichte der Denksysteme am Collège de France in Paris.

Das absolute Subjekt wird es also nicht geben. Die Frage der Urheberschaft an seiner Rede negiert der Autor gleich zu Beginn seines Textes, denn er wünscht sich, »während meines Sprechens eine Stimme ohne Namen zu vernehmen«[14]. Anstatt der Urheber dieser Rede, dieses Diskurses zu sein, zieht er es vor, eine Lücke oder das Ende zu sein. Wenn Foucault also von dem Verlangen spricht, »nicht anfangen zu müssen«[15], setzt er sich damit in Beziehung zu Becketts Monolog über den Namenlosen. Mit seiner Distanzierung thematisiert er nicht nur die Probleme des Anfangs, sondern erklärt auch den absoluten, in die Leere des Raumes und der Zeit gesprochenen Anfang als eine Fiktion. Der Diskurs wird somit selbst zum Gegenstand einer Foucault'schen Analyse. In einem fiktiven Dialog zwischen dem Begehren und der Institution fragt die Sprechinstanz: »Aber was ist denn so gefährlich an der Tatsache, dass die Leute sprechen und dass ihre Diskurse endlos weiterwuchern? Wo liegt die Gefahr?«[16]

Foucault will den theoretischen Ort des Diskurses im Beziehungsgeflecht der Gesellschaft bestimmen, ausgehend von der Hypothese, dass »in jeder Gesellschaft die Produktion des Diskurses zugleich kontrolliert, selektiert, organisiert und kanalisiert wird«[17]. Bereits der Titel *Die Ordnung des Diskurses* hält den Status des Diskurses in einem notwendigen Schwebezustand, schillert doch der Begriff der Ordnung zwischen Zustand und Prozess, zwischen Struktur und Disziplin.

Die Antrittsvorlesung hat eine vom Autor kalkulierte Unbestimmtheit und reflektiert auf diese Weise zugleich den Standort dieses Textes im Foucault'schen Gesamtwerk. Im Vergleich zu den üblichen *Titres et travaux*[18] stellt die Antrittsvorlesung also eine Arbeit mit eigenen Gesetzmäßigkeiten dar. Zwar will Foucault »an die Praxis der Historiker anknüpfen«[19], aber sein Vortrag signalisiert bereits einige Verschiebungen. Wenn er bis dato »ein schlichter Archäologe der Systeme des Denkens«[20] ist, so vollzieht er zukünftig einen Schritt über dieses Programm hinaus. Das Jahr seiner Berufung und der Text seiner Rede zeigen diesen Wendepunkt an.

Henning Ritter spricht in seiner Besprechung des zweiten Bandes der *Dits et Ecrits* davon, dass »mit Foucaults Antrittsrede am Collège de France (die leider nicht in den *Dits et Ecrits* enthalten ist) die bemerkenswerte und durch übermäßigen Gebrauch auch ärgerliche Karriere des Diskursbegriffs« beginnt, aber auch »eine neue Art der Befragung der Geschichte und Systematik des Wissens, in der Theorie und historische Empirie eine bis dahin kaum gekannte, von Nietzsche inspirierte Verbindung« eingehen.[21]

Diese Rede ist ein politischer Text, wie »der Fuchs«[22] Foucault seit dem Pariser Mai 1968 überhaupt »von einer Praxis der politischen Agitation ausgeht«, denn »er will nun nicht mehr Bücher schreiben, sondern agitieren«, wie Philipp Sarasin in seiner Besprechung behauptet. Foucault, der zunächst nicht mehr schreiben will, jagt auch zukünftig »seinen Kollegen am Collège de France durch seine revolutionären Auftritte heilige Schrecken ein«[23].

Nach der kontrollierten Verweigerung in der Eröffnung seiner Rede unterwirft sich der Autor schließlich doch den Erwartungen des Publikums, das neben den Mitgliedern des Collège de France und den Honoratioren aus vielen jungen Zuhörern besteht, und dem Reglement dieser »leçon inaugural«. Er zieht ein Resümee bisheriger Arbeiten[24], verneigt sich vor seinem Lehrer Jean Hyppolite[25] und fügt sich in den institutionellen Rahmen ein.

In den *Titres et travaux* bestätigt Foucault, dass er eine Geschichte der Denksysteme schreiben und nicht zuletzt »den Status des wissenden Subjekts aufs Neue befragen«[26] will. In dieser Vorlesung *L'ordre du discours* unterstreicht er jene Formulierungen, die zukünftig sein Werk bestimmen werden: Vom Willen zum Wissen, vom Willen zur Wahrheit und die Ausübung von Macht.[27]

So nennt er folglich den ersten Band seiner Geschichte der Sexualität *Der Wille zum Wissen* (1976).[28] Allerdings gibt es bei Foucault vor 1975 noch kein Sexualdispositiv – wie es bei ihm auch noch nicht die Biopolitik gibt –, das die Disziplinierung von Körpern wie die Regulation von ganzen Bevölkerungen über das Instrument der Sexualität ermöglicht.

Peter Bürger spricht in dem Zusammenhang davon, dass sich Foucault hier den Erwartungen unterwirft, von dem »Bruch der Konventionen, durch ihre Übererfüllung«[29]. Der Vortragende macht reinen Tisch, und sein Denken als Geste bildet sich in den Gegensätzen Materialität und Ordnung, Produktivität und Zwang, Aufbegehren und Unterwerfung ab; sie bilden die zwei Seiten einer Medaille.

Umso erstaunlicher sind »gewisse Themen und Denkfiguren, die aus heutiger Perspektive immer schon foucaultianisch waren«[30].

Im Februar 1971 erscheint *Die Ordnung des Diskurses* bei Gallimard. Zeitgleich bezeichnet ihn George Steiner abschätzig als »Mandarin der Stunde« in der *New York Review of Books*. Lange überlegt Foucault, wie er reagieren soll, denn »es gibt Kritiken, auf die man antwortet, und solche, die man erwidert«[31]. Steiners Anwurf erscheint ihm als unverständlich und banal, ignorant und böswillig. Der »heilige Georg«, wie ihn Foucault in seiner Reaktion bezeichnet, begeht den Fehler, drei Gesetzen zu gehorchen, nämlich: »Unkenntnis des Buches, Unkenntnis dessen, wovon es spricht, und Unkenntnis der Tatsachen und Texte, gegen die es sich wendet«[32].

Wie gewohnt, wird Foucault als Strukturalist bezeichnet, bedeutend schlimmer erscheint die Tatsache, dass sein Buch verfälscht, verkürzt und aus dem Zusammenhang gerissen wird; schwerwiegend ist: »die Verfälschung,die Verkürzung, die Interpolation und das Auslassen«[33]. Mit seiner Reaktion auf George Steiner reagiert Michel Foucault verständlicherweise äußerst scharf. Er spricht davon, dass die US-amerikanische Zeitung mit diesem von ihr gedruckten Artikel, der ein Maximum an Inkompetenz enthält, dem Gesetz der Entropie folge, um ihre Auflage zu erhöhen. Der Autor ist also nicht dumm, sondern gerissen, denn: »wir müssen uns entschieden gegen den Gedanken wehren, Steiner könnte ein untalentierter Mensch sein. Er erfindet sich neu und erfindet die Dinge neu, gegen die er sich wendet, und die Werke, an denen er das Buch misst, und selbst noch Bücher, die der Autor geschrieben haben soll.«[34]

1970 GEORGES BATAILLE

Auf seine Antrittsrede vom Dezember 1970 folgt die Vorlesungszeit. Am 6. Januar 1971 liest Michel Foucault (wie in seinem Vortrag angekündigt) über den *Willen zum Wissen*. Er muss zwölf Vorlesungen pro Jahr halten und tut dies immer von Januar bis März, wie er es nennt, »von der Geburt Jesu bis zur Auferstehung«[35]. Wenngleich er nun in einem geschützten Raum mit einer nur sehr geringen Lehrverpflichtung angekommen ist, bekennt Foucault doch, dass er dem Collège de France wie jeder Institution »feindlich gegenübersteht« und auf den für ihn geschaffenen Lehrstuhl für die Geschichte der Denksysteme nur mit Spott reagieren kann: »Auch ich habe mich früher mit so abstrakten und fern liegenden Dingen wie der Wissenschaftsgeschichte befasst. Heute möchte ich wirklich davon loskommen.«[36]

Bereits in der ersten Vorlesung entfaltet er in einer geschichtsübergreifenden Erzählform ein die abendländische Historie und zugleich Wissenschaftsgeschichte durchdringendes Grundprinzip. Der *Wille zur Wahrheit* beherrsche das westliche Denken und Handeln seit dem Bruch mit der vorsokratischen Seinserfahrung. Diesem Bruch unterwerfe sich alles Denken, wenngleich in unterschiedlichen Graden und Konfigurationen. Was Foucault in seiner Vorlesung universalistisch behauptet, realisiert sich in der westlichen Geschichte des *Willens zur Wahrheit*.

Die Frage der Wahrheit und das Problem der Macht werden ab jetzt das Denken Foucaults begleiten, allerdings: »unsere Wahrheit in Form wissenschaftlicher Erkenntnis erstrahlt heute völlig unabhängig von der Macht, sie scheint nur ihren eigenen wissenschaftlichen Kriterien unterworfen zu sein.«[37] Foucault erkennt sowohl Teilung als auch Produktion von Wahrheit. Seine Frage nach der Wahrheit ist genealogisch, indem er eine kategoriale Verknüpfung zwischen Wissen und Macht herstellt. Folgende Termini isoliert er dabei[38]:

Messung zum Aufbau der griechischen Polis	Ermittlung zur Formation des Mittelalters	Prüfung zur Kontrolle in Industriegesellschaften
Mittel zur Wiederherstellung der Ordnung	**Mittel** zur Wiederherstellung der Tatsachen	**Mittel** zur Fixierung der Norm
Matrix der Mathematik und Physik	**Matrix** der Naturwissenschaften	**Matrix** der Humanwissenschaften
Funktion der Ordnung	**Funktion** der Zentralisation	**Funktion** der Selektion und der Ausschließung

Im Mai 1970 hält Foucault auf Einladung tunesischer Freunde einen Vortrag über Manet.[39] Dieser Vortrag erscheint in erweiterter Fassung dreißig Jahre später als Buch. In dieser Zeit kommt er auf Autoren zurück, die er schon zehn Jahre zuvor rezipiert: »Im Grunde waren Blanchot, Klossowski und Bataille, für die drei hatte ich mich eigentlich in den 60er Jahren interessiert, viel mehr als literarische Werke oder Diskurse innerhalb einer Literatur. Das waren Diskurse außerhalb der Philosophie.«[40]

Für Foucault liegt die Stärke und die Befreiung im Werk Batailles vor allem darin, dass dieser die traditionelle literarische Sprache zerstört, indem er die Idee des sprechenden Subjekts auflöst. Und weiter heißt es: »Um zu erfahren, was Literatur ist, würde ich nicht ihre internen Strukturen studieren wollen. Ich wollte lieber die Bewegung verstehen, den kleinen Vorgang, durch den ein nicht-literarischer Diskurs, ein vernachlässigter, so rasch vergessen wie ausgesprochen, in das literarische Feld eintritt.«[41]

1970 erscheint der erste Band der *Œuvres complètes* von Georges Bataille. Dieser Band mit *Ersten Schriften* (*Premiers Écrits 1922-1940*) enthält ein zweiseitiges Vorwort von Michel Foucault.[42] Es erstaunt auf den ersten Blick, dass Bataille, der für Foucault so eine große Bedeutung hat, derart mit einem kurzen Text bedacht wird, widmet doch beispielsweise Sartre seinem Flaubert fünf Bände und seinem

Genet knapp tausend Seiten. Immerhin nennt Foucault seinen Bataille »einen der wichtigsten Schriftsteller unseres Jahrhunderts«[43].

Seit 1953 liest er dessen Texte über Blanchot, der wenigstens ein (kleines) Lesepublikum hat, kommt zu Bataille, der in den fünfziger Jahren gar nicht zur Kenntnis genommen wird, und über Bataille zuletzt zu Nietzsche.[44] 1963 schreibt Michel Foucault eine Hommage auf Georges Bataille, den umfangreichen Text *Vorrede zur Überschreitung*.[45]

In seinem »Vorwort« von 1970 zu den *Œuvres complètes* von Georges Bataille beschränkt sich Michel Foucault auf editionskritische Kommentare und äußert sich nicht zu Inhalten. Dabei ist diese im Erscheinen begriffene Werkausgabe beeindruckend, denn immerhin ein Drittel der Bataille'schen Texte kommen hier zum Erstabdruck. Diese Werkausgabe umfasst zehn Bände in vier Abteilungen:[46]

Der 1897 geborene Bataille ist studierter Mediävist und besuchte Seminare bei dem Anthropologen Marcel Mauss. In den zwanziger Jahren ist er Mitglied in der surrealistischen Bewegung in Paris und mit André Breton befreundet. In dieser Zeit liest er Nietzsches *Gut und Böse*, was seinen Glauben an einen möglichen Gott endlich zerstört. Er arbeitet zwei Jahrzehnte (von 1922 bis 1942) als Bibliothekar in der Bibliothèque Nationale, bis er 1946 die Zeitschrift *Critique* gründet, deren Herausgeber er bis zu seinem Tod 1962 ist.

Georges Bataille beschreibt sein Denken, sein Schaffen und sein Werk als ein »Denken außerhalb jeder Beschränkung«[47], als einen Versuch, »den Menschen zu verstehen, ohne von vornherein seinen ›part maudite‹ (seinen verfemten Teil) auszuschließen«[48]. Bataille geht es um die innere Erfahrung, die er als »eine Reise an das Ende des Möglichen des Menschen« bezeichnet: »Wie eine Herde, die von einem unendlichen Hirten gejagt wird, würde das blökende Gewoge, das wir sind, entfliehen, ohne Ende fliehen vor dem Entsetzlichen einer Reduktion des Seins auf die Totalität.«[49]

Seine Begeisterung für Nietzsche lässt ihn dionysische Loblieder auf Traum und Wahnsinn, auf die Rauschzustände und Ekstasen singen. Will er in den dreißiger Jahren noch eine Sekte gründen, die Todesrituale vollzieht und Menschenopfer darbringt, bewegen sich seine theoretischen Arbeiten gefährlich nahe an faschistischen Ideologien, ohne dass der Autor selbst ein Faschist ist. Der einzige Weg, den Menschen zu entfesseln, sei »die Revolution durch Feuer und Blut«[50].

Gilles Deleuze weist darauf hin, dass in nächster Nähe zur Revolution der Verrat stehe. In seiner Unterscheidung von Verräter und Betrüger (»tricheur«) zielt er dabei auf den in der Gestalt des Staatsmannes, des Wahrsagers oder des Priesters ab, »der sich gegen die alte Ordnung nur deshalb wendet, um an die Spitze der neuen sich selber zu stellen«[51]. Deleuze sieht gerade in der französischen Literatur solche Typen beispielsweise in André Gides *Les caves du vatican* oder aber in dem Autor Georges Bataille selbst. In seinem Verrat schaffe Bataille jedoch ein schöpferisches Prinzip, sozusagen als ein Anti-Held in einem literarischen Kanon. Der Verrat in der Literatur kann eine grundsätzliche Eigengesetzlichkeit besitzen, beispielsweise als Verrat am Menschsein, wie in Hermann Melvilles *Moby Dick* oder in Leopold von Sacher-Masochs *Venus im Pelz*. In der besonderen Untersuchung des Werkes von Georges Bataille definiert Gilles Deleuze vier Typen des Verrats: Verrat an der Literatur (Antonin Artaud), Verrat an der Tradition (Gustave Flaubert), Verrat am individuellen Charakter (Robert Musil), und Verrat am Einschluss der Welt in das Bewegungsgesetz einer Gesellschaft (Samuel Beckett).»Als ästhetische Person benennt der Verräter kein einheitliches Phänomen, sondern eine literarische Produktivkraft.«[52] Darum schließen sich – ganz im Sinne Batailles – Schreiben und Leben in einer Art Experiment ein, indem sie auf eine Schonung des Selbst verzichten.

Durch das Gesamtwerk Batailles zieht sich darum die Figur der inneren Erfahrung, so etwa in *Die Tränen des Eros* (1961):»Wenn ich im Herzen der Angst selber sanft eine seltsame Absurdität zu mir bitte, öffnet sich ein Auge im Scheitelpunkt, in der Mitte meines Schädels.«[53] Seine Schlüsselfigur ist auch die Frage der Grenzübertretung. Sie führt ihn zu dem, was die abendländische Philosophie bis dahin außer Acht lässt, nämlich in die Bereiche, die dem System des begrifflichen Denkens entwischen: das Lachen, die Poesie, die Erotik und so weiter.

Das erinnert doch stark an das »schweigende Lachen« und an das Lachen von Borges. Georges Bataille misst dem Lachen nicht nur in seinem Roman *L'Abbé C.* (1950) eine besondere Bedeutung bei:»Eponine begann zu lachen, so schnell, dass sie das Lachen mitriss: sie drehte sich um und war, über das Geländer gebeugt, wie ein Kind, das vom Lachen geschüttelt wird. Sie lachte, den Kopf in den Händen, und der Abbé, den ein schlecht ersticktes Glucksen unterbrochen hatte, hob den Kopf, die Arme nach oben gestreckt, erst vor einem nackten Hintern: In dem Augenblick, als das Lachen sie überwältigte, konnte sie den Mantel nicht mehr geschlossen halten, und der Wind hatte ihn aufgehoben.«[54]

Mit der Übertretung der Grenze werden die Grenzen des Wissens und die Grenzen der individuellen und isolierten Existenz überschritten. Die Grenzübertretung ist kein Wissen und auch keine Kategorie der Philosophie und noch weniger das, was man eine zielgerichtete Handlung nennen kann. Die Übertretung ist ein Paradox, denn sie muss das Gesetz missachten, ohne es real übertreten zu wollen; sie eröffnet einen Bereich der Erfahrung, der zu Exzess, Gewalt, Lachen und Selbstauflösung führen kann. Die Grenzübertretung ist eine Auflösung des Ich in der Ekstase und in der Vernichtung des Wissens im Nicht-Wissen. Auch wenn sie das absolute Wissen und das universelle Bewusstsein verfolgt, so löst sie es zugleich auf.

Seine Figur der Souveränität, die immer wieder Fixpunkt der Übertretung ist, kann sich nicht mehr in die Nachfolge der Hegel'schen Phänomenologie stellen.[55] In seinem Text über Baudelaire, erschienen in seinem Klassiker *Die Literatur und das Böse* (1957) schreibt der Autor:»Wenn der Mensch nicht souverän die Augen schlösse, würde er am Ende nicht mehr sehen, was die Mühe wert wäre, erblickt zu werden.«[56]

In Batailles Welt gibt es eine Dualität von Selbsterhaltung und Verschwendung. »Die Arbeit als deutlichste Form des Überlebens verdrängt die Triebe des

Lebens in einem abgesonderten Bereich, und sorgt dafür, dass die Prozesse der Verschwendung den lebenspraktischen Bereich des Überlebens nicht gefährden.« Die Verschwendung ist dagegen ein heiliger Bereich, der vor allem Exzess, Verschwendung, Orgie, Rausch und Tod ist. Schon in der frühen *Geschichte des Auges* schreibt ihr Autor:»Ich hatte das Gefühl, als ob es bei meiner Erektion nur um den Tod gehe.«[57]

Georges Bataille nennt die Übertretung eine notwendige Überschreitung des rationalen Bereichs, die gleichzeitig eine Erfahrung der Souveränität ermöglicht. Souveränität wird zum Schlüsselbegriff bei Bataille, den er in seinem Buch *Der verfemte Teil* entwickelt. Das Spannungsverhältnis besteht zwischen einer homogenen Welt, die Überschuss produziert, und einer heterogenen Welt, die das Ergebnis des unproduktiven Verbrauchs, der Verschwendung ist. Und Verschwendung ist nach Bataille alles, was die homogene Gesellschaft als Überrest oder als transzendenten, höheren Wert verwirft. Dazu gehören die Exkretionsprodukte des Körpers und vergleichbare Materialien (Dreck, Fäkalien, Unkraut oder Ungeziefer), die Körperteile, die Personen, die Wörter und Handlungen, die einen suggestiven erotischen Wert besitzen, die verschiedenen unbewussten Prozesse wie Träume und Neurosen, die zahlreichen sozialen Elemente und Figuren, die vom homogenen Teil nicht aufgenommen werden können, die Massen und die kämpferischen Klassen, sowohl die aristokratische als auch die elende Kaste und die verschiedenen gewalttätigen Individuen, zumindest diejenigen, die die Regeln verweigern.

Schon in seinem frühen Werk *Die Geschichte des Auges* – in deutscher Sprache erst 1977 mit dem plakativen Titel *Das obszöne Werk* erschienen – beschreibt Georges Bataille eine solche mögliche Szene:»Zwei Kugeln von gleicher Größe und Konsistenz wurden von gegensätzlichen gleichzeitigen Bewegungen zum Leben erweckt. Der weiße Hoden eines Stiers war in das schwarze und rosafarbene Fleisch von Simone eingedrungen; ein Auge war aus dem Kopf des jungen Mannes hervorgedrungen. Diese Koinzidenz, die bis in den Tod mit einer Art Verflüssigung des Himmels zu Urin verbunden war, gab mir einen Augenblick lang Marcelle zurück. Es schien mir, als ob ich sie in diesem unbegreiflichen Augenblick berührte.«[58]

Die homogene Welt ist durch ein Prinzip der Nützlichkeit gelenkt und verlangt nach der entfremdeten Erfahrung von Absolutheit und Eigentlichkeit. Oder das »Denken des Undenkbaren«, wie es Bataille nennt, steht allein hinter der Grenze und ist nur – im Moment der souveränen Erfahrung – möglich. Es äußert sich als Lachen und Weinen, Poesie und Tränen, Drama und Lustspiel, Tragödie und Komödie. Alle Kunstformen, die tragische, komische, poetische Aspekte in sich tragen, enthalten Spiel und Wut, Trunkenheit und Kampf, Musik und Tanz, Schrecken und Charme, Kindheit und Heiliges. »Das Göttliche und das Diabolische, der Erotismus, Schönheit, Verbrechen, Grausamkeit, Schrecken, Ekel, all das repräsentiert in seiner Gesamtheit die Ausdrucksformen, deren klassische und anerkannte Souveränität nicht die erreichte Einheit ist, aber deren virtuelle Souveränität es vielleicht sein wird, wenn wir sie heimlich erreichen.«[59]

Der souveräne Augenblick überwindet das Denken der Nützlichkeit; dahinter stehen Verschwendung und Verausgabung. Erst diese neue Erfahrung des Seins ermöglicht Souveränität und Kommunikation.[60] Die Übertretung setzt die Regeln des Begriffsdenkens außer Kraft. Als Foucault seine Gedanken zu Batailles Begriff der Übertretung formuliert, versucht er das Phänomen, nämlich dass sich ihm Batailles Sprache entziehe, im Augenblick dieses Entzugs zu beobachten. Was ihm bleibt, sind Bilder des Verschwindens, die eine Kommunikation kaum mehr möglich machen. Bataille schreibt: »In diesem Augenblick ist die Ausarbeitung nicht mehr notwendig. Alsbald und aus dem Entzücken selber falle ich von neuem in die Nacht des verirrten Kindes, dann in die Angst, um des weiteren zum Entzücken zurückzufinden, und so ohne anderes Ende als die Erschöpfung, ohne eine andere Möglichkeit des Anhaltens als der Ohnmacht. Das ist die marternde Freude.«[61]

Der Erfahrungsraum nimmt der menschlichen Existenz die Grenzen des Grenzlosen, so Michel Foucault in seiner *Vorrede zur Überschreitung* (1963), die anlässlich des Todes von Georges Bataille in dessen Zeitschrift *Critique* erscheint. Dieser Erfahrungsraum überlässt den Menschen jedoch nicht einer begrenzten oder positiven Welt, sondern »einer Welt, die sich in der Grenzerfahrung entfaltet«[62]. Schließlich definiert er: »Die Übertretung ist eine Gebärde, die die Grenze betrifft.«[63] Gegenstand und Werkzeug dieser Übertretung ist für ihn die Sexualität, denn sie ist nach wie vor in allen Kulturen der Bereich, wo sich die Grenze und das Verbot besonders deutlich zu erkennen geben. In einer Welt, in der nichts mehr heilig ist, ist die Sexualität (noch) der Bereich, der eine Entheiligung erlaubt.

Allerdings offenbart die Sprache, die versucht über Sexualität zu sprechen – und nur als gesprochene Sprache kann die Sexualität überhaupt ihre Grenzen übertreten –, eine große Leere. Foucault bezeichnet sie als die »ontologische Leere, die an den Tod Gottes gebunden ist«[64]. Die Frage nach der Grenze tritt an die Stelle der Suche nach Totalität, und die Sexualität und der Tod Gottes zeigen dem Menschen, dass »Gott eine Dirne ist«[65]. Foucault zitiert Bataille aus dessen Werk *L'Érotisme* (1950): »Was die Mystik nicht zu sagen vermochte, sagt die Erotik: Gott ist nichts, wenn er nicht die Überwindung Gottes in allen Bedeutungen ist, in der Bedeutung des vulgären Seins, in der Bedeutung des Schreckens und der Unreinheit und schließlich in der Bedeutung von nichts.«[66] In Erinnerung an Nietzsches Aussage »Gott ist tot« ist dessen Idee vom Übermenschen, der über sich selbst hinauswächst, für Bataille wichtig. Welche Möglichkeiten hat dieser Übermensch, sobald er den Nihilismus des letzten Menschen überwindet?

Neben dem Tod Gottes – weil Gott Mensch wird – ist für Bataille eine extreme Ausprägung von Erotik – eines potenziellen Übermenschen – wichtig. Die Gewalttätigkeiten der erotischen Fantasien eines Marquis de Sade faszinieren ihn, um selbst sadistische und masochistische Praktiken innerhalb der Sexualität als kreativ anzusehen. Foucault weist mit Recht darauf hin, dass *Die Geschichte des Auges* und *Der heilige Eros* dem Leser Sade nähergebracht haben und ihn zugleich für den Leser erschwert haben, denn »wir verdanken Bataille einen Großteil der Zeitwende, an der wir stehen. Aber was zu tun ist, zu denken und zu sagen bleibt, steht fraglos ebenfalls in seiner Schuld und wird es noch lange tun.«[67]

Erotik bekommt in dieser extremen Ausprägung »die ansonsten unbewussten und nicht denkbaren Aspekte dieser ›negativen Erfahrung‹ in den Griff und verwandeln diese in etwas Positives und versetzen jeden Menschen in die Lage, im Sinne Nietzsches zu wiederkehrenden Phantasien Ja zu sagen«[68].

Der Körper, die Sprache und das Denken bilden die drei Sphären, die das Bataille'sche Ich an die Differenz von Ursprung und Ergebnis erinnern. Die Sprache und das Sein bringen den (erotisierten) Körper zur Aussprache seiner Sinne (als Geständnis), wie es Antonin Artaud in seinem Theater der Grausamkeit postuliert. Die Trennung der (Körper-)Organe sind aufgehoben, wie es Derrida sagt, auf dem halben Weg zwischen Traum, Psyche und Realität.[69] Dabei impliziert das Theater der Grausamkeit allerdings nicht den Sadismus, wie oftmals falsch angenommen wird.

Wenn sich Foucault mit dem Denken Batailles auseinandersetzt, dann geht es ihm um die Ablösung einer dialektischen Denktradition, die sich nach seiner Auffassung als nicht ausreichend erweist, denn deren Sprache vermag die Haupterfahrung, die sich eben in der Übertretung herauskristallisiert, nicht auszudrücken.[70] Sein Denken befreit sich von jeder dialektischen Sprache. Und diese Erleuchtung kommt ihm – mehr als einmal – in dem Moment, als er im Herzen der Nacht den Verlust seiner Sprache empfindet: »Was ich die Nacht nenne, unterscheidet sich von der Dunkelheit; die Nacht hat die Gewaltsamkeit des Lichts. Die Nacht ist selbst die Jugend und die Trunkenheit des Denkens.«[71] Zudem hat »Foucault wie Bataille nicht nur ein theoretisches Interesse an der Übertretung«, und »Batailles Originalität liegt in seinem Zugang zur Erotik begründet«.[72] Dieser Zugang ist für Bataille wie für Foucault von praktischer Natur, aber vor allem wohl auch in einem sprachlichen Interesse.

Für Bataille ist Sprache nur noch ein Mittel zum Zweck der Übertretung. Nur die Sprache stellt sich für ihn als Übertretung unmöglich dar, wie er es in seiner Philosophie des »érotisme« beweist. Als sexueller Exzess ist die Grenzübertretung zwar noch an die Sprache gebunden, aber es ist nun eine Sprache, die sich den Regeln der Diskursivität entzieht. Die Unmöglichkeit dieser Erfahrung misst sich daran, dass sie das absolute Subjekt (der Sprache) auflöst. Damit wird aus Übertretung Auflösung und Verschwendung.

Batailles Projekt einer inneren Erfahrung ist die »Reise an das Ende des Möglichen«; dieses Projekt gibt sich als ein Unternehmen zu erkennen, »die Poesie vom Bekannten ins Unbekannte zu führen«[73]. Auf diese Weise wird die Poesie zum Opfer, allerdings zu einem zugänglichen Opfer. Das »Opfer der Poesie«, so Bataille, besteht darin, Lebenszeit gegen Schreibzeit eintauschen zu wollen. Darin sind sich Georges Bataille und Marcel Proust einig – und eben auch Michel Foucault und Jean Genet.

1971 JEAN GENET

Am 8. Januar 1971 gründet Michel Foucault auf Anregung seines in der maoistischen »Gauche proletarienne« engagierten Lebensgefährten Daniel Defert zusammen mit dem Philosophen Gilles Deleuze eine Gruppe zur Information über Gefängnisse (G.I.P.), um »den Inhaftierten die Möglichkeit zu geben, ganz buchstäblich das Wort zu ergreifen«[74]. Der Anlass für dieses außergewöhnliche Engagement ist das »Problem der Repression und der gerichtlichen Verfolgung nach dem Mai 1968«[75]. In dieser Zeit werden vor allem linke Aktivisten inhaftiert und den menschenunwürdigen Haftbedingungen in französischen Gefängnissen unterworfen. Das Manifest der G.I.P. ist in den *Dits et Ecrits* nachzulesen und kulminiert in der Foucault'schen Sentenz: »Niemand von uns ist vor dem Gefängnis sicher.«[76] Er selbst wird zum ersten Mal am 1. Mai 1971, also vier Monate nach Gründung der G.I.P., inhaftiert. Mit diesem verstärkten politischen Einsatz will Foucault das Ziel verfolgen, »bekannt zu machen, was das Gefängnis ist, wer da hineingerät, wie und warum man inhaftiert wird, was dort vor sich geht, wie das Leben der Gefangenen und auch das des Überwachungspersonals aussieht, wie die Baulichkeiten, wie das innere Reglement, die ärztliche Fürsorge und die Werkstätten funktionieren; wie man wieder herauskommt und was das in unserer Gesellschaft bedeutet, einer von denen zu sein, die herausgekommen sind«[77].

Zu den ersten Unterstützern der G.I.P. gehören Pierre Vidal-Naquet und Jean-Marie Domenach, später Robert Castel und Hélène Cixous, Jacques Rancière und Claude Mauriac. Allerdings sieht sich die G.I.P. nicht im Sinne des klassischen Intellektuellen als Sprachrohr der Unterdrückten und der zu Befreienden, sondern die G.I.P. versucht, den Gefangenen zu ermöglichen, für sich selbst zu sprechen. Der heutige französische Außenminister Bernard Kouchner erinnert sich: »Für die Zeitschrift *Actuel* hatte ich Daniel Defert interviewt, der zusammen mit Foucault die G.I.P. gegründet hatte. Man traf sich in der oberen Ebene eines weißen Wohnhauses in der Rue de Vaugirard. Am Ende des Gesprächs öffnete sich die Tür, und Michel kam herein, um sich in das Gespräch einzumischen. Ich war über sein Auftreten erstaunt. Dieser Intellektuelle verhielt sich wie ein Westernheld, dieser Samurai sprach als das, was er immer geblieben ist, als Mann der Tat.«[78]

Robert Castel pflichtet dem bei, wenn er vom Foucault'schen »Abenteuer der Praxis«[79] spricht, das dieser unter Bezugnahme auf seine Theorie vollzieht. So »verlagert Foucault den Einsatz«[80] von der Geschichte des Wahnsinns etwa zu der im Februar 1971 gegründeten Informationsgruppe über Gefängnisse. Foucault sei »als Militanter in diese Vereinigung eingetreten«, und sein Buch *Überwachen und Strafen* entsteht »aus diesem praktischen Bündnis mit den Gefangenen, und die militante Erfahrung bildet eine der Quellen der nachträglichen theoretischen Reflexion«[81]. Von ihrer Gründung bis zur Auflösung 1973 ist Foucault ihre »treibende Kraft«[82].

Seit seinem Buch *Wahnsinn und Gesellschaft* (1961) macht der Autor das Thema von Repression und Einsperrung, Inhaftierung und Gewalt auf seine Weise öffentlich. Seit den persönlichen Erfahrungen von Repression in Warschau (1958-1959) und in Tunis (1966-1969) kann Michel Foucault sich nicht »in den Elfenbeinturm des Collège de France zurückziehen«[83]. In einem Gespräch mit Klaus Meienberg macht er deutlich: »Mit der G.I.P. beschäftige ich mich genau deshalb, weil ich eine effektive Arbeit dem universitären Geschwätz und dem Büchergekritzel vorziehe. Eine konkrete politische Aktion zugunsten der Gefangenen erscheint mir sinnvoll.«[84]

Vor allem die Revolten der Häftlinge in den französischen Gefängnissen vom November 1971, die teilweise in gewaltsame Auseinandersetzungen zwischen den Gefangenen und der Polizei münden, sowie die massive Kritik der französischen Regierung an der G.I.P. bestärkt die Gruppe in ihrem Engagement. Insofern sieht sich Foucault in seiner Arbeit bestätigt und wendet von nun an mehr Zeit für die Organisation der G.I.P. und die Bekanntmachung der Zustände in den Gefängnissen auf.[85]

Im ganzen Land bilden sich Gefangenen-Komitees, und tatsächlich übernimmt das Aktionskomitee der Inhaftierten C.A.P. zunehmend die Selbstorganisation der Gefangeneninformation. Zugleich spricht sich dieses Komitee in gelegentlich rüder Weise von der G.I.P. frei, bis diese sich zuletzt (nur zwei Jahre nach ihrer Gründung) wieder auflöst. Bernhard Kouchner erinnert sich: »Michel Foucault, der Intellektuelle par excellence, war auch ein Straßenkämpfer. Er verband in Frankreich Wort und Tat miteinander.«[86] Neben seinem praktischen Engagement verfasst Foucault zahlreiche Artikel und Aufsätze, Pamphlete und Manifestationen zum Thema der Gefangenen und der Gefängnisse.[87]

Im November 1971 beginnt Foucault mit einem Seminar und anschließend mit seinen Vorlesungen über *Theorien und Institutionen der Strafe* (die er unter diesem Oberbegriff von 1970 bis 1976 zu diesem Thema hält), in denen er die rechtlichen und politischen Grundlagen bestimmter Wissenschaftsformen von der Antike bis zum 19. Jahrhundert darstellt. Die Geschichte der forensischen Psychiatrie sieht Foucault weiterhin als Nachfolgeprojekt eines Projektes zur Erforschung der Geschichte des Wahnsinns.

Auf Einladung des niederländischen Fernsehens debattiert Michel Foucault im November 1971 mit Noam Chomsky über die Frage der menschlichen Natur, eine Fragestellung, der Foucault zutiefst misstraut[88], denn er will Wissen transformieren[89] und sich nicht um die Philosophie kümmern[90], wie er bald klarstellt. Schnell wird dem Fernsehzuschauer klar, dass Chomsky diese (neue) Denkweise Foucaults fremd ist. Der amerikanische Linguist erinnert sich später: »Ich war nie zuvor jemandem begegnet, der so vollständig amoralisch war.«[91] Eigentlich sind sich beide Denker ähnlich, denn beide sind international bekannt und arbeiten zu Fragen der Struktur von Sprache, und beide stehen im Ruf, »kontroverse politische Ansichten zu vertreten«[92].

Bei seinen Recherchen stützt sich James Miller auf ein von Fons Elders 1974 zu dieser Sendung herausgegebenes Buch.[93] Noch vor der TV-Aufzeichnung in der Technischen Hochschule von Eindhoven unterhalten sie sich angeregt über die Grammatik von Port-Royal, über die Michel Foucault erst vier Jahre zuvor einen Aufsatz veröffentlicht.[94] Wenngleich der eine nur wenig Französisch und der andere noch nicht gut genug Englisch spricht, verläuft das Gespräch dennoch mit großem Interesse und spürbarer Sympathie. Die Sendung selbst sollte den erwarteten Rahmen allerdings sprengen.

Der als Anarchist bekannte Moderator Fons Elders will sein Fernsehpublikum damit unterhalten, dass er wiederholt Michel Foucault dazu auffordert, eine rote Perücke auf seinen Glatzkopf zu setzen, was dieser genervt ablehnt. Angeblich bekommt Foucault als Anzahlung auf sein Honorar ein Paket Haschisch, wie später kolportiert wird. Als der Moderator den Studiogast weiter mit seiner Aufforderung reizt, reagiert dieser zunehmend wütend. Auf die Frage, warum er sich für Politik interessiere, entgegnet Foucault: »Wie blind, wie taub, wie ideologisch beschränkt müsste ich sein, mich daran hindern zu lassen, an dem interessiert zu sein, was wahrscheinlich der springende Punkt unserer gesamten Existenz ist? Das Wesentliche in unserem Leben ist schließlich das politische Funktionieren der Gemeinschaft, in der wir uns befinden.«[95]

Während Chomsky von einer eigenen anarchistischen Utopie spricht, weigert sich Foucault, irgendein Gesellschaftsmodell anzuerkennen, auch nicht die Idee eines Anarchismus. Während Chomsky Begriffe wie Recht und Gerechtigkeit, Verantwortung und Gesetz verteidigt, weist Foucault diese als unterdrückend, irreführend und schädlich zurück. Sie seien ideologisch befrachtet und moralisch aufgeladen, darum sei etwa »die Beseitigung der Macht einer herrschenden Klasse eine Rechtfertigung in Begriffen der Macht und nicht in Begriffen der Gerechtigkeit«[96].

Gleich wie die Diskussion verläuft – oftmals in kommunikativen Missverständnissen –, merken beide, dass sie nicht im gleichen (moralischen) Universum wohnen, wie es Chomsky später ausdrückt: »Ich will damit sagen, dass ich ihn als Person mochte. Ich konnte ihn einfach nicht verstehen. Es war, als ob er zu so etwas wie einer anderen Gattung gehörte.«[97] Michel Foucault nutzt allerdings die Gelegenheit zu klarer Position, wenn er beispielsweise sagt: »Ich glaube absolut nicht, dass unsere Gesellschaft demokratisch ist. Ebenso klar ist die Tatsache, dass wir unter einer Klassendiktatur leben. Die politische Macht reicht viel tiefer, als man glaubt.«[98] Bernard Kouchner erinnert sich, dass Foucault einmal sagt: »Das Elend der Menschen darf niemals totgeschwiegenes Überbleibsel der Politik sein. Es ist ein absolutes Recht, sich zu erheben und sich an die Mächtigen zu wenden.«[99] Zuletzt verliert eine metaphysische Reduktion des Weltbewusstseins auf das Sprachbewusstsein ebenso ihre natürliche Grundlage wie – in der marxistischen Alternative – die Reduktion des Sprachbewusstseins auf das Klassenbewusstsein.

Als Michel Foucault über Katharina von Bülow, eine Verlagsangestellte bei Gallimard – dem Haus, in dem sowohl Foucaults als auch Genets Bücher erscheinen –, den Schriftsteller Jean Genet kennenlernt, liest er erneut dessen Roman *Tagebuch eines Diebes* (1948).[100] Beide verbindet, dass sie sich in beschriebener Weise für Entrechtete einsetzen. »Ich habe Jean Genet gelesen, als ich jung war«, sagt Foucault in einem Gespräch im März 1973, »und ich war wie viele Leute erschüttert. Das Tagebuch eines Diebes ist sicher einer der ganz großen Texte.«[101]

Der Vielleser Foucault zitiert im Zusammenhang des *Journal du voleur* auch Flauberts *La Tentation de sainte Antoine* und *Bouvard et Pécuchet*, aber auch Prousts *Recherche* und Genets Theaterstück *Les Paravents*. In diesem Spektrum sieht Michel Foucault den aktuellen, den politischen Jean Genet:»Ich habe in meinem Schrank einen Haufen von Artikeln, die er über die politische Macht geschrieben hat und darüber, worin die politische Macht besteht.«[102] Doch er sieht diesen Mann,»der im Grunde seines Wesens ein Revolutionär ist«, nicht als einen, der ihn beeindruckt.[103] Aber:»Die Schlichtheit, mit der er sich an die politische Arbeit machte, und zugleich sein tiefes politisches Gespür sind natürlich beeindruckend und verleihen seinen Reaktionen eine tiefe Gerechtigkeit, auch dann, wenn sie nicht direkt formuliert sind.«[104]

Dass sich Genet gegen Repression wehrt, mag daran liegen, dass er selbst Repressionen ausgesetzt ist. Foucault stellt klar, dass»die Gesellschaft, in der wir leben, die sexuelle Freiheit auf direkte oder indirekte Weise ganz beträchtlich einschränkt. Auch wenn Homosexuelle nicht mehr hingerichtet werden, lastet das Tabu hinsichtlich der Homosexualität dennoch schwer auf den Homosexuellen.«[105]

Genets Werk ist nicht nur auf der Folie von Repression und Homosexualität interessant, sondern eher als Beispiel einer Literatur der Überschreitung. Bei Genet kommt wohl hinzu, dass er eine Überschreitung in der Literatur mit einer Überschreitung im Leben gleichsetzt. Eine Literatur als Bühne,»auf der sexuelle Überschreitungen gespielt werden, macht die Sache unerträglich«, so Foucault, und die Literatur als Bühne sexueller Überschreitung, so wie sie uns gegenwärtig allzu oft begegnet, erscheint»als solches fade«[106].

1982 erinnert sich Michel Foucault:»Für einen Homosexuellen ist es wahrscheinlich, dass der beste Moment der Liebe der ist, in dem der Liebhaber im Taxi davonfährt. Sowie der Akt vollzogen und der Knabe fortgegangen ist, beginnt man, über die Wärme seines Körpers, über die Eigenart seines Lächelns, über den Ton seiner Stimme nachzusinnen.«[107] In den homosexuellen Beziehungen ist eher die Erinnerung an den Akt als an seine Antizipation von vorrangiger Bedeutung. Das ist der Grund, weshalb die großen homosexuellen Schriftsteller unserer Kultur (Cocteau, Genet, Burroughs) mit so großer Eleganz den Sexualakt selbst beschreiben konnten: Die homosexuelle Einbildungskraft ist im Wesentlichen eher an die Erinnerung an den Akt als an seine Antizipation gebunden.

Claude Mauriac erinnert sich, dass es zu einer außergewöhnlichen Begegnung kommt:»Jean Genet, unrasiert, mit seinem weißen struppigen Haar. Michel Foucault. Und dann kommt in diesen Raum in der Rue Marcadet, wo wir uns gegen vierzehn Uhr treffen, noch ein kleiner, alt gewordener, zurückhaltender Mann, der fast kein Wort sagt: Jean-Paul Sartre.«[108] Dieser veröffentlicht 1952 seine umstrittene Monografie über Genet[109], und zwanzig Jahre später steht der Hagiograf seinem Heiligen gegenüber. Außerdem trifft bei dieser Gelegenheit der große alte Philosoph Sartre zum ersten Mal auf den großen jungen Denker Foucault. Es folgen in diesem Zusammenhang sechs wichtige Daten.

Am Samstag, 27. November 1971, kommt es zur ersten Begegnung dieser drei in der »Maison verte« in der Rue Marcadet im 18. Pariser Arrondissement anlässlich einer politischen Veranstaltung zugunsten von Gastarbeitern, die rechtlos in Frankreich leben. Zwar sind sich Foucault und Sartre schon bei einer Räumung in der Universität von Vincennes im Februar 1969 begegnet, aber es hat sich kein direkter Kontakt ergeben. Das ist dieses Mal anders.[110] An diesem Tag finden sich die drei zugunsten einer Aktion gegen Rassismus ein und verabschieden eine Resolution gegen deren Lebensbedingungen, die unter anderem Gilles Deleuze, Michel Foucault, Jean Genet, Michel Leiris, Claude Mauriac, Jean-Claude Passeron und Jean-Paul Sartre unterzeichnen. Als es im Anschluss zu einer Demonstration der Aktionisten und einer maoistischen Unterstützergruppe kommt, entsteht jene bekannte Fotoserie, auf der die beiden großen Denker zu sehen sind.

Ein Maoist sagt zu Foucault: »Warum Sartre auf unserer Seite ist, das verstehe ich, warum er Politik macht, das verstehe ich einigermaßen.«[111] Foucault reagiert: »Mir scheint, dass die Politisierung eines Intellektuellen bisher von zwei Dingen ausging: von seiner Position als Intellektueller oder von seiner eigenen Rede eines Intellektuellen. Diese beiden Formen der Politisierung waren einander zwar nicht fremd, fielen aber auch nicht unbedingt zusammen. Es gab den Typus des ›Verfemten‹ und den Typus des ›Sozialisten‹. Doch unter dem Druck der jüngsten Ereignisse mussten die Intellektuellen feststellen, dass die Massen sie gar nicht brauchen.«[112]

Michel Foucault definiert in einer Unterhaltung mit Gilles Deleuze vier Monate später, wie die (neue) Rolle eines Intellektuellen aussehen könnte: »Sie besteht nicht mehr darin, sich ein wenig an die Spitze oder ein wenig an die Seite aller zu stellen, um ihre stumme Wahrheit auszusprechen, sondern vielmehr darin, genau dort gegen die Formen der Macht zu kämpfen, wo der Intellektuelle deren Objekt und Instrument zugleich ist: in der Ordnung des ›Wissens‹, der ›Wahrheit‹, des ›Bewusstseins‹, der ›Rede‹.«[113]

Wenn diese politische Aktion einen Anlass zur Begegnung zwischen Foucault und Sartre bietet, so ist sie ebenso ein Anlass für eine (wenngleich kurze) Verbindung zwischen Foucault und Genet, die zwischendurch Formen einer Komplizenschaft annimmt. Genet unterstützt Minderheiten, insbesondere die »Black Panther«-Bewegung, als er 1970 zwei Monate in den USA verbringt. Später kommt sein Engagement für den palästinensischen Befreiungskampf hinzu, dem er sein letztes großes Buch *Un Captif amoureux* (1986) widmet, das wenige Tage nach seinem Tod erscheint. Genet ist von der arabischen Welt fasziniert; während er oft in Marokko ist, hält sich Foucault bekanntlich in Tunesien auf.

Am Dienstag, 18. Januar 1972, treffen sich vor dem Hotel Continental in Paris Deleuze, Foucault, Sartre und viele Mitstreiter, um in einem Demonstrationsblock über die Place Vendôme und unter den Arkaden des Justizministeriums zur Pressekonferenz der G.I.P. zu gehen. Auf dem Weg dorthin gibt Foucault dem Fernsehen ein Interview, in dem er darauf hinweist, dass »zum ersten Mal, die Stimme der Justitia die Gerechtigkeit hört«[114]. Die G.I.P. veranstaltet ein Sit-in in der Eingangshalle des Justizministeriums, um den Forderungen aus verschiedenen französischen Gefängnissen Gehör zu verschaffen. Im Juni 1973 wiederholt Foucault seine Positionen: »Das Strafvollzugssystem ist vollkommen gescheitert. Man lebt in einem System von Strafen. Dieses System muss man infrage stellen.«[115], »Man hat das Strafrechtssystem, das man verdient.«[116], »Die Gefängnisse sind anachronistisch und doch zugleich eng mit dem System verbunden.«[117], »Als Strafanstalt ist das Gefängnis eine Erfindung des frühen 19. Jahrhunderts. Ich will eine utopische Gesellschaft beschreibe, in der es keine Gefängnisse gibt.«[118] Und: »Es ist völlig nutzlos zu strafen.«[119]

Am Mittwoch, 22. November 1972, geht es in einer Diskussion um die achtundzwanzig Freitode, die sich seit Anfang des Jahres in den Gefängnissen ereignet haben. Warum verschweigt die Justiz diese Vorgänge? Michel Foucault und Gilles Deleuze engagieren sich, und »vor der Veranstaltung hatte Foucault noch gelacht, wie nur er zu lachen weiß, prachtvoll, grausam. Das war jetzt vorbei. Er lachte nicht mehr. Antwortete auf die Fragen der Unbekannten. Machte geduldig seine politische engagierte Arbeit.«[120]

Am Mittwoch, 6. Dezember 1972, sitzen Jean-Paul Sartre und Michel Foucault im Büro der Presseagentur Libération. Claude Mauriac erinnert sich: »Sie ignorieren sich zwar nicht, aber sprechen nicht, oder wenig, miteinander. Gar nicht ostentativ. Einfach so. Sartre ist aufmerksam bei der Sache, sagt fast überhaupt nichts. Foucault meldet sich mehrfach zu Wort.«[121] Es ist das erste Vorbereitungstreffen der neuen Tageszeitung Libération, die ab Februar 1973 erscheinen soll.

Am Samstag, 16. Dezember 1972, kommt es zu Ausschreitungen und Gewaltdemonstrationen, bis die Polizei eingreift und willkürlich Verhaftungen vornimmt. Ein junger Algerier ist zuvor auf einer Polizeipräfektur unter zweifelhaften Umständen ums Leben gekommen, darum gibt es wenige Tage später Demonstrationen von Trauer und Protest. Es werden diesmal auch bekannte Personen wie Foucault und Genet nicht verschont; auch sie werden geschlagen und beschimpft, ihre Papiere werden kontrolliert, und sie werden vernommen. Mauriac erinnert sich, wie sie sich in einer Gefängniszelle wiederfinden.[122]

Auch wenn die Beteiligten gegen Mitternacht freigelassen werden, so erregt diese Situation dennoch Aufsehen in den Tageszeitungen. Foucault sagt: »Wir müssen übertreiben, wie sehr wir geschlagen worden sind, damit die Araber weniger geschlagen werden. Wir müssen für die Araber schreien, die sich kein Gehör verschaffen können.«[123]

Am Donnerstag, 4. Oktober 1973, trifft Claude Mauriac in der »Maison verte« in der Rue Marcadet erneut Michel Foucault. Dieses Mal geht es um Arbeitsmigranten und deren Rechte in Frankreich. Auch Jean-Paul Sartre bittet um ein Treffen, weil er verklagt wird wegen eines Artikels in La Cause du peuple, in dem dieser federführende Journalisten als »einen Haufen von Leuten, die bei der Befreiung zu wenig ›entnazifiziert‹ worden sind«, bezeichnet.[124] Der inzwischen ernsthaft kranke Sartre soll in drei Tagen vor Gericht erscheinen, aber »seinen Gesundheitszustand behandelt man mit ebensoviel Vorsicht wie den des Staatspräsidenten«, entgegnet Foucault.[125]

XV. Die Wahrheit und die juristischen Formen

»Viele maßgebliche Personen und sachverständige Historiker sind in Hinblick auf solche Geschichten und Meinungen
fehlgegangen und haben sie ohne kritische Untersuchung
akzeptiert. Und deshalb ist die Geschichte verloren. Wer
diese Wissenschaft ausübt, muss fortfahren, bis er die Ursachen jedes Ereignisses genau kennt, und dann wird er die
überlieferten Informationen im Lichte seiner Erklärungsprin-
zipien untersuchen. Wenn sie im Einklang miteinander stehen, ist die Information verlässlich, andernfalls gefälscht.«
Abd ar-Rahmen ibn Chaldun[1]

In den posthum veröffentlichten Schriften *Dits et Ecrits* findet sich im zweiten
Band ein Text, der mit seinen einhundert Seiten Umfang aus dem Rahmen der
Edition dieser Interviews, Interventionen, Artikel und Reden fällt, der aber überdies von enormer Bedeutung für eine Gesamtschau auf das Foucault'sche Werk
ist. Der hier edierte Vorlesungstext *Die Wahrheit und die juristischen Formen* geht
auf eine Vortragsreihe vom 21. bis 25. Mai 1973 an der Katholischen Universität in
Rio de Janeiro zurück. Die Ponitificia Universidade Católica (P.U.C.) ist in jenen
Jahren trotz ihrer konfessionellen Bindung an die katholische Kirche vergleichsweise frei. Zudem bestehen Kontakte zwischen der Kirche und der Opposition,
die seit dem Bestehen der Militärdiktatur von 1964 solidarisch miteinander ver-
kehren. Michel Foucaults Einladung zu diesen öffentlichen Auftritten kommt auf
Vermittlung des Philosophen Roberto Machado zustande, der über französische
Epistemologen promoviert.

1971 erscheint ein Gespräch mit Michel Foucault, das von José Guilherme Mer-
quior und Sergio Paulo Rouanet geführt wird, in deren Buch *O homem e o discurso.
A archeologica de Michel Foucault*[2], in dem dieser über seine brasilianischen Erfahrungen spricht. Lange Zeit ist dieser Vorlesungstext nur auf Portugiesisch zugänglich; er erscheint ein Jahr später unter dem Titel *A verdade e as formas jurídicas* in
der Schriftenreihe der P.U.C.[3]

Foucault bleibt zehn Tage in Brasilien; er besucht Belém und Amazonien und
hält einen Vortrag in Belo Horizonte am 30. Mai 1973.[4] Im November 1974 ist er
erneut in Brasilien[5] und hält Vorträge an der Staatlichen Universität von Rio de

Janeiro.[6] Im Oktober 1975 spricht er in São Paulo. Nicht zuletzt unterstützt er ganz praktisch politische Aktionen von Studierenden aus Anlass des ungeklärten Todes eines kommunistischen Publizisten. Im November 1976 kehrt er zurück, diesmal zu Seminaren und Vorträgen nach Bahia, Belém und Recife. Seine öffentlichen Auftritte werden mit großem Interesse verfolgt.

Im Oktober 1965 ist Foucault zum ersten Mal (an der philosophischen Fakultät der Universität São Paulo) und im November 1976 zum letzten Mal (dieses Mal an der philosophischen Fakultät der Universität Bahia) in Brasilien; mehr als ein Jahrzehnt besucht er regelmäßig dieses Land. Er schwärmt von den Studenten, wie er es ja bereits in Tunesien tut: »Wahrscheinlich habe ich nur in Brasilien und Tunesien bei den Studenten solchen Ernst und solche Leidenschaft, so ernste Leidenschaft gefunden, und – was mich am meisten freut – einen unstillbaren Wissensdurst.«[7]

Der Text *Die Wahrheit und die juristischen Formen* (1973) ist ein lesenswertes Beispiel für »die Energie, mit der Foucault immer wieder neu seine großen historischen Themen der 60er und 70er Jahre durchgearbeitet hat«, und für »die synthetische Kraft, mit der er in der Exposition und Zusammenführung seiner verschiedenartigen allgemeine Hypothesen und philosophische Zuspitzungen entwickelt hat«[8]. Diese Vorlesungen vereinen Ausschnitte und Ergebnisse verschiedener Projekte und stellen zugleich des Autors generelle Reflexionsmethoden und Forschungshypothesen vor.

Seit seinem Antritt am Collège de France beschäftigt sich Michel Foucault mit der Schaffung »einer Morphologie des Willens zum Wissen«. Er nähert sich dieser Morphologie Bruchstück für Bruchstück über historische Analysen und theoretische Implikationen, wie er es ausdrückt.[9]

Seine ersten fünf Collège-Vorlesungen (von 1970 bis 1975) stehen unter dem allgemeinen Themenkomplex von Wissen und Macht und unter der Prämisse von *Theorien und Institutionen der Strafe*. Sie heißen im Einzelnen: *Der Wille zum Wissen* (1970/71)[10], *Theorien und Institutionen des Strafvollzugs* (1971/72)[11], *Die Strafgesellschaft* (1972/73)[12], *Die psychiatrische Macht* (1973/74)[13] und *Die Anormalen* (1974/75)[14].

Seine vierte große Monografie nach *Wahnsinn und Gesellschaft* (1961), *Die Ordnung der Dinge* (1966) und *Die Archäologie des Wissens* ist *Überwachen und Strafen*. Sie entsteht seit 1972 und erscheint 1975 als Buch. Eine erste Fassung ist im Frühjahr 1973 fertig und eine letzte im August 1974. Das bedeutet, dass der Autor sich bei seinen Aufenthalten in Brasilien und in den USA und Kanada (also auf dem amerikanischen Kontinent) immer auf *Überwachen und Strafen* bezieht. Das in Rio de Janeiro vorgestellte Material entnimmt Foucault seinen Vorlesungen vom Collège seit 1971.

Bereits in Buffalo im März 1972, in Cornell im Oktober 1972, in New York und in Montréal im Mai 1973 bezieht er sich auf dieses Material und hält Vorträge zu verwandten Themen, etwa über die *Bacchanten* des Euripides', über Homers *Ilias* und Sophokles' *König Ödipus*.

Foucault nutzt den Dramen-Text *König Ödipus* als Etappe auf dem Weg zu einer vergleichenden Studie über juristische Praktiken. Diese bereitet seine im Zusammenhang mit der Disziplinargesellschaft geäußerte These vor, dass sich juristische und juridische Wahrheitspraktiken mit spezifischen Formen von Subjektivität verschränken.

Ein Jahr nach dem Erscheinen des *Anti-Ödipus* (1972) von Gilles Deleuze und Felix Guattari erstaunt es nicht, festzustellen, dass dieser Dramentext oft im Kontext der Psychoanalyse gelesen wird – entweder pro (Sigmund Freud) oder contra (Jacques Lacan).[15] Foucault stellt fest: »Für mich existiert Ödipus gar nicht. Es gibt einen Text von Sophokles, der den Titel *König Ödipus* trägt, und einen weiteren Text mit dem Titel *Ödipus auf Kolonos*. Ödipus, das sind nicht wir. Ödipus ist der andere. Und Ödipus ist vor allem dieser große Andere, der Arzt, der Psychoanalytiker.«[16]

Deleuze und Guattari weisen den Ödipus als Grundstruktur des menschlichen Daseins ebenso entschieden zurück. »Da ist er, der unheilbare Familialismus der Psychoanalyse, der das Unbewusste in das Gehäuse von Ödipus sperrt, der es beidseitig abbindet, die Wunschproduktion erdrückt, den Patienten darauf konditioniert, Papa-Mama zu antworten und immer wieder Papa-Mama zu konsumieren.«[17]

Die Provokationen, die vom *Anti-Ödipus* ausgehen, sind bekanntermaßen groß, und das auch im von der Freud'schen Psychoanalyse begeisterten Brasilien. Aber auch ohne sich groß an Freud abzuarbeiten, liest Foucault die Geschichte des Ödipus nicht als eine schicksalhafte Biografie, sondern als eine Inszenierung von Verhältnissen der Macht und des Wissens. Die Tragödie des Ödipus ist für Michel Foucault »repräsentativ und in gewisser Weise auch grundlegend für eine bestimmte Beziehung zwischen Macht und Wissen, zwischen politischer Macht und Erkenntnis«[18]. Das Drama ist für ihn ein Zeugnis bestimmter Rechtspraktiken und die Darstellung eines Rechtsfalls, in dem Schuld und Verfehlung, Strafe und Sühne verhandelt werden. Seine Interpretation versucht nun eine »Wahrheit« zu finden, und im Kontrast mit Homers *Ilias* zeigt er: »Die archaische Wahrheitsfindung als ›Probe‹ (épreuve) oder ›Herausforderung‹ (défi) ist noch erhalten und kommt an etlichen Stationen des Dramas vor.«[19] Die Begriffe »épreuve« (Probe), »enquête« (Untersuchung) und »examen« (Prüfung) nehmen bereits hier eine zentrale Bedeutung für Michel Foucault ein. Sie stehen für drei grundsätzlich verschiedene Komplexe von Praktiken, die Wahrheit hervorbringen. Am Ende dieser Komplexe könnte dann etwas stehen, das als »wahr« für die Teilnehmer dieser Praktiken gilt. Damit versucht Foucault eine Geschichte der Wahrheit in Ausschnitten – von der Antike bis zur Moderne.[20]

Die Praktiken der Wahrheit präsentiert Michel Foucault in fünf Vorlesungen: Am 21. Mai 1973 spricht er über eine »Neufassung der Theorie des Subjekts«[21], nennt die wichtigen sozialen Praktiken bei der Entstehung neuer Formen des Subjekts, setzt sich mit Nietzsche auseinander und kritisiert den Mythos, dass die Macht unabhängig vom Wissen sei.[22] Am 22. Mai 1973 spricht er über Sophokles' Drama des Wissens und der Macht und sieht Ödipus als einen Tyrannen, dessen politische Macht auf einem Zuviel an Wissen basiert. Sophokles setze damit einen

Typ des Wissens in Szene.[23] Am 23. Mai 1973 analysiert er Formen der Rechtsprechung und neuer Rechtsnormen, die die Wissensformen verdrängen beziehungsweise diese von der Rechtspraxis zum Wissensmodell ausweiten.[24] Am 24. Mai
1973 stellt Foucault dar, wie sich die Grundbegriffe des Rechtsverständnisses ändern. Diese Veränderung nimmt er auf der Folie sozialer Kontrolle und strenger
Verhaltensregulierung wahr.[25] Am 25. Mai 1973 erläutert er neue Disziplinarmechanismen, die soziales Verhalten nicht nur kontrollieren, sondern auch nutzbar
machen sollen. In der Disziplinargesellschaft, die ja immer noch existiert, sind
Wahrheit und Macht eng miteinander verknüpft.[26]

Hinter der Auseinandersetzung mit dem Typus des machtvollen Wissens sieht
Foucault eine Absage an die Macht und eine Geschicklichkeit in dem Diskurs
durch die Sophisten, »denen auch Platons philosophisches Werk entgegen gesetzt
ist und die wiederum als letzte Repräsentanten des Wissens der Tyrannen gelten
können«[27]. Für seine Thesen greift Foucault nicht zuletzt auf das Werk des Re-
ligionswissenschaftlers und Mythenforschers Georges Dumézil zurück. Die Einheit von Wissen und Macht und die Konstellation einer Tradierung von Wissen
über Mythen helfen ihm dabei. Allerdings wird das Wissen des Ödipus von einer
geschichtlichen Entwicklung und einer kulturellen Transformation abgelöst und
fällt auf diese Weise einer neuen Epoche zum Opfer, »die Wissen in Gegensatz zur
Macht setzt«.[28] Sophokles dramatisiert sozusagen diesen historischen Einschnitt
der Trennung von Wissen und Macht.

Michel Foucault geht in seinem Vortrag der Idee einer neuen, einer anderen
Geschichte der Wahrheit nach. Ausgehend von den juristischen und juridischen
Praktiken und der Art und Weise, wie man über Schuld und Verantwortung unter
den Menschen urteilt, untersucht er, wie die Gesellschaften Typen von Subjektivität und Formen von Wissen definieren. Es geht nicht zuletzt um die Beziehung
zwischen Mensch und Wahrheit. Foucault entfaltet eine (neue) Geschichte der
Wahrheit, die anders ist als jene, die die tradierte Wissenschaftsgeschichte erzählt.
Bernhard Waldenfels stellt klar, dass diese »Genealogie der Philosophie eine ex-
terne Geschichte der Wahrheit geltend macht«[29]. Es geht in seinem Vortrag eben
um nichts anderes als die »Wahrheit« und damit verbunden um die juristischen
Formen. »Die juristischen Praktiken und Diskurse finden ihren Platz innerhalb
sozialer Praktiken, deren historische Analyse neue Subjekts- und Wissensformen
hervortreten lässt.«[30]

Foucaults Vorlesung *Die Wahrheit und die juristischen Formen* ist geradezu beispielhaft für seine Form des Vortrags außerhalb des Collège de France. Dort wird
von ihm bekanntlich vor einem zahlreichen Publikum über mehrere Wochen hinweg und besonders ausführlich historisches Material bewegt – und zwar in zwölf
Vorlesungen pro Jahr mit einem vorgeschalteten Seminar für einen ausgewählten
Forscherkreis. Hier werden einzelne historische Texte ausführlich interpretiert.

Foucaults Auftritte im Ausland sind entsprechend exponiert, darum kann er
quasi nur in Überblicksdarstellungen seine Forschungen präsentieren, indem er
dem Publikum oft unbekanntes historisches Material präsentiert, vor allem aber

seine Hypothesen und Perspektiven in den Mittelpunkt rückt. Bei den Vorlesungen aus Rio de Janeiro kommt hinzu, dass er in besonderer Weise und zeitökonomisch verdichtet beispielhafte Stationen dessen aufzeigt, was er nicht zuletzt seine »Geschichte der Wahrheit« nennt, denn »die Wahrheit hat eine Geschichte«[31].

1972 Gaston Bachelard

Foucaults Arbeiten problematisieren das vermeintlich Selbstverständliche als ein Gewordenes, und sie problematisieren dieses sehr konkret, nämlich in der Verbindlichkeit seiner Formen. Aus dem Labyrinth der Objektsprachen heraus entfalten seine Analysen das Zeichen des Anderen über das eine Wirkliche hinaus, das allzu oft als vernünftig oder wirklich erscheint. Dabei fungiert für Foucault die Geschichte als eine Art Leitdisziplin, denn sie bietet den Methoden der Diskurs- und Machtanalyse die Matrix.

Dahinter steht die bekannte Idee, dass die Philosophie eine Epistemologie sei. Epistemologie ist als Wissenschaftstheorie übersetzbar. Bekanntermaßen definiert Foucault selbst in seiner *Archäologie des Wissens*, dass man zum einen epistemologische Regeln auf historische Formationen beschränken kann und sich andererseits Regeln und Gesetze unterscheiden lassen, was Foucault selbst allerdings nicht immer ganz streng einhält. Nur das Gesetz verlangt allgemeine Gültigkeit, die Regel jedoch nicht zwingend.

Der Autor selbst bezeichnet sein an Bachelard geschultes Verfahren als »Das Spiel des Michel Foucault«[32], und er sucht »Leute, die wirklich bei diesem Spiel mitspielen wollen«[33]. In diesem Spiel ist »das Dispositiv selbst das Netz«, im »Dispositiv gibt es eine Natur der Verbindungen zwischen den heterogenen Elementen«, und »das Dispositiv hat eine dominante strategische Funktion«[34]. Nicht zuletzt ist »das, was ich Dispositiv nenne, ein viel allgemeinerer Fall der Episteme«[35].

Die französischen Epistemologen betrachten die Geschichte der Wissenschaften von vorneherein nicht als eine Ansammlung von Kenntnissen innerhalb eines Wissensbereichs, sondern als eine stets neu einsetzende Produktion von Erkenntnissen. Michel Foucault sagt: »Gaston Bachelard ermittelte epistemologische Schwellen, die die unbegrenzte Kumulation von Erkenntnissen durchbrechen.«[36] Besonders der Aspekt der Produktion von Wissen ist hier wichtig. Wenn sich neuere französische Denker – wie beispielsweise Georges Canguilhem, der Nachfolger von Gaston Bachelard an der Pariser Sorbonne – auf Immanuel Kant berufen, dann geht es nicht um das transzendentale Subjekt und auch nicht um die Möglichkeit, aus den Ergebnissen der Wissenschaft ein Regelwerk für die Produktion von Erkenntnissen zu schöpfen.

Diese neue Schule des Denkens wird durch Gaston Bachelard vor allem darin begründet, dass er sich in seiner Kritik an der älteren Wissenschaftsphilosophie auf den Zukunftsaspekt konzentriert. Sein Konzept des »nouvel esprit scientifique« verrät eine Begeisterung für einem positivistischen Fortschrittsgedanken, der die Geschichte des Wissens in drei Perioden einteilt: der »vorwissenschaftliche Zustand« reicht von der Antike bis ins Zeitalter der Aufklärung, der »wissenschaftliche Zustand« reicht von der Aufklärung bis zum Anfang des 20. Jahrhunderts, und der »neue wissenschaftliche Geist« setzt mit Albert Einsteins Relativitätstheorie ein.[37]

Michel Foucault folgt ihm, denn: »ich war kein direkter Schüler Bachelards, doch ich habe seine Bücher gelesen; in seinen Überlegungen zur Diskontinuität in der Geschichte der Wissenschaften und in dem Gedanken, dass die Vernunft, indem sie die Gegenstände ihrer Analyse selbst konstituiert, an sich selbst arbeitet, gibt es eine ganze Reihe von Elementen, von denen ich profitieren konnte und die ich aufgenommen habe.«[38]

Diese oben angeführte Dreiteilung der Erkenntnistätigkeit, die Bachelard wie folgt als konkretes Stadium, als konkret-abstraktes Stadium und zuletzt als abstraktes Stadium bezeichnet, zeigt den konkreten Erfahrungsraum des handelnden Individuums. Foucault stellt bereits 1967 klar: »Bachelards gewaltiges Werk und die Beschreibung der Phänomenologien haben gezeigt, dass wir nicht in einem leeren, homogenen Raum leben, sondern in einem Raum, der mit zahlreichen Qualitäten behaftet ist und möglicherweise auch voller Phantome steckt. Der Raum unserer unmittelbaren Wahrnehmung, unserer Träumereien und unserer Leidenschaften besitzt eigene Qualitäten. Diese für das heutige Denken grundlegenden Analysen gelten vor allem für den inneren Raum.«[39]

Schon dreizehn Jahre vorher stellt er in seinem Binswanger-Vorwort fest: »Bachelard hat tausendfach Recht, wenn er die Imagination gar im Innersten der Wahrnehmung am Werk und die geheime Arbeit zeigt, die das Objekt, das man wahrnimmt, in das Objekt verwandelt, in das man schauend sich versenkt. Niemand hat die dynamische Arbeit der Imagination und den stets vektoriellen Charakter ihrer Bewegung besser erfasst als Bachelard.«[40]

Foucault steht bekanntlich zwischen den Disziplinen Philosophie und Historie. Er bezeichnet sich selbst aber als Historiker und eben nicht als Philosoph. Seine *Archäologie der Wissens* mit ihrem konkreten Archiv-Gedanken, aber auch sein großer Text *Nietzsche, die Genealogie, die Historie*[41] fordern die herkömmliche Geschichtswissenschaft ja geradezu heraus. Gelegentlich vergleicht Foucault seine historische Arbeitsweise mit dem Beispiel der Ethnologie, die wiederum in die Richtung der Philosophie verweist: »Wenn ich ein Ensemble theoretischer Diskurse über die Sprache, die Ökonomie oder die Lebewesen untersuche, versuche ich nicht, die a priori gegebene Möglichkeit oder Unmöglichkeit solcher Diskurse zu bestimmen. Ich betätige mich vielmehr als Historiker, indem ich das gleichzeitige Funktionieren dieser Diskurse und die Veränderungen aufzeige, die auf die jeweils sichtbaren Veränderungen zurückgehen. Aber die Geschichte spielt in diesem Zusammenhang nicht die Rolle einer Philosophie der Philosophie im Sinne einer Sprache der Sprachen, wie es der Historismus im 19. Jahrhundert für sich beanspruchte, der die gesetzgebende und die kritische Gewalt der Philosophie auf die Geschichte übertragen wollte. Wenn die Geschichte ein Privileg genießt, dann insofern, als sie die Rolle der inneren Ethnologie unserer Kultur und unserer Rationalität und damit die Möglichkeit jeglicher Ethnologie verkörpert.«[42]

Gaston Bachelard (1884-1962) negiert mit seinen Arbeiten den Rahmen herkömmlicher erkenntnistheoretischer Fragestellungen, vor allem weil er sich über das Ursprungsdenken in der Philosophie wundert. Zu seinen großen Büchern zählen *Le nouvel esprit scientifique* (1934), *La formation de l'esprit scientifique* (1938), *La philosophie du non* (1940), *Le rationalisme appliqué* und *Le matérialisme rationnel* (1953).[43]

Den Begriffen von Subjekt und Objekt sagt Bachelard ebenfalls den Kampf an, ferner den erkenntnistheoretischen Positionen von Idealismus und Empirismus. Damit postuliert er eine Art Technik der Phänomene, die davon ausgeht, dass Phänomene technisch produziert werden und deren Instrumente einer Theorie der Materie entspringen. Unter Berufung auf Karl Marx macht Gaston Bachelard hierbei geltend, dass der aktive Mensch seine Technik in die Natur einschreibt, er es also nicht mit einer originären Natur zu tun hat. Ein Materialismus der Technik tritt an die Stelle von Empirismus und Realismus, während der Idealismus durch einen Rationalismus ersetzt wird.

Gaston Bachelards Einfluss auf die zeitgenössische französische Philosophie ist bekannt. Vor allem Louis Althusser und Michel Foucault folgen seinem Denken. Michel Serres unterzieht die Psychoanalyse der objektiven Erkenntnis einer schonungslosen Kritik. Das Buch *La formation de l'esprit scientifique* sei demnach ein Text der Seelenführung, eine Anleitung zur Katharsis und nicht zuletzt ein Versuch, den Prozess der wissenschaftlichen Forschung den Geboten einer christlichen Moral zu unterwerfen.

Tatsächlich erweckt Bachelards Sprache gelegentlich den Ansatz eines moralischen Puritanismus. Das gute Leben des aktiven Menschen erfülle sich in Askese und Arbeit, frei von Habsucht und Unzucht, Gefräßigkeit und Faulheit, Neid, Gier und Stolz. Der Begriff des Unbewussten hat bei Foucault einen anderen Stellenwert als bei Bachelard. Michel Serres wirft Gaston Bachelard vor, dass dieser die traditionelle Verbindung von Macht und Wissen bewusst übersehe. Dieser sei blind für die Verflechtung der Wissenschaften mit den politischen und militärischen Apparaten. Solange eine Wissenschaftsgeschichte an der Trennung von Logos und Mythos, Wissen und Fiktion festhält, ist diese zum Scheitern verurteilt.[44]

Michel Serres erkennt in seiner Kritik an, dass es Marx war, der Kants Denken (und nicht nur Hegels Theorie) auf die Füße gestellt habe.[45] Serres eigene Beschäftigung mit dem epistemologischen Bruch führt ihn zu der Erkenntnis, dass eine Wissenschaft ihre Reife, ihr Ziel dann erreicht, wenn diese die eigene Sprache selbst reguliert und nicht mehr auf Werte aus anderen Wissensbereichen angewiesen ist.[46]

Seit dem Werk von Gaston Bachelard dient die Vorstellung eines epistemologischen Bruchs dazu, die Diskontinuität zu bezeichnen, die Philosophie und Wissenschaftsgeschichte zwischen der Geburt einer jeden Wissenschaft und dem »Gewebe positiver, hartnäckiger, kollektiver Irrtümer«[47], das retrospektiv als deren Vorläufer betrachtet wird, zu kennzeichnen glauben. Foucault macht bekanntermaßen eine vertikale Diskontinuität zwischen der epistemologischen Konfiguration einer Epoche und der darauffolgenden kenntlich.

Was Serres an Bachelard kritisiert, begeistert ihn an Foucault, denn in dessen Archäologie der Psychiatrie beschreibt der Autor die Geschichte eines Wissens, in der der epistemologische Bruch noch gar nicht absehbar ist. Die Psychiatrie bezieht ihre Werte aus politischen oder administrativen Praktiken einer Raumaufteilung, die nicht zuletzt zur sozialen Diskriminierung führen.

Auch wenn sich Foucault seinem Mentor Bachelard verpflichtet fühlt, so ist eine versteckte Kritik dennoch nicht zu übersehen. In *Geburt der Klinik* (1963) postuliert er das Projekt einer Psychoanalyse der medizinischen Erkenntnis als untauglich. Die Entwicklung der modernen Medizin ist das Ergebnis einer veränderten Zielsetzung und nicht einer Art inneren Läuterung: »Der neue Geist der Medizin ist nicht psychologischen und epistemologischen Reinigungsprozessen zu verdanken; er ist nichts anderes als eine epistemologische Reorganisation der Krankheit, in der die Grenzen zwischen dem Sichtbaren und dem Unsichtbaren neu gezogen werden.«[48]

In einer Erinnerung an den zehnten Todestag von Gaston Bachelard, die der *Figaro littéraire* am 30. September 1972 druckt, bekennt Michel Foucault:»An Bachelard verblüfft mich besonders, dass er gewissermaßen gegen seine eigene Kultur mit seiner eigenen Kultur spielt. Er macht sich von dem Komplex von Werten frei, und er macht sich davon frei, indem er alles liest und alles gegen alles antreten lässt.«[49]

XVI. Parallelviten I: Der Fall Rivière

> »Eine Welt der Perversion zeichnet sich ab, die sich
> mit der Welt des gesetzlichen oder moralischen
> Verstoßes schneidet, ohne indes nur eine ihrer
> Spielarten zu sein. Es entsteht ein kleines Volk, das
> sich trotz gewisser entfernter Verwandtschaften
> von den herkömmlichen Libertins unterscheidet.«
> Michel Foucault[1]

Michel Foucault gibt die Schriften von Nietzsche (1967) und Bataille (1970) heraus und sammelt nunmehr im Rahmen seiner Recherchen im Archiv drei spektakuläre historische Fälle: einen grausamen Mord (1973), einen Prozess gegen einen Hermaphroditen (1978) und Verhaftungsgesuche innerhalb von Familien (1982); und er ediert und kommentiert diese. Damit folgt er seinem Prinzip, die Dokumente selbst zum Sprechen zu bringen, respektive selbst sprechen zu lassen, vor allem die Dokumente der »infamen Menschen«, die ihn nicht zuletzt persönlich berühren.[2] »Der Ausgangspunkt der ganzen Arbeit war unsere Betroffenheit«, denn: »der Elternmörder mit den roten Augen hatte uns in seinen Bann geschlagen.«[3] Hierbei beschränkt sich Foucault auf Einzelfälle; einer ist der Mordfall *Pierre Rivière*, dessen Beschreibung als Buch 1973 erscheint und zwei Jahre später von René Allio verfilmt wird.[4]

Ebenfalls 1975 erscheint Foucaults populäre Studie über die Geburt des Gefängnisse mit dem Titel *Überwachen und Strafen*. Der Autor untersucht darin die historischen Veränderungen der Prozeduren des Strafens und hier vor allem den Übergang von der Marterung zur Inhaftierung und Tötung von Verurteilten. Sein Thema dieser Jahre ist die gesellschaftliche Ausweitung von Überwachung und Kontrolle.

Foucault gibt gemeinsam mit sieben Seminarteilnehmern ein sensationelles Dokument heraus. Hierbei handelt es sich um die Aufzeichnungen eines normannischen Bauern namens Pierre Rivière, der seine Mutter, seinen Bruder und seine Schwester tötet. Er wird 1835 zum Tode verurteilt, schließlich zu einer lebenslangen Haftstrafe begnadigt und 1840 in seiner Gefängniszelle erhängt aufgefunden. Das Dokument »Ich, Pierre Rivière, der ich meine Mutter, meine Schwester und meinen Bruder umgebracht habe und der ich die Motive kenntlich machen will, die mich zu dieser Handlung geführt haben«[5] dient Michel Foucault dazu, den in seinem Buch *Überwachen und Strafen* diagnostizierten Kampf zwischen den sozialen Instanzen zu demonstrieren: »Die Ärzte hatten ihre Schlacht unter sich, mit den Regierungsbeamten, mit Rivière selbst; die Regierungsbeamten hatten ihre Schlacht über die medizinischen Gutachten, die Dorfbewohner von Aunay hatten ihre eigene Schlacht.«[6]

Allerdings muss festgehalten werden, dass Pierre Rivière ein barbarischer Sadist ist, der schon als Bauernjunge aus dem kleinen Dorf La Faucterie besonders gern Kleintiere quält. Er kreuzigt Vögel, häutet Frösche und jagt Kindern mit einer Sense hinterher. Er hält sich selbst für einen Philosophen, der mit dem Teufel einen Pakt eingeht[7], und er kennt die menschlichen Gesetze und die Regeln der Polizei, aber er hält sich für weiser als sie.[8] Nur vor Drogen schreckt er zurück und vor Homosexualität, »nicht aus Prinzip, sondern aus Unlust«[9]. Der außergewöhnliche Kriminalfall zeigt sich in brutaler Weise. Am Morgen des 3. Juni 1835 entdeckt die Polizei ein grauenhaftes Verbrechen, bei dem drei Leichen gefunden werden. Die Kehle der schwangeren Mutter ist durchschnitten, wobei der Kopf fast vom Rumpf getrennt ist. Der Schädel des Bruders ist zertrümmert und von Messerstichen übersät und zudem zerquetscht. Das Gesicht der Schwester ist ebenfalls zerschnitten und verstümmelt.[10] Sein Motiv für die Tat sieht der Mörder darin, seinen Vater von allem Unglück befreit zu haben.[11]

Für Foucault ist Rivière ein tragischer Held wie Artaud und Sade. Seine Morde werden wie seine Memoiren zu bewundernswerten Dokumenten. Foucault vergleicht das von ihm herausgegebene Dossier mit seiner Monografie über Raymond Roussel, denn »in beiden Werken wird die gleiche Frage gestellt: Von welchem Punkt an beginnt ein Diskurs in einem Bereich zu funktionieren, der ihn als Literatur qualifiziert?«[12].

Ein wichtiges Motiv für diese Edition sieht der Herausgeber darin, Daten und Dokumente zum Sprechen zu bringen. Daten und Dokumente sind für ihn im Prinzip alle potenziellen empirischen Formate, die in der Geschichte materiale Spuren hinterlassen und damit für die Analyse noch verfügbar sind. Dazu zählen Texte aus Verwaltungs- und Administrationsarchiven (Berichte und Protokolle, Beschwerden und Verhöre, Tabellen und Listen, Gesetze und Anordnungen, Reglements und Statistiken, Anweisungen und Anordnungen, Grundrisse und Tagesprogramme), philosophische und wissenschaftliche Schriften, auch künstlerische und literarische Produktionen, wie zum Beispiel *Die Hoffräulein* von Velázquez, *Don Quichotte* von Cervantes, die *Tableaus* von Hieronymus Bosch und so weiter. Diese natürlichen Daten sind für Foucault Materialien, die in gesellschaftlichen Praxisfeldern selbst entstehen.

Die Aktenstücke des 17. bis 19. Jahrhunderts, die Michel Foucault in den siebziger und achtziger Jahren in seinen Seminaren am Collège de France behandelt, veröffentlicht er im Anschluss. Pierre Rivières Aufzeichnungen verblüffen umso mehr, da er für den Dorftrottel gehalten wird und ein sprachlich berührendes Dokument hinterlässt. Foucault interessiert sich für Einzelfälle, die sozial randständig sind, und er ist auf der Suche nach der Normalität, die sich abseits soziologischer Untersuchungen besonders deutlich an Punkten zeigt, an denen sich Einzelschicksale zur Reflexion auf soziale Repression bewegen.

Foucault ästhetisiert den eigenen Umgang mit dem Rivière-Dokument; zum einen, indem er von der Schönheit des Textes spricht, und zum anderen, indem er den Begriff des Bizarren und Seltsamen in diesem Zusammenhang einführt. Der Text von Rivière sei eine »Maschinerie, eine Mordwaffe«[13]. Aber es ist eben »nicht die juristische Bedeutung der Tat, die Foucault am meisten interessiert, sondern die ästhetische Funktion des Textes«[14]. Foucault spricht Rivière als einen Autor des Verbrechens an und als einen Autors dieses Textes.

Foucault wählt sein Material zudem nach Maßgabe der Gegebenheiten seines Forschungsproblems aus. Dabei fokussiert er seine Analyse auf jene Elemente, die ihm zur Lösung geeignet erscheinen. Ganz subjektiv erarbeitet er die Verbindungen, die eine Lösung möglich machen. In seinem Text *Der Staub und die Wolke* (1980) schreibt er, dass er gleichgültig ist gegenüber den Forderungen, »alles zu sagen, und sei es auch nur, um die Jury der versammelten Spezialisten zufrieden zu stellen«[15].

Nach Art der Historiker beschreibt und behandelt Michel Foucault »ernsthaft und anstrengend« das Material, das er als konkrete Analyse-Arbeit des Deutens, Verstehens, Kommentierens, Zerlegens und Zusammensetzens von Dokumenten bezeichnet.[16] Weitere methodische Hinweise zu seinem Vorgehen fehlen leider. Allerdings bezeichnet der Begriff »Archiv« bei ihm keinen bestimmten Ort der Aufbewahrung von Dokumenten (in einer Universität oder in einer Verwaltung), sondern die Gesamtheit von Regelstrukturen, die der Diskursproduktion einer abgrenzbaren historischen Epoche zugrunde liegen. »Das Archiv ist das allgemeine System der Formation und der Transformation der Aussagen.«[17]

Nicht zuletzt gelingt Foucault in *Überwachen und Strafen* eine starke Darstellung der Disziplinarmacht, ähnlich wie er sie in *Der Fall Rivière* dokumentiert. Eine Verbindung von Wissen und Macht bildet die Prüfung, die seit dem 18. Jahrhundert in Psychiatrie, Pädagogik, Diagnostik und so weiter maßgebend ist. Der Autor verbindet die Idee einer sozialen Prüfung mit der Möglichkeit einer Wissenschaft vom Individuum.[18]

Schon in den Vorlesungen *Die Anormalen* (1974/75) und *In Verteidigung der Gesellschaft* (1975/76) belegt Foucault, dass neben dem großen Repressionsthema Familie die Sexualität als Problem der gesellschaftlichen Normalität zum evidenten Thema wird. Sexualität ist ein wichtiger Teil der Ausbildung eines neuen Typs der Disziplinarmacht, »der nicht mehr über die Funktionen des Staates und auch nicht mehr über die Institutionen der Gesellschaft beschreibbar ist, sondern als strategischer Komplex von administrativen Maßnahmen, Wissensproduktion und Selbstbefragung in den Blick genommen wird«[19].

1973 Felix Guattari

Im März 1972 veröffentlichen Gilles Deleuze und Felix Guattari den ersten Band von *Capitalisme et Schizophrénie*. Auf die Veröffentlichung des *Anti-Ödipus* reagiert Michel Foucault mit dem knappen Kommentar: »Wir sollten uns von diesem Freudo-Marxismus lösen.« Deleuze antwortet: »Ich übernehme Freud. Kümmern Sie sich um Marx?« Nur einen Monat später führen beide diese Diskussion in der Sondernummer *L'Arc* fort, die dem Werk von Gilles Deleuze gewidmet ist, indem beide den Schwerpunkt auf das Problem der Macht legen. Drei Jahre später bekennt Foucault: »Deleuze und Guattari konnten am Freud'schen Denken und am Funktionieren der Psychoanalyse zeigen, wie sehr die Psychoanalyse, so wie sie derzeit praktiziert wird, eine Unterwerfung der Libido, des Begehrens unter die Macht der Familie darstellt.«[20]

Im Oktober 1972 hält Foucault an der Cornell University Vorträge über den *Ödipus* des Sophokles *(Le savoir d'Œdipe de Sophocle)*, über Literatur und Verbrechen *(La littérature et le crime)* und über die Strafgesellschaft *(La societé punitive)*. Und im November 1972 beginnt am Collège de France das Seminar über Pierre Rivière und sein Werk. Gemeinsam beschließt die Seminargruppe die Veröffentlichung des Seminar-Dossiers als Buch. Im September 1973 erscheint bei Gallimard das Buch mit dem Titel *Moi Pierre Rivière (Der Fall Rivière)*, das großen Beifall findet. Im Juli 1974 wünscht sich Michel Foucault eine Verfilmung dieses Buches von Werner Schroeter. Er trifft sich mit Rainer Werner Fassbinder.

Am 3. Januar 1973 beginnt die Vorlesung von *Die Strafgesellschaft*, in der Michel Foucault die Gesellschaften der Ausschließung und die der Einschließung einander gegenüberstellt. Bei den Parlamentswahlen erleidet die französische Linke am 12. März 1973 eine schwere Niederlage, mit der Folge, dass am 19. Mai 1974 Giscard d'Estaing zum Präsidenten der Republik gewählt wird. Dieser möchte Verkrustungen aufbrechen und zukünftig einen guten Kontakt zu den Intellektuellen pflegen. Foucault lehnt allerdings eine Begegnung mit ihm zweimal ab. Ab April 1973 arbeitet Foucault an dem Projekt der »lettre de cachet«.

Am 26. April 1974 beginnt ein Prozess gegen die Zeitschrift *Recherches*, der vorgeworfen wird, mit der Publikation einer *Grande Encyclopédie des homosexualités. Trois milliards de pervers* (in der Ausgabe vom März 1973) gegen die »guten Sitten« verstoßen zu haben. Deleuze und Foucault sind als Zeugen geladen, und vor Gericht fragt Foucault, wann Homosexuelle das gleiche Recht auf Ausdruck und Ausübung erhalten werden wie die sogenannte »normale« Sexualität.[21]

Einen Monat später, am 25. Mai 1974, verurteilt die Strafkammer den Psychoanalytiker Félix Guattari, den Leiter der Zeitschrift *Recherches*. Angeblich wird – schon bei Erscheinen – die Zeitschrift nicht wegen des Themas, sondern wegen der verwendeten Wörter und Bilder beschlagnahmt. Der Vorsitzende kritisiert die »lüsterne Zurschaustellung einer Minderheit von Perversen«. Das Urteil bestätigt zuletzt die Beschlagnahmung und ordnet die Vernichtung sämtlicher Exemplare an. In seinem Text *Sexualität und Politik* reagiert Michel Foucault in einer Art

Stellungnahme auf dieses Urteil. Hierin sieht er nicht den Pornografie-Verdacht bestätigt, sondern eine Machtbeziehung zwischen Politik und Sexualität. Dabei gehe es der Justiz »um eine Wiederaneignung des Körpers«, die darauf abziele, »Bewegungen für die Befreiung der Frauen wie auch für die männliche und weibliche Homosexualität«[22] zu normieren. Auf die Frage der Unterdrückung der Sexualität reagiert er in einem Interview in Brasilien 1975, indem er zugespitzt formuliert: »Der nordamerikanische Kapitalismus nimmt in keiner Weise Schaden, dass zwanzig Prozent der Bevölkerung von San Francisco aus Homosexuellen besteht.«[23]

Am 4. Juli 1977 unterzeichnet Foucault zusammen mit achtundvierzig Intellektuellen ein von Félix Guattari initiiertes Manifest gegen die Unterdrückung italienischer Arbeiter. Für die amerikanische Ausgabe des *Anti-Ödipus* schreibt Foucault ein vierseitiges Vorwort, in dem er dieses Werk als »ein Buch der Ethik« und als »eine Einführung in das nicht-faschistische Leben« bezeichnet.[24]

Dieses Buch soll als »Kunst« gelesen werden, »in dem Sinn, in dem man zum Beispiel von einer Kunst der Erotik spricht«, so Foucault.[25] Die einzige Kritik, die er übt, richtet sich gegen den Begriff des Wunsches (désir), denn er lieber durch »Lust« ersetzen will. Nicht das Begehren soll befreit werden, sondern die Lust als ein Bestandteil der Kultur begriffen werden. Dieser Lustbegriff führe zum Begehren, denn nur die Lust schaffe etwas Neues.

Dem folgt Guattari nicht, der einen Zusammenhang zwischen Lust und Begehren (Revolution) nicht sehen kann. Für ihn ist der Sinn, den man der Lust gibt, von einem bestimmten Individuationsmodus der Subjektivität nicht zu trennen. Und dem hält genau Foucault entgegen, dass ja bereits in der Antike der Gebrauch der Lüste nicht zu trennen sei vom Ethos. Dieser Ethos in Form der Knabenliebe ist ein bestimmtes soziales Regelwerk, das Foucault anhand der Schriften von Artemidor, Platon und Xenophon untersucht.[26]

»In der Ordnung der Sexualität ist offensichtlich, dass man weiß, wie man sich in den lustvollen Beziehungen zu anderen ethisch zu verhalten hat, wenn man sein Begehren befreit.«[27] Diese Befreiung, die auch als »sexuelle Revolution« falsch verstanden wird, führt nach Foucault zur »Sorge um sich selbst«, und diese »Selbstsorge ist selbstverständlich Selbsterkenntnis«[28]. Im dritten Band seiner Geschichte der Sexualität – also ein Jahrzehnt nach dem Erscheinen des *Anti-Ödipus* und nach reichen lebenspraktischen Erfahrungen an und in (homo-)sexuellen Orten in San Francisco und andernorts – veröffentlicht Michel Foucault die »Kultur seiner selber« als ein »Misstrauen gegenüber den Lüsten und Beharren auf den Wirkungen ihres Missbrauchs«[29].

Michel Foucault und Félix Guattari begegnen sich vornehmlich aufgrund der Tatsache, dass der *Anti-Ödipus* erscheint. Sie sehen sich nur sporadisch in den fünf Jahren zwischen 1972 und 1977. Bei Guattari kommt schnell der Verdacht auf, dass er nur im Zusammenhang mit Deleuze wahrgenommen wird. Selbst die kürzlich erschienene Biografie ist eine Lebensbeschreibung beider Intellektueller, also eine Duografie.[30] Diese Wahrnehmung tut dem anerkannten Psychoanalytiker Guattari unrecht. Beide Autoren veröffentlichen mehrere Bücher zusammen, die allesamt große Beachtung finden und eben nur von beiden so publiziert werden können: Neben den beiden Bänden zu *Schizophrenie und Gesellschaft*[31] ist es vor allem dieser Bestseller *Was ist Philosophie?* (1991), der große Zustimmung findet.

4. Der Wille zur Wahrheit 1974-1979

XVII. Die Macht des Ödipus

»Développez votre étrangeté légitime –
Entwickelt eure rechtmäßige Andersheit.«
René Char[1]

Wie seine Vorlesungsreihe *Le Pouvoir psychiatrique* vom November 1973 bis Februar 1974 zeigt, beginnt Michel Foucault über die Psychiatrie in einer Art Abwendung von seiner frühen Untersuchung *Wahnsinn und Gesellschaft* (1961) etwas grundsätzlich Neues zu erarbeiten. Zunächst noch stellt er fest: »Im großen und ganzen handelt es sich um den Ausgangspunkt der Arbeit, die ich früher in *Wahnsinn und Gesellschaft* gemacht habe.«[2] In der Psychiatrie herrsche, so Foucault, eine Ordnung, »welche die Körper umgibt, in sie eindringt, sie bearbeitet, sich ihrer Oberfläche zuwendet. Eine Ordnung also, für die die Körper lediglich zu durchdringende Oberflächen und zu bearbeitende Volumina sind.«[3] Die Körper werden von der Ordnung durchdrungen und diese Ordnung verhält sich gegenüber den Körpern parasitär.«

Foucaults Abwendung von *Wahnsinn und Gesellschaft* folgt bald, schon wenn er die »theoretischen und methodischen Prämissen der frühen Schriften«[4] infrage stellt – etwa in seiner Betrachtung des Mythos vom Ödipus'. Bereits in *Wahnsinn und Gesellschaft* argumentiert Foucault, dass die von Freud im Unbewussten seiner Patienten entdeckte psychische Grundstruktur von frühkindlichem Begehren der Mutter und dem Tötungswunsch gegenüber dem Vater alles andere als mythisch und ewig wahr ist. Freud habe dieser Grundstruktur zwar »in einem neuen Mythos die Bedeutung des Schicksals gegeben, das die abendländische Kultur und vielleicht jede Zivilisation durchforschen soll«[5], in Realität ist diese jedoch nichts anderes als die Kopie einer vergessenen Praxis patriarchalischer Führung psychiatrischer Anstalten. Seit der Antike ist der Mythos (altgriechisch für Erzählung, Geschichte, Legende) vom Ödipus bekannt. Die Psychoanalyse entnimmt diesem Mythos vor allem den erzählten Teil vom Mord am Vater und von der Liebe zur Mutter für ihre so ganz eigenen Zwecke. Die Tragödie des Sophokles ist eine Bearbeitung des historischen Stoffes und wird darum zur – wie Michel Foucault es formuliert – »tragischen Bearbeitung dieser Legende«[6].

Sigmund Freud spricht über das Phänomen dieses speziellen Vatermordes und dieser besonderen Mutterliebe zuerst in vier Briefen an seinen Kollegen Wilhelm

Fließ im Jahr 1897; ohne allerdings einen Namen für dieses Phänomen zu haben. Erst in seinem kurzen, nur achtseitigen Text *Über einen besonderen Typus der Objektwahl beim Manne* – der 1910 erscheint – spricht er zum ersten Mal eindeutig von einem Ödipus-Komplex.

1905 erscheinen Freuds *Drei Abhandlungen zur Sexualtheorie* im Wiener Deuticke Verlag. Im dritten Teil dieses Buches über die »Umgestaltungen der Pubertät« schreibt der Autor: »Man sagt mit Recht, dass der Ödipus-Komplex der Kernkomplex der Neurosen ist.«[7] Hier formuliert Freud eine abhängige Verbindung zwischen den Termini Kernkomplex und Ödipus-Komplex.

1908 erscheint sein Aufsatz *Über infantile Sexualtheorien* in der Dezember-Ausgabe der Zeitschrift *Sexual-Probleme*. Hier wiederholt Freud die Aussage, dass »der Kernkomplex der Neurose sich auf diese Weise [nämlich als psychischer Konflikt] konstituiert findet«[8]. Immer noch spricht Freud also vom Kernkomplex. Zwei Jahre später erscheinen seine *Beiträge zur Psychologie des Liebeslebens* im zweiten Band des *Jahrbuchs der psychoanalytisch-psychopathologischen Forschung*. Im ersten Teil dieser Beiträge mit dem Titel *Über einen besonderen Typus der Objektwahl beim Manne* erscheint erstmals überhaupt der Begriff Ödipus-Komplex im Druck: »Der Knabe beginnt die Mutter selbst in dem neugewonnenen Sinne zu begehren und den Vater als Nebenbuhler, der diesem Wunsch im Wege steht, von neuem zu hassen; er gerät, wie wir sagen, unter die Herrschaft des Ödipus-Komplexes.«[9]

1920 erscheint Freuds großes Buch *Jenseits des Lustprinzips* im Internationalen Psychoanalytischen Verlag, in dessen drittem Teil Freud auf die »mit unerwünschter Treue auftretende Reproduktion« zu sprechen kommt. Hier stellt er einen Konnex vom »infantilen Sexualleben« zum »Ödipus-Komplex«[10] her. Auch in seinem großen theoretischen Werk *Das Ich und das Es*, erschienen 1923 ebenfalls im Internationalen Psychoanalytischen Verlag, nutzt der Autor den Terminus: »Ich meine, man tut gut daran, im allgemeinen und ganz besonders bei Neurotikern die Existenz des vollständigen Ödipus-Komplexes anzunehmen.«[11] Im Folgenden erweitert er den Begriff sogar zum »Vaterkomplex«, wie er ihn bereits in *Totem und Tabu* (1912) vorformuliert hat.[12]

1924 druckt die *Internationale Zeitschrift für Psychoanalyse* (Band 10) Sigmund Freuds Aufsatz über den *Untergang des Ödipus-Komplexes*. Gleich im ersten Satz (und zwar mit dem fünften Wort) heißt es schon: »Immer mehr enthüllt der Ödipus-Komplex seine Bedeutung als das zentrale Phänomen der frühkindlichen Sexualperiode. Dann geht er unter, er erliegt der Verdrängung, wie wir sagen.«[13] Im gleichen Jahr kommt Sigmund Freud in seinem Text *Das ökonomische Problem des Masochismus*, ebenfalls erschienen in der *Internationalen Zeitschrift für Psychoanalyse* (Band 10), auf den Ödipus-Komplex selbst zu sprechen: »Der Ödipus-Komplex erweist sich als die Quelle unserer individuellen Sittlichkeit.«[14] Hier verbindet er interessanterweise den Ödipus-Komplex mit Moral und Sittlichkeit, was noch große Folgen für das Subjekt haben wird.

Ein Jahr später erwähnt Freud in *Einige psychische Folgen des anatomischen Geschlechtsunterschieds*, auch erschienen in der *Internationalen Zeitschrift für Psycho-*

analyse (Band 11), den Ödipus-Komplex in Bezug auf die präödipale Phase beim Mädchen.[15] Noch 1931 erwähnt er in seinem Aufsatz *Über die weibliche Sexualität*, erschienen in der *Internationalen Zeitschrift für Psychoanalyse* (Band 17), den Begriff Ödipus-Komplex mehrere Male. Er entwickelt ihn hier weiter zu einem Kastrationskomplex.[16] Gesamt lässt sich also nachweisen, dass Sigmund Freud seit 1897 an einer Theorie des Ödipus-Komplexes arbeitet, zunächst verschiedene Termini benutzt, um schließlich 1910 zum ersten Mal den Begriff Ödipus-Komplex im Druck erscheinen zu lassen.

In den hier genannten zehn Quellentexten, die in einem Zeitraum von knapp vier Jahrzehnten entstanden sind – von den Briefen an Wilhelm Fließ (1897) bis zu dem Text über die weibliche Sexualität (1931) –, arbeitet sich Sigmund Freud an diesem Begriff ab. Es gibt kaum einen zweiten Terminus, der ihn über diesen Zeitraum und in dieser Intensität begleitet. Entwickelt in einer Selbstanalyse und überprüft an Fallgeschichten von männlichen und weiblichen Patienten, entsteht ein Begriff, der bis heute die (nicht nur) europäische Geistesgeschichte prägt wie kein zweiter.

Sigmund Freud entdeckt den Ödipus-Komplex im Verlauf seiner Selbstanalyse und formuliert ihn schließlich allgemein theoretisch. Der Ödipus-Mythos »wird in der Selbstanalyse durchsichtig, die Freud unmittelbar davor beendet hat«, so Jean Bollack, und aus diesem Selbststudium »hat Freud Erkenntnisse gewonnen, die er bei Sophokles bestätigt findet«[17]. In einem Brief an Wilhelm Fließ vom 15. Oktober 1897 schreibt darum Sigmund Freud: »Meine Selbstanalyse ist in der Tat das Wesentliche, was ich jetzt habe, und verspricht von höchstem Wert für mich zu werden, wenn sie bis zu Ende geht.«[18]

Der von Sophokles als Drama mit dem Titel *König Ödipus* vor zweitausendfünfhundert Jahren (429 bis 425 v.u.Z.) bearbeitete Mythos vom Ödipus ist der zweite Teil der von ihm sogenannten *Thebanischen Trilogie*, zu der außerdem *Antigone* und *Ödipus auf Kolonos* gehören. Seit Sophokles erster Bearbeitung dieses Stoffes wird das Motiv und der Mythos vom Ödipus immer wieder dramatisiert: unter anderem von Aischylos, Euripides, Xenokles, Meletos, Seneca und von Friedrich Hölderlin. Von den antiken Bearbeitungen sind nur der *Ödipus* des Sophokles und des Seneca erhalten. Der sophokleische *Ödipus* zählt zur Weltliteratur – bis heute.

Was passiert? König Laios von Theben verliebt sich in den Sohn des Königs Pelops und will den Knaben Chrysippos entführen. Mit diesem Plan missbraucht er die Gastfreundschaft des Königs Pelops. Die Knabenliebe ist in der griechischen Antike nicht strafbar, sondern Teil des Alltags. Motive der Knabenliebe werden auf Porzellan wiederholt abgebildet. Gegen das Gastrecht und die Gastfreundschaft verstößt also nicht die Knabenliebe, sondern die Tatsache einer versuchten Kindesentführung. Das Orakel von Delphi prophezeit daraufhin, dass – sollte Laios jemals einen eigenen Sohn haben – dieser ihn töten und seine Gemahlin Iokaste heiraten werde. Für den König von Theben ist diese Prophezeiung eine Katastrophe, schließlich will er eine Dynastie gründen. Aus diesem Grund lassen die Eheleute Laios und Iokaste ihrem Neugeborenen die Füße durchstechen und zusammenbinden und ihn im Gebirge aussetzen. Der Hirte, der den Knaben im Gebirge aussetzen soll, hat Mitleid mit dem Kind und übergibt dieses einem befreundeten Hirten in Korinth. Über jenen Freund gelangt der Knabe zum Königspaar Polybos und Merope von Korinth. Diese adoptieren das Kind und nennen es nach seinen geschwollenen Füßen Ödipus (deutsch für Schwellfuß).

Ödipus wächst also in Korinth auf, ohne zu wissen, woher er kommt. Als er erwachsen ist, macht ein Betrunkener während eines Festes ihn darauf aufmerksam, dass Polybos und Merope nicht seine leiblichen Eltern sind. Als ihn die Antwort seiner Zieheltern auf die Frage nach seiner Herkunft nicht zufriedenstellt, befragt Ödipus schließlich das Orakel von Delphi. Dieses verkündet ihm, dass er seinen leiblichen Vater töten und seine wahre Mutter heiraten werde. Daraufhin verlässt Ödipus Korinth aus Angst, er würde Polybos töten und Merope heiraten. Dieses folgenreiche Missverständnis führt nicht zuletzt in die Katastrophe, denn das Orakel meint ja eben nicht die Zieheltern, sondern die leiblichen Eltern. »Ödipus Unfähigkeit, das Orakel zu entziffern, und seine Unwissenheit hinsichtlich seiner eigenen Taten sind augenscheinlich bald eine Chiffre für eine Schicht des Unbewussten.«[19]

An einer Wegscheide im Gebirge trifft Ödipus auf einen Wagen und gerät in Streit mit dem Fahrer, der ihn – nach seiner Meinung – arrogant behandelt habe. In diesem Streit erschlägt er (versehentlich und unwissend) einen Passagier in dem Wagen, der sich später als König Laios, sein leiblicher Vater, herausstellen wird. Nach Michel Foucaults Deutung kommt ein weiteres wichtiges Element hinzu: »Als Laios den jungen Ödipus, der auf dem Weg vorüberging, verführen wollte, reagierte Ödipus damit, dass er Laios tötete.«[20] Die berühmte Szene des Vatermordes ist also auch eine Verführungsszene. Ödipus tötet demnach einen ihm Unbekannten auf der Straße, der sein Verführer sein will. Später wird ihm klar, dass dieser Unbekannte sein Vater ist. So verwirklicht Ödipus den ersten Teil der Prophezeiung, und: »Die Wahrheit schreitet stückweise vorwärts.«[21]

Vor den Toren von Theben trifft Ödipus die Sphinx, ein drachenartiges Ungeheuer mit Menschenkopf. Die Sphinx verschlingt alle Reisenden, die an ihr vorbeiwollen und das von ihr aufgegebene Rätsel nicht lösen können. Dieses Rätsel der Sphinx lautet: »Es ist am Morgen vierfüßig, am Mittag zweifüßig und am Abend dreifüßig. Von allen Geschöpfen wechselt es allein mit der Zahl seiner Füße, aber wenn es die meisten Füße bewegt, sind Kraft und Schnelligkeit seiner Glieder sehr gering.« Ödipus antwortet sofort: »Es ist der Mensch!«[22] »Dein Rätsel ist der Mensch, der am Morgen seines Lebens, solange er ein schwaches und kraftloses Kind ist, auf allen Vieren geht; ist der Mensch stark, so geht er am Mittag seines Lebens aufrecht auf zwei Füßen, und ist er am Lebensabend als ein Greis angekommen, so nimmt er den Stock als dritten Fuß zu Hilfe.«

Weil Ödipus das Rätsel löst, stürzt sich die Sphinx vom Felsen, und Theben ist von dieser Plage befreit. Zur Belohnung wird Ödipus als Nachfolger des soeben getöteten Laios zum König von Theben ernannt und erhält Iokaste (seine leibliche Mutter) zur Frau. Mit ihr zeugt er die Zwillinge Eteokles und Polyneikes, außerdem die beiden Töchter Antigone und Ismene. Mutter und Sohn wissen jedoch nichts von der Tötung des Laios durch Ödipus und von ihrer verwandtschaftlichen Beziehung.

Hier setzt die eigentliche Dramenhandlung ein, indem Ödipus von nun an seine Vergangenheit aufdeckt. Ein Orakel deutet die Ursachen und Gründe einer seit Langem anhaltenden Seuche an. Iokastes Bruder, Ödipus Schwager Kreon, glaubt in dem noch ungesühnten Tod des Laios den Grund zu sehen. Daraufhin veranlasst König Ödipus eine Untersuchung, bei der der einzige Zeuge befragt wird. Dieser sagt aus, es sei eine Räuberbande gewesen – und nicht Ödipus.

Zuletzt lässt Ödipus den blinden Seher Teiresias zu sich holen, doch der weigert sich, die wahren Zusammenhänge auszusprechen. Erst als Ödipus ihn der Tat verdächtigt, spricht Teiresias: »Ödipus selbst ist der Mörder des Laios!« Neben weiteren Ereignissen verdichtet sich die Erkenntnis, dass sich die Prophezeiungen des Orakels von Delphi erfüllt haben. Nicht zuletzt die Narben an Ödipus' Füßen bringen die Wahrheit ans Licht: Ödipus ist Laios' und Iokastes leiblicher Sohn. Damit mahnt Michel Foucault einen Begriff von Wahrheit, der »die Negativität des Menschen für seine positive Natur und die Erfahrung seines Widerspruchs für die Entbergung seiner schlichtesten, unmittelbarsten und homogensten Wahrheit zu halten« und damit »seit Freud das zumindest stillschweigende Projekt aller Psychologie« ist.[23]

Als Ödipus entsetzt in sein Haus stürzt, findet er Iokaste erhängt. Ödipus blendet sich selbst mit den goldenen Spangen seiner Mutter. Seinen Tod kann er nicht selbst herbeiführen, denn er muss sich damit abfinden, dass nur die Götter über seinen Tod entscheiden können und werden. Seine Kinder übergibt er Kreon, der von nun an die Herrschaft über Theben übernimmt.

Alle Prophezeiungen bewahrheiten sich zum Schluss. Obwohl sich die drei (Laios, Iokaste und Ödipus) häufig über die Götter lustig machen, zeigt ihr Schicksal zum Schluss, dass nicht an den Sprüchen der Götter zu zweifeln ist. Ödipus kehrt nach diesen Ereignissen zum Glauben zurück. Die Handlung dieses Dramas repräsentiert den Weg vom unwissenden Schein zum verstehenden Sein.

In seiner Bearbeitung des mythischen Stoffes zeigt uns Sophokles noch heute, dass der Mensch nicht in der Lage ist, sein Schicksal vorauszusehen. Aristoteles erklärt dieses sophokleische Drama in seiner *Poetik* zum Muster der Tragödie; vor allem unter dem Gesichtspunkt der Handlungsführung, des Umschlagens von Glück in Unglück (peripetie) und des Wechsels von Verblendung in Selbsterkenntnis (anagnorisis).[24]

In dem Brief an Fließ vom 15. Oktober 1897 legt Freud das Theaterstück *König Ödipus* nach den Regeln einer literarischen Kritik aus, die es »ebenso unzugänglich wie unannehmbar gemacht hat«. Das Theaterstück scheint »gleichsam verloren und entwertet«, so Jean Bollack.[25] Sigmund Freud kommt zu dem Schluss: »Die griechische Sage [vom Ödipus] greift einen Zwang auf, den jeder anerkennt, weil er dessen Existenz in sich verspürt hat. Jeder war einmal im Keime und in der Phantasie ein solcher Ödipus.«[26]

Allerdings sieht Freud neben dem sophokleischen Mythos vom Ödipus auch ein Motiv in Shakespeares Hamlet-Tragödie (auch in den *Brüdern Karamasoff* von Dostojewski). Hamlet »habe sich mit derselben Tat gegen den Vater aus Leidenschaft zur Mutter getragen«. Hamlets Gewissen sei »sein unbewusstes Schuldbewusstsein« und »seine Sexualentfremdung im Gespräch mit Ophelia sei eine Übertragung der Tat vom Vater auf Ophelia«[27]. Beim Hamlet-Drama handelt es sich wie bei dem Ödipus-Mythos um eine kathartische Tragödie, in der wir unsere Leidenschaften reinigen von Furcht (phobos) und Mitleid (eleos). Freud nähert sich darum dem antiken Ödipus-Stoff unter Berücksichtigung der »modernen Idee« des Schicksalsdramas: »Im Schicksalsdrama dient die Fatalität als künstlerisches Mittel, um den Zuschauer zu rühren, ohne dabei die Freiheit des Opfers ernsthaft in Frage zu stellen. Der Held erliegt einer Verkettung von Umständen.«[28]

Das allmächtige Schicksal in diesem Drama besteht hier als eine Last für Ödipus; und Freud verallgemeinert die persönliche Last des Ödipus als allgemeingültig für jeden Menschen, denn: »Durch die Verallgemeinerung der eigenen Erfahrung sucht Freud auf rationale Weise dem Schicksal einen Sinn anzugewinnen.«[29] Darum können wir uns mit Ödipus identifizieren und feststellen, dass wir alle einmal ein solcher Ödipus waren, denn »Ödipus ist der Mensch an sich, der Menschensohn«[30]. Und diese Erkenntnis kann zur Folge haben, dass wir unter diesem Schicksalsdrama zusammenbrechen, denn der »Dämon des Menschen ist sein Schicksal«[31]. Die Tragödie führt uns vor Augen, wozu wir Menschen fähig sind, denn in Ödipus' Taten »zeigt sich die Macht eines Übels, das das Leben aller Menschen zersetzt«[32].

In Ödipus finden wir den Gegensatz von Willen und Schicksal. In Ödipus steckt sowohl eine zerstörerische Neigung als auch eine Ambivalenz der Gefühle. Ödipus ist niemals sicher, das Richtige zu tun, denn er »handelt nicht wissenschaftlich, sondern es ist das Unbewusste, das sich in seinem doppelten Verbrechen mit ursprünglicher Kraft offenbart«[33]. Das Unbewusste überwindet niemals den Widerstand des Bewussten, sagt Freud.[34]

Der Ödipus-Komplex bezeichnet also eine psychoanalytische Theorie von Sigmund Freud, nach der jedes (männliche) Kind in seiner Entwicklung eine »ödipale Phase« durchläuft, in der es die eigene Mutter begehrt und mit dem Vater rivalisiert. Von einem Ödipus-Komplex spricht Freud, wenn der Erwachsene immer noch in dieser Problemstellung verharrt, das heißt der kindliche Konflikt demnach unbefriedigend oder gar nicht gelöst wurde. Der Begriff Ödipus-Komplex wird häufig synonym im Sinne des Ödipus-Konflikts gebraucht. Diese Bezeichnungen (Ödipus-Konflikt und Ödipus-Komplex) nehmen Bezug auf die Figur des Ödipus in der griechischen Tragödie, die Sophokles als eine vom Schicksal besiegelte und vom Orakel vorhergesagte Tragödie schildert, die Ödipus also unfreiwillig widerfährt, denn: »Das Nichtwissen ist nicht das Unbewusste, sondern etwas, was dessen allzu nackte Wahrheit wieder verdeckt.«[35]

Sigmund Freud greift den Ödipus-Mythos auf, um eine Beobachtung zu beschreiben, die er selbst bei sich macht. Er begehrt sexuell die eigene Mutter und rivalisiert dadurch mit dem Vater. Unbewusst will er seinen Vater töten, um dessen Platz einzunehmen. Freud schreibt an Fließ:»Ich habe die Verliebtheit in die Mutter und die Eifersucht gegen den Vater auch bei mir gefunden und halte sie jetzt für ein allgemeines Ereignis früher Kindheit. Wenn das so ist, so versteht man die packende Macht des Königs Ödipus trotz aller Einwendungen, die der Verstand gegen die Fatumsvoraussetzung erhebt, und versteht, warum das spätere Schicksalsdrama so elend scheitern musste.«[36]

Der Ödipus-Komplex trifft nur dann auf ein Mädchen zu, wenn dieses den Vater besitzen will und dadurch in Konkurrenz zur Mutter tritt. Carl Gustav Jung nennt später diese weibliche Variante den Elektra-Komplex. Freud bemerkt einen Zusammenhang von Infektion und Konzeption bei Mutter und Tochter, der zu einer besonderen Beziehung zwischen den beiden führt,[37] dennoch sagt Freud:»Das Genitale ist allein das Männliche, genauer bezeichnet als der Penis, das Weibliche ist unentdeckt geblieben.«[38] Die feministische Forderung nach Gleichberechtigung der Geschlechter trage nicht weit, so Freud 1924, denn »der morphologische Unterschied muss sich in Verschiedenheiten der psychischen Entwicklung äußern«[39]. Ein Wort Napoleons aufgreifend, verkürzt er:»Die Anatomie ist das Schicksal.«[40]

Während Sigmund Freud den Ödipus-Komplex fast nur auf das männliche Kind reduziert, transformiert Johann Jakob Bachofen diesen Konflikt ebenso auf das weibliche Kind. Er beschreibt diesen Mythos als einen Kampf zwischen patriarchalischem und matriarchalischem Prinzip. Immer geht es um den Autoritätskonflikt zwischen Kind und Eltern, auf dem sich die politische Idee entwickelt, nämlich dass das staatliche Gesetz oberste Priorität habe und der Herrscher seine Untertanen besitze.

Nach Bachofen sei diese (patriarchalische) Ordnung zur Zeit des »Mutterrechts« anders gewesen. Ein mütterliches Prinzip, in dem alle Menschen als Brüder und Schwestern gelten, in dem nur die Mutter die Kinder zuordnen kann, finde sich nicht nur in der Familie wieder, sondern auch in Religion und Gesellschaft. Allerdings hat Bachofen für seine Theorie bekanntlich keine realhistorischen Quellen, auf die er sich stützen konnte. Er giebt sich mit literarischen und religiösen Texten zufrieden und zieht daraus den Schluss, dass dem ideologischen Verdrängungsprozess ein realer vorausgeht. Freud erkennt hingegen, dass »allen sittlichen Erwerbungen, das Geschlecht der Männer vorangegangen zu sein scheint«[41].

In seiner Schrift *Das Ich und das Es* (1923) formuliert Freud allgemein theoretisch seine Vorstellung vom Ödipus-Komplex. In der Zwischenzeit, von der Entdeckung des Kernkomplexes 1897 über dessen Begriffsbestimmung 1910 bis zu dessen Ausformulierung 1924, fristet der Ödipus-Komplex ein eher marginales Dasein. Freud hält unbeirrt fest an diesem Zentralkomplex, am Kernkomplex. Der Ödipus-Komplex bildet ein Scharnier zwischen Natur und Kultur, er »bildet die menschliche Existenz zwischen Körper und Geist nach« und garantiert, »dass die individualpsychologischen Kategorien psychoanalytischer Therapie zugleich anthropologisch universell« sind.[42]

Weil Sigmund Freud sich von seiner Theorie des Traumatismus abwendet und über die Darstellung kindlicher Sexualität nachdenkt, wird ihm schließlich eine eindeutige Bestimmung des Ödipus-Komplex möglich. Allerdings sagen seine Kritiker, dass es Freud »nicht gelungen sei, Ödipus und die infantile Sexualität zusammenzubringen«[43]. Nach Freud hängen »das Höchste und das Niedrigste in der Sexualität am innigsten aneinander«[44]. Und schon in Goethes *Faust* heißt es schließlich: »Vom Himmel durch die Welt zur Hölle«[45]. 1924 notiert Freud, dass »immer mehr der Ödipus-Komplex seine Bedeutung als das zentrale Phänomen der frühkindlichen Sexualperiode enthüllt«, und, dass »der Ödipus-Komplex fallen muss, weil die Zeit für seine Auflösung gekommen ist«[46].

Hinter der Freud'schen Theorie des Ödipus-Komplex steht die Beschreibung und das Verbot des Inzests. Vater, Mutter und Kind bilden ein »ödipales Dreieck«, aus dem das Kind eine Person ausschließen soll, um die andere zu besitzen. Dazu ergänzt Foucault: »Das ödipale Dreieck zwischen Vater, Mutter und Sohn ist keine zeitlose Wahrheit und auch keine tiefgründige historische Wahrheit über unser Begehren.«[47] Unbewusst wünscht sich das Kind eine Situation des Inzests herbei, so definiert es Freud provokant. Hinter diesem Mythos entdeckt Freud das Inzestverbot, denn der Inzest zwischen Familienmitgliedern ist ein – mit hohen Strafen belegtes – Tabu (Blutschande). Darum ist das ödipale Begehren eine große Herausforderung, die der Ödipus-Konflikt an jede Familie stellt und die im Idealfall mit seiner Überwindung endet.

Das ödipale Begehren tritt nach Freud zum ersten Mal im dritten bis fünften Lebensjahr auf, in der sogenannten »phallischen« oder »ödipalen Phase«. Im günstigen Fall endet diese Phase damit, dass das Kind auf den Inzestwunsch verzichtet und den Vater (oder die Mutter) nicht mehr als Rivalen sieht. Später wächst das Kind in seine Geschlechterrolle hinein und nimmt sich den Vater (oder die Mutter) zum Vorbild. In der Identifizierung mit der Geschlechterrolle findet das Kind schließlich seine Identität.

Ödipus selbst jedoch kennt seine eigene Identität nicht, denn er hat die persönliche Geschichte des ausgesetzten, verlorenen Sohnes, der zuletzt seinem Erzeuger und seiner Erzeugerin gegenübersteht, ohne zu wissen, wer diese sind. Erst als er entdeckt, wer er ist, kann er (zu sich) heimkehren. Michel Foucault fasst zusammen: »Die Ödipusgeschichte bildet also zwar eine Matrix, hat jedoch eine genau umgekehrte Bedeutung, Polarität oder Richtung.«[48]

Die tradierte Mahnung »So (wie der Vater) sollst du sein«, wird ergänzt um das Verbot: »So (wie der Vater) darfst du nicht sein«[49]. Nicht zuletzt zeigen Mahnung und Verbot »die lange kindliche Hilflosigkeit und Abhängigkeit des Menschen«[50]. Eine von Freud sogenannte Rettungsfantasie drückt sich in dem zärtlichen Wunsch aus, »den Vater zum Sohne zu haben, das heißt einen Sohn zu haben, der so ist wie der Vater«[51].

Wenn das Kind also den Ödipus-Konflikt überwindet, dann auch aus Angst vor Kastration. Das Kind hat Angst – für seinen Wunsch nach der Mutter und sein Aufbegehren gegen den Vater –, bestraft zu werden, und zwar mit dem Verlust des

Geschlechtsorgans. Um dieser Drohung zu entgehen, ordnet sich das Kind unter die Autorität des Vaters (der Mutter) und akzeptiert, dass die Mutter (der Vater) nicht erreichbar ist. Durch die wohlwollende Anerkennung entgeht das Kind der Strafe und erfährt dafür Potenz. »Das ambivalente Begehren des Kindes zerschellt sowohl an seiner eigenen Unfähigkeit, wie an den es umstellenden Verboten der Erwachsenen, von denen es existentiell abhängig ist. Das Kind rettet seine narzisstische Integrität durch einen kulturstiftenden Verzicht: Es entkommt der Kastrationsdrohung ebenso wie seiner Angst vor Kastration, indem es auf sein Begehren verzichtet. Die äußeren Autoritäten, die das Verbot durchsetzten, richtet es nun in sich selber auf: kurz, es wird moralisch.«[52]

Schon Freud verweist darauf, dass »die Entstehung des Gewissens innig an den Ödipus-Komplex geknüpft ist, welcher dem Unbewussten angehört«[53]. Außerdem erweise sich »der Ödipus-Komplex als die Quelle unserer individuellen Sittlichkeit (Moral)«[54], und »Gewissen und Moral sind durch die Überwindung, Desexualisierung des Ödipus-Komplexes entstanden«[55]. Es überrascht darum nicht, so Freud in seinem Brief an Fließ vom 21. September 1897, dass »in sämtlichen Fällen der Vater als pervers beschuldigt wurde«[56], denn »die sexuelle Phantasie bemächtigt sich regelmäßig des Themas der Eltern«[57].

Die Darstellung des Ödipus-Konflikts von Sigmund Freud wird durch Jacques Lacan ein halbes Jahrhundert später rekonstruiert. Zunächst verweist dieser darauf, dass der Ödipus-Konflikt selbst ein Mythos sei, das heißt eine sprachliche Fiktion. Das entscheidende Geschehen findet also nicht in der Realität statt, sondern auf der Ebene des Symbolischen. Der Vater Laios ist nicht zwingend eine reale Person, sondern eine Funktion. Und diese Funktion des Vaters (in der Erzählung wie in der Psychoanalyse) kann von diversen Repräsentanten ausgefüllt werden. Das gilt im Übrigen auch für den Inzest mit der Mutter. Entscheidend für Lacan ist die Fiktion einer das Gesetz (Inzestverbot) repräsentierenden Instanz. Diese Instanz nennt er das große Andere, wobei dieses Andere durch verschiedene Figuren der Autorität ersetzt werden kann: Lehrer, Polizist, Richter, Geistlicher. Der große Andere ist nicht zwangläufig der Vater, doch er spricht »im Namen des Vaters«. Indem das Kind sich der Instanz des »Vaters« (des Anderen) unterwirft und das Gesetz (Inzestverbot) anerkennt, wird es gleichzeitig in die Welt des Symbolischen eingeführt und aufgenommen. Diese Welt des Symbolischen ist die Ordnung der Sprache und des Diskurses, die Struktur des Sozialen und seiner Normen.

Wenn der Ödipus-Konflikt günstig ausgeht, das heißt es nicht zum Vatermord und nicht zum Inzest mit der Mutter kommt, hat das Subjekt die Möglichkeit, sich aus der kindlich-narzisstischen Verhaftung und aus der Situation des begehrten Objekts zu lösen. Erst indem das Kind sein ursprüngliches Objekt aufgibt und gegen andere Objekte eintauscht, wird es erwachsen.

Jacques Lacans Leistung ist diejenige, dass er die Schriften von Sigmund Freud neu interpretiert und radikalisiert. Damit meint er einerseits eine »Rückkehr zu Freud« und andererseits sein selbst formuliertes Ziel, »Freud gegen Freud« zu lesen. Im Seminar von 1970 sagt er: »Keineswegs deshalb etwa, weil ich die Rückkehr zu Freud predige, vermag ich nicht zu erklären, dass dessen Theorie null und nicht sei. Gerade auch darum heißt es, auf Freud zurückzugehen. Niemand hat mir beigestanden, als es darum ging, herauszufinden, was das ist: Die Formation des Unbewussten.«[58]

Sigmund Freud sagt, dass die abendländische Kultur drei wesentliche (narzisstische) Kränkungen erfahren habe, nämlich »den Schlag, den ihm das kopernikanische Weltsystem versetzte; den Schlag, den ihm Darwin mit seiner Entdeckung versetzte, dass der Mensch vom Affen abstammt, und schließlich den Schlag, den Freud ihm selbst versetzte, als er entdeckte, dass das Bewusste auf dem Unbewussten basiert«[59]. Hierbei geht es nicht, so Michel Foucault, um die Vermehrung von Zeichen in der abendländischen Welt, sondern Freud hat wie Marx und Nietzsche die Dinge, »die an sich keinen Sinn haben, nicht mit einem Sinn versehen; vielmehr haben sie das Wesen der Zeichen verändert und auch die Art und Weise, wie Zeichen generell gedeutet werden können«[60]. Die drei Kränkungen der Eigenliebe, »nämlich der kosmologischen (Kopernikus), der biologischen (Darwin) und der psychologischen (Freud)«, stellt Sigmund Freud in seinem Aufsatz *Eine Schwierigkeit der Psychoanalyse* (1917) dar.[61] Und auf diese »Formation des Unbewussten«[62] rekurriert wiederum Jacques Lacan.

Dabei verbindet dieser die Psychoanalyse mit dem Strukturalismus und der Linguistik (de Saussure und Jakobson), außerdem mit Ideen der Philosophie (Descartes, Hegel und Husserl). Er entwickelt später grafische Modelle der Topologie. Innerhalb der Psychoanalyse bleibt Lacan zwar umstritten, hat aber auf den Poststrukturalismus bis heute eine prägende Wirkung. Nicht zuletzt, so Michel Foucault, ist »Jacques Lacan trotz der Tatsache, dass er vieles erfunden hat, innerhalb des freudianischen Feldes anzusiedeln, was ihn daran hindert, neue Kategorien zu erschaffen«[63].

Seine Lehre verbreitet Lacan in seinen Seminaren (1951-1979), die er ab 1964 an der École Normale Supérieure hält. Später erscheinen drei Bände mit Schriften (Écrits) in Buchform (1973-1980). Die Mitschriften der Seminare erscheinen posthum, von gesamt fünfundzwanzig Seminaren sind bislang weniger als Hälfte erschienen (1986-2007).

Die Theorie von Jacques Lacan lässt sich in die vier Grundthesen zusammenfassen: Das ICH entwickelt sich im »Spiegelstadium«, welches die grundlegende Matrix der SUBJEKTIVITÄT bildet. Das SUBJEKT ist ein Sprachwesen. Durch die symbolische Ordnung der Sprache ist es geprägt. Das Unbewusste ist wie die Sprache strukturiert. Das SUBJEKT ist ein begehrendes Subjekt. Weil das OBJEKT des Begehrens immer schon verloren ist, hat das SUBJEKT einen grundsätzlichen Mangel, der das Begehren des Menschen aufrechterhält. Die menschliche PSYCHE konstituiert sich in der unauflösbaren Trias: REALES – SYMBOLISCHES – IMAGINÄRES (RSI).

Jacques Lacan schreibt über Ödipus: »Ich bin nicht dabei zu sagen, dass Ödipus zu nichts diene noch dass er in keiner Beziehung zu dem stünde, was wir machen. Er dient den Psychoanalytikern zu nichts, das ist wahr! Aber da die Psychoanalytiker nicht zweifelsfrei Psychoanalytiker sind, beweist das nichts. Ich spreche von der väterlichen Metapher, nie aber vom Ödipus-Komplex.«[64]

In der Zeit von 1960 bis 1964 arbeitet Gilles Deleuze am Centre national de la recherche scientifique (CNRS) und beschäftigt sich mit der Philosophie von Henri Bergson und Friedrich Nietzsche. In dieser Zeit schließt er Freundschaft mit Michel Foucault. 1969 erhält er eine Professur an der Reform-Universität Paris VIII und schließt hier Freundschaft mit dem Psychoanalytiker Félix Guattari. Beide veröffentlichen die zwei bahnbrechenden Bücher über *Kapitalismus und Schizophrenie*. Mit zweiundsechzig Jahren zieht sich Deleuze 1987 von seiner Professur zurück. Fünf Jahre später stirbt Guattari, und drei Jahre später wählt Deleuze im Alter von siebzig Jahren den Freitod.

Die beiden Schlüsselwerke von Gilles Deleuze *Kapitalismus und Schizophrenie*, Band I und II, sind gleichermaßen Arbeiten von Félix Guattari. Sie konnten nur in dieser Kombination von Philosophie und Psychoanalyse entstehen – und sie sind im Wesentlichen eine Kritik an der Psychoanalyse von Sigmund Freud und Jacques Lacan. Im ersten Band von *Kapitalismus und Schizophrenie* mit dem Titel *Anti-Ödipus* behaupten die Autoren, dass die Psychoanalyse ein Instrument der Aufrechterhaltung von kapitalistischer Dominanz und Repression sei. Die Psychoanalyse unterwerfe das Subjekt einer phallischen Struktur der Kultur. Gegen dieses Konzept entwickeln die Autoren die Idee der »Wunschmaschine«, eines maschinell gedachten Unbewussten, das nicht sprachlich strukturiert sei und demnach nicht von einem negativen Mangel, sondern von einem positiven Wunsch gekennzeichnet sei. Im zweiten Band von *Kapitalismus und Schizophrenie* mit dem Titel *Tausend Plateaus* wird die philosophische Tradition des Rationalismus – vor allem des Hegelianismus – radikal kritisiert. Die Autoren propagieren Heterogenität, Pluralität, eine nomadische Wissenschaft (als Gegenbegriff zur monarchischen Wissenschaft) und einen organlosen Körper. Eine nomadische Wissenschaft trennt nicht mehr zwischen Macht und Handlung. Der Zentralbegriff, den beide Autoren hier entwickeln, ist das »Rhizom«. Es soll eine Alternative zu gedanklichen Modellen sein, die als »Bücher« Anspruch auf Repräsentation der Welt erheben (im Sinne des platonischen »Baum des Wissens«).

Foucault wiederum ergänzt, dass es sich nach seiner Ansicht im Ödipus-Mythos um die Zentralbegriffe Macht und Wissen handelt.[65] Die Ödipus-Geschichte stelle das Zerbrechen von Macht dar, denn nach der (religiösen, politischen und magischen) Ausübung von Macht erscheint zuletzt die Wahrheit.[66] Und: »Ödipus hat die Macht.«[67] Es geht also nach Foucaults Ansicht nicht um die Problematik des Begehrens, wie es Deleuze und Guattari darstellen, sondern um die Frage des Macht-Wissens. Das Problem des Ödipus ist nicht die Schuld, sondern die Angst, seine Macht zu verlieren. Er misst etwa Gesetzen wenig Bedeutung zu, was für ihn zählt, ist allein seine Willensdemonstration, sein Befehl. In diesem Kontext spricht Foucault von einem Wissen-Macht-Komplex beziehungsweise Macht-Wissen-Komplex. Die Texte von Deleuze und Guattari sind in ihrer verstreuten Vielfalt (Anthropologie und Psychoanalyse, Ökonomie und Soziologie, Kunst und Literatur, Architektur und Musik, Biologie und Geschichte, Sprachwissenschaft und Kino) in einem Netz miteinander verbundener Plateaus präsentiert. Sie sind nicht leicht lesbar, auch weil sie nicht linear, sondern parallel rezipiert werden können – eben in tausend Plateaus.

Der *Anti-Ödipus*, der im Frühjahr 1972 in Frankreich erscheint, löst eine Sensation aus, die weit über die französischsprachigen Grenzen hinausgeht. Die Autoren stürzen in diesem Buch den Monarchen Ödipus – jenen König Ödipus, den Freud inthronisiert hat –, um ihn als den heimlichen Herrscher der Psychoanalyse, der psychischen Mechanismen und der menschlichen Kultur zu bestimmen. Die von der Freud'schen Psychoanalyse behauptete Universalität des Ödipus-Komplexes wird von ihnen grundlegend infrage gestellt.

Der Ödipus-Komplex ist ein abendländisch-bürgerliches Phänomen, das eurozentrisch auf andere Kulturen übertragen wurde. Darum sei der Ödipus-Komplex ein imperialistischer Komplex. Das Buch über den *Anti-Ödipus* revidiert psychoanalytische Grundbegriffe, deutet den Kulturprozess neu und sieht im Mythos vom Ödipus nicht einen Ursprungsmythos, sondern einen Übergangsmythos – der zu überwinden ist. Ödipus stehe für den Übergang von der agrarischen zur staatlichen Ordnung, diese staatliche Ordnung gibt den Schlüssel zur Sprache, zum Unbewussten und zum Wunsch.

Die vier Buchkapitel des *Anti-Ödipus* handeln von den »Wunschmaschinen«, von der »heiligen Familie«, von den »Wilden, Barbaren und Zivilisierten« und von der »Einführung in die Schizo-Analyse«. Die Analysen von Deleuze und Guattari basieren auf der heutigen Gesellschaft des Kapitalismus in ihrer Beziehung zur Produktion von Wünschen.

Die klassische Psychoanalyse hypostasiert eine »heilige Familie« mit einem ödipalen Begriff des Unbewussten und des Wunsches. Deleuze und Guattari korrigieren diese Annahme durch Freud. Sie sehen einen »eingeschränkten« Ödipus, der »die Dreiecksfigur Papa-Mama-Ich« als eine Familienkonstellation in Person bildet. Wenn die Psychoanalyse diese Konstellation zum Dogma erhebt, dann »ignoriert sie doch nicht die Existenz sogenannter prä-ödipaler Beziehungen zum Kinde, extra-ödipaler beim Psychotiker und para-ödipaler bei anderen Völkern«[68]. Michel Foucault stellt darum fest: »Deleuze und Guattari konnten am Freud'schen Denken und am Funktionieren der Psychoanalyse zeigen, wie sehr die Psychoanalyse, so wie sie derzeit praktiziert wird, eine Unterwerfung der Libido, des Begehrens unter die Macht der Familie darstellt.«[69]

Ödipus ist das Dogma oder der Kern-Komplex der Psychoanalyse geworden und konzipiert einen stark verallgemeinerten Ödipus. Der Ödipus-Komplex berücksichtigt eine Serie von Trieben, Affekten und Verhältnissen beim Subjekt, gleich welchen Geschlechts. Außerdem berücksichtigt der Ödipus-Komplex keinen Gruppen-Ödipus, der Seitenverwandte, Nachkommen und Vorfahren vereinigt. Der Ödipus-Komplex bildet Neurosen und Psychosen heraus, er trennt das Imaginäre vom Symbolischen, er deckt eine ödipale Struktur auf, ein System von Stellungen und Funktionen.

Deleuze und Guattari stellen »die wahnsinnige Ödipalisierung in Frage, der sich die Psychoanalyse praktisch und theoretisch ausliefert«[70]. Beide sagen, dass »das Unbewusste so wenig struktural wie imaginär, noch symbolisiert, imaginiert oder figuriert« ist. »Das Unbewusste ist maschinell.«[71] Beide Autoren sehen eine unglückliche Vermischung von unbewusster Religion und religiösem Unbewussten, denn »wer Gott negiert, begeht einen sekundären, durch Aufhebung vermittelten Akt, denn er negiert Gott, um die Existenz des Menschen zu setzen, eine fatale Gleichsetzung von Kastration (beim Jungen) und Peniswunsch (beim Mädchen), denn diese »Freudsche Reduktion ist eine Konstruktion der Analyse, aber darum nicht minder eine Notwendigkeit«[72], und eine unlautere Verbindung von männlichem und weiblichem Subjekt, bei der »das Ensemble der gesellschaftlichen und metaphysischen Beziehungen nachträglich und jenseitig gesetzt wird« denn »Ödipus wird zum alleinigen Kriterium der Sexualität in der Analyse«[73].

Nicht zuletzt kritisieren Deleuze und Guattari an der Freud'schen Ödipus-Theorie die oftmals ungenaue Thematisierung von Gewalt in der Familie, von individueller Imagination und Gruppenfantasie, des Vater-Ersatzes in den Figuren der Ausbilder, Lehrer, Offiziere: »selbst die Mutter wird zum Vater«[74]. Deleuze und Guattari weisen den Ödipus als Grundstruktur des menschlichen Daseins entschieden zurück, denn: »Da ist er, der unheilbare Familialismus der Psychoanalyse, der das Unbewusste in das Gehäuse von Ödipus sperrt, der es beidseitig abbindet, die Wunschproduktion erdrückt, den Patienten darauf konditioniert, Papa-Mama zu antworten und immer wieder Papa-Mama zu konsumieren.«[75] Sie fragen sich: »Warum auf diesen Mythos zurückkommen, warum ihn zum Modell nehmen?«[76] Und sie gestehen gleichzeitig, dass eine große Schönheit diesen Text auszeichne, denn »wieviel Enttäuschung, Ernüchterung und Überdruss, aber zugleich wieviel innere Ruhe, Gewissheit eines vollendeten Werkes ist in ihm! Es ist Freuds Testament.«[77]

Michel Foucault liest den *Anti-Ödipus* von Gilles Deleuze und Félix Guattari, schreibt ein Vorwort zu der amerikanischen Lizenzausgabe und kommt zum Schluss: »Ich würde sagen, dass der *Anti-Ödipus* ein Buch der Ethik ist.« Und »der *Anti-Ödipus* ist eine Einführung in das nicht-faschistische Leben«, aber es »wäre es ein Irrtum, den Anti-Ödipus als die neue theoretische Bibel zu lesen«, denn das Buch erweckt oft den Eindruck, »es sei auch da nur Humor, wo dennoch etwas Wesentliches geschieht«[78].

Oft trägt Michel Foucault seine Analyse des Mythos vom Ödipus vor: 1971 in den unveröffentlichten Vorträgen im Collège de France unter dem Titel *Der Wille zum Wissen*, im März 1972 in den U.S.A. an der Universität von Buffalo unter dem Titel *Der Wille zur Wahrheit* und an der Universität von Cornell unter dem Titel *Das Wissen des Ödipus'*, im Mai 1973 in seinem Vortrag an der Katholischen Universität in Rio de Janeiro unter dem Titel *Die Wahrheit und die juristischen Formen*[79], am 16. und 23. Januar 1980 in einer bislang unveröffentlichten Vorlesung am Collège de France mit dem Titel *Die Regierung der Lebenden*, im Mai 1981 in der noch unveröffentlichten Vorlesung in Leuven mit dem Titel *Übles tun, Wahres sagen. Funktionen des Schuldbekenntnisses.*[80]

Foucault nutzt den Dramen-Text über den König Ödipus als Wissensetappen auf dem Weg zu einer vergleichenden Studie über juristische Praktiken. Diese Studien gehen zuletzt in seine zehn Vorlesungen vom 5. Januar bis 9. März 1983 am Collège de France ein, die jüngst in dem Buch *Die Regierung des Selbst und der anderen* erschienen sind.[81] Hier bereitet der Autor seine im Zusammenhang mit der Disziplinargesellschaft geäußerte These – auf der Folie des Ödipus-Mythos – vor, dass sich juristische und juridische Wahrheitspraktiken mit spezifischen Formen von Subjektivität verschränken.

Michel Foucault stellt zunächst fest: »Für mich existiert Ödipus gar nicht. Es gibt einen Text von Sophokles, der den Titel *König Ödipus* trägt, und einen weiteren Text mit dem Titel *Ödipus auf Kolonos.* Ödipus, das sind nicht wir. Ödipus ist der andere. Und Ödipus ist vor allem dieser große Andere, der Arzt, der Psychoanalytiker.«[82] Foucaults schroffer Hinweis, dass Ödipus nicht existiere und allenfalls Freud selbst sei, irritiert.

In seinem umfangreichen Text *Die Wahrheit und die juristischen Formen* (1973) beschreibt Michel Foucault den Ödipus-Komplex als die Schilderung eines antiken Kriminalfalles, der auf zwei Arten gelöst werden kann, entweder durch das archaische Mittel der Probe (épreuve), also den Orakelspruch und das Gottesurteil, oder aber durch die Untersuchung (enquête) von Tathergängen und die Befragung von Zeugen, die Ödipus ja selbst durchführt.

Ödipus wird zum Opfer seines Wissens. Zuerst erhält er die Macht (in der Begegnung mit der Sphinx) und wird König von Theben; schließlich verliert er diese Macht durch das erworbene Wissen (darüber, wer er ist und dass er seinen Vater getötet hat). Foucault entdeckt also im Ödipus-Mythos einen Wissensbereich, die Diskursanalyse und eine Subjekttheorie. Vor allem die Frage nach dem Subjekt interessiert Foucault, denn »die Psychoanalyse hat die Stellung des Subjekts nachhaltig infrage gestellt«[83]. Darauf entgegnet Foucault, dass »aber die Theorie des Subjekts mir sehr philosophisch scheint«[84].

Dreimal im Lauf der Ödipus-Handlung spricht das Orakel, nämlich zu Laios, seinem Sohn Ödipus und zu Kreon. Doch die Intervention des Göttlichen bewirkt eben nicht den versöhnenden Rücklauf des Endes in den Anfang, sondern die Intervention erscheint als tragisches Gesetz, das den Helden auf dem Weg, den er einschlägt, um dem Untergang zu entkommen, eben dem Untergang zuführt.

Aber auch ohne sich groß an Freud abzuarbeiten, liest Foucault die Geschichte des Ödipus nicht als schicksalhafte Biografie, sondern als eine Inszenierung von Verhältnissen der Macht und des Wissens.[85] Die Tragödie des Ödipus ist für Foucault »repräsentativ und in gewisser Weise auch grundlegend für eine bestimmte Beziehung zwischen Macht und Wissen, zwischen politischer Macht und Erkenntnis«[86]. Ödipus geht auf seiner Wanderung der Wahrheit entgegen; eine Wahrheit, die jenseits der Grenze des für den Menschen Erträglichen liegt, weil »das Wissen, wenn es eine Schranke durchrissen hat, sich selbst reizt, mehr zu wissen, als es tragen oder fassen kann«[87].

Das Drama ist für Michel Foucault ein Zeugnis bestimmter Rechtspraktiken und die Darstellung eines Rechtsfalls, in dem Schuld und Verfehlung, Strafe und Sühne verhandelt werden. Seine Interpretation versucht nun eine »Wahrheit« zu finden: »Die archaische Wahrheitsfindung als ›Probe‹ (épreuve) oder ›Herausforderung‹ (défi) ist noch erhalten und kommt an etlichen Stationen des Dramas vor.«[88] Die Begriffe »épreuve« (Probe), »enquête« (Untersuchung) und »examen« (Prüfung) nehmen bereits hier eine zentrale Bedeutung für Foucault ein. Die recht eigentümlichen Untersuchungsformen der Vergangenheit bringen ihn dazu, diese »nicht mehr als ›enquête‹, sondern als ›examen‹ zu bezeichnen«.[89]

Nicht zuletzt zitiert Foucault eine entscheidende Textstelle des Sophokles: »Schlecht werden kann ein Sinn, der rechtlich denkt, wohl nicht.« Und wer nur Autorität ausübe und eben nicht die Macht, der freut sich an allem, so wie Ödipus selbst: »Jeder grüßt mich jetzt; jetzt rufen die, die nach dir verlangen, mich heraus.«[90] Die Entstehung der (neuzeitlichen) Untersuchung an sich entspringt nicht nur dem griechischen Denken, sondern genauer der Geschichte des Ödipus, so Foucault.[91]

Die Untersuchung steht für drei grundsätzlich verschiedene Komplexe von Praktiken, die Wahrheit hervorzubringen. Am Ende dieser Komplexe könnte dann etwas stehen, das als »wahr« für die Teilnehmer dieser Praktiken gilt. Damit versucht Foucault eine Geschichte der Wahrheit in Ausschnitten – von der Antike bis zur Moderne.

Foucault erkennt, dass in diesem Mythos »das Wahrsprechen durch Ödipus selbst vollzogen wird. Es ist Ödipus, der die Wahrheit wissen will.«[92] Allerdings gibt es in diesem Mythos »kein Wahrsprechen ohne Täuschungen«, denn »die Wahrheit wird hier nicht gesagt, ohne dass sie eine Dimension mit sich führte, eine zweifache Täuschung«[93]. Die Dinge werden, so Foucault, erst nach und nach in Gang gebracht, und »die Wahrheit schreitet [nur] stückweise voran«[94]. Verantwortlich dafür sind ausweichende Antworten auf subjektive Fragen und vor allem das Einverständnis, »dieses Spiel der ausweichenden Wahrheit oder der Halblüge zu spielen«. Warum, fragt sich Foucault, wird nicht das Spiel des Wahrsprechens gespielt, mit der Notwendigkeit, »die ›parrhesia‹ zu begründen«[95]?

Nicht das Orakel gibt Ödipus seine Herkunft preis. Das Orakel peinigt Ödipus, indem es prophetische Worte spricht und ihm ein göttliches Zeichen gibt. Aber wo bleibt die Wahrheit, die »parrhesia«? Von nun an geht Ödipus geradezu verbissen auf die Suche nach der (eigenen) Wahrheit. Egal wie hoch der Preis ist, den Ödipus wird zahlen müssen; er will die Wahrheit, die »parrhesia« wissen. Zuletzt wird die Wahrheit gegen den Willen der beteiligten Personen ans Licht kommen, denn Ödipus unternimmt es selbst, »mit seinen eigenen Händen und seiner eigenen Macht, nach der Wahrheit zu suchen«[96].

Zuletzt entwickelt Michel Foucault den Begriff der »Veridiktion«, um die Suche nach der Wahrheit, der »parrhesia« auszuformulieren: »Das Wahrsprechen wird immer von seinem Doppelgänger wie von einem Schatten begleitet: Lügen, Verblendungen, Täuschungen der Personen.«[97] Wie drückt es Sigmund Freud in einem Brief an Wilhelm Fließ am 14. November 1897 aus: »Groß gesagt, die Erinnerung stinkt aktuell, wie in der Gegenwart das Objekt stinkt.«[98]

1974 SIGMUND FREUD

Seitdem Michel Foucault von 1951 bis 1955 auf Einladung von Louis Althusser Psychologie an der École Normale Supérieure unterrichtet und parallel am Hôpital Sainte-Anne, einer der größten und modernsten psychiatrischen Anstalten Frankreichs in dieser Zeit, über den Wahnsinn zu forschen beginnt, begleiten ihn die Schriften von Sigmund Freud. Er studiert systematisch die Geschichte der Psychologie und Psychiatrie, indem er in der Nationalbibliothek die Texte von Freud und Jaspers, Pavlov und Piaget liest. Vor allem das Werk von Sigmund Freud begleitet ihn bis zum Lebensende. Über dreißig Jahre liest und rezipiert, analysiert und kritisiert Foucault das Freud'sche Werk.

Die Erkundung des Unbewussten, welches Sartre noch mit allzu leichter Bewegung in seinem Buch *Das Sein und das Nichts* (1943) von der Hand zu weisen versucht, liegt Foucault – wie dessen Entdecker Freud – besonders am Herzen. In *Ordnung der Dinge* formuliert Foucault darum das Unbewusste als »den blinden Fleck, von dem aus es möglich wird, das Sein des Menschen, das schattenhafte Reich dessen, zu erkennen, was Heidegger das Ungedachte nennt«[99]. Foucault lehnt dagegen die Idee des Todestriebes als einer unveränderlichen und biologischen Komponente des menschlichen Verhaltens ab; er akzeptiert ihn aber als eine historische Realität, denn der neuzeitliche, vom Tode verfolgte Mensch kann und muss aus sich selbst heraus eine Erfahrung machen[100], und zwar »im Modus des Hassens und der Aggression«[101].

Neben dem Unbewussten ist es die Traumdeutung, die Foucault interessiert. Gegen Ende seines Lebens schreibt er über das *Traumbuch* des griechischen Philosophen Artemidorus einen atemberaubenden Aufsatz, nachdem ja bereits 1954 seine Einleitung zu Ludwig Binswangers *Traum und Existenz* erschien.[102] Dieser knapp siebzigseitigen Einführung stellt Foucault ein sprechendes Zitat von René Char voran: »Im Zeitalter des Menschen sah ich, wie sich an der von Leben und Tod geteilten Wand eine immer schmuckloser werdende Leiter erhob und wuchs, mit einer einzigartig herausreißenden Macht versehen: der Traum. Hier nun weicht die Dunkelheit und LEBEN, in Gestalt einer strengen allegorischen Askese, wird Eroberung der außerordentlichen Mächte, von denen wir uns verschwenderisch durchzogen fühlen, die wir aber mangels Redlichkeit, Grausamkeit im Urteil und Beharrlichkeit nur unvollständig ausdrücken können.«[103]

Foucaults Text über das *Traumbuch* von Artemidor[104] ist zunächst ein Vortrag, gehalten am 18. Mai 1982 am Département de philosophie der Universität Grenoble; er wird ein Jahr später gedruckt und zuletzt vom Autor als das erste Kapitel in den dritten Band von *Sexualität und Wahrheit* integriert.«[105] Dieser antike Text interessiert Foucault darum, weil es »ein Werk der Praxis und des Alltagslebens« und »eine Arbeit der philosophischen oder medizinischen Reflexion über die Lüste und über das sexuelle Verhalten« ist.[106]

Artemidor, der im zweiten Jahrhundert nach unserer Zeitrechnung schreibt, entwickelte einen besonderen Text einer besonderen Literaturgattung, nämlich der Traumkritik. Lange vor Freuds Projekt einer Traumdeutung[107] befasst sich Artemidor »immer, bei Nacht und bei Tag« mit der Traumdeutung.[108] Die Analyse der Träume gehörte und gehört nach wie vor zu den Techniken der menschlichen Existenz, denn die Bilder der Nacht, des Schlafes, des Traumes gelten als Zeichen der Realität und als Botschaften der Zukunft. »Ein vernünftig geführtes Leben konnte sich kaum dieser Aufgabe entziehen«[109], so Foucault. Mit ihnen lässt sich vielleicht das Schicksal bestimmen oder ein Leiden leichter ertragen; zumindest verbindet sich die menschliche Hoffnung mit dieser Existenztechnik.

Artemidors *Traumbuch* ist darum zwingend im Bereich der antiken »téchne« anzusiedeln und nimmt dadurch den Charakter eines »Handbuchs für das Alltagsleben« an.[110] Neben dieser praktischen Bedeutung hat sein Buch zugleich eine theoretische Absicht: »Er will die Skeptiker überzeugen, die an keine Formen der Weissagung glauben, durch die man die Vorzeichen der Zukunft zu entziffern sucht. Seine Gewissheiten sucht Artemidor weniger durch bloßes Aufstellen der Resultate als durch überlegt vorgehende Untersuchung und methodische Erörterung darzutun«[111], so Foucault.

Interessanterweise geht Artemidor in seinem Buch von der Traumkritik zu einer Handlungsanweisung für das Leben in und mit den Lüsten über, denn in vier Kapiteln spricht der Autor über sexuelle Träume (Kapitel 77-80). Allerdings soll man nicht »in einem derartigen Dokument nach den Formulierungen einer strengen Moral oder dem Auftauchen neuer Anforderungen an die sexuelle Verhaltensführung suchen; es bietet eher Hinweise auf die Arten der geläufigen Wertschätzung und die allgemein akzeptierten Einstellungen«[112].

Artemidor unterteilt in Handlungen gemäß dem Gesetz[113], in widergesetzliche Handlungen[114] – die hauptsächlich vom Inzest konstruiert sind – und zuletzt in den widernatürlichen Akt[115], der von der naturgegebenen Stellung abweicht. Hier sind vor allem Beziehungen gemeint, »bei denen der Partner aufgrund seiner eigenen Natur die Widernatürlichkeit des Aktes vorgibt«[116]. Nicht zuletzt entwickelt Artemidor durch die Wahl seiner Themen und die Unterteilung und Abgrenzung von (sexuellen) Handlungen eine Modifikation, »in der das Moraldenken die Beziehung des Subjekts zu seiner sexuellen Aktivität definiert«.[117] Damit endet Michel Foucault seinen Text.

XVIII. Überwachen und Strafen

»Aber der Körper steht auch unmittelbar im
Feld des Politischen; die Machtverhältnisse
legen ihre Hand auf ihn, martern ihn, zwingen
ihn zum Arbeiten, verpflichten ihn zu Zeremonien, verlangen von ihm Zeichen.«
Michel Foucault[1]

Im Januar 1975 erscheint bei Gallimard Michel Foucaults Buch *Überwachen und Strafen*, das bereits im Folgejahr in deutscher Übersetzung vorliegt. Dass der Autor in aktuellen politischen Fragen Stellungen bezieht, belastet im Folgenden die Rezeption dieses Buches. Die Kritiker erwarten eigentlich ein militantes, brisantes, aktuelles Buch aufgrund des radikalen Engagements und seiner politischen Aktivitäten; sie werden schließlich enttäuscht. Die meisten Kritiker verstehen Foucaults Machtanalyse im Hinblick auf den Begriff der Mikromacht nicht. Man wirft ihm sogar eine allzu nihilistische Haltung vor.[2] Foucaults Theorie beinhalte ein »praktisches Missgeschick«, so Jacques Donzelot.[3]

Jene Ambivalenz, die die Entdeckung des Begriffes von der »Mikrophysik der Macht« betrifft, erstreckt sich auf Michel Foucaults Umgang mit Daten und Dokumenten. Hier kristallisiert sich für den Autor wieder einmal der Begriff des Tragischen heraus. Wie schon in *Wahnsinn und Gesellschaft* (1961) und in *Die Ordnung der Dinge* (1966) nutzt Foucault diesen Begriff nun in *Überwachen und Strafen* (1975), um das notwendige Ende der körperlichen Disziplinierung in der modernen Strafjustiz zu markieren: »Eine gewisse Tragödie ist zu Ende, es beginnt eine Komödie mit schattenhaften Silhouetten, gesichtslosen Stimmen, unbetastbaren Wesen.«[4] Die Hinrichtung des Schuldigen kann »zu einer theatralischen Wiedergabe des Verbrechens« werden[5], so Foucault. Damit ist sowohl Tragödie als auch Komödie ein möglicher Ausgangspunkt »für die Darstellung der Genese des modernen Subjekts außerhalb der tragischen Ordnung«[6]. Und *Überwachen und Strafen* beginnt mit der Schilderung einer solchen Hinrichtung.

1757 wird François Damiens öffentlich hingerichtet, weil er ein Attentat auf König Louis XV. verübt, das allerdings erfolglos bleibt. Der Attentäter wird nach seiner Inhaftierung brutal gefoltert, schließlich geviertelt und verbrannt. Auf diese Weise stellt die feudale Strafpraxis die geschädigte Integrität des Körpers des Königs als dem Souverän wieder her, »indem sie ihn durch das entsprechende Äquivalent an Martern entschädigte, das dem Körper des Delinquenten zugefügt wurde«[7].

Überwachen und Strafen erscheint als das Ergebnis einer späten Synthese, denn Foucault greift ein Thema zurück, das die Studien über den Wahnsinn mit der *Geburt der Klinik* (1963) verbindet. Nach dem Asyl und der Klinik bietet die Institution des Gefängnisses dem Autor Gelegenheit, »die Geschichte dieser modernen Institutionen erneut zu überdenken und die früher erreichten Ergebnisse in einem neuen theoretischen Rahmen zu artikulieren«[8]. Foucault will dafür »die Archäologie der Humanwissenschaften auf die Erforschung der Machtmechanismen begründen, die die Körper, die Gesten und Verhaltensweisen besetzt haben«[9].

Überwachen und Strafen knüpft also direkt an *Wahnsinn und Gesellschaft* an, weil hier ebenso die Praktiken der Repression in aller Ausführlichkeit und Deutlichkeit erörtert werden. Während Foucault noch in *Wahnsinn und Gesellschaft* den Ausschlusscharakter der Macht – am Beispiel des mittelalterlichen Umgangs mit der Lepra – aufzeigt, stellt er ihr in *Überwachen und Strafen* eine andere fundamentale Struktur entgegen – wie er sie am sozialen und politischen Umgang mit der Pest abliest. Diese Genealogie einer Mikrophysik der Macht funktioniert in drei Schritten: in der Ausschließung (als stärkster Form der physischen Form der Vernichtung), in der Integration, verstanden als innerer Ausschließung (in der umformenden Behandlung und integrierenden Erziehung mit dem Ziel einer Normalisierung und Disziplinierung), und in der Einsperrung (in das Gefängnis).

Foucault fragt darum: »Wieso hat das zwanghafte, körperliche, isolierende und verheimlichende Modell der Strafgewalt das repräsentative, szenische, zeichenhafte, öffentliche und kollektive Modell verdrängt? Warum hat sich die physische Vollstreckung der Bestrafung mitsamt ihrer institutionellen Basis, dem Gefängnis, gegenüber dem gesellschaftlichen Spiel der Strafzeichen und dem geschwätzigen Fest, das sie in Umlauf bringt, durchgesetzt?«[10]

Das Gefängnismodell setzt sich zuletzt deshalb durch, weil sich in ihm eine Machtwirkung entfaltet, die sich in anderen gesellschaftlichen Bereichen bereits ausgebreitet hat. Die Vollzugsform dieser Disziplinarmacht ist »die politische Ökonomie des Körpers«[11], so der Autor. Die politische Ökonomie des Körpers, die in Gestalt nicht-diskursiver Praktiken körperlicher Disziplinierung (beispielsweise im Gefängnis) gegenüber den moralischen Diskursen die Oberhand gewinnt, ist das eigentliche Thema von *Überwachen und Strafen*. Macht als eine Mikrophysik ist nicht nur Repression in Form von Ausschließung, sondern kann zugleich den Zweck sozialer Integration verfolgen. Einschließung, Isolierung, Überwachung und Transformation der Körper sind das Ziel dieser repressiven Mikrophysik der Macht. Foucaults Versuch, eine Mikrophysik der Macht zu entwickeln, hat ihr wesentliches Ziel darin, »die Metamorphosen der Strafmethoden von einer politischen Technologie des Körpers her« zu untersuchen.[12] Für Foucault gehört die Disziplinarmacht mit der Ästhetik der Existenz zusammen. Sie sind die Grundbestimmung des Subjekts, denn »Subjektivität heißt Handlungsmacht, und Handlungsmacht ist eine doppelte, die zur Aus- und zur Selbstführung. In dieser doppelten Macht besteht Subjektivität.«[13] In der Frage um die subjektive Macht geht es also auch um das »Sich-selbst-führen-Können, um persönlich sein Leben führen zu können«[14].

Dieses »neue Konzept der Macht als Disziplinarmacht bringt zugleich eine neue Beweglichkeit in den Begriff der Subjektivität«.[15] Die neue Disziplinarmacht spaltet – so Foucault – die Macht des Körpers: Sie macht daraus einerseits eine Fähigkeit, eine Tauglichkeit, die sie zu steigern sucht; und andererseits polt sie die Energie, die Mächtigkeit, die daraus resultieren könnte, zu einem Verhältnis strikter Unterwerfung um.[16] Nicht zuletzt geht es Foucault also um »eine politische Technologie des Körpers«[17].

In dem Foucault'schen Projekt, eine Anthologie der Existenzen zu entwickeln, zu dem auch das Buch über die *Archäologie des Wissens* (1969) gehört, spielt das Leben der infamen Menschen eine besondere Rolle. Mit dem Begriff des »Infamen« verbindet Foucault einerseits den Bereich der Rechtsprechung, denn infame Menschen sind solche, die durch schändliche Taten in einen Konflikt mit dem Gesetz treten, und zum anderen den Aspekt einer textlichen Überlieferung ebendieser Verbrechen, denn infam sind jene Menschen, deren Taten in textuellen Formen festgehalten und weitergegeben werden. Das Besondere an dieser vierten Monografie von Michel Foucault ist dessen kontinuierliche Darstellung, denn »auf polemische Weise stellt Foucault das heroische Zeitalter der Prosa der Moderne gegenüber«[18].

Die Foucault'sche Diskurs- und Machtkonzeption gilt heute als erfolgreiche Überwindung marxistischer Gesellschaftstheorie. Hubert L. Dreyfus und Paul Rabinow sehen eine besondere Leistung darin, dass Michel Foucault Bestrafung und Gefängnis als eine »komplexe soziale Funktion« analysiert und deren Betrachtung als Instrumente der Repression oder als Spiegelungen sozialer Strukturen überwindet.[19] Durch seine Beschreibungen und Analysen am Beispiel von Gefängnisinsassen räumt Foucault mit der naiven Anthropologie marxistischer Theoretiker (einschließlich der Frankfurter Schule) auf. Der große Vorzug von *Überwachen und Strafen* liegt darin, die »relative Autonomie der Machtbeziehungen ernstzunehmen und auf diese Weise die reduktionistischen, essentialistischen und ökonomischen Erklärungsmodelle durch eine historisch-konkrete Analyse sozialer Verhältnisse zu ersetzen«[20]. Gelegentlich wird kritisiert, dass in Foucaults Darstellung »sowohl die rechtsstaatlichen Unterschiede zwischen Gefängnis und Zuchthaus als auch ihre funktionalen Gemeinsamkeiten ausgeblendet und durch die Entgegensetzung von Marterfest und moderner Körper-Disziplinierung verdeckt«[21] seien. Unverständlicherweise wird behauptet, dass Foucaults »Konzept einer im Selbstlauf ausschwärmenden Macht ein Erkenntnishindernis« sei, wenn »es darum geht, die Strafsysteme im Zusammenhang mit den jeweiligen Regulationsweisen des Kapitalismus zu begreifen«[22].

Michel Foucaults Buch über die *Geburt des Gefängnisses* – so lautet der Untertitel von *Überwachen und Strafen* – ist in vier Teile gegliedert: Im ersten Teil mit dem Titel »Marter« geht es um die Thematisierung der körperlichen Strafen im 18. Jahrhundert: »Die Bestrafung soll demnach als eine komplexe gesellschaftliche

Funktion betrachtet werden.«[23] Im zweiten Teil mit dem Titel »Bestrafung« geht der Autor auf die Theorien von Strafe ein:»Die Bestrafungen sind in der Perspektive der politischen Taktik zu betrachten.«[24] Im dritten Kapitel über die »Disziplin« untersucht der Autor die Techniken der Disziplinierung. Dabei geht es ihm darum, »ob es nicht eine gemeinsame Matrix gibt und ob nicht beide Geschichten in einen einzigen epistemologisch-juristischen Formierungsprozess hineingehören«[25]. Dreyfus und Rabinow betonen:»Disziplin ist eine Technik und nicht eine Institution.«[26] Im vierten und letzten Kapitel mit dem Titel »Gefängnis« untersucht Foucault jenen Ort, der ab dem 19. Jahrhundert in den westeuropäischen Ländern als Generalisierung der Bestrafung eingesetzt wird. Dabei ist zu analysieren, ob sich nicht »die Art und Weise, in welcher der Körper von den Machtverhältnissen besetzt wird, transformiert hat«[27].

Grundsätzlich interessiert sich Michel Foucault aber nicht für die Veränderung der Bestrafung an sich, sondern für die neuen Formen und ihre Mechanismen, Strategien und Taktiken, die er folgend als »Disziplinen« bezeichnet. Es geht also um praktizierte Ordnungen, die mit ihrer Form des Zwangs entweder den Körper oder die Seele malträtieren. Die Disziplinierung besitzt als eine Technik der Machtausübung eine Historie, die in der Antike beginnt und im Mittelalter sich zeigt. Im 17. und 18. Jahrhundert intensiviert sich die Disziplin, indem der Körper zu einem Gegenstand minutiöser Bearbeitung aufrückt:»Disziplin ist im Grunde der Machtmechanismus, über den wir den Gesellschaftskörper bis hin zum kleinsten Element, bis hin zu den sozialen Atomen, also den Individuen, zu kontrollieren vermögen. Es handelt sich um die Techniken der Individualisierung von Macht. Wie kann man ihn an den Platz stellen, an dem er am nützlichsten ist? Darum geht es bei der Disziplin.«[28]

François Ewald betont, dass Michel Foucault in *Überwachen und Strafen* »ein erstes Ensemble von Praktiken der Norm im modernen Sinne des Ausdrucks beschrieben hat: die Disziplinen«[29]. Deren Ausdehnung über die Jahrhunderte hinweg und deren Ausbreitung auf das Ganze des (sozialen) Körpers zeigt »die Formierung dessen, was man im ganzen als die Disziplinargesellschaft bezeichnen könnte«[30]. Bei der Ausbreitung der Disziplinen gibt es drei Modalitäten: Die erste Modalität ist ein Übergang von den ganz auf die negativen Funktionen ausgerichteten Disziplinen als Blockade: das Übel abhalten, die Kommunikation unterbrechen, die Zeit still stellen, die Disziplin als Mechanismus installieren usw., die zweite Modalität zeigt, dass die Disziplinen nicht mehr das Vorrecht bestimmter geschlossener und an den Rändern aufgerichteter Institutionen sind. Schließlich werden diese Disziplinen in den Dienst des Guten gestellt, des Guten für alle und der gesamtgesellschaftlich nützlichen Produktion – am Ende steht »die Verstaatlichung der Disziplinarmechanismen«[31] –, und die dritte Modalität liegt in der Frage:»Was ist daran verwunderlich, wenn das Gefängnis den Fabriken, den Schulen, den Kasernen, den Spitälern gleicht, die allesamt den Gefängnissen gleichen?«[32]

Der Unterschied zwischen tradierter, sprich: körperlicher und moderner (disziplinierender) Strafe ist radikal. Die körperlichen Strafen stellen so etwas wie eine

Vergeltung dar; sie dienen dem Zweck des Geständnisses und der Erpressung von Wahrheiten. Darum stellt die Strafe nicht Gerechtigkeit her, sondern Macht: »Nicht die Gerechtigkeit, sondern die Macht wurde durch die Strafe wiederhergestellt.«[33] Dabei ist die Stellung des Richters nicht die des Untersuchenden, der eine verborgene Wahrheit aufdecken und wiederherstellen soll, sondern ihm obliegt es, eine Wahrheit hervorzubringen oder zu organisieren. »Die Wahrheit gehört nicht zur Ordnung dessen, was ist, sondern dessen, was eintritt: Ereignis. Sie wird nicht festgestellt, sondern hervorgerufen: Hervorbringung statt Apophantik.«[34]

Der Richter gibt sich, so Foucault, »als Therapeut des Gesellschaftskörpers, als Arbeiter an der öffentlichen Gesundheit im weiten Sinne aus«[35]. Der Gesetzesbrecher bringt die Gesellschaft durcheinander. Wenn er selbst durcheinander ist, muss man ihn also behandeln. Daraus ziehen die Richter die Konsequenz, dass »der Gerichtsapparat zu nichts mehr dient« und dass »man das Individuum behandeln muss, das nur deshalb gefährlich ist, weil es krank ist«[36]. Man denke daran, so Foucault: »Richten ist abrichten.«[37] Das Problem des Richtens ist das Urteil und die Tatsache, dass jemand bestraft werden soll, »nicht weil er gefährlich ist, sondern weil er kriminell ist«[38]. Zu beachten sind die drei Fragen, ob das Individuum gefährlich, ob es für die Strafsanktionen empfänglich und ob es heilbar oder wiederanpassbar ist.[39]

Die ohne (kriminelles) Motiv begangenen Verbrechen stellen den Richter vor ein großes Problem. Gutachter – zumeist Psychiater oder Ärzte – werden als »Spezialisten für Motive« zurate gezogen. »Sie hatten nicht mehr nur die Vernunft der Täters zu begutachten, sondern die Rationalität der Tat, das gesamte Beziehungsgeflecht zwischen der Tat und den Interessen, den Berechnungen, dem Charakter, den Neigungen, den Gewohnheiten des Täters.«[40] Damit hinterlässt die Macht (des Richters, der Gutachter, der Justiz) »Markierungen in Körper und Psyche« des Täters. Foucault spricht von der Strategie und der Taktik der Macht, die »Markierungen auf dem Körper der Individuen hinterlassen, wie ein Krieg Narben auf dem Körper der Kämpfenden«[41].

Wie also funktioniert die Disziplin, fragen Dreyfus und Rabinow und geben drei Antworten: Erstens wirkt Disziplin vorrangig auf den Körper ein. »Der Körper gilt als zu analysierendes und in seine Bestandteile zu zerlegendes Objekt.« Zweitens dienen Techniken und Taktiken der Behandlung von Menschen als zu formendes Objekt. Den militärischen Mut etwa nennt Foucault eine »körperliche Rhetorik der Ehre«. Drittens nutzt die Mikromacht wesentlich die Zeit. Die Dimensionen von Raum, Zeit und Bewegung müssen kodifiziert sein und unaufhörlich eingeübt werden. Wesentlicher Bestandteil der Disziplin ist die Kontrolle des Raumes.[42]

Michel Foucault beschreibt in *Überwachen und Strafen* überdies die drei großen Disziplinarinstrumente: die hierarchische Überwachung, die normalisierende Sanktion und die Prüfung.[43] Dabei handelt es sich »weniger um drei Instrumente als um drei Gebrauchsanweisungen ein und derselben Technologie, die der Norm zugrunde liegt«[44]. Es geht hierbei um die Lösung traditioneller Probleme der Macht, nämlich »die Vielheiten zu ordnen, das Ganze und seine Teile zu artikulieren, sie miteinander in Beziehung zu setzen«[45]. Wenn Foucault von der Norm spricht, dann steht diese Norm »am Anfang einer Kommunikation ohne Ursprung und ohne Subjekt«[46]. Allerdings darf man Norm und Disziplin nicht durcheinanderbringen, denn »die Disziplinen zielen auf die Körper mit der Funktion, diese abzurichten. Die Norm ist ein Maß, welches die Körper vergleichbar macht und zugleich individualisiert: als das Prinzip einer Sichtbarkeit, das auf den bloßen Mechanismus einer Reflexion der Gruppe auf sich selbst beruht. Die Disziplinen sind nicht zwangsläufig normativ.«[47]

Auch ein Vorwort in der französischen Ausgabe eines Interview-Bandes mit Inhaftierten in mehreren Gefängnissen in Texas, geführt von Bruce Jackson, untermauert das nachhaltige Interesse Michel Foucaults an diesem Thema.[48] Jacksons Buch *Leurs prisons – Autobiographies de prisonniers américains* (1975) zeigt deutlich, so Foucault, dass »die Mauern des Gefängnisses ihre gewaltige Macht weniger ihrer materiellen Undurchdringlichkeit als vielmehr den unzähligen Fäden, den tausend Kanälen und den unendlichen, sich überkreuzenden Adern verdanken, die durch sie hindurchgehen«[49].

Das Gefängnis ist nicht nur das, was es vorzugeben versucht, »nämlich die Gelegenheit zu einer positiven Umerziehung des Individuums«, sondern das Gefängnis ist ein Ort geworden, in dem das Individuum, das dorthin gebracht wird und dort die Wirkungen des Rechts zu spüren bekommt, sich in einer Situation befindet, »in der es aller Rechte beraubt und durch keine wirksame Maßnahme vor der durch diese geschlossenen Räume geheimgehaltenen Willkür geschützt war«[50].

Die vier großen Wege (Fäden, Kanäle, Adern, Bahnen), die in die Gefängnisse führen, sind Drogen, Prostitution, Spiel und Betrug. All das wird geduldet, halblegal und unstatthaft, es ist ein Abzweigen von einem akzeptierten und protegierten Handel und Verkehr, bei dem die Gefangenen die leichtesten Opfer sind, so Foucault: »Was Bruce Jacksons Gefangene unaufhörlich sagen, ist, dass die Delinquenz selbst in ihren Kreisläufen und Verfahrensweisen, in ihren Betrügereien, ihren Diebstählen und ihren Morden in der Summe zum allergrößten Nutzen und höchsten Ertrags des Systems funktioniert und dass stets die Polizei daran beteiligt ist.«[51]

Jacques Donzelot konstatiert: »Das Gefängnis erscheint als ein archaischer Überrest, beibehalten um der Notwendigkeit einer Repression willen – ein Schauspiel, dessen Abschaffung man verlangen konnte, so sehr enthüllten die Revolten eine Situation, die gegen alle Werte verstieß, zu deren Verteidigung die besagte Repression nach allgemeiner Überzeugung da war.«[52]

Foucaults erstes Buch nach seinem Antritt am Collège de France hat einen langen Vorlauf. Es ist vorbereitet durch die Seminare und Vorlesungen – hier besonders durch *Theorien und Institutionen des Strafvollzug* (1971/72) und *Die Strafgesellschaft* (1972/73) –, aber auch durch politische Aktivitäten. Foucault erforscht »die Anpassung des Rechtssystems an einen Mechanismus der Überwachung und Kontrolle«[53]. Die Strafformen haben sich in der Moderne verändert, und zwar nicht aus einer neuen theoretischen Konzeption (zwischen Delinquent und Strafverfolger) heraus, sondern im Sinne einer neuen Architektur: »Das Gefängnis kam in dem theoretischen Projekt einer Reform des Strafrechts im 18. Jahrhundert nicht vor. Es taucht Anfang des 19. Jahrhunderts als eine faktische Institution auf, der nahezu jegliche theoretische Begründung fehlt.«[54] Auf die Frage, woher das Gefängnis kommt, antwortet Foucault in einem Interview vom 21. Februar 1975: »Ein wenig von überall her.«[55]

Seine Darstellung der Geburt des Gefängnisses schreibt sich in den Rahmen des Unterfangens ein, welches der Autor mit der Darstellung der Geburt der Psychiatrie beginnt. Diesen strategischen Einsatz resümiert er wie folgt: »Ja, ich würde gerne die Geschichte der Besiegten schreiben.«[56] Bekanntermaßen setzt sich Foucault seit Jahren für Inhaftierte in französischen Gefängnissen ein. Seit Gründung der Aktion G.I.P. ist sein Engagement öffentlich. So unterstützt er beispielsweise den Hungerstreik der »gauche proletienne« und den Aufruf der »Roten Hilfe«, beide vom Februar 1971, thematisiert die Idee einer Gefangenennahme in der Haftanstalt von Clairvaux im Mai 1970 oder den Aufstand von Gefangenen in Fleury-Merogis im Oktober 1970, tritt für den Kontakt von Gefangenen mit ihren Familien im November 1970 und das gegründete »Comité d'Action des Prisonniers« (C.A.P.) 1972 ein, und vieles mehr. Im Februar gibt es gar eine Diskussion über eine Spezialverfassung für Gefängnisse.[57]

Die Verbesserung von Haftbedingungen, die Abschaffung der Todesstrafe und weitere Aspekte stehen im Mittelpunkt dieses Engagements, denn: »Das Gefängnis ist eine Organisation, die viel zu komplex ist, um sie auf rein negative Ausschlussfunktionen zu reduzieren; seine Kosten, seine Bedeutung, die Sorgfalt, mit der man es verwaltet, die Rechtfertigungen, die man für es sucht, all das scheint doch darauf hinzuweisen, dass das Gefängnis positive Funktionen besitzt.«[58] Foucault geht in seiner Fragestellung weiter: »Nun ergibt sich das Problem, dass man herausfinden muss, welche Rolle die kapitalistische Gesellschaft ihrem Strafsystem zumisst, welche Absicht sie verfolgt, welche Affekte all diese Verfahren der Bestrafung und des Ausschlusses hervorbringen. Welchen Platz nehmen sie im Wirtschaftsprozess ein, welche Bedeutung haben sie für die Ausübung und die Aufrechterhaltung der Macht, welche Rolle spielen sie im Klassenkampf?«[59]

Aber Michel Foucault geht es nicht nur darum, die Haftbedingungen zu verbessern oder für fließendes Wasser in den Zellen zu sorgen, sondern viel stärker darum, dass »die soziale und moralische Trennung zwischen Unschuldigen und Schuldigen in Frage gestellt wird«[60]. Er will die bestehende klare Grenzziehung zwischen Unschuld und Schuld »verwischen«, denn: »Wir wollen die Institution so angreifen, dass sie in einer einfachen fundamentalen Ideologie wie den Ideen von Gut und Böse, Schuld und Unschuld kulminiert und Gestalt annimmt – dazu muss man die Machtverhältnisse angreifen.«[61] Nicht zuletzt muss »der Gegenstand des Kampfes gegen das Funktionieren des Strafsystems und des Gerichtsapparates in der Gesellschaft sein«[62].

Axel Honneth nutzt die Veröffentlichung von *Überwachen und Strafen* zu einer Art harmonisierenden Konflikteindämmung zwischen der Frankfurter Schule und dem französischen Denker. Indem er Parallelen zwischen Adorno und Foucault feststellt, will der Habermas-Schüler die Wogen glätten: »Verwandtschaft ist zu erkennen, die zwischen seiner Machttheorie und der Geschichtsphilosophie Adornos zunächst besteht.«[63] Er markiert hierbei die beiden Punkte der »gewaltsamen Herrschaft terroristischer Führungscliquen« und das »Misslingen individueller Selbstverwirklichung«. Der Zielpunkt, an dem sich Adorno und Foucault treffen, sei – so Honneth – »die instrumentelle Rationalität«[64]. Foucaults Machttheorie sei eingebettet in eine übergreifende Theorie, »die den Zivilisationsprozeß als einen Vorgang der technischen oder instrumentellen Rationalisierung begreift«[65]. Wie Adorno sähe Foucault »als das eigentliche Opfer des übergreifenden Prozesses der instrumentellen Rationalisierung den menschlichen Körper an«[66]. Beide Denker würden den geistigen wie politischen Umbruch »um 1800 als die eigentlichen Wurzeln der gesellschaftlichen Moderne« ansetzen[67], und es bestehe »eine vierte Gemeinsamkeit zwischen Adorno und Foucault in ihrer Diagnose der Integrationsform zeitgenössischer Gesellschaften«[68].

Allerdings lassen sich in ihrer jeweiligen Analyse der Macht kaum Übereinstimmungen feststellen. In ihrem Interesse für die Institutionen von Macht sind Foucault und Honneth gleichauf, denn beide interessieren sich für die bestehenden Instanzen von Macht. Ihr Unterschied liegt im Ansatz, der bei Honneth rein theoretisch ist. Dieser interessiert sich eben lediglich für die *Reflexionsstufen einer kritischen Gesellschaftstheorie*, wie der Untertitel seines wohl bekanntesten Buches lautet.[69]

1975 DONATIEN ALPHONSE FRANÇOIS MARQUIS DE SADE

Foucaults Vorlesungen am Collège de France sind stark besucht. Der Saal fasst dreihundert Hörer, zumeist sind über fünfhundert Besucher anwesend. In diesem Jahr widmet sich Foucault dem Begriff des Anormalen. Der *Nouvel Observateur* veröffentlicht am 7. April 1975 einen Bericht über *Les grands prêtres de l'Université française* (Die Hohepriester der französischen Universität), mit einem Porträt über Barthes, Lacan, Lyotard und Foucault. Darin erklärt Foucault sich selbst: »Ich habe es mir zur Pflicht gemacht, mich mit den Fragen unserer Zeit zu befassen. Ich bemühe mich, stets Themen zu behandeln, die möglichst vielen Menschen von Nutzen sein können. Ich liefere ihnen Instrumente, die sie dann auf ihrem jeweiligen Gebiet nach Belieben einsetzen können, als Psychiater, Psychologen, Ärzte, Lehrer oder was auch immer.«[70]

Im April und Mai 1975 ist Michel Foucault auf Einladung von Leo Bersani zum ersten Mal in Kalifornien am Department of French Literature der Universität Berkeley. Sein erster Aufenthalt in Berkeley führt ihn zu den beiden (erhalten gebliebenen) Vorträgen über Diskurs und Repression *(Discours et répression)* und über die kindliche Sexualität vor Freud *(La sexualité infantile avant Freud)*.

Durch den Konsum von LSD im Death Valley entdeckt er eine für ihn neue hedonistische Kultur, die sich in dieser Zeit im Zusammenhang mit dem Gebrauch von Drogen entwickelt hat. Foucault begeistert sich dabei für Gemeinschaften wie Zen-Anhänger, Vegetarier, Feministinnen und Homosexuelle. Er nähert sich neugierig den von ihnen speziell entwickelten Lebensweisen. Nach seiner Rückkehr nach Frankreich hat Foucault das Bedürfnis, seine amerikanischen Erfahrungen in einem Gesprächsband zu veröffentlichen, den er zusammen mit dem Journalisten Roger-Pol Droit edieren will. Doch nach kurzer Zeit bricht er dieses Vorhaben ab, denn diese Gespräche haben nach seiner Auffassung zu sehr Interview-Charakter.

Im September 1975 bittet ihn Katharina von Bülow, sich für elf Gegner des spanischen Franco-Regimes einzusetzen, denen die Hinrichtung droht. Französische Intellektuelle veröffentlichen ein Manifest, um die Hinrichtung zu verhindern, darunter Régis Debray, Claude Mauriac, Yves Montand und andere. Das Manifest unterschreiben Louis Aragon, André Malraux, Jean-Paul Sartre und weitere. Es kommt zu Demonstrationen mit der Folge, dass sieben der Verurteilten aus Madrid ausgewiesen werden.

Am 22. September 1975 verliest Yves Montand das Manifest auf einer Pressekonferenz im Hotel Torre in Madrid. Die sieben Mitglieder der französischen Delegation werden daraufhin inhaftiert und des Landes verwiesen. Auf dem Flughafen von Roissy werden sie von der internationalen Presse empfangen. Es kommt zu mehreren Demonstrationen in Frankreich, die zuletzt aber nicht die Hinrichtungen in Spanien verhindern können.

René Allio beginnt im September mit den Dreharbeiten zum Film *Pierre Rivière* an Originalschauplätzen und mit Laiendarstellern aus der Landbevölkerung in der Normandie. Ein Stück mit dem gleichen Titel wird an verschiedenen französischen Theatern aufgeführt. Das Drehbuch hierzu schreibt Claude Hébert. In einer langen Filmversion, die nicht in die Kinos gelangt, spielt Michel Foucault selbst einen Richter.

Im Oktober 1975 hält Foucault Vorträge an der Universität von São Paulo über Psychiatrisierung und Antipsychiatrie. Im November spricht er an der Columbia University über Medizin, Gewalt und Psychiatrie. Er löst sich nun endgültig von Marx und dem Marxismus. Viel interessanter findet er Marquis de Sade. In Paris schlägt er vor, für Roland Barthes einen Lehrstuhl für literarische Semiologie einzurichten.

Als zwanzig Jahre später die deutsche Übersetzung der gewaltigen Foucault-Biografie von James Miller erscheint, ist das Entsetzen bei den deutschen Kritikern groß. Eine Mischung aus Anekdoten und Exegese bestimmt dieses Buch[71]; vor allem aber erhebt der Autor ein autoritatives Urteil: Foucault sei geistig labil (darum freitodgefährdet), politisch extrem (weil linksintellektuell) und vor allem sexuell pervers (homosexuell und sadomasochistisch). Die Kritiker unterstellen James Miller zumeist Böswilligkeit, doch scheint es eher Naivität zu sein, mit der er auf kritische Einwände reagiert. »Bewegt Miller sich nicht im Geiste Foucaults, wenn er mit dem Tabu seiner Autorität bricht? Treibt er nicht die Genealogie der Genealogie, wenn er dem Licht der Berühmtheit die dunkle Wahrheit entgegenhält? Und sind nicht die heftigen Widerstände und Vorbehalte gegen das Buch der beste Beweis für die Richtigkeit seiner Thesen?«, fragt Thomas Lemke in seiner Rezension dieses Buches vom Oktober 1995.[72]

Dabei erklärt James Miller gleich im ersten Abschnitt seinen Schreibimpuls: »Dieses Buch ist keine Biographie, obwohl es chronologisch den Konturen der Lebensbahn von Michel Foucault folgt. Es bietet Interpretationen einer Vielzahl seiner Texte, will aber auch kein vollständiger Überblick über sein Werk sein. Ich habe mir vielmehr vorgenommen, die lebenslange Anstrengung eines Mannes nachzuzeichnen, Nietzsches aphoristischer Aufforderung nachzukommen: ›zu werden, was man ist‹.«[73]

Fraglich ist heute, ob sich Foucault jemals und überhaupt in einem Dispositiv dunkler Wahrheiten bewegt. Ist die Tatsache, dass er sich ab 1975 für den Marquis de Sade interessiert, dass er im Death Valley nahe San Francisco Drogen konsumiert und sich zu seiner Homosexualität bekennt, tatsächlich dunkel? Betont zurückhaltend schreibt einer seiner deutschen Übersetzer und Herausgeber: »Die letzten Jahre Foucaults zeigen eine veränderte Offenheit in der Frage der eigenen Homosexualität.«[74] Das kann heute nur noch lächerlich wirken. Ist die Tatsache, dass Michel Foucault aktiv an sadomasochistischen Praktiken partizipiert – in den Darkrooms von New York, in den schwulen Saunen in San Francisco oder auf privaten Sexpartys in Los Angeles –, dunkler als das?[75] Aus heutiger Perspektive scheinen diese Fakten kaum mehr erwähnenswert, es sei denn, sie rekurrieren auf das Werk dieses wohl einzigartigen Denkers. Und das tun diese Fakten tatsächlich, schließlich verbindet Michel Foucault ausdrücklich und wie kein zweiter Denker seiner Zeit die Theorie mit der Praxis. »Das Werk schließt das gesamte Leben ebenso ein wie den Text.«[76]

»Miller versucht der Heterogenität der Person Foucaults Rechnung zu tragen und verbindet Exkurse in Heideggers Philosophie mit einer Einführung in fist-fucking, die iranische Revolution mit einer Beschreibung eines LSD-Trips, Phantasien von Sade mit einer Rekonstruktion der *Ordnung der Dinge*, die Geschichte der sadomasochistischen Szene in San Francisco mit einer Vorlesung über neoliberale Theorien«.[77] Warum auch nicht?

Angeblich habe James Miller, US-amerikanischer Professor für Politikwissenschaften, ein Gerücht gehört, welches ihn zum Verfassen dieses siebenhundert Seiten starken Buches inspiriert. Das Gerücht besagt, dass Michel Foucault an einer HIV-Infektion sterben werde und sich in schwulen Saunen in San Francisco nicht nur infiziert, sondern auch andere Männer vorsätzlich mit dem Virus infiziert habe.[78] Unabhängig davon, ob dieses Gerücht nun stimmt oder nicht, bestätigt noch dementiert es das Buch von Miller. Fraglich bleibt, warum ein Text mit dieser Infamie eröffnet oder beendet wird.

Dass Foucault nicht auf die von ihm bevorzugten Sexpraktiken verzichtet habe (wer immer das zu überprüfen vermag), wirft für Miller die Frage auf, »ob es sich in diesem Verhalten nicht um seine eigene, bewusst gewählte Apotheose, seine eigene, einzigartige Erfahrung der Passion gehandelt habe«[79]. Miller schwankt zwischen der Auffassung einer »Krankheit der Liebe« als »lyrischem Kern« des

Lebens und der Behauptung, Foucault habe seine Sexpartner wissend und vorsätzlich infiziert.[80]

Weiter spricht Miller vom »(selbst-)mörderischen Verhalten« Foucaults und von der »psychischen Disposition Foucaults, die von Todes- und Gewaltphantasien beherrscht« sei[81]. Welche Bedeutung hat diese Aussage für ein Buch über den französischen Denker? Es scheint wohl die Suche nach einem Skandal zu sein: »Foucault frequentierte die Sadomasobars in New York und San Francisco (und in Paris). Das ist alles andere als ein Skandal.«[82] Auch ist nicht James Miller der Erste, der das thematisiert, denn Hervé Guibert war vor ihm da.[83] Eribon stört, dass Miller »Foucaults gesamtes Werk mit dem Sadomasochismus erklären« will.[84]

James Miller ist darum in der Defensive, weil nur fünf Jahre zuvor Didier Eribon seine Lebensbeschreibung von Michel Foucault publiziert. Aber »eine Biographie muss mehr sein als die geschriebene Nacherzählung eines gelebten Lebens, wenn sie einem Leben gilt, das selbst Geschriebenes hinterlassen hat«[85], eröffnet Hans-Dieter Gondek seine Rezension des Buches von James Miller. Didier Eribon hingegen erscheint leider in dem Licht, sich alleinige Deutungshoheit und erstrangiges Publikationsrecht über Michel Foucault sichern zu wollen, wenn er etwa über die Biografie von David Macey[86] urteilt: »Als ich es las, hatte ich den merkwürdigen Eindruck, dass ein Teil meines Buches in das seine eingegangen war. Sonderbarerweise fehlt aber, selbst wenn es übernimmt, was ich geschrieben habe, das, was in meinen Augen das Wesentliche ausmachte: der Versuch einer Rekonstruktion der geistigen Epochen und Milieus. Und da David Macey im übrigen nicht in den Archiven recherchiert hat und folglich praktisch nichts Neues bietet, reduziert sich sein Buch im großen und ganzen auf ein langes, von Zitaten unterbrochenes ›curriculum vitae‹. Außerdem präsentiert sich diese Arbeit als eine autorisierte Biographie, was die Auswahl und Darstellung der Fakten fortwährend in einem schiefen Licht erscheinen lässt.«[87] Eribon wirft Macey nicht nur scheinbares Plagiat und mangelnde Recherche vor, sondern auch die fehlende Kooperation mit Daniel Defert.

Auch wenn diese Thesen einen Funken Wahrheit beinhalten und der Autor sich damit auf der Seite der Wahren und Gerechten wähnt, übersieht er doch, dass »die Wahrheit nicht immer universell ist und die Gerechtigkeit manchmal parteiisch«[88]. Nicht unbedingt muss die Verbindung von Leben und Werk zu Trivialisierung der Foucault'schen Theorie führen, weil er etwa chiffrierte Aussagen dechiffriert. »Millers Studie führt in den Sumpf haltloser Spekulationen und bietet doch eine forcierte Inblicknahme Foucaults als Person und als Autor an, die sich einer Bewährungsprobe am Werk unterziehen lässt.«[89]

Bei der Biografie von Didier Eribon bleibt Foucault der intellektuelle Denker und bei der Beschreibung von James Miller das historische Subjekt. Eribon geht persönlichen Beziehungen nur in Ansätzen nach, während Miller diese zur Grundlage seines Buches macht. Allerdings rechtfertigt sich Eribon 1994, indem er behauptet, es sei erstens nicht erlaubt gewesen, überhaupt eine Foucault-Biografie zu schreiben, zweitens, Mensch und Werk miteinander zu verbinden, und drittens habe er den Frevel begangen, »Foucaults Denken mit seiner Homosexualität erklärt zu haben«[90]. Foucaults Privatsphäre, wenn es das überhaupt gibt für einen Denker, der zwischen Privatheit und Öffentlichkeit keinen Trennstrich ziehen will, wird bei Miller in akademischen, persönlichen, politischen, professionellen, sexuellen, sozialen Praktiken und Kontakten rekonstruiert. Der politische Charakter der privaten Existenz Foucault wird von Eribon wie von Miller unterschlagen, denn nicht zuletzt geht es dem Denker ja um die »Technologien des Selbst«.

James Miller wirft Didier Eribons Buch vor, zu sehr das Privatleben vernachlässigt und dem Sexualleben nur flüchtige Aufmerksamkeit geschenkt zu haben[91], sowie ein Übermaß an Dezenz, wodurch die eigentliche Dramatik des Foucault'schen Lebens verfehlt werde. »Erst aus der Sicht des spät erfolgten freien Bekenntnisses zu den sexuellen Praktiken der S/M-Kultur, wie Foucault sie in Kalifornien kennenlernt, soll sich sowohl das stete Unglück des Schülers und Studenten Foucault, als auch seine im Werk erkennbare Faszination durch den Tod erklären lassen.«[92]

Selbstredend macht Foucault Grenzerfahrungen (der Theorie von Bataille folgend), die mit Sade und Tod, Freitod und Überschreitung zu tun haben, führen nicht zuletzt zur der »Konstitution seiner selbst als Moralsubjekt«[93], die sich in Form einer Ethik und Asketik ausprägt.[94] Derrida bringt es auf den Punkt, wenn er von einer (neuen) Alternative der (foucaultschen) Subjektivierung spricht in einer »quasi juridischen Form, in der das Moralsubjekt sich auf ein Gesetz oder auf eine Gesamtheit von Gesetzen bezieht, denen es sich unterwerfen muss, widrigenfalls es einer Bestrafung verfällt«[95].

In den letzten Lebensjahren findet sich Michel Foucaults angedeutetes Projekt einer »Ästhetik der Existenz« (im Sinne einer asketischen Arbeit an sich selber zum Zweck der Selbststilisierung) nach der Lebens- und Schreibphase der Grenzüberschreitung in den siebziger Jahren – vor allem im Spätwerk der frühen achtziger Jahre – sowohl im Werk wie im Leben. »Meine Werke«, erklärt Michel Foucault im Mai 1981, »sind Teil meiner Biographie.«[96] Seine Bücher erzählen sein Leben und sind darum »Fragmente einer Autobiographie«[97], wie er es ausdrückt. Jedes seiner Bücher ist das Fragment seiner Autobiografie.[98]

In *Wahnsinn und Gesellschaft* schreibt Michel Foucault: »Es ist kein Zufall, wenn der Sadismus als individuelles Phänomen den Namen eines Mannes trägt und in und aus der Internierung entstanden ist, wenn das ganze Werk von Sade durch die Bilder der Festung, der Zelle, des Unterirdischen, des Klosters, der unzugänglichen Insel, die so gleichsam den natürlichen Ort der Unvernunft bilden, bestimmt wird.«[99]

Foucault zufolge drückt das Werk von Sade eine moderne Vorstellung tragischer Erfahrung aus, wie es die Werke von van Gogh und Hölderlin, Artaud und Nietzsche, Nerval und Roussel ebenso tun. Zwischen Freitod, Wahnsinn und Erotik wechseln die Themen dieser tragischen Existenzen. Aber vor allem »Sade ist ein ausgezeichnetes Beispiel sowohl für die Verleugnung des Subjekts der Erotik wie auch für die absolute Entfaltung der Strukturen in ihrer höchst arithmetischen Positivität«[100]. Sades Bücher sind nicht nur unvernünftig, sondern auch konsequent, denn sein Werk ist »nichts als die Darstellung jeder erotischen Kombination bis zur äußersten Konsequenz: von derjenigen, die am logischsten erscheint, bis zu derjenigen, die eine Art Ekstase des Subjekts selbst ist – eine Ekstase, die zu einer völligen Explosion führt«[101].

Schon früh begegnet dem Leser des Foucault'schen Werks Sades Denken. Es ist in *Ordnung der Dinge* (1966) an jener Stelle zu finden, an der es in *Wahnsinn und Gesellschaft* (1961) steht, nämlich »an der Schwelle einer neuen Denkweise«[102]. Im Denken des Marquis de Sade werden »Gewalt, Leben und Tod, Verlangen, Sexualität unterhalb der Repräsentation eine immense, schattige Schicht ausbreiten, die wir jetzt so, wie wir können, wieder in unseren Diskurs, in unsere Freiheit und in unser Denken aufzunehmen versuchen«[103], empfiehlt Michel Foucault in den sechziger Jahren.

Dem schließt sich im gleichen Jahr Roland Barthes an, wenn er 1967 vom Denken des Marquis de Sade spricht.[104] Und Jacques Lacan referiert bereits 1963 über seine Vorstellung einer Verbindung des Denkens von Kant und Sade.[105] Die *Philosophie im Boudoir* (1796) erscheint acht Jahre nach der *Kritik der praktischen Vernunft* (1788), und nicht zuletzt, »wie man sehen wird, verträgt sie sich nicht nur mit ihr, sondern ergänzt sie vielmehr, ja sie spricht, wie wir schließlich nachweisen werden, die Wahrheit der ›Kritik‹ aus«, so Jacques Lacan.[106] Am Knotenpunkt zwischen Begierde und Gesetz, am Berührungspunkt von Fantasie und Lust steht schließlich der Endpunkt: »die Ohnmacht des Subjekts«[107].

Sade stellt mit seinem Werk nicht nur die Sexualität infrage, sondern auch den Tod. Die Rolle der Sexualität und der Stellenwert des Todes zeigen noch in der Moderne, dass »der Sex vom Todestrieb durchkreuzt ist«[108]. Und die Arbeiten von Sade glorifizieren Marter und Grausamkeit, Sex und Tod. Dem Tod auszuweichen und die Sexualität zu regulieren erscheinen unmöglich. Damit schafft Sade eine irritierende und verstörende Symbiose zwischen Eros und Thanatos. Hier erkennt Foucault das »schrankenlose Recht der allmächtigen Monstrosität«[109], welche die westliche Kultur völlig infrage stellt, schließlich war »die Monstrosität an sich kriminell«[110].

Foucault geht es um das Sagen des Unaussprechlichen und des Unsagbaren am Beispiel der Texte von Sade, denn dessen Romane streben auf eine Grenze jener Sprache zu, welche die Dinge darstellen will, die außerhalb des Sagbaren, des rational Erfassbaren sind: Ekstase, Verstummen und Gewalt.[111] Diese Darstellung kulminiert im Werk von Sade.[112] In *Ordnung der Dinge* beschreibt Foucault die Bücher von Sade als Ausdruck eines Endes der klassischen Repräsentation, denn Sade steht an der Schwelle einer neuen Epoche, in der »die Dynastie einer Repräsentation, die sich selbst bezeichnet«[113], endet. Seine Literatur steht zwischen dem normativen Gesetz und dem Gesetz der Begierde. Sade treibt das Denken der klassischen Vernunft an seine Grenze, weil die geheimen Triebe und Wünsche, die Anlagen der Natur im Menschen von ihm ausgesprochen werden[114].

Darum ist für Foucault dieser Denker der letzte Zeuge des 18. Jahrhunderts, denn Sade stellt die Souveränität des Subjekts radikal infrage, er spaltet das Subjekt und unterteilt es in (neue) Kombinationsmöglichkeiten.[115] Zweihundert Jahre später sieht Foucault schließlich selbst eine vergleichbare Unsicherheit des Subjekts in der Moderne: »Wir erleben derzeit eine tiefe Krise der Gesellschaft, in deren Verlauf das Subjekt, die individuelle Person in ihrem traditionellen Sinne, infrage gestellt wird.«[116]

Potenzielle Beschreibungsmöglichkeiten für Erotik sind: Blut, Sadismus, Faschismus und Disziplin. Der normlose Sex bei Sade ist nur einer Macht unterworfen, nämlich der, die ihre Gesetze selbst bestimmt. Allerdings, so Foucault, »sind die Begriffe ›Sex‹ und ›Sexualität‹ intensive, überladene, brennende Begriffe, die die angrenzenden Begriffe leicht in den Schatten stellen«[117]. Darum betont Foucault, wenn er von »Sex« und »Sexualität« spricht, »dass die Sexualität hier nur ein Beispiel für ein allgemeines Problem ist«[118]. Und dieses allgemeine Problem sieht er in der Frage formuliert: »Wie ist in den abendländischen Gesellschaften die Produktion von mit einem Wahrheitswert beladenen Diskursen mit den verschiedenen Mechanismen und Institutionen der Macht verbunden?«[119]

Die von Sade als eine alte Idee des »Geblüts« abgelehnte Vorstellung von aristokratischer Souveränität wird von ihm in seinen Büchern in einen Exzess lustvoll verströmenden Blutes umgedeutet.[120] Im 18. Jahrhundert – also in seiner Zeit – ist das Blut ein Zeichen für Tugend, Mut und Energie: »Blut der Marter und der absoluten Macht. Blut des Standes, das man in sich achtet und doch in der Zeremonie des Vatermordes feierlich fließen lässt.«[121] Erst mit der zweiten Hälfte des 19. Jahrhunderts wird das Blut ein Symbol für Rassismus, Reinheit, Eugenik und Biologismus: »Eine ganze Politik der Bevölkerung, der Familie, der Ehe, der Erziehung, der gesellschaftlichen Hierarchisierung, des Eigentums und eine lange Reihe ständiger Eingriffe in den Körper, in das Verhalten, in die Gesundheit, in das Alltagsleben rechtfertigen sich mit der mythischen Sorge um die Reinheit des Blutes und den Triumph der Rasse.«[122]

In Folge der Betrachtung der Foucault'schen Analysen lässt sich Sadismus mit Faschismus schwerlich gleichsetzen, wie es beispielsweise Pier Paolo Pasolini in seinem Film *Die 120 Tage von Sodom* unternimmt. Nach Foucault wird der Faschismus durch die Kleinbürger etabliert, und ihn überrascht es nun, dass die Pornografie der siebziger Jahre dieses zweifelhafte ästhetische Bündnis eingeht. Faschisten in Uniform träumen von »rassischer Sauberkeit« ohne eine »Spur von Eros«[123]. Wenn Sade den Eros formuliert und ästhetisiert, dann will er ihn disziplinieren, aber nicht zerstören; Sade ist sicher kein Faschist.

Ende 1975 spricht Foucault in einem Interview über Pasolinis Film *Die 120 Tage von Sodom* und ist gleich zu Beginn des Gesprächs überrascht über »das Fehlen des Sadismus und das Fehlen Sades«[124]. Foucault ist stark davon überzeugt, dass das Kino allergisch auf das Werk von Sade reagiert, genauer gesagt dessen bestimmende »peinliche Genauigkeit, das Rituelle und die streng zeremonielle Form, die sämtliche Szenen bei Sade annehmen«[125]. Pasolinis Film bestehe aus ebendiesen Leerstellen und fülle diese nur »durch die Begierden und die Körper«[126] aus. Pasolinis Filme erobern einen (reinen) optischen Raum, indem eine Grenze markiert wird, die einlädt, diese zu übertreten, und indem das Fremde gezeigt wird, das einlädt, dieses zu entdecken. In Pasolinis Filmen verändern sich die Raum- und Zeitverhältnisse, und die Beziehungen der Personen untereinander – vor allem hinsichtlich der Thematisierung ihrer Körper. Auch der Film *Der Tod der Maria Malibran* von Werner Schroeter zeige eine neue Behandlung des menschlichen Körpers. Die Bezeichnung Sadismus erscheint Michel Foucault allerdings völlig falsch, denn »es gibt darin eine Anarchisierung des Körpers, in der die Hierarchien, die Lokalisierungen und die Benennungen und das Organische daran in Auflösung begriffen ist«[127]. Bei Sade ist der Körper jedoch noch stark organisch, verankert in eine Hierarchie, die sich vom Geschlecht her organisiert. Darum sind die Filme von Pasolini und Schroeter, so Foucault, eine Form des »Antisadismus«[128].

Selbstverständlich sieht er auch »Bilder der Lust und Bilder für die Lust« in dem Film *Die 120 Tage von Sodom*, nicht zuletzt basiert ja die Textvorlage auf Sade selbst[129], dennoch: »Sade, diesen peinlich genauen Anatomen, in präzise Bilder umschreiben zu wollen, funktioniert nicht.«[130] Nicht zuletzt gelte es, so Foucault, aus Sades Erotik herauszukommen, aus der Erotik disziplinärer Typen, denn eine literarische Sakralisierung von Sade sei umso schlechter für diesen Autor, denn dann »geht er uns auf die Nerven«[131].

Foucault hält Sade deshalb für unzeitgemäß, weil er ja selbst nicht an einer disziplinierten Erotik interessiert ist. Er stellt sich zugleich die Frage, ob eine nicht-disziplinierte sadomasochistische Erotik überhaupt möglich sein kann. Nach Foucault lassen sich die Ordnungen des Sexuellen nicht mehr mit Begriffen wie Blut, Gesetz, Souveränität oder Tod beschreiben. Darum ist für ihn beispielsweise der Sadomasochismus keine sexuelle Befreiung von unterdrückter Aggression, sondern eher eine neue Möglichkeit, neue Lüste zu erfinden.

Die sadomasochistischen Praktiken sind für Foucault ein Spiel, das auf stillschweigenden Vereinbarungen basiert. Im Gegensatz zum Sadismus von Sade und dem Sadismus uniformierter Faschisten hat SM nichts mit Gewalt zu tun. Foucault bestätigt das: »Ich denke, dass SM viel mehr ist als das; es ist die wirkliche Erschaffung neuer Möglichkeiten von Lust, die man sich zuvor nicht hatte vorstellen können. Wir wissen sehr gut, dass das, was diese Leute machen, nicht aggressiv ist; dass sie neue Möglichkeiten von Lust erfinden, indem sie bestimmte eigentümliche Partien ihrer Körper gebrauchen – indem sie diesen Körper erotisieren.«[132] Sexualität und Pornografie, Skatologie und Sadismus sind darum am Werk, um den Ausdruck und die Überraschung von Körper und Geist zu zeigen, denn das Ereignis sucht den Körper, um an ihrer Oberfläche sichtbar zu werden.

Insbesondere das Zusammenspiel von Sadismus und Masochismus ist ein Spiel mit gegebenen machtstrategischen Situationen und Relationen. Zudem geht es hier darum, die Lustzentren des Körpers zu vervielfältigen: »Die sadomasochistischen Praktiken zeigen, dass man Lust mit sehr seltsamen Dingen, mit seltsamen Teilen des Körpers, in eigenartigen Situationen erzeugen kann.«[133] SM verzichtet darauf, die körperliche Lust auf die genitalische Lust zurückzuführen und zu reduzieren. SM richtet sich gegen eine Zentralisierung der Lust, denn jedes Körperteil

fungiert im sadomasochistischen Spiel als »Sexualinstrument«[134]. Sadomasochis-
mus bedeutet auch, eine neue und nicht sexuell orientierte Erotik zu entwickeln,
das heißt, auf diese Weise einen Weg zu beschreiten, der den Körper und seine
Lüste gegen das Sexualitätsdispositiv einsetzt. Der ehedem fügsame Körper – von
Michel Foucault beschrieben in *Überwachen und Strafen* (1975) und in *Der Wille zur
Wahrheit* (1976) – erhält somit die Mittel, sich aktiv einzusetzen.[135]

Während sich Foucault in den sechziger Jahren noch für die literarischen Texte
von Sade interessiert, vor allem dessen Thematisierung des Begehrens in Kombination mit der Repräsentation (ähnlich wie bei Bataille) und seine Infragestellung
des Subjekts, entdeckt er in den siebziger Jahren bei ihm die monströse Souveränität in Verbindung mit dem »Blut der Marter und der absoluten Macht«[136].

Bei Gelegenheit bemerkt Gilles Deleuze: »Zu sagen, ich sei ein Masochist
und Michel Sadist, würde nicht ausreichen. Das wäre zwar schön, stimmt aber
nicht.«[137] Der Grund, warum Deleuze die Bezeichnungen Masochist und Sadist
für sich und Foucault ablehnt, ist darin zu finden, dass sich der eine für Leopold
von Sacher-Masoch und der andere für den Marquis de Sade interessiert.[138] »Ich
sage mir, dass es kein Zufall ist, dass Michel de Sade eine bestimmte Bedeutung
zumisst, ich dagegen Sacher-Masoch.«[139]

Am Masochismus interessiert Deleuze die Kraft der Verwandlung, die Fähigkeit zur Metamorphose, das Entwickeln einer (über- oder) nicht-menschlichen Sexualität im Durchgang durch ein apersonales Element. Hierfür löst Deleuze die
Komplementarität von Sacher-Masoch und Sade auf und bestreitet den von Freud
(nur) behaupteten Komplex des Sadomasochismus, denn gerade die *Venus im Pelz*
beschreibe eine differenzierte Diagnose eines Phantasmas.[140] Während sich der
sadistische Charakter mit dem Über-Ich identifiziert, ein Gesetz errichtet und das
Ich vernichtet, wird die masochistische Idealbildung von der Austreibung des Gesetzes und seiner parodistischen Reinszenierung konstituiert. Nicht die Strafe ist
die Folge eines Vergehens, sondern die Lust geht ihr als Bedingung voraus. In
seiner Unterwerfung unter die schlagende Frau *(Venus im Pelz)* überträgt der Masochist die Straffunktion des Gesetzes an die andere Person. Diese Unterwerfung
oder Übertragung stellt für Deleuze keine Pathologie dar, sondern eine Vervielfälti-
gung von Seins- und Werdensprozessen, eine Produktion von vielen molekularen
Geschlechtern jenseits der Dualität und Tradition von Mann und Frau.[141]

Foucaults Begeisterung für das Werk Sades schwindet Mitte der siebziger Jahre: »Es ist daher unmöglich, die Bewunderung für Sade, die ›literarische Heilig-
sprechung‹ Sades und das politische Engagement zur Deckung zu bringen. Das
gleiche gilt für die sexuellen Erfahrungen, die Foucault beschreibt und ab diesem
Zeitpunkt in zahlreichen Interviews beschreiben wird. Alles, was Foucault ab 1975
über die Sexualität sagen wird und was in eindeutiger Beziehung zu seinen ersten
Reisen in die USA steht, steht ganz offensichtlich mit der Entwicklung des Begriffs
der Macht, der disziplinären Techniken in Verbindung, zugleich aber auch mit
einer brüsken Ablehnung des Sadeschen Werks. Man kann daher nachdrücklich

betonen, dass der Sadomasochismus, wie Foucault ihn von 1975 an ausleben und preisen wird, mit einer Ablehnung des ›Sadismus‹ zusammenfällt.«[142] Selbstverständlich nutzt Foucault das Werk Sades nicht als erotische Anleitung zur Steigerung sexueller Lüste; ganz im Gegenteil, genau in der Zeit, in der er in den Bars mit ihren Darkrooms und in den Badehäusern mit ihren Dampfsaunen tatsächlich Erfahrungen macht, beginnt er das disziplinierte und gewalttätige Werk de Sades abzulehnen. Dem Denker der »Biomacht« scheint es unmöglich zu sein, sich der subversiven Souveränität eines Bataille oder Sade anzuschließen. Begriffe wie Blut und Gewalt, Recht und Tod gehören einer alten, überholten Ordnung an. In der gegenwärtigen Ordnung des Sexuellen bestimmen Begriffe wie Disziplin und Dressur, Kontrolle und Produktion die Diskussion. In seinen Vorlesungen über die Geburt der Biopolitik wird Foucault diese Überlegungen ausführen.[143] Die (sexuelle) Verausgabung des Ich beantwortet abgründig die Frage nach dem Zusammenhang dreier Tugenden: erstens des Anorganischen (Nichtwahrnehmbaren), zweitens des Asignifikanten (des Ununterscheidbaren) und drittens des Apersonalen (des Nichtsubjektiven). Damit ist dieses Ich »être à l'heure du monde«, wie es Deleuze umschreibt.[144]

Foucault nimmt genau wahr, dass seit dem Werk von Sade die Sexualität eine Grenze im Menschen zieht, denn »als Begehren gibt sie dem Unbewussten Inhalt und Form, als verbotene ödipale Lust motiviert sie das Gesetz, und als Grenzerfahrung schlechthin markiert sie den Rand des Sagbaren«[145]. Von der Lacan'schen Logik der Repräsentation, der Spiegel und der Zeichen löst sich Foucault alsbald zugunsten des Sade'schen Sprechens über den Sex, um ihn zunächst in den Epistemen des 18. Jahrhunderts zu lokalisieren und ihn zuletzt auch für sich selbst im Sinne einer »Ästhetik der Existenz« nutzbar zu machen.

Menschliche Grenzerfahrungen (limit-experiences) macht Foucault beim Sex, denn in den Darkrooms der Folsom Street in San Francisco trifft er Menschen, die für ihn das Gleiche sind wie er für sie. Zwei oder mehr Körper treffen aufeinander, um Kombinationen und Formen des Vergnügens zu ermöglichen. Hier hört Foucault – wie jeder andere auch – auf, in sein eigenes Gesicht, in die eigene Vergangenheit, in die eigene Identität eingesperrt zu sein. Diese (neue) Form der Sexualität ist für Foucault eine Befreiung. Wenn er also vom Sadomasochismus begeistert ist, dann eben nicht von den alten, überholten Bildern und Insignien, welche die SM-Subkultur immer noch propagiert: Stiefel und Schirmmützen – in der inzwischen kanonisierten Ästhetik eines Tom of Finland. Über allem steht der Wille, nicht regiert werden zu wollen.

Auch will Foucault das Werk von Sade nicht historisieren, schließlich lebt dieser an der Grenze von einer zur anderen Epoche des Denkens: »Sade gelangt ans Ende des Diskurses und des Denkens der Klassik. Er herrscht genau an ihrer Grenze.« Mit Sade, so Foucault, steigen die dunklen Kräfte des Lebens, der Sprache, der Bedürfnisse zu Beginn des 19. Jahrhunderts auf. Diese Kräfte sprengen als ihre je eigene Wirklichkeit den Zeichenraum der Repräsentation subversiv von unten auf. Mit Sade werden »Gewalt, Leben und Tod, Verlangen, Sexualität unterhalb der

Repräsentation eine immense, schattige Schicht ausbreiten, die wir jetzt so, wie wir können, wieder in unseren Diskurs, in unsere Freiheit, in unser Denken aufzunehmen versuchen«[146]. Der Sex bei Sade erscheint als ein Jenseits der Sprache, und dieser Sex verwandelt sich immer wieder in Sprache, jener Sex, der unser Leben bestimmt: »Unser Denken ist so kurz, unsere Freiheit ist so unterworfen, unser Diskurs so wiederkäuend, dass wir uns wohl darüber klar sein müssen, dass im Grunde dieser Schatten unterwärts das Meer ist, aus dem wir trinken müssen.«[147]

Das Meer, aus dem Foucault trinkt, ist sicherlich die homosexuelle, sadomasochistische Lederszene, denn: »Die Erzeugung von Lust, wie sie etwa in der schwulen Leder-Szene betrieben wird, ist real, weil sie mit dieser Erzeugung der Lust bereits identisch ist.«[148] Allerdings ist die reale Subkultur, als SM-Getto in San Francisco, Paris oder Berlin, weniger der Teil einer utopischen Gesellschaft als vielmehr die Form einer Heterotopie, »eine Assoziation Gleichgesinnter, die mit Lüsten und Identitäten an Orten experimentiert«[149].

Foucault ist gegen die Festlegung auf eine schwule Identität und gegen den Versuch, »in sich selbst die Wahrheit des eigenen Geschlechts zu entdecken«. Vielmehr plädiert er dafür, »die eigene Sexualität dafür zu nutzen, um vielfältige Beziehungen herzustellen«. Schwul sein soll keine Frage der Identifizierung sein, sondern den Versuch darstellen, eine homosexuelle Lebensform zu definieren und zu entwickeln. Die Frage nach den vielfältigen und unkonventionellen Beziehungsformen findet bei Michel Foucault zuletzt ihre Antwort im Thema der Freundschaft, wie er es in seinem Spätwerk formuliert.[150]

Die restliche Realität, der restliche Raum steht in einem widerständigen Verhältnis zu diesem Getto: »Die Ghettoisierung«, sagt Foucault in einem Interview mit dem US-amerikanischen Schwulenmagazin *The Advocate*, »hat auch Geneffekte hervorgerufen. Ich wage es nicht, das Wort Dialektik zu benutzen – aber das kommt dem schon ziemlich nahe.«[151]

Es scheint, als wolle Foucault an die *Dialektik der Aufklärung* von Horkheimer und Adorno erinnern, in der das Werk von Sade eine Schlüsselrolle spielt, wie übrigens auch in Foucaults *Ordnung der Dinge*. »Von Sade an werden Gewalt, Leben und Tod, Verlangen, Sexualität unterhalb der Repräsentation eine immense, schattige Schicht ausbreiten, die wir jetzt so, wie wir können, wieder in unseren Diskurs, in unsere Freiheit, in unser Denken aufzunehmen versuchen. Aber unser Denken ist so kurz, unsere Freiheit ist so unterworfen, unser Diskurs so wiederkäuend, dass wir uns wohl darüber klar sein müssen, dass im Grunde dieser Schatten unterwärts das Meer ist, aus dem wir alle trinken müssen. Die Üppigkeit Juliettes wird immer vereinzelter, und es hat kein Ende.«[152] Schon in der *Dialektik der Aufklärung* ist die Protagonistin aus der *Juliette* von Sade die »Märtyrerin des Sittengesetzes«[153]. Juliette gehorcht nur den Gesetzen der Lüste und des Sadismus.[154]

Der Denker der »Biomacht« ist davon überzeugt, dass Sexualität nicht nur ein Objekt ebendieser »Biomacht« ist, sondern auch eine Dimension in sich trägt, in der das Subjekt die Wahrheit über sich selbst erfahren kann: »Jeder Mensch soll nämlich durch den vom Sexualitätsdispositiv fixierten Punkt Zugang zu seiner

Selbsterkennung haben, zur Totalität seines Körpers, zu seiner Identität.«[155] Foucault betont, dass jeder Mensch sowohl das verborgene Element als auch zugleich das sinnproduzierende Prinzip ist, dass der menschliche Körper ein wirklicher und bedrohter Teil ist, und überdies sein Ganzes symbolisch (Bataille) darstellt, dass der Mensch an die Kraft seines Triebes die Einzigartigkeit (s)einer Geschichte knüpft.

Das Dispositiv des Sexes hat in der modernen Erfahrung, weil die Sexualität durch die »Biomacht« eine zentrale Stellung einnimmt, die grundsätzliche Überzeugung entstehen lassen, dass die Sexualität einen entscheidenden Grund der konkreten, individuellen Wahrheit ausmacht. Das Dispositiv des Sexes meint die Verbindung von diskursiver Praxis und praktischer Strategie.

Die Psychoanalyse befreit die Sexualität von der Macht, dennoch bleibt die »Biomacht« des Sexes, weil sie die menschliche Identität in ein von der Macht selbst erzeugtes Phänomen verlegt und darin haften bleibt. Wenn der Mensch, so Foucault, die Wahrheitsidentität in Bezug auf den Sex abschafft, dann könnte eine Gegenmacht entstehen. Der Körper und die Lüste sollen von der Idee eines im Körper und in der Lust verborgenen Sexes befreit werden. Eine Möglichkeit zu dieser Befreiung gibt der Sadomasochismus.

Die Bedeutung des Wortes Sadismus wird oftmals vermengt mit dem Namen Donatien Alphonse François Marquis de Sade, mit sexuellen Praktiken und Akten krimineller Gewalt.[156] (So wie die Bedeutung des Wortes Masochismus auf Leopold von Sacher-Masoch verkürzt wird.) Dabei unterscheidet sich die (homosexuelle) SM-Subkultur von Sade und (faschistischen) Sadisten durch das Fehlen von Gewalt, weil sie einverständliche und vertragsmäßige sexuelle Handlungen begeht.[157] In diesen Handlungen gibt es keine realen Machtverhältnisse; es werden hingegen Machtverhältnisse nachgespielt, die einen Raum für neue Strategien der Lust ermöglichen.[158] Gilles Deleuze ergänzt: »Die Lust scheint mir für eine Person oder ein Subjekt das einzige Mittel zu sein, sich in einem Prozess wiederzufinden, der diese übersteigt. Aus meiner Sicht wird der Wunsch in der gleichen Weise auf das Gesetz des Mangels, wie auf die Norm der Lust bezogen.«[159] Für den vom Sadomasochismus begeisterten Michel Foucault bieten sich neue Möglichkeiten, sich vom bekannten Sexualitätsdispositiv abzuwenden, in der Abkehr vom genitalen Sex-Begehren, in der Entdeckung vernachlässigter Körperpartien, in dem strategischen Spiel mit Macht-Verhältnissen, in der Erfindung neuer nicht-normierter Beziehungsformen und in der Erfindung neuer Instrumente zur Erzeugung von Lüsten.

Frei sein Lustempfindungen auszuleben bedeutet für Foucault, sich weder der Ökonomie des Sexes noch den Normalitätsprinzipien der Erotik zu unterwerfen. Darum ist der (moderne) Sadomasochismus sowohl Möglichkeit als auch Strategie, sich »sowohl vom Staat als auch vom Typ der Individualisierung, der mit ihm verbunden ist, zu befreien«[160]. Denn: »Wir müssen neue Formen der Subjektivität zustande bringen, indem wir die Art der Individualität, die man uns jahrhundertelang auferlegt hat, zurückweisen.«[161] Foucaults neue Form der Subjektivität stellt sich gegen »eine Machtform, die aus Individuen Subjekte macht«[162].

Im April und Mai 1975 reist Michel Foucault zum ersten Mal nach Kalifornien und entdeckt dort neue Möglichkeiten eines Lebens, das sich an den Lüsten orientiert: Drogen, anonymer, homosexueller und sadomasochistischer Sex, neue Formen des Zusammenlebens in Gemeinschaft: Zen, Feminismus und Schwulenbewegung. Insbesondere San Francisco ist in den siebziger Jahren nicht nur der Ort einer besonders ausdifferenzierten Kultur der Homosexuellen – Schwulen wie Lesben –, sondern auch der Ort der Durchsetzung von Freiheitsrechten, eben auch der Homosexuellen.

Das Aids-Syndrom wird erstmals 1981 beschrieben. Als durchschnittliche Entwicklungsdauer für das klinische Auftreten von Immundefekten werden in der Regel zehn Jahre angenommen. Darum ergeben sich als ein hypothetischer Anhaltspunkt für eine HIV-Infektion die ersten Jahre der siebziger Jahre des letzten Jahrtausends. Bei Foucault treten 1983 erste Immunschwächen auf, die unmittelbar und nur ein Jahr später zum Tod führen.

Michel Foucault bereist in den siebziger Jahren unter anderem Kanada, New York und San Francisco (Los Angeles und Berkeley) und Brasilien. Er konnte nichts über die neue Immunschwäche-Krankheit wissen, also nicht in einer über die HIV-Infektion aufgeklärten Situation sein. Bekannte Risiken bei ungeschütztem Geschlechtsverkehr sind therapierbar. Aufgrund des (noch fehlenden) Wissens über Aids ist die Möglichkeit einer unter Umständen tödlichen Infektion mit dem HIV-Virus nicht bekannt.

Nach seiner ersten Reise nach Kalifornien löst sich jedenfalls Foucault von den bisherigen Lebenspraktiken, von seinem bisherigen historischen Horizont, nämlich dem der Neuzeit hin zur Textexegese mit der von ihm so interpretierten anderen Lebenspraxis der griechischen Spätantike und ihrer römischen Nachfolge. Selbst beim Thema des Freitods folgt Foucault den antiken Traditionen, den die Stoiker im Ausnahmefall äußerster Bedrängnis befürworten. Die Möglichkeit zum Freitod wird Foucault zum Paradigma, das eigene Leben zu einem Kunstwerk zu gestalten. In einem Interview mit der französischen Schwulenzeitschrift *Le Gai Pied* vom April 1979 sagt Foucault:»Ich habe es immer schon sonderbar empfunden, wenn man sagt: Über den Tod braucht man sich keine Sorgen zu machen, denn zwischen dem Leben und dem Nichts ist er selbst letztlich nichts. Aber sollte man dieses wenige auch noch verspielen? Oder sollte man etwas daraus machen – und nach Möglichkeit etwas Gutes?«[163]

Warum wendet sich Foucault Mitte der siebziger Jahre so abrupt weg von der Moderne hin zur Antike? In seinem Buch *Der Gebrauch der Lüste* rechtfertigt er sich:»Es ging darum zu wissen, in welchem Maß die Arbeit, seine eigene Geschichte zu denken, das Denken davon befreien kann, was es im Stillen denkt, und inwieweit sie es ihm ermöglichen kann, anders zu denken.«[164] Das europäische Denken könne nur neu beginnen, wenn es sich auf das griechische Denken beziehe:»Bei den Griechen – und zwar nicht nur der klassischen Periode – war das Sexualverhalten nicht rechtlich geregelt. Weder staatliche noch religiöse, noch auch ›natürliche‹ Gesetze schrieben vor, was man tun durfte und was nicht. Dennoch gab es eine anspruchsvolle, komplexe und vielschichtige Sexualethik. Aber in der Art, wie eine ›techné‹, eine Kunst dies sein kann – eine Lebenskunst, verstanden als Sorge um sich selbst und um sein Dasein.«[165]

In seinen späteren Schriften, also seit seiner Beschäftigung mit der Antike und seiner Suche nach einer neuen Lebenskunst, verliert Foucault die Gegner und Feinde aus dem Blick, die noch die frühen Bücher bestimmen. Glücklicherweise ignoriert der Autor nun die Anmaßungen eines (falschen) Humanismus und die Gewalttätigkeiten der Disziplinarmächte. In seiner Suche nach einer neuen Ethik und Asketik bekommen seine Bücher eine »innere Ruhe« (sérénité), wie es Gilles Deleuze formuliert, und sein Stil ist nun »wie eine Peitsche«[166]. Foucault stellt sein Werk im Rückblick als eine dreifache Genealogie dar[167]: Eine historische Ontologie unserer selbst in Bezug auf die Wahrheit, über die wir uns als Erkenntnissubjekte konstituieren. Eine historische Ontologie unserer selbst in Bezug auf das Machtfeld, über das wir uns als Subjekte bestimmen, die auf andere einwirken. Eine historische Ontologie in Bezug auf die Ethik, über die wir uns als moralisch Handelnde konstituieren.

Foucaults eigene Homosexualität ist privat und kaum öffentlich bekannt. Er selbst weicht Fragen nach seiner Sexualität aus. Ihm wird vorgeworfen, sich seiner Homosexualität zu schämen oder sie zu verbergen. Sein Lebenspartner Daniel Defert widerspricht dem ausdrücklich. Der aufmerksame Leser entdeckt jedoch schon in dem 1976 veröffentlichten Buch *Der Wille zum Wissen* für diesen Kontext wichtige autobiografische Hinweise. Es kommt darauf an, »dass man darauf hinarbeiten muss, schwul zu sein, das heißt sich in eine Dimension zu versetzen, in der die sexuellen Entscheidungen, die man fällt, immer gegenwärtig sind und unser ganzes Leben beeinflussen. Nicht schwul sein heißt dann fragen: ›Wie kann ich die Auswirkungen meiner sexuellen Entscheidung so einschränken, dass sich mein Leben in keiner Weise ändert?‹ Ich würde nun sagen, dass man seine Sexualität dazu verwenden soll, neue Beziehungsformen zu entdecken und zu erfinden. Schwul sein heißt im Werden sein. Jedoch gelte, dass man nicht homosexuell sein muss, sondern dass man darauf hinarbeiten muss schwul zu sein.«[168]

XIX. Die Anormalen

>»Vom Anormalen zum Normalen führt eine un-
sichere Linie. Sie verweist auf Nichts in der Natur. Das Anormale ist in der Norm enthalten: der
Riese wie der Zwerg, der Idiot wie das Genie. Das
Normale widersetzt sich sehr wohl dem Anormalen. Darin liegt das Problem, wie die Scheidung
von Normalen und Anormalen sich vollzieht.«
François Ewald[1]

In seiner Vorlesungsreihe über *Die Anormalen* (1975) macht Foucault in knappen Skizzen die Geschichten der Außenseiter anschaulich, indem er die Folgen
der humanwissenschaftlichen Normierung beschreibt. Diese Normierung ist die
Geschichte der Monster, der Hermaphroditen, der siamesischen Zwillinge, der
Undisziplinierten, der Straftäter und der Onanisten. In diesen Vorlesungen, die
fünfundzwanzig Jahre später als Buch veröffentlicht werden, geht es um jene
Randgruppen, die vor dem Hintergrund gesellschaftlich genormter Vorstellungen
von Normalität als anormal gelten.

Michel Foucault zeigt hier ausführlich mit Beispielen aus der Psychiatrie, der
Gerichtspraxis und der populären Publizistik in der Zeit um die Französische Revolution eine Gruppe von Anormalen, die sich aus drei Elementen bildet, deren
Zustandekommen aber nicht zwingend synchron verläuft: das menschliche Ungeheuer (das Menschenmonster), das korrektionsbedürftige Individuum (das zu bes-
sernde Individuum) und der Onanist (der Masturbator).[2] Als Ausnahmeerschei-
nung der Natur ist das Monster die wohl historisch älteste anormale Figur, dessen
Problem allerdings nicht aus seiner abweichenden Gestalt erwächst, sondern aus
den Konfusionen, die derartige Menschen im juridischen Gefüge provozieren,
denn: »Die Monstrosität an sich war kriminell.«[3]

Foucault wirft die alten Fragen auf, ob beispielsweise für Hermaphroditen die
gleichen Ehegesetze gelten, ob sich das Recht auf Anormale ebenso anwenden
lässt oder ob hier andere Maßnahmen zutreffend sind. Anormale bilden laut medizinischer Gutachten eine potenzielle Gefahr, darum fragt das Rechtsgefüge, wie
das Monster dem Gesetz zu unterwerfen ist.

Diese neuen Figuren des 18. Jahrhunderts werden mit einem Unterdrückungs-prozess konfrontiert, der »den produktiven Körper gegen den Körper Lust« aus-spielt und »den sexuellen Gebrauch des eigenen Körpers« untersagt[4], so Foucault in seiner Vorlesung. Die Psychiatrie des 19. Jahrhunderts macht schließlich weite-re Anormale ausfindig: Agoraphobe und Klaustrophobe, Pyromanen und Klepto-manen, Exhibitionisten und Homosexuelle (sogenannte Invertierte), Masochisten und Sadisten. Besonders deutlich tritt die Tatsache hervor, dass Anomalie nicht korrekturfähig ist. Die Unkorrigierbaren sind eine Antwort auf umfangreiche Techniken der Disziplinierung im 17. und 18. Jahrhundert, wie Foucault bereits in *Überwachen und Strafen* darstellt. Wie ist also mit jenen Personen zu verfahren, die den Normen dieser Techniker der Disziplinierung nicht entsprechen? Die Ver-schärfung der Norm ist darum eine zwangsläufige Steigerung in der Betrachtung der Anormalen.

Michel Foucault schließt seinen Vortragszyklus über *Die Anormalen* mit der Untersuchung jener Mechanismen ab, die »seit 1970 die Reihe der Vorlesungen über die allmähliche Ausbildung eines Wissens und einer Macht der Normierung im Ausgang von den traditionellen juristischen Verfahren der Bestrafung zum Gegenstand gehabt haben«[5]. Er beschreibt den medizinischen Kreuzweg seit der Mitte des 18. Jahrhunderts, der sich gegen das einsame Laster der Masturbation der Kinder richtet und den Eltern empfiehlt, den Kindern so nahe wie möglich zu sein, um die schändliche Selbstbefleckung zu verhindern, und zwar ohne dass die Frage einer zu großen (inzestuösen) Nähe problematisch erscheinen könnte.[6]

Es geht um jene Kampagne im 18. Jahrhundert, welche die kindliche Sexualität betrifft. Deren Vorgeschichte reicht als »Pastoralmacht« bis zur Praxis der Beichte in die Klöster zurück. Eine diffizile Befragung des sündigen Fleisches sollen das Geständnis und die anschließende Buße herbeiführen. Diese Kampagne betrifft die (harmlose) kindliche Onanie, weil deren Folgen furchtbar für die Gesundheit dieser Kinder sei.[7] Hier wird das Kind zum Beobachtungsobjekt einer vermeintlich ernst genommenen elterlichen Pflicht.

Spätestens im 19. Jahrhundert ist das Konzept Kindheit ein Strategem psychia-trischer Macht, denn hier kann man sehen, »wie eine neue Stellung des Kindes im Verhältnis zur psychiatrischen Praxis definiert wird«[8]. Mit der Suche dieser Eltern nach verdächtigen Flecken in der Bett- und Nachtwäsche zieht ein normierender Machttyp in die Familie ein: Ein Komplex aus Macht und Wissen beeinflusst die Familie, deren Eltern in ihrem Verhalten schuldhaft werden.[9]

Wie arbeiten Macht und Wissen, um eine mehr oder weniger systematische Ordnungsweise der Welt mit ihren eigenen »Bedingungen der Akzeptabilität eines Systems« zu konstituieren, aber auch »den Bruchstellen zu folgen, die ihr Ent-stehen anzeigen«, fragt Judith Butler. »Es muss also nicht nur der merkwürdige Knotenpunkt von Macht und Wissen isoliert und identifiziert werden, der das Feld intelligibler Dinge eröffnet, sondern es muss auch die Art und Weise rekonstruiert werden, in der dieses Feld den Punkt seines Aufbrechens erreicht, die Momente seiner Diskontinuität, die Stellen, an denen es an der Konstitution jener Intelligibi-

lität scheitert, für die es steht. Das heißt, dass man sowohl nach den Konstitutions-
bedingungen des Objektfeldes als auch nach den Grenzen dieser Bedingungen
sucht, nach den Momenten, in denen sie ihre Kontingenz und ihre Transforma-
tionsfähigkeit preisgeben.«[10]
    Insbesondere die Vorlesungen über *Sicherheit, Territorium, Bevölkerung* (1978)
und die Vorlesung vom 16. Oktober 1979 im Rahmen der Tanner-Lectures an der
Stanford University haben die Genealogie der verschiedenen Techniken der Macht,
die auf Individuen zielen mit der Intention, deren Verhalten zu beeinflussen und
zu reglementieren, als ein gemeinsames Thema.[11] Diese Genealogie der verschiedenen Machttechniken hat ihren Ursprung in einem bestimmten Machttypus,
den Michel Foucault die Pastoralmacht nennt. In diesem besonderen Typus der
Macht geht es um Verantwortung, Gehorsam und Erkenntnis.[12] Selbstprüfung
und Gewissenslenkung werden hier zu entscheidenden christlichen Prüfungs-,
Gehorsamkeits- und Geständnispraktiken. Es gibt hierbei eine Verbindung zwischen dem erschöpfenden Geständnis, der ununterbrochenen Selbstprüfung und
dem bedingungslosen Gehorsam. Sie haben allesamt das eine Ziel, nämlich das
Individuum zu veranlassen, sein Selbst auszulöschen. Im Verzicht auf die Welt
zugunsten des Glaubens an Gott. Der Verzicht auf die Welt ist darum zugleich
immer ein Selbstverzicht, deshalb ganz im Sinne kirchlicher Religion. Das ist ein
wesentlicher Grund dafür, warum Michel Foucault »die Ursprünge der Kritik in
der Beziehung von Widerstand und kirchlicher Autorität fest macht«[13].
    Der Pastoralmacht geht es darum, das Individuum mittels seiner Wahrhaf-
tigkeit, die in Verbindung zu Beichte, Gehorsam, Selbstprüfung und Selbstent-
hüllung steht, zu regieren. Es kann derjenige regiert werden, der eine Autorität
annimmt. »Nicht regiert werden wollen, heißt schließlich auch; nicht als wahr
annehmen, was eine Autorität als wahr hinstellt, oder jedenfalls nicht etwas als
wahr annehmen, nur weil eine Autorität es als wahr ausgibt. Es heißt: etwas nur
annehmen, wenn man die Gründe dafür selber für gut befindet«, wie es Judith
Butler ausdrückt.[14]
    Eine wesentliche Konstante in den Anwendungspraktiken von der christlichen
Pastoralmacht bis zu modernen Biomacht ist die Anregung zur Selbstentblößung
mit dem Ziel, nach der inneren Wahrheit des Individuums zu suchen, mit der
Möglichkeit, dieses Individuum zu regieren. Vor allem die Vorlesungen über *Die
Regierung des Selbst und der anderen* (1983) stellen diese Überlegungen Foucaults
vor.[15] Insbesondere der Anstoß moderner Gesellschaften, die Wahrheit über sich
(Sex und Natur, Ich und Identität) sagen zu müssen, gibt Michel Foucault die philosophische Anregung, zunächst einmal Techniken zu entwickeln, die Wahrheit über
sich selbst zu suchen. »Die Politik der Wahrheit gehört zu jenen Machtbeziehungen, die von vornherein eingrenzen, was als Wahrheit zu gelten hat und was nicht,
als Wahrheit, die die Welt auf eine bestimmte Regelhaftigkeit und Regulierbarkeit
hin ordnet und die wir dann als das gegebene Feld des Wissens hinnehmen.«[16]
    Die Pastoralmacht formiert das Wissen über das Individuum. Das Individuum
ist die Zielscheibe der Biomacht (in Form der politischen Anatomie des Körpers

und der Biopolitik der Bevölkerung). Auf diese Weise entsteht eine Normierungs-
gesellschaft, in der die Humanwissenschaften eine entscheidende Rolle spielen.[17]
Es entwickelt sich auch ein komplexes Wissen um die Sexualität in den Humanwissenschaften, das seine Macht durch entsprechende Präventionen, pädagogische Beobachtungen und hygienische Maßnahmen ausübt. Foucault betont ausdrücklich, dass es hierbei nicht um die Unterdrückung der Sexualität geht, eher
um »die sexuelle Verführung der Kinder durch die Erwachsenen und durch die
unmittelbare Umgebung«[18]. Erwachsene nähern sich wiederholt dem Körper des
Kindes an und folgen der Anweisung, »der direkten, unmittelbaren und beständigen Applikation des Elternkörpers auf den Kinderkörper«[19].

Foucaults Gegenargumente finden sich in *Der Wille zum Wissen*.[20] Im Vorwort
dazu schreibt er, dass es ihm um die Beschreibung nicht nur des Mythos der Macht
geht, sondern auch um die Darstellung der »strategischen Spiele, die die Machtbeziehungen, die sie sichern sollen, instabil und umkehrbar machen«[21].

Insbesondere der Medizin als der ärztlichen Macht kommt in der Normie-
rungsgesellschaft eine zentrale Rolle zu: »Die Machtwirkungen der Medizin bekommt man überall zu Gesicht: sei es in der Familie, in der Schule, in der Fabrik,
in den Gerichtssälen, wenn es um die Sexualität, die Erziehung, die Arbeit oder um
das Verbrechen geht. Die Medizin ist zu einer allgemeinen sozialen Funktion geworden: Sie besitzt das Recht, sie geht eine Verbindung mit ihm ein, sie lässt es in
Funktion treten.«[22] Nicht zuletzt rufen nämlich »die Laster des Kindes« und »die
Schuld der Eltern« die Medizin auf den Plan.[23]

Michel Foucault beschreibt die Medizinierung des Alltags, des Individuums
schlechthin, des gesamten Daseins: »Sehen Sie sich zum Beispiel an, was mit den
Kindern geschieht. Im 18. Jahrhundert begann man sich intensiv mit der Gesundheit der Kinder zu beschäftigen.«[24] Unter der Medizinierung versteht Foucault ein
medizinisches Denken, das die Wahrnehmung der Dinge nur am Gedanken der
Norm ausrichtet: »Das juristische Denken unterscheidet zwischen erlaubt und
unerlaubt, das medizinische zwischen ›normal‹ und ›anormal‹.«[25] Die Medizinierung und die Normalisierung hierarchisiert die Individuen. Dadurch werden die
Individuen nach dem Grad ihrer Normalität eingeordnet. »Das ist eines der großen Machtinstrumente der heutigen Gesellschaft.«[26]

Die Geschichte der Normalisierungsmacht ist im Wesentlichen ihre Anwendung »auf die Sexualität und die Normalisierungstechniken der Sexualität seit
dem 17. Jahrhundert«[27]. Foucault verweist auf Canguilhems Studie *Le Normal et le
Pathologique*[28], denn dieser verfolge wie Foucault selbst eine Untersuchung über
»eine sogenannte Pathologie des kriminellen Verhaltens« und über die »Frage des
Illegalen und die Frage des Anormalen oder auch die des Kriminellen und Pathologischen«[29].

Andererseits werden in der vor allem politischen Pamphlet-Literatur der französische König Ludwig XVI. und seine Gattin Marie-Antoinette, die vielgeschmäh-
te österreichische »Hure« am Hof von Versailles, als politische Monster dargestellt,
die sich ganz besonderer Verbrechen schuldig machen. Darunter sind unter ande-

rem das (sprichwörtliche) Sich-Mästen am Volkskörper (Kannibalismus), die zahlreichen Ausschweifungen der Königin Marie-Antoinette und nicht zuletzt der Verlust der »Blume« durch das »kaiserliche Glied« ihres Bruders Josephs II. (Inzest) zu verstehen. Dieser negative Doppelklang erscheint in den kriminalistischen und psychiatrischen Texten des 19. Jahrhunderts.[30]

Verbrecher werden von nun als monströs beschrieben, und die beiden Protagonisten des Kannibalismus (Ludwig XVI.) und des Inzests (Marie-Antoinette) dienen in der Folge gar »als Erkenntnisraster, als Zugangsweg zu einer Reihe von Disziplinen«[31]. Foucault verkneift sich nicht die Pointe, dass insbesondere der ethnologischen Disziplin »im Grunde ihrer Fragestellung ausgerechnet Anthrophagie und Inzest«[32] vorausgehen.

Dass diese Genealogie in den Vorlesungen bei dem Werk von Sigmund Freud endet, liegt auf der Hand, denn Foucault hält an seiner Ablehnung des Inzest-Verbots in *Der Wille zum Wissen* im Grundsatz fest. Ausgerechnet am Ende des 19. Jahrhunderts setzt »eine systematische Jagd auf inzestuöse Praktiken ein, wie sie auf dem Lande oder in bestimmten städtischen Milieus üblich waren«. Und genau hier entdeckt Freud den Ödipus, im selben Augenblick, »da Freud Doras Begehren aufdeckte und sprechen ließ, rüstete man sich, um in anderen Gesellschaftsschichten diesen schimpflichen Nahverhältnissen ein Ende zu setzen«[33].

Die Psychoanalyse behauptet spätestens seitdem ein generelles Inzest-Verbot, andererseits aber »macht sie sich ihrer Praktik anheischig, bei denen, die sich ihre Hilfe leisten können, die Wirkungen jener Verdrängung aufzuheben; sie gestattet ihnen, ihr inzestuöses Begehren diskursiv zu artikulieren«[34]. Die Rede vom Gesetz respektive vom Inzest-Verbot gehört nach Michel Foucault einer um 1900 untergegangenen Epoche an, die von einem neuen – »um die Gesundheit des Gattungskörpers zentrierten« – Sexualitätsdispositiv »mit seinem Denken nicht des Gesetzes und des Symbolischen, sondern der Norm, der Disziplin und der Regulierung abgelöst worden sei«[35]. Außerdem spitzt Foucault weiter zu: »Es scheint mir gefährlich, von den Psychoanalytikern einen Grund und eine Grundlage für den gesellschaftlichen Akt zu strafen einzufordern.«[36]

Dieses Dispositiv – verstanden als eine heterogene Gesamtheit, bestehend aus Diskursen und Institutionen, Einrichtungen und Entscheidungen, Gesetzen und Maßnahmen, Aussagen und Lehrsätzen, Gesagtem und Ungesagtem[37] – ist nach Foucault keine Befreiung der Sexualität, sondern eine Regulierung von Subjekt, Individuum und Bevölkerung, um eine diskursive und institutionelle Kontrolle zu legitimieren, die eine spezifisch moderne Sexualität observiert. Foucault spottet: »Wenn das Inzestverbot die Schwelle aller Kultur ist, dann steht auch die Sexualität seit Anbeginn der Zeiten unter dem Zeichen des Gesetzes und des Rechtes. Die Ethnologie, die seit langem emsig an der transkulturellen Theorie des Inzestverbots arbeitet, hat sich um das gesamte moderne Sexualitätsdispositiv und die von ihm produzierten theoretischen Diskurse verdient gemacht.«[38]

Foucaults Konzept in seiner Vorlesung über *Die Anormalen* folgt den rechts- und psychiatriehistorischen Aspekten seiner von ihm so entwickelten Genealogie, die er als eine »Archäologie der Anomalie« situieren will.[39] Wie schon in *Überwachen und Strafen* verwendet er ein Konzept der Schwelle zur Moderne: »Die Rechtspsychiatrie war dabei zu entdecken, dass die monströsen, das heißt grundlosen Taten gewisser Krimineller in Wirklichkeit nicht einfach durch eine Lücke hervorgerufen wurden, wie sie der fehlende rationale Grund für die Tat zeigt, sondern durch eine gewisse morbide Dynamik der Triebe. Hier haben wir, wie ich denke, den Punkt, an dem die Triebe entdeckt wurden.«[40] Dunkle Triebe führen zur Tat unter Ausschaltung der Vernunft, und die morbide Dynamik dieser Triebe vollendet die Tat, denn: »Ein Krimineller ist einer, der den Pakt bricht, der den Pakt von Zeit zu Zeit bricht, wenn er Bedarf oder Lust dazu hat.«[41]

Auch dunkle Worte folgen der Geschichte der modernen Seele: »Der Mensch, von dem man uns spricht und zu dessen Befreiung man einlädt, ist bereits in sich das Resultat einer Unterwerfung, die viel tiefer ist als er. Eine Seele wohnt in ihm und schafft ihm eine Existenz, die selber ein Stück der Herrschaft ist, welche die Macht über den Körper ausübt. Die Seele ist der Effekt und das Instrument einer politischen Anatomie. Die Seele ist das Gefängnis des Körpers.«[42] Darum gibt es »eine neue politische Anatomie des Körpers«[43].

1976 RENÉ CHAR

Was seine Methode angeht, so sagt Michel Foucault, dass er nur die eine beibehalten habe, nämlich jene, die er in einem Text des von ihm so verehrten René Char entdeckt hat. In dessen Text *Suzerain* (Lehnsherr) findet sich, so Foucault, eine drängende und zugleich diskrete Definition von Wahrheit: »Ich nahm den Dingen die Illusion, die sie erzeugen, um sich vor uns zu bewahren, und ließ ihnen den Anteil, den sie uns zugestehen.«[44] Neben seiner nietzscheanischen Suche macht Foucault also eine Art innere Erfahrung – (nicht bei Bataille, der diesen Begriff bekanntlich prägt), sondern bei Char. Es ist diese Form der inneren Erfahrung, welche »die heimliche Kraft einsetzt, die in den sichtbarsten Formen der Gegenwart am Werk ist«[45].

René Chars Biografie ist gleich der von Michel Foucault durch Antonin Artaud und Georges Bataille beeinflusst. Er ist zeitweise Mitglied der surrealistischen Bewegung um André Breton, wendet sich schließlich von diesem ab und Maurice Blanchot zu. Die Verarbeitung der Erfahrung als Soldat im französischen Widerstand verarbeitet der Dichter in seinen Aphorismen und in seinen poetischen Texten; sie erscheinen 1949 als sein zweites Buch[46] nach dem ersten schmalen Band von 1945.[47] Albert Camus nennt ihn den größten lebenden Dichter.[48]

Michel Foucault wählt sowohl für seine Binswanger-Einleitung als auch für *Wahnsinn und Gesellschaft* ein Motto von René Char: »Als ich Mann wurde, sah ich auf der Mauer zwischen Leben und Tod eine Leiter sich aufrichten, wachsen – immer nackter, begabt mit einzigartiger Loslösungskraft: den Traum.«[49] Was Foucault für seinen Traum-Essay auswählt, scheint nicht nur zum Werk, vielmehr zum Leben zu passen. Das Zitat geht weiter: »Pathetische Gefährten, die ihr kaum murmelt, geht hin mit gelöschter Lampe und gebt die Juwelen zurück. In euren Knochen sinkt ein neues Geheimnis. Entfaltet die Seltsamkeit, die euch zu Recht gehört.«[50] Foucault und Char sind sich niemals begegnet sind und ihr gemeinsamer Freund Paul Veyne berichtet, dass René Char eines seiner letzten Gedichte dem Philosophen widmet: »für Michel Foucault« – im Zusammenhang mit dessen Tod.[51] Allerdings ist es Veyne, der dem Autor diese Widmung sozusagen zuträgt, denn Foucault nannte man in seiner Jugend Fuchs (»renard«):

»Un couple de renards bouleversait la neige,
Piétinant l'orée du terrier nuptial;
Au soir le dur amour révèle à leurs parages
La soif cuisante en miettes de sang.«[52]

Paul Veyne trägt diesen Vierzeiler bei der Beerdigung von Michel Foucault am 29. Juni 1984 – vier Tage nach dessen Tod – in Vendeuvre-du-Poitou vor. Es gibt von Foucault lange vorher Bemühungen, Char als Mitglied in das Collège de France aufzunehmen, das scheitert allerdings daran, dass der Poet bereits im Rentenalter ist. Zwischen 1976 und 1984 hält bekanntlich Foucault eigene Vorlesungen am Collège de France.

Als wolle er sich darauf vorbereiten, dass sich sein Körper verändert, denn schließlich weiß er Anfang der achtziger Jahre von der Krankheit, die ihn bedroht. Und diese Krankheit ist keine Krankheit im traditionellen Sinne, sondern eine Matrix von Krankheiten, so wie der Diskurs keine Sprache, sondern eine Matrix von Sprachen ist. Dennoch schreibt Foucault neben seinen öffentlichen Vorträgen fieberhaft an seinen letzten Texten: »Ich fühle mich wie in einem Nebel«, sagt er noch kurz vor seinem Tod.[53]

XX. In Verteidigung der Gesellschaft

> »Ein Füchsepaar brachte den Schnee durcheinander,
> Stampfend den Saum des Hochzeitslands;
> Des Abends zeigt die harte Liebe ihre Gegend,
> Die heftige Begierde in Form von Blutkrumen.«
> Rene Char[1]

Vom Januar bis zum März 1976 hält Michel Foucault elf Vorlesungen zum Thema *In Verteidigung der Gesellschaft*; sie werden zwanzig Jahre später als Buch veröffentlicht. Die bekannte Vorlesung vom 14. Januar 1976 erscheint in Deutschland unter dem Titel *Mikrophysik der Macht* noch im gleichen Jahr. Schon in den siebziger Jahren zirkulieren die Vorlesungen vom 7. und 14. Januar 1976 über die Themen Macht und Repression bei einer großen Leserschaft als Tonbandmitschrift und nicht autorisierter Raubdruck.[2]

Als sich die französischen Verlage Gallimard und Seuil in Kooperation dazu entschließen, die dreizehn Vorlesungen von Michel Foucault am Collège de France zu veröffentlichen, betrauen sie François Ewald und Alessandro Fontana mit der Gesamtedition. Die deutsche Übersetzung und Veröffentlichung übernimmt der Suhrkamp Verlag. Der erste Band dieser Edition erscheint mit *Il faut défendre la société* 1996, also zwanzig Jahre nach ihrem mündlichen Vortrag und zwölf Jahre nach dem Tod ihres Autors. Die erste Vorlesungsreihe mit dem Titel *Der Wille zum Wissen* (1971) ist noch unveröffentlicht; dieser Band ist nicht identisch mit dem gleichnamigen ersten Teil von *Sexualität und Wahrheit* (1976). Bereits in seiner ersten Collège-Vorlesung betont Foucault die Verbindung von Macht und Wissen, die er fünf Jahre später erneut für seine Analyse nutzt.

Die Editoren gehen also nicht chronologisch in der Veröffentlichung der gesamt dreizehn Vorlesungsbände vor – sondern pragmatisch. Und in der Tat ist *In Verteidigung der Gesellschaft* (1976) von seinem Autor stark strukturiert und für die Herausgeber weniger problematisch herauszugeben. So widmen sich die einzelnen Vorlesungstage immer zentralen Foucault'schen Begriffen:

1. Vorlesung vom 7. Januar 1976: »Macht«
2. Vorlesung vom 14. Januar 1976: »Repression«
3. Vorlesung vom 21. Januar 1976: »Krieg«

4. Vorlesung vom 28. Januar 1976: »Geschichte«
5. Vorlesung vom 4. Februar 1976: »Souveränität«
6. Vorlesung vom 11. Februar 1976: »Recht«
7. Vorlesung vom 18. Februar 1976: »Freiheit und Krieg«
8. Vorlesung vom 25. Februar 1976: »Wissen«
9. Vorlesung vom 3. März 1976: »Revolution«
10. Vorlesung vom 10. März 1976: »Nation und Dialektik«
11. Vorlesung vom 17. März 1976: »Biomacht«

Die elf Vorlesungen von *In Verteidigung der Gesellschaft* widmen sich der Frage nach dem Modell des Krieges, das bis heute die Erscheinungsformen von Macht beschreibt. Im Mittelpunkt steht die Frage der staatlichen Machtausübung auf die Gesellschaft. Zwei Grundfiguren bisheriger Analysen bewegen den Denker hierbei: Die Disziplinarmacht baut als Gewalt über den Tod auf Techniken der Überwachung, Verfolgung und Bestrafung auf; ihr Bereich ist der Körper (des Menschen). Und: Die Biomacht bezieht sich auf die Bevölkerung insgesamt und auf ihr Recht auf Leben. Dieses Leben der Bevölkerung steht im Kampf von Regierung und Widerstand.

Für Foucault ist der Staat nicht Souveränität, Verfassung oder Rechtsordnung, sondern ein permanenter Kampf um die Macht. Ziel dieses Machtkampfes ist der staatsbildende Krieg, wie ihn Hobbes, Machiavelli und vor allem Clausewitz beschreiben und befürworten. Foucault stellt provokativ den Aphorismus von Karl von Clausewitz auf den Kopf, wenn er sagt, dass die Politik die Fortsetzung des Krieges mit anderen Mitteln ist.

Als die deutsche Ausgabe dieser Vorlesung im Herbst 1999 erscheint, schreibt Axel Honneth in seiner Besprechung: »Es ist dieser Foucault, der in den Vorlesungen am Collège de France zu seinem Auditorium spricht, ein Ideenhistoriker allerersten Ranges in der französischen Tradition von Dumézil, Bachelard und Canguilhem. Der Fundus seiner unterschiedlichen Entwürfe ist immer die Geschichte des Wissens geblieben.« Diese verspätete Verbeugung eines Vertreters der Frankfurter Schule vor Foucault erfreut umso mehr, als Honneth deutlich akzentuiert, dass es sich bei diesem Denker um einen »Ideenhistoriker« handelt, der in seinen »ideengeschichtlichen Entdeckungen« nichts weniger »als eine prononciert andere, oppositionelle Archäologie des europäischen Geistes versucht«[3].

Was die Generation um Habermas lange nicht zugeben kann und will, realisiert endlich und dankenswert Honneth. Spätestens mit der von ihm organisierten Frankfurter Foucault-Konferenz von 2001 gibt er ein deutliches Signal für einen beginnenden Dialog zwischen dem Denken der Frankfurter Schule und dem Wissensprojekt von Michel Foucault. Sicherlich gibt er auch dem wachsenden deutschsprachigen Interesse an diesem französischen Denker nach. Schon 1988 veröffentlicht er einen philosophischen Vergleich des Denkens zwischen Adorno und Foucault.[4] Allerdings müssen weitere dreizehn Jahre vergehen, bis er jene besagte Konferenz über ihn einberuft.[5]

Foucault betont nimmermüde in seinem Buch *In Verteidigung der Gesellschaft* das Ausbleiben der Fiktion einer Neutralität des Staates, ganz so als ob ein Staat sich einem Bündnis anschließen müsse oder in einen Krieg eintreten solle. Damit verzichtet er radikal auf die heute übliche normative Rechtfertigung der jeweiligen Perspektive für einen Beitritt, einen Krieg oder andere Entscheidungen von Regierungen. Gegen Hobbes und für Spinoza bahnt Foucault sich den Weg in die Tiefenschichten des europäischen Denkens.[6] Dabei geht es ihm dieses Mal nicht um die Analyse sozialer Machtverhältnisse oder die verstreuten innergesellschaftlichen Kämpfe, sondern um das von ihm so bezeichnete juridische Modell, welches in das Universum der Diskurse führt, die wiederum das Foucault'sche Verfahren bestimmen; »für das sich kaum eine bessere Bezeichnung anbietet als diejenige der Genealogie«[7].

In Verteidigung der Gesellschaft (1976) setzt nach *Die Anormalen* (1975) und *Überwachen und Strafen* (1975) einen theoretischen Anspruch um, der wiederum die Macht zum Thema hat. Schon hier berührt der Autor das spezielle Thema der Biomacht; ein Begriff, der ja erst in *Der Wille zum Wissen* (1976) und in den beiden Vorlesungsbänden über die *Geschichte der Gouvernementalität* (1978 und 1979) ausformuliert wird. Im Gegensatz zur Disziplinarmacht, die sich ja hauptsächlich auf den Körper konzentriert, erhebt die Biomacht das Leben der Gattung zum Ziel. Von der Souveränitätsmacht über die Körpertechnologien bis zur Machtdisziplin und den milden Mitteln der Macht behandelt Foucault alle Machtbereiche – selbst die Macht über das Leben selbst. Die große Erkenntnis scheint für Foucault zu sein, dass der Zusammenhang von Souveränität und Macht eine »große Falle« ist, in der er als Theoretiker der Macht hineinzugeraten droht.[8]

Die Mikrophysik der Macht kann überall das (notwendige) Wissen entdecken, was nicht bedeutet, dass Macht ohne eine Form ist.[9] Besonders das Unterlaufen der Institutionen und Instanzen der Macht ermöglicht es Michel Foucault, »die Macht dort am Werke zu sehen, wo sie wirkt, wo das Individuum sich im Vollzug der Individualisierung definiert und definieren lässt«[10]. Ulrich Johannes Schneider macht frappierend neben der Mikrophysik der Macht das »Mikropsychische« aus, welches »das Disziplinarindividuum in seiner Unterwerfung festhält«[11].

Foucaults Machttheorie – von ihm selbst als Machtanalytik bezeichnet – gehört bis heute zu den besonders stark rezipierten Teilen seines Werkes. Er formuliert einen ontologischen Machtbegriff gegen den tradierten politischen Machtbegriff, der »die Macht an Instanzen und Institutionen, auch an Funktionsträger bindet«[12]. Dieser von Foucault erweiterte Machtbegriff erlaubt ihm die These, dass Macht überall sei oder gar nicht existiere.[13]

Ebenso überzeugend an Foucaults Machtanalytik ist die Tatsache, dass er die Machtverhältnisse nicht nur theoretisch thematisiert, sondern strategisch entfaltet und konkret untersucht.[14] Parallel zu *In Verteidigung der Gesellschaft* entwickelt der Autor in *Der Wille zum Wissen* seine Theorie des Machtbegriffs und deckt die folgenreiche Verbindung von »Wissen und Macht« und »Sexualität und Wahrheit«.

Allerdings gibt es in dem Komplex von »Wissen und Macht« nichts, was die Macht behindern kann. »Weil Machtverhältnisse immer auch Wissensverhältnisse sind, kann Foucault die rezipierte Sichtweise auf den Kopf stellen«[15], so Schneider. Dazu sagt der Autor selbst: »Es geht also zugleich darum, mit Hilfe einer anderen Theorie der Macht einen anderen Raster der historischen Entzifferung zu entwickeln und sich mit einem näheren Blick auf das historische Material Schritt für Schritt zu einer anderen Konzeption der Macht vorzuarbeiten. Den Sex ohne das Gesetz und die Macht ohne den König zu denken.«[16]

Zuletzt abstrahiert Foucault die Inhaber von Macht, denn »das Prinzip der Macht liegt weniger in einer Person als vielmehr in einer konzertierten Anordnung von Körpern, Oberflächen, Lichtern und Blicken; in einer Apparatur, deren innere Mechanismen das Verhältnis herstellen, in welchem die Individuen gefangen sind«[17]. Darum lassen sich mit dieser Machtanalytik die Machtverhältnisse »jenseits der politischen Theorie« analysieren. Jenseits von Institutionen lassen sich nun »Machteffekte und Machtverhältnisse anerkennen«[18].

In Verteidigung der Gesellschaft unternimmt einen komplizierten Nachweis, indem diese Vorlesung die Entstehung eines bestimmten historisch-politischen Feldes nachzeichnet und dessen Verflechtung mit unterschiedlichen Machttypen darzustellen sucht. Die Politik ist darum die Fortsetzung eines Kampfes, welcher mit der Biomacht ein neues und verändertes Gebiet betritt. Das Ziel dieser Macht ist nun nicht mehr das Individuum und sein (dressierter) Körper, sondern die Biomacht, welche die (sich fortpflanzende) Bevölkerung zum Gegenstand regulierender Eingriffe macht.[19]

Von Bedeutung für Foucaults Konzept einer juridischen Macht ist die Ablehnung der von Thomas Hobbes entwickelten Philosophie des Staates. Macht wird von Hobbes in seiner Schrift *Leviathan* (1651) mit dem lateinischen Begriff »potestas« ausgedrückt, der politische Macht im Allgemeinen bezeichnet, »sowohl der weltlichen Herrscher (symbolisiert durch das Schwert in der rechten Hand des Leviathan) als auch der kirchlichen Herrscher (symbolisiert durch den Bischofsstab in der linken)«[20]. Der Körper des Leviathan ist aus (vielen) Menschen aufgebaut. Diese bildliche Darstellung unterstützt die tradierte und überholte Legitimation von Macht über die Genealogie der (Adels-)Geschlechter und die göttliche Gnade. »Macht ist etwas Zusammengesetztes und Organisiertes – ein Gesellschaftskörper.«[21] Damit erklärt Thomas Hobbes seine Vorstellung von Macht zu einem Naturzustand und zu einem Naturrecht, indem er Machtansprüche immer an eine Instanz, also den König oder den Bischof, delegiert.

Zwischen dem Individuum und dem Staat entsteht ein Vakuum der Macht, welches Baruch de Spinoza in seinem *Politischen Traktat* (1677) untersucht. Gegen den »potestas«-Begriff setzt Spinoza den Terminus »potentia«, der das Wesen der Dinge bezeichnet, denn »essentia est potentia«[22]. Das Wesen der Dinge ist die Macht. Diesem Aphorismus schließt sich der ontologische Machtbegriff von Michel Foucault an. Die politische Theorie Spinozas wird bereits von Althusser[23] und Deleuze[24] für das eigene Werk antizipiert. Wenn Foucault nun das Fragmentarische der Welt und das Perspektivische der Erkenntnis denkt, dann folgt er mehr Spinoza als Hobbes.

Hinter diesem Terminus steht die Vernunft als ein Akteur der Macht, und die Vernunft ist ein strategischer Einsatz und keine stille Kraft eines Machtausgleichs, darum ist »die Macht nicht kritisch-regulativ, sondern ontologisch-affirmativ«, wie Schneider mit Recht klarstellt.[25]

Nach Beendigung seiner Vorlesungsreihe reist Michel Foucault im Mai 1976 nach Berkeley und nach Stanford. Mit Alessandro Fontana und Pasquale Pasquino führt er ein langes Gespräch über die politische Bedeutung seiner Arbeiten vor und nach 1968. Dieser Text erscheint in dem Band *Mikrophysik der Macht*. Seine Beschäftigung mit dem Verbrechen zeigt ihm, dass auch die Sexualität keine irreduzible und archaische Dimension der Existenz ist. Die Sexualität und auch das Verbrechen sind Produkte, die von verschiedenen Dispositiven der Macht erzeugt werden; und zwar hinter der Maske der Repression. Das Gefängnis unterdrückt nicht das Verbrechen, sondern den Gefangenen. Die Macht unterdrückt nicht die Sexualität, sondern den sexuellen Menschen. Neue produktive Kräfte produzieren also den Diskurs, das Verbrechen, die Sexualität und schließlich das Subjekt selbst.

In einer Art »reécriture« – in der sich Michel Foucault seit *Wahnsinn und Gesellschaft* (1961) befindet – übt sich der Autor in einer auch stilistischen Anpassung zwischen zu analysierendem und analysiertem Diskurs. Bei diesen Analysen geht es um instabile Diskurse, also darum, wie diese Diskurse kippen und verschwinden. Damit wird ihm klar, dass dieser Stilwechsel zu einem unentbehrlichen Mittel des archäologischen Verfahrens wird. Auch darum greift Foucault auf die Klarheit antiker Quellen zurück.

Ein Ergebnis ist sein Rückbezug auf die Texte der griechischen Antike. Im August 1976 beendet er das Manuskript von *Der Wille zum Wissen (La Volonté de savoir)* und er beginnt mit der Einführung in *Familiäre Konflikte (Lettres de cachet)*. Seine Devise lautet: »Wir können Macht nur durch die Produktion von Wahrheit ausüben.«[26]

Im ersten Band seines Projektes *Sexualität und Wahrheit* zeigt Foucault, dass Scham und Schamhaftigkeit dem Anreiz zum Sprechen über Sexualität entspringt. Oftmals wird vermutet, dass die Sexualität dem Verdacht ausgesetzt sei, dass sich in ihr ein geheimer Bezug zur Wahrheit verberge. Das Sprechen über Sexualität ist heute geradezu ein Gebot geworden, statt wie früher ein Verbot. Sie ist keine Grenzüberschreitung mehr, sondern Teil der Selbstentfesselung des Menschen: »Unsere Zivilisation besitzt keine Ars erotica, aber sie hat auf dem Geständniszwang eine Scientia sexualis errichtet.«[27]

Der moderne, zeitgenössische Mensch der abendländischen Kultur scheint also unter dem Druck zu stehen, das Geheimnis seiner Natur, seines Sexus aussprechen zu müssen, auch um an diesem Geheimnis teilzuhaben. Insbesondere bei den Themenfeldern Sadismus, Exhibitionismus, Homosexualität und Unzucht mit Minderjährigen gibt es spätestens seit Richard von Krafft-Ebing und Magnus Hirschfeld ein besonderes öffentliches Interesse und einen starken privaten Ge-

ständniszwang. Der Kampf zwischen Naturtrieb und guter Sitte, zwischen Sinnlichkeit und Sittlichkeit zeichnet die Sexualität des Menschen als solche aus. Der
Wille zum Wissen folgt hierbei nicht nur dem Impuls der Suche nach einer Wahrheit, sondern dem Wunsch nach dem Geständnis, der klinischen (medizinischen,
juristischen und psychologischen) Untersuchung und der (nicht nur strafrechtlichen) Urteilsfindung.

Im November 1976 hält Foucault Vorträge in Bahia, Belem und Recife. Schon
im Dezember erscheint der erste Band von *Sexualität und Wahrheit*, einer auf sechs
Bände angelegten Geschichte der Sexualität. *La Volonté de savoir* ist sein Manifest
und ein Einschnitt in seinem Denken. Dieser erste Band seiner Geschichte der
Sexualität folgt einer machtanalytischen Spur, indem der Autor den Imperativ des
Geständnisses analysiert. Mit seiner Hinwendung zur antiken Ethik richtet Michel
Foucault den Fokus weiter auf die Frage nach der Möglichkeit subjektiver Selbst-
bestimmung durch die Entwicklung ethischer Selbsttechniken.[28]

Die Begründung einer Ethik des Selbst erscheint Foucault darum als grundlegende und unabdingbare Aufgabe, weil er der Überzeugung ist, dass es »keinen
anderen, ersten und letzten Punkt des Widerstands gegen die politische Macht gibt
als die Beziehung zu sich selbst«[29].

1977 Marcel Proust

Wie Foucault rezipiert auch Deleuze relativ spät das Nietzscheanische Werk:
»Nietzsche habe ich gelesen, und er hat mich aus allem herausgeholt.«[30] Das
könnte auch Foucault sagen. Mit dem Werk Nietzsches entdeckt Deleuze das Werk
Sacher-Masochs und Foucault die Schriften Sades und beide gemeinsam Marcel
Proust. Während Gilles Deleuze ein Buch über *Proust und die Zeichen* veröffent-
licht[31], schweigt Michel Foucault über diesen Schriftsteller, ganz so als sei dieses
Schweigen Achtung vor dem Werk und Respekt vor diesem Autor.

Michel Foucault äußert sich selten über Marcel Proust. In einem Interview von
1982 spricht er über dessen Homosexualität und über die Frage, ob man der Behauptung, »Proust war homosexuell«, einen Sinn geben kann.[32] Ihm scheint, als
sei dies eine inadäquate Kategorie, denn man sollte auch Proust nicht nach seinen Verhaltensweisen kategorisieren und klassifizieren. Wenn Foucault darüber
spricht, dass es »der beste Moment in der Liebe ist, wenn der Liebhaber mit dem
Taxi davonfährt«[33], dann erinnert ihn das an die Beschreibung der Beziehung von
Swann und Odette aus der *Recherche* von Marcel Proust. Foucault spielt auf den
Teilband *Un amour de Swann*[34] an.

In einem weiteren Interview von 1983 wird Michel Foucault über die Bedeutung von Raymond Roussel für sein Werk befragt. Er lehnt es ab, Roussel mit
Proust zu vergleichen: »Roussel hat wahrlich einer Form von Schönheit, einer
schönen Fremdartigkeit einen Körper verliehen. Aber ich würde nicht sagen, dass
Roussel Proust ist.«[35] Anschließend wird er über die Frage der sexuellen Identität

von Autoren befragt. Foucault antwortet auf die homosexuellen Identitäten von Cocteau, Proust und Roussel: »Es ist eine Wahl bezüglich dessen, was man als sexuelles Wesen und weiter dann als schreibendes Wesen ist. Und es ist eine Wahl innerhalb des Verhältnisses, das es zwischen der sexuellen Lebensweise und dem Werk gibt.« Foucault schließt mit einem – wenn man so will – Aphorismus: »Das Werk ist mehr als das Werk. Das Subjekt, das schreibt, ist Teil des Werkes.«[36] Das gilt wohl auch für Michel Foucault selbst.

XXI. Das Leben der infamen Menschen

Im Januar 1977 erscheint Michel Foucaults grundlegender Text *Das Leben der infamen Menschen (La vie des hommes infâmes)*. Die deutsche Buchausgabe wird ein Vierteljahrhundert später in einer veränderten Fassung publiziert. Eigentlich ist dieser Text das Vorwort zu einer Anthologie gedacht, aber diese Sammlung wird nicht erscheinen. Die Textsammlung hätte eine Reihe von Akten versammeln sollen, die an Menschen aus der vorindustriellen Zeit – also aus dem Zeitraum von 1660 bis 1760 – erinnern.

Diese infamen Menschen, wie Michel Foucault sie bezeichnet, sind die absolut ruhmlosen Menschen; beispielsweise der anstößige Mönch, die geschlagene Frau, der tobende Trinker, der zänkische Händler. Foucault unterscheidet diese Menschen von denen, die durch ihre Infamie berühmt werden, etwa Schreckens- und Skandalpersonen wie Gilles de Rai, Guillerie, Cartouche, Lacenaire oder Sade. »Es ist eine falsche Infamie, der das Publikum so gern huldigt«, so Franz Schuh in seiner Rezension der deutschsprachigen Buchausgabe.[1] Diese Buchausgabe erscheint 2001 im Merve Verlag. In seinem Nachwort unterstreicht der Übersetzer, dass nach Foucaults Auffassung sich das Leben der infamen Menschen »auf andere Zeiten und andere Orte ausdehnen können wird«[2]. Infame Menschen besitzen eine tradierte Präsenz, weil sie den Machthabern immer in die Quere kommen. Indem Foucault über diese Quertreiber berichtet, schreibt er auch über die Schriften, durch die allein die infamen Menschen noch heute präsent sind.

Auch wenn die ursprünglich geplante Anthologie nicht erscheint, demnach nur das Vorwort *Das Leben der infamen Menschen* erhalten ist, lässt den Autor die Idee von der Rückkehr des infamen Menschen nicht mehr los. In der Folge erscheinen von ihm betreute und herausgegebene Akten über drei infame Menschen als Buch: *Der Fall Rivière* (1973), *Über Hermaphrodismus. Der Fall Barbin* (1978) und *Familiäre Konflikte. Die »Lettres de cachet«* (1982). Der 1977 in Frankreich erschienene Aufsatz über *La vie des hommes infâmes* ist also Bestandsaufnahme und Projektbeschreibung zugleich. Foucault betont: »Das ist kein Geschichtsbuch. Dies ist eine Anthologie von Existenzen«. Sein Traum wäre, »in einer Analyse die Intensität (ihrer Existenzen) wiederherzustellen«[3].

Dieser zentrale Begriff der »Existenz« ist für Foucaults Projekt über das Leben der infamen Menschen wichtig, denn es geht um »Memoiren, Erinnerungen und Schilderungen, die die Wirklichkeit berichten und nicht eine Sammlung von Porträts sind, sondern Diskurse, die das Leben durchkreuzt haben«[4]. Dabei geht es dem Sammler dieser Existenzen um die bekannten Termini von »Diskurs«, »Infamie«, »Macht« und »Spur«. »An der Stelle ihrer plötzlichen Berührung mit der Macht treten die Spiele der Macht und die Beziehungen zu ihr.«[5] »Unter dem prekären Schutz der Wörter« entsteht eine »Legenda aurea« »dieser absolut ruhmlosen Leute«[6].

Foucault resümiert sein Anliegen und sein Projekt mit der Aussage: »Es sind Leben, so als ob sie nicht existiert hätten. Leben, die nur durch den Zusammenstoß mit einer Macht überleben, die sie einzig hatte vernichten oder zumindest entfernen wollen, Leben, die nur durch die Wirkung mannigfaltiger Zufälle auf uns zurückkommen, das sind die Infamien, von denen ich hier einige Reste versammeln wollte.«[7] Zu diesen Resten gehören unbedingt die *Lettres de cachet* (1728-1758) und die Veröffentlichung der Akte von Herculine Barbin (1838-1868). Eine Studie über Henri Legrand erscheint bislang nicht in deutscher Übersetzung, und das Buch über Pierre Rivière wird von Foucault später nicht zu dieser Projektreihe gerechnet. Das Buch über Hermaphrodismus erscheint 1978 und die Studie über die familiären Konflikte 1982.

Sein Buch *Der Wille zum Wissen* (1976) entfremdet Michel Foucault zunächst von Gilles Deleuze und anderen Intellektuellen. Tatsächlich wird es stärker von Feministinnen und Homosexuellen gelesen als von anderen. Dadurch erhöht sich für den Autor selbst die Aufmerksamkeit auf das Neue, das sich in diesen Bewegungen ankündigt. Zeitgleich erscheint sein Vorwort für die amerikanische Ausgabe des *Anti-Ödipus* von Deleuze und Guattari. In Italien und Brasilien und im Berliner Merve Verlag erscheint sein schmales Buch über die *Dispositive der Macht*. Dieses Buch findet eine starke Verbreitung unter autonomen Gruppen in alternativen Bewegungen. Diese politischen Texte von Foucault verändern die Rezeption seiner Arbeit.[8]

Im Juli unterzeichnet Foucault ein von Guattari und anderen Intellektuellen initiiertes Manifest gegen die Unterdrückung italienischer Arbeiter. Im Dezember 1977 begegnet er Vertretern der alternativen Bewegungen an der Freien Universität Berlin, aufgrund einer Einladung seiner Berliner Verleger vom Merve Verlag. Dreißig Jahre später steigt der Gründer des Merve Verlags Peter Gente aus, nachdem seine Verlagspartnerin Heidi Paris freiwillig aus dem Leben scheidet. 2008 übernimmt das Zentrum für Kunst- und Medientechnologie in Karlsruhe den Nachlass, bestehend aus vierzig Kartons mit Korrespondenz, Zeitungsausschnitten, Aktenstücken, Notaten und Dossiers. »Sie erzählen, was Merve war, aber auch, wie es sich angefühlt hat.«[9] Verlegerische Nachfolger werden wohl dafür sorgen, dass der internationale Merve-Diskurs fortgeführt wird. Merve ist sozusagen als Reclam Verlag der Postmoderne im Biotop Westberlins entstanden und versorgt nicht nur die Frontstadt mit Theorien, die sonst niemand drucken will.

Michel Foucaults Zuschreibungen des »Philosophen mit der Maske« und seine Verkündung vom »Tod des Autors« sind zu Objekten einer theoretischen Libido geworden, die nur ein Merve Verlag möglich machen kann, weil weder Gallimard oder Seuil noch Suhrkamp sich trauen. Mit einem Standbein an der Universität und einem Spielbein im Berliner Nachtleben schafft es der Merve Verlag, dass seine Bücher zur Pflichtlektüre werden. »Wir sind fast nie in Paris und leben gern in Berlin«, schreibt Heidi Paris an Sylvère Lotringer in New York.[10]

Der Verlag gründet sich 1970 als Kollektiv, wie es in den siebziger Jahren üblich ist. Peter Gentes Frau Merve Lowien gibt ihm dem Namen. Nach der Trennung des Paares 1977 schreibt der entkollektivierte, weil vom Kollektiv entnervte, Gente: »Da wird man an der Dialektik irre«, denn »beim stundenlangen Diskutieren kam das Kollektiv zu sich selbst«[11]. Um 1975 lernen sich Gente und Paris in einer Schöneberger Kneipe kennen und gehen den gemeinsamen Merve-Weg – immerhin dreißig Jahre. Die Symbiose von Heidi Paris und Peter Gente funktioniert, und weitere französische Philosophen kommen ins Verlagsprogramm: François Lyotard, Gilles Deleuze, Michel Serres, Félix Guattari und vor allem Michel Foucault.

Auf der Suche nach Autoren und deren Rechten an Übersetzungen arbeitet der Merve Verlag nicht immer ganz sauber, sodass Louis Althusser von einem »Akt der Piraterie« spricht angesichts der Veröffentlichung seines Essays *Freud und Lacan*. »Das Lavieren um Copyrights blieb Teil des Geschäftsmodells«[12]; schließlich erhält Althusser einen angemessenen Vertrag. Darum verfügt der Merve Verlag bis heute kaum über Urheberrechte. Der ökonomische Wert reduziert sich darum leider nur auf die Marke »Merve«. Zentrales Ideologem ist das Lachen, und dieses Lachen bestimmt den internationalen Merve-Diskurs und den neuen Merve-Sound. Selbstironisch schreibt darum Heidi Paris an Pierre Klossowski: »Wir sind keine Profis, sondern Leseratten. Wir sind etwas schüchtern, haben kein Geld und schwache Ellenbogen. Wir bekennen uns fröhlich dazu, schlechte und billige Bücher zu machen.«[13] Und weil Foucaults Lachen weltberühmt ist, passt er prima zum Merve Verlag.[14]

Während die Bücher der französischen Denker der Differenz, die vor allem im Suhrkamp Verlag erscheinen, ausschließlich akademisch rezipiert werden, schafft es der Merve Verlag, mit seinen preiswerten Theoriebänden ein breiteres Lesepublikum anzusprechen. Merves Veröffentlichungspolitik sorgt allerdings auch dafür, dass die französischen Theoretiker als vage Denker gelesen werden; eben anders als die Suhrkamp-Bücher, aber »dem Suhrkamp Verlag, der die Hauptrechte vertreibt, kann das nur recht sein«[15]. Dennoch vertritt Merve weiterhin die Position, dass man »den universitären Diskurs in seinem Saft schmoren lassen muss«[16].

Der Einladung von Gente und Paris folgt Michel Foucault im Herbst 1977 und verbringt ein langes Wochenende in Westberlin. Lange Nächte in der Schwulenbar »Anderes Ufer« und in der Diskothek »Dschungel« folgen auf die Filmvorführung von *Moi, Pierre Rivière* im Kino Arsenal. Beim Hotelfrühstück am Savignyplatz sind Foucault und Defert, Paris und Gente von der Polizei umstellt. Ein Gast am Nachbartisch hält Heidi Paris für die gesuchte RAF-Terroristin Inge Viett und alarmiert die Polizei. Auch deren Diskussion über ein Buch von Ulrike Meinhof, das soeben in Paris erschienen ist, und über den bewunderten Peter Brückner tut ihr Übriges. Sie werden von drei Polizeiwagen umstellt, als Foucault sein Hotel in Charlottenburg verlässt. Fünfzehn Polizisten mit Maschinengewehren stehen vor ihnen, und sie werden bei erhobenen Händen kontrolliert und schließlich auf die Polizeiwache abgeführt. Der Grund ist, dass sie beim Frühstück über ein Buch von Peter Brückner sprechen: »Wir haben nichts getan. Wir hatten einfach nur das Aussehen von Intellektuellen, also von potentiellen Verdächtigen«, kommentiert Foucault die Szene später.[17] Die Episode publiziert Michel Foucault später im Wochenmagazin *Der Spiegel*.[18]

Im Sommer 1979 schreibt Heidi Paris in der frisch gegründeten *taz – die tageszeitung*: »Foucault lesen ist eine Droge, ein flash im Kopf. Er schreibt wie die Teufel.«[19] Für die von Foucault elektrisierten Berliner Verleger Gente und Paris entstehen »ein Sog, eine Fixierung, Symptome einer Liebe«[20]. Schon im Januar 1978 pilgern zwanzigtausend Interessierte zum großen »Tunix-Kongreß« an die Technische Universität Berlin. Der kleine Merve Verlag präsentiert hier den großen Michel Foucault.[21]

Weder Deleuze noch Lyotard wollen der Einladung nach Berlin folgen, allein Foucault kommt. Später schreiben Gente und Paris: »Was uns irritiert hat, war, dass wir in Tunix theoretisch in den Vordergrund gerutscht sind, wo wir doch lieber daneben, am Rande agiert hätten. Wir haben den Fehler gemacht, uns vom internationalen Bewegungsfetischismus faszinieren zu lassen, und dabei selbst den Bewegungsmythos wieder aufgewärmt.«[22]

1978 JULIEN-OFFRAY DE LA METTRIE

Am 11. Januar 1978 beginnt Michel Foucaults neue Vorlesungsreihe am Collège de France über Sicherheit, Territorium, Bevölkerung, der erste Teil seiner *Histoire de la Gouvernementalité*, die ein Vierteljahrhundert später in einer Koproduktion der Verlage Gallimard und Seuil als Buch erscheint. Foucault beginnt erneut bei der Macht und installiert hier nicht zuletzt seinen neuen Begriff der Gouvernementalität. Die beiden Bände dieser *Geschichte der Gouvernementalität* erscheinen zusammen und zeitgleich mit der französischen Ausgabe im Suhrkamp Verlag in deutscher Übersetzung.[23] Parallel zu dieser Vorlesungsreihe leitet François Ewald ein Seminar über die Entwicklung der Sicherheitsgesellschaften unter dem Titel *La génealogie des sociétés de sécurité*. Foucault äußert erneut den Wunsch, im Rahmen eines geschlossenen und nur wenigen Forschern zugänglichen Seminars zu arbeiten, aber nach den Vorschriften des Collège de France müssen die Vorlesungen respektive Lehrveranstaltungen für alle öffentlich zugänglich sein.

Sein Vorwort zur amerikanischen Buchausgabe von *Das Normale und das Pathologische* von Georges Canguilhem erscheint. Zeitgleich arbeitet Foucault am zweiten Band seiner Histoire de la sexualité (Geschichte der Sexualität), die sich

mit dem christlich geprägten Begriff des Fleisches auseinandersetzt. Die Genealogie der Fleischeslust und die Praxis der Beichte werden hier thematisiert. Es wird
kolportiert, dass der Autor dieses Manuskript vernichtet habe.[24]

Im Februar diskutiert er mit Roland Barthes, Pierre Boulez und Gilles Deleuze
über serielle Musik und die musikalische Zeit. Außerdem nimmt er zusammen
mit Katharina von Bülow und André Glucksmann am Berliner »Tunix-Kongreß«
der alternativen Linken teil.[25] Hier diskutiert er mit David Cooper und Ronald D.
Laing über Antipsychiatrie und die politische Rolle des Intellektuellen. Wenngleich
Michel Foucault sich zumindest in der Öffentlichkeit nicht parteipolitisch positioniert und auch keine Wahlempfehlungen ausspricht, spricht er doch häufig über
die politische Rolle der Intellektuellen. So nimmt er beispielsweise in Hannover an
einer Demonstration für den Politologie-Professor Peter Brückner teil, der Opfer
eines Berufsverbotes seiner Universität ist, auch um zu demonstrieren, dass er als
Intellektueller politisch denkt und handelt.[26]

Im April 1978 ist er zum zweiten Mal und für vier Wochen in Japan und beschäftigt sich intensiv mit dem Zen-Buddhismus. Er reist nach Fukuoka, Hirado,
Kiushu, Tokio und zum Fuji. In einem Interview im japanischen Fernsehen sagt
er: »Ich interessiere mich hier vor allem für Geschichte und Grenzen der abendländischen Rationalität. Diese Frage drängt sich auf, weil Japan nicht im Gegensatz
zur abendländischen Rationalität steht.«[27]

Am 27. Mai 1978 hält Michel Foucault in der Societé française de philosophie
den später so populären und oft zitierten Vortrag *Qu'est-ce que la critique*. Der Berliner Merve Verlag veröffentlicht den Text unter dem Titel *Was ist Kritik?* Im Jahr
1992. Gegenüber Henri Gouhier erklärt Michel Foucault: »Ich habe lange über
den Titel dieses Vortrags nachgedacht, aber der einzig passende ist ›Was ist Aufklärung?‹.«[28] Wenn die Erkenntnis Grenzen hätte, so Foucault, dann ausschließlich
in der Struktur des erkennenden Subjekts selbst. Darum beschäftigt er sich 1982
öffentlich mit der »Hermeneutik des Subjekts«. Zwischen der philosophischen Erkenntnis und der geistigen Transformation des Subjekt-Seins vollzieht sich ein
Bruch »von Kant an«, so Foucault, der die geistigen Strukturen keinesfalls verschwinden lässt.[29]

Foucault behauptet, dass Kant in dieser Betrachtung weitergeht, indem er
sagt: »Was wir nicht zu erkennen fähig sind, das macht gerade die Struktur des
erkennenden Subjekts aus, die bewirkt, dass wir es nicht erkennen können. Mit
Descartes und mit Kant wird das, was man die Geistigkeitsvoraussetzung für den
Zugang zur Wahrheit nennen könnte, zunichte gemacht.«[30] In seiner Beschäftigung mit der Philosophie der Aufklärung und der Theorie des Subjekts kommt
Foucault im Folgenden auf den zu Unrecht vergessenen Philosophen La Mettrie
zu sprechen.

Julien Offray de La Mettrie (1709-1751) gehört zum radikalen, atheistisch-mate-
rialistischen Flügel der französischen Philosophie der Aufklärung. Er ist Medizi-
ner und studiert zeitweise in London, wo er die englischen Aufklärungstexte liest.
Während seiner Tätigkeit als Arzt und Forscher verfasst er mehrere medizinische

Abhandlungen. Eine schwere Krankheit während der Belagerung von Freiburg, an der er als Militärarzt teilnimmt, lässt ihn 1744 selbst die Abhängigkeit des Bewusstseins vom Zustand des Körpers erfahren. Er beginnt, die den Bewusstseinsvorgängen zugrunde liegenden physischen Prozesse zu erforschen, und veröffentlicht seine Ergebnisse – getarnt als englische Übersetzung – in der *Histoire naturelle de l'âme* (1744). Das Werk löst starke Reaktionen aus.

Zu den Angriffen gegen diese Schrift kommen Kabalen im Kollegenkreis hinzu, sodass sich La Mettrie gezwungen sieht, Frankreich zu verlassen und nach Leyden umzusiedeln. Mit den meisten seiner Fachkollegen entzweit er sich, weil er diese in seiner Schrift *La politique de médecin de Machiavell* (1746) scharf kritisiert. Julien Offray de La Mettrie bekannteste Schrift *L'homme machine* (1748) ist unverhüllt materialistisch und hat zur Folge, dass er sich ebenfalls in Leyden nicht halten kann. Durch Vermittlung kann er schließlich nach Berlin gehen. Dort erscheinen *Les animaux plus que machines* (1748), *Réflexions philosophiques sur l'origine des animaux* (1750) und *L'art de jouir* (1751). Posthum erscheint *Vénus métaphysique ou Essai sur l'origine de l'âme humaine* (1752); zu Lebzeiten erscheint außerdem seine *Œuvres philosophiques* (1751).

Julien Offray de La Mettrie spielt mit seinen Lesern gern Verstecken. In seinen anonymen Schriften beruft er sich auf manche seiner anderen Arbeiten, ganz so als stammten diese von anderen Verfassern. Gelegentlich kritisiert er diese Schriften sogar. So ist *L'homme plus que machine* der Versuch, durch ironische Übersteigerung der spiritualistischen Position der Thesen von *L'homme machine*, die scheinbar angegriffen werden, indirekt zu bestärken, weil greifbar wird, dass die Kritik haltlos ist. Tarnungszwecken dient auch die Widmung in *L'homme machine* an einen gewissen Haller, wie La Mettrie zuletzt einräumt, denn er hat Haller, »der nie die Vorurteile seiner Kindheit abgelegt habe«, nie gesehen.[31]

Der Philosoph vertritt eine absolut naturalistische Position, was ihn dazu veranlasst, die Philosophie mit der Medizin insofern parallel zu setzen, als beide ja die Naturkenntnis anstreben: »Was nicht aus dem Innersten der Natur geschöpft ist, was nicht Phänomen, Ursache, Wirkung, Wissenschaft von den Dingen ist, geht die Philosophie nichts an.«[32] Die auf diese Weise verstandene Philosophie und die durch die bestehende Moral und die politischen Interessen gestützte Religion befinden sich im Wesentlichen in einem beständigen Krieg, so La Mettrie. Trotzdem bemüht er sich, die rein praktische Bedeutung der Philosophie einzuschränken, denn er argumentiert nicht nur, dass Wahrheit als solche niemals gefährlich sein kann – was auch für den Materialismus gelten soll, wenn dieser wahr ist –, sondern er denkt mit einer gewissen Resignation, dass die Philosophie nur einen kleinen Kreis von Gebildeten erreicht, während das Volk von philosophischen Fragen unberührt bleibt.

Unter dem Einfluss des Glaubens, der Religion, der katholischen Kirche (und der Selbstliebe) hält dieses Volk beispielsweise an der Idee der Unsterblichkeit der Seele fest. Darum betont er, dass die Philosophie die heiligen und weisen Bande (»ces liens sages et sacrés«[33]) der Moral und der Gesellschaft nicht infrage stellt.

Das kann nicht La Mettries eigene Überzeugung sein, denn er meint, dass die Philosophie unnütz ist, wenn sie nicht die Fähigkeiten des Einzelnen entwickeln hilft und wenn sie dem Wohl der Gesellschaft nicht nützt. Allerdings ist der Einfluss der Philosophie mittelbar und indirekt, dafür aber beträchtlich. Die Philosophie beeinflusst den Gesetzgeber, gerechtere Gesetze zu erlassen und zu erwirken, dass sich die Regierten besser regieren lassen. Nicht zuletzt in diesem Punkt wird Julien Offray de La Mettrie für Michel Foucaults Denken wichtig.[34]

Ausgangspunkt für La Mettrie ist die Tatsache, dass das Bewusstsein in vielfacher Weise durch organische Faktoren, wie beispielsweise die Zirkulation des Blutes, die Art der Ernährung, der Mangel an Nahrung sowie durch Klima, Umwelt und Drogen, beeinflusst wird. Während die Spiritualisten die Lösung dieses Problems in der Annahme der Unkörperlichkeit der Sinne bestätigt sehen (eine unkörperliche Seele kann von körperlichen Zuständen nicht beeinflusst werden und nicht auf den Körper einwirken), rechnet La Mettrie mit dem Einwand, dass nicht zu begreifen ist, wie die Materie überhaupt empfinde, sich erinnere oder urteile. Er betont, dass man einer Sache nicht deshalb Eigenschaften absprechen darf, weil man nicht durchschaut, warum sie diese Eigenschaften hat.

Die materialistische Theorie rechtfertigt sich dadurch, dass sie die fraglichen Zusammenhänge erklärt, und darum reicht sie aus. Das bedeutet, dass es überflüssig ist, eine geistige Entität zu fingieren, so La Mettrie.[35] Die Annahme, dass das Bewusstsein mit der Organisation des zentralen Nervensystems zusammenhängt, ist hinreichend zur Erklärung dieser Tatsachen, darum brauchen Annahmen nicht gerechtfertigt werden, zumal die Seele ein leerer Ausdruck (»un vain terne«) ist, das bedeutet ein Ausdruck, dem kein Begriff entspricht.[36]

La Mettrie entscheidet sich also für die materialistische und gegen die spiritualistische Auffassung des Bewusstseins, weil er überzeugt ist, dass die erste ohne die metaphysischen Annahmen der zweiten auskommt und besser erklärt. Konsequenterweise hätte er auch die materialistische Deutung als hypothetisch betrachten können, tut das aber nicht, sondern ist der Meinung, dass sie sich aus Erfahrungen ergibt. Darum hält er diese Deutung für wahr: »Voilà mon système, ou plutôt la verité.«

Und wenn Wahrheit nicht das Abbild einer spirituellen Ordnung, sondern das Instrument ihrer Verwirklichung ist, erklärt sich daraus auch die für unser Denken unvertraute Nähe zwischen den Begriffen der Wahrheit und der Erfahrung. Spirituelle Anhänger besinnen sich auf den sakralen Wert der Wahrheit, Ziel ihrer Reflexion ist die Erinnerung an ein unbewegliches und zeitloses Sein. Zur materialistischen Ordnung der Welt gehört die Wahrheit.

Mit dem Materialismus verbindet sich bei Julien Offray de La Mettrie der erkenntnistheoretische Reduktionismus, demzufolge alle Bewusstseinsinhalte auf einfache Empfindungen zurückführbar sind. Der sensualistische Reduktionismus findet sich schon in der *Abhandlung über die Seele (Traité de l'âme*, 1744), also zehn Jahre vor Étienne Bonnot de Condillac (*Traité des sensations*, 1754), wo intelligente Akte als Entdeckungen von Beziehungen zwischen Empfindungen aufgefasst werden.[37] Foucault spricht in seiner Vorlesung über die Hermeneutik des Subjekts über die Spannung der Seele (tension de l'âme).[38]

Unter Freiheit will La Mettrie die Fähigkeit aufmerksamer Prüfung von Motiven verstanden wissen, die Reflexion soll durch Ideenassoziationen bedingt sein, so wie das Gedächtnis auf Spuren im Gehirn zurückgeführt wird. Diese Prozesse deutet La Mettrie rein materialistisch, wird dabei aber nicht dem Phänomen der Reflexion gerecht. In seiner Abhandlung über die Seele schreibt er darum, dass »die Empfindungsfähigkeit allein alle Fähigkeiten ausführt, dass sie beim Menschen wie beim Tier alles macht und dass sich daher zu guter Letzt alles durch sie erklären lässt«[39]. Auch Condillacs *Essai sur l'origine des connaissances humaines* (1746) erscheint erst zwei Jahre nach La Mettrie *Traité de l'âme*, sodass La Mettrie als der eigentliche Wegbereiter des materialistischen Sensualismus anzusehen ist.

La Mettrie fasst seine Ansicht folgendermaßen zusammen: »Eine Maschine zu sein, zu empfinden, zu denken, Gut und Böse unterscheiden zu können, mit einem Wort, mit Intelligenz und sicherem moralischen Instinkt geboren zu sein, und nichts anderes als ein Tier (animal) zu sein, sind nicht gegensätzlichere Dinge als ein Affe oder Papagei zu sein und sich Lust verschaffen zu können.«[40] In Bezug auf das Verhältnis von Denken und Materie äußert er sich in ähnlicher Weise: »Ich halte das Denken für so wenig unverträglich mit der organisierten Materie, dass es mir eine ihrer Eigenschaften zu sein scheint, ähnlich wie die Elektrizität, die Bewegungsfähigkeit, die Undurchdringlichkeit, die Ausdehnung und so weiter.«[41]

Dem erkenntnistheoretischen Sensualismus entspricht in der praktischen Philosophie La Mettries der moralische Hedonismus: Eigentlicher Bewertungsmaßstab ist das organische Glück, nicht die Vernunft oder die Wahrheit. Weil das Streben nach Glück notwendig ist, sind alle Entscheidungen, da diese vom Streben nach Glück geleitet sind, ebenfalls notwendig, ja sie erfolgen mechanisch. Der Moralphilosophie ist damit die Aufgabe gestellt, die Ursachen des Glücks zu erforschen beziehungsweise den Mechanismus des Glücks (»mécanisme du bonheur«) aufzuklären. Nach La Mettrie kommen hierbei innere und äußere Ursachen in Betracht, wobei die inneren entweder mit der individuellen Organisation zusammenhängen oder erworben werden beziehungsweise anerzogen (Vorurteilsfreiheit oder Leidenschaftslosigkeit) sind, während äußere Ursachen Reichtum oder Reputation sein können.

Das organische Glück ist unmittelbares Lustempfinden und lässt sich durch Reflexion nicht empfinden, höchstens beeinflussen. Gewisse Faktoren, die für das Empfinden von Glück von Bedeutung sind, lassen sich rational beeinflussen – hier hat die Erziehung ihre Aufgabe, indem sie einerseits vorhandene positive Anlagen entfalten hilft und andererseits Mängel ausgleicht. Da dies mit rationalen Mitteln geschieht, spielt die Vernunft für die Fähigkeit zum Glück eine große Rolle. Der Vernünftige kann glücklicher sein als der Unvernünftige. La Mettrie unterstreicht nachdrücklich die Bedeutung der Erziehung für die Tugend im Sinne eines sozialen Nutzens. Und hier schließt Foucault erneut einen Bogen zur Selbstpraxis, zur Sorge um sich, bei der die Tugend eine wesentliche Rolle spielt.[42]

Bei Gallimard erscheint im Herbst 1978 die von Michel Foucault herausgegebene Fallgeschichte über Herculine Barbin, in der es um die (Unmöglichkeit der)
Bestimmung eines »wahren« Geschlechts geht. Aus dem Projekt einer Anthologie
wird nun eine Sammlung mit dem Titel *Les Vies parallèles*. Diese Idee einer Buchreihe mit dem übergeordnetem Thema »Parallelviten« kommt in der ursprünglichen Planung schließlich nicht zustande. Man könnte diese Parallelviten sozusagen posthum wie folgt mit den vier Bänden ordnen: *Moi Pierre Rivière* (1973),
Herculine Barbin (1978), *Le Cercle amoureux d'Henri Legrand* (1979), »*Lettres de cachet*« (1982).

Als Michel Foucault im Zuge seiner Arbeit an einer Geschichte der Sexualität
Mitte der siebziger Jahre auf die Erinnerungen des Hermaphroditen Herculine
Barbin stößt, ist eine andere Geschichte bereits von ihm veröffentlicht, nämlich
das autobiografische Dokument des Familienmörders Pierre Rivière. Dieser Text
ist sonderbar, weil er als Dokument über das Dokumentarische hinausreicht und
auf eine Konstellation verweist, in der Daten und Taten, schriftliche Zeugnisse, juristische Urteile und medizinische Gutachten in enger Verstrickung ineinanderlie-
gen. Die Lebensdokumente des Pierre Rivière und der Herculine Barbarin haben
sich in einem Abstand von vierundzwanzig Jahren in französischen Fachperiodika
gekreuzt. Sowohl der schwerfällige Bauernsohn als auch die Kleinbürgerin mit un-
eindeutigem Geschlecht haben ein Biografie, deren Schicksal sich im Spannungsfeld zwischen Medizin und Justiz entscheidet.

Im Klappentext der französischen Erstausgabe von *Herculine Barbin, dite Herculine B* erklärt Foucault seine Idee von »Les Vies parallèles«: »In der Antike stellte
man gerne Lebensbeschreibungen großer Männer nebeneinander; so hörte man
über die Jahrhunderte diese beispielhaften Schatten reden. Parallelen sollen sich
im Unendlichen schneiden. Aber stellen wir uns einmal Parallelen vor, die einander niemals schneiden. Das wäre dann das Gegenteil: derart paralleles Leben, das
niemand sie mehr zusammenfügen könnte.«[43]

Was Michel Foucault schon in seinem Aufsatz über *Das Leben der infamen Menschen (La vie des hommes infâmes)* beschreibt, trifft ebenfalls auf die Projekt-Rei-
he der »Parallelviten« (Les Vies parallèles) zu[44], denn wenig später bestätigt er in
einem Interview: »der Mensch ist ein Erfahrungstier« (L'homme est un animal
d'expérience).[45]

Nachdem Foucault im Juli 1978 von einem Auto angefahren wird, muss er einige Tage im Krankenhaus von Vaugiard verbringen: »Seitdem hat sich mein Leben
verändert. Da war dieser Stoß, ich flog auf die Motorhaube und hatte noch Zeit zu
denken: Jetzt ist Schluss. Ich werde sterben. Sehr gut. Ich war einverstanden.«[46]
Die hierbei erlittene Gehirnerschütterung wird ihm ein Jahr Kopfschmerzen bereiten. Foucault engagiert sich für die Boat People und deren verstärkte Aufnahme
in Europa. In seiner Wohnung treffen sich Israelis und Palästinenser zu einem
Kolloquium, er spricht in Dijon über die Kernenergie und neue Energieordnungen
und tritt für die Selbsttötung ein.

Weil Sartre sehr krank ist, wird Foucault zunehmend in die Rolle eines »ersten« Intellektuellen gedrängt. Der italienische Journalist Ducio Trombadori beginnt im Dezember 1978 mit Interviews und Gesprächen, die sowohl in ihrer Quantität als auch in ihrer Qualität zu einer Art intellektuellen Biografie anwachsen. 1980 erscheint dieser Dialog stark gekürzt in einer italienischen Zeitung und sechzehn Jahre später vollständig als eigenständiges Buch im Suhrkamp Verlag mit dem Titel *Der Mensch ist ein Erfahrungstier* (1996).[47] Jacques Derridas Gespräch mit Geoffrey Bennington ist eine ähnliche Form der Darstellung eines Lebens in einem Gespräch.[48]

XXII. Parallelviten II: Der Fall Barbin

> »Es heißt, dass man sich in einer Freundschaft
> nicht nur Dienste zu erweisen habe, sondern
> dass es auch eine Arbeit, eine Anstrengung
> zu leisten gebe, durch die man erreiche, von
> demjenigen geliebt zu werden, dessen Freund-
> schaft man begehrt.«
> Michel Foucault[1]

1978 veröffentlicht Michel Foucault mit dem Lebensprotokoll von Herculine Barbin die autobiografischen Aufzeichnungen eines Hermaphroditen, der nach langer Zeit in einem medizinisch-juristischen Verfahren sein sogenanntes »wahres«
Geschlecht anzunehmen gezwungen wird. Diese Aufzeichnungen sind aber nicht
einfach nur Tagebuch oder Lebensbeschreibung, Selbstbekenntnisse oder Memoiren, sondern ein Diskursfragment. Sie ergeben einen Text, in dem sich die Wissenschaften, die Praktiken, die Institutionen und die Verhaltenweisen überschneiden
und damit eine komplexe und komplizierte Lesbarkeit ergeben.

Michel Foucault bestätigt: »Mich hat an Herculine Barbins Bericht besonders
frappiert, dass es kein wahres Geschlecht gibt. Die Vorstellung, wonach jeder
Mensch einem bestimmten Geschlecht angehört, ist erst im 18. Jahrhundert von
Ärzten und Juristen formuliert worden.«[2] Das Schicksal der Herculine Barbin ist
das Manifest einer modernen Wissenschaft von der Bestimmung des Geschlechts,
deren Genealogie Michel Foucault in seinem Projekt einer Geschichte der (abendländischen) Sexualität zu beschreiben versucht. Darum sieht er sofort das Grundproblem in der Betrachtungsweise dieses hermaphroditischen Lebens: »In der
modernen Zivilisation verlangt man eine rigorose Übereinstimmung zwischen ana-
tomischem, juristischem und sozialem Geschlecht.«[3] Auch wenn die Erscheinung
des zweideutigen oder doppelten Geschlechts immer mit einem Spiel der Überschreitung der Grenzen verbunden und mit Täuschung und Travestie verknüpft ist,
so ist doch die sexuelle Zweideutigkeit für das Leben Herculine Barbins eindeutig.

An dem Fall der Herculine Barbin interessiert Foucault die Tatsache, dass »diese Frau ihren Personalstand ändern wollte, und schließlich als Mann eingetragen
wurde«[4]. Nicht nur die Tatsache, dass es im Zweifel zu einer Geschlechtsanglei-
chung von einer Frau zu einem Mann gekommen wäre, auch »die Fülle detaillier-

ter und unmittelbar zugänglicher Dokumente, bei denen es sich im Wesentlichen um Berichte von Ärzten und Rechtsanwälten handelte«, nimmt Foucault für diesen Fall ein.[5] Dieser Mensch, dem man kein direktes Personalpronomen zuordnen kann – weder ein »er« noch eine »sie«, wächst als Mädchen in einem katholischen Mädcheninternat auf, wird zur Lehrerin ausgebildet und hat eine Beziehung mit einer Frau. Schon diese kurzen Lebensdaten bebildern eine Welt »der weiblichen wie der christlichen Monosexualität«[6]. Es ist eine Welt »der Erregung, der Lüste, des Kummers, der Milde, der Zärtlichkeit und der Bitternis, in der die Identität der Partner und besonders die der rätselhaften Person, um die sich alles drehte, ohne Bedeutung war«[7].

In dieser Welt frommer Frauen und pubertierender Mädchen möchte niemand »das grausame Spiel der Wahrheit spielen, das die Ärzte später der ungewissen Anatomie Herculines aufzwangen«[8], so Michel Foucault in seiner Einleitung. Herculine sagt von sich selbst, sie sei für die Liebe geboren[9], für Foucault ist sie die Imagination einer Sexualität jenseits der medizinisch-juristischen Regeln und damit ein Modell für ein freies Spiel der Körper und Lüste. »Die Erregung, die Herculines seltsame Gegenwart den Berührungen verlieh, den Liebkosungen, den Küssen, die die Augen der Jugendlichen auf sich zogen, wurde von allen mit um so größerer Zärtlichkeit angenommen, als keinerlei Wissbegier darunter gemischt war.«[10]

Michel Foucaults Einleitung mit dem Titel *Das wahre Geschlecht* erscheint zuerst in der Zeitschrift *Arcadie* im November 1980 und zeitgleich in der US-amerikanischen und deutschsprachigen Buchausgabe.[11] Dieser Text fehlt in der französischen Erstausgabe von 1978. Die Suhrkamp-Edition ergänzt die Erinnerungen von Herculine Barbin aus dem Jahre 1860 um den Text *Ein scandalöser Fall* (1893) von Oskar Panizza und um ein umfangreiches Dossier mit biografischen Daten, Gutachten und Pressemeldungen, sowie weiteren Dokumenten.

Herculine Barbins Text ist eine traurige Erinnerung an ihre Vergangenheit, an ein Wesen ohne festgelegtes Geschlecht und an die »Genüsse, die sie dabei verspürte, kein Geschlecht zu haben«[12]. Herculines sexuelle Nicht-Identität ist in der weiblichen Welt des Klosters noch möglich, danach ist sie »weder Frau, die Frauen liebt, noch Mann, versteckt unter Frauen«, sondern »das identitätslose Subjekt eines starken Verlangens«. Damit ist sie »Anziehungspunkt ihrer Weiblichkeit und für ihre Weiblichkeit, ohne dass sie irgendwie gezwungen gewesen wäre, ihre vollständig weibliche Welt aufzugeben«[13].

Sex kann hier vielleicht noch als von Foucault so verstandener Effekt der Stimulierung oder der diskursiven Explosion erscheinen, Lüste und Heimlichkeiten sind in einem Netz minutiöser Beobachtung und Aufzeichnung gefangen. Diese besondere Art von Sexualität ist nicht gegeben, sondern ein diskursives Produkt, denn sie erscheint da, wo die Disziplinierung des Körpers mit einer Kontrolle der Bevölkerung zusammentrifft.[14]

Damit erscheint für Michel Foucault die Monosexualität von Herculine Barbin als Alternative zur Homosexualität. Auf diese Weise wird sie »zum Modell einer Sexualität jenseits der Sexualität, jenseits der Festlegungen und Identitäten des

Sex. Das große Hindernis ist die Geschlechterdifferenz selbst, oder genauer noch: das Wissen um diese Differenz im Rahmen einer symbolischen Ordnung, die zumindest Grundmuster sexueller Identitäten festlegt.«[15] Und dieses Wissen macht aus Herculine Barbin das Monster. Dieses Wissen mit seinen Effekten und Elementen unterliegt einer Ökonomie des Wissens, die das Leben mit den Diskursen zusammenbringt und aus der Anonymität herausholt. Was Herculine Barbin notiert, ist ein »Stück in der Dramaturgie des Wirklichen«[16].

Schon in seiner Vorlesung über die *Anormalen* (1975) benennt Foucault einen besonderen Typ von Monstrosität, den das klassische Zeitalter als solchen bevorzugt: den Hermaphroditen. »Rund um die Hermaphroditen begann sich eine neue Figur des Monsters abzuzeichnen, sie taucht Ende des 18. Jahrhunderts auf und funktioniert als solche bis zum Beginn des 19. Jahrhunderts.«[17]

Bereits 1599, so findet es Foucault in den Archiven, wird ein Hermaphrodit mit dem Namen Antide Collas geschmäht. Und 1601 ist die Rede von dem Hermaphroditen von Rouen, Marin Lemarcis[18], und 1765 – hundertfünfzig Jahre später – von Anne Grandjean, »die als Mädchen getauft wurde, aber ein gewisser Lusttrieb hat sie um das 14. Lebensjahr ihren Spielgefährtinnen nähergebracht«[19]. Weil sie darüber beunruhigt ist, von Mädchen angezogen zu sein, beschließt sie, Männerkleidung zu tragen. Eigentlich geht es also in diesem Falle weniger um die Geschlechtsdifferenz als um weibliche Homosexualität. Anne Grandjean wird folglich nur der Umgang mit Frauen verboten, während Marin Lemarcis »die Sexualität und jede sexuelle Beziehung untersagt« werden.[20]

Michel Foucault fragt: »Wie kam es zu dieser Verdammung zweier vollkommen verschiedener Phänomene, nämlich des Hermaphrodismus und der Homosexualität?«[21] Wo der Hermaphrodit in der Aufmerksamkeit schließlich verschwinden wird, da taucht zuletzt der Homosexuelle auf. Als dessen Merkmale erscheinen insbesondere die Tatsachen, dass die individuellen Geschlechtsempfindungen und Geschlechtstriebe nicht allein von der Biologie abhängig sind, sondern auch auf die psychosexuelle Persönlichkeit wesentlich mitwirken. Im Gegensatz zum anatomisch monströsen Hermaphroditen tritt der körperlich »normale« Homosexuelle auf den Plan und eröffnet neue Forschungsfelder, nämlich nicht mehr nur medizinische, juristische, sondern psychologische Bereiche. Den »Homosexuellen« erfindet 1870 – nur zehn Jahre nach Herculine Barbins Bericht – Carl Westphal als eine so von ihm bezeichnete »conträre Sexualempfindung«.

Diese Verbindung weiblicher und männlicher Geschlechtsorgane entwickelt in der Sexualwissenschaft eine pedantische Genauigkeit, die die Zweifelsfälle klassifiziert und modifiziert, einordnet und sortiert, zuletzt hierarchisiert. Das Spiel um die Monstrosität des Hermaphroditen ist damit eröffnet, und dieses Spiel der physischen Perversion und der moralischen Verirrung bestimmt nun nicht mehr eine blinde Unordnung, sondern eine Anomalie, die bestimmten Gesetzen und geregelten Wechselbeziehungen gehorcht. Allerdings: »Herculine Barbin entdeckte ihre abweichende Persönlichkeit, als sie sich in eine Frau verliebte. Bedenkt man, dass sie im 19. Jahrhundert und dazu noch in einer Kleinstadt in der Provinz lebte, ist es bemerkenswert, dass sie ihre Gefühle nicht als homosexuelle Abweichung unterdrückte und alles so beließ, wie es war. Wäre es so gewesen, hätte man nicht darüber schreiben brauchen.«[22]

Aus Alexina Barbin wird Abel Barbin, der nicht mehr weiß, wie er als Herculine Barbin empfinden soll. Barbin hat keine weibliche Brust und einen »falschen Körper« (wie es eine Abbildung in der deutschsprachigen Foucault-Edition betitelt[23]) ohne eindeutigen Unterleib. Das bedeutet darum nicht, dass Barbin eigentlich ein Mann ist. »Die Gestalt ihres (seines) primären Geschlechtsteils hat eine solche eindeutige Zuordnung ausgeschlossen; Herculine genannt Herculine beziehungsweise Abel war tatsächlich ein Zwitter, wenn man darunter in einem sehr eingeschränkten Sinne ihre (seine) anatomische und morphologische Uneindeutigkeit des Geschlechtsteils versteht. Aber um Anatomie geht es hier gar nicht.«[24] Der »falsche« Körper oder das »wahre« Geschlecht – so der Titel der Einleitung von Michel Foucault – gibt es eben nicht. Die Anatomie wird Herculine Barbin zum Schicksal. Geschlechtsanatomie und Sexualpathologie »ergreifen, umschlingen, bringen zum Sprechen und erfinden den sexuellen Körper«[25], so Michel Foucault.

In Herculine Barbins Bericht reihen sich Melancholie und Traurigkeit, Befremden und Fremdsein aneinander; diese Aufzeichnungen sind als Flucht angelegt, denn nur als Opfer wird Herculine Barbin zum Subjekt ihres Wissens. Diejenige, die spricht, ist der, über den gesprochen wird.[26] Herculine ahnt, dass sie sich am falschen Ort befindet, dass sie weder auf die Seite der Mädchen noch auf jene der Jungen gehört. Philipp Sarasin stellt fest: »Ihr Körper ließ sich mit den bipolaren Kategorien der Geschlechterdifferenz nicht einordnen, er fiel buchstäblich aus jener symbolischen Ordnung heraus, die zwei unterscheidbare Geschlechter festlegt.«[27] Diese symbolische Ordnung bildet diese Unterschiede ab, respektive drückt sie diese Differenzen aus. Wie Lacan bemerkt, ist der körperliche Unterschied als solcher »nur ein animalischer und ein dem Vergessen der Naturnebel geweihter«[28]. Die sexuelle Differenz oder die Geschlechterdifferenz ist immer noch an die Sichtbarkeit genitaler Merkmale gebunden, sie werden klassifikatorischen Distinktionen zugeordnet oder von den Prinzipien höherer Ordnungen absorbiert. Zuletzt entfalten sie den Charakter ihrer Differenz um den Preis einer Verschiebung in einen ästhetisch, juristisch oder moralisch signifikanten Raum. Die medizinische Gegenüberstellung hält fest an der strengen morphologischen Analogie dieser Genitalien. Ihr geht es dabei um die Themen der Jungfernschaft und Mannbarkeit, Ehestand und Mutterschaft, Mündigkeit und Regulierung der Lüste. Damit ist der (sexuelle) Körper einer Ökonomie unterworfen und nicht mehr selbstbestimmt.

Herculine selbst notiert: »Das, was uns nach der natürlichen Ordnung der Dinge in der Welt trennen musste, hatte uns vereint! Da es uns bestimmt war, in der ständigen Intimität zweier Schwestern zu leben, mussten wir das überwältigende Geheimnis, das uns aneinander band, jetzt vor allen verheimlichen.«[29] Die natürliche Ordnung, von der Herculine hier spricht, bezieht sich sowohl auf die Geschlechterdifferenz als auch auf die homosexuelle Beziehung zweier Frauen. Der

Schein der Schwesternschaft schützt die beiden, und Herculines Geschlechtsteil, welches »männliche« Züge aufweist, bleibt ihr Geheimnis. Erst als Herculine sich einem Priester und einem Arzt anvertraut, empfindet sie schließlich den Zustand »metaphysischer Heimatlosigkeit und unstillbarer Sehnsucht und radikaler Einsamkeit«[30]. Judith Butler betont, dass mit diesen ungewöhnlichen Aufzeichnungen der »Traum einer homo/monosexuellen Unbestimmtheit geträumt und doch einem impliziten Ideal des guten Sex nachgehangen wird«[31]. Michel Foucault liest den Text keineswegs als Ideal einer eigenen Poetologie des *Willens zum Wissen*, sondern durchaus als außergewöhnliches historisches Dokument eines infamen Menschen und eines parallelen Lebens. Verkörpert also der Hermaphrodit einen privilegierten Status in der Frage nach dem wahren Geschlecht, dann liefert er zugleich die Argumente, die das anatomische Dispositiv einstürzen werden.

1979 Guy Hocquenghem

Am 7. Januar 1979 notiert Michel Foucault: »Die Universalien nicht dem Hobel der Geschichte überlassen, sondern die Geschichte anhand eines Denkens aufrollen, das die Universalien verwirft. Aber welche Geschichte?«[32] Die Frage des Geschichts-Denkens beschäftigt ihn spätestens seit seiner Nietzsche-Lektüre und hält an bis zum Tod.

Drei Tage später, am 10. Januar 1979, beginnt seine Vorlesung *Die Geburt der Biopolitik (Naissance de la biopolitique)* als zweiter Teil der *Geschichte der Gouvernementalität*. Hier setzt sich Foucault mit der Idee des Liberalismus und der liberalen Gouvernementalität auseinander. Die Vorlesungsreihe erscheint exakt ein Vierteljahrhundert später als Buch, parallel in französischer und deutscher Sprache. Das Montagsseminar widmet sich der Frage der Methode in der Ideengeschichte (La méthode en histoire des idées) und den Techniken der Risikobewältigung in modernen Gesellschaften. Am 31. Januar 1979 erklärt Michel Foucault: »Der Staat hat kein Wesen, der Staat ist nichts Universelles. Der Staat ist keine autonome Quelle von Macht, der Staat ist nichts anderes als eine unablässige Etatisierung.«[33]

1980 erscheint im Verlag Semiotext in New York eine Broschüre mit dem Titel *Loving Boys, Loving Children*, herausgegeben von Sylvère Lotringer, Professor für neue französische Philosophie an der Columbia Universität in New York. Eine deutsche Ausgabe folgt ein Jahr später im Westberliner Verlag rosa winkel unter dem Titel *Knaben, die Männer lieben und Männer, die Knaben lieben*. Den darin enthaltenen Gesprächstext zwischen Michel Foucault, Guy Hocquenghem und Jean Danet übersetzt François Pescatore.[34]

In seinem Editorial verweist der Herausgeber unter dem provokanten Titel »Schmutzige Gedanken« auf das Problem, dass »wir gefühlsmäßig kaum dazu in der Lage sind, mit einem solch vielschichtigen Thema wie der Erwachsenen-Kinder-Liebe richtig umzugehen«[35].

Am 1. April 1979 veröffentlicht Michel Foucault in der ersten französischen Homosexuellenzeitschrift *Le Gai Pied* (der Titel weckt Assoziationen an »le guépier«, was Wespennest bedeutet – Foucault soll diesen Titel angeregt haben) einen Artikel mit dem Titel *Un plaisir si simple* zugunsten der Selbsttötung. Für diesen Text wird er scharf kritisiert.[36]

Was zehn Jahre zuvor, am 27. Juni 1969, begann, wird heute als Christopher Street Day gefeiert: Nachdem im New Yorker Greenwich Village schwule Aktivisten auf die Repressionen der Polizei mit Gegengewalt reagieren, entsteht so etwas wie die erste Bewegung für die Rechte von Homosexuellen. In Anlehnung an »Black Power« bildet sich eine »Gay Power«, die sich als Gay Liberation Front (GLF) formiert: »Wir sind eine revolutionäre homosexuelle Gruppierung, die in der Einsicht gegründet ist, dass die vollständige Befreiung aller Menschen nur dann erreicht werden kann, wenn die vorhandenen gesellschaftlichen Institutionen abgeschafft werden. Wir lehnen alle Versuche der Gesellschaft ab, unserer Existenz sexuelle Rollen und Definitionen aufzuoktroyieren.«[37]

Nicht ganz zwei Jahre nach Stonewall gründen sich homosexuelle Aktions- und Befreiungsgruppen auch in Europa: im März 1971 in Frankreich die Front Homosexuel d'Action Révolutionnaire (FHAR). Theoretischer Kopf dieser nur kurzlebigen Gruppe ist der Philosoph Guy Hocquenghem, der 1966 in die Ecole Normale Supérieure aufgenommen wird, Kämpfer der 68er-Bewegung ist und überzeugter Nietzscheaner wie Deleuze und Foucault bleiben wird. Er gibt der europäischen Schwulenbewegung ihr erstes Manifest.

Als 1972 Guy Hocquenghems Buch *Le désir homosexuel* erscheint, behauptet er darin, dass es keine Solidarität zwischen dem Proletariat und der Homosexuellenbewegung gäbe, denn die Homosexuellen entwickelten Begierden, die an deren Lebensweise fest gebunden wären. Damit unternimmt Hocquenghem eine Teilung innerhalb einer linken, solidarischen Bewegung, die ihre historischen Verläufe kennt.[38] Auf dieses Problem angesprochen, antwortet Michel Foucault: »Diese Teilung ist tatsächlich ein historisches Problem. Es stimmt, dass es in der Gesellschaft Grenzen im Bewusstsein der Menschen gibt.« Foucault spielt darauf an, dass linke Bewegungen dazu neigen, sich auszudifferenzieren, etwa zwischen Anarchisten oder Marxisten, zwischen Proletariat oder Subproletariat. So unterscheide sich die Einstellung der Sozialisten zur Homosexualität stark von der der Kommunisten zu diesem Thema. 1984 – zum Zeitpunkt dieses Interviews – äußert er allerdings die Hoffnung, dass »diese eher marginalen Gründe, beinahe folkloristische Themen, die das Gebiet der Sexualität betreffen, dabei sind, zu viel allgemeineren Problemen zu werden«[39].

In seinem Buch argumentiert Guy Hocquenghem, dass das »homosexuelle Verlangen« sich ein größeres Maß an Freiheit und Variabilität erhalten habe als ein »heterosexuelles Begehren«. Sobald sich Homosexuelle ihrer Schuldgefühle entledigen, indem sie ihr Coming-out vollziehen, erhalten sie eine experimentelle Freiheit, die »Organe ohne Gesetz und Regel umherschweifen und sich untereinander verbinden zu lassen«[40]. Hocquenghem sieht im (sexuellen) Experiment eine radikale Infragestellung des Rollenverhaltens und der sexuellen Identität, »die moderne Gesellschaften ihren Mitgliedern auferlegt haben«[41]. Auch wenn Foucault ihm in theoretischer Hinsicht folgt, lehnt er dessen Forderung nach einem öffentlichen Coming-out ab. Nicht zuletzt wird aus dem zunächst freimütigen homosexuellen Eingeständnis ein zunehmendes politisiertes Ritual öffentlicher Bekenntnisse; und zuletzt öffentlicher nicht freiwilliger Zuschreibung. Ein Ruf der GLF lautet: »Come out für die Freiheit! Come out jetzt! Come out aus deiner Ecke, bevor die Tür zuschlägt!«[42] Gesellschaftliche Tabus nicht mehr zu beachten und eigenen Mut zu entwickeln, sich zu seinen Überzeugungen zu bekennen, sind für Michel Foucault selbstverständlich – nur den Rahmen und das Ausmaß dieser Selbstbeschreibung möchte er selbst festlegen.

Foucault scheut die Festlegung auf eine Beziehung, eine Gruppe oder eine Identität, denn »es ist sehr langweilig, immer derselbe zu sein«[43]. Darum ist es reichlich naiv, ihn als »schwulen Philosophen« zu bezeichnen, denn das liegt gar nicht in seiner Intention. Er nutzt die homosexuelle Subkultur für sich, will sich aber nicht in der Öffentlichkeit dazu bekennen. Andererseits bezieht er in vielen Interviews eine klare Position, etwas wenn er von »uns Homosexuellen« spricht oder seine Erfahrungen im »SM-Ghetto von San Francisco«[44] erläutert. Wie Foucault sucht auch Hocquenghem die Stätten möglicher erotisch unbegrenzter und sexuell anonymer Erfahrungen auf. Mit Foucault träumt Hocquenghem davon, dass eines Tages die Möglichkeit besteht, »zu jeder Tages- und Nachtzeit Gelegenheit zu haben, einen Ort zu besuchen, der mit all den Bequemlichkeiten und Möglichkeiten ausgestattet ist, die man sich nur vorstellen kann, und dort einem Körper zu begegnen, der gleichzeitig greifbar und doch flüchtig ist? In diesem Zusammenhang besteht die Möglichkeit sich selbst zu entsubjektivieren, sich durch die Affirmation einer Nichtidentität zu entsexualisieren.«[45] Allerdings: »zwischen der Aussage: ›Ich bin homosexuell‹ und der Weigerung, dies zu sagen, findet sich eine sehr vieldeutige Dialektik«, denkt Foucault öffentlich. »Die Aussage ist notwendig, weil man dadurch ein Recht in Anspruch nimmt, aber zugleich ist sie auch ein Käfig, oder eine Falle. Eines Tages wird die Frage, ob man homosexuell ist, ebenso natürlich sein wie die Frage, ob man Junggeselle ist.«[46]

Zusammen mit René Scherer, Professor für Philosophie an der Universität Vincennes, schreibt Guy Hocquenghem im Herbst 1977 einen offenen Brief zur Überarbeitung des Gesetzes über Sexualdelikte an Minderjährigen.[47] Dieser Brief fordert eine grundsätzliche Revision des Strafrechts im Bereich Sexualität und Jugendschutz. 1978 bittet eine französische Regierungskommission, die offiziell beauftragt ist, das Strafrecht zu reformieren, Michel Foucault um Rat. Nicht zuletzt schließt sich Foucault einer bekannten Forderung Hocquenghems an, ein einheitliches Alter für die Straffreiheit sexueller Handlungen festzulegen. Bis dahin gilt für homosexuelle Handlungen eine Schutzaltersgrenze von einundzwanzig Jahren und für heterosexuelle eine von sechzehn Jahren. Außerdem setzen sich beide dafür ein, dass die Gesetze, die sexuelle Aktivitäten zwischen Erwachsenen und Kindern regulieren, freizügiger gestaltet werden.

Ihr Grundkonsens besteht darin, »unabhängig vom Alter der Beteiligten keinerlei gesetzliche Vorschriften zu erlassen«[48], denn »niemand unterschreibt vor
dem Geschlechtsakt einen Vertrag«[49]. Foucault geht später sogar so weit, zu fordern, die strafrechtlichen Konsequenzen sexueller Handlungen ganz abzuschaffen, denn »Sexualität sollte unter keinen Umständen das Thema von wie auch
immer gearteter Gesetzgebung sein«[50].

Im April 1979 diskutieren Guy Hocquenghem und Michel Foucault mit einem
Rechtsanwalt und einem Journalisten von *Gai Pied* über das Sexualstrafrecht. Foucault kommt zu der Erkenntnis, dass die Gesetzgebung etwas bestrafen will, von
dem sie nicht genau sagen kann, was das sein soll. »Man hat nie definiert, was Unzucht ist. Man hat nie definiert, was öffentliches Ärgernis ist. Man wusste eigentlich nie, was Anstand und Schamgefühl ist.«[51]

Guy Hocquenghem verweist auf die Komplexität dieses Themas, etwa »das religiöse Verbot der Sodomie«, »die Fremdheit zwischen der Welt der Kinder und
der Erwachsenen«, aber auch »die Konstruktion des Kriminellen«[52]. Foucault entgegnet, dass in diesem neuen Dispositiv »bestimmte Verhaltensweisen bestraft
werden« und »die Sexualität keine Verhaltensweise mehr sein kann«[53].

Wie Foucault, nimmt auch Hocquenghem für sich in Anspruch, einen homosexuellen Lebensstil zu entwickeln, das heißt den Fragen nachzugehen: Wer bin
ich? Was ist das Geheimnis meines Begehrens? Welche Beziehungen können über
Homosexualität aufgebaut, entworfen, erweitert und von Fall zu Fall verschieden
gestaltet werden? Wie Foucault sieht auch Hocquenghem in der Homosexualität
»keine Form des Begehrens, sondern etwas Begehrenswertes«[54]. Mit der Aufforderung, darauf hinzuarbeiten, homosexuell zu werden, schließt Hocquenghem
sich der Foucault'schen Forderung nach der Lebensform einer homosexuellen Askese an, das heißt, »sich zu verwandeln oder jenes Selbst erscheinen zu lassen,
das man glücklicherweise nie erreicht«[55]. Anfang der achtziger Jahre wendet sich
Hocquenghem aufgrund politischer Differenzen von Foucault ab. Am 28. August
1988 – vier Jahre nach Michel Foucault – stirbt er ebenfalls an den Folgen einer
HIV-Infizierung.

XXIII. Über die Revolution im Iran

»Der Barmherzige.
Er lehrte den Koran.
Er schuf den Menschen.
Er lehrte ihn die klare Rede.«
Der Koran, Sure 55:1-4 »Sûrat ar-rahmân«[1]

In einer regierungstreuen persischen Tageszeitung erscheint am 8. Januar 1978 ein Artikel, der den im Exil lebenden Ayatollah Ruhallah Khomeini beleidigt. Das führt in der iranischen Stadt Ghom zu wütenden Protesten, die das iranische Militär blutig niederschlägt. Alle zwei Wochen werden Trauerkundgebungen abgehalten, die zu weiteren Protesten in anderen iranischen Städten führen. Am 19. August 1978 wird in einem Kino im iranischen Abadan ein verbotener Film über die Proteste persischer Bauern gezeigt. Ein Brand in diesem Kino, der angeblich von Sicherheitsbeamten initiiert ist, fordert fast vierhundert Menschenleben. Weitere Proteste folgen, und der persische Schah Mohammed Resa Pahlewi sieht sich in einer politischen Sackgasse.

Der von ihm am 27. August 1978 eingesetzte neue Premierminister Charif Hamami soll Zugeständnisse an die Bevölkerung machen. Doch Anfang September, am Ende des Ramadans, kommt es zu heftigen Demonstrationen, mit der Folge, dass in Teheran seit fünfzehn Jahren erstmals wieder protestiert wird. Der nun folgende 8. September 1978 geht als der »Schwarze Freitag« in die iranische Geschichte ein. Die persische Polizei feuert in die auf dem Djaleh-Platz versammelte Menge und tötet zwei- bis viertausend Menschen; die Angaben über die Zahl der Opfer variieren je nach Quelle. Der Schah verhängt im Anschluss das Kriegsrecht.

Mohammed Resa Pahlewi, der mit nur einundzwanzig Jahren im September 1941 das Amt des Königs von seinem Vater Resa Chan Pahlewi erbt, will zunächst noch sein zerrüttetes und von den Engländern besetztes Land in einen modernen und geachteten Staat verwandeln. Sein Programm von 1963 heißt »Weiße Revolution« und stellt einen Modernisierungsplan dar, der zuletzt an politischem und ökonomischem Unvermögen scheitert.

Im Rückblick ist die fast vierzigjährige Amtszeit dieses diktatorischen Machthabers komplett gescheitert. Armutsviertel und Folterkammern, Korruption und Inflation (siebenundzwanzig Prozent im Jahr 1977), Militärausgaben (achtundzwanzig Prozent des Staatshaushalts), Realitätsferne und Verschwendungssucht – mit ihrem Höhepunkt der »schmutzigen Feiern« in Persepolis im Oktober 1971, die schätzungsweise einhundert Millionen Dollar kosten – zeigen einen beratungsresistenten und egozentrischen Monarchen, der die Bedürfnisse seines Volkes komplett ignoriert.

Schon sein Vater Resa Chan Pahlewi führt sein Land autokratisch und totalitär. Im Februar 1921 marschiert der Dreiundvierzigjährige mit einer Truppe persischer Kosaken in Teheran ein und stürzt mit Billigung der englischen Regierung den Premierminister. Im November 1925 lässt Pahlewi sich zum König krönen. Während er einerseits das Telefonnetz aufbauen und Straßen und Schienen errichten lässt, verschwinden andererseits politische Kritiker, Journalisten und Intellektuelle spurlos. Er weitet die Bildung aus, öffnet Schulen und Universitäten für Frauen und betreibt zugleich Machtpolitik und Zentralismus nach egozentrischem Plan. Seine Sympathie für Adolf Hitler kostet ihn schließlich den Thron. Als die englischen Alliierten einmarschieren, setzen sie ihn ab und inthronisieren den Sohn. Die Pahlewis beherrschen vierundfünfzig Jahre den Iran, und Prinz Kyros Resa Pahlewi erhebt nach jüngsten Zeitungsmeldungen immer noch Ansprüche auf den »Pfauen«-Thron.[2]

Schon im Juni 1963 hält Ruhallah Khomeini seine erste Rede gegen die Willkürherrschaft des Schah. Nach dem Tod des geistigen Führers der Schiiten im Iran, Ayatollah Borudscherdi, 1961 folgt ihm Ayatollah Khomeini. Aufgrund seiner Kritik wird er zunächst verhaftet und 1964 ins Exil gezwungen. Seit 1970 spricht er der Monarchie öffentlich jede Legitimität ab und plädiert für einen klerikalen Staat. Und weil weder der Westen noch der Osten ein politisches Modell abgeben, nimmt sich die iranische Elite Khomeinis Ideen zum Leitbild, die schließlich 1979 zum Sturz des Pahlewi-Regimes führen.

Nachdem Michel Foucault im August 1978 eine Zusage des italienischen Verlegers Rizzoli erhält, eine Reportage über die Umwälzungen im Iran zu machen, beginnt er, sich mit den Verhältnissen im ehemaligen Persien vertraut zu machen. Am 16. September 1978 besucht er erstmals Teheran und verfolgt Berichte, in denen die Truppen des Schah auf Demonstranten auf dem Djaleh-Platz schießen.[3]

Bereits acht Tage vorher, »am 8. September 1978 hat die Armee das Feuer auf die Menge eröffnet. Nahezu viertausend Tote waren der Preis. Die von der wankenden Monarchie verübten Massaker haben die Bestürzung und die Entrüstung der gesamten Weltöffentlichkeit erregt.«[4]

»Als ich im Iran ankam«, erinnert sich Foucault, »kurz nach dem SeptemberMassaker, glaubte ich, dass ich eine Stadt in Angst und Schrecken vorfinden würde, weil es viertausend Tote gegeben hatte. Ich habe zwar nicht gerade glückliche Menschen angetroffen, doch war die Situation gekennzeichnet von einem Mangel an Furcht und von der Intensität der Zivilcourage oder vielmehr der Intensität, zu der ein Volk fähig ist, wenn eine Gefahr zwar noch nicht ganz überwunden, aber doch schon irgendwie hinter sich gelassen hat.«[5] Und wenig später: »Zwei Dinge haben der Bewegung im Iran ihre besondere Intensität verliehen: ein politisch sehr ausgeprägter Wille und der Wunsch nach einer radikalen Veränderung des Daseins. Ich frage mich, wohin sie dieser einzigartige Weg führen wird, auf dem sie gegen ihr hartnäckiges Schicksal und gegen alles, was sie Jahrhunderte lang waren, nach etwas ganz anderem suchen.«[6] Foucault protokolliert detailliert und bindet mit Zustimmung den radikalen Bruch an eine Erneuerung der eigenen und der kollektiven Existenz. Leider wird sich diese Wunschvorstellung der Akteure als eine enttäuschende Illusion herausstellen.»Und Foucault ist einer der ersten, der dies selbstkritisch einräumt.«[7] Er verteidigt allerdings die von ihm so definierte revolutionäre Erfahrung gegen des Regime der Mullahs.

Diese Beschreibungen aus dem Iran erinnern an die Aufzeichnungen über seine Jahre in Tunesien, eben nur ein Jahrzehnt zuvor. Heute befindet sich Tunesien im Zwiespalt eines Alltags mit säkularisierter Politik und einer wachsenden Sehnsucht nach spiritueller Erfüllung in der Bevölkerung. Heute, nach dem dreißigsten Jahrestag der Iranischen Revolution, steht der Iran stärker denn je im Zentrum eines globalen machtpolitischen Geschehens. Wenngleich die Sehnsucht nach spiritueller Erfüllung dem Wunsch nach einem Leben in Demokratie und Freiheit zu weichen scheint. Steht westlicher Lebensstandard (ideell wie materiell) im Widerspruch zu einem reformierten Islam? Michel Foucault macht aus seiner Bewunderung für diese besondere spirituelle Kraft der schiitischen Aufständischen keinen Hehl, bis die Iranische Revolution in eine Richtung umschlägt, die er schließlich nicht mehr verstehen will.[8] Wenn Michel Foucault von einer politischen Spiritualität spricht, dann verwendet er den Topos eines praxis- und übergangsvermittelten Zugangs zur Wahrheit.

Albert Hourani schreibt bereits vor zwanzig Jahren:»In den achtziger Jahren fügte eine Kombination von Faktoren dem Nationalismus und der sozialen Gerechtigkeit eine dritte Idee hinzu, die einerseits ein Regime legitimieren, andererseits Oppositionsbewegungen ins Leben rufen konnte. Das Bedürfnis der städtischen Masse, eine Lebensgrundlage zu finden, die Beschwörung der Vergangenheit, die in der Idee des Nationalismus lag, die Abneigung gegen die Gedanken und Sitten, die aus der westlichen Welt kamen, und das Beispiel der iranischen Revolution von 1979 – all das führte zu einem Anwachsen islamischer Gefühle und Überzeugungen.«[9]

Am 3. Oktober 1978 wechselt Sayyid Ruhallah Khomeini sein Exil vom irakischen Nadjaf ins französische Neauphle-le-Château bei Paris. Einen Monat später lässt die persische Regierung gezwungenermaßen eintausendzweihundert politische Gefangene frei mit der Folge, dass Studenten die Universität von Teheran besetzen. Es kommt zum Aufruhr und zu Erschießungen. Bei weiteren Demonstrationen wird am sogenannten »Teheraner Wochenende« alles verbrannt, was an den Westen oder an die Dynastie der Pahlewis erinnert. Einen Tag später, am 6. November, wird Generalstabschef Reza Azari zum Premierminister ernannt. Am 10. und 11. Dezember 1978 (am Tassova und am Achura), dem neunten und zehnten Tag des Trauermonats Muharram, finden in Teheran gewaltige Demonstrationen statt. Nun werden religiöse Forderungen zu politischen Parolen. Einen Tag später beginnen Militäreinheiten mit unkoordinierten Unterdrückungsmaßnahmen. Am 30. und 31. Dezember 1978, dem Ende des Muharram (der erste Monat im islamischen Kalender), kommt es zu Demonstrationen auch in den Provinzen. Am 16. Januar 1979 wird Chapour Bakhtier neuer Regierungschef, und Resa Pahlewi geht mit seiner alten Regierung ins französische Exil. Nur zwei Wochen später kehrt Ruhallah Khomeini am 1. Februar triumphal nach Teheran zurück. Die Boeing 747 der Air France kreist über Teheran und landet mit »Allahs Unterstützung« sicher auf iranischem Boden. Sein schwarzer Turban weist Khomeini als den Nachfahren des Propheten aus, und er spricht zuerst ein Gebet Richtung Mekka. Um 9 Uhr 39 Ortszeit setzt das Flugzeug auf, und der verhasste Schah ist von nun an Geschichte. Sein erster Weg führt den künftigen Religionsführer zum Zentralfriedhof Behescht-e Sahra, auf dem jene Märtyrer liegen, die im Kampf gegen den Schah gestorben sind. Für die meisten Iraner ist Khomeini ein Heilsbringer. Der bereits Sechsundsiebzigjährige sieht sich als Vertreter des Mahdi, dessen Rückkehr von den Schiiten sehnlichst erwartet wird.

Nur vier Tage nach Khomeinis Ankunft soll Mehdi Bazargan eine neue Regierung bilden, und nachdem sich die Luftwaffe auf die Seite des neuen Führers stellt, beginnen die drei sogenannten »glorreichen Tage von Teheran«: Vom 10. bis 12. Februar beteiligen sich islamische und marxistische Gruppen an den Protesten und verändern ab da den Volksaufstand. Chapour Bakhtiar flüchtet am 19. Februar, und Mehdi Bazargan übernimmt die Leitung des Staatsrates. Es kommt zur Gründung der Partei der Islamischen Republik, die Khomeini unterstützt. Am 24. Februar gründet sich als eine Art zweite politische, oppositionelle Kraft die republikanische Volkspartei, eine religiöse Partei um den Ayatollah Chariat Madari. Mit ihm wird Foucault wichtige Gespräche führen.

Ruhallah Khomeini lässt sich am 1. März 1979 in der heiligen Stadt Ghom nieder, um hier als religiöser Führer seine Lehrtätigkeit wieder aufzunehmen. Nur eine Woche später demonstrieren Frauen in Teheran gegen jede Form von Diktatur symbolisch am 8. März, dem internationalen Frauentag. Ende März protestiert Mehdi Bazargan im iranischen Fernsehen gegen Folter und Tod durch paramilitärische Gruppen, die sich wiederum auf Khomeini berufen.

In einer Volksabstimmung wird drei Wochen später die islamische Republik Iran ausgerufen. Eine überwältigende Mehrheit des iranischen Volkes unterstützt Ende März die Entscheidung zur Gründung einer islamischen Republik. Mit der »Welajat-e Fakih« konstruiert Khomeini eine Regierung unter Herrschaft führender Rechtsgelehrter und beruft sich hierbei unter anderem auf den antiken Staatsdenker Platon. Mit seinem von ihm selbst geschaffenen Amt als religiöser Führer legt er die Richtlinien der Politik fest, kontrolliert die Streitkräfte und den Geheimdienst, die Justiz und die Medien. Nur ein Expertenrat aus sechsundachtzig Theologen besitzt das Recht, ihn abzusetzen und einen Nachfolger zu bestimmen.

Michel Foucault bereitet seine Reise in den Iran gemeinsam mit Thierry Voeltzel und iranischen Exilanten vor. Er begleitet die Journalisten Pierre Blanchet und Claire Brière zu den Brennpunkten des Konflikts. Vor allem aber der junge Voeltzel organisiert und koordiniert die Reisen, die Treffen und die Aufenthalte.

Sie lernen sich beim Autostop kennen, das heißt, Foucault nimmt ihn per Anhalter in seinem Auto mit. Schnell entwickeln sie eine freundschaftliche Beziehung zueinander.[10]

Für Foucault wimmelt die Welt nur so von untersuchenswerten Ideen, darum interessiert er sich für die Idee der Iranischen Revolution, denn es sind – wie allgemein angenommen wird – die Ideen, die diese Welt verändern, doch: »Es sind nicht die Ideen, die die Welt regieren. Aber gerade weil die Welt Ideen hat (und weil sie ständig eine Vielzahl von ihnen hervorbringt) wird sie nicht passiv von denen regiert, die sie führen oder denen, die sie lehren wollen, ein für allemal zu denken.«[11] Intellektuelle und Journalisten werden an jenem Punkt zusammenarbeiten, wo Ideen und Ereignisse sich begegnen werden. Und die Revolution im Iran wird im Folgenden eine der größten populistischen Erhebungen der Menschheitsgeschichte sein.[12] Der in Paris lebende Exil-Iraner Ahmad Salamatian besorgt Bücher und Dokumentationsmaterial, und er liefert Adressen und Kontakte sowie »eine Liste mit Personen, die von Michel Foucault aufgesucht werden müssen«[13].

Wenig später, im Herbst 1978, betritt Foucault iranischen Boden: »Wenn man nach der Sperrstunde am Flughafen ankommt, fährt man mit einem Taxi in schneller Fahrt durch die Straßen der Stadt: sie sind leer. Das Taxi verlangsamt seine Fahrt nur an den Straßensperren, die von Männern mit Maschinenpistolen kontrolliert werden. Pech, wenn der Fahrer sie nicht sieht: sie feuern! In der Fluchtlinie der Avenue Reza Schah blinken die roten und grünen Lichter der Ampeln sinnlos weiter wie die Uhr am Handgelenk eines Toten. Das ist das ungeteilte Reich des Schah.«[14]

Zunächst spricht er mit den Militärs der demokratischen Opposition, um sich über die Rolle der Armee zu informieren, die sie bei der angekündigten Kraftprobe spielen wird. Das Militär, das zur Aufrechterhaltung der Ordnung seine Truppen gegen das Volk einsetzt, muss einsehen, dass es es nicht mit internationalen Kommunisten zu tun hat, sondern »mit den Händlern vom Bazar, mit den Angestellten und den Arbeitslosen«, die ihre Brüder sind oder sie selbst wären, wenn sie nicht das Schicksal hätten, Soldat zu sein.[15]

Als er den Bazar von Teheran besucht, wird im die besondere Situation klar, denn er sieht Nähmaschinen aus dem 19. Jahrhundert, abendländische Ladenhüter mit dem Signet eines abgelebten Morgenlands, sie tragen alle das Warenzeichen: Made in South Corea. Foucault sieht die von einer ganzen Kultur und einem ganzen Volk vollzogene Ablehnung einer Modernisierung, die in sich selbst ein Archaismus ist: »Der Iran steckt in einer Modernisierungskrise. Ein arroganter, ungeschickter, autoritärer Herrscher versucht mit den Industriestaaten zu konkurrieren und hält dabei den Blick fest auf das Jahr 2000 gerichtet. Doch die traditionsverhaftete Gesellschaft kann und will ihm nicht folgen; in ihrer Verletztheit erstarrt sie, wendet sich der eigenen Vergangenheit zu und sucht in ihrem millennaristischen Hoffnungen Zuflucht bei einem rückwärtsgewandten Ajatollah.«[16] Nach ihm lehnt das persische Volk eine Modernisierung ab, die selbst einen Anarchismus darstellt, denn erstens liegt das Unglück des Schahs darin, dass er eins mit dem Archaismus ist (sein Verbrechen liegt darin, dass er durch Korruption und Despotie dieses Fragment der Vergangenheit in einer Gegenwart festhält), zweitens werden großen Unternehmungen der persischen Macht seit 1963 von allen gesellschaftlichen Kräften abgelehnt (damit meint Foucault eben nicht nur die Fehler und Misserfolge des Schahs, sondern auch dessen Initiativen), und drittens erstickt die Urbanisierung die Händler, Handwerker, Kleinindustriellen und die ausländischen Erzeuger (und auch die Reichen, die ihr Geld auf kalifornischen Banken deponieren oder in Pariser Immobilien investieren).

Die Modernisierung, »die man nicht länger will, ist die Serie quälender Misserfolge«[17], so Michel Foucault im Oktober 1978. »Die Modernisierung wird von den Menschen zutiefst abgelehnt«, und sie »ist für den Iran zu einer Last geworden«. Nicht zuletzt ist »die Korruption das Bindeglied zwischen Despotie und Modernisierung«[18]. Nicht zu vergessen ist, »dass die Bevölkerung innerhalb von zehn Jahren von neun auf siebzehn Millionen angewachsen ist«[19].

Michel Foucault will nicht nur mit Oppositionsführern, Militärs und Politikern sprechen, sondern auch mit Studenten, den Menschen von der Straße und jungen Anhängern eines radikalisierten Islam. Mit Thierry Voeltzel macht er sich auf den Weg, um am 20. September 1978 in der religiösen Hauptstadt Ghom einzutreffen und dort mit Ayatollah Chariat Madari zusammenzutreffen, einem bedeutenden Vertreter der liberalen Schiiten. Dessen Analysen der Situation prägen wesentlich Foucaults Wahrnehmungen der Ereignisse.

Jedes Jahr pilgern mehr als eine Million Schiiten in die heilige Stadt Ghom, die neben Isfahan und Teheran das dritte Zentrum im Iran bildet. Ghom gilt als die Stadt der Toten, weil sich gläubige Schiiten wünschen, hier in der Nähe der Fatima Maasume, der Schwester des achten Imams Ali al-Rida (gestorben 818), begraben zu werden. Warum? Nach der Niederlage und dem Märtyrertod des dritten Imams Hussein Ibn Ali (gestorben 680) in der Schlacht bei Kerbala im Jahr 680 entsteht die »Partei Alis«, wie die wörtliche Übersetzung von »Schiat Ali« lautet. Sieger der Schlacht ist der Kalif Jasid, darum dominieren seitdem Sunniten die islamische Welt; nur zehn Prozent der heutigen Muslime sind Schiiten. Die historische Niederlage bei Kerbala empfinden die Schiiten bis heute als Kollektivschuld, als ein Versagen ihrer »Partei Ali«. Diese Schuld kann nur durch ein Selbstopfer, durch eigenes Blut abgemildert werden, darum leben diese Rituale bis heute in den Aschura-Bräuchen und im Passionsspiel fort.

Jedes Jahr am zehnten Tag (Aschura) des Monats Muharram, des ersten Monats im islamischen Kalender, erinnern Schiiten an den Tod Hussein Ibn Alis mit Selbstkasteiungen auf offener Straße. Die Schia hat ihre Wurzeln im heutigen Irak, in der Stadt Kerbala, denn dort liegen sechs Gräber von gesamt zwölf Imamen. Der zwölfte Imam Mohammed al-Mahdi soll von Gott entrückt bis heute leben. Von seiner Wiederkehr erwarten die Zwölfer-Schiiten die Erlösung der Welt. Darum gilt der Mahdi als einzig legitimes weltliches Oberhaupt.

Durch die Gründung der arabischen Kolonie Ghom im achten Jahrhundert fassen die Anhänger der Schia auch im Iran Fuß. Den Aufstieg zur Volksreligion im

Iran verdankt die Schia der Dynastie der Safawiden. 1501 wird der erst fünfzehnjährige Ismail geistliches Oberhaupt und zugleich zum König ausgerufen. Der junge Schah unterwirft innerhalb weniger Jahre die Gebiete des Iran und Irak seiner Herrschaft. Auch wenn die Bekehrung der Iraner zum schiitischen Glauben lange dauert, so hat heute der iranische Staat mit fünfundachtzig Prozent den höchsten Bevölkerungsanteil an Schiiten aller islamischen Länder.

Als der iranische Regimekritiker und Großayatollah Hussein Ali Montaseri im Dezember 2009 in Ghom beigesetzt wird, zeigt die Stadt wieder ihr trauriges Gesicht. Hunderttausende von schwarz gewandeten Anhängern begleiten den Sarg des Verstorbenen. Ghom trägt das ganze Jahr über Trauer, hier in einem besonderen Ausmaß.

Foucault trifft sich also mit Vertretern fast aller politischen Richtungen im Iran. Sein Dolmetscher bei diesen Gesprächen ist der iranische Menschenrechtler Mehdi Bazargan, der nach der Rückkehr des Ayatollah Khomeini zum Premierminister ernannt wird.[20] Foucault will sich vor Ort ein Bild von den Dingen machen und sich eben nicht auf das beziehen, was im Ausland berichtet wird. Er will so weit wie möglich über selbst erworbene Informationen verfügen.

Der wachsende Widerstand gegen das Schah-Regime nimmt im Verlauf des Jahres erheblich an Gewicht zu, und im September geht die jahrzehntelange Unterdrückung des iranischen Volkes in ein Blutbad über. Auf Foucaults Frage, was die Demonstranten denn eigentlich wollen, erhält er die Antwort: »Den islamischen Staat«[21]. Unter einem islamischen Staat versteht bis dahin allerdings niemand ein politisches Regime, in dem der Klerus die Leitung übernimmt oder den Rahmen setzt. Das soll später dann Realität werden.

Zudem ist diese so geäußerte Position zunächst gar nicht mehrheitsfähig. Der ebenso aufgeklärte wie religiöse Philosoph und Ayatollah Chariat Madari tritt für die Gründung einer republikanischen Volkspartei als Opposition zur islamischen Revolutionspartei ein. Madari äußert gegenüber Foucault, dass »die schiitische Religion keinen Ausschließlichkeitsanspruch auf die weltliche Macht erheben könne«[22]. Mit der Folge, dass der über Achtzigjährige für den Rest seines Lebens unter Hausarrest gestellt wird.

In den Monaten der Iranischen Revolution zeigt sich, wer die Karte der Macht geschickt ausspielen wird. Darüber hinaus ist die schiitische Religion heute das, was sie schon oftmals in der Vergangenheit war, nämlich »die Form, die der politische Kampf annimmt, wenn er breite Volksschichten erfasst. Aus tausenderlei Unzufriedenheit, Hass, Elend und Hoffnungslosigkeit macht sie eine Kraft. Und sie macht daraus eine Kraft, weil sie eine Ausdrucksform ist«[23], so Michel Foucault. Religion interessiert Foucault nicht als eine negative Kraft, sondern als ein positives Element in der Formierung neuer politischer Subjektivitäten und neuer politischer Rationalitäten. Der Islam ist darum für ihn nicht nur eine religiöse, sondern auch eine politische Kraft. Er ist eine Verbindung von Politik und Ethik (Religion), die weniger auf ein Leben im Jenseits (Paradies) als auf die Veränderung im Diesseits (Iran) abzielt.

Hierbei ist nicht zu unterschlagen, dass als erste Nicht-Araber eben die Iraner den Islam als ihre eigene Religion verstehen, unabhängig von ihr Abstammung. Damit beginnt erstmals der Islam zur Weltreligion zu gehören, die sich nun nicht mehr über Sprache oder Herkunft allein definiert. Arabisch ist zwar die Sprache des Koran, aber auch in anderen Sprachen – vorwiegend auf Persisch – kann man seitdem über Fragen der Religion schreiben. Auch wenn Arabisch Wissenschaftssprache ist, schreiben Iraner die ersten Grammatiken und verfassen die ersten Übersetzungen. Gerade bei der Sammlung der Aussprüche und Handlungen des Propheten tun sich iranische Gelehrte hervor. Diese sogenannten »Hadithe« bilden eine wichtige Grundlage des islamischen Rechts, der moralischen Aussagen und der theologischen Lehrsätze.

Am 24. September 1978 nach nur vier Tagen kehrt Michel Foucault nach Paris zurück und schreibt den ersten Artikel für die italienische Tageszeitung *Corriere della sera*. Sein neuer Begriff einer »politischen Spiritualität« irritiert die politische Linke. Allerdings steht Foucaults Begriff von der politischen Spiritualität im Kontext seiner Konzeption einer neuen Form von Regierung und eines neuen Regimes der Wahrheit. »Ist nicht das allgemeinste politische Problem das der Wahrheit? Wie lässt sich die Art, das Wahre und das Falsche zu unterscheiden, und die Art, sich selbst und die anderen zu regieren, miteinander verbinden? Der Wille, das eine mit dem anderen und durch das andere völlig neu zu begründen – darin besteht die politische Spiritualität.«[24]

Der Begriff der politischen Spiritualität steht also im Zusammenhang mit Foucaults Ideen einer politischen und ethischen Subjektivierung. Nicht die Rückkehr zu archaischen Werten ist gemeint, sondern die Artikulation einer neuen politischen Rationalität, denn »der Islam ist nicht der Ausdruck grundlegender Antagonismen, sondern im Gegenteil das Vokabular, in dem der Konflikt ausgetragen und gelebt wird«[25]. Die Religion ist darum nicht ein Mittel des Kampfes, sondern die spirituelle Dimension ist der integrale Bestandteil des Kampfes, nämlich »die Art und Weise, den Aufstand selbst zu leben«[26].

Foucault lehnt also die Formulierung einer Idee oder eines Ideals im Zusammenhang mit der Konstituierung eines islamischen Staates ab.[27] Ihn faszinieren lediglich neue Antworten auf die Frage nach einer Verbindung von Politik, Soziologie und Religion und auch der Versuch, »der Politik eine spirituelle Dimension zu verleihen«[28]. Und tatsächlich ist es »die Revolution des Ajatollah Khomeini im Iran, für die Michel Foucault seine geistige und politische Autorität in die Waagschale wirft«[29]. Allerdings stellt er später fest, dass »die Spiritualität, auf die sich die zum Tode Bereiten beriefen, ohne gemeinsames Maß mit der blutigen Herrschaft eines integralistischen Klerus ist«[30].

Die Armee des persischen Schah kann die Revolution im Iran nicht mehr abwenden. Michel Foucault sieht schon früh einen möglichen Erfolg der Iranischen Revolution, auch wenn Khomeini für die kurze Zeit von fünf Monaten (vom 7. Oktober 1978 bis 1. Februar 1979) in Neauphles-le-Château in der Nähe von Paris ins Exil gehen muss. Foucault lernt Abol Hassan Bani Sadr kennen, einen Oppositionsführer und geistlichen Sohn Khomeinis, der später eine Art Interims-präsident der neuen Islamischen Republik Iran wird. Dem Ayatollah Khomeini wird Michel Foucault weder im Irak noch im Iran und auch nicht im Pariser Exil begegnen, entgegen öffentlich geäußerter Behauptungen.[31] Vielleicht brennt Fou-cault darauf, »diese Persönlichkeit zu sehen, deren bloßer Name bereits Millionen von Menschen in den iranischen Städten in Bewegung setzt«, wird gemutmaßt.[32] Doch zu einem realen Treffen kommt es nie.

Michel Foucault ist darüber erstaunt, wie unnachgiebig sich der Ayatollah zeigt, der konsequent »Nein« zu allen Ausgleichsgesten und Versöhnungsversuchen, zu Kompromissen und demokratischen Wahlen, zu einer gemischten Regierung sagt. Es zeigt sich, dass ein Despot durch einen neuen Souverän ersetzt wird: »Im Iran scheint sich der Kampf zwischen zwei Personen im traditionellen Habit zuzu-spitzen: dem König und dem Heiligen. Der Souverän in Waffen und der wehrlos Verbannte; der Despot mit dem Menschen vor sich, der von seinem Volk bejubelt, die nackten Hände emporstreckt. Dieses Bild hat seine ganz eigene Anziehungs-kraft, aber es deckt eine Realität, die Tausende von Toten mit ihrer Unterschrift besiegeln.«[33] Um mit Foucault zu sprechen, ist Khomeini wohl nur ein Symbol.[34]

Sobald die neue Macht im Februar 1979 ihr wahres Gesicht zeigt, schon kurz nach der Rückkehr Khomeinis aus dem Exil, beginnen die Inhaftierungen, die Ex-ekutionen und die Litaneien der Blutopfer. Bis heute – dreißig Jahre nach der Ira-nischen Revolution – zeigt die Islamische Republik ihr wahres Gesicht, wenn im Iran »abgehackte Hände, Massenerschießungen, Unterdrückung der Frau, Hetze gegen Juden, Homosexuelle und alles Ausländische und die Niederschlagung jeg-licher Opposition zum Alltag wird«[35].

Am 9. November 1978 reist Foucault ein weiteres Mal in den Iran, denn er will verstehen, wie es zu dieser Revolution kommen kann, die sich ohne jede Bezie-hung zu einer weiteren Macht, trotz der Distanz der iranischen Städte untereinan-der und trotz großer Kommunikationsprobleme so erfolgreich vollzieht. Foucault differenziert hier zwischen den Begriffen Revolution und Erhebung. Der franzö-sische Begriff »soulèvement« (Erhebung) ist folglich von ihm intendiert, denn der Revolutions-Terminus erinnert zu stark an seine abendländische Tradition. Bissig bemerkt Jörg Lau: »Der Analytiker der Macht verwandelt sich in den Apologeten einer Machtergreifung, die ihre langen Schatten bis in unsere Gegenwart fallen lässt.«[36] Nach sechs Tagen kehrt Foucault nach Frankreich zurück, und am 15. No-vember 1978 schreibt er seinen letzten Artikel für die Zeitung *Corriere della sera*. Noch Jahre später sprechen Rezipienten abfällig von Foucaults »iranischem Aben-teuer«.[37] Allerdings erscheinen erstaunlich viele Texte zur Revolution im Iran, die damit zeigen, dass sein Engagement über ein Abenteuer hinausgeht, schließlich beschäftigt er sich knapp ein Jahr mit diesem Thema: *Die Armee, wenn die Erde bebt*. Zuerst in: *Corriere della sera* vom 28. 9. 1978, *Der Schah ist hundert Jahre alt*. Zuerst in: *Corriere della sera* vom 1. 10. 1978, *Teheran: Der Glaube gegen den Schah*. Zuerst in: *Corriere della sera* vom 8. 10. 1978, *Wovon träumen die Iran?* Zuerst in: *Le Nouvel Observateur* vom 16. bis 22. 10. 1978, *Eine Revolte mit bloßen Händen*. Zuerst in: *Corriere della sera* vom 5. 11. 1978, *Streit innerhalb der Opposition*. Zuerst in: *Corriere della sera* vom 7. 11. 1978, *Antwort Michel Foucaults an eine iranische Leserin*. Zuerst in: *Le Nouvel Observateur* vom 13. bis 19. 11. 1978, *Die iranische Revolte breitet sich mittels Tonbandkassetten aus*. Zuerst in: *Corriere della sera* vom 19. 11. 1978, *Das mythische Oberhaupt der Revolte im Iran*. Zuerst in: *Corriere della sera* vom 26. 11. 1978, *Der Geist geistloser Zustände*. Gespräch mit Pierre Blanchet und Claire Brière 1979, *Pulverfass Islam*. Zuerst in: *Corriere della sera* vom 13. 2. 1979, *Michel Foucault und der Islam*. Zuerst in: *Le Matin* vom 26. 3. 1979, *Offener Brief an Mehdi Bazargan*. Zuerst in: *Le Nouvel Observateur* vom 14. bis 20. 4. 1979 und *Nutzlos, sich zu erheben*. Zuerst in: *Le Monde* vom 11. bis 12. 5. 1979. In vierzehn Texten (davon ein Interview) beschäftigt sich Michel Foucault von September 1978 bis Mai 1979 mit der aktuellen Frage des politischen Umbruchs im Iran. Foucault interessiert hinter der Folie dieser Revolution die Frage kollektiver Existenz jenseits des Marxismus. Welche Massenbewegung kann also Ende der siebziger Jahre zu einem derartigen Umsturz führen, dass sich ein Volk gegen eine »gouvernementalité« erhebt – auch wenn dieses Unterfangen spirituell, genauer religiös motiviert ist.

In seinen Texten betont der Autor immer wieder, dass die religiösen Gegner des Schahs im Gegensatz zu dem von westlichen Medien verbreiteten Eindruck keine Fanatiker seien. In den Mullahs sieht Foucault ein glaubwürdiges Sprachrohr des Volkes, das den Zorn und die Wünsche einer Gemeinschaft bündelt und äußert. Nach seiner Meinung kann das eingestandene Ziel, eine islamische Regierung an die Macht zu bringen, Anlass zur Hoffnung geben, eine neue Form politischer Spiritualität zu finden, die seit der Renaissance in der westlichen Welt unbekannt ist.

Wenn sich Foucault für die Idee einer islamischen Regierung interessiert, dann sicher nicht wegen politischer oder religiöser Rhetorik, sondern »wegen ihrer alltagspraktischen Bedeutung und ihrer motivationalen Kraft für eine große Masse von Menschen«[38]. Hierbei sind zwei Aspekte für Foucault von besonderer Bedeutung: zum einen der kollektive Wille, der differente Interessen artikuliert, zum anderen die politische Spiritualität, die Ethik und Politik zu verbinden sucht. Foucault befindet sich zwischen Utopie und Ideal, wenn er sich im Iran mit der Idee der islamischen Regierung auseinandersetzt. Eine verlorene Vergangenheit verbindet sich in diesem Moment mit einer zukünftigen Hoffnung. Bei allem Interesse kommentiert Foucault das Ideal einer islamischen Regierung zurückhaltend: »Man sagt oft, dass die Definitionen der islamischen Regierung ungenau sind. Mir scheinen sie im Gegenteil von einer vertrauten, aber kaum beruhigenden Klarheit zu sein.«[39]

Die gebieterische, wenngleich ferne Figur des Ayatollah Khomeini, der sich seit fünfzehn Jahren im Exil befindet, wird zu einer Art mythischem Heiligen dieser islamischen Revolution, »der sich in einem gewaltigen Kampf gegen einen nicht weniger mythischen König befindet«[40]. Allerdings interessiert sich Foucault wenig für die tatsächlichen Pläne dieses Ayatollah. Sein Desinteresse an Khomeini überträgt sich auch auf die Führer der säkularen iranischen Opposition, die ja ebenfalls existieren.[41]

Es wird jüngst behauptet: »Der Ajatollah Khomeini war im Februar 1979 aus dem Pariser Exil zurückgekehrt, um in seiner Heimat einen islamischen Gottesstaat aufzubauen. Die Wege des Meisterdenkers Foucault und des Ajatollahs hatten sich damals gekreuzt.«[42] Allerdings bleiben die Belege für diese Begegnung aus; ganz im Gegenteil verzichtet Foucault sogar darauf, »den Ajatollah auf dem Pariser Flughafen zu verabschieden, als dieser am 1. Februar 1979 seine Rückreise in den Iran antritt«[43]. Foucault hat eben kein Interesse an den Führern dieser Bewegung, sondern an der Geschichte und an der Idee des Aufstandes selbst und den Folgen für das iranische Volk.

Am 11. Februar 1979 kommt es im Iran zur Revolution[44], und im April desselben Jahres wird die Islamische Republik Iran proklamiert. Eine Volksabstimmung im Dezember bestätigt schließlich die theokratische Verfassung mit der großen Macht der Geistlichkeit. Der Ingenieur Mehdi Bazargan, der schon unter Mohammed Mossadegh von 1951 bis 1953 Vize-Premier war, wird Chef einer ersten Übergangsregierung. Im November 1979 nehmen militante Islamisten in der Teheraner US-Botschaft zunächst neunzig Geiseln. Sie fordern – allerdings ohne Erfolg – die Auslieferung des Schah, der nur zehn Monate später im ägyptischen Exil stirbt. 1980 wird Abol Hassan Bani Sadr zum ersten Präsidenten der Islamischen Republik gewählt. Dieser fällt bald in Ungnade und lebt bis heute im französischen Exil – nur wenige Kilometer entfernt von Neauphle-le-Château, wo einst Khomeini auf seine Rückkehr in den Iran wartete.

Die Besetzung Afghanistans durch das russische Militär gibt Anlass zu berechtigten oder unberechtigten Befürchtungen, dass die Sowjetunion ihre machtstrategische Kontrolle ausdehnen will. Durch die Iranische Revolution wird das Pahlewi-Regime gestürzt und damit der stärkste Verbündete entmachtet, nämlich die Vereinigten Staaten von Amerika. »An seine Stelle trat eine Regierung mit dem erklärten Ziel, Iran wieder zu einem islamischen Staat zu machen. Die Revolution sollte ein erster Schritt auf dem Weg zu ähnlichen Veränderungen in anderen muslimischen Staaten sein.«[45] Heute scheint vergessen, dass nur ein Jahr später ein Krieg zwischen dem Irak und dem Iran aufgrund von Grenzstreitigkeiten beginnt: »Die iranische Revolution und die Zeit der Unruhen und offensichtlichen Schwäche danach ermöglichten es dem Irak, das Gleichgewicht zu seinen Gunsten zu verändern.«[46] Nachdem 1980 irakische Truppen in den Iran einfallen, kann dieser nach einiger Zeit mit einer Gegenoffensive im Irak einmarschieren. Wenngleich in beiden Ländern Schiiten leben, trennt auch dieser Teil der arabischen Welt machtpolitische Interessen. Die irakischen Schiiten, die immerhin fünfzig Prozent der Gesamtbevölkerung ausmachen, versagen ihren iranischen Glaubensgenossen in auffälliger Weise jede Unterstützung. Auch darum kommt es nicht zu einer, wenn man so will, irakischen Revolution. Die Kämpfe enden schließlich 1988 mit einem durch Vermittlung der Vereinten Nationen ausgehandelten Waffenstillstand. Der Angriff des irakischen Diktators Saddam Hussein führt zu traumatisch hohen Verlusten, insbesondere auf iranischer Seite mit annähernd einer Million Toten. Die Beschränkung der Meinungsfreiheit treibt zudem eine weitere Million gebildete Iraner ins Exil. Eine Erkenntnis wiegt dennoch schwer: »Das iranische System hatte sich auch unter der Belastung des Krieges als stabil erwiesen, und die Iraker hatten ein Übergreifen der iranischen Revolution auf den Irak oder den Golf verhindert.«[47]

Die Beendigung der Kriegshandlungen zwischen dem Iran und dem Irak ist der wohl einzige Kompromiss der neuen iranischen Regierung. Khomeinis drei Vertraute Mussawi (Premierminister), Chamenei (Staatspräsident) und Montaseri (Stellvertreter und designierter Nachfolger) helfen ihm dabei.[48] Rafsandschani, der für eine Lockerung plädiert, ist gegen Khomeinis Konservativismus, die sich etwa in der Kleiderordnung ausdrückt.[49]

Ali Akbar Haschemi Rafsandschani (geboren 1935) ist zwei Mal (von 1989 bis 1993 und von 1993 bis 1997) gewählter Staatspräsident. Der Tod Khomeinis im Juni 1989, zehn Jahre nach Gründung des Gottesstaates, verändert zunächst das Klima im Iran. Nachdem sich Chamenei den Titel eines Ayatollahs erschleicht, wird er als Khomeinis Nachfolger zum Revolutionsführer ernannt. 1997 wird der Reformer Mohammed Chatami zum Präsidenten gewählt und ein zweites Mal für die Amtszeit von 2001 bis 2005 bestätigt. Seit 2005 bekleidet dieses Amt der ehemalige Teheraner Bürgermeister Mahmud Ahmadinedschad.

Von der Iranischen Revolution gehen bis heute wichtige Impulse für muslimische Radikale oder sogenannte Islamisten von Marokko bis Indonesien aus. Ungeachtet dieser universalen Stoßrichtung gelingt es dieser Revolution jedoch nicht, sich über die Grenzen der schiitischen Gemeinden auszubreiten. Selbst dort ist bei der Mobilisierung des Volkes nur ein beschränkter Erfolg zu sehen. Die Iranische Revolution nimmt also eine bestimmte Form an, wiederholt sich aber nicht in anderen arabischen Ländern.

Darum lässt sich zumindest teilweise diese Revolution mit spezifisch iranischen Umständen erklären. Vor allem gibt es einen religiösen Führer, der die oppositionellen Bewegungen um sich scharen kann. Und es gibt vermutlich einen Konsens in dem Wunsch, das Erbe der Vergangenheit zu ehren und damit auch »die gesamte kumulative« Tradition des Islam bis zur Gegenwart« zu bewahren und »nur behutsam und vorsichtig Änderungen vorzunehmen«[50]. Das liegt auch an den Differenzen zwischen Sunniten und Schiiten. Albert Hourani konstatiert: »Die Revolution im Iran musste das Gefühl einer schiitischen Identität verstärken, und das konnte in Ländern, in denen die Regierung fest in den Händen der Sunniten war, politische Folgen haben.«[51] Das iranische Selbstbild ist durch die Zugehörigkeit zur Schia bestimmt, jener Glaubensgemeinschaft, die vom Herrschergeschlecht der Safawiden im 16. Jahrhundert zur Staatsreligion erklärt wird. Das Bekenntnis zur Schia ist auch dessen strategischer Schachzug, um das Reich gegen sunnitische Osmanen zu einen. Traditionelle Schiiten halten sich allerdings mit politischen Ansprüchen zurück und verharren in Erwartung des Mahdi, des verborgenen Imam; jenes Messias, der am Ende aller Zeiten die Herrschaft übernehmen wird. Sayyid Ruhallah Khomeini wird schließlich den Anspruch der Geistlichkeit auf politische Führung (quasi als Ersatz des Mahdi) erheben. Die iranische

Revolutionsbewegung greift auf schiitische Gemeinden im Libanon, in Saudi-Arabien, Bahrain, Afghanistan und Pakistan über, aber sie ist nicht in der Lage, die innerislamische Kluft zwischen den Konfessionen zu überschreiten.

Ende November fragt Michel Foucault, ob nicht »die erste große Erhebung gegen das Planetensystem, die wahnsinnigste und modernste Form der Revolte«[52] überhaupt sei. Sein Interesse für die Entwicklungen im Iran zeigt seine Faszination an der iranischen Erhebung: »Einer Revolution, die sich der Politik oder zumindest abendländischen politischen Kategorien entzog. Sie war übrigens ein Phänomen, das alle Beobachter faszinierte.«[53] Der Frage Foucaults: »Wovon träumen die Iraner?« fügt sich die Frage an: »Woran denken die Philosophen?«[54]

Die Iraner kämpfen nicht nur gegen den Schah, so Foucault, sondern auch gegen eine weltweite Vormachtstellung: »Sie versuchten nicht nur, ihre Regierungsform zu ändern, sondern die Art und Weise, wie sie ihr tägliches Leben führten, sie entledigten sich des Gewichts einer ganzen Weltordnung.«[55] Die Iraner sind von einer Religion des Kampfes und des Opfers inspiriert und haben einen authentischen kollektiven Willen entwickelt, der ein äußerst seltenes historisches Phänomen schafft, nämlich die Möglichkeit der völligen Umgestaltung der Welt.[56]

Im Iran selbst sind drei Faktoren für den Erfolg der Revolution bestimmend: die Vermischung schiitischer und marxistischer Ideen (wie sie in den siebziger Jahren unter der radikalisierten Jugend in den Städten stattfindet), die Autonomie der schiitischen religiösen Führung (die als Körperschaft im Gegensatz zur sunnitischen »ulama« über eine enorme gesellschaftliche Macht verfügt), und nicht zuletzt die eschatologischen Erwartungen (die der volkstümliche Schiismus an die Rückkehr des zwölften Imam knüpft).

Die Hoffnung auf den zwölften Imam erscheint als ein Licht, »das gleichsam von innen das Gesetz erleuchtet«, wenngleich der zwölfte Imam selbst »bis zu seiner Wiederkehr unsichtbar ist, aber nicht radikal und auf fatale Weise abwesend; vielmehr sorgen die Menschen selbst für die Wiederkehr«[57]. Der führende schiitische Exponent des Islam als einer revolutionären Idee ist Ali Shari'ati, der zwei Jahre vor der Iranischen Revolution stirbt. Wenngleich er keine formale religiöse Ausbildung besitzt, erreicht der Historiker und Soziologe, der an der Pariser Sorbonne ausgebildet wird, mit seinen populären Vorlesungen am Husainiya Irshad, einer von ihm selbst geschaffenen informellen Akademie in Teheran, zahlreiche Jugendliche aus traditionellem Umfeld. Ali Shari'ati mischt seine Theorie aus Ideen islamischer Mystiker (Ibn ›Arabi) und von Albert Camus, Franz Fanon und Karl Marx. Das Ergebnis ist eine eklektische Synthese islamischer und linksideologischer Gedanken.

Michel Foucault konstatiert: »Das Problem des Islam als politischer Kraft ist ein entscheidendes Problem für unsere Epoche und für die kommenden Jahre.«[58] Und er stellt fest, dass der Islam nicht nur Religion, sondern auch Lebensweise ist. »Zugehörigkeit zu einer Geschichte und zu einer Zivilisation, droht ein gigantisches Pulverfass im Maßstab von Hunderttausenden von Menschen zu bilden. Seit gestern kann jeder muslimische Staat von innen heraus revolutioniert werden, aus seinen weltlichen Traditionen.«[59]

Shari'atis Ideen verbreiten sich mithilfe von Fotokopien und Tonbandkassetten und liefern das entscheidende Bindeglied zwischen einer studentischen Avantgarde und den konservativen Kräften.[60] Foucault erinnert sich:»Als die Moscheen zu klein für die Massen waren, stellte man auf der Straße Lautsprecher auf, und durch die ganze Stadt, das ganze Viertel hallten diese Stimmen. Viele dieser Predigten wurden auf Tonband aufgenommen, die Kassetten zirkulierten im gesamten Iran.«[61]

Ali Shari'ati mobilisiert die Studenten und Sayyid Ruhallah Khomeini die Konservativen. Ayatollah Khomeinis Herrschaftsidee »Vilayet-i-faqhih« (Treuhänderschaft der Rechtsgelehrten) bricht radikal mit der persischen Tradition, indem sie darauf besteht, die Regierungsmacht direkt in die Hände der religiösen Führerschaft zu legen. Die Wurzeln der Unruhen liegen tief:

a. eine lang anhaltende Opposition der unabhängigen schiitischen religiösen Führung gegen die säkulare Politik der persischen Monarchie,
b. ein anwachsender weitverbreiteter Unmut gegenüber der Unterordnung des persischen Regimes unter die Interessen des Westens und im Besonderen der USA,
c. die Korruptheit des Schahregimes, dessen Größenwahn und
d. die zunehmende Brutalität der gefürchteten Geheimpolizei SAVAK, die für ihre Grausamkeit und Foltermethoden weltweit bekannt ist.

Neue Unruhen brechen am 8. Januar 1978 aus, als Polizeikräfte im Pilgerort Ghom auf eine Gruppe Theologiestudenten schießt. Diese fordert die Rückkehr des religiösen Führers, des Oberhaupts der Schiiten Ayatollah Khomeini, nach Teheran. Khomeini gilt nicht nur als Kritiker, sondern als machtpolitischer Opponent des Schahs und ist darum eine Bedrohung für das persische Kaiserreich. An diesem Tag sterben zwanzig Studenten den Märtyrertod.

Traditionell versammeln sich die Trauernden vierzig Tage nach dem Tod, um den Verlust zu beklagen. In den folgenden vierzehn Monaten – vom Januar 1978 bis zum März 1979 – strömen immer mehr Schiiten in die großen Städte, um ihre Toten zu betrauern. Auf diese Weise wachsen die Trauerfeierlichkeiten zu heftigen Protestkundgebungen. Immer mehr Menschen nehmen einen möglichen Tod auf sich, um (politische) Stärke zu gewinnen.

Khomeinis Nachfolger wäre fast Hussein Ali Montaseri geworden. Der Sohn einer armen Bauernfamilie in der Nähe von Isfahan wird aufgrund seiner intellektuellen Begabung und seiner religiösen Ausbildung zum Großayatollah und »Mardscha-e Taghlid«, zu einem Vorbild der schiitischen Gläubigen. Von den Schergen des Schahs verfolgt, wird er im Untergrund der engste Vertraute von Khomeini, der ihn »die Frucht meines Lebens« nennt und ihm seine Schwester zur Frau gibt. Nach der Revolution von 1979 schreibt Montaseri wesentlich an der neuen Verfassung der Islamischen Republik Iran mit und befürwortet zunächst auch harte Strafen gegen die Gegner des Golfstaates. Er sieht diese als gestrig an und bezeichnet sie als »abgestorbene Bäume, die man zurechtstutzen muss«. Doch als sich zunehmend Willkür breitmacht, attackiert er selbst den Revolutionsführer Khomeini, der sich bald von Montaseri lossagt. Über fünf Jahre steht er unter Hausarrest. 2003 zieht Hussein Ali Montaseri eine bittere Bilanz, indem er in den »Exzessen« seines Landes einen Verlust der Achtung in der Welt sieht. Er selbst sei dabei nicht frei von Schuld.

Nach der manipulierten Präsidentenwahl vom Juni 2009 stellt sich Montaseri furchtlos an die Seite der Demonstranten gegen Präsident Ahmadinedschad und fordert in einem Rechtsgutachten seine Landsleute offen zum Widerstand gegen das tyrannische Regime auf. Hierbei greift er auch Khomeinis Nachfolger Ali Chamenei (geboren 1940), der immerhin im Oktober 1981 zum ersten Mal zum Präsidenten gewählt wird, an und bezweifelt dessen religiöse Qualifikation. Chamenei genießt lange Zeit große Anerkennung im Volk und wird heute als »Diktator« tituliert; er hat bei der iranischen Bevölkerung jeden Kredit verspielt.

Im Folgenden erklärt Montaseri den Gottesstaat für gescheitert und fordert ein pluralistisches System und eine freie Presse. Auf diese Weise wird er für die »grüne« Revolution im Iran zu einem Helden und für sein Volk zu einer moralischen Autorität. Am 20. Dezember 2009 stirbt Hussein Ali Montaseri im Alter von siebenundachtzig Jahren in der heiligen Stadt Ghom. Der sanftmütige Islamgelehrte wird von den Menschen ergeben »Marscha-e Taglid« (Quelle der Nachahmung) genannt.

Leider wird bis heute der Islam oft mit den politischen Radikalen, den sogenannten Taliban (talib = Student), gleichgesetzt. Nicht nur deshalb wird der Koran (qu'rân) im christlichen Abendland oftmals missverstanden.[62] Dabei sind unter »qu'rân« vier verschiedene Dinge zu verstehen: der Vortrag eines Offenbarungstextes an Mohammed selbst, der öffentliche Vortrag dieses Textes durch Mohammed, der Text selbst, der vorgetragen wird, und die Gesamtheit der vorzutragenden Texte, das heißt der Koran als Buch (kitab).[63]

Auch das Bild Mohammeds wird dadurch verdunkelt, dass man ihn eher als Feldherrn denn als Propheten versteht. »Der militärische Erfolg des Islams war für Europa viel offensichtlicher als die spezifisch religiöse Eigenart von Mohammeds Verkündung«, stellt Hartmut Bobzin klar.[64] Das geht so weit, dass der Islam immer noch als Irrlehre, als Häresie klassifiziert wird und dass darum »ihr Gründer Mohammed als Häretiker gilt«[65]. Ein weiterer Vorwurf gegen Mohammed lautet, »dass seine Frömmigkeit ebenso wie die Offenbarung des Korans Ergebnis absichtlicher Täuschung seien«[66]. Nicht zuletzt wird er als »Epileptiker« und »Antichrist« verschrien.[67]

Der »Gesandte« (rasul) und »Prophet« (nabiy), aber auch der »Warner« (nadir) Gottes sind seine Titel. Nicht mehr nur die eschatologischen Themen von Weltende und Gericht stehen im Zentrum, sondern das diesseitige Leben (dunya), das nicht nur die kultische und politisch-soziale Organisation der Gemeinde (umma) umfasst, sondern auch die Auseinandersetzung mit Juden und Christen. Die Suren des Koran haben eine Weltbezogenheit, die das Diesseits (hayah) mit dem Jenseits (ahira) verbinden. Die Verheißung des Lohns (›agr) und die Androhung von Strafe (›adab ›alim) durchziehen die Suren des Koran.

Die zweite Sure »Die Kuh« (al-baqara) hat den eigentlichen Anlass ihrer Offenbarung in einem Überfall auf eine mekkanische Karawane in der Nähe von Nachla im heiligen Monat Ragab. Der Kampf wiege schwer, so die Sure, doch »jemanden vom Wege Gottes abzuhalten« wiege schwerer. Kämpfen im heiligen Monat Ragab ist schlimm, aber jemanden von Allahs Weg abzuhalten und vom Glauben an ihn, den Zutritt zur heiligen Anbetungsstätte zu verwehren und sein Volk aus ihr zu vertreiben ist umso schlimmer, so heißt es. Zentral steht hier: »Die Versuchung aber wiegt noch schwerer als das Töten!« (Sure 2:217).[68] Der Kampf (gihad) wird als verdienstvolle Handlung angesehen, die besonders belohnt wird, aber: »Kämpft auf dem Wege Gottes gegen die, die euch bekämpfen! Doch begeht dabei keine Übertretungen. Siehe, Gott liebt die nicht, die Übertretungen begehen.« (Sure 2:190) Der Aufruf dieser Sure richtet sich gegen den aggressiven Kampf, denn Allah liebt nicht die Aggressoren.[69] Die Sure 4 »Die Frauen« (an-nisâ) und viele weitere Suren halten Belohnungen im Diesseits und im Jenseits für ebendiesen Kampf bereit: »So sollen doch die auf dem Wege kämpfen, die das Leben hier auf Erden verkaufen um des Jenseits willen! Wer auf dem Wege Gottes kämpft, sodann getötet wird oder siegt, dem werden wir reichen Lohn geben.« (Sure 4:74)[70]

Der Prophet Mohammed stößt mit seiner Aufforderung vom »gihad« auch auf Widerstand in der Gemeinschaft (umma). Darum wird die einst intendierte kriegerische Bedeutung ersetzt durch einen vergeistigten Sinn »als Kampf gegen die Seele«, wie es in der Sure 22 »Die Pilgerfahrt« (al-hadsch) heißt.[71] »Und müht euch um Gott, wie es ihm zukommmt; denn er hat euch erwählt und hat euch in der Religion nichts auferlegt, was euch beschwert.« (Sure 22:78)[72] Der kolportierte Begriff des »Heiligen Krieges« (gihad) bedeutet wörtlich »das Bemühen auf dem Wege Gottes« oder auch »um den Willen Gottes«[73]. Aus dem Koran geht hervor, dass mit diesem Bemühen der Kampf (qital) im Sinne einer kriegerischen Auseinandersetzung gemeint ist, darum heißt es in Sure 9 »Die Reue« (at-tauba): »O Prophet! Bekämpfe die Ungläubigen und die Heuchler, und setze ihnen hart zu! Ihr Zufluchtsort ist die Hölle. Welch schlimmes Schicksal!« (Sure 9:73)[74]

Der Kampf richtet sich sowohl gegen die, die nicht Muslime sind, als auch gegen die Opportunisten unter den Muslimen, und damit sowohl gegen äußere Gegner des muslimischen Glaubens als auch gegen die Feinde einer inneren Einheit der Gemeinde. Wenngleich der »gihad« als islamische Gemeinschaftspflicht aufgefasst wird, ist nicht jeder Muslim dazu (in einem kriegerischen Sinne) verpflichtet, denn in Sure 29 »Die Spinne« (al-›ankabût) heißt es: »Doch die für uns streiten, die wollen wir auf unseren Weg leiten. Denn siehe, Gott ist fürwahr mit denen, die Gutes tun.« (Sure 29:69)[75] Mit »gihad« ist demnach auch eine Missionstätigkeit oder der persönliche Kampf um Gotteserkenntnis oder aber auch die Bekämpfung des Analphabetentums zu verstehen. »gihad« bedeutet also Anstrengung, Kampf und meint in der koranischen Wendung »ğâhada fî sabîl allâh«, dass man sich auf dem Weg Gottes mühen soll. Für Gott kämpfen ist der religiös und nicht politisch motivierte Kampf für Gott.

In der Tradition der westlichen Aufklärung mögen Worte des Korans wie »Gott weiß es am besten!« (allahu a'lam) befremdlich erscheinen; doch ist mit dieser Aussage weniger das Eingeständnis eigenen Unwissens gemeint als vielmehr die Anerkennung des Reichtums von Deutungsmöglichkeiten, »die geradezu als göttliche Gnade verstanden werden kann«[76].

5. Die Regierung des Selbst 1980-1984

XXIV. Geschichte der Gouvernementalität I: Sicherheit, Territorium, Bevölkerung

> »Wenn meine Erinnerungen exakt sind, bekam ich
> den ersten großen kulturellen Chok durch franzö-
> sische Vertreter der seriellen und Zwölftonmusik
> – wie Boulez und Barraqué, mit denen ich freund-
> schaftlich verbunden war. Sie haben mich zum
> ersten Mal aus dem dialektischen Universum he-
> rausgerissen, in dem ich gelebt hatte.«
> Michel Foucault[1]

Das Denken geschieht in Beziehung zum Territorium und zur Terra, so die Ge-
meinschaftsphilosophen Gilles Deleuze und Félix Guattari in ihrem letzten gemeinsamen Buch *Qu'est-ce que la philosophie?* (1991). Seit Kant setzt sich das Denken nicht
mehr in Kategorien von Subjekt und Objekt fest, denn seit dessen Vorstellung einer
kopernikanischen Wende steht das Subjekt fortwährend in einer Beziehung zur
Erde. »Und doch haben wir gesehen, dass die Erde eine fortwährende Deterritoria-
lisierungsbewegung an Ort und Stelle ausführt, mit der sie jedes Territorium überschreitet: sie ist deterritorialisierend und deterritorialisiert. Die Erde verschmilzt
mit der Bewegung derer, die in Massen ihr Territorium verlassen.«[2]
   Foucaults *Geschichte der Gouvernementalität* formen Deleuze und Guattari zu
einer Geophilosophie um. Noch vor der Terminologie der Biopolitik führt Foucault
die Begrifflichkeit vom Territorium ein. Beide Philosophen denken im Anschluss
an Foucault ex negativo: »Die Deterritorialisierungsbewegungen sind unabtrennbar von Territorien, die sich einem anderswo öffnen, und die Reterritorialisie-
rungsprozesse sind unabtrennbar von der Erde, die die Territorien zurückgibt.«[3]
Deleuze und Guattari sprechen hier von einer Entwicklung »des Territoriums zur
Erde« und von einer Bewegung »der Erde zum Territorium«. Unvergleichlich und
dabei absolut frei und selbstständig spinnen sie die Gedanken Foucaults weiter.
   Die Fragen nach der Zugehörigkeit von Mensch und Tier, von Lebewesen und
Erde gehen in traditionelle Disziplinen wie Anthropologie, Biologie, Ethnologie,
Soziologie ein – und nicht zuletzt in die Literatur. Die Frage von »bios« (Leben) und
»nomos« (Gesetz) sieht ihr Feld innerhalb der Literatur und ihrer Wissenschaft in

»der Sorge um Leben und Gesundheit«, die mit der »umfassenden Überwachung und Disziplinierung« einhergeht. Beispielsweise die Frage nach der Hygiene von (Volks-)Körpern oder die Funktion der Eugenik oder »Menschenzucht« für ein Volk sind lange nicht mehr nur historisch, politisch oder soziologisch interessant, sondern auch in der Literatur finden sich hier zu bearbeitende Muster.[4] Den Begriff der Biomacht führt Foucault ein, »um einen epochalen Wechsel anzuzeigen von der klassischen Souveränität der politischen Theorie, die ein Recht über Leben und Tod gewesen ist, hin zu einer nur schwer lokalisierbaren Macht«[5]. Bei Foucault findet sich allerdings keine systematische Differenzierung der Begriffe Biomacht und Biopolitik, sie werden weitestgehend synonym verwendet. Der Begriff der Biopolitik taucht zuerst in der Vorlesung von 1974 über *Die Anormalen* auf, die 1999 als Buch veröffentlicht werden.[6] Der Begriff der Biomacht ist für Foucault »die in das Leben der Menschen eingreifende Gewalt des Staates«, also etwas, das er in früheren Büchern unter den Stichwörtern Korrekturwelt und Zucht behandelt.[7]

Vor der Biomacht steht jedoch das Konzept der Territorialität, welches aus der Verhaltensforschung am Tier stammt. Die spezifischen Bedeutungen von Lebensort und Sexualität, von Nahrungsquelle und Verteidigung können als (allerdings nicht immer einheitliche) Verhaltensweisen auf den Menschen (mindestens anthropologisch, biologisch, ethnologisch, soziologisch) übertragen werden – beispielsweise in den alternativen Formen räumlichen Verhaltens im Territorium. In einem Konzept des menschlichen Territorialverhaltens kommt der Ethnologie eine besondere Rolle zu. Das territoriale Verhalten lässt sich als eine kulturelle Modifikation verstehen, denn soziale Verhaltensweisen besitzen immer auch eine territoriale Natur.

Michel Foucaults Vorlesungen am Collège de France beschäftigen sich in den Jahren 1978 und 1979 mit einer Geschichte der Gouvernementalität, die zu diesem Zeitpunkt noch gar nicht erforscht ist. Am 11. Januar 1978 beginnt er seine dreizehnteilige Vorlesungsreihe über die Fragestellung von Sicherheit, Territorium und Bevölkerung bis zum 5. April 1978. Am 10. Januar 1979 beginnt er seine zwölfteilige Vorlesungsreihe zum Thema Biopolitik, die am 4. April 1979 endet. 2004 veröffentlichen die Verlage Gallimard und Seuil die französische Ausgabe und zeitgleich der Suhrkamp Verlag die deutsche Ausgabe in zwei Bänden, und »mehr und mehr erweist sich, dass hier, im noch unfixierten Denken des Vortrags, der wahre Foucault zu finden ist«[8].

Im Jahr des zwanzigsten Todestags von Michel Foucault erscheinen hinweisende Zeitungsartikel, einige wissenschaftliche Symposien entstehen, ein paar fragwürdige Bücher werden publiziert. Der frische Vorlesungsdoppelband über die Geschichte der Gouvernementalität lässt jedoch die Vergeblichkeit spüren, »sich über Foucault schon verständigen zu wollen, ohne sein Hauptwerk überhaupt zu kennen«. Die angekündigten dreizehn Vorlesungsbände bilden darum das eigentliche Hauptwerk dieses »mutigsten französischen Denkers des zwanzigsten Jahrhunderts«, denn was Foucault schreibt, ist eine Vorfertigung seiner Gedanken beim Reden. »Diese Rohfassungen zählen zum Brillantesten, was wir haben.«[9]

Wenn Gilles Deleuze und Félix Guattari sich auf Foucaults Thesen beziehen, dann fragen die beiden nach der territorialen Produktion und den Bedingungen, welche sich zwischen »Reichtum überhaupt« und »Arbeit schlechthin« als ein »Zusammentreffen beider Waren« verstehen, denn »Marx konstruiert eben einen Begriff des Kapitalismus, indem er die beiden Hauptbestandteile bestimmt, nackte Arbeit und purer Reichtum, mit ihrer Unterscheidbarkeitszone, wenn der Reichtum die Arbeit kauft«[10]. Deleuze entwickelt Foucault mit diesen Formeln weiter. Das moderne Bild einer Gesellschaft verweist nicht mehr auf eine äußere Grenze, die es beschränkt, sondern auf eine innere Grenze, die sich verschiebt und dabei das kapitalistische System vergrößert und sich selbst in dieser Verschiebung rekonstituiert. »Die kapitalistische Produktion strebt beständig, diese ihre immanenten Schranken zu überwinden, aber sie überwindet sie nur durch Mittel, die ihr diese Schranken aufs neue und auf gewaltigerem Maßstab entgegenstellen. Die wahre Schranke der kapitalistischen Produktion«, so Karl Marx im dritten Band des *Kapitals*, »ist das Kapital selbst.«[11]

Deleuze und Guattari machen eine Deterritorialisierung des Kapitalismus aus, die sich am Nationalstaat reterritorialisiert. Der Kapitalismus findet seine Vollendung in der Demokratie, einer sogenannten neuen Gesellschaft von Brüdern, der kapitalistischen Version einer von ihnen selbst so bezeichneten Gesellschaft der Freunde.[12] Das neue Athen bedeutet damit eine Reaktivierung des Kapitalismus der griechischen Antike auf gesellschaftlichem, ökonomischem und politischem Fundament. Die Verbindung der antiken mit der modernen Philosophie ist hierbei nicht ideologisch zu verstehen.[13]

In ihrer Analyse des »Hier und Jetzt« bestätigen beide, dass der Begriff der Revolution wie der des Enthusiasmus »als Präsentation des Unendlichen nichts Vernünftiges oder Selbstverständiges umfasst«[14]. Der Begriff der Revolution befreit die Immanenz von ihren Grenzen, die ihm das Kapital noch auferlegt. »Als Begriff und Ereignis ist die Revolution selbstbezüglich oder genießt eine Selbstsetzung, die sich in einem immanenten Enthusiasmus erfassen lässt. Die Revolution ist die absolute Deterritorialisierung an jenem Punkt, an dem diese nach der neuen Erde, dem neuen Volk ruft.«[15]

Michel Foucaults Interpretation der Auseinandersetzung Immanuel Kants mit der Französischen Revolution (1984), so wie sie in dessen Text über den *Streit der Fakultäten* (1798) dokumentiert ist, zeigt, dass Kant weniger die politischen und sozialen Umbrüche im Blickwinkel hat als die moralischen Dispositionen, die hier in diesem Text zum Ausdruck kommen. Wichtig ist nach Foucault nicht die Revolution selbst, sondern die Bedeutung, die sie für die Menschen hat. Revolution als politische und soziale Umwälzung ist selbst für Kant nicht der Fortschritt, sondern nur ein Zeichen des Fortschritts. Foucault erklärt: »Wichtig an der Revolution ist nicht die Revolution selbst, wichtig ist, was sich in den Köpfen derer abspielt, die sie nicht machen, oder zumindest nicht zu deren Hauptakteuren gehören. Der Enthusiasmus für die Revolution ist nach Kant Zeichen für die moralische Veranlagung der Menschheit. Diese Veranlagung manifestiert sich auf Dauer zweifach:

erstens im Recht aller Völker, sich die politische Verfassung zu geben, die ihnen selbst gemäß erscheint, zweitens darin, dass diese Verfassung den politischen und moralischen Ansprüchen genügt, die an sie zu stellen sind.«[16]

Schon Foucault weist auf das Gegenwärtige, das Aktuelle und das Neue hin, denn wir sollen nicht nur das Vergangene von dem Gegenwärtigen und vom Aktuellen unterscheiden.[17] Wenn Foucault beispielsweise Kant bewundert, dann will er zeigen, dass der Gegenstand der Philosophie nicht darin besteht, das ewig Kontemplative zu betrachten, und eben auch nicht darin liegt, die Geschichte zu reflektieren. Es geht darum, unsere aktuellen Pflichten zu diagnostizieren.[18]

Die Frage nach der Regierung stellt Michel Foucault als eine Frage nach der Regierung des Selbst und der Regierung der anderen, nach gesellschaftlicher und staatlicher Regierungsform. Damit leitet er den Übergang zu einer dritten Werkphase ein, in der es ihm um die Ethik der Selbstpraxis geht. Foucault formuliert hier seine Ideen einer Ästhetik der Existenz auf der Grundlage der »gouvernementalité«. Er verwendet dabei diesen komplexen Begriff, um die älteren Studien über die Macht mit einer Theorie des sich selbst regierenden Subjekts zu verknüpfen.

Gouvernementalität oder »gouvernementalité« ist eine Wortneuschöpfung von Michel Foucault, welche eine politische Realität bezeichnet, die in vielfältiger Weise in Anwendung gebracht wird, um sowohl den Einzelnen als auch die Stärke des Staates zu fördern. Mit diesem Begriff bezeichnet also der Denker jedes Machtsystem, das sich im 18. Jahrhundert installiert und das als hauptsächliche Zielscheibe die staatliche Bevölkerung, als wichtige Wissensform die politische Ökonomie und als bedeutendes technisches Instrument die Sicherheitsdispositive hat.[19]

Laut Michel Foucault erleben die Menschen heute eine Krise der Gouvernementalität, weil sämtliche Regierungstechniken, mit denen sie in Kontakt kommen, inzwischen infrage gestellt werden müssen.[20] Darum befasst sich Foucault mit der Entstehung eines politischen Wissens, das den Begriff der Bevölkerung und die Mechanismen zur Lenkung der Bevölkerung ins Zentrum stellt. Als Leitfaden dafür wählt Foucault den Begriff der Regierung, den er »seit den ersten Jahrhunderten der christlichen Zeitrechnung« untersuchen will.[21] »Was jetzt folglich untersucht werden müsste, ist die Weise, in der die spezifischen Probleme des Lebens und der Bevölkerung innerhalb einer Regierungstechnologie gestellt wurden, die, weit entfernt davon, stets liberal gewesen zu sein, seit dem Ende des 18. Jahrhunderts unablässig von der Frage des Liberalismus beherrscht wurde.«[22]

Der tradierte Begriff des Regierens stellt die Regierung der Menschen sicher; Regieren als eine Macht über das Individuum, das folgend eine institutionelle Macht annimmt. Die Entstehung neuer Formen ökonomischer und sozialer Beziehungen und vor allem neuer politischer und institutioneller Strukturen sind von dem Bemühen begleitet, bisherige Formen des Regierens und des Sich-selbst-Regierens, der Selbstanleitung infrage zu stellen. Eine moderne politische Gouvernementalität verdrängt die Kunst des Regierens als einer Staatsräson, die Regierungskunst steht vor dem Problem, die Kräfte eines Staates und seine Mächte analytisch und rational zu erkennen, praktisch und theoretisch zu entwickeln und gut und richtig zu benutzen.

Foucaults Analytik der Regierung hat drei entscheidende Problemfelder: die Frage nach der zentralen Bedeutung politischen Wissens für die Konstitution von Staatlichkeit, die Bedeutung eines Technologiebegriffs – der symbolische Techniken und Selbsttechniken über die materiellen und politischen Techniken mit einbezieht –, das Verständnis des Staates als Effekt und Instrument politischer Strategien, die in diverse Staatsprojekte eingehen.[23] Seine Analytik der Regierung ist die Gouvernementalisierung des Staates.[24] Die Regierung durch staatliche Apparate und Institutionen ist ein kontingenter politischer Prozess und ein singuläres historisches Ereignis, das nach Foucault erklärt werden muss. Seine Genealogie des modernen Staates hat darum ihren festen Platz in den zeitgenössischen staatstheoretischen Diskussionen und politischen Debatten. Sie ist eine Reaktion auf die Kritik an seinen disziplinaranalytischen Arbeiten.

Das Konzept der Gouvernementalität korrigiert die Foucault'sche Analytik der Macht aus den siebziger Jahren und entwickelt sie weiter. Ende der siebziger Jahre zeigt sich ihm, dass die »Mikrophysik der Macht« in der von ihm konzipierten Weise Mängel hat. »Der Akzent der Genealogie lag zum einen allein auf dem individuellen Körper und seiner disziplinären Zurichtung, ohne den umfassenden Prozessen der Subjektivierung Beachtung zu schenken. Zum anderen erwies es sich als unzureichend, in der Kritik an staatszentrierten Analysen das Augenmerk einseitig auf lokale Praktiken und spezifische Institutionen wie das Krankenhaus oder das Gefängnis zu richten, ohne den Staat selbst als Resultat gesellschaftlicher Kräfteverhältnisse zu begreifen.«[25] Dieses Staatsverständnis muss sich in einem gesellschaftlichen Verhältnis thematisieren und analysieren.

»Es ist eine gesicherte Tatsache«, so Michel Foucault in seinem grundlegenden Text *Subjekt und Macht* (1982), »dass der Staat in den heutigen Gesellschaften nicht bloß eine der Formen oder einer der Orte der Machtausübung ist – wenn auch vielleicht die wichtigste Form oder der wichtigste Ort –, sondern dass sich alle anderen Arten von Machtbeziehungen in gewisser Weise auf ihn beziehen. Allerdings nicht weil sie vom Staat abgeleitet wären, sondern weil es zu einer stetigen Etatisierung der Machtbeziehungen gekommen ist. Wenn man den Ausdruck Gouvernementalität diesmal in seiner engeren Bedeutung von Regierung nehmen will, könnte man sagen, die Machtbeziehungen sind zunehmend gouvernementalisiert, das heißt in der Form oder unter den Auspizien der staatlichen Institutionen elaboriert, rationalisiert und zentralisiert worden.«[26]

Mit der Erkenntnis um den Zusammenhang von Bevölkerung und Ökonomie entwickeln sich Technologien der Polizei, um mit der Entstehung des ökonomischen Denkens das politische Problem der Bevölkerung zu erkennen. Aufstand und Revolution werden von der Polizei niedergeschlagen; ihre Aufgabe ist die Aufrechterhaltung von Ordnung und Disziplin, um der Bevölkerung das Leben leichter zu machen und sie mit Notwendigkeiten zu versorgen. Polizei meint ein Instrument der Herrschenden zur Regulierung der Bevölkerung und ihres Verhaltens.

Die Polizei ist der Glanz des Staates, so Foucault in *Der Staub und die Wolke* (1980), und sie ist »eine neue Institution, denn ihre Entscheidungen und Sorgen befassen sich mit dem tätigen Menschen. Das, was für die Polizei Bedeutung hat, ist die Differenz der Besetzungen. Sie befasst sich mit den menschlichen Handlungen, soweit sie sich auf den Staat beziehen, und der Mensch ist ihr wahres Subjekt.«[27]

Eine gesunde und friedliche Bevölkerung fördert die Ökonomie, darum entsteht parallel zum Phänomen der Polizei eine verwaltete Politik der Gesundheit, und folgend eine verquickte Gesundheitspolizei, die die neue Biopolitik sicherstellt. Die Bevölkerung ist von nun an eine Gemeinschaft »von Lebewesen mit spezifischen biologischen und pathologischen Merkmalen«[28]. Wenn Foucault später von der Gouvernementalität zur Konstitution einer Bioethik übergeht, dann werden sich Bioethik und Strafrecht nicht voneinander ausschließen.[29] Nicht zuletzt liegt »die entscheidende Geste der Rechtsmacht wiederum in der Strafe als Antwort«[30].

Die kritischen Bereiche des Lebens – zwischen Geburt und Tod, dem Beginn und dem Ende des Lebens – konzentrieren den Bereich der Bioethik. Als Gegenstände dieser neuen Ethik des Lebens entwickelt sich auf einer Folie von Bio- und Sozialpolitik eine reproduktive Politik des biomedizinischen Körpers.[31] In dieser Objektwelt entsteht nach der Biologie ein Forschungsfeld der Genetik oder Gentechnologie. Biophysikalische und biochemische Felder bilden das neue Feld dieser Biowissenschaften, die wiederum den Hintergrund für die Bioethik darstellen.[32] Was heute als »public health« in die öffentliche Diskussion eingeht, ist ein Grundlagenthema der Bioethik. In diesem bioethischen System gehen »primär oder wirklich Beziehungen« eine Symbiose aus »sekundären und reflexiven Beziehungen« ein.[33]

Bereits in *Der Wille zum Wissen* verweist Foucault auf die konzeptionelle Verbindung von Leben und Macht, die – wie er in seiner Vorlesung über die *Verteidigung der Gesellschaft* zuspitzt – eine Verschiebung hinsichtlich der »Vereinnahmung des Lebens durch die Macht erfährt«[34]. Sein Begriff der Biopolitik markiert einen Bruch mit den Versuchen, die Natur der Politik auf biologische Determinanten oder anthropologische Konstanten zurückführen zu wollen.[35] Die Stichwörter von Biomacht und Biopolitik sind spätestens seit den Vorlesungen zur Geschichte der Gouvernementalität bekannt. Im März 1976 definiert Foucault diese Verschiebung darin, dass aus »sterben zu machen oder leben zu lassen« in der Neuzeit »leben zu machen und sterben zu lassen« wird.[36] Es kommt sogar zu einem »in den Tod stoßen«[37]. Kurzum: »In der Moderne zielt die Regulierungsmacht auf die Produktion von Leben – darin realisiert sich ihre Souveränität und in nichts sonst, was nicht heißt, dass nicht alte Formen der Macht mit ihr vermischt bleiben können.«[38] Diese Biomacht (»Lebendiges herzustellen und Monströses zu fabrizieren«[39]) »infiltriert, durchdringt und überschwemmt tendenziell die menschliche und damit jede Form von politischer Souveränität, um sie ihren eigenen Gesetzmäßigkeiten und Notwendigkeiten zu unterwerfen«[40].

Die Macht über das Leben, die es nicht mit Subjekten des Rechts, sondern mit Wesen des Lebens zu tun hat, diszipliniert den Individualkörper einerseits und reguliert die Bevölkerung andererseits. Diese Technologie der Disziplinierung zielt auf die Dressur und die Überwachung des individuellen Körpers. »Diese politische Anatomie des Körpers«[41], so Michel Foucault, betrachtet den Menschen als eine komplexe Maschine. Diese verfolgt das Ziel, die Talente und Potenziale dieser Mensch-Maschine zu steigern und sie in die ökonomischen Produktionsweisen und politischen Herrschaftssysteme einzugliedern, ganz im philosophischen Sinne von Julien Offray de La Mettrie.[42] Später – in der zweiten Hälfte des 20. Jahrhunderts – richtet sich die nun erweiterte Technologie der Macht auf den kollektiven Körper der Bevölkerung. Nicht Disziplin und Dressur des Individualkörpers, sondern Regulierung und Überwachung des Volkskörpers sind zentrale Instrumente der Regierung, der Regierungsfähigkeit, der Gouvernementalität. »In der Kombination von disziplinierender Reglementierung und bevölkerungs-politischer Regulierung sieht Foucault die entscheidende Voraussetzung für die Durchsetzung des Kapitalismus und die Konstitution des modernen Nationalstaates.«[43]

Das Wort Gouvernementalität setzt sich aus den Bestandteilen »gouverner« (regieren, lenken) und »mentalité« (Denkweise) zusammen. Es gibt eine Gouvernementalität des Familienvaters, des Schulleiters, des Militärerziehers, des Berufsausbilders, und so weiter. Gouvernementalität ist demnach eine Regierungskunst, die sich den Menschen nicht einfach unterwirft, sondern diesen zu führen wissen sollte. Im Unterschied zu einem System der Disziplinierung wendet sich die Gouvernementalität nicht nur direkt an den Untertanen, sondern versucht auf der Grundlage vieler Informationen komplexe Zusammenhänge so einzurichten, dass die Akteure im Kraftfeld der jeweiligen Macht selbstständig agieren, damit es möglichst nicht zu einer offenen Kraftprobe mit der Macht kommt. Die Gouvernementalität ist darum die Voraussetzung für eine Kunst, den Menschen zu führen, und sie steht über den großen Strukturen der Macht. »Die Gouvernementalität ist die Probe der Machttheorie auf das Exempel der ganzen Gesellschaft.«[44]

Im Mittelpunkt dieser Neuorientierung steht darum der Begriff der Regierung, der zum Leitfaden für seine weitere Arbeit wird. Machtbeziehungen werden von nun an in der Perspektive der Führung untersucht, »um sich gleichermaßen vom Modell des Rechts wie vom Modell des Krieges abzusetzen«[45]. Der Begriff der Regierung konzipiert eine neue Verbindung zwischen Machtbeziehung und Herrschaftszustand, und vor allem vermittelt er zwischen Macht und Subjektivität. Auf diese Weise kann Foucault die Herrschaftstechniken mit den Selbsttechnologien verknüpfen. Regieren und Denken wird nun semantisch verbunden.

Immer wieder wird von außen kritisiert, dass Foucault die Begriffe von Macht und Herrschaft weitgehend synonym verwendet oder wenig zureichend unterscheidet. Erst spät in einem Gespräch mit Angehörigen des Département de Psychoanalyse der Universität Paris VIII in Vincennes 1977 kommt er selbst darauf zu sprechen.[46] Zuletzt hält er eine begriffliche Differenzierung für notwendig: »Man muss zwischen Machtbeziehungen als strategischen Spielen, zwischen Freiheiten und Herrschaftszuständen unterscheiden, die das sind, was man üblicherweise Macht nennt. Und zwischen beiden, zwischen den Spielen der Macht und den Zuständen der Herrschaft, gibt es Regierungstechnologien.«[47]

Schon in seiner Studie *Oublier Foucault* (1977) kritisiert Jean Baudrillard die Fixierung auf die Macht, wie Michel Foucault sie unternimmt. Baudrillard behauptet, die Macht sei seit Langem zu einem Simulakrum verkommen, zu einem Trugbild geworden, welches bloß noch ein Schatten oder ein Schein sei. Macht (und die Befreiung von ihr) und Sexualität würden heute nur noch simuliert, weil es in der Realität keine Macht mehr gebe. Alle Dinge hätten in der Moderne ihre »Erdhaftung« verloren, denn sie »flottierten in einem medialen Orbit der Simulation«, so Baudrillard. Er spricht hierbei von der »Hyperrealität des Politischen«, bei dem das gesamte System von Wucherungen und Anomalien gekennzeichnet sei.[48] Diese besondere Kritik eher spekulativer Art und Weise formuliert, dass Foucault nur deshalb so frei über Macht, Sexualität und Disziplin sprechen könne, weil diese drei ihre historische Rolle bereits ausgespielt hätten.[49] Michel Foucault reagiert auf diese Kritik in einem Gespräch mit Gérald Raulet sechs Jahre später, indem er sein Unverständnis über diese Thesen äußert, denn er habe niemals eine allgemeine Theorie der Macht geschrieben, sondern lediglich historische Transformationen von Beziehungen der Macht aufgezeigt.

Eine Archäologie der Machtbeziehungen in bestimmten Institutionen und Perioden ist eben etwas ganz anderes als die von Baudrillard behauptete allgemeine Machttheorie.[50] Nicht die Foucault'sche Theorie der Macht ist allgemein, sondern die Macht selbst ist allgegenwärtig. »Unter Macht, scheint mir, ist zunächst zu verstehen: die Vielfältigkeit von Kräfteverhältnissen, die ein Gebiet bevölkern und organisieren, das Spiel, das in unaufhörlichen Kämpfen und Auseinandersetzungen diese Kräfteverhältnisse verwandelt, verstärkt, verkehrt; die Stützen, wie diese Kräfteverhältnisse auseinander finden, indem sie sich zu Systemen verketten – oder die Verschiebungen und Widersprüche, die sie gegeneinander isolieren; und schließlich die Strategien, in denen sie zur Wirkung gelangen und deren große Linien und institutionelle Kristallisierungen sich in den Staatsapparaten, in der Gesetzgebung und in den gesellschaftlichen Hegemonien verkörpern. Nicht weil sie alles umfasst, sondern weil sie von überall kommt, ist die Macht überall. Die Macht ist nicht eine Institution, ist nicht eine Struktur, ist nicht eine Mächtigkeit einiger Mächtiger. Die Macht ist der Name, den man einer komplexen strategischen Situation in einer Gesellschaft gibt.«[51]

Im Rahmen der Formen der Veränderungen von Wirkungsweisen der Macht gibt es einen Strukturwandel in der Moderne, mit der Folge, dass die moderne Macht sich in den Falten der Gesellschaft, in deren Institutionen und Lebenswelten weiter ausbreitet. Moderne Macht bezieht sich nach Michel Foucault auf den Körper des Individuums, sie besteht aus einem Netzwerk von Praktiken, und sie stellt zuletzt eine Beziehung zwischen verschiedenen Subjekten her. »Die Macht funktioniert, die Macht übt sich als Netz aus, und über dieses Netz zirkulieren die Individuen nicht nur, sondern sind stets auch in der Lage, diese Macht zu erleiden und auch sie auszuüben; sie sind niemals die träge oder zustimmende Zielscheibe der Macht; sie sind stets deren Überträger. Das heißt, dass das Individuum nicht das der Macht Gegenüberstehende ist, es ist, wie ich glaube, eine ihrer ersten Wirkungen. Das Individuum ist eine Wirkung der Macht.«[52]

Ein Wissen ohne einen Willen kann es nicht geben, »weil der Wahrheitsdiskurs in die beiden Aspekte von Macht und Wissen absolut zusammenfällt«[53]. Dieser Diskurs der Wahrheit verbindet sich mit der Ästhetik der Existenz zur Biomacht als einer modernen Macht. Und Foucault begreift seine theoretische Arbeit als eine Produktion von Diskursen, um eine »politische Ökonomie der Wahrheit« herzustellen und den Fokus auf die »politische, ökonomische und institutionelle Produktion der Wahrheit« zu richten.[54] Wenn der Begriff des Diskurses heute ein Modebegriff ist, dann wird landläufig der Gang eines Vortrags oder einer Rede verstanden. Foucault bezieht sich auf die Analyse von historischen Diskursen, im Sinne von Anordnung, Ordnung, Rahmen und Formation.[55] Die Produktion von Diskursen hängt mit einem sinnvollen Sprechen (und Schreiben) zusammen.[56] Die Frage der Biomacht ist gleichwohl untrennbar mit der Arbeit an der Geschichte der Sexualität verbunden, die Foucault parallel zu den Vorlesungen am Collège de France fortsetzt. Schon 1969 kündigt Foucault die Arbeit an einer Geschichte der Sexualität in seinem Buch *Archäologie des Wissens* an, indem er als Anwendung seiner neu entwickelten archäologischen Methode projektiert, die Sexualität archäologisch beschreiben zu wollen.[57] Nach der Archäologie der Klinik (1963), der Archäologie der Humanwissenschaften (1966), der Archäologie des Wissens (1969) soll eine Archäologie der Sexualität folgen. In seiner Inauguralvorlesung vom 2. Dezember 1970 spricht er von einem »Diskurs der Sexualität«[58]. Der erste Band seiner Geschichte der Sexualität erscheint 1976 und steht somit in einer archäologischen Tradition und verweist als *Wille zum Wissen* programmatisch auf zukünftige Projekte, insbesondere die Geschichte der Gouvernementalität und die Regierung des Selbst, denn Foucaults ethische Reflexionen orientieren sich von nun an am Leitfaden einer auf die Techniken des Selbst gerichteten Praxis. Damit verhilft Foucault seinen Ideen zur Geburt: »Es gilt der Geburt der Ideen beizuwohnen und ihre explosive Kraft zu erleben, und dies nicht in den Büchern, in denen sie vorgestellt werden, sondern in den Ereignissen, in denen sich ihre Kraft zeigt, und in den Kämpfen, die für oder gegen sie geführt werden.«[59]

Foucaults Diskurs der Macht verdrängt nicht den Diskurs des Wissens, sondern weist ihm lediglich eine spezifische Rolle innerhalb eines komplexen Bildes zu. Moderne Macht muss darum dezentral verstanden werden und ist zur Produktion von Erfahrungen und damit wissenschaftlichen Objektbereichen fähig, denn »die Macht kommt von unten, das heißt, sie beruht nicht auf der allgemeinen Matrix einer globalen Zweiteilung, die Beherrscher und Beherrschte einander entgegensetzt und von oben nach unten auf immer beschränktere Gruppen und bis in die letzten Tiefen des Gesellschaftskörpers ausstrahlt. Man muss vielmehr davon ausgehen, dass die vielfältigen Kräfteverhältnisse, die sich in den Produktionsapparaten, in den Familien, in den einzelnen Gruppen und Institutionen ausbilden und auswirken, als Basis für weitreichende und den gesamten Gesellschaftskörper durchlaufende Spaltungen dienen.«[60] Das herausragende Produkt moderner Macht ist das moderne Individuum, welches selbst nur im Verbund mit den Humanwissenschaften konstituiert wird. Foucaults späteres Projekt umfasst eine Geschichte der Freiheit, ist eine Untersuchung der Techniken der Macht und stellt den Begriff der Wahrheit in den Mittelpunkt – und das alles auf der Folie eines Willens zum Wissen.

Es wird gelegentlich kritisiert, dass »Le pouvoir – dieses schummrige Amalgam aus Macht, Herrschaft, struktureller Gewalt, Autorität, Prestige, Charisma – nie lokalisiert«, sondern zu einem Moloch hochstilisiert würde, der überall gleichermaßen lauert und so stets die Analyse konkreter Herrschaftsverhältnisse dominiert.[61] Für diese Kritiker ist unbestritten, dass in unserer Gesellschaft Macht und Sexualität verbunden sind, doch sie plädiert für einen differenzierteren Blick auf den weiblichen Körper und damit die Untersuchung der Unterdrückung einer spezifisch weiblichen Sexualität.

Weitere Versuche, nämlich Michel Foucaults Machtanalytik im Rahmen einer innertheoretischen Entwicklungslogik zu begreifen, seien erwähnt. Foucaults Analytik verdanke sich doch dem Strukturalismus und enthülle zugleich dessen Genealogie.[62] Diese Versuche werfen Foucault vor, dessen Machtmonismus räume dem Widerstand keine greifende Rolle mehr ein. Damit drohe dessen theoretisches Unternehmen auf eine zynische und damit tragische Bejahung des Bestehenden hinauszulaufen. Das ist das Dilemma des Widerstands gegen die moderne Macht, dass sie bereits eingegangen ist in genau die Subjektivitäten, die sich gegen sie richten könnten.

Dabei gewinnen gerade Unterwerfung und Widerstand in der Foucault'schen Perspektive einen neuen Sinn, denn sie beziehen sich nicht auf ethische, soziale und religiöse Herrschaft als Kämpfe der modernen Staatsbildung; auch nicht auf Formen der Ausbeutung infolge ökonomischer Abhängigkeit, sondern auf »all das, was das Individuum an sich selber fesselt und dadurch anderen unterwirft«. Während vorher diese Kämpfe in einer Mischform auftraten, wird der widerständige Kampf heute »gegen die Formen der Subjektivierung, gegen die Unterwerfung durch Subjektivität zunehmend wichtiger, auch wenn die Kämpfe gegen Herrschaft und Ausbeutung nicht verschwunden sind«[63]. Zuletzt schreibt ein Rezipient: »Disziplinierung stellt für Foucault anders als für Freud keineswegs schlichte Unterdrückung dar. Er begreift die Sexualität nicht als eine schlichte Eigenschaft des Menschen. Für ihn ist die Sexualität keine autonome Instanz. Foucault widerspricht damit Freud.«[64]

An den Ort des ursprünglichen Willens – so scheint es auf – tritt in der westlichen Moderne die Sexualität. Dieser starke Auftritt des Sexus ist als versprachlichte Intervention zugunsten des Subjekts kaum mehr zu überhören. Das Auftauchen der Sexualität markiert »als fundamentales Problem das Gleiten von einer Philosophie des arbeitenden Menschen zu einer Philosophie des sprechenden Seins«[65]. Die Philosophie erscheint nun nicht mehr in einem direkten Verhältnis zur Arbeit

– so wie es noch Karl Marx ansieht –, sondern in Relation zur produktiven Sprache – zur Sprache der Sexualität. Die Sexualität spricht und wird gesprochen: »Ab dem Tag, als unsere Sexualität begann zu sprechen und gesprochen zu werden, hörte die Sprache auf, der Moment der Enthüllung des Unendlichen zu sein; in ihrer Dichte machen wir seither die Erfahrung der Endlichkeit und des Seins. In ihrer dunklen Bleibe begegnen wir der Abwesenheit Gottes und unserem Tod, den Grenzen und ihrer Überschreitung«[66], so Foucault bereits 1962. Die Sprache der Sexualität erscheint mit dem Tod Gottes in einer unendlichen Leere. »Wenn Foucaults Philosophie keine Moral postuliert, dann weil sie das Problem der Moral in den Begriff einer Ethik neu formuliert, also der Maxime folgt, mit der seine letzten Bücher beginnen: ›Sich von sich selber lösen‹.«[67]

Roland Barthes merkt einmal kritisch an: »Politische Befreiung der Sexualität: eine doppelte Überschreitung, des Politischen durch das Sexuelle, und umgekehrt. Doch das ist noch nichts: stellen wir uns nun vor, dass in das so aufgedeckte, ausgemachte, durchlaufene und befreite politisch-sexuelle Feld ein bisschen Sentimentalität wieder eingeführt wird: wäre das nicht die letzte der Transgressionen? Die Transgression der Transgression? Denn letztlich wäre das die Liebe, die zurückkäme: jedoch an einem anderen Platz.«[68] Die Sprache der Sexualität »etabliert in dieser Leere ihre Herrschaft, der sie als Gesetz Grenzen aufstellt, die sie überschreitet.«[69] Außerdem ist die Sexualität an ein Denken gebunden, »in dem das Fragen nach der Grenze an die Stelle einer Suche nach der Totalität tritt und indem die Geste der Überschreitung die Bewegung von Widersprüchen erstellt«[70]. Das Auftauchen der Sexualität ist an eine »Infragestellung der Sprache durch sich selbst gebunden, in einer Zirkularität«[71]. Die Zirkularität der Sprache zeigt sich in den Kreisbewegungen von Zeichen und Bezeichnetem. Die zirkulare Sprache verweist auf sich selbst und »zieht sich auf eine Infragestellung ihrer Grenzen zurück«[72].

Die tradierte Frage »Wer spricht?« erwartet eine Antwort darauf, wer durch den Diskurs eigens und auf singuläre Weise zu einer Äußerung autorisiert wird. Woher kommen die autorisierten Sprecher, die sich über Sexualität oder aber Bioethik mehr oder weniger kompetent äußern? Vielleicht hat der im Foucault'schen Sinne definierte (antike) Ethiker eine auf besondere Weise wissende und resümierende Funktion. »Er ist derjenige, dessen Wort nie von irgend jemandem kommen könnte, und dessen durch einen Status wie auch individuell definierte Persönlichkeit den Wert seiner Worte entscheidend bestimmt.«[73] Deswegen sind Ethiker zumeist Philosophen oder Theologen.

In der Tat wendet sich Michel Foucault nicht nur gegen das traditionelle Verständnis von Sexualität als einer biologisch gegebenen Eigenschaft des Menschen, sondern ebenfalls gegen ein aufklärerisches Verständnis, welches Wissen und Wahrheit von der Macht trennen will – zumeist auf der Folie einer Sprache der Sexualität. Und die Sexualität beherbergt die letzte Wahrheit des Begehrens und sieht sich selbst als ein Produkt der Macht und zugleich als mächtige Instanz, deren Wahrheit sich ebenso in die Wahrheit verstrickt. »Der Sex, das ist nicht nur eine Sache der Verurteilung«, so Michel Foucault, »das ist eine Sache der Verwaltung.

Er ist Sache der öffentlichen Gewalt, er erfordert Verwaltungsprozeduren, er muss analytischen Diskursen anvertraut werden. Der Sex wird im 18. Jahrhundert zu einer Angelegenheit der Polizei. Allerdings im vollen und starken Sinne, den das Wort zu dieser Zeit besaß – nicht Unterdrückung der Unordnung, sondern verordnete Steigerung der kollektiven und individuellen Kräfte. Polizei des Sexes: das ist nicht das strikte Verbot, sondern die Notwendigkeit, den Sex durch nützliche und öffentliche Diskurse zu regeln.«[74]

Das Problem der Bevölkerung entsteht »abseits der Technologie der Polizei und parallel zur Entstehung des ökonomischen Denkens«[75]. Foucaults Kritik am Polizeistaat basiert auf einer Kritik an der politischen Ökonomie, wie sie ja schon Marx beschreibt. Und hier erscheint der Liberalismus als durch biopolitische Steuerungsdispositive geprägte eigene Form der Realität. Darum ist »der Liberalismus als allgemeiner Rahmen der Biopolitik zu untersuchen«[76]. Foucault bedauert, dass der theoretische Status von Klassenkampf und Machtverhältnissen allzu oft nicht geklärt wird. Es bleibt zwar das Verdienst des Marxismus, den Klassenkampf als Triebkraft historischer Entwicklungen und Umwälzungen identifiziert zu haben, aber diese Konzeption ist unzureichend, da sie sich vor allem auf die Klasse, nicht aber auf die Eigenart des Klassenkampfes konzentriert. Der Marxismus befasst sich vor allem damit, »was die Klasse ist, wo sie steht, wen sie umfasst – nie damit, wie der Kampf konkret aussieht«[77].

1980 ROLAND BARTHES

Im Januar 1980 beginnt Michel Foucault mit seiner Vorlesung über die Regierung der Lebenden (Le gouvernement des vivants), die sich dem Themna der Wahrhaftigkeit widmet. Das an die Vorlesung angegliederte Seminar befasst sich mit dem Liberalismus und dem liberalen Denken. Foucaults Überlegungen betreffen ein Seminar für das folgendeJahr zum Thema Nihilismus im 19. Jahrhundert. Seit seinen Untersuchungen zu Biomacht und Biopolitik forscht er über Staatsräson und Pastoralmacht, aber auch über den Neo- und Ordoliberalismus auf der Folie einer Geschichte der Wahrheit.[78]

Im Februar erscheint Foucault, der ungenannt sein möchte, in einem Interview in der Zeitung Le Monde als »maskierter Philosoph«. Als wolle er die spezifischen gesellschaftlichen Anforderungen und Erwartungen an einen Intellektuellen unterlaufen, entzieht er dem Interview seine Autorschaft und Persönlichkeit. Diese Geste der Verweigerung ist vielleicht eine Antwort auf die Tatsache, dass Sartre schwer krank ist und Foucault zunehmend in die Rolle des »ersten« Intellektuellen in Frankreich rückt. Dessen Zurückhaltung löst eine Debatte über das Schweigen der Intellektuellen aus. Foucault identifiziert sich erneut mit Nietzsche, der in Jenseits von Gut und Böse schreibt: »Jeder tiefe Geist braucht eine Maske: mehr noch, um jeden tiefen Geist wächst fortwährend eine Maske. Dank der beständig falschen, nämlich flachen Auslegung jedes Wortes, jedes Schrittes, jedes Lebens-Zeichens, das er gibt.«[79] Am 26. März 1980 stirbt Roland Barthes infolge eines Verkehrsunfalls. Am 19. April 1980 wird Jean-Paul Sartre beigesetzt. Michel Foucault schließt sich dem gewaltigen Trauerzug an, der den Philosophen vom Krankenhaus Broussais zum Friedhof Montparnasse geleitet. Im Juli kauft Foucault in der Kleinstadt Verrue bei Vendeuvre-du-Poitou ein ehemals von Mönchen bewohntes Haus. Hier will er gemeinsam mit Freunden leben und arbeiten.

Als Boulez in Bayreuth den wagnerischen *Ring* dirigiert – der bis heute als der Jahrhundert-*Ring* gilt –, ist dieser zeitlich äußerst angespannt und hat keine Zeit, an Neuem zu arbeiten. Dabei will er die Orchestrierung Wagners und das beim Dirigieren Gelernte anwenden, denn das Material scheint Boulez gegeben, er muss eigentlich nichts Neues erfinden:»Und so habe ich das Material wie einen kleinen Samen behandelt, den ich ins Wasser gebe. Und aus diesem Samen habe ich eine Pflanze entstehen lassen.«[80] In den zwei Jahren 1977 und 1980 – jeweils im August – besucht Foucault die *Ring*-Inszenierung von Patrice Chéreau unter der musikalischen Leitung von Pierre Boulez in Bayreuth, der ihn eingeladen hat. Boulez und Foucault kennen sich lange und behalten sich über Jahrzehnte in den Augen.[81] »Es ist eine Retrospektive, aber zugleich ein Spiegel. Ich nehme die Vergangenheit und drehe sie wie einen Spiegel in die andere Richtung. Der Spiegel ist die Vergangenheit, und was jetzt ist – das Subjekt – geht in die Zukunft«, erklärt Pierre Boulez 1998.[82]

Im Oktober ist Foucault erneut in Berkeley und hält auf Einladung des Komitees der Howison Lectures zwei Vorträge über Wahrheit und Subjektivität (Truth and Subjectivity). Wie in allen Analysen Foucaults wird auch in der Geschichte der ethischen Praxis die substantive Einheit von Subjektivität nicht als eine gegebene Größe betrachtet, sondern als historisch variabel und als Ergebnis einer Praxis analysiert. So ist etwa die Bewährungsprobe der Philosophie vor allem ihre Realitätsprüfung (épreuve de réalité).«[83] Wissen und Macht wirken auf die Subjektivität oder erzeugen diese von außen. Eine Analyse der humanwissenschaftlichen Diskurse beschreibt, wie sich der moderne Begriff des Menschen aus gewissen epistematischen Bedingungen ergibt.[84] Eine Analyse der Disziplinartechniken kann die neuen instrumentellen Zugriffsarten beschreiben, die sich nun nicht mehr nur auf den Körper beziehen, sondern auch auf die Seele richten.[85]

Das Dispositiv aus Wissen und Macht ist insofern konform mit der Macht, als es in den von ihm erzwungenen Objektivierungsprozessen die normierende Zuschreibung einer gesellschaftlichen Identität von außen beeinflusst. Die objektivierende Wirkung dieser Praktiken ist nur deshalb möglich, weil die epistemologische Struktur des Willens zum Wissens von dem Fehlschluss ausgeht, der die unendliche Suche nach einer Substanz veranlasst und die daraus sich ergebende Produktion immer tieferer Objektivierungs- und Subjektivierungsschübe herbeiführt. »Eine schöpferische Subjektivität, die nun nicht mehr Merkmal des Wissenschaftlers, sondern jedes gesellschaftlichen Akteurs ist, und sich erst entfalten kann, wenn sie sich von der Objektivierung der Erkenntnistheorie (Bachelard) oder des Willens zum Wissens (Foucault) freimacht.«[86]

Zudem hält Foucault ein Seminar zum Thema der Sexualität in der Spätantike und des entstehenden Christentums (*L'éthique sexuelle de l'Antiquité tardive et du christianisme naissant*). Zu seinen Vorträgen kommen eineinhalbtausend Interessierte. Im November ist er erneut in New York und hält im Rahmen der James Lectures zusammen mit Richard Sennett am Institute for the Humanities der Universität New York ein Seminar und spricht über Sexualität und Einsamkeit, das teilweise in *Sexualität und Wahrheit* abgedruckt wird. Am Dartmouth College folgen Vorträge über Subjektivität und Wahrheit (Truth and Subjectivity) und über Christentum und Beichte (Christianity and Confession). Zuletzt hält er auf Einladung von Mark Blasius in Princeton einen Vortrag über die Geburt der Biopolitik (The Birth of Biopolitics). Schließlich glaubt Michel Foucault in der amerikanischen Homosexuellenbewegung eine Wende zu erkennen, bei der das Thema der Freundschaft gegenüber dem der sexuellen Befreiung in den Vordergrund tritt.

Foucault und Barthes begegnen sich Ende Dezember 1955 zum ersten Mal durch Vermittlung eines gemeinsamen Bekannten, Robert Mauzi. Beide sind sich ähnlich in ihren Ideen, ihren kritischen Positionen gegenüber der herrschenden Ideologie, nicht zuletzt in ihrer Homosexualität. Sie freunden sich an. In dieser Zeit haben Barthes mit *Am Nullpunkt der Literatur* (1953) wie Foucault mit *Psychologie und Geisteskrankheit* (1954) erst ein Buch publiziert. Der eine ist bereits vierzig, der andere knapp dreißig Jahre alt. Auf das von Roland Barthes 1957 veröffentlichte Buch über die *Mythen des Alltags* kommt Michel Foucault immer wieder zu sprechen; er setzt es in den Kontext von Becketts *Warten auf Godot* und Lévi-Strauss' *Mythologien*.[87] Wenn Foucault in Paris ist, dann besucht er regelmäßig Barthes, sie gehen in die Restaurants des Quartier Latin oder in die Bars und Diskotheken von Saint-Germain-des-Prés. Gemeinsam mit Louis Lepage und Robert Mauzi fahren sie in Urlaub nach Marrakesch. Mit Jean-Paul Aron reisen beide nach Tanger. Von Mitte der fünfziger Jahre bis 1964 ist Barthes einer der engsten Freunde Foucaults, dann vollzieht sich ein Riss zwischen den beiden Denkern.

Daniel Defert nennt einen Grund für den Bruch dieser Verbindung: »Intensive Arbeit unterbricht den Rhythmus der abendlichen Diners mit Roland Barthes in Saint-Germain-des-Prés. Ihre Beziehungen lockern sich.«[88] Foucault will sich ausschließlich seiner Forschungsarbeit widmen, die er mehr liebt als alles andere. Es ist aber auch die Zeit, in der Daniel Defert und Michel Foucault beschließen, als Paar zusammenzuleben. Foucault sucht lange nach einem (Lebens-)Gefährten und ist umso glücklicher, diesen nun gefunden zu haben, und lange wird er zitiert mit den Worten: »Im Leben gibt es die Liebe und die Arbeit. Mir reicht die Arbeit. Auf die Liebe kann man verzichten.«[89] In Defert findet Foucault den Partner, mit dem er beides teilen kann.

Als Foucaults *Wahnsinn und Gesellschaft* 1961 erscheint, veröffentlicht Roland Barthes eine lesenswerte Rezension, die er auch in den Band seiner kritischen Essays aufnimmt.[90] Foucault erinnert sich noch zwanzig Jahre später: »Das Buch wurde sehr gut aufgenommen von Leuten wie Maurice Blanchot, Roland Barthes und so weiter.«[91] Barthes stellt darin den Autor in Verbindung zu Lucien Febvre und Marcel Mauss: »Das Buch *Wahnsinn und Gesellschaft* gehört voll und ganz dieser Bewegung an, die die moderne Ethnologie oder die ethnologische Geschichte erobert. Dieses Buch gibt der Geschichte ein Stück Natur zurück und verwandelt das in Zivilisation, was wir bis jetzt für ein medizinisches Phänomen hielten: den Wahn.«[92] Foucault dankt Barthes auch später noch für diese schöne Besprechung seines Buches.[93] Denn in der Frage nach dem Strukturalismus sind sich beide einig: »Was ist der Strukturalismus? Er ist keine Schule, nicht einmal eine Bewegung.«[94]

Zeitzeugen kolportieren, dass Foucault eifersüchtig auf Barthes' Bekanntheit – die größer ist als die von Althusser, Foucault und Lacan – sei. Nicht zuletzt pflegt Roland Barthes keinen intellektuellen Kontakt mit Kollegen, so wie es eben Michel Foucault vorzieht. Barthes fehlen die Gesprächsgrundlagen. In den Urlaubsreisen nach Marokko zieht er vor allem den Kontakt zu marokkanischen jungen Männern vor. Anders als Jean Genet – der in dieser Zeit in Marokko lebt – schlüpft Roland Barthes nach seinen erotischen Eskapaden immer in seine offizielle Rolle, denn er hält seine Homosexualität zeitlebens verborgen. Seine Diskretion scheint vor allem darin begründet zu sein, seine Mutter nicht schockieren zu wollen. Er stellt seine Homosexualität niemals zur Schau, wenngleich er sie auslebt, indem er in Paris Schwulenbars besucht und in Marokko Bordelle kennenlernt. Erst in einem posthum erschienenen Text von 1987 über seine marokkanischen Abenteuer von 1969 drückt sich der diskrete und verhaltene Autor recht derb aus.[95] »Lebenskunst in Marrakesch: fliegende Unterhaltung von Kutsche zu Fahrrad: Zigarette gereicht, Treffpunkt verabredet, das Fahrrad schwenkt um und eilt rasch davon.«[96] Oder: »Kleiner Lehrer aus Marrakesch: Ich mache alles, was Sie wollen, sagt er mit überströmender Herzlichkeit, Gutmütigkeit und komplizenhaftes Einverständnis in den Augen. Und das soll heißen: Ich werde Sie ficken, und nur das.«[97]

Noch in seinem Buch *Über mich selbst* (1975) schreibt er zurückhaltend: »Das Vermögen der Wollust an einer Perversion (in diesem Fall der beiden H: Homosexualität und Haschisch) wird immer unterschätzt. Gesetz, Doxa, Wissenschaft wollen nicht verstehen, dass die Perversion ganz einfach glücklich macht; oder, um es genauer zu sagen, sie erzeugt ein Mehr: ich bin empfindsamer, habe mehr Wahrnehmungen, bin gesprächiger, habe bessere Zerstreuungen usw. – in diesem Mehr stellt sich der Unterschied ein.«[98] Dass er das Wort Homosexualität durch Perversion ersetzt, ist sicher nicht korrekt, andererseits benutzt er ausgerechnet in diesem Kontext das Pronomen Ich. Unter der Überschrift »aktiv/passiv« schreibt er aber auch: »Die Schwierigkeit ist nicht, die Sexualität nach einem mehr oder weniger libertären Vorhaben zu befreien, sondern sie liegt darin, sie von dem Sinn zu lösen, und damit auch von der Transgression als Sinn. Seht die arabischen Länder. Dort werden auf leichte Weise bestimmte Regeln der ›guten‹ Sexualität durch ein leichtes Ausüben der Homosexualität überschritten.«[99]

Michel Foucault präsentiert im November 1975 Roland Barthes offiziell als Kandidaten für eine Professur am Collège de France, denn er möchte – abgesehen von seiner persönlichen Beziehung zu ihm – vor allem innovative Forscher an diesem Zentrum haben. Die Initiative für diese Bewerbung geht jedoch von Roland Barthes selbst aus.[100] Michel Foucault schlägt einen Lehrstuhl für literarische Semiologie vor und bittet Georges Dumézil bei diesem Vorhaben um Unterstützung. Wenngleich dieser weder Barthes' Person noch sein Werk ernst nimmt, folgt er zuletzt dem Wunsch. Bei der Wahl konkurriert Roland Barthes mit Emmanuel Laroche und Jules Vuillemin, mit dem Foucault ebenfalls befreundet ist. Die Wahl Barthes' an das Collège de France bedeutet den zweiten Frühling ihrer Freundschaft, aber auch das Ende der Freundschaftsbeziehung zwischen Foucault und Vuillemin. Foucault hat in dieser Zeit einen Einfluss, der dem Sartres vergleichbar ist, und schafft es nun auch, wichtige Posten in seinem Sinn zu besetzen.

In seiner Rede auf Barthes stellt Foucault den Kandidaten und dessen Projekt einer Semiologie im 20. Jahrhundert vor. »Was bedeutet mir also die Semiologie?«, fragt Barthes. »Sie ist ein Abenteuer, das heißt, etwas, was mir zustößt (was mir vom Signifikanten widerfährt.)«[101] Die Bezeichnung des Abenteuers der Semiologie führt zum zentralen Begriff seiner Theorie der Literatur: nicht die Struktur, sondern die Schrift (écriture), denn »das Schreiben ist die Wahrheit, nicht der Person (des Autors), sondern der Sprache«[102]. Barthes verfolgt das Abenteuer der Semiologie als eine Lust am Text.

Foucault geht auf den zu erwartenden Ertrag dieses Projekts, den Wert dieses Programms innerhalb der Disziplin und auf die Eignung des Kandidaten ein. Schließlich definiert er die Semiologie und stellt Verbindungen zu Ferdinand de Saussure her. Nach seiner Überzeugung ist »das Problem der Zeichensysteme und ihres konkreten Funktionierens« der eigentliche Pol der Semiologie. Diesen so bezeichneten »sprachlichen Pol« unterstützt Roland Barthes. Mit dieser Vorstellung erscheint das Projekt einer literarischen Semiologie nun keineswegs zweitrangig. In Foucaults Gutachten gibt es allerdings eine zwiespältige Formulierung: »Sein Publikumserfolg mag, wie man sagt, eine Modeerscheinung sein. Doch welchen Historiker wird man davon überzeugen können, dass eine Mode, ein Enthusiasmus, eine Schwärmerei, ja selbst Übertreibungen in einem gewissen Sinn nicht auf die Existenz eines fruchtbaren Zentrums einer Kultur schließen lassen?«[103]

Bei der abschließenden Abstimmung über die Besetzung eines neuen Lehrstuhls am Collège de France schließen sich Foucaults Kollegen dieser Meinung an. Roland Barthes gewinnt, jedoch mit nur einer Stimme Mehrheit. Im März 1976 formuliert Foucault ein zweites Gutachten, in dem er die nominelle Kandidatur von Barthes erneut bekräftigt. Er geht hierbei auf vier Punkte ein: die Analyse des literarischen Werkes, die kritische Begleitung der zeitgenössischen Literatur, die Untersuchung nichtliterarischer Ausdrucksbereiche und die Reflexion über die Natur und die Instrumente dieser Analysen.[104] Wenngleich Foucault seinen Freund durchsetzt und ihn nun wieder häufiger trifft, hält ihn das nicht vor höhnischen Kommentaren zurück, etwa zu dessen veröffentlichtem Fragment *Fragments d'un discours amoureux* (1977).[105]

Im Januar 1977 hält Roland Barthes seine Antrittsvorlesung am Collège de France, in der er Michel Foucault seine große Dankbarkeit ausdrückt.[106] Er stellt sein semiologisches Konzept vor. Wenn Foucault den Diskurs als eine Kette anmaßender Prozeduren ansieht, der die Normalisierungen darstellt, spricht Barthes nun davon, »unter welchen Bedingungen und mit welchen Maßnahmen sich der Diskurs freimachen kann von aller Absicht des Besitzergreifens«[107]. Das Ende der Praktiken der Unterwerfung heißt bei ihm nun Literatur, denn »das Schreiben beginnt selbst das Gesetz der Übertretung zu ignorieren, geht vorbei an vorformulierten Versformeln und Regeln der Erzählstruktur«[108]. Die Foucault'schen Fragen des Begehrens sind bei Barthes die Fragen der ethischen Meisterschaft.

Nur drei Jahre später stirbt Roland Barthes in Folge eines Verkehrsunfalls am 26. März 1980. Michel Foucault besucht ihn in seinen letzten Tagen oft im Krankenhaus und hält schließlich die Totenrede am Collège de France: »Als ich Ihnen vor einigen Jahren den Vorschlag machte, ihn hier als Kollegen aufzunehmen, enthob mich die Bedeutung und Originalität eines seit mehr als zwanzig Jahren anerkannt glanzvoll verfolgten Werkes der Notwendigkeit, zur Stützung meines Vorschlags auf die Freundschaft zu verweisen, die mich mit ihm verband. Ich brauchte sie nicht zu vergessen, aber ich konnte davon abstrahieren. Denn das Werk war da. Dieses Werk ist nun allein. Es wird auch weiterhin sprechen. Andere werden es sprechen lassen und darüber sprechen.«[109] Bereit zu sein, das, was man geschrieben hat, auch als ein Werk zu betrachten, ist eine wichtige Fragestellung bei Barthes, denn »das Wort ›Werk‹ ist bereits imaginär«[110].

Auch Jacques Derrida wird über Roland Barthes sprechen, indem er einen Text veröffentlicht mit dem paradoxen Titel »Die Tode des Roland Barthes«[111]. »Wie lässt sich dieser Plural in Einklang bringen? Mit wem?«, fragt Derrida in seiner Hommage, die im September 1981 eineinhalb Jahre nach Roland Barthes' Tod in der Zeitschrift Poétique erscheint.[112] Der Plural scheint einer Anordnung zu folgen, die einer Hierarchie gehorcht und sich unterordnet. Derrida verweist hierbei auf den Eigennamen, denn nur er erklärt »das einzigartige Verschwinden des Einzigartigen, ich meine die Singularität eines unqualifizierbaren Todes«[113]. Mit dem Begriff der Unqualifizierbarkeit spielt Derrida auf das erste Buch Am Nullpunkt der Literatur (1953) und das letzte Buch Die helle Kammer (1980) von Barthes an.[114] »Der Tod schreibt sich direkt in den Namen ein, aber nur, um sich sofort in ihm aufzulösen. Um in ihn eine seltsame Syntax einzuführen – im Namen eines einzelnen auf mehrere zu antworten.«[115]

Wenn der Autor Roland Barthes sagt, dann nennt er diesen jenseits seines Namens, denn er ist für jede Anrede nicht mehr erreichbar. Wenn Jacques Derrida ihn benennt, dann bewegt er sich »durch seinen Namen hindurch und auf ihn in sich, in uns zu«[116]. Ihn benennen oder ihn schreiben heißt für Derrida, »dem toten Freund in sich das Geschenk seiner Unschuld machen«[117]. Denn »Roland Barthes blickt uns an«[118]. Er blickt in jeden hinein und jeder kann sagen, dass sein Denken, seine Texte, seine Bücher ihn anblicken und ihn betreffen. Derrida und

Foucault sind sich darin einig, dass das Werk von Barthes über seinen Tod hinaus bleiben wird.

Die Gedanken an Roland Barthes sind vielleicht fragmentarisch, vor allem wenn man »an ihn und über ihn denkt, nicht über sein Werk oder über sein Thema«, denn aufgrund des Todes »ist er nicht mehr da«[119]. Das Werk beginnt mit einem Paukenschlag, als 1953 *Am Nullpunkt der Literatur* erscheint. Es beginnt an diesem Nullpunkt, an dem »niemand ohne Zurüstung seine Dichterfreiheit in die Dichtigkeit der Sprache schreiben kann, denn die Totalität der Geschichte erhält sich durch sie vollständig und geschlossen wie ein Naturgebilde«[120]. Als lebender Autor beschreibt er selbst den Tod des Roland Barthes, in dem er großen Wert auf die Verschiebung dieses Themas des Todes in seinen Texten legt. Vom *Nullpunkt der Literatur* bis zur *hellen Kammer* »hat eine bestimmte Vorstellung des Todes alles in Bewegung gesetzt, oder besser gesagt, auf die Reise geschickt, auf eine Art Durchquerung hin zu einem Jenseits aller einschließenden Systeme, aller Arten von Wissenschaften, aller neuen wissenschaftlichen Positivitäten, deren Neuheit stets den Aufklärer und Entdecker in ihm gereizt hat«[121].

Roland Barthes nennt den Tod »undialektisch«, der Tod »kehrt wieder« und »ein Stück von mir ist wie ein Stück des Toten«, so Jacques Derrida.[122] In *Über mich selbst* besteht Barthes darauf, dass »mein Körper nicht existiert«[123]. Wenn die Krankheit (Migräne) kommt, wird die körperliche Sinnlichkeit gewöhnlich, dann ist »mein Körper kein Held«, denn »die Migräne und das sinnliche Vergnügen sind nur Kinästhesien, die zur Aufgabe haben, meinen eigenen Körper zu individualisieren, ohne dass er sich irgendeiner Gefahr rühmen könnte«[124]. Darüber hinaus existieren für Barthes viele Körper, denn »wir haben mehrere, einen Körper der Sinne, der Muskeln, der Säfte, vor allem: einen fühlenden«[125]. Es scheint, als ob hier Derrida den Plural entdeckt, wenn er sagt: »Die Tode/Toten von Roland Barthes: seine Toten, die Seinen, die gestorben sind und deren Tod ihn bewohnt, umgetrieben haben muss, bedeutende Orte oder Instanzen geschaffen haben muss, Gräber, die seinen inneren Raum orientiert haben.«[126] Und: »Die Tode des Roland Barthes, bei der etwas indezenten Brutalität dieses Plurals wird man vielleicht denken, dass ich mich der Einzigartigkeit widersetze, dass ich seinen Tod vermieden, ihn verleugnet, auszulöschen versucht hätte«[127], so Derrida gegen Ende seiner Hommage.

Das Datum ist immer so etwas wie eine Signatur, so also auch der Tag des Todes von Roland Barthes: 26. März 1980. Dieses Datum zeigt die Kontingenz und die Bedeutungslosigkeit der Unterbrechung auf. In diesem Kontext macht Derrida auf den selten gelesenen Text »Textanalyse einer Erzählung von Edgar Allen Poe« (1973) aufmerksam. Darin steht: »Der unerhörte Satz ›ich bin tot‹ ist keineswegs die unglaubliche Aussage, sondern, weitaus radikaler, die unmögliche Äußerung.«[128] Derrida fragt: »Hat diese unmögliche Äußerung ›ich bin tot‹ jemals stattgefunden? Barthes hat recht, sie ist buchstäblich ausgeschlossen.«[129] Nach dem Tod bleibt die Erinnerung an die Freundschaft. »Roland Barthes ist der Name eines Freundes, den ich im Grunde kaum gekannt habe«, so Derrida. Zu dessen Werk hat er immer eine spontane Haltung der »Zustimmung, Solidarität, Anerkennung«[130]. Schon Maurice Blanchot verweist in seinem Text über die Freundschaft »L'Amitié« (1971) darauf, dass »wir nicht das Recht haben, irgendeinem Teil davon eine andere Bedeutung zu geben«[131]. Auf die besondere Wirkung von Freundschaft verweisen ebenfalls Michel Foucault und René de Ceccatty.[132] Michel Foucault spricht in seiner Totenrede von der Intelligenz und Schöpfung, von den Qualitäten der Seele und des Herzens bei Roland Barthes und nicht zuletzt von der unerträglichen Bitterkeit seines Todes, die er nur aushält, »wenn ich nicht wüsste, dass er glücklich war, hier zu sein am Collège de France, und wenn ich mich nicht berechtigt fühlte, Ihnen von ihm bei aller Trauer doch ein leicht lächelndes Zeichen der Freundschaft zukommen zu lassen«[133].

Barthes, der sich so oft auf Gide beruft, wird sich niemals zu seiner Homosexualität öffentlich bekennen. Guibert mutmaßt, dass Homosexualität in dieser Welt erlaubt ist, solange man nicht darüber spricht.[134] Er will – wie er bei Gelegenheit sagt – weder etwas verschweigen noch etwas an die Öffentlichkeit bringen. »Welche Stelle der ungeheuren Ausdehnung des Schweigens«, so mutmaßt Derrida, »dem Unausgesprochenen der Diskretion, des Ausweichens oder des Was-nütztes, des Uns-allzu-Bekannten oder dessen, was für die eine wie die andere Seite immer unbekannt bleiben wird? Nach dem Tod des anderen darüber zu sprechen, empfinde ich als eine grundlose Beleidigung oder Verletzung – und dennoch auch als eine Aufgabe oder Pflicht ihm gegenüber.«[135]

1978 ist er auf Einladung des französischen Botschafters Rebeyrol zu Gast in Tunesien, obwohl ihm Marokko lieber ist. Gerne nimmt er den TGM, den Zug zwischen dem Zentrum von Tunis und der Residenz in La Marsa, um hier Bekanntschaften zu schließen. Hervé Guibert selbst ist 1990 in Marokko und wird von einem Tunesier mit Namen Lumière behandelt, er beobachtet verstohlen eine Gruppe von Jungen am Strand, »ihre dünnen, muskulösen Oberkörper«[136].

Seine Rücksicht auf die Mutter verhindert wohl das Bekenntnis zur Homosexualität. Auch nach ihrem Tod 1978 bekennt Barthes sich nicht öffentlich, so wie es ihm Foucault rät. Derrida demonstriert, dass noch das letzte Buch die Mutter zeigt. »Das Bild des Ich von Roland Barthes, das Barthes in mich eingeschrieben hat, liebt in mir diesen Gedanken, es genießt ihn hier und jetzt und lächelt mir zu. Seitdem ich *Die helle Kammer* gelesen habe, lächelt mir die Mutter von Roland Barthes, die ich niemals kennengelernt habe, bei diesem Gedanken zu, wie bei allem, was sie an Leben eingibt und an Freude erweckt.«[137] Allein seiner Mutter zugewandt, spricht der Autor von der »unmöglichen Wissenschaft, vom einzigartigen Wesen«[138] und meint seine Mutter und nicht *die* Mutter, und widerspricht auf diese Weise »der Allgemeinheit«[139]. Es ist eben nicht die Gestalt der Mutter an sich, sondern seine Mutter; keine Metonymie, die die Liebe protestiert: »ich konnte ohne die Mutter leben.«[140] Tatsächlich lebt der Schriftsteller mit seiner Mutter bis zu deren Tod in einer gemeinsamen Wohnung zusammen. Roland Barthes protestiert darum gegen die Verwechslung jener, die seine Mutter ist, »mit der Figur der

Mutter, doch die metonymische Kraft wird immer die eine und die andere in diese Beziehung ohne Beziehung einschreiben«[141].

Barthes besucht regelmäßig die bekannte Pariser Diskothek Le Palace, über die er sogar im Frühjahr 1978 einen Artikel veröffentlicht, und hält ein halbes Jahr später einen Vortrag über *Proust und ich* in New York und besucht dort die Schwulenszene mit ihren Bars, Clubs und Diskotheken. Er ist bereits dreiundsechzig Jahre und geht immer noch gerne aus. Der Unfall (ein Lieferwagen erfasst ihn) bietet vielerlei Möglichkeiten der Spekulation und Anlass zu Verschwörungstheorien.[142] Nach einigen Operationen stirbt Roland Barthes infolge dieses Autounfalls, die eigentliche Todesursache ist die chronische respiratorische Insuffizienz eines erheblich vorgeschädigten Patienten, der in seiner Zeit ungesund lebte, viele Zigaretten raucht und ausreichend Alkohol trinkt.

XXV. Geschichte der Gouvernementalität II: Die Geburt der Biopolitik

> »Der Tod schreibt sich direkt in den Namen ein,
> aber nur, um sich sofort in ihm aufzulösen. Um in
> ihn eine seltsame Syntax einzuführen – im Namen
> eines einzelnen auf mehrere zu antworten.«
> Jacques Derrida[1]

Mit dem Begriff der Biopolitik hat Michel Foucault einen Begriff in die öffentliche Diskussion eingeführt, der bis heute, und das seit vielen Jahrzehnten, aktuell ist, heute vielleicht gar mit einem größeren Interesse als zum Zeitpunkt seiner Einführung. »Er dient als Universal-Chiffre, um die allgemeinen Formen biowissenschaftlichen Wissens und biotechnologischer Innovationen zusammenzufassen, und bezeichnet eine diffuse Gemengelage aus ethischen Bedenken, politischen Herausforderungen und ökonomischen Interessen.«[2] Allerdings differiert der Foucault'sche Begriff von dieser stark technisch ausgerichteten Definition in der Hinsicht, dass er die Bereiche politischer und sozialer Realitäten begreifen will, in denen sie selbst erst ihre Formen und Ziele erhalten. Der Begriff Biopolitik verweist auf einen langen historischen Prozess, der nicht zuletzt das Konzept einer Biopolitik im Werk von Michel Foucault begründet.[3]

Vor der Biopolitik kommt bei ihm die Biomacht. Mit dem Begriff der Biopolitik begegnet Foucault einem Defizit seiner bisherigen Theorie der Macht, weil das Thema von Politik und Macht bislang nur in der Vorlesung *In Verteidigung der Gesellschaft* (1976) und im ersten Band von *Sexualität und Wahrheit, Der Wille zum Wissen*, (1976) angeschnitten wird. Die dort von ihm entwickelte Kritik an der Repressionshypothese, nämlich dass Sexualität systematisch im Zuge der Entwicklung des Kapitalismus unterdrückt und verdrängt wird, soll den Blick öffnen für das die Moderne bestimmende Phänomen der Biomacht. »Dass der Sex unterdrückt wird, ist in der Tat keine ganz neue Behauptung. Schon vor geraumer Zeit haben es Psychoanalytiker gesagt. Sie haben die kleine simple Maschinerie zurückgewiesen, die man sich so gerne vorstellt, wenn man von Repression spricht. Die Idee einer rebellischen Energie, die es zu drosseln gilt, schien ihnen unangemessen, die Art und Weise der Ineinanderfügung von Macht und Begehren zu entschlüsseln. Sie sehen die Verbindung zwischen Macht und Begehren komplexer und ursprünglicher denn als Spiel einer wilden, naturhaften und lebendigen Energie, die ohne Unterlass von unten heraufdrängt, und einer Ordnung, die ihr von oben entgegenwirkt. Sie wehren sich gegen die Vorstellung vom unterdrückten Begehren, da ja das Gesetz für das Begehren und den es zu begründenden Mangel konstitutiv ist. Das Machtverhältnis ist immer schon da, wo das Begehren ist: es in einer nachträglich wirkenden Repression zu suchen ist daher ebenso illusionär wie die Suche nach einem Begehren außerhalb der Macht.«[4]

Biomacht kann nur auf dem Fundament eines Wissens vom Leben als etwas Lebendigem entstehen. Das Leben tritt in die Macht ein und wird zur Biomacht. Die Lebenswissenschaften entwickeln sich im Anschluss an Bachelard (und dessen Diskussion um die epistemologischen Schwellen und Brüche um 1800), an Canguilhem (in dessen Studien zu Biologie und Medizin) und vor allem an Michel Foucault. Georges Canguilhem geht der Frage nach der »connaissance de la vie« nach und bestimmt das Leben normativ, indem es ein Normen schaffendes Leben bestimmt.[5] Das (neue) Wissen vom Leben, welches sterben lässt, artikuliert sich über produktive Techniken der Macht. Die (alte) souveräne Macht stellt einen negativen Bezug zum Leben über dessen Tod her: Sie macht sterben und lässt leben.

Es reicht allerdings nicht aus, die Beziehung des Gesetzes zum Begehren des Subjekts kausal zu analysieren. Wenn das Begehren des Subjekts allein als Wirkung identifiziert wird, dann wäre die Ordnung des Gesetzes selbst die Ursache für dieses Begehren. »Die von der Repression der Triebe ausgehende Analyse unterscheidet sich von der Analyse, die vom Gesetz des Begehrens ausgeht, gewiss in der Art und Weise, wie die Natur und die Dynamik der Triebe verstanden werden – aber nicht hinsichtlich des Verständnisses der Macht. Beide berufen sich auf eine gemeinsame Repräsentation der Macht, die je nach dem Gebrauch, den man von ihr macht, und nach der Stellung, die man ihr in Bezug auf das Begehren zuweist, zu zwei entgegengesetzten Folgerungen führt: entweder zum Versprechen einer Befreiung oder zur affirmativen Behauptung: ihr seid ja immer schon in der Falle.«[6]

Es gibt keine Sexualität an sich, wie es auch keinen Wahnsinn an sich gibt. Es gibt ein Leben und einen Tod. Im Zentrum des Machthaushaltes steht dieses Verhältnis von Leben und Tod. Während in der Aufklärung das Leben als solches kein direktes Ziel der Machtkontrolle war, sondern nur als Grenze oder Gefahr mit dem Tod bestraft werden konnte, wird in der Moderne die Bearbeitung oder die Verwaltung des Lebens zentral. Die Möglichkeit des Todes, als dem Gegenüber einer auf Steigerung des Lebens gerichteten Macht, entlarvt die Biomacht: »Man könnte sagen, das alte Recht, sterben zu machen oder sterben zu lassen, wurde abgelöst von einer Macht, leben zu machen oder in den Tod zu stoßen.«[7]

Die ersten drei Sitzungen seiner Vorlesung über *Die Geburt der Biopolitik* vom 10., 17. und 24. Januar 1979 widmen sich den Sicherheitsdispositiven, um im Anschluss die Geschichte der Gouvernementalität zum Thema zu machen. In der historischen Aufarbeitung stellt Foucault die Frage, »welche Veränderungen der Regierungskunst beim Übergang von der Souveränität zu einer Gouvernementalität stattgefunden haben, die in der Steuerung der Bevölkerung ihre zentrale Aufgabe sieht. Dahinter steckt letztlich die Absicht, eine machttheoretische Diagnose der Gegenwart zu liefern, die in das Projekt einer Genealogie des modernen Staates einmündet.«[8]

»Die Philosophie als Problematisierung einer Aktualität und als Befragung dieser Aktualität durch den Philosophen, der an ihr teilhat und sich durch sie situieren muss, dies alles dürfte die Philosophie als Diskurs der Moderne und über die Moderne charakterisieren.«[9] Der Denker Foucault hat teil an der Aktualität und an seiner Gegenwart und fordert darum eine »Geschichte der Gegenwart«[10]. In seinem Spätwerk entwickelt er – formuliert in seiner Kant-Hommage 1984 –, dass er eine kritische Ontologie unserer selbst schreiben wird. Die Kritik dessen, was wir sind, mündet in die historische Analyse gegebener Grenzen mit der Möglichkeit ihrer Überschreitung.

In seiner Analyse bewegt sich Michel Foucault, wie er es einmal humorvoll in seiner Vorlesung vom 31. Januar 1979 beschreibt, nicht vorwärts, sondern: »ich bin wie ein Krebs, ich bewege mich seitwärts.«[11] Seine Erfindung des Begriffs der Gouvernementalität geht aus einem konzipierten Plan hervor, der den ersten vier Vorlesungen aus *Die Geburt der Biopolitik* entspricht. Sein Denken ist in Bewegung, aber nicht nur in eine Richtung orientiert, sondern bezieht sich auf vorherige Analysen, etwa die Kunst des Regierens oder die Pastoralmacht betreffend, die in den Vorlesungen über *Die Anormalen* vier Jahre zuvor bereits getroffen werden.[12] Seine Vorliebe für das Labyrinth ist unbestritten, denn Foucaults Denken ist gelegentlich versteckt und muss entdeckt werden. In der Vorrede zur *Archäologie der Wissens* sagt er über sich selbst: »Wo ich umherirre, meine Worte verlagere, ihm ein Souterrain öffne, es fern von ihm selbst einstürze, an ihm Vorragungen finde, die seine Bahn zusammenfassen und deformieren«[13], da ist das Foucault'sche Denken. Mit den Begriffen der Gouvernementalität und der Biomacht entfaltet Foucault ein neues Forschungsfeld.

Das Problem der Gouvernementalität markiert den Eintritt in die Frage nach dem Staat. Der Staat wird nun zum Analysefeld der Mikromacht. Die Biopolitik wird verstanden als eine Regulierung des Lebens (Bios) durch den Staat, wie Foucault es in seiner Vorlesung *In Verteidigung der Gesellschaft* akzentuiert.[14] Der Staat ist Teil der Repräsentation von Macht, ein Pol der Transzendenz und ein Instrument zur Beherrschung der Klassen.[15] Das »kalte Ungeheuer« Staat ist nichts anderes als »der bewegliche Effekt eines Systems von mehreren Gouvernementalitäten«[16]. Die Verschiebung der Macht auf das Feld der Regierung bedeutet die Ausdehnung auf ein neues Objekt, nämlich den Staat. Ein wesentlicher Aspekt dieser Vorlesung ist die Thematisierung des Liberalismus und seiner Entwicklung im 18. und 20. Jahrhundert. Foucault sieht darin die allgemeinen Rahmenbedingungen der Biopolitik. Seine Vorbereitung der Vorlesung von 1979 über die liberale und neoliberale Gouvernementalität am Collège de France fällt mit dem tagespolitischen Ereignis der Iranischen Revolution zusammen. Zur geplanten Ausarbeitung kommt es nicht mehr, aber Foucault realisiert noch die Analyse unterschiedlicher Ausprägungen des Liberalismus. Im Wesentlichen geht es ihm hierbei um die Muster des deutschen Ordoliberalismus der Nachkriegszeit und dessen Folgen in Frankreich, außerdem um die historisch bedingte Sonderform des amerikanischen Neoliberalismus. Die entwickelte Form der Gouvernementalität findet sich demnach »in der Gestalt eines zeitgenössischen Liberalismus, der die Gesellschaft nach Marktvorgabe im Rahmen der Rechtsstaatlichkeit formt«[17.]

Diese Analyse der Ordoliberalen im Modell Deutschland findet sich in der Vorlesung über *Geburt der Biopolitik*. Gerade die Ordoliberalen zeigen eine neue Rationalität in der Kunst des Regierens. In dem Bestreben nach maximaler Wirksamkeit gilt es ihnen zufolge, weniger zu regieren, sich damit selbst zu begrenzen und die Wahrheitsfrage mit der Gouvernementalität zu verknüpfen. Mit dem Aufkommen der politischen Ökonomie wandelt sich das Rechtssubjekt und geht das juridische Wahrsprechen über zur epistemischen Veridiktion, darum ist der »Liberalismus als allgemeiner Rahmen der Biopolitik zu untersuchen«[18].

Der deutsche Nachkriegsliberalismus wurde von Juristen und Ökonomen theoretisch formuliert und politisch praktiziert. Die Personen, die hinter diesen Ideen stehen, gehören in den Jahren 1928 bis 1930 der sogenannten Freiburger Schule an, die ihr Programm später in der Zeitschrift *Ordo* veröffentlichen. Zu ihnen gehören Franz Böhm und Walter Eucken, Wilhelm Röpke und Alexander Rüstow, Alfred Müller-Arneck und andere. Die Ordoliberalen prägen maßgeblich die Ausgestaltung der sozialen Marktwirtschaft und entwickeln die Prinzipien der Wirtschaftspolitik der Bundesrepublik Deutschland. Michel Foucault schlägt einen Bogen von der Freiburger bis zur Frankfurter Schule, indem er nicht nur das gemeinsame historische Auftauchen thematisiert, sondern vor allem Parallelen in deren politisch-universitärer Problematik sieht, die mit dem Namen Max Weber verbunden ist.[19] Die Freiburger Schule der Ordoliberalen will die ökonomische Realität neu definieren und kapitalistisch organisieren, denn sie sieht nicht so sehr das Problem einer widersprüchlichen Logik des Kapitals, wie Karl Marx das tut, sondern vielmehr »das Problem der irrationalen Rationalität der kapitalistischen Gesellschaft«[20]. Dieses Problem haben sowohl die Frankfurter Schule als auch die Freiburger Schule, sowohl Horkheimer als auch Eucken in jedoch verschiedenen Richtungen wieder aufgenommen.

Das Konzept der Ordoliberalen liegt nach Foucault darin, dass diese den Markt radikal antinaturalistisch organisieren wollen und damit das Prinzip der Konkurrenz etablieren. Die reine Konkurrenz oder der reine Wettbewerb soll demnach als etwas natürlich Gegebenes verstanden sein, mit dem Ziel, eine unablässige und aktive Regierungspolitik notwendig zu machen. Es gibt drei wichtige Funktionen dieses Anti-Naturalismus. Erstens ist die strikte Trennung von ökonomischer Basis (Markt) und politisch-juristischem Überbau obsolet. Die Wirtschaft definiert das soziale Feld geregelter Praktiken. Zweitens ist die historische Bedeutung des Kapitalismus für die Ordoliberalen eine wirtschaftlich-institutionelle Geschichte, und als historische Figur strukturiert der Kapitalismus den Ablauf der Geschichte. Drittens behaupten sie, dass der Kapitalismus überleben wird, weil er nicht nur ökonomisch funktioniert, sondern als kapitalistisches System auch sozial interveniert und politisch reguliert. »Nach den Annahmen der Ordoliberalen hängt das Überleben des kapitalistischen Systems von der politischen Kapazität ab.«[21] Darum wird eine Gesellschaftspolitik im Sinne der Ordoliberalen die Unternehmensformen universalisieren und die Rechtsformen neu definieren.

Die Legitimität des Staates gründet sich demnach auf einen Raum der Freiheit der Wirtschaftspartner, das (Wirtschafts-)System zu verallgemeinern mit dem Ziel, »die begrifflichen und technischen Ressourcen neu zu verteilen«[22]. In seiner vierten Vorlesung vom 31. Januar 1979 vergleicht Foucault darum den deutschen Ordoliberalismus mit dem US-amerikanischen Anarcho-Liberalismus. Beide Schulen begründen die Ideen des Liberalismus neu und stellen auf zwei verschiedene Weisen Formen der »Kritik der dem Exzess der Regierung eigentümlichen Irrationalität« dar.[23] Schon hier bereitet der Autor das Thema seiner beiden letzten Vorlesungen vom 28. März und 4. April 1979 vor, nämlich die Erfindung des »homo oeconomicus« als ein vom Rechtssubjekt zu unterscheidendes Interessenssubjekt. Der Liberalismus ist dabei als Prinzip und Methode der Rationalisierung der Ausübung von Regierungstechniken anzusehen. Unter Regierung versteht Foucault hierbei eine neue Idee der Übertragung, der Entfremdung und der Repräsentation der Macht auf den Willen des Individuums. Dabei zeigt die politische Ausübung von Souveränität zunehmend ein neues Selbstbewusstsein des Regierens, indem man »die Art und Weise des Verhaltens der Menschen steuert«[24].

1981 Pierre Bourdieu

Am 7. Januar 1981 beginnt Michel Foucault mit seiner Vorlesung am Collège de France über Subjektivität und Wahrheit (Subjectivité et vérité) – eine Vorlesung über die Techniken des Selbst als Mittel der Selbstbeherrschung. Außerdem findet ein monatliches Seminar unter der Leitung von François Ewald zum Thema Rechtssoziologie statt, an dem Foucault auch in den beiden Folgejahren teilnimmt.

An der juristischen Fakultät der Katholischen Universität Leuwen hält er sechs Vorträge über *Schlecht handeln, Wahres sagen. Die Funktion des Geständnisses in der Justiz (Mal faire, dire vrai. Fonction de l'aveu en justice)*. Zudem hält er ein Seminar über die Entstehung der »sozialen Verteidigung« (défense sociale) ab.

Im Juni 1981 unterstützt Michel Foucault zusammen mit Bernard Kouchner und Yves Montand eine Initiative zum Schutz der Boat People, wie schon im Oktober 1978. Nach dem überragenden Wahlsieg von François Mitterrand zum Präsidenten der Republik im Mai 1981 treten nur sechs Wochen später und zum ersten Mal kommunistische Minister in die französische Regierung ein. Foucault kommentiert den Wahlsieg nicht, lehnt die Teilhabe der Kommunisten aber entschieden ab. Im September 1981 schafft Frankreich die Todesstrafe ab.

Vom 26. Oktober bis 6. November 1981 findet im Davidson Conference Center von Los Angeles eine »Foucault Conference« statt. Hier trifft er Leo Löwenthal und Martin Jay. Das *Time Magazine* veröffentlicht eine Reportage über französische Philosophen und ihre Macht. Foucault erklärt wiederholt: »Mich interessiert weniger die Macht als die Geschichte der Subjektivität.«[25] Anschließend ist er erneut in Berkeley, wo ein gemeinsames Seminar von Jürgen Habermas und Michel Foucault stattfindet.

Im Dezember 1981 lernt Michel Foucault den Filmemacher Werner Schroeter kennen, dem er anvertraut: »Ich mache keinen Unterschied zwischen Leuten, die aus ihrem Leben ein Kunstwerk machen, und solchen, die in ihrem Leben ein Kunstwerk machen.«[26] Im gleichen Monat treten Michel Foucault und Pierre Bourdieu gegen die französische Regierung und für die polnische Streikbewegung ein.[27] Sie gründen ein Hilfskomitee für Polen. Foucault unterstützt die polnische Bewegung »Solidarność« und reist im September 1982 mit Bernard Kouchner und Simone Signoret nach Polen, um dorthin Medikamente zu liefern.[28]

Als Pierre Bourdieu das Werk von Michel Foucault würdigt, sagt er knapp: »Im Grunde genommen findet sich die stringenteste Formulierung der Grundlagen der strukturalen Analyse kultureller Produkte bei Michel Foucault.«[29] Mit dieser Würdigung führt Bourdieu zwei Jahrzehnte später seine kritische Auseinandersetzung mit dem Foucault'schen Werk ein. Trotz einer grundlegenden Anerkennung des Kollegen setzt sich Bourdieu mit seiner Theorie des literarischen Feldes von dessen Analyse des Diskurses ab, denn »an Großtheorien war ich nie sonderlich interessiert«[30].

Mit dieser fast nebensächlichen Bemerkung beginnt Pierre Bourdieu ein wenig kokett seine eigenen methodologischen Grundüberlegungen, denn schließlich entwickelt auch er am Leitfaden von Begriffen wie Feld und Habitus eine Theorie, die sich allerdings nicht auf das Fundament von Philosophie oder Linguistik stellt, sondern auf das der Soziologie stützt.[31] Feld und Habitus sind die zentralen Begriffe seines Ansatzes. Dabei unterscheidet das Konzept des Feldes zunächst eine Unterteilung des sozialen Raumes in die unterschiedlichen Bereiche von Politik und Wirtschaft, Kunst und Religion.[32] Im Unterschied zu Foucault versteht Bourdieu unter dem Konzept des Feldes nicht ein diskursives Regelsystem, sondern einen agonalen sozialen Raum, indem sich die einzelnen Akteure des jeweiligen Feldes bewegen und sich in ihrer strategischen Position zu behaupten versuchen. Das Feld ist demnach ein funktionales Konstrukt, welches dazu dient, Machtverhältnisse sichtbar zu machen. Hierbei geht es dem Autor nicht nur um die räumlich-strukturelle Dimension des sozialen Feldes, sondern auch um eine zeitlich-historische Dimension.[33]

»Ich gehe davon aus, dass die Analyse der objektiven Strukturen – die der verschiedenen Felder – nicht zu trennen ist von der Analyse der Entwicklung mentaler Strukturen, die – auf der Ebene des biologischen Einzelwesens – sich aus der Inkorporierung sozialer Strukturen und der Genese dieser Strukturen selber noch erklären lassen: der soziale Raum ebenso wie die darin auftretenden Gruppen sind das Produkt historischer Auseinandersetzungen«, so der Autor in seinem bereits 1982 veröffentlichen Bekenntnistext *Rede und Antwort*.[34] Mit dieser Aussage verbindet Pierre Bourdieu »die Frage nach der Struktur mit der nach der Genese des Feldes, um den sozialen Raum zu einem genau determinierten geschichtlichen Zeitpunkt als ein Bündel unterschiedlicher Kräftefelder bestimmen zu können«[35]. Mit diesen Definitionen versucht Bourdieu ähnlich wie Foucault den Vorgaben einer Subjektphilosophie und den Ideen des Strukturalismus zu entgehen.

Bourdieus zweiter zentraler Begriff des Habitus erlaubt es ihm, »mit dem strukturalistischen Paradigma zu brechen, ohne in die alte Subjekt- und Bewusstseinsphilosophie zurückzufallen«[36]. In gewisser Weise ersetzt der Begriff des Habitus den des Subjekts, und der Begriff der Relation tritt an die Stelle der Struktur. Bourdieu denkt sich den Raum des Sozialen als ein in sich differenziertes Gefüge von autonomen und relationalen Feldern, »deren Analyse ihm erlaubt, eine soziologische Beschreibung der Gesellschaft zu geben, die sich weder der philosophischen Idee schöpferischer Subjektivität noch der scheinbaren Objektivität der strukturalen Analyse anvertraut«[37]. Pierre Bourdieu gesteht damit der Soziologie eine vorrangige Position noch vor der Philosophie ein, um die modernen Geisteswissenschaften neu zu denken.

In seinem bekannten Buch über *Die Regeln der Kunst* (2001) untersucht der Autor die Genese und die Struktur des literarischen Feldes am Beispiel von Gustave Flaubert und im Besonderen an dessen Roman *Education sentimentale*. Ihm wird hierbei von der Kritik vorgeworfen, ästhetische Fragen auf soziologische Probleme zu reduzieren. Sein Konzept des literarischen Feldes macht er dadurch geltend, dass er jenen Raum analysiert, der Flaubert in seiner Zeit zur Verfügung steht, um sich als Subjekt seiner Werke auszudrücken. Die Autonomisierungsbewegungen der jüngeren Literatur erscheinen plötzlich als das Ergebnis eines soziokulturellen Prozesses, der über Autor und Werk hinauslangt. Die Kritik stellt allerdings die Frage, inwiefern die *Education sentimentale* in gewisser Anlage bereits ihre eigene soziologische Analyse mitliefert. Bourdieus Versuch, diese Analyse auf andere Werke zu übertragen, beschäftigt ihn ebenfalls in seinem Buch *Die Regeln der Kunst*. Eine soziologische Theorie der Kunst zu entwickeln, die die Autonomie der modernen Literatur begründet, ist das Anliegen von Pierre Bourdieu. Auf der Grundlage der Soziologie liefert er entscheidende Impulse für eine Theorie der Literatur.

Michel Foucault setzt sich mit der Theorie von Pierre Bourdieu nicht öffentlich auseinander, nimmt den Kollegen wiederholt in Schutz und beklagt, dass viele nicht begreifen, »was das Besondere an Soziologen wie Bourdieu, Castel und Passeron ausmacht, was sie im Feld der Soziologie strukturiert«[38].

XXVI. Hermeneutik des Subjekts

> »Je mehr wir die Wahrheit über uns selbst ent-
> decken, umso mehr sollen wir auf uns selbst
> verzichten; und je mehr wir auf uns verzichten
> wollen, umso mehr müssen wir die Wirklich-
> keit in uns selbst zutage fördern.«
> Michel Foucault[1]

Michel Foucaults Projekt der Herstellung einer wahren Subjektivität basiert auf
dem von ihm so erkannten Problem der Wahrheit. Die Formierung von Subjektivität ist nach ihm an die Produktion von Wahrheit gebunden. »Das Problem dessen,
was ich sage, ist für mich ein sehr schwieriges oder sogar das zentrale Problem;
im Grunde habe ich auf diese Frage bis heute niemals eine Antwort gefunden«[2],
konstatiert er 1980. »Mein Problem ist die Politik des Wahren. Ich habe lange gebraucht, um mir darüber klar zu werden«[3], sagt er bereits vier Jahre zuvor.

Die Verbindung von Wahrheit und Macht sieht Foucault in der gesellschaftlichen Frage nach der Ordnung des Wahren beziehungsweise in der Suche nach
einer allgemeinen Politik der Wahrheit. Dieses von ihm sogenannte Wahrheits-
regime zirkuliert um die Ordnung und die Politik des Wahren. Die Produktion
von Wahrheit hängt eng zusammen mit der Zirkulation und Konsumtion. Welche
Wahrheit wird produziert, und wie funktioniert (diese) Wahrheit in der Gesellschaft? Über welche Unterscheidungen von wahr und falsch operiert die Wahrheit,
und welche Grenzen konstituiert sie, und welchen Zwängen erliegt sie? Foucault
fasst diese Fragen zusammen: »Um welchen Preis kann das Subjekt die Wahrheit
über sich sagen?«[4] Foucault wird sich in seinem Projekt nicht damit begnügen,
Wahrheit zu entdecken, sondern vielmehr untersuchen, wie die Wahrheit erfunden wird. Wird die Wahrheit von der Macht erfunden? Wenn die Wahrheit einen
Bezug zur Macht hat, was unterscheidet dann die Wahrheit hinsichtlich ihres epistemologischen Status von einer anderen?

Foucault schreibt eine Geschichte der Wahrheit als eine philosophische Ontologie und ebenso als eine »historische Ontologie«[5]. Seine von ihm konzipierten
Wahrheitsspiele liegen in der veränderten Konzeptionalisierung von Subjektivität
und Objektivität. Die Beziehung zwischen Subjekt und Objekt dynamisiert die beiden Fragekomplexe der Subjektivierung des Subjekts und der Objektivierung des

Objekts, als die »Art und Weise, wie ein bestimmter Typ von Objekten an bestimmte Modalitäten von Subjekten gebunden war und das historische Apriori möglicher
Erfahrungen für gegebene Individuen in einem Raum und einer Zeit konstituiert
hat«[6]. Der Begriff der Wahrheitsspiele soll dabei das Objekt formieren und das
Subjekt determinieren.

Wahrheit ist kein ungeregeltes und offenes Spiel, sondern Wahrheit und Macht
sind aneinander gefesselt. Wahrheitsspiele haben mit Ideen und Vorstellung, mit
Ideologie wenig zu tun. Sie sind nicht nur Formen des Denkens und Sprechens,
sondern vor allem der Erfahrung und des Lebens. Wer das Wahrheitsspiel spielen
will, muss den Wahrheitsanspruch aufgeben, denn: »Ich glaube zu sehr an die
Wahrheit, um nicht anzunehmen, dass es verschiedene Wahrheiten und verschiedene Weisen gibt, sie auszusprechen.«[7] Eine Geschichte der Wahrheit unterscheidet sich demnach radikal von einem relativistischen Unternehmen. Wahrheit kann
nicht relativiert werden.

In seiner Vorlesung *Hermeneutik des Subjekts*, die der Autor vom 6. Januar bis
24. März 1982 am Collège de France hält, bestimmt Michel Foucault die theoretischen Voraussetzungen und historischen Bedingungen des wirkungsstarken Konzepts einer Sorge um sich. Diese Ästhetik der Existenz, die in eine Philosophie
der Lebenskunst mündet, gewinnt in der subtilen Interpretation klassischer antiker Texte von Aurel, Epikur, Platon und Seneca eine neue Theorie des Subjekts,
die sich nicht auf die historische Rekonstruktion beschränkt, sondern versucht,
eine neue Perspektive auf die Konstitution des modernen Subjekts zu gewinnen.
Ihn interessiert insbesondere die Art und Weise, wie Subjekte sich zu sich selbst
verhalten. Damit eröffnet sich eine Neupositionierung der Frage nach der Politik.
Sind nicht heutige politische Kämpfe weniger Kämpfe gegen politische oder ökonomische Unterwerfung als vielmehr ein Aufbegehren gegen das Verschwinden
des Subjekts und seiner Identität?, fragt Foucault. Der Autor vollzieht den Schritt
von der Analytik der Macht hin zur Analyse des Verhältnisses zu sich selbst.

Die thematische Entwicklung der Hermeneutik des Selbst, so Foucault in der
Zusammenfassung seiner Vorlesung, untersucht er »sowohl in ihren theoretischen Formulierungen als auch in Verbindung mit einer Reihe von Praktiken, die
in der klassischen und Spätantike von großer Bedeutung waren«[8]. Hierfür nimmt
der Autor eine kaum überblickbare Menge von griechischen und römischen Quellentexten zu Hilfe. Seine genaue Lektüre – zum großen Teil in Altgriechisch und
Latein, teilweise in französischer und englischer Übersetzung – ermöglicht es ihm,
bestimmte Schlüsselbegriffe zu lokalisieren und diese als Terminus technicus in
seine eigene Theorie von der Hermeneutik des Subjekts zu integrieren.

Die Praktiken dieses Subjekts stehen im Kontext dessen, was im Griechischen
»epimeleia heautou« und im Lateinischen »cura sui« genannt wurde und heute
als Selbstsorge ihren Begriff bei Foucault findet. Der berühmte delphische Spruch
»gnothi seauton« ist als bekanntes »Erkenne dich selbst!« regelmäßig mit dem
Thema der Selbstsorge verbunden, stellt aber die Sorge um sich selbst in den Hintergrund. Damit tut die Moderne der Antike unrecht, denn schon Sokrates selbst

stellt sich in der »Apologie« seinen Richtern als ein Lehrmeister der Sorge um sich selbst vor, deren drei wichtige Dinge folgende sind: Die Sorge um sich ist ein göttlicher Auftrag, dieser Auftrag sei aus Wohltätigkeit zu erfüllen, und nicht zuletzt unterstützt die Selbstsorge die »polis« (und den »logos«).[9] Darum sollen die Richter ihn nicht verurteilen, denn schließlich bringt Sokrates allen bei, sich um sich selbst zu sorgen. Mit diesem Paukenschlag eröffnet Michel Foucault seine Vorlesung und findet überraschenderweise den Begriff der »epimeleia heautou« nur acht Jahrhunderte später in den Schriften des Gregor von Nyssa. Von Sokrates bis Nyssa »hat die Sorge um sich stets eine positive, nie eine negative Bedeutung«[10].

Diesen griechischen Begriff »epimeleia heautou« übersetzen, wie gesagt, die Lateiner etwas verflachend mit »cura sui«, was so viel bedeutet wie Sich-um-sich-Kümmern, Sich-um-sich-Sorgen, Sich-selbst-Aufmerksamkeit-Zuwenden oder eben Sorge um sich selbst. Seneca formuliert: »Wenn ich alles aus Sorge um mich tue, hat die Sorge um mich Vorrang vor allem. Diese findet sich in allen Lebewesen, sie wird ihnen nicht beigebracht, sondern ist angeboren.«[11] Man soll sich also um sich selbst kümmern, das Licht der Vernunft anzünden und nicht zuletzt alle Winkel der Seele erforschen. Epikur betont: »Jeder Mensch muss sich Tag und Nacht, sein ganzes Leben lang um seine Seele kümmern.«[12] Platon sagt im *Alkibiades*-Text: »Wir müssen uns um unsere Seele, um unsere eigene Seele sorgen.«[13] Die Definition des Selbst als Seele im *Alkibiades* beantwortet die Frage »Was ist dieses Selbst?« mit »Ich bin meine Seele«. Damit wird die Seele zum Subjekt selbst.

»Wir öffnen die Augen, entdecken das Licht und kehren zur Quelle des Lichts selbst zurück, die zugleich die Quelle des Seins ist.«[14] Kümmere dich um dich selbst, fordert Michel Foucault. Aber das Sich-um-sich-selbst-Kümmern ist auch ein Privileg; denn es ist ein Zeichen gesellschaftlicher Überlegenheit. Es ist auch ein soziales Privileg, denn der Vorteil von Reichtum, Status und Geburt macht dieses Programm eher möglich. Dennoch bemerkt Epiktet mit antikem Recht und Perspektive für die Moderne: »Ein Sklave kann schließlich freier als ein Freier sein, solange dieser sich nicht von allen Lastern, Leidenschaften, Abhängigkeiten, in denen er gefangen ist, befreit hat.«[15]

Zur »epimeleia heautou« gehören drei Gebote: »meden agan« (nicht zu viel), »engye para d'ate« (bürge dafür) und »gnothi seauton« (erkenne dich selbst). Plutarch empfiehlt: »Das werde ich nicht eher sagen, als bis ich von diesen da erfahren, was sie denn eigentlich wollen mit ihrem ›Nimmer zuviel‹ und ihrem ›Erkenne dich selbst‹ und vor allem dieses, was so viele unvermählt und misstrauisch, manche sogar stumm gemacht hat, ›Bürgschaft bringt dir Leid‹.«[16] Der Begriff der »epimeleia heautou« bezeichnet nicht nur eine bewusste Handlungsweise oder Form der Aufmerksamkeit, die sich auf sich selbst richtet, sondern auch eine geordnete und Regeln unterworfene Beschäftigung, eine Arbeit mit eigenen Techniken und Zielen immer mit der Option, an Seele, Wahrheit und Vernunft zu denken. Es geht um eine bestimmte Weise, »die Dinge zu betrachten, in der Welt zu sein, sich in ihr zu verhalten, zu handeln und Beziehungen zu den anderen pflegen«[17].

Zudem ist die »epimeleia heautou« eine besondere Form der Aufmerksamkeit und des Blicks. »Sich um sich selbst zu sorgen beinhaltet, dass man seinen Blick umkehrt, dass man ihn von außen nach innen wendet.«[18] Zwischen allgemeiner Handlung und der sich selbst zugewandter Aufmerksamkeit tritt innerhalb der »epimeleia heautou« der Aspekt der Praktiken, »durch die man sich verändert, reinigt, verwandelt und läutert«[19]. So verwendet Xenophon etwa den Begriff der »epimeleia heautou«, um die Arbeit des Hausherrn zu bezeichnen, der seinen Betrieb leitet. Dion von Prusa bezeichnet damit die Tätigkeit des Herrschers, der sein Volk leitet und den Staat lenkt. Die griechischen Philosophen meinen mit »epimeleia« eine Selbstsorge, die dazu dient, Fehler zu vermeiden, Gefahren aus dem Weg zu gehen und Schutz zu suchen. Damit ist die Sorge um sich sowohl Pflicht als auch Technik. »Die Sorge um sich selbst als Sporn, der ins Fleisch der Menschen eindringen muss, der in ihr Dasein eingelassen und das ganze Leben hindurch Grund für Bewegung und Bewegtheit ist.«[20]

Erneut spricht Michel Foucault über den *Alkibiades*-Text von Platon. Er lokalisiert hier drei Fragen, die das Verhältnis der Sorge um sich zur Erziehung, Politik und Selbsterkenntnis betreffen. Sokrates empfiehlt Alkibiades, dass er seine Jugend dazu nutzen soll, seine Aufmerksamkeit auf sich selbst (und nicht auf andere und anderes) zu lenken (prosechein ton noun)[21], denn »niemand ist zu jung oder zu alt, für die Gesundheit seiner Seele zu sorgen«[22]. Sich um sich selbst zu sorgen ist allerdings keine zeitlich limitierte Präparation des Lebens, sondern eine Lebenshaltung, eine Lebensform, zu der ebenfalls das sich selbst prüfen (skepteon sauton)[23] gehört. Alkibiades wird bewusst, dass er sich – wenn er sich um andere kümmern will – zunächst um sich selbst sorgen muss. »Man muss für sich selbst und sein ganzes Leben lang sich selbst Gegenstand sein.«[24] Kümmert euch nicht um die anderen, sagt Marc Aurel, es lohnt sich mehr, sich um sich selbst zu kümmern. »Verzettele nicht den Rest deines Lebens mit Nachdenken über andere Menschen.«[25] Plutarch fügt an: »Betrachte die Mängel in dir selbst, anstatt dich um die Fehler der anderen zu kümmern.«[26] Die Vorstellung einer Bewegung im Leben selbst mit dem Ziel, sich selbst umzuwenden, formt die Idee der Konversion (ad se convertere). Sich selbst zuzuwenden ist die bekannte Konversion als Umformung (metanoia)[27] – nicht Bekehrung.

Die zweite Frage dreht sich um das Thema der Erziehung. Diese beschränkt sich zunehmend auf die Aufgabe der Bildungsvermittlung, während im Zuge einer Sorge um sich, die eine Beschäftigung der Erwachsenen ist und diese ein Leben lang begleitet, die pädagogische Funktion nach und nach verschwindet. Die von Foucault sogenannte kritische Funktion der Selbstsorge beinhaltet im Folgenden das Ablegen schlechter (meist von den Eltern, Lehrern und der Umgebung vermittelter) Gewohnheiten. Das Verlernen dieser schlechten Gewohnheiten (de-discere) ist wichtig im Rahmen der Selbstbildung (culture de soi). Diese Selbstbildung ist als Selbstpraxis ein ständiger Kampf und hat damit die von Foucault so bezeichnete Funktion des Kampfes. Zuletzt aber ist eine therapeutische Funktion der Selbstbildung wichtig, da sie mit dem Begriff des »pathos« (seelische Leidenschaft und physische Krankheit) Psyche und Körper pflegt, heilt und reinigt. Die mehr medizinische als pädagogische Praxis dient der Bildung des Selbst. Schon die sokratischen Dialoge sind eine Kritik an der Pädagogik, an der Erziehung.[28]

Foucaults dritte aufgeworfene Frage betrifft die Beziehung zu sich selbst und zu einem Lehrer, Leiter oder Meister; damit konstelliert sich diese Zweierbeziehung zu einer Dreierkonstellation und differiert deutlich von einer Liebesbeziehung. Seneca behauptet, dass niemand stark genug ist, sich allein aus einem Zustand der Starre zu befreien; er benötigt dafür eine helfende und rettende Hand eines Dritten: »Der Mensch liebe sich selbst zu sehr, um in der Lage zu sein, sich selbst von den Leidenschaften zu heilen.«[29] Die Beziehungen traditioneller Form geraten ins Wanken, affektive Beziehungen sind nicht mehr zwingend intensiv. Zweifellos sind unsere modernen Kategorien von Freundschaft und Liebe wenig dazu angetan, zur Deutung dieser Beziehungen beizutragen, während in der Antike vorgegebene Beziehungsmuster wie die Freundeskreise die sozialen Strukturen tragen. So wird der Seelendienst zum Bestandteil von Freundschaftsbeziehungen. Diese soziale Freundschaftsstruktur sieht nicht die unmittelbare Kommunikation zwischen zwei Individuen, sondern im Mittelpunkt steht ein Subjekt, welches von anderen umgeben ist. Diese besondere Freundschaft hat nichts mit verliebter Freundschaft zu tun und auch nichts mit der Liebe, dem Eros an sich.[30] Sie geht als epikureische Freundschaft in die Geschichte ein, als eine Art Tauschbeziehung mit Nutzen und Vertrauen – entgegen dem gelebten Freundschaftsentwurf bei Marc Aurel. Die Freundschaft zwischen Marc Aurel und seinem Lehrer Fronto gestaltet sich anders. Marc Aurel schreibt: »Sei gegrüßt, mein süßester Lehrer. Ich gebe Ihnen meinem süßesten Lehrer Rechenschaft über den Tag.« Er beendet seinen Brief mit: »Leb mir wohl, Fronto, wo immer du bist, meine Liebe, meine Lust. Ich liebe dich.«[31] In ihrer Lehrer-Schüler-Beziehung spielen Freundschaft, Zuneigung und Zärtlichkeit eine tragende Rolle. »Diese Beziehung beruht auf Zuneigung, auf Liebe, was eine Reihe von Dingen impliziert«[32], auch die Selbstsorge.

Nach Michel Foucault umfassen Selbstsorge und Selbstbildung ein Ensemble an Praktiken, die allgemein mit dem Begriff »askesis« bezeichnet werden. Für diese Askese benötigt das Subjekt die »logoi« (Rede), was wahrhaftige und vernunftmäßige Reden meint. Der »logos« ist Rüstzeug und Rettung. Lukrez spricht in diesem Kontext von »veridica dicta«, die es dem Subjekt möglich macht, seine Furcht zu verlieren und das Unglück zu bannen. Die Furcht (phobos) bannen, seine Kraft (bia) präsentieren und Ehrfurcht (aidos) zeigen ist das Programm.[33]

In Zukunft soll und wird das sich um sich selbst sorgende Subjekt wahr reden, wahr sprechen. Diese Methode bezeichnet Foucault in Anlehnung an Lukrez als Verdikation. Aber: »Der logos, der seine Macht und seinen Einfluss geltend macht, der logos, der von jenen getragen wird, die ihren Einfluss auf die Stadt ausüben, muss ein wahrer Diskurs sein«[34], warnt Michel Foucault. Im Wahrsprechen sind in der Antike die Fragen nach der (eigenen) Natur, der Weise der (eigenen) Existenz und die Methoden der Aneignung (Gedächtnis) zu beantworten. Die wichtigen Aneignungsmethoden beziehen sich ausdrücklich auf das Zuhören, Schreiben und die Umkehr zu sich selbst (Konversion). Dieses Ensemble von Techniken dient dem Subjekt dazu, eine Wahrheit zu entdecken und sich mit einer Wahrheit auszurüsten für den Kampf der Selbstsorge. »Es geht darum, aus der gelernten, dem Gedächtnis einverleibten und schrittweise in Anwendung gebrachten Wahrheit ein Quasi-Subjekt zu machen, das souverän in uns herrscht.«[35]

Die Einübung von Ausdauer (Kondition) und Enthaltsamkeit (Askese) unterscheidet sich von den Einübungen. Die bekannteste dieser Gedankenübungen ist die »praemeditatio malorum«, das Vorausdenken eines zukünftigen Unglücks. Ein Gegenpol zu dieser Technik ist beispielsweise die Praxis der Enthaltsamkeit, der Entbehrung und der (körperlichen) Fähigkeit zum Widerstand. Gedankenübung (meditatio) und reale Praxis (exercitio) bilden nur einige Praktiken, andere bestehen etwa in der Kontrolle der Gedanken, wie Epiktet sie formuliert. Die Krönung aller Übungen ist die bekannte »melete thanatou«, die eine Meditation als Einübung des Todes darstellt. In vielen Briefen des Seneca ist von der Einübung des Todes die Rede: »Vor dem Schlafengehen wollen wir fröhlich und heiter sagen: Ich habe gelebt.«[36] Marc Aurel betont: »Das bringt die Vollkommenheit des Charakters mit sich, jeden Tag, als ob er der letzte wäre, zu durchleben.« Und an anderer Stelle spitzt er zu, man soll »jede Tat so vollbringen, als wäre es die letzte des Lebens«[37]. Epiktet fragt: »Und du, bei welcher Beschäftigung möchtest du vom Tod ergriffen sein?«[38]

Zuletzt schreibt Seneca: »Wie weit ich vorangekommen bin, will ich dem Tod glauben. Nicht ängstlich stelle ich mich daher auf jenen Tag ein, an dem ich über mich urteilen werde, ob ich nur mutig rede oder auch fühle.«[39] Die Einübung des Todes bietet die ungeheure Möglichkeit, vorwegnehmend auf das Leben zurückzuschauen. »Indem man sich als an der Schwelle zum Tod stehend betrachtet, kann man jede Handlung, die man vollzieht, ihrem eigenen Wert nach beurteilen«[40], so Michel Foucault.

Diese Vorlesung über *Hermeneutik des Subjekts* (1982) steht im engen Kontext mit der Geschichte der Sexualität, insbesondere mit deren dritten Band über die *Sorge um sich. Die Hermeneutik des Subjekts* bezieht sich zugleich auf die Vorlesung über Subjektivität und Wahrheit (1981), die wiederum im Kontext zum (nicht erschienenen) vierten Band von *Sexualität und Wahrheit* über die Geständnisse des Fleisches steht. Und nicht zuletzt verweisen diese Texte gesamt auf Foucaults letzte Vorlesungen am Collège de France über die *Regierung des Selbst* (1983), insbesondere den *Mut zur Wahrheit* (1984). Unter dem Schlüsselbegriff der Selbstkultur (la grande culture de soi) entwickelt der Autor ein umwälzendes Programm zur Elaboration des Selbst – was ein Sich-selbst-Kultivieren und Sich-um-sich-selbst-Sorgen bedeutet – und zur Problematisierung des modernen Subjekts, bei dem er sogar seinen Schreibstil ändert: »Ich habe mich ganz und gar von Raumond Roussel und *Die Ordnung der Dinge* gelöst, denn ich hatte mir vorgenommen, eine Geschichte des Subjekts zu schreiben.«[41] Parallel zu seinen öffentlichen Auftritten am Collège de France arbeitet er weiter an seiner Geschichte der Sexualität und gibt in Interviews und Texten immer wieder Auskunft über den Stand seiner Forschung.[42]

Schon in seiner Vorlesung *Die Regierung der Lebenden* (1980) konzipiert Foucault die Grundlagen für seine Arbeit der nächsten Jahre, nur vier bis zu seinem unerwarteten Tod 1984. Er möchte eine Geschichte der Wahrheitsakte schreiben; eine Geschichte der Handlungen, die er als geregelte Verfahren versteht und die das Subjekt an die Wahrheit binden. In ritualisierten Akten soll das Subjekt in diesem Programm sein Verhältnis zu einer bestimmten Wahrheit bestimmen und festlegen, denn das Subjekt selbst bringt schließlich eine Rede hervor, aus der sich seine Wahrheit ablesen lässt.[43] In der Untersuchung von Praktiken, die das Geständnis hervorbringen, verlangen und erzwingen, will Michel Foucault – zwischen den Zeichen von Gehorsam und Respekt – die Wahrheit der Wünsche herauslesen: »Die Lenkung der Menschen fordert von den Geleiteten über die Akte des Gehorsams und der Unterwerfung hinaus ›Wahrheitsakte‹, die sich dadurch auszeichnen, dass vom Subjekt nicht nur verlangt wird, dass es wahr spricht, sondern dass es wahr über sich selbst spricht.«[44] In der Unterwerfung des Individuums und in der grenzenlosen Introspektion wird vom Subjekt ein erschöpfendes Aussprechen der Wahrheit über sich selbst verlangt, denn »der unbedingte Gehorsam und die unablässige Prüfung und das erschöpfende Geständnis bilden ein Ganzes«[45]. Nur im Rahmen der Unterwerfung des Subjekts unter den anderen ist das Individuum ein Subjekt der Wahrheit, aber das Subjekt kann auch auf ganz andere Weise wahrhaftig sein.

Die Beziehung von Subjekt und Wahrheit soll sich nicht mehr von außen (über die Praxis des Geständnisses) vollziehen, sondern »aufgrund einer nichthintergehbaren existentiellen Entscheidung«[46]. Dann endlich eröffnet sich die Möglichkeit eines wahren Subjekts aufgrund von Subjektivierung anstatt von Unterwerfung. Grundlage für dieses (neue) Verhalten muss eine neue Dimension sein, so Michel Foucault, nämlich die Veränderung der Beziehung zu sich selbst. In seiner Historie über Sexualität und Wahrheit kommt der Autor zu dem Schluss, dass es bei der Untersuchung von Lüsten und dem Sprechen darüber im Rahmen der Geständnispraktiken immer um Macht geht, aber Michel Foucault stellt fest, dass es zumindest seit den achtziger Jahren eine Themenverschiebung in seinem Werk gibt: »Nicht die Macht, sondern das Subjekt ist das Thema meiner Forschungen.«[47] Oder auch provozierend: »Ich bin gar kein Theoretiker der Macht.«[48] Spätestens von nun an steht also das Subjekt im Vordergrund seiner Untersuchungen; insbesondere die Beziehung des Subjekts zur Wahrheit. Darum problematisiert Foucault von nun an die »parrhesia« als Mut zur Wahrheit: »Die ›parrhesia‹ ist also, kurz gesagt, der Mut zur Wahrheit seitens desjenigen, der spricht und das Risiko eingeht, trotz allem die ganze Wahrheit zu sagen, die er denkt, sie ist aber auch der Mut des Gesprächspartners, der die verletzende Wahrheit, die er hört, als wahr akzeptiert.«[49] Es geht darum, die wahre Rede in ein permanentes und aktives Prinzip zu verwandeln. »Die ›parrhesia‹ ist die Öffnung des Herzens.«[50] 1983 untersucht Michel Foucault in seinen Vorlesungen am Collège de France die politische »parrhesia«, die er dort als wahre Rede definiert: als eine wahre Rede, bei der der Redner seine Existenz aufs Spiel setzt, denn das ist der *Mut zur Wahrheit*, wie er seine Vorlesung von 1984 betitelt. Die Wahrheit zeigt sich für den Denker im ruhigen Element der Rede. Sie ist ein Grund des Lebens, ein »logos«, der sich in der Existenz aktualisiert, der die Existenz belebt, intensiviert und auf die Probe stellt und damit deren Wahrheit erst erweisen wird.

Der Zugang des Subjekts zur Wahrheit ist allerdings an eine Konversion gebunden, darum »kann ich unmoralisch sein und die Wahrheit erkennen«[51]. Der Zugang zur Wahrheit steht in Verbindung mit dem Sich-ins-Spiel-Bringen des Subjekts in der Sorge um sich selbst und in der Selbsterkenntnis. Zwei Begriffspaare begegnen sich hier: Philosophie und Geistigkeit (spiritualité) einerseits und Selbstsorge und Selbsterkenntnis andererseits. Die Redlichkeit der Handlungen des Subjekts wird in seiner Philosophie deutlich, wenn es sich um ein ethisch korrekt handelndes Subjekt dreht. Das Subjekt muss sich selbst erkennen, indem es sich als wahr erkennt. Ein freies Subjekt entsteht dort, wo es sich als Selbst konstituiert. Seine Befreiung entsteht über die Konversion in der Historie und durch die Geschichte. Das freie Subjekt erkennt sich in seiner historischen Bedingtheit und in seiner ethischen Dimension.

Foucaults Vorlesungen seit 1980 implizieren stärker denn je das Thema der Ethik. Nachdem die Werte der Moral ihre Aura verloren haben und die bürgerliche Moral der (nicht nur) kapitalistischen Gesellschaften sich aufzulösen beginnt, sucht Foucault nach Ethik, die dem Leben und dem Verhalten eine Form gibt.[52] Lässt sich jenseits der etablierten Moral mit ihren scheinbar zeitlosen Werten von Gut und Böse eine neue Moral aufstellen? Oder liegt eine neue Ethik – um mit Nietzsche zu sprechen – jenseits von Gut und Böse? Entgegen seinen Kritikern, die ihm vorwerfen, eine Ersatzethik zu entwickeln, die dem Subjekt lediglich zu individueller Entfaltung und zu persönlichem Glück durch Selbststilisierung verhilft, denkt Foucault gegen Bataille und Baudelaire, gegen Transgression und Dandyismus, und entwirft eine Ethik der Distanz, Immanenz, und Wachsamkeit.[53] Dabei ist das »bios« das Material für ein ästhetisches Kunstwerk, dessen Ethik eine Vielzahl an Übungen, aber auch Arbeit und Regelmäßigkeit verlangt.

»Diese Regierung seiner selbst mit den ihr eigenen Techniken ist zwischen den pädagogischen Institutionen und den Heilsreligionen angesiedelt.«[54] Damit stellt sie keine Allgemeingültigkeit und keine allgemeine Verpflichtung her, sondern ist die persönliche Wahl und persönliche Entscheidung für eine Weise der Existenz. »Diese Arbeit an sich selbst mit der sie begleitenden Askese wird dem einzelnen nicht durch bürgerliche Gesetze oder religiöse Verpflichtung auferlegt, sondern der einzelne entscheidet sich dafür.«[55] Allerdings – entgegen den Voraussetzungen und Lebensbedingungen in der Antike – ist Foucaults Vorschlag einer neuen Ästhetik der Existenz nicht mehr auf soziale Schichten beschränkt, als eine neue Form von Moral für alle akzeptabel und in ihrem Heilsbestreben ein Vollzug ohne Transzendenz. Die authentische Transzendenz des Subjekts vollzieht sich in immanenter und angespannter Vollendung des Selbst, in einer Hinwendung (entournement) zu sich selbst und in der Bewegung der Rückwendung (retournement). Diese neue Introspektion ermöglicht dem Subjekt, höchste Aufmerksamkeit auf sich selbst zu richten und sich selbst zu prägen durch Konversion (conversion): Schau dich an (blepe se)[56] oder beobachte dich selbst (observa te) und gib acht auf dich (observa te itaque)[57] oder sieh dich an und wende den Blick auf dich (se respicere)[58]. In dieser Konversion verändert sich das Subjekt also umfassend.

Zu dieser Ästhetik der Existenz gehört – entgegen seinen Kritikern – ausdrücklich die Lust. Während frühere Moralprogramme die Lust unterdrücken oder verbieten, fordert Foucault zu einem Gleichgewicht zwischen Seele und Körper auf.[59] In dieses Projekt gehören darum unabdingbar die Lust und das Böse. Foucault hat Nietzsche im Sinn, wenn er die historische Wahrheit immer als eine Frage des Blickwinkels charakterisiert. Sein Programm ist darum nicht eine Einübung in Einsamkeit und Enthaltsamkeit. Im Gegenteil ist die Selbstsorge von der Anwesenheit des Anderen durchzogen und damit ein soziales Projekt. Der Andere (l'autre) ist eine Projektion des Selbst; der Andere ist das äußere Zeichen (emblème) davon, der Andere (Autrui) ist unabdingbar für die Selbstpraxis. Selbstherrliche Einsamkeit (wie bei den Stoikern) ist hier fehl am Platz. Auch Enthaltsamkeit (in den Lüsten und in der Arbeit) gehört nicht dazu, denn die Selbstsorge ist gerade keine Aufforderung zur Untätigkeit, sondern im Gegenteil eine Anleitung zum richtigen Handeln (entgegen den Epikureern). Die Selbstkultur stellt einen Vorrang der Beziehung zu sich selbst her vor den Beziehungen zu den anderen. Das Sich-selbst-Besitzen ist tätige und tägliche Arbeit an sich selbst. Es bedeutet durchaus nicht, auf Wohlstand zu verzichten oder dem Besitz zu entsagen, sondern zu lernen, den Reichtum zu ertragen, so wie man die Armut erträgt.[60] Das selbstsorgende Subjekt ist sozial. Es ist ein Weltbürger.

1982 Pierre Boulez

Am 6. Januar 1982 beginnt Michel Foucaults Vorlesungsreihe über die Hermeneutik des Subjekts, die in Buchform zwanzig Jahre später bei Gallimard und Seuil in Kooperation erscheint. Im April 1982 protestiert er gegen die Festnahme von Jacques Derrida in Prag. Auf diese Weise kommen die beiden Denker sich wieder näher. Foucault gibt mehrere Interviews aus Anlass der Veröffentlichung der Werke von John K. Dover und James Boswell über die Geschichte der Homosexualität. Zusammen mit Umberto Eco, John Searle und Thomas Seboek nimmt er an einem speziellen Semiotik-Seminar an der Universität Toronto teil. Dort spricht er daüber, Wahres über sich selbst zu sagen (Dire vrai sur soi-même). Er untersucht die Regeln des Geständnisses im Blick auf eine geistige Wandlung.

Foucault befasst sich mit den Stoikern; er liest die Schriften von Augustinus, Cassian und Seneca. Er spricht über die Sorge um sich in der antiken Kultur (Le souci de soi dans la culture antique). Am 18. April 1982 hält Foucault an der philosophischen Fakultät der Universität Grenoble einen Vortrag über das *Traumbuch* des Artemidor, das kurz zuvor in der französischen Übersetzung von André-Jean Festugière erscheint. In einem Interview erklärt Foucault, warum und worin sich seine Sexualpolitik von den Befreiungsbewegungen unterscheidet. Die Praxis zeitgenössischer Befreiungsbewegungen als Form einer handelnden Philosophie münzt er scheinbar um in das Problem der persönlichen Entscheidung, auf die Ästhetik. Die Vorstellung von einem »bios«, das solches Material für ein ästhetisches Kunstwerk abgibt, fasziniert Michel Foucault. Er spricht davon, dass er »in der christlichen Kunst des Selbstopfers eine wahrhafte Fülle«[61] hierzu feststellen kann. In seiner zweiten Berkeley-Vorlesung im Herbst 1983 sagt er: »Es gibt keine Wahrheit über das Selbst ohne die Aufopferung des Selbst.«[62] In *Der Gebrauch der Lüste* zweifelt er jedoch kurze Zeit später: »Haben meine Anstrengungen wirklich dazu geführt, anders zu denken?«[63] Seine Antwort lautet schon bald: »Das Wichtigste im Leben und in der Arbeit ist, etwas zu werden, was man am Anfang nicht war.«[64]

Foucault vollzieht ein Denken der Askese, welches er aus der antiken griechischen Philosophie bezieht, denn »es war eine philosophische Übung: Es ging darum, zu wissen, in welchem Maße die Arbeit, seine eigene Geschichte zu denken, das Denken von dem lösen kann, was es im Stillen denkt, und inwieweit sie es ihm ermöglichen kann, anders zu denken«[65]. Foucault, der sich mehr als Historiker denn als Philosoph sieht, sucht ein historische Wissen und die philosophischen Motive in der Bibliothek und im Archiv – wie vermutlich nur Karl Marx es vorher getan hat. »Eine Tradition der Philosophie als historische Forschung verläuft von Marx bis Foucault.«[66] Dabei verfährt er archäologisch, genealogisch und antihermeneutisch. Er rettet Wissen, Themen und Motive aus der Historie für eine Gegenwart, denn »das zentrale philosophische Problem ist wohl das der Gegenwart und dessen, war wir in eben diesem Moment sind. Wobei das Ziel heute weniger darin besteht, zu entdecken, als vielmehr abzuweisen, was wir sind.«[67] Als ein Problematisierer der Aktualität und als Befrager dieser Aktualität greift Michel Foucault antike Begriff auf, um sie für die Gegenwart zu retten und zu reformieren.

»Bios« heißt für Michel Foucault eine Beziehung zu sich selbst aufzubauen und sich um sich selbst zu sorgen. Nicht das Begehren und nicht das Denken – wenn man so will – stehen hier im Vordergrund, sondern das Leben in seinem ungeordneten, vorindividuellen Fluss.[68] Roland Barthes weist daraufhin: »Der Roman ist ein Tod; er macht aus dem Leben ein Schicksal, aus der Erinnerung einen nützlichen Akt und aus der Dauer eine gelenkte, bedeutungsvolle Zeit.«[69] Weder das Leben noch der Tod ist ein Phantom: »Das Leben und der Tod: das Paradigma wird auf ein simples Auslösen beschränkt.«[70] Phantom ist der Begriff des Anderen im Selben, das Leben ist der Begriff im Bios. Im Foucault'schen »Bios«-Projekt geht es darum: die Substanz dessen zu begreifen, um das sich zu sorgen ist, auf die Methode zu achten, mit der man sich um diese Substanz sorgt, die Mittel zu erkennen, mit denen die Sorge um sich ausgeübt wird, und das Ziel in Erwägung zu ziehen, auf das sich diese Bemühungen richten. Mit seinem »Bios«-Projekt geht ihr Autor so weit, »den lebenden Körper der Philosophie zu erneuern«[71]. Im Juni 1982 überlegt er, aus dem Collège de France auszuscheiden, in Berkeley zu lehren und von den Einnahmen seiner Veröffentlichungen zu leben. Er leidet an einer chronischen Stirnhöhlenvereiterung.

Im September nimmt Foucault zusammen mit Simone de Beauvoir und Pierre Vidal-Naquet im Elysée-Palast an einem Essen mit Präsident Mitterrand teil. Sie sprechen über die Lage im Nahen Osten. Beauvoir, Foucault, Kouchner und Freunde unterstützen weiterhin die »Solidarność«-Bewegung in Polen durch Hilfstransporte mit Medikamenten. Im Oktober erscheinen bei Gallimard die *Familiären Konflikte (Lettres de cachet)*, und im gleichen Monat veröffentlicht Michel Foucault seinen hymnischen Text »Pierre Boulez ou l'écran traversé« im *Le Nouvel Observateur*. Über die Rolle des Denkens referierend, kommt er zu dem Schluss: »Was ist also die Rolle des Denkens bei dem, was er tut, wenn es weder Können noch reine Theorie sein soll? Boulez zeigt es: Es verleiht die Kraft, die Regeln im selben Akt, der sie ins Spiel bringt, zu brechen.«[72]

An der Abteilung für Religion der Universität von Vermont in Burlington hält Foucault vom 15. Oktober bis 5. November 1982 ein Seminar über *Technologies of the Self.* Die Buchausgabe erscheint wenig später ohne seine Zustimmung, denn er will das Material in seiner kommenden Vorlesung *Le Gouvernement de soi et des autres* verarbeiten und veröffentlichen. Die deutsche Ausgabe von *Technologien des Selbst* erscheint 1993, knapp zehn Jahre nach Foucaults Tod.[73] Dessen Hauptthese, dass man in der Gesellschaft nur wenig ändern könne, weil alles von Strukturen dominiert sei, gegen die man kaum etwas unternehmen kann, bestimmen dieses Buch. Auch wenn Foucault darauf besteht, dass Veränderung doch möglich ist, und sein Denken immer mit politischem Handeln verbunden ist, zielt er eben doch darauf ab, dass alles vom Subjekt selbst abhänge. Es sind die Technologien des Selbst, die, in logischer Konsequenz in einem Rückbezug auf das eigene Subjekt, es einem jeden ermöglichen, Veränderungen hervorzurufen. *Die Sorge um sich*, die Foucault im dritten Band von *Sexualität und Wahrheit* zum zentralen Thema seines späten Denkens erhebt, findet in den *Technologien des Selbst* sozusagen ihre vom Autor verschriftlichte Vorwegnahme.

In seiner Rezension dieses Buches wird gefragt: »Befindet man sich, wenn hier von Selbstsorge und Selbsttechnologien die Rede ist, auf dem Weg in die Privatheit? Rückzug aus politischen Verhältnissen?«[74] Die Frage ist klar mit Nein zu beantworten, allerdings gehört es zur modernen Staatsräson, die Individuen mit Staatsfürsorge zu umgeben, nur um ihnen die Aufopferung für den Staat abzuverlangen. Damit nimmt der Staat dem Individuum die eigentliche Sorge, nämlich die Sorge um sich selbst. Eine politische Handlung des Subjekts besteht nun darin, sich diese wieder anzueignen, um eine gewisse Unabhängigkeit vom Zugriff einer zentralen Macht zu erlangen.

Damit distanziert sich Michel Foucault keineswegs von früheren Forschungsergebnissen, sondern fügt ihnen einen entscheidenden ethischen Aspekt hinzu; etwa wenn er die alltäglichen Begrifflichkeiten von Fürsorge und Menschlichkeit, Anstand und Respekt – die gerne von Politikern eines Systems oder Mahnern der Gesellschaft verwendet werden – in ihrer meist moralischen (und politischen) Funktion beseitigt. Statt dieser »alltagsmoralischen Geborstwörter« mobilisiert Foucault zumeist dem Wörterbuch der Philosophie entnommene Abstracta.[75] Wissenschaftliches Vokabular wird bekanntlich in öffentlicher Benutzung trivialisiert, etwa indem philosophische Fachtermini (Wert, Wille, Würde und andere) undifferenziert verwendet werden. Diese in der Gesellschaft freigesetzte und leer gewordene Termini strahlen dann nur noch eine diffuse Aura aus. Nach dem Ideal von den Ordnungen der Begriffe bei Foucault lässt sich schließlich nur noch »ein System des Vorkommens zwischen den Begriffen finden, das keine logische Systematizität mehr hat«[76]. Denn: »Wer das Denken Foucaults als Alternative zur Soziologie insgesamt betrachtet, verkennt die Komplexität des soziologischen Feldes (Pierre Bourdieu), das sich in den 1960er-Jahren wie überall in Europa auch in Frankreich gerade erst konstituierte und zunächst noch gar nicht als Referenzgröße herangezogen werden konnte.«[77]

Das musikalische Werk von Pierre Boulez (geb. 1925) ist mit der Literatur von Stéphane Mallarmé eng verbunden, denn beide suchen »Das Unberührte, das Lebendige und das Schöne Heutigentags«[78]. Das Werk von Boulez steht für die Begegnung von Dichtung und Musik, eine Synthese aus Wörtern und Tönen. Die Entfaltung poetisch-musikalischer Ideen formulierte schon Stéphane Mallarmé. Das Musikfest Berlin, das 2010 Pierre Boulez gewidmet ist, seinen 85. Geburtstag feiert und sein musikalisches Œuvre in den Mittelpunkt stellt, steht unter dem Motto Mallarmés: »Le vierge, le vivace et le bel aujourd'hui«[79]. Der komplette Gedichttext, dem dieser Titel entnommen ist, lautet »Le vierge, le vivace et le bel aujourd'hui«:

»Der jungfräuliche der lebendigschöne tag
Wird er mit mildem wehn und trunkenheit der schwingen
Aus dem erstarrten see die flüge wiederbringen
Der klaren gletscher nicht erblühten flügelschlag!

Der stolze schwan erliegt – der so gedenken mag
Der herrlichkeit von einst – im hoffnungslosen ringen …
Der nicht verstand das land des lebens zu besingen
Als unfruchtbarer glanz des winters auf ihm lag.

Des vogels hals verdreht sich schrill im weißen krampfe
Es bricht der raum herein in seinem todeskampfe
Nicht mehr der erde schmach die sein gefieder hält.

Gespenstisch packt ihn wild der taumel seines wahnes
Im kalten traume der verachtung dieser welt
Erstarrt er fremd hinauf ins sternenbild des schwanes.«[80]

Im Gegensatz zu Charles Baudelaire – den Stéphane Mallarme verehrt – bestreitet dieser sein Leben als Lehrer in bürgerlicher Gewohnheit, und in seinem geordneten Alltag erinnert nichts an die Ausschweifungen der Boheme. Wie Jean-Paul Sartre schreibt, besitzt er den »Terrorismus des höflichen Anstands«, und das gilt für seine Lebensführung wie für seine Poesie. Die metallene Musikalität, zauberhafte Wortmagie und abweisende Sprödheit seiner Gedichte ziehen den Leser in Bann und halten ihn zugleich auf Distanz. 1972 erinnert sich Boulez an einen Brief Mallarmés: »Stéphane Mallarmé schickt dem Freund Théodore Aubanel ein Gedicht. Sein Freund findet Unklarheiten darin. Mallarmé nimmt sich also den Text noch einmal vor und revidiert ihn. Einige Monate später schickt er ihm das Gedicht wieder, und Aubanel gibt ihm zur Antwort: ›Was Deine zweite Version von Poème nocturne angeht, stehen im ersten Teil immer noch Unklarheiten, die ich nicht recht begreife. Ist das kein Fehler?‹ Tatsächlich wurde Mallarme umso dunkler, je mehr er die Klarheit suchte.«[81] Für Boulez gilt in der Musik und in der Literatur das Gleiche, denn: »ich freilich habe nichts dagegen einzuwenden: ich liebe ein Werk, das auch der mehrfachen Lektüre Widerstand leistet.«[82]

1957 komponiert Boulez *Pli selon pli*, den Faltenwurf aus *Coup de Dés* (Würfelwurf). Die fünf Teile aus diesem musikalischen Mallarmé-Porträt für Sopran und Orchester sichern den Traditionsverlauf, der sich im Werk einschreibt, rechtfertigt und der von der Tradition her nicht vorauszusehen ist. »Umgeben von logischem Blendwerk, an dem wir zugrunde gehen, von vorgefassten Meinungen, die jedes kritischen Sinnes entbehren, von einer Tradition, die aus allen möglichen, mehr oder weniger beschämenden Gründen je nach Bedarf hin- und hergezerrt wird – inmitten dieser erbärmlichen Aktivität von Leuten, die es nötig haben, auf Authentizität aus zu sein, geben wir dem sein Potenzial zurück, was Mallarmé den Zufall nannte.«[83] Boulez spielt damit auf die eigenen kompositorischen Ideen an, dass »jeder Gedanke einen ›Coup de dés‹, einen Würfelwurf auslöst«[84].

Das Werk von Pierre Boulez steht einzigartig für die Jahrhundertbegegnung von Literatur und Musik, für die besondere Synthese von Wort und Ton, die bis heute weit aus ihrer Zeit herausragt. Sein Werk ist die Entfaltung einer musikalisch-poetischen Idee, die der Meister der französischen Dichtung Stéphane Mallarmé 1895 hermetisch formuliert: »Ich setze ästhetisch auf meine Gefahr diese Schlussfolgerung, dass Musik und Literatur die wechselnde, hier zum Dunkeln gekehrte, dort mit Gewissheit funkelnde Seite des einen Phänomens sind, ich nannte es die Idee. Jede dieser Erscheinungen neigt sich zur anderen und geht, nachdem sie in ihr verschwunden, mit Anleihen wieder aus ihr hervor: zweimal vollendet sich im Oszillieren eine Gattung in ihrer Ganzheit.«[85]

Neben Stéphane Mallarmé (1842-1898) beeinflussen auch die Gedichte von René Char (1907-1988) den Musiker Pierre Boulez. 1953/55 komponiert dieser sein *Marteau sons maître*, das sich auf drei Gedichte von ihm bezieht. Die revidierte Fassung von 1957 ist für Altstimme und sechs Instrumente geschrieben. Tatsächlich weichen Xylofon, Vibrafon, Gitarre und Schlagzeug deutlich von den Mustern ab, die die abendländische Kunst hinsichtlich der Kammermusik bietet. Boulez nutzt vor einem halben Jahrhundert als »exotisch« angesehene Instrumente, um sie in die abendländische Tradition zu integrieren. »Das Xylophon ist eine Transposition

des afrikanischen Balaphons, das Vibraphon stellt einen Bezug her zu den bali-
nesischen Gendér-Instrumenten, die Gitarre erinnert an das japanische Koto.«[86]
Boulez möchte das europäische Klangvokabular durch außereuropäische Hör-
welten bereichern. Entgegen einer ungerechtfertigten Aneignung eines kolonialen
Vokabulars will der Komponist seine Hörer für das Neue öffnen. Damit kommt er
seinem Motiv, dem Gedicht René Chars, entgegen, denn dieser Dichter will seine
Leser ebenso überraschen. Der Zyklus *Marteau sons maître* enthält bei Boulez neun
Teile, die aus Textfassungen und Textkommentaren von drei Char-Gedichten be-
stehen. Die drei Gedichte sind:

»Das rasende Handwerk« (L'Artisanat furieux, Teil 1, 3, 7)

Der rote Karren am Rand des Nagels
Und Aas im Brotkorb
Und Ackerpferde am Hufeisen
Ich sinne den Kopf auf der Spitze meines Messers Peru.

»Schönes Gebäude und die Vorahnungen«
(Bel édifice et les pressentiments, Teil 5 und 9)

Ich höre Wandern in meinen Beinen
Das tote Meer Wellen hoch überm Haupt.

Kind der wilde Molenweg
Mann der nachgeahmte Wahn.

Reine Augen in den Wäldern.
Suchen weinend das bewohnbare Haupt.

»Henker der Einsamkeit« (Bourreaux de solitude, Teil 2, 4, 6 und 8)

Der Schritt hat sich entfernt der Wanderer ist verstummt.

Auf das Ziffernblatt der Nachahmung
Wirft das Pendel seine Last willenlosen Granits.[87]

Neben Char und Mallarmé vertont Boulez auch Breton. Dessen *explosante-fixe*
dehnt sich bei ihm nicht nur zeitlich aus, sondern wandelt ebenso seine äußeren
physiognomischen Details. Die Komposition *explosante-fixe* schreibt er für Flöte
mit Live-Elektronik und für zwei Flöten mit Ensemble. Zwischen André Bretons
L'Amour fou und Henry Millers *Der Engel ist mein Wasserzeichen* spielt Pierre Boulez
auf die mäandernden Formen künstlerischer Imagination an: Miller beschreibt,

wie der Autor damit beginnt, ein Pferd zu zeichnen, und am Ende bei der Darstellung eines Engels landet. Vom Pferd zum Zebra, vom Zebra zum Strohhut – über einen Menschenarm, eine Mauerbrüstung, Bäume, Wolken, Berge wird aus einem Friedhofstor schließlich doch ein Engel. »Die zentrale Flötenpartie in *explosante-fixe* ist um den Ton mi bémol organisiert, der zumindest im Deutschen Es heißt. Nun ist Es gesprochen (S) der Anfangsbuchstabe von Strawinsky. Aber das hat keine musikalische, sondern eine rein persönliche Bedeutung.«[88]

Dass sich Komponisten durch Literatur inspirieren lassen und gelegentlich Musikerkollegen eine Hommage erweisen, ist nicht neu, aber das Beispiel Boulez verdeutlicht die enge Bindung an eine literarische Ausdrucksform, die Improvisation und Rauschzustand erkennen lässt. So fragt der Komponist 1958 sich selbst: »Wollt ihr nur an den Rausch der Improvisation glauben? An die alleinigen Kräfte einer Sakralisierung des Urtümlichen? Ich komme immer mehr zu der Überzeugung, dass man sich mit dem schöpferischen Rauschzustand auseinander setzen, ja dass man ihn organisieren muss, soll er zu einer wirkenden Kraft werden.«[89]

Auch Edward Estlin Cummings' Gedicht »Birds here, inventing air« vertont Pierre Boulez als *Cummings ist der Dichter* für sechzehn Solostimmen und Orchester (1970). Cummings' Gedichte liest er 1952 in New York, als ihn John Cage in eine Buchhandlung führt. Doch immer wieder – vergleichbar mit der Begeisterung von Michel Foucault – liest und bearbeitet Pierre Boulez die Texte von René Char. 1946 komponiert er *Le Visage nuptial* mit Texten von Char und nur zwei Jahre später das lange Gedicht *Le Soleil des eaux*. »Was mich an der Poesie von Char fesselte, als ich sie 1945 und 1946 kennenlernte, war vor allem die sprachliche Verdichtung. Das hat mich als erstes überrascht und überrascht mich auch heute noch, nicht seine Naturliebe.«[90] *Le Visage nuptial* (1946) besteht aus den fünf Teilen: Conduite, Gravité (L'Emmur), Le Visage nuptial, Évadné, Post-Scriptum. *Le Soleil des eaux* (1948) beinhaltet die beiden Gedichte: Complainte du lézard amoureux, La Sorgue (Chanson pour Yvonne). Michel Serres konstatiert, auf Pierre Boulez bezogen: »Die Musik ist die Summe aller Künste. Keine Kunst kann erfolgreich sein, wenn sie keine Musik hat; die Musik behütet alle und schenkt ihnen das Dasein.«[91] Das gilt insbesondere für das musikalische Schaffen von Pierre Boulez, in dessen Werk die Begegnung von Dichtung und Musik ein neues irdisches Abenteuer eingeht, das den schöpferischen Rauschzustand organisiert.

XXVII. Sexualität und Wahrheit

»Zu welcher geschichtlichen Gestalt haben
sich im Abendland die Beziehungen dieser beiden Elemente, ›Subjekt‹ und ›Wahrheit‹, die
üblicherweise nicht Gegenstand der historischen Praxis oder Analyse sind, verknüpft?«
Michel Foucault[1]

Im 1976 veröffentlichten Publikationsplan sieht Michel Foucaults Geschichte der Sexualität mit ihrem Reihentitel *Histoire de la sexualité (Sexualität und Wahrheit)* sechs Bände vor: 1. La volonté de savoir (Der Wille zum Wissen), 2. La Chair et le corps (Die Geständnisse des Fleisches/auch: Das Fleisch und der Leib), 3. La Croisade des enfants (Der Kreuzzug der Kinder), 4. La Femme, la mère et l'hystérique (Die Frau, die Mutter und die Hysterische), 5. Les Pervers (Die Perversen) und 6. Populations et races (Bevölkerung und Rassen).[2] Ein Band mit Einzeluntersuchungen unter dem Titel »Le soi« (Das Selbst), der vor allem einen ausführlichen Kommentar zum antiken Text *Alkibiades* bietet, ist zunächst noch als Teilband der Geschichte der Sexualität vorgesehen, geht dann aber in den Vorlesungsband über *L'herméneutique du sujet* (Hermeneutik des Subjekts) von 1982 ein. Keines dieser projektierten Bücher über die Geschichte der Sexualität – mit Ausnahme von *La volonté de savoir* (Band 1) – erscheint, wenngleich die Vorlesungen am Collège de France viele Studien zu diesem Thema enthalten. Stattdessen erscheinen 1984 zwei Bände unter dem Titel *L'Usage des plaisirs*« (*Der Gebrauch der Lüste*, Band 2) und *Le Souci de Soi*« (*Die Sorge um sich*, Band 3). Diese Bände zeigen, dass sich die ursprüngliche Konzeption komplett verändert, sowohl im historisch-kulturellen Rahmen als auch im Raster der Interpretation dieser Geschichte der Sexualität. Der Autor verlagert sein Interesse von der abendländischen Neuzeit (16. bis 19. Jahrhundert) hin zur griechisch-römischen Antike und schreibt keine Genealogie von Systemen, sondern problematisiert das Subjekt.[3]

Von den geplanten Bänden, die auf *Der Wille zum Wissen* folgen sollen, ist also keiner in dieser Form erschienen. Das Buch *Die Sorge um sich* enthält unter anderem eine kritische Analyse des *Traumbuchs* des Artemidor und steht nicht nur deshalb in enger Nachbarschaft zur *Hermeneutik des Subjekts* (1982). Foucault macht sich aktiv daran, *Les Aveux de la chair* neu zu konzipieren. Es scheinen ihm tatsächlich ein, zwei Monate zu fehlen. Allerdings stellt sich die Frage, ob das vorliegende Manuskript – falls es nicht vernichtet wurde – überhaupt rekonstruiert respektive als editorischer Torso herausgegeben werden kann. Nicht zuletzt gilt ja der Wunsch des Autors, »es möge keinerlei posthume Veröffentlichung geben«[4]. Dennoch: Der vierte Band *Die Geständnisse des Fleisches* liegt Gerüchten zufolge im Nachlass und könnte posthum erscheinen. Nicht zuletzt plädieren Georges Dumézil und Paul Veyne dafür, »alles zu veröffentlichen«[5].

Doch der testamentarische Einspruch des Autors verhindert bis jetzt eine Veröffentlichung. Als Michel Foucault im Mai 1984 die Fahnenkorrektur von *Der Gebrauch der Lüste* und *Die Sorge um sich* beendet, äußert er Freunden gegenüber, »dass ihm jetzt nur noch ein oder zwei Monate Arbeit an *Die Geständnisse des Fleisches* bleiben, und alles ist fertig«[6]. Tatsächlich erscheinen noch die beiden genannten Bände im Juni 1984. »Das Wesentliche der Arbeit ist für mich eine neue Ausarbeitung der Theorie der Macht, und ich bin nicht sicher, dass allein die Lust, über die Sexualität zu schreiben, mich genügend motiviert hätte, um diese Folge von (wenigstens) sechs Bänden zu beginnen«[7], erklärt der Autor nach dem Erscheinen des ersten Bandes.

In *Les Aveux de la chair (Die Geständnisse des Fleisches)* analysiert Michel Foucault die Strafpraktiken und die Gewissensprüfungen in christlichen Klöstern. Das Selbstgeständnis, nämlich alles über sich selbst vor dem Älteren und dem Meister auszusprechen, konturiert dieses Buch. Auch wenn er das Buch fertigstellt, wird ihm schnell klar, »dass es schwierig ist, über die Frühzeiten des Christentums zu reflektieren, ohne das Vorangegangene in Frage zu stellen«[8]. Was der Autor in der Analyse entdeckt, ist zum einen die Lehre des Fleisches in Richtung Sünde und Schuld, andererseits die Technik des Selbst, die nicht mit verbindlichen Regeln der Strenge, sondern mit Selbstpraktik und Selbstbildung und auch dem Gebrauch der Lüste konstituiert ist. In seinem Buch *Die Geständnisse des Fleisches* bezieht sich Michel Foucault auf seine Vorlesungen am Collège de France von 1981 zu *Subjektivität und Wahrheit*, die allerdings noch nicht in Druckform vorliegen. Der Folgeband mit den Vorlesungen über die *Hermeneutik des Subjekts* (1982) erscheint 2001. Folgende Verbindungen zwischen der Geschichte der Sexualität und den Vorlesungsbänden lassen sich herleiten:

(Ödipus)	Vorlesung von 1980: Die Regierung der Lebenden	noch nicht als Buch erschienen
Band IV: Die Geständnisse des Fleisches	Vorlesung von 1981: Subjektivität und Wahrheit	noch nicht als Buch erschienen
Band III: Die Sorge um sich (Alkibiades) und Platon, Plutarch, Seneca, Xenophon und Kant	Vorlesung von 1982: Hermeneutik des Subjekts (Alkibiades) und Platon, Plutarch, Seneca und Xenophon	erschien erst 2001 in französischem Original und 2004 in deutscher Übersetzung
(Ödipus) und Euripides, Sophokles, Platon und Kant	Vorlesung von 1983: Die Regierung des Selbst und der anderen	erschien erst 2008 in französischem Original und 2009 in deutscher Übersetzung
(Sokrates) und Lukian, Platon und Seneca	Vorlesung von 1984: Der Mut zur Wahrheit	erschien erst 2009 in französischem Original und 2009 in deutscher Übersetzung
Band I: Der Wille zum Wissen (Programmbuch)		

Nach dem Tod des Autors und dem Erscheinen des vorläufig letzten Bandes resümiert Renate Schlesier: »Foucaults Inspektion antiker Erotik bringt zum Vorschein, dass die Ethik der Griechen und Römer eine Männermoral war und dass sogar die Ethik ehelicher Liebes- und Sorgfaltspflichten einer päderastischen Moral aufgepfropft wurde. Die Pointe bei Foucault ist, dass ebendiese Erkenntnis sie der christlichen oder der modernen bürgerlichen Ethik überlegen machte. So stellt Foucault, unzweideutig Partei nehmend, der heidnisch-virilen Moral und ihrer Stärke die Schwäche der christlich-weiblichen Ethik gegenüber.«[9] Wolfgang Detel konstatiert: »Foucaults Überlegungen zur Homoerotik und insbesondere zur sogenannten Knabenliebe in der Kultur der klassischen Antike gehören zweifellos zu den anregendsten Partien von *Der Gebrauch der Lüste* – nicht zuletzt weil diese Überlegungen mit weitreichenden und provokanten Thesen verbunden sind.«[10]

Interessanterweise nimmt in seinem Spätwerk die Moral eine besondere Stellung ein, denn ihn interessiert »mehr die Moral als die Politik, oder jedenfalls die Politik als eine Ethik«[11]. Dennoch sieht er sein Werk als politisch wirksam an, denn »wenn meine Arbeit im Grunde politisch wäre, würde sie letztlich ihren Platz irgendwo finden«[12]. Ethik, wie Foucault sie im Rückgriff auf die Antike definiert, ist »eine Praktik und Ethos ist eine Form des Seins«[13]. Für die Antike entdeckt Foucault den engen Zusammenhang von Ethos und Wissen. Das Wissen ist entscheidend für die Formation und Transformation des Ethos, denn »es ist das Wissen, das auf die Haltung und Handlungsweise des Subjekts Einfluss nehmen kann; es geht bei dieser Aneignung des Wissens um die Herstellung und Umgestaltung des Ethos, die Veränderung der Seinsweise eines Individuum«[14].

Diese groß angelegte Geschichte der Sexualität kommt in ihrer projektierten Form also nicht zustande. Seine Vorbemerkungen hinsichtlich der Methode zu dieser Untersuchung ergänzt Michel Foucault durch Polemiken gegen von ihm so bezeichnete falsche Evidenzen. Übrigens benutzt der Autor den Ausdruck »le sexe«, der sowohl das Lustvolle (der Sex) als auch das Naturhafte (das Geschlecht) – für das sich insbesondere die Naturwissenschaften interessieren – bezeichnet. Im April 1983 sagt er aber auch: »Ich muss gestehen, dass mich Probleme der Selbsttechniken und ähnliches wesentlich mehr interessieren als Sex – Sex ist langweilig.«[15] Das Thema seiner Darstellung ist eben nicht eine Kulturgeschichte sexueller Erfahrungen und Traditionen, sondern die eigentliche Frage, wie diese Verhaltensweisen zu Wissensobjekten wurden und auf welche Weise die Produktion von Diskursen an Institutionen und Machtmechanismen gebunden ist.

Seit dem Entstehen kapitalistischer Produktionsweisen im europäischen Abendland wird die Sexualität unterdrückt und unter Zuhilfenahme sprachlicher Zensuren verdrängt. Der schamhafte und repressive Puritanismus des viktorianischen Zeitalters gilt als typisches Beispiel der bürgerlichen Herrschaft, während umgekehrt die Befreiung und Enttabuisierung der Sexualität einen Weg der Revolution vorzeichnet. Foucault zufolge handelt es sich bei dieser Form der Darstellung um eine Selbsttäuschung, denn es geht hierbei darum, »den Fall einer Geschichte zu prüfen, die seit mehr als einem Jahrhundert lautstark ihre Heuchelei geißelt, redselig von ihrem eigenen Schweigen spricht und leidenschaftlich und detailliert beschreibt, was sie nicht sagt, die genau die Mächte denunziert, die sie ausübt, und sich von den Gesetzen zu befreien verspricht, denen sie ihr Funktionieren verdankt«[16].

Seit Langem wehrt sich Foucault gegen die Repressionshypothese, denn sie ist nach seiner Ansicht überholt und falsch. »Die Sexualität ist von den kapitalistischen und bürgerlichen Gesellschaften keineswegs unterdrückt worden, sie hat sich vielmehr dauernder Freiheit erfreut«, so Foucault, wenngleich »die Macht in Gesellschaften wie den unsrigen keinesfalls tolerant ist«[17]. Foucault konfrontiert die Repressionshypothese mit drei strategischen Argumenten: Erstens wäre historisch zu untersuchen, ob die Sexualität tatsächlich seit dem 17. Jahrhundert unterdrückt wird. Zweitens die sich folgend daraus ergebende theoretische Frage, ob überhaupt Zensur und Repression die verantwortlichen Formen der in unserer Gesellschaft wirksamen Mechanismen der Macht sind. Drittens die politisch relevante Frage, ob der kritische Diskurs gegen die Unterdrückung das Funktionieren dieser Macht stören kann oder nicht sogar erst ermöglicht und ergänzt.

Foucault versteht seine Geschichte der Sexualität als Beitrag zu einer Historie der allgemeinen Formationsbedingungen der bürgerlichen Gesellschaft. Der Zwang zum Geständnis gehört demnach zu jenem ungeheuren Werk, »zu dem das Abendland Generationen gebeugt hat, während andere Formen von Arbeit die Akkumulation des Kapitals bewerkstelligen, wie die Subjektivierung des Menschen, das heißt ihre Konstituierung als Untertanen«[18]. Die christlichen Übungen in Beichte und Buße stehen am Anfang dieses Prozesses. Was sie mit späteren Formen des Geständnisses verbindet, ist die Tatsache, dass nichts so sehr berufen scheint, die Wahrheit über das Subjekt ans Licht zu fördern, wie seine sexuellen Gewohnheiten. Dank der Integration verschiedener Verfahren des Geständnisses beginnen Wissenschaften wie die Medizin, die Pädagogik und die Psychiatrie im 19. Jahrhundert damit, die Bekenntnisse zu sammeln und die Register der sexuellen Lüste anzulegen. Allerdings ist klar, dass sobald von Sex die Rede ist, es um Macht geht. Doch für Michel Foucault ist Sexualität nur ein Korrelat wissenschaftlicher Anstrengungen, und sie ist deshalb von besonderem Interesse, weil ihr Studium es erlaubt, die politische Geschichte eines Willens zum Wissens zu verfolgen. Auch darum titelt er den Eröffnungsband seiner Histoire de la sexualité mit *Der Wille zum Wissen*. Denn die Lust am Wissen stellt in der europäischen abendländischen Gesellschaft die anderen Lüste in den Schatten, sodass nun die Frage auftaucht, was denn eigentlich das Wissen so begehrenswert macht. Der Titel vom *Willen zum Wissen* verweist auf Foucaults Haltung der Wissbegierde (curiosité), sein Wissenwollen ist als ein Bemühen intendiert, welches die Bereitschaft in sich trägt, etwas Fremdes zu finden und offen für das Neue zu sein. Darum ist sein Buch *Der Wille zum Wissen* nicht nur die Eröffnung der Geschichte der Sexualität, sondern vor allem ein »Programmbuch«[19].

Foucault geht es also nicht vordringlich um eine Widerlegung der Repressionsthese, sondern vielmehr darum, die »juridischen Konzeptionen der Macht« aufzuzeigen. Seine These lautet, dass sich das Gesetz als grundlegende Instanz der Macht – mit dem Sieg über die Monarchie – über die Vielfalt der feudalen Gewalten durchgesetzt hat. Mit dem Triumph der modernen Verfassungsstaaten beziehungsweise trotz dieses nur scheinbaren Erfolges des reinen Rechtssystems hat es seine beherrschende Stellung verloren. Ausnahmsweise lässt Foucault durchscheinen, dass er sich dem Erbe der Französischen Revolution verpflichtet fühlt – und zwar nicht nur, weil er sich auf Diderot bezieht. »Im politischen Denken und in der politischen Analyse ist der Kopf des Königs noch immer nicht gerollt. Daher rührt die Bedeutung, die man in der Theorie der Macht immer noch dem Problem

des Rechts und der Gewalt beimisst, dem Problem des Gesetzes und der Gesetz-
widrigkeit, des Willens und der Freiheit und vor allem dem Problem des Staates
und der Souveränität.«[20]
     Die von Foucault vorgeschlagene Analytik der Macht soll deren Erfindungs-
reichtum, Produktivität und Omnipräsenz sichtbar machen. Sein Ansatzpunkt ist
nicht die Gewalt von Regierungen oder die Herrschaft von Klassen, sondern die
Pluralität von Kräfteverhältnissen. Postuliert wird ein Nominalismus, denn »die
Macht ist der Name, den man einer komplexen strategischen Situation in einer
Gesellschaft gibt«[21]. Foucaults Machtanalysen stellen die Frage nach der Kopplung
von Legitimität und Konsens beziehungsweise Zwang und Gewalt. Die Macht ist
demnach erkennbar aufgrund kalkulierbarer Auswirkungen. Allerdings verweisen
diese nicht auf ein individuelles oder kollektives Subjekt, sondern auf eine Rationalität, die aus anonymen Strategien resultiert. Will man den strikt relationalen
Charakter der Machtverhältnisse nicht verkennen, so darf man sich den Widerstand nicht außerhalb der Machtbeziehungen vor dem Ort der großen Weigerung
vorstellen, sondern als deren notwendige Ergänzung.
     Vier strategische Komplexe tauchen laut Foucault seit dem 18. Jahrhundert auf:
die Hysterisierung des weiblichen Körpers, die Pädagogisierung des kindlichen
Sexes, die Sozialisierung des Fortpflanzungsverhaltens und die Psychiatrisierung
der perversen Lust. Diese Strategien sind auf die Familie als dem Ort einer kontrollierten und begutachteten Produktion von Sexualität fixiert. Hierbei ist allerdings von der bürgerlichen Familie zu sprechen. Eine so verstandene Sexualität
bürgerlicher Herkunft, die ihre historischen Bedingungen und Möglichkeiten nur
in den ökonomischen und politischen Sorgen des Bürgertums findet, ist die zentrale These des ersten Bandes dieser Geschichte der Sexualität von Michel Foucault.
Die Technologien des Sexes, die sich im 18. Jahrhundert durchsetzen, orientieren
sich nicht wie die christliche Seelsorge an den Ideen der Sünde, des Todes und der
ewigen Strafe, sondern an jenen der Normalität, des Lebens und der Krankheit. In
dieser besonderen Vermischung von Biologie, Medizin und Politik hat ebenso der
Rassismus seinen Ursprung.
     Innerhalb der Machtanalyse hat das Thema des Rassismus eine zentrale Be-
deutung für Michel Foucault. Verschiedene Formen der Abwertung und Ausgrenzung, der Diskriminierung und Marginalisierung sind fester Bestandteil seiner
Untersuchungen.[22] Gegen Ende des 19. Jahrhunderts konzentriert sich ein von
Foucault sogenannter »interner Rassismus« im Kampf gegen Anormale und
Degenerierte.[23] In *Der Wille zum Wissen* analysiert er den Rassismus im Verhältnis zur gesellschaftlichen Transformation, die er dann Biomacht oder Biopolitik
nennt. Die Psychoanalyse – die nach Foucault eine Variation der medizinischen
Technologie darstellt – widersetzt sich hartnäckig der Verflechtung mit der Eugenik und wird zur entschiedenen Gegnerin von Rassismus (und Nationalsozialismus). Foucaults Verhältnis zur Psychoanalyse ist differenzierter, als oftmals
vermutet wird. Die strategische Besetzung der Körper und der Lüste erfasst also
zuerst die privilegierten Klassen, während die Unterschichten bis zum Beginn des

19. Jahrhunderts davon verschont bleiben. Die zunächst einzige Zielscheibe ist die bürgerliche Familie.

Während es in *Überwachen und Strafen* um die Verbindung von Macht und individuellem Körper geht, wird in *Der Wille zum Wissen* die Verbindung von Macht und Leben zum Thema. Sexualität organisiert sich als soziale Macht durch bestimmte Zugriffe auf den Körper des Subjekts, durch die Produktion und Destruktion von Lüsten, durch bestimmte Empfindungen, durch Berichte und Prosa, durch Analysen der Psyche, die alles offenbaren und den Beteiligten einen bestimmten familiären Hintergrund verleihen, das Individuum also in ein bestimmtes Netz der Macht versetzt.

Diese Macht über das Leben entwickelt sich in zwei Hauptformen, von denen die eine die »politische Anatomie des Körpers«[24] ist, während die andere unter dem Begriff einer »Biopolitik der Bevölkerung«[25] von Foucault erfasst wird. Diese Biopolitik der Bevölkerung meint die regulierende Kontrolle der Bevölkerungsbewegungen, der Fortpflanzung, der Geburten- und Sterblichkeitsrate, der Gesundheit und der Lebenserwartung. »Diese Biomacht war gewiss ein unerlässliches Element bei der Entwicklung des Kapitalismus, der ohne kontrollierte Einschaltung der Körper in die Produktionsapparate und ohne Anpassung der Bevölkerungsphänomene an die ökonomischen Prozesse nicht möglich gewesen wäre«[26], so Michel Foucault. Aber der Kapitalismus verlangt noch mehr, nämlich »das Wachsen der Körper und der Bevölkerungen, ihre Stärkung wie ihre Nutzbarkeit und Gelehrigkeit«. Der Kapitalismus benötigt Machtmethoden, die geeignet sind, »die Kräfte, die Fähigkeiten, das Leben im ganzen zu steigern, ohne deren Unterwerfung zu erschweren«[27].

Diese doppelte, parallele Biomacht, nämlich die politische Anatomie des Körpers und die Biopolitik der Bevölkerung, begleitet mit dem Aufbau zentralisierter Staatsapparate die Entwicklung des Kapitalismus; sie ermöglicht die Anpassung des Bevölkerungswachstums an die Erfordernisse der Kumulation von Kapital. Sie bewirkt überdies die langsame Verdrängung des Rechts durch die Norm beziehungsweise die Integration von Gesetz und Justizinstitutionen in eine Normierungsmacht. Die politische Bedeutung von Sexualität erklärt sich in Michel Foucaults Sichtweise daraus, dass sie den Angelpunkt zwischen den auf den individuellen Körper und den auf die Gattung ausgerichteten Machtformen bildet.

Foucaults Schlussthese besagt, dass sich die Sexualität folglich in einem strategischen Dispositiv erschöpft. Der Sex hingegen wird als spekulatives Element begriffen, als das notwendige Produkt solcher Strategien, als künstliche Einheit von biologischen Funktionen, physiologischen Prozessen, Empfindungen, Lüsten und kulturellen Verhaltensformen, als die mythische Vorstellung eines ursprünglichen Triebes jenseits der Macht und eines Gesetzes, das jede Lust beherrscht. Diese mythische Vorstellung lenkt von den positiven Beziehungen zwischen der Macht und der Sexualität ab.

Im Schlusskapitel von *Der Gebrauch der Lüste*, dem zweiten Band seiner Geschichte der Sexualität, der acht Jahre nach *Der Wille zum Wissen* erscheint, stellt

Michel Foucault die Ausrichtungen und Einsätze seiner ethischen Untersuchung heraus. Will man den großen Themen, die unsere Sexualmoral geprägt haben (Zugehörigkeit der Lust zum gefährlichen Bereich des Übels, Verpflichtung zu monogamer Treue, Ausschließung der gleichgeschlechtlichen Partner[28]) einen Ursprung zuweisen, so darf man ihn nicht in der Fiktion einer jüdisch-christlichen Moral sehen, erst recht darf man ihn nicht in einem überzeitlichen Verbot oder einem bleibendem Gesetz suchen. »Die von der griechischen Philosophie früh empfohlene sexuelle Zucht wurzelt nicht in der Überzeitlichkeit eines Gesetzes, das sukzessive die historisch unterschiedlichen Formen der Repression annähme: sie gehört einer Geschichte an, die zum Verständnis der Transformationen der Moralerfahrung entscheidender ist als die der Codes.«[29] Die Geschichte dieser Ethik soll verstanden sein als Ausarbeitung einer Form des Verhältnisses zu sich selbst. Diese Form soll dem Individuum gestatten, »sich als Subjekt einer moralischen Lebensführung zu konstituieren«[30].

Der Unterschied zwischen dem Ausdruck Moral und der hier so bezeichneten Ethik besteht darin, dass die Form des Verhältnisses zu sich, von dem sie handelt, sich nicht durch die Bezugnahme auf ein Gesetz, also auf ein Allgemeines, bestimmt. »Während das moralische Subjekt sich einem vorgängigen Gesetz beugen muss, konstituiert sich das ethische Subjekt nicht durch sein Verhältnis zum Gesetz, dem es sich unterstellt, sondern ausgehend von der ›Ausarbeitung einer Form des Verhältnisses zu sich, die es dem Individuum gestattet, sich als Subjekt einer moralischen Lebensführung zu konstituieren‹. Die Ethik studiert, wie das Individuum, ohne dass oder bevor ein Gesetz eingreift, sich als Subjekt einer moralischen Lebensführung konstituiert.«[31] Das Subjekt ist niemals fertig, schon gar nicht zu Beginn seines Werdens. Das Subjekt ist das Ergebnis eines Transformationsprozesses, durch den es erst konstituiert wird. Die Ethik bestimmt die Bedingungen dieser Produktion des Subjekts. Die Ethik zeigt, »wie die Individuen unter diesen oder jenen Bedingungen zu Subjekten werden«[32].

Der Gebrauch der Lüste stellt in den Mittelpunkt seiner Analyse weder die Formen des Wissens noch die Formationen der Macht, sondern das Individuum selbst. Foucaults Untersuchung der Subjektivierung in der westlichen Kultur kann als eine Ergänzung seiner archäologischen und genealogischen Arbeiten gelesen werden. Die archäologische oder genealogische Beschreibung ist eine Deskription des Auftauchens von Aussagen, eine Archäologie im spielerischen Sinn: »Spiel mit dem Wort von Anfang (arché), Spiel, da die Genealogie nicht an Anfang und Ende glaubt, sondern an Herkunft und Entstehung; auch das Auftauchen ist ein Entstehen.«[33] Es handelt sich bei dieser Archäologie um das Auffinden diskursiver Praktiken und um die Untersuchungen und die Beschreibungen der Beziehungen und der Unterschiede, die diese Formation charakterisieren, ein Aufriss der Schichten der Geschichte, zuletzt der Versuch, »eine ganz andere Geschichte dessen zu schreiben, was die Menschen gesagt haben«[34]. Das Abtragen der Schichten der Geschichte, der Ablagerungen des Geschehenen eröffnet einen lustvollen Blick auf die Landschaft.

Die Leitidee dieses Buches und von *Die Sorge um sich* ist die Geschichte einer Problematisierung der sexuellen Lüste durch die Praktiken des Selbst, »die eine Ästhetik der Existenz ins Spiel bringen«[35]. In *Der Gebrauch der Lüste* konstatiert der Autor einleitend unter dem Titel »Modifizierungen«, dass er sich zum Nachweis der historischen Besonderheit des bekannten westlich geprägten Begriffs der Sexualität zunächst nur um drei Achsen, die für die Erfahrung des Subjekts relevant sind, gekümmert hat: die Formierung des Wissens, das sich auf die Sexualität bezieht, die Machtsysteme, die ihre Ausübung regeln, und die Formen, in denen sich Individuen als Subjekte dieser Sexualität (an-)erkennen können und müssen. Zum Verständnis des modernen Subjekts soll nun im Folgenden »die Art und Weise herausgeschält werden, in der der abendländische sich jahrhundertelang als Begehrenssubjekt zu erkennen hatte«[36]. Damit fehlt bis zu diesem Zeitpunkt die Ebene der Einstellung eines Individuums zu seinen sexuellen Impulsen.

Der Gebrauch der Lüste behandelt die Problematisierung der sexuellen Aktivitäten im 4. Jahrhundert vor unserer Zeitrechnung. *Die Sorge um sich* widmet sich den Fragen der Sexualität im 1. und 2. Jahrhundert nach unserer Zeitrechnung. Der geplante weitere Band »Die Geständnisse des Fleisches«, der von der Herrschaft und der Pastoralmacht des Fleisches handeln soll, erscheint nicht mehr. Die Bände von *Sexualität und Wahrheit* folgen damit einer chronologischen Ordnung.

Es geht Foucault darum zu zeigen, dass Moral zwei klar zu unterscheidende Aspekte enthält: einerseits die Produktion von Normen und andererseits die Subjektivierungsform dieser Normen. Die Frage, die Foucault stellt und zu beantworten sucht, ist: Wie eignen sich Individuen unter Umständen gleiche moralische Normen jeweils unterschiedlich an. »Die Vorschriften mögen sehr ähnlich lauten; die Weise, in der die sexuelle Aktivität als eine moralische Angelegenheit konstituiert, anerkannt, organisiert wurde, ist nicht schon darum identisch, weil das, was erlaubt oder verboten ist, was empfohlen oder wovon abgeraten wird, identisch ist.«[37] Aus welcher Haltung heraus werden Normen überhaupt angenommen, fragt sich Foucault. Folgt ein jeder den Gesetzen, weil dies alle tun, oder geht es hierbei um eine Folgeleistung der Tradition, oder um sich selbst zu schützen? Die Subjektivierungsweisen beinhalten den Grund, sich selbst zu regieren, und darum gibt es verschiedene Gründe, Normen anzunehmen (oder auch abzulehnen). Allerdings bestätigt Foucault, dass sich die moralischen Grundnormen im europäischen Abendland nicht so sehr geändert haben, ganz im Gegensatz zu der Vielfalt der Selbstverhältnisse in den Epochen. Darum benutzt Foucault den Begriff Subjektivierungsform im Gegensatz zum Begriff Bewusstseinsform. Damit weist er darauf hin, dass »es in der Moral nicht um ein Wissen und ein Bewusstsein, sondern um einen ständigen Kampf, um eine ständige Arbeit geht, den ein Teil des Selbst gegen einen anderen zu führen hat«[38].

Den griechischen Ansatz einer Ethik bezeichnet Michel Foucault als Ästhetik der Existenz, denn ein Mensch, der sich selbst im Griff hat, sendet positive Signale aus, so der antike Denker Xenophon.[39] Die »sorgfältige Kontrolle der Seele und des Körpers sowie sparsame Gebärden« dienen als Vorbild, »so dass keine ungewollte oder gewaltsame Bewegung eine schöne Ordnung störte«[40]. Foucault resümiert diese Aussage des Xenophon: »Das Individuum vollendet sich als Moralsubjekt in der Plastik eines genau bemessenen Verhaltens, das allen sichtbar und eines langen Gedächtnisses würdig ist.«[41] Die Künste der Existenz sind also die Bedingungen und Bestandteile einer Ästhetik der Existenz, in deren Mittelpunkt der Gebrauch der Lüste und die Sorge um sich stehen. »Die Entwicklung dieser Künste ist dominiert von der Sorge um sich.«[42]

Diese Intuition einer Ästhetik der Existenz ergänzt die Foucault'schen Thesen, die er schon zuvor über soziale Bewegungen insgesamt anstellt. »Die neuen Befreiungsbewegungen leiden darunter, dass es ihnen nicht gelingt, ein Prinzip zu finden, auf das sie die Ausarbeitung einer neuen Ethik gründen könnten. Sie brauchen eine Ethik, doch sie finden nichts anderes als eine Ethik, die auf einer vorgeblich wissenschaftlichen Kenntnis des Ich, des Begehrens und des Unbewussten basiert.«[43] Die Ästhetik der Existenz steht als historischer Gegenstand im Zentrum. In seinem letzten Interview, das mit *Eine Ästhetik der Existenz* betitelt ist und wenige Wochen nach seinem Tod im Juni 1984 in *Le Monde* veröffentlicht wird[44], erscheint Michel Foucault zugleich als Erforscher und Praktiker einer Lebenskunst. Damit erscheint die *Ästhetik der Existenz* als ein Schlusswort »über einem an Forschungsergebnissen und Erfahrungen reichen Lebens«[45]. Foucaults Sicht der antiken Ethik mündet darin, dass es auf die Regulierung des Selbst und des Körpers in Bezug auf die Lüste ankommt. Hier setzt der (eigene) Gebrauch der Lüste ein.

Vielleicht erscheinen Foucaults Ideen und Texte, Aufsätze und Vorträge noch als Selbststilisierung und Selbstformung eines antikes Subjekts, aber dem ist spätestens seit dem Tod Michel Foucaults und dem posthumen Erscheinen seiner Vorlesungen nicht mehr so. Erst im Kontext der historischen Arbeiten zur Antike wird das Wort Lebenskunst zu einem Begriff mit systematischem Gewicht. Insbesondere in den drei Bänden zur Geschichte der Sexualität wird dieser Terminus hinsichtlich einer Analyse der spezifisch modernen Macht über das Leben (Biomacht) mit den beiden Polen der individualisierten Unterwerfung der Körper einerseits und der administrativ-totalisierenden Kontrolle der Bevölkerung (Biopolitik) andererseits an historischen Phänomenen von Michel Foucault ausgearbeitet. Gemäß dem Modell des Leviathan lassen sich drei Postulate für die Ausübung von Macht feststellen: einerseits das Postulat des Besitzes (durch Besitz, Veräußerung und Tausch), andererseits das Postulat der Lokalisation (durch Hierarchie, Zentralisierung und Reduktion auf »politische Macht«), und schließlich das Postulat der Unterordnung (durch Verbot, Zwang und Ausschließung).[46]

Auch die Vorlesungen am Collège de France zur Biomacht und Biopolitik von 1978 und von 1979, die als *Geschichte der Gouvernementalität* vorliegen, schreiben diese Begriffe fort. Diese Geschichte der Gouvernementalität bleibt als eigenständiges Projekt zwar ein Fragment, aber zugleich als eigenständige Denkform eine besondere Historiografie der politischen Vernunft.[47] Nicht zuletzt fallen diese

Arbeiten mit einem tagespolitischen Ereignis von großer Bedeutung zusammen, nämlich der Iranischen Revolution.[48]

Für Foucault erscheint die antike Lebensethik darum attraktiv, weil hier die Lebensführung tatsächlich in die Hände von Subjekten gelegt wird. Hier gibt es keine öffentlichen oder sozialen Institutionen, von der die Selbsttechniken des sexuellen Verhaltens abhängen. Gleichzeitig ist die Mäßigung und die Selbstbeherrschung ein allgemeiner und kollektiver Wert, doch die lebendige und kreative Erfüllung eines sexuell bestimmten Lebens in einer konkreten Praxis ist allein den Subjekten selbst überlassen. »Die Vorstellung, dass die Ethik der Existenz eine sehr starke Struktur geben kann, ohne sich auf ein Rechtswesen, ein Autoritätssystem oder eine Disziplinstruktur beziehen zu müssen«[49], fasziniert Michel Foucault. Er beschreibt, wie Individuen der Macht widerstehen, sich ihre Existenz aneignen und aus ihrem Leben ein Werk machen können. »Die Reichweite der Untersuchung, die im Rahmen eines einzigen Projekts durch graduelle Verschiebungen entwickelt wird, geht von den Diskursen zu den Praktiken, von Formen der Macht zu Künsten der Existenz und zu Selbsttechniken.«[50]

Statt auf einem institutionellen Machtmechanismus beruht die antike Ethik auf der persönlichen Entscheidung des Subjekts. Eine praktische und konkrete Lebensaktivität, zur kreativen und konkreten Gestaltung von Sexualität, geht vom Subjekt selbst aus. Mit diesen Ideen praktiziert die griechische Antike ein Primat der Ethik gegenüber der Wissenschaft. Der Sprung von der Ethik der Existenz zu einer Ästhetik der Existenz bedeutet für Foucault, das Leben als ein zu formendes Kunstwerk zu betrachten, welches den Körper und den Geist gleichberechtigt mit einbezieht. Ästhetik der Existenz meint den Willen zur selbstbestimmten, selbstbewussten und souveränen Selbstgestaltung.

In *Die Sorge um sich*, dem dritten Band seiner Geschichte der Sexualität, beschreibt Michel Foucault die von den stoischen Philosophen in der griechischen (und römischen) Antike gerühmten Praktiken des Selbst: die Pflege seiner selbst, die im Übrigen nur unter der Anleitung durch einen geistigen Führer verwirklicht werden kann, die von dieser Sorge um sich selbst implizierte Aufmerksamkeit für den Körper und die Seele, die Übungen in Abstinenz und die Prüfungen des Gewissens, die Ausfilterung von Vorstellungen und zuletzt die Konversion hin zu sich selbst, das, was er schließlich das Sich-selbst-im-Besitz-Haben nennt.

Foucault begreift diese Praktiken als Künste der Existenz, als Selbsttechniken, als Selbstpraxis. In der Antike spricht man diesbezüglich in der Tat von Lebenskunst. Und Foucault erweitert diese Vorstellung um die Ethik der Lust, die man an sich selbst gewinnt. »An die Stelle dieser Art heftiger, ungewisser und kurzlebiger Lüste kann der Zugang zu einem selber eine Form von Lust setzen, die man heiter und auf immer, an sich selbst gewinnt.«[51] Judith Butler verweist darauf, dass Foucault mit der Einführung des Begriffs Existenzkunst vorsätzliche und gewollte Praktiken betont[52], insbesondere »jene Praktiken, mit denen Menschen nicht nur Regeln ihres Verhaltens festlegen, sondern sich selber in ihrem besonderen Sein zu transformieren und aus ihrem Leben ein Werk zu machen suchen«[53]. In

Der Gebrauch der Lüste setzt Foucault die Praktiken, die ihn interessieren, mit der kultivierten Beziehung des Selbst zu sich selbst in Verbindung. Foucault verweist mit der Einführung des Begriffs der Existenzkunst darauf, dass »diese Künste der Existenz Subjekte hervorbringen, die sich selber zu transformieren, sich in ihrem besonderen Sein zu modifizieren und aus ihrem Leben ein Werk zu machen suchen«[54]. Judith Butler sieht in dieser Anlage das Problem, dass »ein Subjekt nicht geformt ist und dann unvermittelt beginnt, sich selbst zu formen«[55].

Das Problem der Selbstführung und des Selbstverhältnisses, des Ethos des Selbst und des Widerstands des Selbst gegen die ihm auferlegten Subjektivierungen artikuliert sich in Foucaults Spätwerk mithilfe »anderer historischer Materialien und begrifflicher Mittel mit dem Ziel, sich auf verschiedene Weisen als ein Selbst zu konstituieren, zu führen und zu kontrastieren«[56]. Seine Darstellung der Selbstpraktiken und Existenzkunst »ist nicht nur eine historische Studie, sondern sie möchte auch dem Menschen unserer Zeit ein Lebensmodell bieten, welches er die Ästhetik der Existenz nennt«[57]. Pierre Hadot ist davon überzeugt, »dass der Mensch der Moderne die philosophischen Übungen der Antike praktizieren kann, auch wenn er diese von dem philosophischen oder mythischen Diskurs abtrennt, von dem sie begleitet waren. Es ist also nicht notwendig, an die universelle Natur und an die universelle Vernunft der Stoiker zu glauben, um diese Übungen zu praktizieren, sondern, indem man sie praktiziert, lebt man konkret gemäß der Vernunft.«[58] Von Pierre Hadot nimmt Michel Foucault einige Impulse auf, etwa die Idee der geistigen Übungen (exercises spirituels), zu denen neben der Askese (als Lebenskunst) auch das Schreiben und das Memorieren, die Meditation und die Philosophie gehören.[59] Hadot kritisiert an Foucault, dass die antike Sorge gar nicht um das einzelne Subjekt kreist, sondern darum, ob das Subjekt überhaupt würdig ist, an einer universalen Vernunft zu partizipieren. Das sei die eigentliche Betrachtungsweise von Platon gewesen, der die Foucault'sche Interpretation einer Darstellung der Selbstkultur widerspricht: »Die stoische Übung zielt darauf ab, das Selbst zu überschreiten und in Einheit mit der universellen Ratio zu denken und zu handeln.«[60]

Die Geschichte der ethischen Selbstpraktiken analysiert die innere Subjektivierung, die eigentätige und auf sich selbst gerichtete Arbeit des Selbst an sich. Sie untersucht die »Verfahren zur Beherrschung oder Erkenntnis seiner selbst, mit denen der Einzelne seine Identität festlegen, aufrechterhalten oder im Blick auf bestimmte Ziele verändern kann oder soll«[61]. Die Ästhetik der Existenz wird von Foucault als das Hauptmoment der klassischen Sexualethik verstanden. Die Sorge um sich ist hierbei der zentrale Teil der spätantiken Verhaltenslehre. Ästhetik der Existenz und Sorge um sich sind »gleichfalls eine Geschichte der Subjektivität«[62].

In *Die Sorge um sich* geht es Foucault um drei antike Praktiken des Selbst. Zunächst soll das Subjekt feststellen, ob es in einem Erprobungsverfahren diätisch leben kann (etwa im Verzicht auf Luxus), dann soll das Subjekt in einer Art Gewissensprüfung feststellen, wie es den Anforderungen des Tages, die es am Morgen überschlägt, über Erfolg und Misserfolg am Abend Rechenschaft abgibt, zuletzt gilt eine weitere Übung der Tatsache, eine Sicherheit im Urteil zu finden. Dieses Prinzip einer Diätik wird gelegentlich darin kritisiert, dass die antike Diät keine Lebenskunst gewesen ist, sondern der Beginn einer Disziplin innerhalb des medizinischen Denkens und dass Foucault den Begriff in seinem Verständnis zu weit fasse.[63]

Sokrates' bekannter Satz aus der *Apologie* steht dabei im Mittelpunkt, denn »ein Leben ohne Selbstprüfung (anéxetastos bíos) verdient nicht gelebt zu werden«[64]. Das Subjekt soll sich über die Kürze des Lebens bewusst werden und niemals die Heiterkeit verlieren. Foucault verbindet also Antike und Moderne, um dem Subjekt – angesichts des Zusammenbruchs der Welten, entweder in der Polis oder in den Werten, und auf der Folie eines analytischen Machtverständnisses – das Angebot einer Ethik der Selbstsorge zu unterbreiten, denn »wir haben etwas zu schaffen, das noch nicht existiert und von dem wir nicht wissen können, was es sein wird«[65]. Es ist der Zusammenhang von Subjekt und Macht und damit die These von der Macht als einer Form der Subjektivierung, die ein neues Licht auf die Foucault'schen Texte werfen, nämlich weil immer weniger von Macht die Rede ist, weil die moderne Macht subjektivierend wirkt. Das bedeutet, dass »die Individuen in Subjekte transformiert werden«[66], ihnen eine bestimmte Identität aufgeprägt wird, sie in bestimmte Rollen eingefügt und ihnen ein bestimmtes Wissen zugeschrieben wird.

René de Ceccatty sieht in Foucaults Konzept eine Zuspitzung homosexueller Freundschaft als eine besondere Kraft zur Schöpfung und zur Lebensweise. Er sieht »die männliche Homosexualität als Kunstwerk« an.[67] Als Homosexueller ist Foucault jenen Prozessen der Macht unterworfen, die von einer (wahren) Heterosexualität als einer natürlichen Tatsache ausgehen. Jede davon abweichende Form gilt als krankhaft oder pervers. Die Fixierung auf eine wahre (Hetero-)Sexualität, die von Institutionen der Macht etabliert wird, führt zur Regulierung und Kontrolle von Sexualität. Darum entzieht sich Foucault jedem Konzept einer auch wie gearteten wahren Sexualität und ruft dazu auf, neue und andere Erfahrungen von Sexualität zu machen. Homosexualität ist für ihn keine biologische Disposition, sondern die Möglichkeit, anders zu leben. »Wir müssen darauf hinarbeiten, homosexuell zu werden, und dürfen uns nicht hartnäckig darauf versteifen, dass wir es schon sind.«[68]

Der Kampf um die Anerkennung der Homosexualität ist ein besonderes Paradigma für neue Formen des Widerstands. Mit Foucault lassen sich drei Formen dieses (neuen) Widerstands ermitteln: der Kampf gegen politische Unterdrückung, der Kampf gegen ökonomische Ausbeutung und der Kampf gegen ethische Unterwerfung. Die Kämpfe im ausgehenden 20. Jahrhundert sind hauptsächlich dadurch bestimmt, dass sie nicht eine Institution der Macht, eine Gruppe, Klasse oder Elite angreifen, sondern eine besondere Technik oder bestimmte Form der Macht. Diese Machtform wirkt sich unmittelbar im Alltag aus, wo Individuen in Kategorien eingeordnet, nach ihrer Individualität bezeichnet und an diese Identität gefesselt werden – wie beispielsweise die Homosexuellen. Ihnen wird ein Gesetz der Wahrheit auferlegt, das man an ihnen erkennen kann und das sie selbst anerkennen müssen. Diese Form der Macht ist es, die die Individuen in Subjekte verwandelt.[69] Foucault warnt vor der institutionellen Falle im Kampf für die Anerkennung der Identität des homosexuellen Subjekts, in dem die Homosexualität zwangsläufig normiert wird. Darum schlägt er das Erfinden neuer Beziehungsformen vor. Eine neue homosexuelle Askese, eine homosexuelle Ethik, eine neue homosexuelle Lebensweise wären ein Widerstand gegen diese Normierung. Als Foucault sich mit einer Theorie der Homosexualität intensiver beschäftigt, geschieht das aufgrund seines Kontaktes mit Thierry Voeltzel, mit dem er seine Iran-Reise bespricht. Neben René de Ceccatty sind Robert Badinter, Gilles Barbedette, Hervé Guibert, Mathieu Lindon und Claude Mauriac in dieser Lebens- und Arbeitsphase wichtige Gesprächs- und Erfahrungspartner für Michel Foucault.

Robert Badinter erinnert sich: »Ich habe ihn während unserer Gespräche beobachtet. Er war höflich wie ein Mandarin, ja zurückhaltend, denn er wusste, dass die Botschaft leichter aufnehmbar ist, wenn man die Stimme senkt.«[70] Das bestätigt ebenfalls Claude Mauriac: »Er war immer höflich, aber zu bestimmten Gelegenheiten und gegenüber bestimmten Personen auch unangenehm und hart, wenn es die Sache erforderte. Immer hatte er dieses Lächeln, eher ablehnend und dennoch durch soviel Freundlichkeit und Höflichkeit gemildert durch die Abgespanntheit eines überarbeiteten Menschen, eines Philosophen, der seinen Gedankengängen entrissen wird, eines Mannes, der aus seinem Gefühlsleben gerissen wird.«[71]

In seiner reflektierenden Beschäftigung mit der Homosexualität kehrt Foucault das traditionellerweise gedachte Verhältnis der Determination von Sexualität und Schöpfung um: »Im Gegensatz zu Sartre, der in ›Saint Genet‹ versucht hatte, die homosexuelle Freiheit als eine Art, sich eine familiäre Abhängigkeit wiederanzueignen – eine Abhängigkeit im Hinblick auf die Kindheit (im Fall von Genet) – und freiwillig die Unterwerfung und Erniedrigung wiederzubeleben, neu zu definieren, lässt Foucault in diesen wenigen Sätzen durchblicken, dass die Freiheit keine von der Sexualität auferlegten Grenzen hat und dass die Sexualität vielmehr der Bereich ist, in dem die Kreativität sich genauso fröhlich entfalten kann wie die Kunst.«[72] Auch Homosexualität – vor allem männliche Homosexualität – ist nicht nur eine vorzeigbare Identität, sondern vor allem eine schöpferische Kraft. Die Bitte des 19. Jahrhunderts: »Sag mir, was du dir wünschst, und ich sage dir, wer du bist«[73], trifft auf das 21. Jahrhundert schon lange nicht mehr zu.

Zwischen der Veröffentlichung des ersten Bandes von *Sexualität und Wahrheit* und der beiden folgenden findet im Denken Michel Foucaults eine Neuorientierung statt – hin zu der Frage der Regierung des Selbst (und der anderen) und der Arbeit an einer Selbstkonstituierung, das bedeutet hin zu einer subjekttheoretischen Wende. In *Der Wille zum Wissen* und in seiner Vorlesung *In Verteidigung der Gesellschaft* (beide 1976) verteidigt der Autor noch sein an Nietzsche orientiertes monistisches Verständnis von Macht als einer »Vielfalt von Kraftverhältnissen« und als »kriegerischer Auseinandersetzung der Kräfte«[74]. In einem Interview sagt er ebenfalls 1976: »Die Geschichtlichkeit, die uns mitreißt und uns bestimmt, ist kriegerisch, sie ist nicht sprachlicher Natur.«[75] Foucault formuliert: »Macht ist der

Krieg, der mit anderen Mitteln fortgesetzte Krieg. Die Politik ist ein mit anderen Mitteln fortgesetzter Krieg. Die in einem politischen System stattfindenden Kämpfe, die Zusammenstöße in Bezug auf die Macht, mit der Macht, um die Macht, die Veränderung der Kräfteverhältnisse, die Verschärfungen auf der einen Seite, die Verstärkungen dürfen nur als Fortsetzung des Krieges gedeutet werden.«[76]

Darum stellt Michel Foucault in seinem Buch *Der Wille zum Wissen* der Disziplinierung des Individualkörpers eine Biopolitik der Bevölkerung gegenüber und unterscheidet zwischen »zwei Entwicklungsachsen der politischen Technologie des Lebens«[77]. Die erste betrachtet den Menschen als eine komplexe Maschine (Julien Offray de La Mettrie) und verfolgt das Ziel, die Steigerung der Fähigkeiten und Kräfte dieser Mensch-Maschine mit ihrer Integration in Produktion und Herrschaft zu verbinden. Die Biopolitik richtet sich dagegen nicht auf den Körper des Individuums, sondern auf den kollektiven Körper der Bevölkerung. Diese beiden Machttechnologien unterscheiden sich in ihrer Herangehensweise, aber nicht in ihren Zielen.

Auch Foucaults Analyse der Sexualität sieht in ihr einen durch raffinierte Kontrolltechiken historisch produzierten Komplex, dessen Entwicklung von der Beichte bis zur Psychoanalyse verfolgt wird. In dieser Dimension der Individualisierung sieht Foucault direkte Eingriffe des Machtapparates auf den Körper und eine überwachende Introspektion, »an der das Subjekt in seiner nun aktiven Selbstdisziplinierung gleichsam den Kontrollmechanismus des Willen zum Wissen sich aneignet und dann gegen sich selbst wendet«[78].

Foucault erweitert seine Konzeption von Macht hin zu einem bestimmten Typ von Beziehungen zwischen Subjekten, zu einer sozialen Lebensform neben anderen. Von jetzt an ersetzt er den Begriff Macht durch den Terminus Regierung. Diese in einem erweiterten Sinne Gleichsetzung von Macht und Regierung kommt in mehreren Texten Foucaults zum Ausdruck.[79] Sein Verständnis von Macht ändert sich, entfaltet, verlagert und verschiebt sich.

In seinem bedeutenden theoretischen Text *Was ist Kritik?*, einem Vortrag vom 27. Mai 1978 in der Societé française de philosophie, zeigt sich Michel Foucaults veränderte Position. Hier nimmt der Begriff der Regierung eine besondere Rolle ein, denn der Autor definiert Kritik nicht mehr als nur genealogisch, sondern als »die Kunst, nicht regiert zu werden«[80]. Weiterhin besteht er darauf, dass der Begriff der Macht in Verbindung mit dem Begriff des Wissens Vorrang hat, um zu verhindern, »dass von vorneherein die Perspektive der Legitimierung eingeführt wird, wie das die Begriffe der Erkenntnis und Herrschaft nahelegen«[81]. Schließlich kommt er zu dem Resümee: »Wenn man die Frage der Erkenntnis im Hinblick auf die Herrschaft aufzuwerfen hat, so doch wohl vor allem aufgrund eines entschiedenen Willens, nicht regiert zu werden, jenes entschiedenen Willens einer individuellen und zugleich kollektiven Haltung, aus seiner Unmündigkeit herauszutreten, wie Kant sagte. Eine Haltungsfrage.«[82] Seit Immanuel Kant vollzieht sich ein Bruch, der rationale Erkenntnisse an geistige Forderungen bindet. Durch eine gewisse geistige Struktur werden, wie Foucault es darlegt, »die Erkenntnis, der

Akt der Erkenntnis, die Bedingungen und Auswirkungen an eine Veränderung im Sein des Subjekts gekoppelt«[83]. Das bedeutet, dass es ohne Wissen keine tiefgreifende Veränderung im Subjekt geben kann.[84]

Die Foucault'sche Kritik am Regiert-Werden, geäußert als eine Kritik an der Macht, ist eine Kritik an der Art und Weise der Regierung selbst. Foucault fragt nach dem Subjekt, das eine Haltung einnehmen soll, und nach dem Bewusstsein für eine (kritische) Haltung. Fraglich bleibt, ob Subjektsein bedeutet, »dazuzugehören« und »sich durch seine Zugehörigkeit zu einer menschlichen Gesellschaft schlechthin zu definieren«[85]. Foucault will die Grenzen zwischen Subjekt und Gesellschaft zeigen. Ihm geht es »um eine Anstrengung, an der Grenze zu denken, indem er sich an den Grenzen der Symptome aufhält, um sie dort zu erfassen, wo sie sich bilden«, und damit »einen bestimmen Freiheitsraum eröffnen«[86].

In seiner *Geschichte der Gouvernementalität* fragt Michel Foucault nach dem Regieren schlechthin. Das spezifische Regiertwerden ist etwas, das er historisch im Wesentlichen vom orientalisch-jüdischen und dann vor allem vom christlichen Pastorat herleitet. Die moderne Kunst des Regierens ist eine Kunst der Führung von Individuen, verstanden als wesentlicher Teil einer statistisch beschreibbaren Bevölkerung. Das Erscheinen dieses neuen Objektes Bevölkerung ist ein Operator der Transformation für den Übergang zur Arbeit, zum Leben, zur Sprache. Damit wird die Foucault'sche Analyse der Macht nicht länger auf eine Institution festgelegt, sondern auf eine bestimmte Form staatlicher Machtausübung und eine bestimmte Art des Regierens als »außerinstitutionelle Allgemeinheit«, als »nichtfunktionelle Allgemeingültigkeit«[87].

»Kann man von etwas wie einer Gouvernementalität sprechen, die für den Staat das wäre, was die Absonderungstechniken für die Psychiatrie waren, was die Disziplinartechniken für das Strafrechtssystem waren, was die Biopolitik für die medizinischen Institutionen war?«[88], fragt Foucault im Februar 1978. Mit dieser Frage hebt er seine Analyse der Macht auf eine höhere Ebene.

In der letzten Vorlesungsreihe am Collège de France über das Thema *Der Mut zur Wahrheit* (1984) schildert Michel Foucault drei Achsen der Erfahrung, nämlich die von Macht, Subjekt und Wahrheit. Während er in den sechziger Jahren den Fokus auf das Wissen und in den siebziger Jahren auf die Macht legt, stellt er in den achtziger Jahren das Subjekt in das Zentrum seines Denkens. Innerhalb dieser drei Achsen des Denkens kommt es zu Verschiebungen: »Die erste Verschiebung in der Achse des Wissens führt von der Herausbildung der Erkenntnis zur Analyse der Formen des Wahrsprechens. Die zweite Verschiebung in der Achse der Macht führt von einer allgemeinen Theorie der Macht oder der Herrschaft zu der Geschichte und Analyse der Verfahren des Regierungsdenkens und seiner Technologien. Die dritte Verschiebung in der Achse des Subjekts führt von der Ablösung einer Theorie des Subjekts zu einer Analyse der Modalitäten und Techniken des Selbstbezugs oder zu der Geschichte der verschiedenen Formen einer Pragmatik des Subjekts.[89]

XXVIII. Parallelviten III: Familiäre Konflikte

»Politik gibt es deshalb, weil der Mensch
das Lebewesen ist, das in der Sprache das
nackte Leben von sich abtrennt und sich
entgegensetzt und zugleich in einer einschließenden Ausschließung die Beziehung
zu ihm aufrechterhält.«
Jacques Rancière[1]

Das Leben der infamen Menschen ist ein Text, an dem Michel Foucault das Problem
der Sinne besonders berührt. Dieser Text ist eine Art Vorstudie zu den fünf Jahre
später erscheinenden *Familiären Konflikten*.[2] Diese Bittbriefe an den König von 1660
bis 1760, aufgefunden in den Archiven der geschlossenen Abteilung der Polizei in
der Pariser Bastille, erscheinen als *Lettres de cachet*. Sie sind eine Sammlung kurzer
Bittschriften, mit denen bis zur Französischen Revolution auch Arme und Mittello-
se aus der Unter- und Mittelschicht versuchen konnten, beim Generalleutnant oder
Kanzler des Königs – und damit direkt beim absolutistischen Herrscher – die poli-
zeiliche Festsetzung von Personen aus ihrer alltäglichen Umgebung zu erwirken.[3]
   Der Titel der französischen Originalausgabe lautet etwas umständlich *Le désor-
dre des familles. Lettres de cachet des Archives de la Bastille*. Die Sammlung, die von
Michel Foucault in Kooperation mit Arlette Farge ediert wird, erscheint 1982 in
der Editions Gallimard. Im Kontext der »Parallelviten« ist nach *Pierre Rivière* (1973)
und *Herculine Barbin* (1978) dieser Band der *Lettres de cachet* (1982) der letzte tatsächlich realisierte. Der Text über *Das Leben der infamen Menschen* (1977) ist eine
Art verspätete Erläuterung zu dieser Reihenkonzeption.
   Foucault erklärt seine Überlegungen, warum er diese Schreiben bewusst nicht
in historisch kommentierter Form, sondern als lose Sammlung veröffentlicht.
»Diese Texte aus dem 17. und 18. Jahrhundert haben einen Glanz, sie offenbaren
hinter Biegung eines Satzes eine Pracht und eine Heftigkeit, was zumindest in
unseren Augen die Niedrigkeit der Affäre oder die ziemlich schamhafte Klein-
lichkeit der Absichten bestreitet. Die erbarmungswürdigsten Leben werden darin
mit Verwünschungen oder einer Emphase beschrieben, die den tragischsten angemessen scheinen.«[4] Sie seien wie Erzählungen zu lesen und darum zusammen-
getragen als eine Anthologie der Existenzen, in einer Art »Herbarium«[5]. Diese

besonderen kleinen Briefe umfassen zumeist nur wenige dilettantisch formulierte
Zeilen, in denen ihr Autor in unfassbarer Knappheit alles aufbietet, einerseits die
Unerträglichkeit der eigenen Lage zu schildern und andererseits einen vermeintlich Schuldigen anzuzeigen, den die Einsperrung treffen soll. Im Zentrum stehen
hier die Dossiers, welche »die Anträge auf Festsetzung seitens eines Ehemanns
oder einer Ehefrau gegen ihren Partner oder von Eltern gegen ihre Kinder aus den
Jahren 1728 und 1758 betreffen«[6]. Diese Texte haben das Ziel, bestimmte Personen
einzusperren. Es entsteht eine Literatur, in der die Menschen den Instanzen der
Macht erklären, »wie untreu der Gatte war, wie sehr die Frau ihren Mann betrog,
wie unerträglich die Kinder waren. In der Sprache der herrschenden Macht ver-
langten sie selbst die Inhaftierung der Beschuldigten.«[7]

Darum zeigen diese Briefe, dass Internierungen nicht ausschließlich als Resultat der Übergriffe der absolutistischen (Staats-)Macht zu verstehen sind, »sondern
auch durch Familienmitglieder und Nachbarn veranlasst worden sind«[8]. Als reine
Aussagen betrachtet formieren diese Zeilen in ihrer Gesamtheit einen frühen Diskurs über den Alltag und das Alltägliche, über das Menschlich-Allzumenschliche,
immer verbunden mit der Hinwendung zu einem als wirklich allgegenwärtig und
allmächtig adressierten König in dem Versuch, »angemessen zu dieser großen, ze-
remoniellen Macht zu sprechen«[9]. Der König als Souverän verfügt über ein asym-
metrisches Recht, das sich allein über die Macht artikuliert. Dieser ausschließlich
negative Zugriff der souveränen Macht auf das Leben berechtigt den König zum
Töten. Damit erhält die souveräne Macht eine Todesfunktion und ist die »banale
Kehrseite des Rechts«[10]. Diese Macht zu töten wird zur Sicherung des Lebens ausgeübt, damit sind die »Massaker vital geworden«[11].

Die königlichen Ordern basieren auf den *Lettres de cachet* als einer Geschichte unter einer dicken Schicht vorgefasster Meinungen, Vorurteile und Klischees,
»die nur ausschließlich das Gutdünken des Königs, der unzuverlässige Adlige oder
missliebige große Vasallen einsperren ließ«[12], bewahrt oder verurteilt hat. »Der
Diskurs der Macht im klassischen Zeitalter erzeugt wie der Diskurs, der sich an
sie wendet, Ungeheuer.«[13] Mit diesen Briefen »antwortet die Macht in Worten«[14],
so Foucault.[15]

Die *Lettres de cachet* beinhalten sogenannte Polizeisachen, also Angelegenhei-
ten, die die Polizei betreffen. Das ist darum sehr ungenau, da schon der Konflikt
zwischen einem Meister und seinem Lehrling durch diese Briefe schnell zur Poli-
zeisache werden kann. Und die Richter ziehen einen solchen Konflikt an sich,
vor allem wenn diese Briefe in einer besonderen Art und Weise geschrieben sind:
»Daher die einzigartige Form dieses Diskurses: Er erforderte eine ausschmückende, schmähende oder bittflehende Sprache. Eine jede dieser kleinen alltäglichen
Geschichten musste mit der Emphase der seltenen Ereignisse gesagt werden, die
würdig sind, die Aufmerksamkeit des Monarchen auf sich zu ziehen; die große
Rhetorik musste diese sich um nichts drehenden Affären umkleiden.«[16] Die diskursive Form dieser Aussagen in den *Lettres de cachet* spiegelt jene eigentümliche
Einrichtung eines Systems aus Bittschriften, königlichen Geheimbriefen und Ein-

sperrung wider, die mit der Revolution und den modernen Verwaltungen späteren Typs für immer verschwindet. Das ist jene positivistische Perspektive des archäologischen Typs. Was Foucault meint, ist eine zweite Form von Wahrheit, die indirekt in den Aussagen erscheint. Es erscheint eine Intensität oder Stärke, die einen Ursprung hat, der in diesen dicht gedrängten Texten existiert und so doch nicht in ihnen steht. Auch das wird allein auf dem Weg einer positivistischen Strenge der Darstellung deutlich: »Ich habe mich entschlossen«, so Foucault, »ganz einfach nur eine gewisse Anzahl von Texten zusammenzustellen, der Intensität wegen, die sie mir zu haben scheinen.«[17]

Diese kleinen Schreiben an den König sprechen für sich selbst. Foucault nimmt keinen Text auf, der nicht auf einen realen Menschen zurückgeht. Alles Fiktive, Imaginäre und Literarische geht nicht in diese Sammlung ein, ebenso wenig wie alles, das nach Abhandlungen, Erinnerungen und Übersichten aussieht. »Es lag mir daran, dass diese Texte immer in einer Beziehung oder vielmehr in möglichst vielen Beziehungen zur Wirklichkeit stehen: Nicht nur, dass sie sich darauf beziehen, sondern dass sie darin wirken; dass sie ein Stück in der Dramaturgie des Wirklichen sind, dass sie das Instrument einer Rache, die Waffe eines Hasses, eine Episode in einer Schlacht, das Gestenspiel einer Verzweiflung oder einer Eifersucht, ein Bittflehen oder einen Befehl konstituieren.«[18]

Foucault geht es wieder einmal um die Schwelle der wirklichen Existenz und hier besonders um die Schwelle zu einer Existenz von etwas wirkmächtig Nichtdiskursivem. Die Aussagen haben eine Aura von Nichtdiskursivität, denn nicht allein die Ordnung eines Diskurses, »sondern auch die physische Geschichte, das physische Unglück, die leibhafte Intrige und der Hass von jemandem – glühen auf im Funken dieser kurzen Prosa«[19]. Foucault stellt fest, dass »mit diesem Dispositiv aus Bittschriften eine Diskursunendlichkeit entsteht, die das Alltägliche in alle Richtungen durchquert und sich dem unendlich kleinen Bösen bedeutungsloser Leute annimmt, allerdings auf eine vom Geständnis absolut verschiedene Weise«[20].

Eigentlich sind diese Briefe banal und redundant, und in ihrer Analyse ist ihre einheitliche diskursive Gestalt klar zu erkennen, denn sie zeigen den »blanken Blick der Macht«[21]. Doch jenseits des Sagbaren und Sichtbaren bewahren deren Aussagen einen Hauch unvergangener Verflechtungen. Schon deren kategoriale Zuordnung ist kaum möglich. Die Sprache dieser Briefe zeigt »die einzigartige Form dieses Diskurses. Er erfordert eine ausschmückende, schmähende und flehende Sprache.«[22] Hass, Rache, Schmerz, Verzweiflung, Wichtigtuerei erscheinen leibhaftig wichtig und folgen einer Regel, in der sich Diskurs und Nichtdiskurs kreuzen. Sind diese Briefäußerungen Gedanken, Gefühle oder Wahrnehmungen? »Für das gewöhnliche Leben entsteht so eine Inszenierung.«[23] Es entsteht eine Intensität in den Briefen, in der jede einzelne Aussage in ihrer kompakten Unvergleichbarkeit mehr sagt als die tatsächliche Aussage selbst. Michel Foucault spricht von einer besonderen Disparatheit im Inneren der Texte dieser Sammlung, die jene Ahnung und jene Intensität freisetzt, auf die der Leser mit seinen Sinnen reagiert.

Ein besonders wichtiger Grund für den fragwürdigen Erfolg der *Lettres de cachet* ist die vermeintliche Störung der öffentlichen Ordnung. Wenn etwa Prostituierte ein Ärgernis auf den Straßen werden, helfen diese Briefe dieser sogenannten skandalösen Ausschweifung ab. Dieses Beispiel könnte ein Brief von über dreitausend tatsächlichen *Lettres de cachet* sein, die von Gaunern und Bettlern, Prostituierten und Soldaten, Dieben und armen Teufeln handeln. Dieses Register »liefert eine Momentaufnahme vom Leben der Leute, zugleich aber ergibt sich der Eindruck ununterbrochener Bewegung, ständiger Zirkulation.«[24] Menschen in Bewegung zwischen dem Sichtbaren und dem Sagbaren, zwischen dem Zeugnis und der Zeugenaussage.

Gilles Deleuze relativiert einen von ihm selbst eingeräumten »Dualismus auf der Ebene des Wissens, zwischen dem Sichtbaren und dem Sagbaren«, den er Michel Foucaults Anthologie zugesteht. Es handelt sich hier »um eine vorläufige Einteilung, die im Inneren eines Pluralismus operiert«[25]. Foucaults gesamte Philosophie, so Deleuze, ist »eine Pragmatik des Mannigfaltigen, darum ist dessen Idee und Wort des Körpers – etwa in den *Lettres de cachet* – immer wieder sehr weit und sehr vorläufig gefasst worden«. Man kann eine Geschichte des Körpers bei Foucault nicht auf dem Fundament einer Anthropologie beschreiben, »also auf der Basis bestimmter Vorannahmen in puncto Körper sowie einer Trennung von Körper und Diskurs«[26]. Allerdings basiert seine vorläufige Bestimmung der Biopolitik auf den Erscheinungen einer Machtform, die den Körper ja gerade mit einbezieht. Peter Sloterdijk formt nicht zuletzt aus dieser Bestimmung seine von ihm so bezeichneten Anthropotechniken.[27] Biopolitik oder Anthropotechnik ist zu verstehen unter den Vorzeichen eines organistischen, eines anthropologischen und eines naturalistischen Verständnisses. Mit diesem Verständnis bekommt das Leben und damit auch der Körper »eine zerstörerische Kraft«[28]. Foucaults Definition von Leben und Politik basiert nicht auf der Grundlage von Körper und Biologie. Der Begriff des Lebens und des Körpers hat seinen Ort in der Historie, in der die Biopolitik das Leben fördert.[29]

Ein Selbstkommentar von Michel Foucault trifft dessen Art der Modifizierung von Körper zu Erfahrung gut: Er habe in der Geschichte des Wahnsinns und in der Geschichte der Klinik »auf eine etwas konfuse und ungeordnete Weise versucht alle Probleme gleichzeitig zu behandeln«[30]. Die Trennung zwischen diskursiven und nichtdiskursiven Wirklichkeitsschichten ist für die Methodik der Archäologie elementar. Diese Trennung ist nicht um ihrer selbst willen wesentlich oder etwa aus ontologischen Gründen von besonderer Bedeutung.

XXIX. Die Regierung des Selbst und der anderen I: Die Regierung des Selbst und der anderen

> »Wenn jemand stirbt, gibt es mehrere Aspekte: der erste ist, er verschwindet. Was Foucault charakterisiert, ist genau, dass er nach seinem Tod weiterhin existiert, durch alle die hindurch, die ihn gebrauchen. Dass Foucault für sie immer existiert, genau darin besteht diese Existenzweise. Aber dennoch ist er abwesend. Es gibt aber einen zweiten Aspekt, der für mich offensichtlich ist und den ersten erläutert: Was ist der Existenztypus von jemandem wie Foucault? Was ist seine Geburt?; aber auch: Was ist sein möglicher Tod? Es stellt sich die Frage nach seinem Tod, den man nicht mit seinem Verschwinden gleichsetzen kann. Darum ist Foucault abwesend. Aber er ist nicht tot.«
> François Ewald[1]

Im Januar 1983 beginnt Michel Foucault seine zehn Vorlesungen unter dem Gesamttitel *Die Regierung des Selbst und der anderen (Le gouvernement de soi et des autres)*. Die Texte erscheinen erst ein Vierteljahrhundert später als Buch. Foucault interessiert sich erneut für die Figur des Alkibiades (Platon), für Dionysos den Älteren und den Jüngeren, für Epiktet und Euripides, Herodot und Homer, Platon und Plutarch, Thykidides und Xenophon – und vor allem für den *Ödipus* des Sophokles und den *Ion* des Euripides. Beide Texte werden zur Ermittlung, Definition, Neugestaltung des Terminus der »parrhesia« einander gegenübergestellt, parallel verglichen, gegen den Strich gelesen.

Auch die Begriffe der Sorge, des politischen Lebens, der Selbstpraktik, der Beziehung des Selbst zu den anderen, die Verknüpfung von Ethik und Politik stehen im Zentrum seiner Untersuchung. Eine »maîtrise de soi« (Herrschaft des Selbst) stellt die moralische Erfahrungswelt des antiken Subjekts in den Vordergrund. Für diese Ontologie einer Kraft soll das Subjekt ein menschliches Maß finden. Die gesellschaftliche, historische, politische Situation erlaubt dem Subjekt, das in der Antike in erster Linie der freie Mann der Elite (Status und Natur) war, Techniken einer Lebenskunst zu entfalten, das soll und kann in der Moderne anders werden. Das Subjekt soll darum ein Verhältnis zu sich selbst entwickeln (le rapport à soi), denn jede Handlung des Subjekts impliziert einen Bezug zum eigenen Selbst. Foucaults Analyse der Verfahren einer Gouvernementalität im Sinn einer Regierung des Selbst und der anderen meint »die Analyse der Pragmatik des Subjekts und die Techniken des Selbst«[2]. Hierbei ist das Wahrsprechen (Veridiktion) für die Konstitution eines Individuums als Subjekt für sich selbst und die anderen entscheidend.[3] Dabei kommt der »parrhesia« als Kunst der Redefreiheit eine besondere Bedeutung zu, denn sie bedeutet vor allem Freimut. Das Wahrsprechen findet zudem im Reich des Politischen statt.[4]

Der Selbstbezug drückt sich für das moralische Subjekt der Antike in dem aus, was »enkrateia« meint, nämlich Selbstbeherrschung und Selbstherrschaft: »›Enkrateia‹ meint die ethische Haltung des Subjekts, die hinter dem steckt, was sich nach außen im guten Umgang äußert. Der Selbstbezug der ›enkrateia‹ ist ein Kampf des Individuums mit sich selbst, der einen Sieg anstrebt und auf dauerhafte Herrschaft aus ist.«[5] Zuletzt ist das Bündnis mit sich selbst ein Bündnis, das mit sich selbst spricht: »Dies ist die Wahrheit.«[6] Foucault bestätigt: »Um sich im Gebrauch, den es von seinen Lüsten macht, als tugendhaftes und mäßigendes Subjekt zu konstituieren, muss also das Individuum ein Verhältnis zu sich herstellen, das zum Typ Herrschaft-Gehorsam, Befehl-Unterwerfung, Meisterung-Gelehrigkeit gehört.«[7] »Enkrateia« meint Mäßigung, so wie »askesis« Übung meint. Dieser Kampf ist also als Übung vom Selbst zum Selbst zu verstehen.

Hierbei ist die »aphrodisia« nicht negativ zu verstehen, weil sie lebenswichtig ist. Sie ist weder schlecht noch schädlich oder von bösen Geistern eingeflüstert. »Es ist nicht der Teufel, der von der Seele oder dem Leib Besitz ergriffen hat. Die zu bekämpfenden Gelüste und Begierden gehören zum Selbst, und die immer wiederkehrende Formel lautet demgemäß: ›stärker als man selber sein‹.«[8] Es geht also nicht um die Unterdrückung der Sinneslust, sondern um die Errichtung einer ethischen Instanz, die die Haltung des Subjekts in Anbetracht seiner Wünsche und Lüste strukturieren soll. Diese zu konstituierende Herrschaft über das Selbst ist konzipiert als »Herrschaft von oben nach unten, von der höheren zur niederen Sphäre als hierarchisches Verhältnis eines eindeutigen Herrschaftsgefälles«[9]. Selbstherrschaft und Herrschaftsbeziehung kommunizieren miteinander, denn die gute Führung des Hauswesens ist äquivalent mit der Regierung der Republik: »Die individuelle Tugend hat sich wie eine Polis zu strukturieren.«[10]

Das Ziel der »enkrateia« (Mäßigung) ist die »sophrosyne« (Weisheit) im Zustand vollkommener Selbstherrschaft, denn »die sophrosyne zeichnet sich durch Freiheit aus«[11]. Nach Aristoteles ist die »sophrosyne« das Begehren der Dinge, »die er soll und wie er soll und wann er soll«[12]. »Sophrosyne« ist die vernunftmäßige Mitte zwischen »anaisthesia« (Gefühllosigkeit) und »akolasia« (Zügellosigkeit), der maßvolle Umgang mit der Lust – und eben nicht nur die reine Enthaltung von der Lust. Allerdings steht die Lust im Zeichen der Freiheit, um Wahrheit und Schönheit zu erreichen. Die formale Freiheit des Einzelnen und die substanzielle Freiheit des Staates bedingen sich bei diesem Prozess wechselseitig und haben ihr Ziel in der sozialen und politischen Freiheit des Bürgers in ihrem Staatswesen. Diese Form der Freiheit denkt Foucault im Sinne der Antike als eine positive Macht (liberté pouvoir), als ein Handlungsvermögen, denn »in ihrer vollen und positiven Form ist sie eine Macht, die man in der Macht über die anderen über sich selbst ausübt«[13].

Die von Michel Foucault gehaltene Vorlesung am Collège de France trägt also den auf den ersten Blick ein wenig umständlichen Titel *Die Regierung des Selbst und der anderen*. Zunächst noch soll ein Buch gleichen Titels in der vom Verlag Seuil projektierten Reihe *Des travaux* erscheinen, das Foucault aber zurückzieht. Parallel zu seiner Geschichte der Sexualität arbeitet er an einer Reihe von Studien zur antiken Lebens- und Regierungskunst. Die Vorlesung von 1983 ist also eine Fortsetzung der Vorlesung von 1982 und eine Voraussetzung für die Vorlesung von 1984. Des Autors Arbeit an einer historischen Untersuchung über die Beziehung zwischen Subjektivität und Wahrheit steht also im Mittelpunkt seiner Forschung. Nach der Ermittlung des Begriffs der Selbstsorge (epimeleia heautou und cura sui) situiert Michel Foucault folgend die Techniken, durch die ein Subjekt eine bestimmte Beziehung zu sich selbst herstellt. Neben den Verfallsformen der Selbstsorge (Egoismus, Hedonismus, Narzissmus) gibt es weder eine natürliche Bewegung noch eine spontane Einstellung der Selbstsorge zum Subjekt. Die Selbstsorge benötigt eine Veranlassung.[14] Das ruft die Figur des Lehrers oder Meisters auf den Plan. Der Übergang von der Regierung des Selbst (epimeleia heautou) zur Regierung des anderen (parrhesia) ist also konsequent.

Während Foucault in der *Archäologie des Wissens* (1969) der Bestimmung der Aussage (énoncé) nachspürt[15], in der die Aussage im Sinne der Archäologie als Folge, die ins Archiv der Kultur eingetragen ist, angegeben ist, formuliert er in *Die Regierung des Selbst und der anderen* (1983) die ontologische Verpflichtung des Subjekts im Akt der Äußerung (énonciation)[16], bei der das Wahrsprechen von besonderer Bedeutung ist, denn die »parrhesia« birgt ein Risiko für den öffentlichen Redner. Die »parrhesia« ist gekennzeichnet als Freimut im Wahrsprechen. Die Form der »parrhesia« bleibt gegenüber der Politik und deren Beziehungen autonom. Nun untersucht Foucault seit 1983, inspiriert durch die Texte von Euripides bis Platon, von Plutarch bis Sophokles, eine politische »parrhesia«, die zwei elementare historische Formen besitzt: zum einen die öffentliche Rede (die demokratische »parrhesia«) und zum anderen die private Rede (die autokratische »parrhesia«). Sämtliche Kommentare Foucaults erscheinen außergewöhnlich frisch und originell. Zwischen akribischen Analysen einzelner Zeilen dieser antiken Texte erweitern sich immer wieder überraschende Perspektiven auf die Moderne. Insbesondere in der Interpretation und im Kommentar des Ödipus-Textes zeigt Foucault Bruchlinien auf, die die Verschachtelung von Wahrheitsteilen beschreiben und zum Teil paarweise zusammenpassen. Er erkennt hier neue Strukturen der Veridiktion, etwa im Wahrsprechen der Götter, aber auch den Fluch der Wahrheit, beispielsweise im Wissen des Tyrannen. Seit 1971 beschäftigt sich Michel Foucault mit dem Mythos vom Ödipus.

In seiner Untersuchung der politischen »parrhesia« im Allgemeinen berücksichtigt Foucault Aspekte der Rhetorik, allerdings: »Die ›parrhesia‹ ist zwar eine Denkfigur, aber eher im Sinne des Nullpunkts der Rhetorik.«[17] Die Rhetorik ist eine Kunst, eine Technik, eine Weise, die nicht redet, sondern überredet, so Foucault. »Die ›parrhesia‹ ist also nicht vom Standpunkt der Rhetorik aus zu klassifizieren oder zu verstehen.«[18]

Die antiken Texte von Euripides (dessen Tragödien) und von Thukydides (die Reden des Perikles) dienen – neben der ausführlichen Interpretation des *Ion* des Euripides und des *Ödipus* des Sophokles – dieser Untersuchung. Hier ermittelt Foucault in der Dimension der Politik den wichtigen Begriff der Erfahrung im Unterschied zum geläufigen Terminus der »dynasteia« aus der *Politeia* des Platon. Was erfordert ein politisches Engagement im Hinblick auf die Herstellung einer Selbstbeziehung durch das Subjekt? Bei Platon stellt Foucault den interessanten Kontext von Stimme (phone), Masse (plethos) und Staat (politeia) her.[19] Auch die Arbeiten von Georges Dumézil zieht Michel Foucault ausführlich heran.[20]

Die Analyse der öffentlichen Rede ermöglicht es Foucault, den Unterschied zwischen dem egalitären Ergreifen des Wortes (»isegoria«) einerseits und dem mutigen und singulären Ergreifen des Wortes (»parrhesia«) andererseits herauszustellen. Dieser Unterschied betrifft die Ausübung des (politischen) Einflusses und stellt eine Ungleichheit dieser beiden Redner dar. Die demokratische »parrhesia« wird (ohne Rhetorik) zum öffentlich anerkannten Recht, jedem alles auf beliebige Weise zu sagen. »Die ›parrhesia‹ ist eine politische Struktur«[21] und darum Teil des politischen Diskurses. Michel Foucault extrahiert folgend drei Begriffe aus den antiken Texten: »demokratia« (Demokratie), »isegoria« (Gleichheit der Rede) und »parrhesia« (Freiheit der Rede).

Während er schon in seiner Vorlesung von 1981 auf das Problem der Beziehung zwischen philosophischem Diskurs und Wirklichkeit hinweist, stellt er nun zwei Jahre später das Problem der Wirklichkeit in der Philosophie anders dar. Eine philosophische Tätigkeit muss sich, so Foucault, der Prüfung durch die Praxis, durch Konflikte und Tatsachen stellen. Die Wirklichkeit der Philosophie ist in dieser aktiven Auseinandersetzung mit der Macht zu finden. Die Philosophie findet eine zweite Wirklichkeit in einer kontinuierlichen Seelenpraxis. Seele und Körper sind zwei verschiedene Dinge, der Körper ist sterblich und die Seele unsterblich. Die Seele wird nach dem Tod des Körpers danach beurteilt, was sie zu ihren Lebzeiten getan hat.[22] Die Prüfung der Qualität der Seele geschieht mit den drei Kriterien »episteme«, »eunoia« und »parrhesia«, die somit als Macht wirken.[23] Darum sind »die Probleme der Macht auch im strengen Sinn Probleme der Politik«[24].

Nach Foucault hat der Philosoph nicht politische Ansprüche im Lichte seiner spekulativen Kompetenz zu analysieren, sondern besser den Modus der philosophischen Subjektivierung bei der Ausübung der Macht laufen zu lassen. Entgegen der Annahme von Jacques Derrida, der die Platonische Formel von der Trennung zwischen Schriftlichem und Mündlichem wiederholt[25], sieht Michel Foucault die Trennlinie »einer logographischen Seinsweise der rhetorischen Rede und einer

Seinsweise der Selbstaskese der philosophischen Rede«[26]. Nicht zuletzt verweist er wiederholt darauf, dass er es ablehnt, die Theorie der Intellektuellen mit der Elle ihrer politischen Praxis zu messen: »Den Schlüssel zur persönlichen politischen Haltung eines Philosophen wird man nicht seinen Ideen angewinnen können, so als ließe er sich daraus ableiten, sondern seine Philosophie als Leben, das heißt seinem philosophischen Leben, seinem ›ethos‹.«[27] Folglich wird er sich weniger der Frage der Politik widmen als mehr dem Problem des »wahren« Lebens. Zwischen einer sokratischen »parrhesia« als Seelenprüfung und einer rhetorischen Kunst, die den politischen Ehrgeiz nährt, entscheidet Foucault sich klar für das Wahrsprechen und gegen die Rhetorik.

Die Philosophie kann nicht die Wahrheit der Politik aussprechen. Sie kann sich mit dem Politischen auseinandersetzen, um auf diese Weise ihre eigene Wahrheit zu beweisen. Die Sorge um den anderen (Politik) ist zwar das Problem der Sorge um sich (Philosophie), doch Foucault entdeckt hier eine Deleuze'sche Falte, die bereits im Zentrum von Kants Frage nach der Aufklärung steht. In seiner Vorlesung über *Die Regierung des Selbst und der anderen* möchte Michel Foucault Themen »der letzten zehn oder auch zwölf Jahre« aufnehmen, die er am Collège de France unter die Überschrift einer »Geschichte des Denkens«[28] stellt, und kommt dabei auf Kants Text *Was ist Aufklärung?* zurück. Mit Denken will Foucault das analysieren, was er den Brennpunkt der Erfahrung nennt. Diese Brennpunkte der Erfahrung haben drei Elemente: »die normativen Verhaltensmatrizen der Individuen, die Formen eines möglichen Wissens und virtuelle Existenzmodi für mögliche Subjekte«[29]. Foucault knüpft an Kant an, indem er drei Schlüsselbegriffe weiterentwickelt: die Veridiktion, die Gouvernementalität und die Subjektivierung. Insbesondere die Frage nach der Gegenwart rückt hierbei in den Mittelpunkt: »Es ist die Frage: Was geschieht heute? Was geschieht jetzt? Was ist dieses ›Jetzt‹?«[30]

Kants kurze Schrift über die Aufklärung ist schon im Mai 1978 Foucaults Thema seiner Vorlesung über *Was ist Kritik?* und wird nun fünf Jahre später erneut in den Fokus seines Denkens gerückt. Die Frage der Gegenwart, der Ausdruck des Prozesses, das Verhältnis des Philosophen zu diesem Prozess und die Relation von Denken (logos = Sprache) und Handeln (ergon = Aufgabe) beschäftigen ihn, denn, so Foucault: »Der ›logos‹ ist in Wirklichkeit nur dann vollständig, wenn er in der Lage ist, zum ›ergon‹ zu führen.«[31] Der von Habermas so deutlich abstrahierte Diskurs der Moderne[32] wird von Foucault dahingehend kritisiert, als dass von Habermas »die Frage nach der Moderne im Sinne einer Polarität gestellt wird, als Frage nach der Polarität zwischen Antike und Moderne«[33]. Diese Polarität sieht Foucault nicht, denn sie bedeutet eine Abwertung der Antike zugunsten der Moderne durch Habermas und missachtet vor allem die Zeitlichkeit in der Frage: »Was ist meine Gegenwart?«[34] – eine Frage, die sich die Griechen selbst auch stellten. Dieser Foucault'schen Kritik folgen nicht zuletzt US-amerikanische Denker.[35]

Schließlich nennt sich die Aufklärung selbst Aufklärung, weil sie sich in ihrer eigenen Gegenwart so sieht. Die Aufklärung ist eine Periode, die ihren eigenen Wahlspruch wählt und ihre eigene Satzung formuliert. Darum schließt sich an die

Frage »Was ist Aufklärung?« unmittelbar die Frage »Was ist Revolution?« an, die Kant in seiner Schrift über den Streit der Fakultäten beantwortet.[36] Die Frage der Aufklärung ermöglicht es, so Foucault, vor allem nicht zu sehr regiert zu werden, denn das von Kant aufgeworfene Problem skizziert sich als Aufhebung der Unterwerfung (désassujettissement) im Rahmen einer »Philosophie der Wahrheit«[37]. Foucault entnimmt Kant das kritische Erbe, in dem er sich selbst erkennt, nämlich die Gegenwart auf der Basis dessen zu analysieren, was wir sind. Foucault fragt »Was ist die Gegenwart?« und antwortet mit seiner konzipierten Ontologie der Gegenwart, die er »eine Ontologie der Aktualität, eine Ontologie der Moderne, eine Ontologie unserer selbst nennen könnte«[38]. Die nach Kant selbst verschuldete Unmündigkeit zu überwinden ist ein Programm dieser Foucault'schen Ontologie der Gegenwart mit ihrer Perspektive einer Philosophie der Wahrheit. Der Zustand der Unmündigkeit ist ein Zustand der Abhängigkeit, der im Prozess der Aufklärung seine Bewegung verloren hat. Weil das Individuum feige und faul ist – Kant spricht von der Faulheit und Feigheit der Menschen –, weil es Angst hat, ist das Subjekt nicht in der Lage, sich selbst und die anderen aus der Unmündigkeit herauszuführen.[39] Foucault ermittelt an diesem Punkt die Paarung von Gehorsam und Abwesenheit vernünftigen Denkens und die Paarung des Privaten und des Öffentlichen.[40] Wir sind unterwegs zur Aufklärung, sagt Kant, und in diesem Prozess der Aufklärung verteilt sich die Regierung des Selbst und der anderen neu, ergänzt Foucault.[41] Zur allgemeinen Überraschung spitzt er zu: »Je mehr Freiheit man dem Denken lassen wird, umso sicherer kann man sein, dass der Geist des Volkes zum Gehorsam gebildet wird.«[42]

Die altkluge Bemerkung, dass Freiheit (eleutheria) im Denken ein kritisches Volk und seine freie Rede (parrhesia) fördert, ist in der Erfahrung dieser Gegenwart sowieso widerlegt: »Nun, zu einer Zeit, nämlich der unseren, in der man die Probleme der Demokratie so gern in Begriffen der Machtverteilung, der Selbstbestimmung jedes einzelnen in der Ausübung der Macht, in Begriffen der Transparenz und Undurchsichtigkeit, des Verhältnisses zwischen bürgerlicher Gesellschaft und Staat stellt, ist es vielleicht gut, an diese alte Frage zu erinnern, die gleichzeitig mit dem Funktionieren der athenischen Demokratie und ihrer Krisen aufkam, nämlich der Frage nach der wahren Rede und der notwendigen, unverzichtbaren und empfindlichen Zäsur, die die wahre Rede unvermeidlich in eine Demokratie einführt, eine Demokratie, die diese wahre Rede zugleich ermöglicht und sie unablässig bedroht.«[43]

Am 16. Februar 1983 kommt Michel Foucault erneut auf den *Alkibiades* des Platon zu sprechen. Ihn interessiert die Wendung der Aufmerksamkeit auf etwas anderes, nämlich die Umwendung, »die durch eine anfängliche Wahl, eine Entwicklung und eine Anwendung bestimmt ist«[44]. Diese Aufmerksamkeit ist die des Lehrers für seinen Schüler. In dem Dialog zwischen Lehrer und Schüler geht es nicht um Rhetorik, sondern um Erotik.[45] Schon Hölderlin dichtet über »Sokrates und Alkibiades«:

Warum huldigst du, heiliger Sokrates!
Diesem Jünglinge? Kennt Größeres nicht dein Blick?
Warum siehet begeistert
Wie auf Götter, dein Aug‹ auf ihn?

Wer das Tiefe gedacht, ehrt das Lebendigste
Hohe Jugend erkennt nur der gereifte Geist,
Und der Weiseste wendet
Fromm am Ende zu Schönem sich.[46]

Drei große Themen der europäischen Antike haben sich in den Gesetzbüchern des katholischen und protestantischen Abendlandes gehalten und strukturieren bis heute die Ethik der Sexualität. Diese Themen sind die Tendenz zur sexuellen Mäßigung im Umgang mit dem eigenen Körper (Enthaltsamkeit), die Tendenz zur ehelichen Treue in Bezug auf die Frau (Monogamie) und die Tendenz zur Unberührbarkeit des Knaben und zur Diskriminierung der Homosexualität (Perversion). In diesen drei Bereichen wird eine moralische Lebensführung erwartet und gefordert: die individuelle Führung des Selbst (Körperkultur und das Problem der Onanie), der ökonomische Bereich des Hauses (Ehe, Familie und das Thema des Ehebruchs) und der erotisch-sexuelle Bereich der Knabenliebe (Erotik, Pädophilie und die Unterdrückung der Homosexualität).

Die drei Problemthemen mit den Überschriften Diätetik, Ökonomie und Erotik werden unter den Titeln Körper (Fleischeslust), Frau (Ehe) und Knabe (Pädophilie) verhandelt.[47] In der Antike entwickeln sich Grundstrategien, die dem Subjekt bei der Organisation der Liebesdinge helfen, die verschiedenen Lebensbereiche, den ethischen, sozialen und erotisch-sexuellen, zu bestimmen und zu gestalten. Schon in der Antike gilt die Ehe als legitimer Raum und bevorzugter Ort, die »chresis aphrodísion« (Gebrauch der Lüste) zu praktizieren. Allerdings beginnt die Sorge um sich mit der Befreiung von der Ehe[48] und findet die Antwort auf die wirksame Frage »Was ist ein Mann?« in einem »auto to auto« (in sich selbst).[49]

Das Problem des kritischen Alters des Knaben auf dem Weg zum Mannsein sieht Michel Foucault in der Strukturierung und Wahrnehmung der »aphrodisia« als einem Prinzip der soziosexuellen Isomorphie und Aktivität, außerdem als ein Problem, das sich nur im Kontext der Liebe eines Knaben aus guter Familie zeigt. Grundsätzlich aber kann die Liebe eines Mannes zu einem Knaben nicht die bildende Aufgabe erfüllen, die sie begründen und rechtfertigen möchte. Nicht zuletzt »stellen die Männer den Jünglingen nach, solange diese noch in der Blüte ihrer Jugend stehen. Doch sie verlassen sie in jenem kritischen Alter, wo sie der Kindheit bereits entwachsen sind, wo sie Führung und Unterweisung in der Schule hinter sich gelassen haben und einen Führer bräuchten, der sie für diese andere, diese neue Sache ausbildet, auf die sie durch ihren Lehrer überhaupt nicht vorbereitet wurden: die Ausübung eines politischen Amtes.«[50] Der Mann soll als Gefährte des Knaben sich in ein Verhältnis zum anderen (à l'autre) stellen, indem er als Lehrer,

Meister, Liebender den Knaben uneigennützig liebt.[51] Angesehene Männer und ruhmreiche Greise sind durch einen vorbildlichen Lebenswandel dazu aufgefordert, sich in der Nähe von Knaben aufzuhalten, denn sie bieten ein Verhaltensvorbild an, vermitteln Wissen und Grundsätze, Fähigkeiten und Kunstfertigkeiten – und zeigen dem Knaben in sokratischer (An-)Leitung nicht zuletzt, »dass dieser mehr weiß, als er weiß«[52].

Führt der Geschlechtsakt in der Ehe zur körperlichen Erschöpfung? Stellt außerehelicher Geschlechtsverkehr eine Gefahr für die Hauswirtschaft dar? Ist die körperliche Liebe zum Knaben mit der guten Erziehung vereinbar? Die Knabenliebe ist eine wesentliche Ursache der Unruhe in einer diskursiven Formation, die den rechten Gebrauch der Lüste meint.[53] Foucaults Untersuchung der Korrektur dieser antiken Wahrheit durch die Moderne dient der Ausbildung einer Diätetik des Selbst als einer Art Regierung des eigenen Körpers[54], um eine Balance zwischen der Kraft der Natur und dem notwendigen Akt zu praktizieren. Im Bereich der Knabenliebe, der Erotik wurde eine andere Technik, nämlich ein »jeu ouvert, eine Kunst des Hofmachens entwickelt«[55]. Foucault untersucht diese andere »techné« am Beispiel von Platons Text über Alkibiades.[56] Der Begriff der Sorge wird von Martin Heidegger gekonnt in Szene gesetzt und fünfzig Jahre später von Michel Foucault anhand des Platon-Dialoges entfaltet. Die Philosophie der Sorge um sich (epimeleia heautou) ist der Entwurf einer Haltung, die mit den Techniken der Verifikation (dem Wahrsprechen und der Beziehung zur Wahrheit) zur Herrschaft über sich selbst und zur Führung politischer Ämter befähigt. Hier erweist sich der Philosoph als Vermittler »in der Neugestaltung und in der Formation des Individuums als Subjekt«[57].

In der griechischen Antike findet sich kein Wort für Sexualität; der Terminus, der dem nahekommt, ist »aphrodisia«. Er meint die Gesten und Gebärden, die Berührungen und Freuden der Liebe, die Genüsse und Lüste des Fleisches, zuletzt den Akt selbst. In diesem Begriffsfeld der »aphrodisia« sind das Liebesverlangen (Begehren und Empfinden), die Verlangenserfüllung (Akt) und die Begleiterscheinungen (Lust und Vergnügen) intendiert. Der Name der Göttin Aphrodite selbst korrespondiert mit diesem Terminus im Sinne von Liebe und Schönheit, insbesondere mit dem modernen Begriff der Sexualität, denn ohne Eros ist die Aphrodite nichts. Unter »aphrodisia« versteht Foucault eine historische Erfahrung, nämlich die griechische Erfahrung der Lüste im Unterschied zur christlichen Erfahrung des Fleisches und der modernen Sexualität (Lust, Fleisch, Sex). Die »aphrodisia« bezeichnet eine ethische Substanz der antiken Moral.

»Eros und Askese sind die beiden bedeutenden Formen, in denen in der abendländischen Gesellschaft die Modalitäten gedacht werden, denen gemäß das Subjekt sich zu wandeln hat, um schließlich ein der Wahrheit fähiges Subjekt zu werden.«[58] Das gilt ebenso für die Liebe des Mannes zum Knaben. Die Problematisierung der Knabenliebe im antiken Griechenland betrifft in dieser Zeit nicht das, was die Moderne unter Homosexualität versteht. Gleich ob das begehrte Objekt Knabe oder Frau ist, geht es vorrangig um den »natürlichen Appetit, der die Herzen der Männer zu den Schönen hintreibt«[59]. Alkibiades sieht in der Art, sich für die Schönheit zu begeistern, »eine unmäßige Leidenschaft am Werk«, und er wirft Sokrates vor, »lüstern auf die Schönen zu sein, immerzu um sie herum und hingerissen von ihnen zu sein und nicht zuletzt in allem unverständig und unwissend zu sein«[60]. Die Umkehrung dieses Platonismus ist nicht dessen Aufhebung, denn der Philosoph ist ein Liebhaber des Schönen, er muss es sein. Eine Wendung, die die Schönheit da sieht, wo sie lebendig erscheint, versteht Hölderlin als den Impuls des Sokrates: »Wer das Tiefste gedacht, liebt das Lebendigste.«[61]

In der Antike ist das Gebiet der Knabenliebe ein erotisches Lebensumfeld. Allerdings impliziert dieser besondere Eros den Nicht-Besitz des Knaben. Es geht um den Genuss der »aphrodisia«, weniger im Sinne des körperlichen Genusses und der sexuellen Lust. Besonders in Bezug auf den Knaben als erotisches Objekt wird die Kunst der Selbstbeherrschung gefordert. Platons Aufforderung lautet: »egkratos autos hautou«[62], nämlich jeden Tag so zu leben, um immer selbstbeherrschter zu werden.[63] Die »maîtrise de soi« entwickelt einen eigenen Stil, weil das Begehren besonders stark und der Sieg (in der Enthaltung als ein Sieg über sich selbst) besonders ehrenvoll erscheint. Der Knabe wird als das höchste Objekt der Begierde und der Lust angesehen, weil er virtuell dem Mann ebenbürtig ist. Wenn die Homosexualität als ein Ideal antiker Liebesbeziehung erscheint, dann im Verhältnis des Mannes zum Knaben und in ethischer Ebenbürtigkeit. Undenkbar erscheint ein erotisches Verhältnis eines Bürgers mit einem versklavten Jungen. Nicht zuletzt besteht über die Form der Knabenliebe trotz vielfältiger Porzellanabbildungen und antiker Textdarstellungen ein bemerkenswertes Schweigen, in welchem der Knabe für die Reflexion auf diesen Eros eine Antinomie darstellt. Das liegt vielleicht daran, dass die »aphrodisia« allein vom Mann ausgeht, der sich damit als Subjekt definiert. Dem Knaben kommt die Objektrolle zu. Damit ist diese erotische Beziehung keineswegs als partnerschaftlich oder gleichberechtigt zu bezeichnen.

Die Antinomie des Knaben fordert die antiken Philosophen heraus. Sokrates kommt die Ehre zu, diese Antinomie aufzulösen, indem die platonische Philosophie zu dem Schluss kommt, dass die (philosophische) Liebe zur Wahrheit die (erotische) Liebe zerstört und folglich die zunächst hoch bewertete Knabenliebe zu einem »markanten Symptom für ein anormales Subjekt macht«[64]. Der Knabe ist der Katalysator für den Selbstbezug des Mannes (als Subjekt), und er muss zur Liebe der Wahrheit (wo der Mann sich bereits befindet) geführt werden. Erst dann ist eine Liebesdialektik, die sich nicht auf den erotischen Körper, sondern auf die Liebe zur Wahrheit beruft, möglich: »Die Liebesdialektik fordert die beiden Liebenden zu völlig gleichen Bewegungen heraus; die Liebe ist dieselbe, da sie für den einen wie für den anderen die Bewegung ist, die sie zum Wahren trägt.«[65] Das zeigt Foucault neben dem Referenztext des *Alkibiades* ebenso im *Erotikos* des Demosthenes. Er ist nicht von seinen Grundüberzeugungen enttäuscht, wenn diese mit der Gerechtigkeit und mit der Moral vereinbar sind. Denn »auf solche, die zur Schande gereichen, wagt keiner auch nur zu hoffen: so groß ist die Freiheit, die

die Mäßigung all denen einräumt, die die besten Absichten haben; so groß ist die Entmutigung, die sie denen einflößt, die sich erdreisten.«[66]

Wenn heute in westlichen Gesellschaften das Individuum sich selbst als ein sexuelles Subjekt akzeptiert, dann geschieht das auf Kosten der Souveränität des Selbst. Der Kampf um Selbstbefreiung und Selbstverwirklichung legt das Selbstbegehren als Fundament zugrunde mit der Folge, dass das narzisstische Spiegelbegehren (Jacques Lacan) auf einem starken Bedürfnis nach Anerkennen beruht. Darum ist die Bewegung des antiken Subjekts komplementär mit der Befreiung des modernen Individuums. Nur das Ausleben der (sexuellen) Lüste allein schafft nicht eine positive Form der Befriedigung. Es steht zu befürchten, dass sich das moderne Individuum verliert, um in sich auflösenden Sphären (Peter Sloterdijk) zu schweben. Neben dem emanzipatorischen Gehalt dieses Tuns fehlt die Disziplinierung des Selbst, um ergotherapeutisch bei sich selbst tatsächlich anzulangen. Ein reines Treiben in den Lüsten führt nicht zu einer Ethik des Selbst und stellt im Zweifel erneut Machtverhältnisse in sexuellen Beziehungen her und ist dann wiederum eine Bestätigung tradierter Muster.

Die Kunst zu leben bedeutet, eine Ethik des Selbst zu entwickeln: »In der Rangordnung der beiden antiken Maximen ›Achte auf dich selbst‹ und ›Erkenne dich selbst‹ hat es eine Umkehrung gegeben. In der griechisch-römischen Kultur erschien die Selbsterkenntnis als Folge der Sorge um sich selbst. In der Moderne dagegen verkörpert die Selbsterkenntnis das fundamentale Prinzip.«[67]

Vor der Regierung des Selbst steht die Ästhetik der Existenz. Spätestens seit 1976 arbeitet Michel Foucault an einer Ethik der Lebensformen, die er zuerst in *Der Wille zum Wissen* formuliert und schließlich in den beiden Vorlesungsbänden von *Die Regierung des Selbst und der anderen* sieben Jahre später ausarbeitet. Die »techné tou biou« versteht das Leben eines jeden Individuums als Kunstwerk, in dem man – gegen den Einspruch Außenstehender – das Leben selbst zum Maßstab machen kann.[68]

In der »techné« geht es um das Potenzial, »sich selber als Herr-Subjekt seines Verhaltens zu konstituieren, das heißt, sich zum geschickten und klugen Führer seiner selbst zu machen, der das Maß und den Augenblick abschätzen kann«[69].

Im März 1983 stellt Foucault das Manuskript von *Der Gebrauch der Lüste (L'Usage des plaisirs)* vorerst fertig. In Paris trifft er auf Einladung von Paul Veyne auf Jürgen Habermas, der am Collège de France mehrere Vorträge hält. In einem Gespräch mit Martin Jay, Leo Löwenthal, Paul Rabinow, Richard Rorty und Charles Taylor 1984 erinnert sich Michel Foucault: »Als Habermas in Paris war, haben wir natürlich miteinander gesprochen. Ich war wirklich beeindruckt, wie sehr für ihn Heidegger und die politischen Implikationen seines Denkens ein wichtiges und drängendes Problem darstellten. Dabei hat mich etwas nachdenklich gemacht, das mich noch immer beschäftigt. Nachdem er erklärt hatte, wie Heideggers Denken tatsächlich ein politisches Desaster angerichtet hatte, erwähnte er einen seiner Professoren, der ein großer Kantianer und in den dreißiger Jahren bekannt war. Er erklärte mir, wie überrascht und enttäuscht er gewesen sei, als er eines Tages beim

Durchsehen von Karteikarten einige Texte dieses berühmten Kantianers fand, die – um 1934 geschrieben – in jeder Hinsicht nationalsozialistische waren.«[70] Wenn Foucault auf diese Zusammenhänge hinweist, dann bittet er darum, nicht daraus zu schließen, »dass man innerhalb der Ordnung der Theorie alles sagen kann, sondern im Gegenteil, dass eine fragende, vorsichtige, experimentelle Haltung notwendig ist«[71].

Das Thema der Vorträge im Collège de France von Jürgen Habermas ist der von ihm selbst so bezeichnete »Philosophische Diskurs der Moderne«, bei dem er in zwei Vorlesungen auch auf die Arbeiten von Foucault zu sprechen kommt.[72] Foucault steht der Kritischen Theorie der Frankfurter Schule zwiespältig gegenüber, insbesondere bei Jürgen Habermas bleibt er skeptisch. In einem Interview bemerkt er bereits 1978: »Zum Beispiel das Problem der Machteffekte auf einen Typus der Rationalität hat mich schon immer beschäftigt. Wie können wir diese Rationalität von den Mechanismen, Prozeduren, Techniken und Wirkungen der Macht trennen, die sie bestimmen und die wir nicht mehr länger anerkennen können?«[73] Schon in *Überwachen und Strafen* wirft Foucault ein: »Man muss aufhören, die Wirkungen der Macht immer negativ zu beschreiben, als ob sie nur ausschließen, unterdrücken, verdrängen, zensieren, abstrahieren, maskieren, verschleiern würde. In Wirklichkeit ist die Macht produktiv; und sie produziert Wirkliches. Sie produziert Gegenstandsbereiche und Wahrheitsrituale: das Individuum und seine Erkenntnis sind Ergebnisse dieser Produktion.«[74]

Das Versprechen der Aufklärung, dass nämlich die Freiheit durch Anwendung der Vernunft durchaus möglich ist, wird durch die Vormachtstellung der Vernunft unterlaufen, denn Vernunft okkupiert zunehmend den Ort der Freiheit, wie Foucault bekanntlich konstatiert. In Übereinstimmung befinden sich beide darin, dass man in die Irrationalität verfalle, wenn man das Werk Kants vergäße. Dennoch will Foucault eben etwas völlig anderes als Habermas schöpfen.

Diese beiden so unterschiedlichen Denker treffen mehrmals zusammen, und der Eifer, den Foucault daransetzt, Habermas wiederholt und direkt zu konfrontieren, ist ein sichtbares Symptom dafür, anders und neu zu denken und sich selbst kontinuierlich zu ändern. Während er früher möglichen Begegnungen dieser Art aus dem Wege geht, etwa mit Paul Ricœur (1967) oder mit Jacques Derrida (1971), setzt Michel Foucault nun bei Jürgen Habermas auf Dialog statt Monolog.

Am 6. März 1983 also erscheint Jürgen Habermas im Collège de France. Im Jahr zuvor wird er an die Johann Wolfgang Goethe-Universität in Frankfurt a.M. berufen, um eine Professur für Philosophie anzutreten. Erst im Spätsommer 1983 – also nachdem er in Paris war – nimmt Habermas seine Lehrtätigkeit in Frankfurt auf. Er hält Vorlesungen zum Thema *Theorie der Modernität* und betont, dass er nicht die Absicht habe, die Tradition einer Schule fortzusetzen. In dieser Distanz zur Tradition der Frankfurter Schule muss er sich nicht wundern, dass zukünftig weder die Studierenden noch die Dozenten des sozialwissenschaftlichen Fachbereichs besonderes Interesse an seiner Arbeit zeigen.

Die Vorlesungsreihe *Theorie der Modernität* folgt den Pariser Vorträgen zum *Philosophischen Diskurs der Moderne* und geht zusammen mit diesen in den gleichnamigen Band ein, der 1985 erscheint. Die von ihm lange nicht ernst genommenen französischen Kollegen veranlassen ihn folgend dazu, in Reaktion auf den Poststrukturalismus und die Postmoderne seine Kommunikationstheorie der Gesellschaft zu entwickeln. »Die Vorstellung, dass es einen Zustand der Kommunikation geben kann, worin die Wahrheitsspiele ohne Hindernisse, Beschränkungen und Zwangseffekte zirkulieren können, scheint mir zur Ordnung der Utopie zu gehören«[75], stellt Foucault lapidar fest. Unter der Überschrift einer »Geschichte der Wahrheit« versteht er nicht eine Geschichte dessen, was es Wahres an Erkenntnissen geben mag, sondern eine Analyse der Wahrheitsspiele, der Spiele des Wahren und des Falschen, in denen sich das Sein historisch als Erfahrung konstituiert. Der Zirkel bedeutet hierbei, dass »die Philosophie sich nur an diejenigen wenden kann, die sie anhören wollen«[76].

So kritisch, wie Foucault mit Habermas umgeht, ebenso kritisch verhält sich der Frankfurter zu dem Pariser Denker. Er prangert etwa dessen Rückgang auf die dionysische Macht des Poetischen ebenso an, wie er dessen kryptonormative Scheinwissenschaft zurückweist.[77] Bei Foucault schätzt Habermas noch dessen radikale Vernunftkritik, dessen Beschwörung der Auslöschung des Subjekts lehnt er dagegen absolut ab. Bei Derrida anerkennt er dessen furiose Arbeit der Dekonstruktion, insgesamt aber kritisiert er eine angeblich von französischer Seite insgesamt vorgenommene Verwerfung von Rationalität.

Im April 1983 erscheint die erste Bibliografie über Michel Foucault von Michael Clark *(Michel Foucault, an Annotated Bibliography)*. Fünfundzwanzig Jahre später folgt eine Bibliografie der deutschsprachigen Veröffentlichungen.[78]

Erneut in Berkeley – kurz nach dem Habermas-Besuch reist Foucault nach Kalifornien –, hält der Denker im April und Mai Vorträge über die Kunst des Selbst und das Schreiben über sich selbst. Neben seinen Vorträgen über Machtbeziehungen und Sexualität praktiziert er sein Denken in der Lederszene von San Francisco. Im Sinne von Senecas »Sapere aude!« (Habe Mut!) will Foucault trotz einer »merkwürdig neuen Krankheit« sexuell leben. Foucault will – so sein Biograf James Miller – »Gefährlich leben!«[79]. Didier Eribon ergänzt: »Er ist glücklich in und mit seiner Arbeit. Er ist glücklich in den Lüsten des Körpers.«[80]

Und Hervé Guibert erinnert sich sozusagen aus erster Quelle: »Manchmal sah ich ihn nachts von meinem Balkon aus vor das Haus treten, in schwarzer Lederjacke, mit Ketten und Metallringen in den Schulterklappen, um zu einer Bar im 12. Arrondissement zu fahren, ›Le Keller‹, wo er seine Opfer aushob.«[81]

Er will nicht nur durch sein Denken und Schreiben versuchen, sich um sich selbst zu sorgen, sondern er arbeitet zeitgleich an einer kritischen Ontologie, die sein Selbst transformiert und verändert. Foucault experimentiert, opfert sich und seinen Körper, entweder durch die Prüfungen der Askese oder die Zerreißproben des Sadomasochismus.[82] Guibert schreibt, dass Foucault »leidenschaftliche Sauna-Orgien liebte« und in San Francisco sich »ins Vergnügen stürzte«, um »die irrwitzigsten Phantasien auszuleben«[83]. Die Erotisierung des gesamten Körpers als Zone der Lust bedeutet die bewusste Abkehr vom dominierenden Genitalsex. Jeder Mensch ist der Eigentümer seines Körpers und kann und soll über ihn frei und kreativ verfügen. Seneca sagt auch: »Jeder Augenblick, jeder Ort soll euch lehren, wie leicht es ist, der Natur aufzukündigen und ihr Geschenk ihr vor die Füße zu werfen. Gerade an den Altären und bei den feierlichen Zeremonien der Opfernden, während man sich das Leben wünscht, lernt man den Tod.«[84]

Michel Foucault trifft auf Hubert Dreyfus und Paul Rabinow, Martin Jay und Leo Löwenthal, Richard Rorty und Charles Taylor und diskutiert mit ihnen.[85] Die Texte aus diesen Begegnungen gehen in den Band *Michel Foucault, un parcours philosophique* (1984) ein.[86]

Im September schließt er endgültig den zweiten Band seiner Geschichte der Sexualität unter dem Titel *Der Gebrauch der Lüste* ab. Im Oktober und November ist Foucault erneut in Berkeley und spricht über die Geschichte der »parrhesia«. Gegen Ende des Jahres, nachdem seine Lungen untersucht wurden, sieht Michel Foucault, dass er seine jährliche Vorlesung am Collège de France nicht mehr wird halten können.

1983 PHILIPPE ARIÈS

In seinem Text über »einen neuerdings erhobenen apokalyptischen Ton in der Philosophie« (1983) nennt Derrida sechs Schlüsselbegriffe, die in der deutschsprachigen Übersetzung gekonnt als »Gala«[87], »Grace«[88], »Gabe«[89], »Genre«[90], »Gattung«[91] und »Glas«[92], also als Substantive mit dem Anfangsbuchstaben G erscheinen.[93] Die Übersetzung wird in diesem Fall »zum bloßen Sonderfall der Lektüre«[94].

Der apokalyptische Ton, den der Autor vernimmt, bezieht sich auf das hebräische Wort »Gala«, mit dem man allgemein die Apokalypse benennt. »Gala« meint die Bedeutung von (einen Körperteil oder ein Geheimnis) entblößen oder aufdecken, aber auch (ein Geheimschreiben oder Augen und Ohren) öffentlich bekannt machen oder öffnen. Auch die Bedeutung von Fortgehen oder in die Verbannung gehen steckt in »Gala«.

Wenn Derrida seinen Text von 1983 »Von einen neuerdings erhobenen apokalyptischen Ton in der Philosophie« nennt, dann bezieht er sich auf den 1796 erschienenen Aufsatz »Von einem neuerdings erhobenen vornehmen Ton in der Philosophie« von Immanuel Kant. »Die kleine Schrift Kants, die in der Berliner Monatsschrift erschien, war als Kampfschrift gegen einen gewissen Schlosser gedacht, der gerade die Briefe Platons übersetzt hatte.«[95] Kants Denunziation dieser Übersetzungsleistung, hat den Grund darin, den eigentlichen Feind Jacobi zu treffen. Ihn stört die unerträgliche aristokratische Esoterik, in der er eine »Kryptophilie sieht, die mit einer mystischen Interpretation der Mathematik verbunden ist.

Der große Einsatz im Wettkampf zwischen Platon und Kant ist offensichtlich die philosophische Interpretation der Mathematik«[96], so Jacques Derrida.

Nach Kant, dem Aufklärer, erreichen wir ein Vermögen der Erkenntnis und der Anschauung durch Begriffe, um in der »Erkenntnis Fortschritte zu tun«[97]. Weil »wir nun mit unserem Verstande, als einem Erkenntnisvermögen durch Begriffe, annehmen, dass wir Erkenntnis nicht über unserem Begriff a priori erweitern können, welches doch in der Mathematik geschieht«[98].

Die Aufgabe eines Übersetzers also ist, sowohl die Frage nach den Begriffen zu beantworten als auch den richtigen Ton zu treffen. Walter Benjamins Aufsatz über »Die Aufgabe des Übersetzers« zitierend, verweist Jacques Derrida auf die Sprache und die Schrift als eine Spur, »jene gegebene Spur, die immer vom anderen kommt, selbst dann, wenn es niemand ist«[99]. Gerade in der Übersetzung von philosophischen Texten kommt es auf die Spur und den Ton an. »Um diese Übereinstimmungen und Unstimmigkeiten von selbst ertönen zu lassen, habe ich mich dazu entschlossen, zu Ihnen vielmehr von einem neuerdings erhobenen apokalyptischen Ton in der Philosophie zu sprechen«, so Derrida. Die Gunst (»Grace«) des Kant'schen Textes und die Gattung (»Genre«) der Kant'schen Kategorie, die in diesem Fall »wiederholt über diejenigen spottet, die sich affektiert benehmen«[100], bietet Derrida die Möglichkeit, eine Spur des 18. Jahrhunderts aufzunehmen.

Kant stört der Ton, in welchem »vornehme Personen philosophieren«. Auch wenn es bis zu den Spitzen der Metaphysik hinauf geschähe, muss ihnen das zur größten Ehre angerechnet werden. Und sie verdienen Nachsicht bei ihrem Verstoß wider die Schule, weil sie sich doch zu dieser auf den Fuß der bürgerlichen Gleichheit herablassen«[101]. Die Tatsache, dass vornehme Personen durch den Einfluss eines höheren »Gefühls zu philosophieren«[102], einer Esoterik philosophieren wollen, stört den Aufklärer, denn dieses Gefühl, das nicht vom Verstand getragen wird, »ist am meisten für den vornehmen Ton gemacht«[103]. Kant vermisst hierbei »die Stimme der Vernunft«[104] und die »Prinzipien a priori der praktischen Vernunft«[105]. Wenn Kant diesen besonderen Ton in der Philosophie analysiert, dann vor allem, um »die Manier sich hervorzutun zu denunzieren«[106], sagt Derrida.

Es geht nicht um den eigentlichen Ton oder den Tonwechsel, »die Beachtung des richtigen Tons, welcher nicht allein den Stil ausmacht«[107], sondern um die eigentliche Befürchtung, dass »die Philosophie, genauer der Name der Philosophie seine erste Bedeutung verloren hat«[108]. Der Name der Philosophie könnte ohne seinen ursprünglichen Bezug, das heißt ohne seine Bedeutung und ohne Garantie seines Wertes zirkulieren mit dem Ziel (»fin«), dass sich das Verhältnis zwischen dem Zeichen und der eigentlichen Sache lockert, um »den Raum einer Sinnentstellung oder die Empfänglichkeit für eine Verkehrung zu eröffnen«[109].

Der Bezug (»réference«) ist Kant zu locker. Ein festgemachter Wortlaut (»verbale«) und eine Strenge bei der Verlautbarung (»verbalisation«) beschäftigt ihn und in Folge Derrida nicht ganze zweihundert Jahre später. Vornehm sprechen die Aristokraten, so Kant, all jene, »die sich für vornehme Wesen ausgeben und halten, das heißt die Großtuer jener Anmaßenden, die die Stimme erheben und den Ton in der Philosophie hochmütig machen«[110]. Allerdings stellen sich diese Leute auch außerhalb einer Gemeinschaft, weil sie in einem »intuitiven Bezug zum Mysterium stehen, denn sie wollen zum Mysterium und durch das Mysterium anziehen, verführen, anführen. Diese agogische (myst-agogische oder päd-agogische) Funktion als Menschenführer stellt ihn über die Masse (Gemeinschaft) als Führer.«[111]

Das Kant'sche Thema ist also aktueller, als es auf den ersten Blick scheint, denn so sagt Derrida: »Die Mystagogen sind auch Interpreten. Das Element ihrer agogischen Macht ist die hermeneutische oder hermetische Verführung, und man denkt hier an das, was Warburton von der politischen Macht der Priester-Entziffer-rer der Hieroglyphen und der Schreiber im alten Ägypten sagte.«[112] Der nicht nur neuerdings erhobene vornehme Ton steht also unter der Herrschaft von Orakel-stimmen, die die Stimme der Vernunft überlagern, diese Stimme der Vernunft stören (»parasite«) und sie zum Delieren (»verstimmen«) bringen. »Die Stimme der Vernunft, sagt Kant, spricht zu jedermann deutlich und gewährt den Zugang zu einer wissenschaftlichen Erkenntnis.«[113]

Wenn Derrida im Unterschied zu Kant von einem apokalyptischen Ton statt einem vornehmen Ton spricht, dann verweist er auf die Intention der Apokalyptiker, die davon überzeugt sind, die Wahrheit zu sagen. Wer den apokalyptischen Ton annimmt, muss sich fragen lassen, warum und zu welchem Zweck? Wohin wird das führen? Will man den apokalyptischen Ton demaskieren, dann muss man nach Derrida »jene differenzierte Feineinstellung der Stimmen und Töne beachten«[114]. Den apokalyptischen Ton zu entmystifizieren bedeutet »ein Verlangen nach Licht, hellsichtige Wachsamkeit, erhellende Aufmerksamkeit oder Inspiration nach Wahrheit«[115]. Nicht zuletzt stellt sich – wie immer – die Frage nach dem ersten Pronomen, denn »ich (›moi‹) bedeutet, einen solchen Ton in meiner Bestimmung oder eine Berufung zur Bestimmung von ich/mir (›moi‹)«[116] zu suchen. Das Trennen von Gut und Böse, das Suchen von Bestimmung und Bedeutung und nicht zuletzt die Sammlung der Wahrheit (»aletheia«) gibt die alleinige Chance für »das Sammeln der Gabe, der Sendung, des Geschicks für die Bestimmung des Ich«[117].

XXX. Die Regierung des Selbst und der anderen II: Der Mut der Wahrheit

»Als Philosophieprofessor sollte man mindestens einmal in seinem Leben eine Vorlesung
über Sokrates und seinen Tod gehalten haben.
Das ist nun getan. Salvate animam meam.«
Michel Foucault[1]

Die letzte Vorlesungsreihe mit dem Titel *Le courage de la vérité*, der zweite Teil von *Le gouvernement de soi et des autres*, konfrontiert das Denken des Sokrates mit dem der Kyniker, das Denken der strahlenden Gründergestalt der Philosophie des Abendlandes mit den selbst ernannten »underdogs« des Denkens. In einer für ihn typischen Melange von Radikalität und Abgeklärtheit verfolgt Foucault eine der letzten großen Fragen seines Denkens, nämlich die Frage nach der »parrhesia«, nach dem freimütigen, schutzlosen, das eigene Leben auf das Spiel setzenden Sprechen.

Paul Veyne notiert: »Foucault hatte keine Angst vor dem Tod; er sagte es manchmal zu Freunden, wenn das Gespräch auf den Freitod zurückkam, und die Tatsachen haben bewiesen, wenngleich auf eine andere Weise, dass er nicht prahlte. Die antike Weisheit war ihm noch auf andere Art zu eigen geworden; während der letzten acht Monate seines Lebens hat die Abfassung seiner Bücher für ihn die Rolle gespielt, die die philosophische Schrift und das intime Tagebuch in der antiken Philosophie spielten: »Die einer Arbeit des Selbst an sich, einer Selbststilisierung.«[2]

In einem Interview Ende Mai 1981 gibt Michel Foucault eine verblüffende Auskunft: »Jedesmal, wenn ich versucht habe, eine theoretische Arbeit zu unternehmen, ist das ausgehend von den Elementen meiner eigenen Erfahrung geschehen: Immer im Zusammenhang mit Prozessen, die ich um mich herum ablaufen sah. Ich nahm wirklich deshalb, weil ich in den Dingen, die ich sah, in den Institutionen, mit denen ich zu tun hatte, in meinen Beziehungen, zu denen andere feine Risse, dumpfe Erschütterungen und Funktionsstörungen zu erkennen glaubten, eine solche Arbeit in Angriff, ein gewisses Fragment der Autobiographie.«[3] Wenn er sich auf seine Subjektwerdung einlässt, folgt er den Regeln, die er vor allem im Spätwerk herausstellt, nämlich sich auf Praktiken einzulassen, die die Selbstpraktiken darstellen. Bei Michel Foucault handelt es sich also um eine singuläre Praktik des Denkens (und des Handelns).

1984 HERVE GUIBERT

Im Januar 1984 wird Michel Foucault mit Antibiotika behandelt und gewinnt vorübergehend seine Vitalität zurück. Erschöpft nimmt er im Februar seine Vorlesung über die »parrhesia« *(Der Mut zur Wahrheit)* wieder auf. Im März wird ihm klar, dass er schwer krank ist, und er stellt den Ärzten die Frage:»Wieviel Zeit bleibt mir noch?« Foucault wird nun regelmäßig behandelt. Er arbeitet am dritten und vierten Band seiner Geschichte der Sexualität, *Die Sorge um sich* und *Die Geständnisse des Fleisches*; im März sitzt er an den Korrekturfahnen. Im April gibt er in seiner Wohnung ein letztes Fest aus Anlass des Besuchs von William S. Burroughs. Er trifft noch einmal Claude Mauriac und liest Franz Kafkas *Tagebuch*. Im Mai 1984 erscheinen der zweite und der dritte Band seiner Geschichte der Sexualität.

Mauriac trifft ihn am 14. Mai 1984 zufällig bei Gallimard und erinnert sich:»Er hatte drei der ersten Exemplare von *Der Gebrauch der Lüste* in der Hand. Dieser Band sollte in wenigen Tagen ausgeliefert werden, gefolgt von einem weiteren. Liebenswürdig bot er mir einen Band an, bestand darauf, dass ich annehme, und schrieb mir auf dem Geländer eine Widmung hinein.«[4] Aus Anlass des Erscheinens dieser beiden (letzten) Bücher von Michel Foucault widmet ihm die Zeitschrift *Magazine Littéraire* eine Sondernummer, darin geht es um das Schweigen der Intellektuellen. Am 26. Juli 1983 veröffentlicht Max Gallo seinen Aufsatz über das »Schweigen der Intellektuellen«, in dem er bedauert, dass ein großer Teil der neueren intellektuellen Generation sich zurückgezogen zu haben scheint. Gallo erwartet Ideen und Einsprüche über die Modernisierung Frankreichs nach dem Wahlsieg der politischen Linken im Mai 1981 und der Ernennung François Mitterrands zum Staatspräsidenten. Kurze Zeit später reagiert Philippe Boggio unter demselben Titel »Das Schweigen der Intellektuellen« am 30. Juli 1983 aggressiv:»Seitens des Collège de France, der Verlage oder CNRS beeilt man sich kaum, seinen eigenen Baustein zum Gebäude der die Macht innehabenden Linken beizusteuern, besonders wenn der Wind der Polemik mit der Opposition weht.«[5] Manche wie Simone de Beauvoir oder Michel Foucault würden sich seiner Meinung nach weigern, an dieser Modernisierung teilzunehmen. Allerdings sieht sich Foucault aufgrund seines vielfachen konkreten Engagements nicht von dieser Kritik betroffen, zumal er ausdrücklich nicht der Meinung ist, dass die Funktion des Philosophen darin besteht, den Politikern zu sagen, was sie zu tun haben oder nicht. In einem letzten Interview mit André Scala am 29. Mai 1984 spricht Foucault über die Bedeutung seiner Heidegger-Lektüre.

Am 2. Juni 1984, vor dem langen Pfingstwochenende, bricht Michel Foucault in seiner Küche zusammen, und Daniel Defert findet ihn bewusstlos in seinem Blut.[6] Stellt Foucault nicht in einem generalisierten Gestus die Symbolik des Blutes der Analytik der Sexualität entgegen? Und sucht damit die Differenz zwischen souveräner und disziplinärer Macht?»Es ist leicht zu sehen, dass das Blut auf der Seite des Gesetzes des Todes, der Überschreitung, des Symbolischen und der Souveränität steht; die Sexualität hingegen gehört zur Norm, zum Wissen, zum Leben, zum Sinn, zu den Disziplinen und den Regulierungen«[7], so der Autor in *Der Wille zum Wissen* acht Jahre zuvor. Schließlich holt ihn die alltagspraktische Realität ein. Am 3. Juni 1984 bringt ihn sein Bruder Denys in das Pariser Krankenhaus Saint-Michel, das ganz in seiner Nähe ist. Der Kranke leidet an trockenem Husten und starker Migräne. Den Husten bringt er im Herbst 1983 von einer Tagung in Kalifornien mit.[8] Ohne auf die Warnungen seiner Ärzte zu hören, arbeitet er mit größter Leidenschaft am Abschluss seiner Geschichte der Sexualität, indem er gegen die Müdigkeit und die Erschöpfung ankämpft und an die Grenze seiner körperlichen Möglichkeiten und psychischen Belastbarkeiten geht. Am 3. Juni 1984 besucht ihn der Freund Hervé Guibert am Krankenbett. Er berichtet sechs Jahre später: »Er wich meinen Blicken aus. Er sagte: Man denkt immer, es gebe über diese Art Situation etwas zu sagen, und jetzt gibt es eben überhaupt nichts zu sagen.«[9] Michel Foucault soll nicht mehr in seine Wohnung zurückkehren.

Am 9. Juni 1984 wird Foucault in die neurologische Abteilung des »Hôpital de la Salpêtrière« (und später in die Intensivstation der Pitié-Salpêtrière) eingeliefert[10], dessen Geschichte er in seiner berühmten Studie über *Wahnsinn und Gesellschaft* erforscht hat, an dem Ort, wo die Abweichler, Anormalen und Außenseiter eingesperrt wurden. Einen Tag später wird er auf die Intensivstation verlegt. Robert Badinter erinnert sich: »Wir sahen den Wagen, der den Körper von Michel Foucault zu seiner heimatlichen Erde brachte, die Straße hinunterfahren – abbiegen und verschwinden. Wir blieben noch einen Moment stehen, zögerten zu gehen und waren unfähig zu bleiben. Dann griff wieder das Leben nach uns – und unsere Einsamkeit.«[11] Nach einer kurzen Besserungsphase stirbt Michel Foucault am 25. Juni 1984 um 13 Uhr 15 an den Folgen einer HIV-Infektion. Vier Tage später wird sein Leichnam nach kurzer Zeremonie nach Vendeuvre-du-Poitou überführt. Dort wird er in einem kleinen Rahmen beigesetzt. Auf Bitten der Familie wird später ein ärztliches Kommuniqué veröffentlicht, in dem Michel Foucaults Aids-Erkrankung beschrieben wird. Wichtiges Zeugnis über die letzten Tage geben die Aufzeichnungen von Hervé Guibert, der Michel Foucault beinahe täglich im Krankenhaus besucht. Foucault legt ihm gegenüber eine Art Geständnis ab, das in dem Roman *À l'ami qui ne m'a pas sauvé la vie* (1990) zum Tragen kommt.

In seinem Testament verfügt Foucault, dass es keine posthumen Veröffentlichungen geben dürfe. Er bittet Guibert sogar um die Vernichtung seiner Aufzeichnungen: »Das sind meine Manuskripte; ich bitte dich, wenn mir auf dieser Reise irgend etwas zustößt, dann komme her und vernichte sie, du bist der einzige, den ich darum bitten kann, ich rechne damit, dass du es mir versprichst.«[12] In seinem Testament regelt Foucault, dass er seine Manuskripte vor dem Zugriff seiner Familie schützen will und die Rechte an den Texten seinem Lebensgefährten vermacht.[13]

Zwei Jahrzehnte später widmet das Schwule Museum in Berlin aus Anlass des zwanzigsten Todestages Michel Foucault (15. Oktober 1926 – 25. Juni 1984) eine Ausstellung, die Leben und Werk des nach Jean-Paul Sartre wichtigsten französischen Denkers würdigt. Die Initiatoren und Organisatoren dieser Ausstellung schreiben, dass es Foucault nicht um die Philosophie als solche, sondern um ein Philosophieren als politische Betätigung (für eine Veränderung des Etablierten) geht. Das wirft nicht zuletzt die Frage auf, wie man Philosophie in einem Museum ausstellt. Die Kuratoren arbeiten seit Anfang des neuen Jahrtausends an dieser Ausstellung, die vom 16. Juni bis zum 18. Oktober 2004 gezeigt wird, und sie entscheiden sich für das Prinzip der Collage. Eine Installation aus Zitaten aus dem Foucault'schen Werk empfängt die Besucher und verleitet sie bei genauer Betrachtung zu anregender Lektüre. Auf den mit diesen Texten tapezierten Wänden lagert sich als eine zweite Schicht vor, auf und über diesen Zitaten Foucaults Rezeption von Freud, Marx und Nietzsche ab. Dessen Werke hinterlassen bekanntlich unterschiedliche Spuren bei Foucault. Von der Auseinandersetzung mit Sartre bis zu den antiken Spuren im Spätwerk und zuletzt erotischen Aspekten im Leben dieses Philosophen zeigt diese Ausstellung als einzige Schau überhaupt eine prätentiöse Verbindung von Leben und Werk.

Wie schon Fritz J. Raddatz 1988 feststellt, ist der »Fall Foucault unerhört kompliziert: Einerseits seine Verknüpfung vom Tod des Menschen, die ihm das Klischee reaktionär eintrug – anderseits ist der Begriff progressiv zu flach für Foucault Rekurs auf das Subjekt, hat aber große Sprengkraft, denn er nimmt im Sinne von Nietzsches Bemerkungen über die Schwächung des Willens und den Werteverfall ein Ich in Anspruch, das produktiv, gar revolutionär ist.«[14] Foucault bewahrt das Subjekt, welches er sterben sieht, mit der Formierung des Individuums. Foucaults Bezug auf Nietzsche führt zur Veränderung der Frage von »Was ist?« zu »Wer ist?« und meint eben das Individuum. Nicht zuletzt skizziert Foucault den Tod des Menschen als eine weitreichende Folge der Biomacht, denn die Subjektform Mensch löst sich auf, weil »der Mensch zum Hindernis auf dem Weg zu einer immer weitergehenden Optimierung des Lebens wird«[15].

Die Wochenzeitung *Die Zeit* kommt dem nachhaltigen deutschsprachigen Interesse an Michel Foucault nicht nur durch den Vorabdruck mit Auszügen aus dem zweiten und dritten Band von *Sexualität und Wahrheit* nach. Auf den Seiten siebzehn bis zweiundzwanzig erscheinen hier die ersten posthumen Foucault-Texte in Deutschland. Zwei Jahre später bekennt am 8. Januar 1988 Jean-Paul Aron: *Mein AIDS*, und am 4. März 1988 erscheint Fritz J. Raddatz‹ Sammelrezension zu Sekundärwerken über Foucault.

Jean-Paul Aron, der zwar nicht wie Michel Foucault ein »normalien« ist, aber dennoch die Vorlesungen an der École Normale Supérieure besucht, freundet sich 1951 mit Foucault an. So kann er als Zeitzeuge einige Details berichten, beispielsweise dessen Mitgliedschaft in der Kommunistischen Partei Frankreichs (1950-1953) und dessen baldiges Wanken.[16] 1954 sehen sie sich wieder in Lille, und nur ein Jahr später beobachtet Aron ein wachsendes Heidegger-Interesse bei Foucault.[17] Zuvor begegnen beide Pierre Boulez, mit dem sich Foucault Mitte der siebziger Jahre befreundet und dem er bei der Wahl ins Collège de France hilft. 1960 stellt Aron einen Kontakt zur Librairie Plon her, wo Foucault bereits ein Jahr später nach einer Absage von Gallimard sein Buch *Wahnsinn und Gesellschaft* veröffentlicht. 1977 wiederum veröffentlicht Aron in einem Buch, dass Foucaults Forschungsfeld sehr nahe ist, zwei bedeutende Aufsätze über »Der Penis und der sittliche Verfall des Abendlands« und »Die Verhängnisse des Körpers«.[18] Allerdings präsentieren die Kritiker Aron als eine Art Anti-Foucault.[19] In »Die Verhängnisse des Körpers« listet der Autor Aron auf, welche Krankheiten und Phänomene zu körperlichen Verlusten oder zur Schwächung seiner Kräfte führen. Epiphanie und Apotheose führen zu Individualität; Ansteckung, fehlende Anmut, düstere Erbteile seien lasterhafte Körperanlagen; Vermächtnis, Vorherbestimmung und das Leid der Familien sei ererbt; Sündenböcke und Perverse gelten als entartet und als »die Reise ans Ende der Nacht«. In seiner Untersuchung stützt sich Aron vornehmlich auf Quellen des 19. Jahrhunderts.

Im Januar 1988 erscheint in der französischen und in der deutschen Presse Jean-Paul Arons Bekenntnis zur HIV-Infektion mit dem plakativen Titel *Mein AIDS*.[20] Hervé Guibert schreibt daraufhin das Drehbuch zu einem Film über diese Krankheit, während er auch in seinen Büchern ein Bekenntnis niederschreibt, denn sein Ich ist erkrankt, und er will »weltweit der erste sein, der über diese unerbittliche Krankheit schreibt und diese überlebt«[21]. Er will darin aufklären, denn Aids »ist in ein Netz voller Lügen verstrickt«[22] und »macht Angst vor der Sexualität«[23]. Am 27. Dezember 1991 stirbt Guibert ebenfalls an den Folgen seiner HIV-Infektion.

Foucault wird auf Guibert aufmerksam durch dessen Beiträge in der französischen Zeitung *Le Monde*. Dessen Art und Weise, frei von unnötigen Schnörkeln und überflüssigen Adjektiven zu schreiben, gefällt Foucault, und er lädt ihn ein, an einem Jour fixe in seiner Pariser Wohnung teilzunehmen, denn »mit seiner philosophischen Tätigkeit, die ihm auch Lebensform war, stellte er eine besondere Beziehung zu sich selbst und zu den Anderen her«[24]. François Ewald erinnert daran, dass für Foucault Leben und Lehren zusammengehören, denn »Lehren ist eine Kunst. Sie erlöscht mit dem, der lehrt.«[25]

Dieser ausgewählte Kreis attraktiver und begabter junger Männer inspiriert Foucault und praktiziert dessen Idee von einer Freundschaft unter Männern. Und aus diesem ersten Treffen wird schon bald eine tiefe Freundschaft zwischen Foucault und Guibert. Der eine bewundert die scharfsinnigen Aufsätze des anderen, der andere ist von den künstlerischen Fotografien des anderen begeistert. Ihre Freundschaft »entwickelt sich in sonderbaren und langsamen Bahnen«[26].

James Miller weist darauf hin, dass ihre Beziehung unerotischer Natur ist, und vielleicht ist diese Freundschaft auch darum als so besonders eng zu bezeichnen. Gegenseitige Anerkennung bringt Foucault zu dem Vergleich des Guibert'schen Talents mit dem Genie von Magritte. Wenn wir heute einige intime Details aus Foucaults Leben kennen, dann auch deshalb, weil Guibert beschließt, im Stillen ein Tagebuch zu führen.[27] Guibert schreibt darin beispielsweise: »Der Philosoph trägt einen Kimono. Seine Mundwinkel werden vom Anflug eines Lächelns umspielt, und hinter ihm öffnet sich ein brillant ausgeleuchteter Raum. Foucault selbst steht in einer Türschwelle; seine Umrisse werden von der offen stehenden Tür und ihrem blankpolierten dunklen Holz umrahmt, wobei sich seine Gestalt in den flachwinkligen ebenholzfarbenen Oberflächen als entstellte Reflexion vervielfältigt, und er gleicht einem Mann, der stumm aus dem Jenseits hinüberwinkt.«[28]

Hervé Guibert begleitet Michel Foucault bis zu dessen Tod am 25. Juni 1984. Über diese schwere Zeit führt Guibert ein Journal, um über den Schmerz und den Verlust hinwegzukommen. Ergebnisse dieser Notationen fließen in die Kurzgeschichte »Die Geheimnisse eines Mannes« (Les secrets d'un homme), die ein Tag nach Foucaults Beerdigung entsteht und 1988 publiziert wird, und in den Roman *Dem Freund, der mir das Leben nicht gerettet hat (À l'ami qui ne m'a pas sauvé la vie)* ein. Nach der Veröffentlichung dieses Schlüsseltextes wird Guibert zumindest in Frankreich mit Kritik überhäuft.[29] Die Rezensenten inszenieren einen Skandal, der mit dem Versuch verbunden ist, die Glaubwürdigkeit Guiberts infrage zu stellen. Neben den Literaturkritikern sind es vor allem Moralisten, die den Autor angreifen.

Guibert veröffentlicht den Roman, in dem er die letzten Monate des Philosophen »Muzil« alias Foucault schildert, im Jahr 1990. Ein US-Amerikaner mit Namen Bill kehrt 1981 aus den Staaten nach Frankreich zurück und berichtet von einer Art Krebs-Erkrankung, die Homosexuelle zu treffen scheint. »Der Zufall wollte, dass Muzil zu dem Zeitpunkt schon von dem Retrovirus betroffen befallen war.«[30] Daniel Defert, der in dem Text Stéphane genannt wird, ist dabei, als Michel Foucault alias Muzil über diesen Umstand lacht. Mit herrischem Gleichmut sieht dieser dem Tod entgegen. Auch wenn in keinem der beiden Texte Foucault namentlich genannt wird, ist er als Muzil umso präsenter. Die im Roman erscheinende Figur des Muzil erinnert an die autobiografische Figur Ulrich aus *Der Mann ohne Eigenschaften* von Robert Musil, »ein selbst tilgender Verkünder von Nietzsches Übermenschen«[31].

Foucault spricht mit Guibert viel über Literatur, so über Malcolm Lowry *Unter dem Vulkan*, Marc Aurels *Selbstbetrachtungen*, die Bücher von Gaston Bachelard und so weiter.[32] Der Roman *À l'ami qui ne m'a pas sauvé la vie* erscheint also sechs Jahre nach Foucaults Tod im Pariser Verlag Gallimard und eröffnet gleich mit seinem Thema: »Ich hatte drei Monate lang AIDS. Genauer, ich glaubte drei Monate lang, ich sei durch jene tödlich verlaufende Krankheit verurteilt, die AIDS heißt. Ich vertraute niemandem außer wenigen Freunden an, dass ich, durch diesen unerhörten Glücksfall, weltweit einer der ersten sein würde, die diese unerbittliche Krankheit überleben.«[33] Guibert, der selber von einer HIV-Infektion betroffen und vom Tode bedroht ist, veröffentlicht kurze Zeit später den autobiografischen Roman *Mitleidsprotokoll (Le protocole compassionel)*. Didier Eribon tut Hervé Guiberts Ausführungen als Fiktion ab, was im Nachhinein nicht nur unredlich, sondern auch unwahr ist. Guibert findet es wichtig zu sagen, dass der große Denker Foucault Aids hat. Entgegen den öffentlichen Lügen von Krebs, Blutvergiftung und Gehirnvereiterung will er die Wahrheit über Foucault sagen – gegen eine moralische Entrüstung und die unerträgliche Verlogenheit, denn: »Alles im Leben ist Feilschen. Der Tod ist die Einigung.«[34]

Allerdings beschreibt Guibert in *Dem Freund, der mir das Leben nicht gerettet hat* in erster Linie den eigenen körperlichen Verfall durch Aids. Und in *Mitleidsprotokoll* spitzt er diese Berichte weiter zu, wenn er darüber berichtet, dass er »keinen

Orgasmus mehr hat«, »seinen herrlichen Körper verliert«, »sich seiner Nacktheit schämt«, dass er einen »ruinierten Körper« sieht, der ihm »seinen Verfall« zeigt.[35]

Guibert fühlt sich lebendig, wenn er schreibt, auch wenn er beschreibt, wie er von einem Krankenhaus zur nächsten Krankenstation eilt: »Hôpital Claude-Bernard« und »Hôpital Saint-Michel«[36], »Hôpital Rothschild«, »Hôpital Quinze-Vingt« und »Hôpital Clamart« bis zu seinem eigenen Tod, dann zeigt er »den ersten Sieg der Wörter über AIDS«[37]. Nicht zuletzt schließt das »Hôpital Claude-Bernard« am 1. Februar 1989, und er wird ins »Hôpital Rothschild« überwiesen, wo er am 29. Dezember 1991 stirbt.[38]

Eine Figur in dem Roman, die ebenfalls an Aids erkrankt ist und die sich mit dieser Krankheit und dem mit ihr verbundenen angekündigten Tod intensiv beschäftigt, ist Muzil. Und dieser Muzil sieht dem Tod mit herrischem Gleichmut entgegen. Guibert beschreibt die letzten Stunden Foucaults: »Lange Zeit hielt ich seine Hand, genauso wie er in seiner Wohnung meine manchmal gehalten hatte. Dann legte ich meine Lippen auf seine Hand und küsste sie. Als ich wieder zuhause war, wusch ich diese Lippen mit einem Gefühl der Scham und der Erleichterung, so als ob sie verunreinigt worden seien. Ich war so glücklich, so erleichtert. So etwas zu schreiben, ist schrecklich!«[39] Guibert, der an einer Stelle des Buches die Maske herunterzieht, in dem er schreibt: »Muzil ist Foucault«, will nur eines: »Eine Wahrheit enthüllen, denn die Wahrheit ist eine Tugend.«[40]

Immer wieder wird von Freunden kolportiert, Foucault sei mit einem Lächeln im Gesicht gestorben, denn »was könnte schöner sein, als wegen der Liebe zu jungen Männern zu sterben?«[41]. Aussagen wie diese verstärken die Position, dass Foucaults Werk als eine Art Autobiografie zu lesen ist.[42] Die Geständnisse Guibert gegenüber sind in ihrer veröffentlichten Form sozusagen der Schlusspunkt dieser Foucault'schen Lebensbeschreibung, die der Autor selbst vornimmt. Um mit Nietzsche zu sprechen, ergibt sich für Foucault am Ende seines Lebens: »Allmählich hat sich mir herausgestellt, was jede große Philosophie bisher war: nämlich das Selbstbekenntnis ihres Urhebers und eine Art ungewollter und unvermerkter mémoires.«[43]

Michel Foucaults Verpflichtung zur Wahrheit gegenüber der eigenen Vita in Anbetracht des anderen Lebens kommt in den letzten Worten seines öffentlichen Vortrags vom 28. März 1984 – also drei Monate vor seinem Tod – zum Ausdruck: »Aber was ich zum Abschluss hervorheben möchte, ist folgendes: Es gibt keine Einsetzung der Wahrheit ohne eine wesentliche Setzung der Andersheit; die Wahrheit ist nie dasselbe; Wahrheit kann es nur in Form der anderen Welt und des anderen Lebens geben.«[44]

Nicht zuletzt lebt Michel Foucault selbst nach dem von ihm postulierten Programm, eben nicht – von keiner Person und von keiner Institution – regiert werden zu wollen, und prophezeit schon in *Ordnung der Dinge* die Beschränkung des Lebens nur durch den Tod und sonst nichts, indem er zugleich die Beschränktheit dieses (menschlichen) Wesens anerkennt, denn »der Mensch verschwindet wie am Meeresufer ein Gesicht im Sand«[45]. Weil Foucault sich selbst nicht unsichtbar machen kann, um etwa dem Identitätsspiel und dem damit verbundenen Wahrheitsspiel zu entkommen, und er folglich gerne Masken trägt, sucht er sich täglich eine Identität neu zu erfinden. Einen bedeutenden Erfahrungs-, Identitäts- und Wahrheitsraum bietet ihm die Sexualität.

Michel Foucault, der seine Person und sein Privatleben nicht in den öffentlichen Mittelpunkt, gelegentlich in den halböffentlichen Raum stellt, wird Hervé Guibert nicht expressis verbis aufgefordert haben, von seinen Lüsten in der SM-Szene oder dem Verfall durch Aids zu berichten. Noch kurz vor seinem Tod verbrennt Foucault Aufzeichnungen und Briefe und verfügt ein strenges posthumes Publikationsverbot. Er ist der Meister der Diskretion, und selbst Guibert geht davon aus, dass Foucault auf dessen Schlüsselroman ablehnend und wütend reagiert hätte. Als *Dem Freund, der mir das Leben nicht gerettet hat* erscheint, ist Guibert selbst todkrank. Zeit seines Lebens ist dieser Autor ein freier Geist, anarchisch und radikal. In seiner Arbeit als Journalist, Schriftsteller und Fotograf geht es ihm – wie Michel Foucault – um die Beschreibung dessen, was wahr ist. Er will den Dingen auf den Grund gehen und diese schließlich an das Licht führen. Mit dessen Worten drückt Guibert es so aus: Was uns bleibt, ist »die eigensinnige, fragende Indiskretion eines seinerseits verriegelten Schlüssels – dechiffrierende und chiffrierende Chiffre«[46]. Foucaults Freunde berichten, dass dieser in den letzten Wochen seines Lebens nie so gelassen war. Er soll sich mit einem Lachen und den Worten verabschiedet haben: Weine nicht um mich, wenn ich sterbe.

Dieses Buch ist jenen gewidmet, die der Krankheit Aids erlagen und an den Folgen einer HIV-Infektion starben: Jean-Paul Aron, Harold Brodkey, Bruce Chatwin, Wolfgang Max Faust, Hubert Fichte, Tom of Finland, Michel Foucault, Hervé Guibert, Guy Hocquenghem, Robert Mapplethorpe.

6. Anhang

Anmerkungen

Vorbemerkung

1 | Roland Barthes (1975 a): Über mich selbst, S. 34. Zitate wurden an die Regeln der neuen Rechtschreibung angepasst.
2 | Ebd., S. 42.
3 | Jean-Yves Tadié (2008 a): Marcel Proust. Biographie, S. 16.
4 | Joachim Köhler (1989 a): Zarathustras Geheimnis, S. XVIII.

I. Kindheit und Jugend

1 | Georges Canguilhem (1986 a): Über die Geschichte des Wahnsinns als Ereignis, S. 66.
2 | Michel Foucault: Michel Foucault, interviewt von Stephen Riggins. In: DE IV, S. 641-642.
3 | Michel Foucault: OD, S. 406.
4 | Ebd., S. 411.
5 | Hubert L. Dreyfus und Paul Rabinow (1987 a): Michel Foucault, S. 53.
6 | Wilhelm Schmid (1991 a): Auf der Suche nach einer neuen Lebenskunst, S. 354.
7 | Michel Foucault: RR, S. 164.
8 | Michel Foucault: Michel Foucault, interviewt von Stephen Riggins. In: DE IV, S. 645.
9 | Vgl. Jörg Baberowski (2005 a): Michel Foucault und die Macht der Diskurse, S. 191.
10 | Gérard Petitjean: Les Grands Prêtres del'université française. In: Le Nouvel Observateur, 7. 4. 1975. Zitiert nach Reiner Keller (2008 a): Michel Foucault, S. 7.
11 | Michel Foucault: WG, S. 9.
12 | Friedrich Nietzsche (1888 b): Ecce Homo, S. 257.
13 | Michel Foucault: Michel Foucault, interviewt von Stephen Riggins. In: DE IV, S. 645.
14 | Zitiert nach François Ewald (1985 a): Eine Praktik der Wahrheit, S. 15.
15 | Zitiert nach ebd.
16 | Michel Foucault: Man muss die Gesellschaft verteidigen. In: DE III, S. 166.
17 | Zitiert nach Didier Eribon (1989 a): Michel Foucault, S. 22. Zur Bedeutung der Postkarte vgl. Jacques Derrida (1975 a): Der Facteur der Wahrheit.
18 | Zitiert nach François Ewald (1985 a): Eine Praktik der Wahrheit, S. 16.

19 | Zitiert nach ebd.

20 | Michel Foucault: Le Nouvel Observateur und die Vereinigte Linke. In: DE IV, S. 125.

21 | Zitiert nach Didier Eribon (1989 a): Michel Foucault, S. 37.

22 | Michel Foucault: AW, S. 185.

23 | Vgl. James Miller (1993 a): Die Leidenschaft des Michel Foucault, S. 56.

24 | Zitiert nach Didier Eribon (1989 a): Michel Foucault, S. 28.

25 | Michel Foucault: Interview mit Michel Foucault. In: DE IV, S. 810.

26 | Zitiert nach Didier Eribon (1989 a): Michel Foucault, S. 30.

27 | Michel Foucault: Michel Foucault, interviewt von Stephen Riggins. In: DE IV, S. 646.

28 | Zitiert nach Didier Eribon (1989 a): Michel Foucault, S. 35.

II. Aufbruch nach Paris

1 | Jean-Paul Sartre (1943 a): Das Sein und das Nichts, S. 467.

2 | Didier Eribon (1989 a): Michel Foucault, S. 40.

3 | Vgl. Michel Foucault: IN, S. 45.

4 | Vgl. Reiner Keller (2008 a): Michel Foucault, S. 21.

5 | Michel Foucault: Sexualität und Einsamkeit. In: DE IV, S. 208-209.

6 | Michel Foucault: Gespräch mit Madame Chapsal. In: DE I, S. 664-670. Vgl. auch ders.: Foucault antwortet Sartre. In: DE I, S. 845-853.

7 | Zitiert nach Peter Sloterdijk (2001 a): Die Sonne und der Tod, S. 132. Vgl. besonders den Abschnitt »Nach dem Humanismus«, S. 125-135.

8 | Vgl. Peter Sloterdijk (2006 a): Zorn und Zeit, S. 288.

9 | Pierre Verstraeten weist darauf hin, dass sich die beiden Autoren Foucault und Sartre am besten in ihren Büchern »Wahnsinn und Gesellschaft« (1961) und »Saint Genet« (1952) vergleichen lassen. Vgl. ders.: Sartre und Foucault, S. 335.

10 | Vgl. Roland Barthes (1975 a): Über mich selbst, S. 112-113.

11 | Michel Foucault: Die Rückkehr der Moral. In: DE IV, S. 868.

12 | Tom Rockmore (1995 a): Heidegger und die französische Philosophie, S. 210.

13 | Vgl. Jacques Derrida (1962 a): Husserls Weg in die Geschichte am Leitfaden der Geometrie; ders. (1967 b): Die Stimme und das Phänomen; und ders.: »Le problème de la génèse dans la philosophie de Husserl« (1953-1954 verfasst, 1990 veröffentlicht).

14 | Gilles Deleuze (1991 a): Geophilosophie, S. 109.

15 | Friedrich Nietzsche (1874 a): Vom Nutzen und Nachteil der Historie für das Leben, S.247.

16 | Zitiert nach James Miller (1993 a): Die Leidenschaft des Michel Foucault, S. 57.

17 | Zitiert nach Peter Sloterdijk (2001 b): Nicht gerettet, S. 146. Vgl. hier auch den Verweis auf Karl Marx, S. 102.

18 | Zu der Generation von Michel Foucault (geboren 1926) gehören Noam Chomsky (geboren 1928) und Jürgen Habermas (geboren 1929).

19 | Michel Foucault: OD, S. 46.

20 | Jörg Baberowski (2005 a): Michel Foucault und die Macht der Diskurse, S. 191.

21 | Vgl. Didier Eribon (1989 a): Michel Foucault, S. 45.

22 | Georges Canguilhem (1979 a): Wissenschaftsgeschichte und Epistemologie, S. 37.

23 | Vgl. auch dessen Vortrag »Figuren der philosophischen Gedanken« vom Dezember 1955 im Maison de France in Paris.

24 | Michel Foucault: Jean Hyppolite. 1907-1968. In: DE I, S. 998.

25 | Michel Foucault: IN, S. 44-45.

26 | Ebd., S. 45 und 48.

27 | Ebd., S. 47.

28 | Michel Foucault: Strukturalismus und Poststrukturalismus. In: DE IV, S. 529.

29 | Michel Foucault: Gespräch mit Ducio Trombadori. In: DE IV, S. 110.

30 | Michel Foucault: Theatrum philosophicum. In: DE II, S. 105.

31 | Michel Foucault: Philosophie und Wahrheit. In: DE I, S. 589.

32 | Ebd.

33 | Vgl. Didier Eribon (1989 a): Michel Foucault, S. 44.

34 | Michel Foucault: Jean Hyppolite. In: DE I, S. 991.

35 | Vgl. Jacques Derrida (1990 a): Louis Althusser.

36 | Michel Foucault: Nietzsche, die Genealogie, die Historie. In: DE II, S. 166-191.

37 | Ein kleines Beispiel aus dem Leben von Michel Foucault illustriert dieses Kartell: Foucaults Vater operierte Jean Piel und André Masson. Beide haben zwei von vier Schwestern geheiratet, waren demnach Schwager. Die dritte Schwester ist im Übrigen mit Georges Bataille verehelicht und wird nach dessen Tod die Ehefrau von Jacques Lacan. 1962 bittet Jean Piel Michel Foucault, die Mitherausgeberschaft an der von Georges Bataille gegründeten Zeitschrift »Critique« zu übernehmen. Später wird Michel Foucault auch die Gesammelten Werke von Georges Bataille herausgeben. Vgl. David Macey (1993 a): The Lives of Michel Foucault, S. 16.

38 | Zitiert nach Reiner Keller (2008 a): Michel Foucault, S. 22.

39 | Georges Canguilhem: Schriften zur Medizin. Zitiert nach Reiner Ruffing (2008 a): Michel Foucault, S. 13.

40 | In seinem Spätwerk tauchen neue Wortpaarungen auf wie etwa Denken und Problematisierung.

41 | Urs Marti (1988 a): Michel Foucault, S. 49.

42 | Vgl. Gaston Bachelard (1938 a): Die Bildung des wissenschaftlichen Geistes.

43 | Michel Serres (1972 a): Hermes II. Die Interferenz, S. 211-212.

44 | Unverständlicherweise unterstellt Eribon, dass Serres bei seiner politischen Analyse der Gesellschaft (in seinen Vorlesungen) das Denken von Lenin, Stalin und Mao verherrlicht habe. Vgl. Didier Eribon (1994 a): Michel Foucault und seine Zeitgenossen, S. 208.

45 | Michel Foucault: Diskussionsbeitrag zu François Dagognet. In: DE II, S. 35.

46 | Vgl. Georges Canguilhem (1979 a): Wissenschaftsgeschichte und Epistemologie.

47 | 1976 veröffentlicht Michel Foucault bezeichnenderweise den ersten Band seiner Geschichte der Sexualität unter dem Titel »Der Wille zum Wissen«.

48 | Michael Ruoff (2007 a): Foucault-Lexikon, S. 106.

49 | Michel Foucault: AW, S. 272-273.

50 | Didier Eribon (1994 a): Michel Foucault und seine Zeitgenossen, S. 166.

51 | Michel Foucault: Diskussionsbeitrag zu François Dagognet. In: DE II, S. 35-36.

52 | Georges Canguilhem (1979 a): Wissenschaftsgeschichte und Epistemologie.

53 | Michel Foucault: Die Situation Cuviers in der Geschichte der Biologie. In: DE II, S. 37.

54 | Ebd., S. 45.

55 | Michel Foucault: Diskussionsbeitrag zu François Dagognet. In: DE II, S. 35.

56 | Michel Foucault: Über die Archäologie der Wissenschaften. In: DE I, S. 887.

57 | Ebd., S. 889.

58 | Michel Foucault: Titel und Arbeiten. In: DE I, S. 1070.

59 | Vgl. ebd., S. 1070.

60 | Michel Foucault: OD, S. 334.

61 | Philipp Sarasin (2009 a): Darwin und Foucault, S. 60.

62 | Ebd.

63 | Michel Foucault: Eine Debatte zwischen Foucault und Preti. In: DE II, S. 463-464.

64 | SW I – Der Wille zum Wissen.

65 | Hans-Martin Schönherr-Mann (2009 a): Der Übermensch als Lebenskünstlerin, S. 82.

66 | Vgl. Wolfgang Detel (1998 a): Macht, Moral, Wissen. [Hier das erste Kapitel.]

67 | SW II – Der Gebrauch der Lüste; SW III – Die Sorge um sich; SW IV – Die Geständnisse des Fleisches. Vgl. auch Wolfgang Detel (1997 a): Ein wenig Sex muss sein.

68 | Wolfgang Detel (2001 a): Einleitung: Ordnungen des Wissens, S. 188.

69 | Zitiert nach Bernhard H. F. Taureck (1997 a): Michel Foucault, S. 15-17.

70 | Zuletzt Paul Veyne (2009 a): Foucault.

71 | Maurice Pinguet (1986 a): Die Lehrjahre, S. 41. Vgl. auch Michel de Certeau (1986 a): Das Lachen Michel Foucaults.

III. ÉCOLE NORMALE SUPÉRIEURE

1 | Zitiert nach James Miller (1993 a): Die Leidenschaft des Michel Foucault, S. 94.

2 | Vgl. Reiner Ruffing (2008 a): Michel Foucault, S. 13.

3 | Vgl. Georges Canguilhem (1966 a): Das Normale und das Pathologische; und auch ders. (1979 a): Wissenschaftsgeschichte und Epistemologie.

4 | Michel Foucault: Gespräch mit Ducio Trombadori. In: DE IV, S. 61.

5 | Reiner Keller (2008 a): Michel Foucault, S. 24.

6 | Vgl. Peter Sloterdijk (1993 a): Weltfremdheit, S. 56.

7 | Reiner Ruffing (2008 a): Michel Foucault, S. 10.

8 | Bernhard H. F. Taureck (1997 a): Michel Foucault, S. 21.

9 | Vgl. Jacques Derrida (1966 a): Das Theater der Grausamkeit und die Geschlossenheit der Repräsentation. Derrida verfolgt Foucaults ambivalente Einstellung zu Freud und zur Psychoanalyse besonders kritisch. Artaud diene Foucault immer wieder als Bestätigung seiner Thesen zum Wahnsinn und nicht mehr.

10 | Zitiert nach James Miller (1993 a): Die Leidenschaft des Michel Foucault, S. 137.

11 | Zitiert nach ebd., S. 139.

12 | Michel Foucault: WG, S. 545.

13 | Michel Foucault: Theatrum philosophicum. In: DE II, S. 99.

14 | Michel Foucault: Der Wahnsinn, Abwesenheit eines Werkes. In: DE I, S. 540.

15 | Michel Foucault: Das Denken des Außen. In: DE I, S. 675-676.

16 | Michel Foucault: Wahnsinn, Literatur, Gesellschaft. In: DE II, S. 135.

17 | Michel Foucault: Wahnsinn und Gesellschaft. In: DE II, S. 162.

18 | Michel Foucault: Die Intellektuellen und die Macht. In: DE II, S. 383.

19 | Michel Foucault: WG, S. 50.

20 | Ebd., S. 13.

21 | James Miller (1993 a): Die Leidenschaft des Michel Foucault, S. 171.

22 | Michel Foucault: Über die Archäologie der Wissenschaften. In: DE I, S. 897.

23 | Michel Foucault: Nachwort. In: DE I, S. 400.

24 | Michel Foucault: WG, S. 547.

25 | Ebd.

26 | Ebd., S. 11.

27 | Michel Foucault: Wahnnsinn und Gesellschaft. In: DE III, S. 626.

28 | Michel Foucault: Ein ohne Komplexe geführtes Gespräch mit dem Philosophen, der die Machtstrukturen untersucht. In: DE III, S. 848.

29 | Michel Foucault: Gespräch über die Macht. In: DE III, S. 606.

30 | Gilles Deleuze (1972 a): Anti-Ödipus, S. 479. Vgl. hierzu auch die Kapitel »Feu sur le psychoanalysme« und »L'Anti-Œdipe«. In: François Dosse (2007 a): Gilles Deleuze et Félix Guattari, S. 221-247 und 248-267.

31 | Gilles Deleuze (1974 a): Tausend Plateaus, S. 208.

32 | Michel Foucault: Ein so grausames Wissen. In: DE I, S. 297-314.

33 | Michel Foucault: VL 75/76, S. 73.

IV. DIPLOM UND SUIZIDVERSUCH

1 | Michel Foucault: Einführung. In: DE I, S. 100.

2 | Michel Foucault: Gespräch mit Ducio Trombadori. In: DE IV, S. 64.

3 | Zitiert nach Didier Eribon (1989 a): Michel Foucault, S. 97.

4 | Michel Foucault: Gespräch mit Ducio Trombadori. In: DE IV, S. 63.

5 | Ebd.

6 | Zitiert nach Didier Eribon (1989 a): Michel Foucault, S. 99.

7 | Daniel Lagache (1967 a): Einleitung, S. 8.

8 | Zitiert nach Didier Eribon (1989 a): Michel Foucault, S. 54.

9 | Zitiert nach ebd., S. 55.

10 | Michel Foucault: Michel Foucault, interviewt von Stephen Riggins. In: DE IV, S. 646.

11 | Vgl. Louis Althusser (1992 a): Die Zukunft hat Zeit.

12 | Michel Foucault: Gespräch mit Ducio Trombadori. In: DE IV, S. 64.

13 | Zitiert nach Didier Eribon (1989 a): Michel Foucault, S. 99.

14 | Vgl. Louis Althusser (1965 a): Für Marx, S. 63.

15 | Louis Althusser (1964 a): Das Kapital lesen.

16 | Louis Althusser (1965 a): Für Marx; und ders. (1973 a): Marxismus und Ideologie. Vgl. auch Paul Veyne (1986 a): Ideologie nach Marx und Ideologie nach Nietzsche.

17 | Jacques Derrida (1990 a): Louis Althusser, S. 153-154.

18 | Michel Foucault: Gespräch mit Ducio Trombadori. In: DE IV, S. 82-83.

19 | Louis Althusser (1970 a): Ideologie und ideologische Staatsapparate, S. 53.

20 | Ebd., S. 57.

21 | Michel Foucault: Linguistik und Sozialwissenschaften. In: DE I, S. 1047.

22 | Louis Althusser (1964 a): Das Kapital lesen, S. 17.

23 | Michel Foucault: Gespräch mit Ducio Trombadori. In: DE IV, S. 65. Vgl. auch Jacques Derrida (1990 a): Louis Althusser (1918-1990).

24 | Jacques Derrida bringt das kaum Fassbare auf den Punkt: »Louis Althusser ist durch viele Leben hindurchgegangen.« Er habe Zeugnis abgelegt, viel riskiert und Ausdauer im höchsten Risiko gezeigt. Sein Denken habe eine strahlende und provokante Kraft, und sein (Lebens-)Abenteuer sei einzigartig und niemandes Besitz. Vgl. ders. (1990 a): Louis Althusser, S. 152.

25 | Louis Althusser (1992 a): Die Zukunft hat Zeit, S. 310. Vgl. auch Didier Eribon (1994 a): Michel Foucault und seine Zeitgenossen, S. 340-344.

26 | Michel Foucault: Von der Freundschaft als Lebensweise. In: DE IV, S. 200-206.

27 | Jacques Derrida (1990 a): Louis Althusser, S. 150-151.

28 | Jean Hyppolite (1971 a): Figures de la pensée philosophique, S. 129-130.

29 | Vgl. Alexandre Kojève (1975 a): Hegel.

30 | Jean Hyppolite (1971 a): Figures de la pensée philosophique, S. 271.

31 | Ulrich Johannes Schneider (2004 a): Michel Foucault, S. 106.

32 | Michel Foucault: Gespräch mit Michel Foucault. In: DE II, S. 199.

33 | Ebd., S. 200.

34 | Ebd., S. 201.

35 | Michel Foucault: VL 75/76, S. 77.

36 | Ebd.

37 | Michel Foucault: IN, S. 45.

38 | Michel Foucault: Der Wahnsinn existiert nicht nur in der Gesellschaft. In: DE I, S. 236.

39 | Michel Foucault: Theatrum philosophicum. In: DE II, S. 111.

40 | Ebd., S. 112.

41 | Ebd., S. 118.

42 | Vgl. Gilles Deleuze (1990 a): Michel Foucault, S. 137.

43 | Vgl. Paul Veyne (1971 a): Geschichtsschreibung – und was sie nicht ist?

44 | Paul Veyne (1978 a): Foucault: Die Revolutionierung der Geschichte, S. 67.

45 | Vgl. ebd., S. 7.

46 | Michel Foucault: VL 75/76, S. 83.

47 | Vgl. ebd., S. 85.

48 | Ebd., S. 86.

49 | Paul Veyne (1988 a): Foucault und die Überwindung (oder Vollendung) des Nihilismus, S. 338.

50 | Paul Veyne (1991 a): Der späte Foucault und seine Moral, S. 213.

51 | Paul Veyne (2009 a): Foucault, S. 137.

52 | Paul Veyne (1988 a): Foucault und die Überwindung (oder Vollendung) des Nihilismus, S. 338.

53 | Paul Veyne (1991 a): Der späte Foucault und seine Moral, S. 213.

54 | Paul Veyne (2001 a): Michel Foucaults Denken, S. 37.

55 | Michel Foucault: IN, S. 11.

56 | Michel Foucault: AW, S. 161.

57 | Michel Foucault: Foucault antwortet Sartre. In: DE I, S. 849.

58 | Vgl. Michel Foucault: AW, S. 183-185.

59 | Michel Foucault: Foucault antwortet Sartre. In: DE I, S. 849.

60 | Michel Foucault: Foucault. In: DE IV, S. 779. Vgl. hierzu auch Paul Veyne (2008 a): Foucault, S. 59-81.

61 | Michel Foucault: Michel Foucault, interviewt von Stephen Riggins. In: DE IV, S. 636.

62 | Paul Veyne (2001 a): Michel Foucaults Denken, S. 33.

63 | Paul Veyne (2008 a): Foucault, S. 91-99.

64 | Zitiert nach Didier Eribon (1991 a): Michel Foucault, S. 471.

V. PSYCHOLOGIE UND PHILOSOPHIE

1 | René Char: »Partage formel«. Zitiert nach Michel Foucault: Einführung. In: DE I, S. 107.

2 | Walter Seitter (1980 a): Ein Denken im Forschen, S. 341.

3 | Michel Foucault: Einführung. In: DE I, S. 110.

4 | Vgl. Eckart Goebel (2006 a): Traumfeuer, S. 78.

5 | Michel Foucault: J. P. Richards »Mallarmé«. In: DE I, S. 560.

6 | Michel Foucault: Einführung. In: DE I, S. 108.

7 | Ebd., S. 151.

8 | Ebd., S. 156.

9 | James Miller (1993 a): Die Leidenschaft des Michel Foucault, S. 95. Jean Barraqué stirbt am 10. August 1973. Michel Foucault sieht ihn nach seiner Trennung gelegentlich.

10 | Michel Foucault: Irrenanstalten, Sexualität, Gefängnisse. In: DE II, S. 966.

11 | Walter Seitter (1980 a): Ein Denken im Forschen, S. 341.

12 | Maurice Pinguet (1986 a): Die Lehrjahre, S. 49.

13 | Michel Foucault: IN, S. 50.

14 | Maurice Pinguet (1986 a): Die Lehrjahre, S. 47.

15 | Ebd.

16 | Michel Foucault: WA, S. 184.

17 | Michel Foucault: IN, S. 14.

18 | Ebd.

19 | Hubert L. Dreyfus und Paul Rabinow (1987 a): Michel Foucault, S. 133.

20 | Walter Seitter (2001 a): Politik der Wahrheit, S. 155.

21 | Ebd.

22 | Michel Foucault: Die Rückkehr der Moral. In: DE IV, S. 868.

23 | Vgl. Traugott König (1991 a): Zur Neuübersetzung, S. 1082.

24 | Vgl. Peter Sloterdijks Antwortschreiben zu Heideggers Brief über den Humanismus, in ders. (1999 a): Regeln für den Menschenpark.

25 | Martin Heidegger (1966 a): Nur noch ein Gott kann uns retten. Vgl. auch ders. (1933 a): Die Selbstbehauptung der deutschen Universität.

26 | Martin Heidegger (1946 a): Brief über den Humanismus.

27 | Martin Heidegger (1961 a): Nietzsche. Band II, S. 333.

28 | Tom Rockmore (1995 a): Heidegger und die französische Philosophie, S. 29-56.

29 | Michel Foucault: Wahrheit, Macht, Selbst. In: DE I, S. 963.

30 | »Maladie mentale et Personalité« gilt als erste Veröffentlichung Michel Foucaults. Dieses Buch erschien zuerst 1954 und mit stark verändertem zweiten Teil unter dem neuen Titel »Maladie mentale et Psychologie« 1962. Die deutsche Übersetzung bezieht sich auf diese überarbeitete Fassung und erschien 1968 mit dem Titel »Psychologie und Geisteskrankheit«. Vgl. Michael Fisch (2008 a): Michel Foucault, S. 11.

31 | Michel Foucault: Ist der Mensch tot? In: DE I, S. 697-699.

32 | Michel Foucault: Eine Geschichte, die stumm geblieben ist. In: DE I, S. 704.

33 | Michel Foucault: Ist der Mensch tot? In: DE I, S. 700.

34 | Michel Foucault: Michel Foucault und Gilles Deleuze möchten Nietzsche sein wahres Gesicht zurückgeben. In: DE I, S. 711.

35 | Ulrich Johannes Schneider (2001 a): Foucault und Heidegger, S. 226.

36 | Ulrich Johannes Schneider (2004 a): Michel Foucault, S. 107.

37 | Ulrich Johannes Schneider (2001 a): Foucault und Heidegger, S. 227.

38 | Michel Foucault: OD, S. 462.

39 | Ebd.

40 | Ebd., S. 400.

41 | Ebd., S. 402.

42 | Ebd., S. 382.

43 | Michel Foucault: OD, S. 393-394.

44 | Ebd., S. 408.

45 | Walter Seitter (1980 a): Ein Denken im Forschen, S. 348.

46 | Michel Foucault: OD, S. 423.

47 | Ebd., S. 456.

48 | Michel Foucault: AW, S. 75.

49 | Michel Foucault: IN, S. 9.

50 | Martin Heidegger (1959 a): Unterwegs zur Sprache, S. 84.

51 | Jörg Baberowski (2005 a): Michel Foucault und die Macht der Diskurse, S. 195.

52 | Michel Foucault: OD, S. 462.

53 | Ulrich Johannes Schneider (2001 a): Foucault und Heidegger, S. 232.

54 | Michel Foucault: Macht und Wissen. In: DE III, S. 533.

55 | Hans-Herbert Kögler (1994 a): Michel Foucault, S. 122.

56 | Michel Foucault: Wahrheit und Macht. Zitiert nach Walter Seitter (1980 a): Ein Denken im Forschen, S. 361. Dieses Interview von Michel Foucault mit Allesandro Fontana erschien bislang nicht in französischer Sprache und wurde auch nicht in die Ausgabe der »Dits et Ecrits« aufgenommen. Vgl. Michael Fisch (2008 a): Michel Foucault, S. 124.

57 | Hubert L. Dreyfus und Paul Rabinow (1987 a): Michel Foucault, S. 134.

58 | Vgl. ebd., S. 154-155.

59 | Michel Foucault: Gespräch mit Ducio Trombadori. In: DE IV, S. 52, 53 und 55.

60 | Hubert L. Dreyfus und Paul Rabinow (1987 a): Michel Foucault, S. 53.

61 | Michel Foucault: Die Rückkehr der Moral. In: DE IV, S. 868.

62 | Ulrich Johannes Schneider (2001 a): Foucault und Heidegger, S. 235. Vgl. hierzu Jacques Derrida (1987 a): Vom Geist; und auch Pierre Bourdieu (1988 a): Die politische Ontologie Martin Heideggers.

63 | Zitiert nach Jacques Derrida (1987 a): Vom Geist, S. 84.

64 | Vgl. Ulrich Johannes Schneider (2001 a): Foucault und Heidegger, S. 236-237.

65 | Étienne Balibar (1988 a): Foucault und Marx, S. 50.

66 | Ebd., S. 49.

67 | Ebd., S. 45-47.

68 | Gilles Deleuze (1986 a): Foucault, S. 38.

69 | Vgl. hierzu François Dosse (1991 a): Histoire du structuralisme. Kapitel 1: Félix Guattari. Itinéraire psycha-politique, S. 33-53; Kapitel 21: Guattari entre action culturelle et écologie, S. 449-465; und Kapitel 23: Guattari et l'esthétique ou la compensation aux années d'hiver, S. 497-510. Vgl. auch Gilles Deleuze (1986 a): Die Dinge aufbrechen, die Worte aufbrechen, S. 128.

70 | »Marx hätte den Stalinismus und den Leninismus verabscheut.« Michel Foucault: Wahrheit, Macht, Selbst. In: DE IV, S. 960.

71 | Gilles Deleuze (1986 a): Foucault, S. 38.

72 | Ebd., S. 37.

73 | Ebd., S. 20.

74 | Michel Foucault: Methodologie zur Erkenntnis der Welt. Wie man sich vom Marxismus befreien kann. In: DE III, S. 753.

75 | Ebd.

76 | Ebd., S. 754.

77 | Ebd., S. 756.

78 | Michel Foucault: Zur Geschichte zurückkehren. In: DE II, S. 336.

79 | Karl Marx (1846 a): Die deutsche Ideologie, S. 145.

80 | Michel Foucault: Nein zum König Sex. In: DE III, S. 352. Vgl. auch Michel Foucault: Gespräch über das Gefängnis; das Buch und seine Methode. In: DE II, S. 930-932.

81 | Michel Foucault: Methodologie zur Erkennntis der Welt. Wie man sich vom Marxismus befreien kann. In: DE III, S. 756.

82 | Ebd., S. 757.

83 | Michel Foucault: Der Tod des Vaters. In: DE II, S. 909.

84 | Michel Foucault: Gespräch mit Michel Foucault. In: DE II, S. 203.

85 | Vgl. ebd., S. 205.

86 | Zu der Verbindung von Wissen, Wissenschaft und Macht vgl. auch Michel Foucault: Die Maschen der Macht. In: DE IV, S. 224-244; und Gilles Deleuze: Foucault, hier besonders S. 33-34.

87 | Michel Foucault: Gespräch mit Ducio Trombadori. In: DE IV, S. 86. Vgl. auch Karl Marx (1844 b): Ökonomisch-philosophische Manuskripte.

88 | Vgl. hierzu Karl Marx (1844 a): Zur Kritik der Hegelschen Rechtsphilosophie.

89 | Vgl. Michel Foucault: Die Rückkehr der Moral. In: DE IV, S. 868.

90 | Vgl. Tom Rockmore (1995 a): Heidegger und die französische Philosophie, S. 220.

91 | Vgl. Martin Heidegger (1936 a): Nietzsche. Band I; und ders. (1961 a): Nietzsche. Band II.

92 | Jacques Derrida: »Éperons: Les styles de Nietzsche« (1978).

93 | Gilles Deleuze (1962 a): Nietzsche und die Philosophie.

94 | Vgl. Gilles Deleuze: »L'éclat de rire de Nietzsche« (1967) und »Sur Nietzsche et l'image de la pensée« (1968).

95 | Henning Teschke (2008 a): Sprünge der Differenz, S. 72.

96 | Michel Foucault: Die Rückkehr der Moral. In: DE IV, S. 868.

97 | Friedrich Nietzsche (1888 b): Ecce homo, S. 316.

98 | Ebd., S. 257.

99 | Joachim Köhler (1989 a): Zarathustras Geheimnis, S. 73.

100 | Beide Denker, Nietzsche wie Foucault, sind am 15. Oktober geboren.

101 | Joachim Köhler (1989 a): Zarathustras Geheimnis, S. 109 und 112.

102 | Ebd., S. 114 und 437.

103 | Friedrich Nietzsche (1883 a): Also sprach Zarathustra, S. 39.

104 | Ebd., S. 49.

105 | Vgl. hierzu Hans-Martin Schönherr-Mann (2009 a): Der Übermensch als Lebenskünstlerin, S. 72-88.

106 | Friedrich Nietzsche (1888 a): Der Antichrist, S. 198.

107 | Michel Foucault: Die Rückkehr der Moral. In: DE IV, S. 868. Vgl. hierzu Hinrich Fink-Eitel (1990 a): Zwischen Nietzsche und Heidegger.

108 | Michel Foucault: Die Rückkehr der Moral. In: DE IV, S. 868.

109 | Peter Sloterdijk (1998 a): Vorbemerkung, S. 9; vgl. auch ders. (1986 a): Der Denker auf der Bühne.

110 | Peter Sloterdijk (1998 a): Vorbemerkung, S. 10.

111 | Wilhelm Schmid (1991 a): Auf der Suche nach einer neuen Lebenskunst, S. 193.

112 | Friedrich Nietzsche (1882 a): Die fröhliche Wissenschaft, S. 635.

113 | Friedrich Nietzsche (1888 a): Der Antichrist, S. 167.

114 | Michel Foucault: Die Rückkehr der Moral. In: DE IV, S. 868-869.

115 | Wilhelm Schmid (1991 a): Auf der Suche nach einer neuen Lebenskunst, S. 357.

116 | Friedrich Nietzsche (1886 b): Die Geburt der Tragödie, S. 280.

117 | Michel Foucault: OD, S. 412.

118 | Michel Foucault: Der Wahnsinn, Abwesenheit eines Werkes. In: DE I, S. 549.

119 | Michel Foucault: Wahrheit, Macht, Selbst. In: DE IV, S. 963.

120 | Michel Foucault: Eine Debatte zwischen Foucault und Preti. In: DE II, S. 464.

121 | Michel Foucault: Wer sind Sie, Professor Foucault? In: DE I, S. 784.

122 | Friedrich Nietzsche (1882 a): Die fröhliche Wissenschaft, S. 573.

123 | Vgl. Peter V. Zima (2006 a): Anwesenheit und Abwesenheit des Werks, S. 189; auch ders. (2000 a): Ideologische Verdinglichung und »Normalisierung« des Subjekts.

124 | Michel Foucault: VL 81/82, S. 150.

125 | Friedrich Nietzsche (1882 a): Die fröhliche Wissenschaft, S. 481.

126 | Friedrich Nietzsche (1887 a): Zur Genealogie der Moral, S. 409.

127 | Ebd.

128 | Michel Foucault: Gespräch mit Ducio Trombadori. In: DE: IV, S. 67-68.

129 | Hubert L. Dreyfus und Paul Rabinow (1987 a): Michel Foucault, S. 137.

130 | Friedrich Nietzsche (1887 a): Zur Genealogie der Moral, S. 390.

131 | Michel Foucault: Wer sind Sie, Professor Foucault? In: DE I, S. 784.

132 | Michel Foucault: Der Wahnsinn, Abwesenheit eines Werkes. In: DE I, S. 553.

133 | Michel Foucault: Nietzsche, die Genealogie, die Historie. In: DE II, S. 182-183.

134 | Michel Foucault: Wahrheit, Macht, Selbst. In: DE IV, S. 962.

135 | Ebd.

136 | Michel Foucault: Die Wahrheit und die juristischen Formen. In: DE II, S. 683.

137 | Peter Sloterdijk (1998 a): Vorbemerkung, S. 13.

138 | Michel Foucault: Die Zeit anders leben. In: DE III, S. 987.

139 | Ebd., S. 965-966.

140 | Michel Foucault: Auf dem Präsentierteller. In: DE II, S. 890.

141 | Friedrich Nietzsche (1887 a): Zur Genealogie der Moral, S. 314.

142 | Michel Foucault: Die Theorie der Souveränität und die Herrschaftsoperatoren. In: VL 75/76, S. 57.

143 | Michel Foucault: Nietzsche, die Genealogie, die Historie. In: DE II, S. 83.

144 | Michel Foucault: Nietzsche, Freud, Marx. In: DE I, S. 731.

145 | Peter Sloterdijk (1998 a): Vorbemerkung, S. 12.

146 | Ebd.

147 | Holger Ostwald (2001 a): Foucault und Nietzsche, S. 212.

148 | Michel Foucault: Die Theorie der Souveränität und die Herrschaftsoperatoren. In: VL 75/76, S. 58- 59.

149 | Friedrich Nietzsche (1887 a): Zur Genealogie der Moral, S. 314.

150 | Michel Foucault: Nietzsche, die Genealogie, die Historie. In: DE II, S. 171.

151 | Vgl. Ulrich Johannes Schneider (2004 a): Michel Foucault, S. 106.

152 | Michel Foucault: Nietzsche, die Genealogie, die Historie. In: DE II, S. 167.

153 | Ebd., S. 173.

154 | Michel Foucault: Der Staub und die Wolke. In: DE IV, S. 23.

155 | Michel Foucault: Die Sprache des Raumes. In: DE I, S. 533.

156 | Michel Foucault: OD, S. 460.

157 | Zitiert nach Holger Ostwald (2001 a): Foucault und Nietzsche, S. 216.

158 | Friedrich Nietzsche (1882 a): Die fröhliche Wissenschaft, S. 471.

159 | Ebd., S. 350.

160 | Friedrich Nietzsche (1886 a): Jenseits von Gut und Böse, S. 161.

161 | Friedrich Nietzsche (1882 a): Die fröhliche Wissenschaft, S. 637.

162 | Michel Foucault: Nietzsche, die Genealogie, die Historie. In: DE II, S. 177.

163 | Michel Foucault: Gespräch mit Ducio Trombadori. In: DE IV, S. 93.

164 | Vgl. Bernhard Waldenfels (2003 a): Kraftproben des Foucaultschen Denkens, S. 7.

165 | Joachim Köhler (1989 a): Zarathustras Geheimnis, S. 77.

166 | Michel Foucault: Gespräch mit Ducio Trombadori. In: DE IV, S. 94.

167 | Ebd., S. 93.

168 | Ebd., S. 72.

169 | Michael Fisch (2008 a): Michel Foucault, S. 11. Vgl. als die drei vielleicht wichtigsten Bücher von Ludwig Binswanger (1930 a): Traum und Existenz; (1947 a): Zur phänomenologischen Anthropologie; und (1955 a): Zur Problematik der psychiatrischen Forschung.

170 | Vgl. Reiner Keller (2008 a): Michel Foucault, S. 26.

171 | Joachim Köhler (1989 a): Zarathustras Geheimnis, S. 179.

172 | Vgl. Eckart Goebel (2006 a): Traumfeuer, S. 75. Goebel erinnert durch die bewusste Titelwahl seines Aufsatzes an »die Feuersbrunst, welche die sexuelle Glut bedeutet« und daran, »dass die Sexualität Wasser oder Feuer sei«, denn »das Traumfeuer ist die brennende Befriedigung des sexuellen Wunsches«.

173 | Eckart Goebel (2006 a): Traumfeuer, S. 78. Eckart Goebel irrt, wenn er behauptet, Michel Foucault blende die Liebe ab und ersetze sie durch Selbstmord.

174 | Vgl. Jean-Yves Tadié (2008 a): Marcel Proust. Biographie, S. 112.

175 | Vgl. Michel Foucault: Einführung. In: DE I, S. 117.

176 | Ludwig Binswanger (1930 a): Traum und Existenz, S. 101. Vgl. hierzu Walter Seitter (1992 a): Nachwort.

177 | Michel Foucault: Einführung. In: DE I, S. 131.

178 | Hubert L. Dreyfus und Paul Rabinow (1987 a): Michel Foucault, S. 140.

179 | Vgl. Ludwig Binswanger (1949 a): Die Bedeutung der Daseinsanalytik Martin Heideggers für das Selbstverständnis der Psychiatrie.

180 | Vgl. Michel Foucault: Einführung. In: DE I, S. 75.

181 | Vgl. Gérard Lebrun (1988 a): Zur Phänomenologie in der »Ordnung der Dinge«.

182 | Walter Seitter (1980 a): Ein Denken im Forschen, S. 352.

183 | Vgl. Michel Foucault: Einführung. In: DE I, S. 168.

184 | Ebd., S. 115.

185 | Ebd., S. 108.

186 | Walter Seitter (1980 a): Ein Denken im Forschen, S. 349.

187 | Bernhard Waldenfels (1983 a): Daseinsanalyse und Psychoanalyse, S. 446.

188 | Michel Foucault: Einführung. In: DE I, S. 168.

189 | Eckart Goebel (2006 a): Traumfeuer, S. 76.

190 | Jean-Paul Sartre (1938 a): Das Imaginäre.

191 | Bernhard H. F. Taureck (1997 a): Michel Foucault, S. 28.

192 | Michel Foucault: Einführung. In: DE I, S. 163.

193 | Ebd., S. 114.

194 | Ebd.

195 | Vgl. Michel Foucault: Lacan, der »Befreier« der Psychoanalyse. In: DE IV, S. 248-249.

196 | Michel Foucault: Einführung. In: DE I, S. 118.

197 | Bernhard Waldenfels (1983 a): Daseinsanalyse und Psychoanalyse, S. 442.

198 | Ludwig Binswanger (1930 a): Traum und Existenz, S. 105.

199 | Ebd., S. 215. Zu seiner Beziehung mit Sigmund Freud liegen von ihm vor: Ludwig Binswanger (1992 a): Briefwechsel mit Sigmund Freud 1908-1938; ders. (1956 a): Erinnerungen an Sigmund Freud; und ders.: Mein Weg zu Freud. In: ders. (1994 a): Vorträge und Aufsätze, S. 17-33.

200 | Michel Foucault: Einführung. In: DE I, S. 143.

201 | Ebd., S. 107.

202 | Michel Foucault: Wahrheit, Macht, Selbst. In: DE IV, S. 960.

203 | Walter Seitter (1980 a): Ein Denken im Forschen, S. 342.

204 | Ebd.

VI. UPPSALA, WARSCHAU UND HAMBURG

1 | Blaise Pascal. Zitiert nach Michel Foucault: WG, S. 7.

2 | Bernhard Waldenfels (2003 a): Kraftproben des Foucaultschen Denkens, S. 1.

3 | Vgl. Ulrich Johannes Schneider (2001 c): Kleine Schlachten der Differenz.

4 | Vgl. Reiner Keller (2008 a): Michel Foucault, S. 74-77 [Diskurs] und 77-82 [Archiv].

5 | Michel Foucault: Titel und Arbeiten. In: DE I, S. 1070.

6 | Vgl. beispielsweise Michel Foucault: Die Wahrheit und die juristischen Formen (gehalten in Rio de Janeiro 1973).

7 | Bernhard Waldenfels (2003 a): Kraftproben des Foucaultschen Denkens, S. 3.

8 | Michel Foucault: Nietzsche, Freud, Marx. In: DE I, S. 734.

9 | In der heute noch lieferbaren deutschen Ausgabe mit dem Titel »Psychologie und Geisteskrankheit« heißen die Titel zum ersten Teil »Die psychologischen Dimensionen der Krankheit« (S. 29-90) und zum zweiten Teil »Wahnsinn und Kultur« (S. 91-132).

10 | Vgl. hier das fünfte Kapitel von »Psychologie und Geisteskrankheit«. Dieser knappe vierzehnseitige Text kann als eine Art Zusammenfassung des fünfhundertsechzigseitigen Buches »Wahnsinn und Gesellschaft« gelten.

11 | Vgl. Michel Foucault: Michel Foucault, interviewt von Stephen Riggins. In: DE IV, S. 642.

12 | Didier Eribon (1994 a): Michel Foucault und seine Zeitgenossen, S. 127-128.

13 | Jean Piel (1986 a): Foucault in Uppsala, S. 51.

14 | So Georges Dumézil in einem Brief an Michel Foucault vom Oktober 1954. Zitiert nach Didier Eribon (1994 a): Michel Foucault und seine Zeitgenossen, S. 120. Vgl. hierzu auch Didier Eribon (1989 a): Michel Foucault, S. 124.

15 | Vgl. Didier Eribon (1994 a): Michel Foucault und seine Zeitgenossen, S. 122.

16 | Michel Foucault: Philosophie und Wahrheit. In: DE I, S. 584.

17 | Michel Foucault: Der Wahnsinn, Abwesenheit eines Werkes. In: DE I, S. 543.

18 | Zitiert nach Didier Eribon (1994 a): Michel Foucault und seine Zeitgenossen, S. 129-130. Vgl. auch Michel Foucault: Einführung. In: DE I, S. 133.

19 | Zitiert nach Didier Eribon (1994 a): Michel Foucault und seine Zeitgenossen, S. 130.

20 | Jean Piel (1986 a): Foucault in Uppsala, S. 52-53. Vgl. hierzu auch Didier Eribon (1994 a): Michel Foucault und seine Zeitgenossen, S. 133.

21 | Michel Foucault: Gespräch mit Madame Chapsal. In: DE I, S. 665.

22 | Michel Foucault: WG, S. 8.

23 | Jürgen Habermas (1985 b): Vernunftkritische Entlarvung der Humanwissenschaften: Foucault, S. 280.

24 | Vgl. Jean Piel (1986 a): Foucault in Uppsala, S. 54.

25 | Jüngst behauptet Didier Eribon, Briefe entdeckt zu haben, die darauf hinwiesen, dass Foucault Dumézil bereits vor seiner Abreise nach Schweden in Paris besucht habe. Vgl. Didier Eribon (1994 a): Michel Foucault und seine Zeitgenossen, S. 126.

26 | Michel Foucault: PG, S. 118.

27 | Ebd., S. 69.

28 | Michel Foucault: Die wissenschaftliche Forschung und die Psychologie. In: DE I, S. 204.

29 | Ebd., S. 215.

30 | Ebd., S. 199.

31 | Ebd., S. 219.

32 | Jürgen Habermas (1985 b): Vernunftkritische Entlarvung der Humanwissenschaften: Foucault, S. 297.

33 | Paul Veyne (1981 a): Der Eisberg der Geschichte, S. 42.

34 | Ebd., S. 9.

35 | Michel Foucault: WG, S. 8.

36 | Vgl. Didier Eribon (1989 a): Michel Foucault, S. 123.

37 | Vgl. Didier Eribon (1994 a): Michel Foucault und seine Zeitgenossen, S. 137.

38 | Vgl. Etienne Burin de Roziers (1986 a): Eine Begegnung in Warschau, S. 56.

39 | Michel Foucault: Brief an Georges Dumézil vom 16. 11. 1958. Zitiert nach Didier Eribon (1994 a): Michel Foucault und seine Zeitgenossen, S. 135.

40 | Michel Foucault: Brief an Georges Dumézil vom 16. 11. 1958. Zitiert nach ebd., S. 135-136.

41 | Die »Anthropologie d'un point de vue pragmatique. Introduction à l'Anthroplogie de Emmanuel Kant« erscheint 2008 als Buch. Vgl. Michel Foucault: AP und hierzu ders.: PA.

42 | Vgl. Didier Eribon (1994 a): Michel Foucault und seine Zeitgenossen, S. 168.

43 | Etienne Burin de Roziers (1986 a): Eine Begegnung in Warschau, S. 56-57.

44 | Ebd., S. 58.

45 | James Miller (1993 a): Die Leidenschaft des Michel Foucault, S. 197. Vgl. auch Didier Eribon (1994 a): Michel Foucault und seine Zeitgenossen, S. 141.

46 | James Miller (1993 a): Die Leidenschaft des Michel Foucault, S. 197.

47 | Walter Seitter (1990 a): Michel Foucault: Von den Geisteswissenschaften zum Denken des Politischen, S. 924.

48 | Georges Dumézil (1986 a): Le messager des dieux, S. 19.

49 | Diese Danksagung ist nicht in der deutschen Ausgabe enthalten. Sie befindet sich in der ungekürzten Ausgabe von »Folié et déraison« (1961) auf Seite X des Vorworts. Das Vor-

wort trägt das Datum 5. Februar 1960 und ist enthalten im ersten Band von »Dits et Ecrits«. Vgl. Michel Foucault: DE I, S. 233.

50 | Michel Foucault: GK, S. 126.

51 | Didier Eribon (1994 a): Michel Foucault und seine Zeitgenossen, S. 144.

52 | Vgl. ebd., S. 145.

53 | Michel Foucault: Strukturalismus und Poststrukturalismus. In: DE IV, S. 524.

54 | James Miller (1993 a): Die Leidenschaft des Michel Foucault, S. 117.

55 | Michel Foucault: Strukturalismus und Poststrukturalismus. In: DE IV, S. 522.

56 | Michel Foucault: IN, S. 44-45.

57 | Michel Foucault: AW, S. 27.

58 | Didier Eribon (1989 a): Michel Foucault, S. 206.

59 | Jacques Lacan (1936 a): Das Spiegelstadium als Bildner der Ichfunktion, wie sie uns in der psychoanalytischen Erfahrung erscheint, S. 69.

60 | Jacques Lacan (1933 a): Das Problem des Stils und die psychiatrische Auffassung paranoischer Erlebnisformen, S. 59.

61 | Michel Foucault: Gespräch mit Ducio Trombadori. In: DE IV, S. 73.

62 | Michel Foucault: Gespräch mit Madeleine Chapsal. In: DE I, S. 666.

63 | Jacques Lacan (1954 a): Das Seminar. Buch I: Freuds technische Schriften, S. 99.

64 | Ebd., S. 63. Vgl. hierzu Jacques Derrida (1963 a): Cogito und Geschichte des Wahnsinns; und ders. (1992 b): Gerecht sein gegenüber Freud.

65 | Michel Foucault: Die Hoffräulein. In: DE I, S. 610.

66 | Daniel Defert (2004 b): Sehen und Sprechen, für Foucault, S. 75.

67 | Vgl. Philipp Sarasin (2003 a): Vom Realen reden?, S. 123.

68 | Jacques Lacan (1955 a): Das Seminar. Buch II: Das Ich in der Theorie Freuds und in der Technik der Psychoanalyse, S. 19.

69 | Philipp Sarasin (2003 a): Vom Realen reden?, S. 123-124.

70 | Jochen Hengst (2000 a): Eine Werkstatt der Literaturarchäologie, S. 87-88.

71 | Jacques Lacan (1954 a): Das Seminar. Buch I: Freuds technische Schriften, S. 106.

72 | Jacques Lacan (1959 a): Subversion des Subjekts und Dialektik des Begehrens im freudschen Unbewußten, S. 175. Vgl. auch Jacques Lacan (1957 a): Das Drängen des Buchstabens im Unbewußten oder die Vernunft seit Freud, S. 26 und 28.

73 | Jacques Lacan (1954 a): Das Seminar. Buch I: Freuds technische Schriften, S. 388.

74 | Vgl. Jacques Lacan (1963 a): Kant mit Sade.

75 | Ebd., S. 144-145.

76 | Michel Foucault: AW, S. 178.

77 | Michel Foucault: Was ist ein Autor? In: DE I, S. 1007, auch in: Ders.: AW, S. 178.

78 | Michel Foucault: Was ist ein Autor? In: DE I, S. 1003.

79 | Jacques Derrida (1992 b): Gerecht sein gegenüber Freud, S. 116.

80 | Ebd.

81 | Jacques Lacan (1966 a): Die logische Zeit und die Assertion der antizipierten Gewißheit, S. 116.

82 | Vgl. Jacques Lacan (1965 a): Die Wissenschaft und die Wahrheit.

83 | Ebd., S. 1007.

84 | Bernhard Waldenfels (1994 a): Frage und Antwort im Rahmen von Diskursen, S. 139.

85 | Bernhard Waldenfels (1995 a): Auskehr des Denkens, S. 198.

86 | Ebd.

87 | Vgl. Michel Foucault: Was ist ein Autor? In: DE I, S. 1008.

88 | Jacques Lacan (1957 a): Das Drängen des Buchstabens im Unbewußten oder die Vernunft seit Freud, S. 17. Jacques Derrida ergänzt, dass »Facteur« sowohl den Parameter als auch den Briefträger bezeichnet. Vgl. ders. (1975 a): Der Facteur der Wahrheit.

89 | Bernhard Waldenfels (1995 a) Auskehr des Denkens, S. 198-199.

90 | Jacques Lacan (1958 a): Die Bedeutung des Phallus, S. 125.

91 | Ebd., S. 129.

92 | Jacques Lacan (1957 a): Das Drängen des Buchstabens im Unbewußten oder die Vernunft seit Freud, S. 14.

93 | Vgl. hierzu Petra Gehring (1997 a): Innen des Außen – Außen des Innen.

94 | Bernhard Waldenfels (1994 a): Frage und Antwort im Rahmen von Diskursen, S. 139.

95 | Ebd., S. 140. Foucault spricht hier von der »Verdoppelung der Sprache«. Vgl. Michel Foucault: Die Sprache, unendlich. In: DE I, S. 346.

96 | Vgl. hierzu Bernhard Waldenfels (1988 a): Ordnung in Diskursen.

97 | Michel Foucault: Gespräch mit Madeleine Chapsal. In: DE I, S. 667.

98 | Vgl. ebd.

99 | Michel Foucault: Interview mit Michel Foucault. In: DE IV, S. 821.

100 | Michel Foucault: Gespräch mit Ducio Trombadori. In: DE IV, S. 73.

101 | Ulrich Johannes Schneider (2004 a): Michel Foucault, S. 114.

102 | Louis Althusser (1964 a): Das Kapital lesen. Band I, S. 15.

103 | Brief von Louis Althusser an Michel Verret vom 28. 10. 1963. Zitiert nach Didier Eribon (1994 a): Michel Foucault und seine Zeitgenossen, S. 332.

104 | Louis Althusser: Sur Lévi-Strauss. [Unveröffentlichter Text vom 20. 8. 1966.] Zitiert nach Didier Eribon (1994 a): Michel Foucault und seine Zeitgenossen, S. 333.

105 | Vgl. Michel Foucault: OD, S. 448.

106 | Vgl. Didier Eribon (1994 a): Michel Foucault und seine Zeitgenossen, S. 238.

107 | Michel Foucault: Lacan, der »Befreier« der Psychoanalyse. In: DE IV, S. 248.

108 | Vgl. Élisabeth Roudinesco (1993 a): Jacques Lacan, S. 318-320.

109 | Vgl. Jacques Lacan (1954 a): Das Seminar. Buch I: Freuds technische Schriften.

110 | Michel Foucault: Gespräch mit Ducio Trombadori. In: DE IV, S. 65.

111 | Michel Foucault: Der Wahnsinn existiert nur in einer Gesellschaft. In: DE I, S. 235.

112 | Michel Foucault: Gespräch mit Madeleine Chapsal. In: DE I, S. 674.

113 | Vgl. Jacques Lacan (1953 a): Funktion und Feld des Sprechens und der Sprache in der Psychoanalyse.

114 | Vgl. Élisabeth Roudinesco (1993 a): Jacques Lacan, S. 465.

115 | Lacans Frau erinnert sich später an eine Äußerung Foucaults: »Es wird keine Zivilisation geben, solange nicht die Ehe unter Männern zugelassen ist.«

116 | Vgl. Daniel Defert (2004 b): Sehen und Sprechen, für Foucault, S. 71-72.

117 | Michel Foucault: OD, S. 38.

118 | Vgl. Philipp Sarasin (2009 a): Darwin und Foucault, S. 124-125.

119 | Jacques Lacan (1957 a): Das Drängen des Buchstabens im Unbewußten oder die Vernunft seit Freud, S. 39.

120 | Jacques Lacan: D'un Autre à l'autre. [Seminar 1968/69 – Sitzung vom 26. 2. 1969.] Zitiert nach Didier Eribon (1994 a): Michel Foucault und seine Zeitgenossen, S. 256.

121 | Bernhard H. F. Taureck (1992 a): Psychoanalyse und Philosophie, S. 7.

122 | Jacques Lacan (1957 a): Das Drängen des Buchstabens im Unbewußten oder die Vernunft seit Freud, S. 19.

123 | Ebd., S. 22.

124 | Jacques Lacan (1958 a): Die Bedeutung des Phallus, S. 124.

125 | Ebd.

126 | Zitiert nach Didier Eribon (1989 a): Michel Foucault, S. 299; und ders. (1994 a): Michel Foucault und seine Zeitgenossen, S. 257.

127 | Michel Foucault: SW I, S. 115.

128 | Vgl. Jacques-Alain Miller (1988 a): Michel Foucault und die Psychoanalyse. Vgl. Reiner Keller (2008 a): Michel Foucault, S. 83-89 [Macht und Wissen].

129 | Michel Foucault: VL 81/82, S. 51.

130 | Jacques Lacan (1957 a): Das Drängen des Buchstabens im Unbewußten oder die Vernunft seit Freud, S. 20-21.

131 | Michel Foucault: Gespräch mit Madeleine Chapsal. In: DE I, S. 665-665.

132 | Jacques Lacan (1957 a): Das Drängen des Buchstabens im Unbewußten oder die Vernunft seit Freud, S. 19.

133 | Jacques Lacan (1958 a): Die Bedeutung des Phallus, S. 124.

134 | Didier Eribon (1989 a): Michel Foucault, S. 226.

135 | Vgl. Michel Leiris (1948 a): Streichungen. Vgl. auch Jean-Paul Aron (1990 a): Michel Leiris. Das von Michel Leiris benutzte Wort »biffures«, das fast so klingt wie »bifurs« (Gabelung), bedeutet jedoch Streichung und ist der deutsche Titel. Vgl. hierzu auch Michel Foucault: RR, S. 191.

136 | Michel Foucault: Archäologie einer Leidenschaft. In: DE IV, S. 742. [Gespräch mit Charles Ruas.]

137 | Michel Foucault: Warum gibt man das Werk von Raymond Roussel wieder heraus? In: DE I, S. 531.

138 | Ebd., S. 532.

139 | Michel Foucault: Sagen und Sehen bei Raymond Roussel. In: DE I, S. 286.

140 | Ebd., S. 291.

141 | Didier Eribon (1989 a): Michel Foucault, S. 229. Vgl. Michel Leiris (1988 a): Roussel l'ingénu.

142 | Michel Foucault: Botschaft oder Rauschen? In: DE I, S. 718.

143 | Ebd., S. 716.

144 | Vgl. Michel Foucault: Vorrede zur Überschreitung. In: DE I, S. 341. Vgl. Michel Leiris (1946 a): De la littérature considérée comme une tauromachie. Vgl. Didier Eribon (1989 a): Michel Foucault, S. 231 und 341.

145 | Michel Foucault: Theatrum philosophicum. In: DE II, S. 94.

146 | Ebd., S. 108.

147 | Michel Butor (1955 a): Eine dialektische Autobiographie, S. 118.

148 | Michel Leiris (1939 a): Mannesalter, S. 124.

149 | Michel Butor (1955 a): Eine dialektische Autobiographie, S. 123.

150 | Michel Foucault: Archäologie einer Leidenschaft. In: DE IV, S. 744. [Gespräch mit Charles Ruas.]

151 | Michel Leiris (1948 a): Streichungen, S. 257.

152 | Ebd., S. 258.

153 | Michel Butor (1955 a): Eine dialektische Autobiographie, S. 124.

154 | Michel Foucault: Diskussion über den Roman. In: DE I, S. 454.

155 | Ebd., S. 125.

156 | Didier Eribon (1989 a): Michel Foucault, S. 260.

157 | Michel Foucault: Die strukturalistische Philosophie gestattet eine Diagnose dessen, was heute ist. In: DE I, S. 744.

158 | Ebd., S. 745.

159 | Didier Eribon (1989 a): Michel Foucault, S. 261.

160 | Vgl. Michel Foucault: Foucault antwortet Sartre. In: DE I, S. 849.

161 | Michel Foucault: OD, S. 454.

162 | Ebd.

163 | Michel Foucault: AW, S. 194.

164 | Ebd., S. 194-195. »Die Ideengeschichte ist dann die Disziplin der Anfänge und der Enden, die Beschreibung der dunklen Kontinuitäten und der Wiederkehr, die Rekonstruktion der Entwicklungen in der linearen Form der Geschichte.« Ebd., S. 196.

165 | Michel Foucault: Linguistik und Sozialwissenschaften. In: DE I, S. 1042. In diesem Vortrag, gehalten im März 1968 in der Universität Tunis, erwähnt Foucault ausdrücklich Lévi-Strauss› Buch »Strukturale Anthropologie« (1958).

166 | Claude Lévi-Strauss (1962 a): Das wilde Denken, S. 353.

167 | Michel Foucault: OD, S. 453. Vgl. hierzu auch Axel Honneth (1987 a): Ein strukturalistischer Rousseau.

168 | Didier Eribon (1989 a): Michel Foucault, S. 170. Vgl. hierzu auch Didier Eribon (1988 a): Das Nahe und das Ferne, S. 104-105.

169 | Vgl. Claude Lévi-Strauss (1958 a): Strukturale Anthropologie I. Hier das Kapitel über »Geschichte und Ethnologie«.

170 | Walter Seitter (1990 a): Michel Foucault: Von den Geisteswissenschaften zum Denken des Politischen, S. 925.

171 | Claude Lévi-Strauss (1955 a): Traurige Tropen, S. 62.

172 | Claude Lévi-Strauss (1958 a): Strukturale Anthropologie I, S. 223.

173 | Vgl. Claude Lévi-Strauss (1949 a): Die elementaren Strukturen der Verwandtschaft.

174 | Claude Lévi-Strauss (1955 a): Traurige Tropen, S. 50.

175 | Vgl. hierzu Jacques-Alain Miller (1988 a): Michel Foucault und die Psychoanalyse.

176 | Das bekräftigt Foucault in seiner Vorlesung vom 6. Januar 1982 am Collège de France. Vgl. Michel Foucault: VL 81/82, S. 31.

177 | Vgl. Michel Foucault: Was ist ein Philosoph? In: DE I, S. 711.

178 | Georges Canguilhem (1967 a): Tod des Menschen oder Ende des Cogito?, S. 17.

179 | Pravu Mazumdar (2008 a): Der archäologische Zirkel, S. 91.

180 | Georges Canguilhem (1967 a): Tod des Menschen oder Ende des Cogito?, S. 17-18.

181 | Ebd., S. 22.

182 | Ebd., S. 41.

183 | Pravu Mazumdar (2008 a): Der archäologische Zirkel, S. 92.

184 | Vgl. Martin Heidegger (1927 a): Sein und Zeit, S. 76-83. [§ 17 Verweisung und Zeichen.]

185 | Michel Foucault: OD, S. 107. Vgl. auch ders.: Was ist ein Philosoph? In: DE I, S. 713. [Hier: »Descartes war Mathematiker«.]

186 | Pravu Mazumdar (2008 a) Der archäologische Zirkel, S. 105.

187 | Michel Foucault: OD, S. 108.

188 | Michel Foucault: WG, S. 544.

189 | Jacques Derrida (1963 a): Cogito und Geschichte des Wahnsinns, S. 99.

190 | Michel Foucault: Mein Körper, dieses Papier, dieses Feuer. In: DE II, S. 312.

191 | Michel Foucault: Der Staub und die Wolke. In: DE IV, S. 21.

192 | Ebd., S. 24.

193 | Vgl. Michel Foucault: Erwiderung auf Derrida. In: DE II, S. 347-367.

194 | Jacques Derrida (1992 b): Gerecht sein gegenüber Freud.

VII. WAS IST AUFKLÄRUNG?

1 | Julien Offray de La Mettrie (1749 a): Der Mensch eine Maschine, S. 17.

2 | Emmanuel Kant: Anthropologie d'un point de vue pragmatique. Übersetzung und Einleitung von Michel Foucault. Thèse complémentaire. [Manuskript 1960.] Der Text wurde 2008 als Buch veröffentlicht, vgl. Michel Foucault: AP [1960] und PA [1955].

3 | Pravu Mazumdar (1998 a): Über Foucault, S. 30.

4 | Michel Foucault: Die große Einsperrung: In: DE II, S. 379.

5 | Pravu Mazumdar (1998 a): Über Foucault, S. 30.

6 | Jacques Lacan (1957 a): Das Drängen des Buchstabens im Unbewußten oder die Vernunft seit Freud, S. 28.

7 | Thomas Schäfer (2002 a): Der Gefängnisphilosoph, S. 63.

8 | Vgl. hierzu das vierzehnte Kapitel mit dem schönen Titel: »Was kann ein Körper?«. In: Gilles Deleuze (1968 b): Spinoza und das Problem des Ausdrucks in der Philosophie, S. 191-206.

9 | François Ewald (1990 a): Die Philosophie als Akt, S. 89.

10 | Ebd., S. 92.

11 | François Ewald (2006 a): Michel Foucaults Aktualitäten, S. 68.

12 | François Ewald (1990 a): Die Philosophie als Akt, S. 100.

13 | Vgl. Thomas Schäfer (2001 a): Ursprung eines Werkes, S. 69.

14 | Vgl. Reiner Keller (2008 a): Michel Foucault, S. 40-42.

15 | Vgl. Gilles Deleuze (1986 a): Foucault.

16 | Vgl. Reiner Ruffing (2008 a): Michel Foucault, S. 17.

17 | Zitiert nach Manfred Kühn (2003 a): Kant, S. 334.

18 | Vgl. Norbert Hinske (1981 a): Was ist Aufklärung?, S. 115; und ders. (1966 a): Kants Idee der Anthropologie.

19 | Immanuel Kant (1797 a): Über ein vermeintliches Recht aus Menschenliebe zu lügen, S. 425 und 430. Vgl. Friedrich Nietzsche (1881 a): Über Wahrheit und Lüge im außermoralischen Sinne.

20 | Immanuel Kant (1784 a): Beantwortung der Frage: Was ist Aufklärung?, S. 35.

21 | Ebd., S. 41-42.

22 | Ebd., S. 41.

23 | Ebd.

24 | Immanuel Kant (1786 a): Was heißt: Sich im Denken orientieren?, S. 136.

25 | Martin Heidegger (1927 a): Sein und Zeit, S. 42.

26 | Thomas Schäfer (1995 a): Reflektierte Vernunft, S. 44.

27 | Immanuel Kant (1784 a): Beantwortung der Frage: Was ist Aufklärung?, S. 35.

28 | Eva Erdmann (1990 a): Die Literatur und das Schreiben, S. 270.

29 | Immanuel Kant (1784 a): Beantwortung der Frage: Was ist Aufklärung?, S. 35.

30 | Ebd.

31 | Ebd., S. 38.

32 | Ebd., S. 36.

33 | Ebd.

34 | Immanuel Kant (1784 a): Beantwortung der Frage: Was ist Aufklärung?, S. 40. »Dieses Zeitalter ist das Zeitalter der Aufklärung, aber das Jahrhundert Friedrichs.«

35 | Kants ehemaliger Schüler Herder widerspricht in seiner »Idee zur Philosophie der Geschichte der Menschheit« (1784) seinem Lehrer, dass diese Art von Aufklärung überhaupt möglich oder sogar gut sei. In einer Besprechung dieses Buches von Herder fällt Kants Urteil wie erwartet negativ aus.

36 | Foucaults Interesse gilt vornehmlich den Gegenständen, in denen das Subjekt selbst als Objekt möglichen Wissens gegeben ist. Vgl. Michel Foucault: Foucault. In: DE IV, S. 779.

37 | »Die Archäologie bezeichnet die Bedingungen der Möglichkeit eines Wissens zu einem bestimmten Zeitpunkt; die Genealogie führt zu den Praktiken zurück, die in ihren Artikulationen immer ortsgebunden, historisch und sozial sind.« François Ewald (1990 a): Die Philosophie als Akt, S. 98.

38 | Vgl. Thomas Schäfer (1990 a): Aufklärung und Kritik. Der Autor übernimmt Michel Foucaults Definition »Geschichte des Denkens« in den Untertitel seines Buches.

39 | Vgl. Ulrich Johannes Schneider (2004 a): Michel Foucault, S. 24.

40 | Michel Foucault: Foucault. In: DE IV, S. 777.

41 | Michel Foucault: SW II, S. 15-16.

42 | Ulrich Johannes Schneider (2004 a): Michel Foucault, S. 27. Vgl. dagegen Philipp Sarasin (2009 a): Darwin und Foucault, S. 339.

43 | Den Übermenschen definiert Foucault in seinem Spätwerk als Begehrensmenschen. Vgl. hierzu Michel Foucault: SW II, S. 21; Thomas Lemke (1997 a): Eine Kritik der politischen Vernunft, S. 278-284; und Peter Sloterdijk (1998 a): Vorbemerkung, S. 45.

44 | Vgl. Gilles Deleuze (1963 a): Kants kritische Philosophie.

45 | Emmanuel Kant: Anthropologie d'un point de vue pragmatique. Übersetzung und Einleitung von Michel Foucault. Vgl. Michel Foucault: AP (2008). [Thèse complémentaire 1960.]

46 | Zuerst unter dem Titel »Qu'est-ce qu'un philosophe?«. In: Connaissance des hommes 22 (1966) S. 9. Vgl. Michel Foucault: DE I, S. 712-714. [Gespräch mit Marie-Gisélle Foy 1966.]

47 | Zuerst unter dem Titel »Qu'est-ce qu'un autor?«. In: Bulletin de la Societé francaise de philosophie 3 (1969) S. 73-104. Vgl. Michel Foucault: DE I, S. 1003-1041. [Vortrag vom 1969.]

48 | Zuerst unter dem Titel » Qu'est-ce qu'une critique?«. Vortrag vor der Societé francaise de philosophie am 27. Mai 1978. Vgl. Michel Foucault: Was ist Kritik? Berlin: Merve 1992, S. 9-35. [Vortrag 1978.] [Dieser Text ist nicht in der Ausgabe der »Dits et Ecrits« enthalten.]

49 | Zuerst unter dem Titel »Conversazione con Michel Foucault«. In: II Contributo 1 (1980), S. 23-84. Vgl. Michel Foucault: Gespräch mit Ducio Trombadori. In: DE IV, S. 51-119.

50 | Zuerst unter dem Titel »What is Enlightment?«. Zuerst in: The Foucault Reader. New York: Pantheon 1984, S. 32-50. Vgl. Michel Foucault: DE IV, S. 687-707. [Vortrag New York 1984.]

51 | Zuerst unter dem Titel »Qu'est-ce que les Lumières?«. Zuerst in: Magazine littéraire 297 (1984), S. 35-39. Vgl. Michel Foucault: DE IV, S. 837-848. [Vorlesung Paris 1983.]

52 | Zuerst unter dem Titel »Une esquisse autobiographique«. In: Dictionnaire des philosophes. Band 1. Paris: P.U.F. 1984, S. 942-944. Vgl. Michel Foucault: DE IV, S. 776-782. [Lexikonartikel 1984.]

53 | Erst ein halbes Jahrhundert später erscheint das vollständige Manuskript in einer französischen Edition. Diese Textfassung von 2008 enthält die Einführung »Introduction à l'Anthropologie de Kant« (S. 11-79) und die französische Übersetzung »Anthropologie du point de vue pragmatique« (S. 81-267). Die deutsche Edition erscheint 2010.

54 | Michel Foucault: Geschichtlicher Abriss. In: DE I, S. 391-397. In diesem knappen Text rekonstruiert Michel Foucault, wann die »Anthropologie« entstanden ist (Januar bis April 1797) und wann sie publiziert wurde (Oktober 1798). Interessanterweise berücksichtigt Foucault den zur gleichen Zeit entstandenen und publizierten Kant-Text »Der Streit der Fakultäten« (1798).

55 | Michel Foucault: OD, S. 408.

56 | Michel Foucault: AP, S. 14. Vgl. hierzu die Arbeiten von Ute Frietsch (2002 a): Michel Foucaults Einführung in die Anthropologie Kants; und Andrea Hemminger (2004 a): Kritik und Geschichte.

57 | Michel Foucault: AP, S. 41. »Fait originaire qui surplombe dans sa structure unique et souveraine, la nécessité de la Critique, et la possibilité de l'Anthropologie.«

58 | Immanuel Kant (1781 a): Kritik der reinen Vernunft, S. 676.

59 | Immanuel Kant (1784 b): Idee zu einer allgemeinen Geschichte in weltbürgerlicher Sicht.

60 | Vgl. Andrea Hemminger (2004 a): Kritik und Geschichte, S. 42-43.

61 | Wilhelm Schmid (1991 a): Auf der Suche nach einer neuen Lebenskunst, S. 131.

62 | Michel Foucault: OD, S. 410-411. Zur »vierten Frage« äußert sich Martin Heidegger ausführlich; vgl. Martin Heidegger (1929 a): Kant und das Problem der Metaphysik, S. 211.

63 | Andrea Hemminger (2004 a): Kritik und Geschichte, S. 47.

64 | Michel Foucault: AP, S. 54-65. »Le mot >Kunst<, avec ses dérivés (verkunsteln, erkunsteln, gekunstelt) est un des termes qui reviennent souvent dans l'Anthropologie, et l'un de ceux qui demeurent le plus inaccessible à la traduction« (S. 57).

65 | Vgl. Michel Foucault: VL 82/83 [Le gouvernement de soi et des autres.]

66 | Michel Foucault: Was ist Aufklärung? In: DE IV, S. 840. Diese erste Vorlesung vom 5. 1. 1983 von gesamt zehn Vorlesungstagen ist von Hans-Dieter Gondek übersetzt und in den Schriften »Dits et Ecrits IV« veröffentlicht. Zuletzt in: Michel Foucault: VL 82/83, S. 26. Vgl. hierzu auch Jürgen Habermas (1985 a): Aporien einer Machttheorie; und ders. (1985 b): Vernunftkritische Entlarvung der Humanwissenschaften: Foucault.

67 | Michel Foucault: Was ist Aufklärung? In: DE IV, S. 847-848. (Vgl. VL 82/83, S. 22).

68 | Vgl. Thomas Schäfer (1990 a): Aufklärung und Kritik.

69 | Thomas Schäfer (1995 a): Reflektierte Vernunft, S. 38.

70 | Vgl. Immanuel Kant (1784 b): Idee zu einer allgemeinen Geschichte in weltbürgerlicher Sicht; und ders. (1786 b): Mutmaßlicher Anfang der Menschengeschichte.

71 | Vgl. Immanuel Kant (1785 a): Bestimmung des Begriffs einer Menschrasse.

72 | Vgl. Immanuel Kant (1791 a): Über das Mißlingen aller philosophischen Versuche in der Theodizee.

73 | Thomas Schäfer (1999 a): Foucault und die Aufklärung, S. 24.

74 | Henning Teschke (2008 a): Sprünge der Differenz, S. 199.

75 | Michel Foucault: Von seinen Lüsten träumen. In: DE IV, S. 575.

76 | Vgl. Andrea Hemminger (2004 a): Kritik und Geschichte, S. 29.

77 | Michel Foucault: AP, S. 16.

78 | Immanuel Kant (1781 a): Kritik der reinen Vernunft. [Transzendentale Analytik, § 25, B 159], S. 85.

79 | Vgl. Immanuel Kant (1798 b): Der Streit der Fakultäten; und Michel Foucault: Was ist Aufklärung? In: DE IV, S. 841-842.

80 | Immanuel Kant (1798 b): Der Streit der Fakultäten.

81 | Michel Foucault: Was ist Aufklärung? In: DE IV, S. 843. Vgl. hierzu auch ders.: VL 82/83, S. 18.

82 | Vgl. Thomas Lemke (1997 a): Eine Kritik der politischen Vernunft; ders. (2001 a): Gouvernementalität; und ders. (2006 a): Gouvernementalität und Biopolitik.

83 | Eva Erdmann (1990 a): Die Literatur und das Schreiben, S. 267.

84 | Judith Butler (2002 a): Was ist Kritik?, S. 250.

85 | Ebd., S. 251.

86 | Michel Foucault: Was ist Aufklärung? In: DE IV, S. 840. Vgl. auch die Vorlesung am Collège de France vom 5. Januar 1983. In: VL 82/83, S. 13-42.

87 | Michel Foucault: VL 82/83, S. 22.

88 | Michel Foucault: Was ist Kritik? Berlin: Merve 1992, S. 8.

89 | Ebd., S. 51.

90 | Vgl. Hubert L. Dreyfus und Paul Rabinow (1990 a): Was ist Mündigkeit?, S. 57. Die beiden Autoren unterstellen Michel Foucault, dass er der Meinung sei, Immanuel Kant wäre »modern, aber nicht mündig«. S. 65.

91 | Michel Foucault: Was ist Aufklärung? In: DE IV, S. 698. Vgl. François Ewald (1990 a): Die Philosophie als Akt, S. 87.

92 | Michel Foucault: VL 78/79, S. 88-89. [Die Geburt der Biopolitik. Geschichte der Gouvernementalität II.] Vgl. hierzu auch Immanuel Kant (1795 a): Zum ewigen Frieden.

93 | Michel Foucault: Was ist Aufklärung? In: DE IV, S. 687. Ulrich Johannes Schneider spricht von der »reflexiven Beziehung zur Gegenwart«. Vgl. ders. (1999 a): Foucault und die Aufklärung, S. 14.

94 | Thomas Schäfer (1995 a): Reflektierte Vernunft, S. 25.

95 | Michel Foucault: Michel Foucault, Die Ordnung der Dinge. In: DE I, S. 651.

96 | Vgl. Hubert L. Dreyfus und Paul Rabinow (1990 a): Was ist Mündigkeit?, S. 68.

97 | Vgl. Michel Foucault: AP, S. 137.

98 | Immanuel Kant (1786 a): Was heißt: Sich im Denken orientieren?, S. 145.

99 | Vgl. Eva Erdmann (1990 a): Die Literatur und das Schreiben, S. 261 und 262.

100 | Immanuel Kant (1784 a): Beantwortung der Frage: Was ist Aufklärung?, S. 36.

101 | Michel Foucault: OD, S. 379.

102 | François Ewald (1990 a): Die Philosophie als Akt, S. 96.

103 | Michel Foucault: OD, S. 462.

104 | »Ich würde eher eine Spannung zwischen Aufklärung und Humanismus als eine Identität sehen.« Michel Foucault: Was ist Aufklärung? In: DE IV, S. 701.

105 | François Ewald (2006 a): Michel Foucaults Aktualitäten, S. 67.

106 | Michel Foucault: Was ist Aufklärung? In: DE IV, S. 846.

107 | Immanuel Kant (1784 a): Beantwortung der Frage: Was ist Aufklärung?, S. 36.

108 | Ebd.

109 | Ebd., S. 38.

110 | Michel Foucault: Was ist Aufklärung? In: DE IV, S. 776. [»Foucault« in: Dictionnaire des philosophes.]

111 | Michel Foucault: Er war ein Schwimmer zwischen zwei Worten. In: DE I, S. 714.

112 | Michel Foucault: J.-P. Richards Mallarmé. In: DE I, S. 562.

113 | Jacques Lacan (1958 a): Die Bedeutung des Phallus, S. 129.

114 | Ebd., S. 129.

VIII. WAHNSINN UND GESELLSCHAFT

1 | Michel Foucault: Subjekt und Macht. In: DE IV, S. 280.

2 | Didier Eribon (1989 a): Michel Foucault, S. 173.

3 | Georges Canguilhem (1984 a): Über die Geschichte des Wahnsinns als Ereignis, S. 63.

4 | Ebd., S. 65.

5 | Ebd., S. 64-65.

6 | Vgl. Ulrich Johannes Schneider (2004 a): Michel Foucault, S. 29; und Michael Fisch (2008 a): Michel Foucault, S. 11-14.

7 | Jochen Hengst (2000 a): Eine Werkstatt der Literaturarchäologie, S. 71.

8 | Michel Foucault: PG, S. 44-47.

9 | Vgl. Georges Canguilhem (1966 a): Das Normale und das Pathologische.

10 | Michel Foucault: PG, S. 25-26.

11 | Ebd., S. 90.

12 | Michel Foucault: WG, S. 550.

13 | Ebd., S. 386.

14 | Vgl. Achim Geisenhanslüke: Wahnsinn und Gesellschaft. In: Clemens Kammler (2008 a): Foucault-Handbuch, S. 29.

15 | Michel Foucault: WG, S. 11.

16 | Vgl. Jean Piel (1986 a): Foucault in Uppsala.

17 | Vgl. Didier Eribon (1989 a): Michel Foucault, S. 171-172.

18 | Vgl. Reiner Keller (2008 a): Michel Foucault, S. 38-39.

19 | Michel Foucault: VL 74/75.

20 | Michel Foucault: Der Wahnsinn, Abwesenheit eines Werkes. In: DE I, S. 544.

21 | Philipp Sarasin (2005 a): Michel Foucault zur Einführung, S. 18.

22 | Michel Foucault: WG, S. 16.

23 | René Char: Suzerain (Lehnsherr). In: Ders. (1959 a): Poésis – Dichtungen, S. 239. Vgl. hierzu auch Michel Foucault: WG, S. 16.

24 | »Développez votre étrangeté légitime.« Vgl. René Char: Fureur et Mystères. In: Ders. (1983 a): Œuvres complètes, S. 160. Vgl. hierzu auch Michel Foucault: DE I, S. 109.

25 | René Char: Partage formel (Förmliche Teilung). In: Ders. (1959 a): Poésis – Dichtungen, S. 17. Vgl. hierzu auch Michel Foucault: Einführung. In: DE I, S. 107.

26 | Jürgen Habermas (1985 b): Vernunftkritische Entlarvung der Humanwissenschaften: Foucault, S. 283.

27 | Vgl. Mikrophysik der Macht. Über Strafjustiz, Psychiatrie und Medizin. Mit einem Vorwort von Daniel Defert und Jacques Donzelot. Mit Illustrationen von Wiaz. Aus dem Französischen von Werner Garst, Hans-Joachim Metzger, Hans-Ulrich Möhring, Ulrich Raulff, Walter Seitter und Gerburg Treusch-Dieter. Berlin: Merve 1976.

28 | Michel Foucault: VL 73/74, S. 28.

29 | Hinrich Fink-Eitel (1980 a): Michel Foucaults Analytik der Macht, S. 55.

30 | Michel Foucault: PG, S. 66.

31 | Jürgen Habermas (1985 b): Vernunftkritische Entlarvung der Humanwissenschaften: Foucault, S. 280.

32 | Michael Ruoff (2007 a): Foucault-Lexikon, S. 22.

33 | Michel Foucault: Der Wahnsinn existiert nur in einer Gesellschaft. In: DE I, S. 234.

34 | Ebd., S. 236.

35 | Michel Foucault: WG, S. 7.

36 | Ebd., S. 8.

37 | Ebd., S. 7.

38 | Vgl. Roland Barthes (1953 a): Am Nullpunkt der Literatur.

39 | Jacques Derrida (1963 a): Cogito und Geschichte des Wahnsinns, S. 27.

40 | Ebd., S. 63.

41 | Philipp Sarasin (2005 a): Michel Foucault zur Einführung, S. 28.

42 | Ebd., S. 36.

43 | Michel Foucault: Der Wahnsinn, Abwesenheit eines Werkes. In: DE I, S. 547.

44 | Michel Foucault: WG, S. 253.

45 | Ebd., S. 253-254.

46 | Ulrich Johannes Schneider (2004 a): Michel Foucault, S. 39.

47 | Ebd., S. 41.

48 | Jürgen Habermas (1985 b): Vernunftkritische Entlarvung der Humanwissenschaften: Foucault, S. 287.

49 | Ebd., S. 280.

50 | Michael Ruoff (2007 a): Foucault-Lexikon, S. 24.

51 | Michel Foucault: VL 74/75, S. 22.

52 | Michel Foucault: WG, S. 535-536.

53 | Hinrich Fink-Eitel (1989 a): Michel Foucault zur Einführung, S. 24.

54 | Michel Foucault: OD, S. 27.

55 | Michel Foucault: Kapitel VI. Das Zurückweichen und die Wiederkehr des Ursprungs. In: OD, S. 396-404.

56 | Ebd., S. 400.

57 | Michel Foucault: GK, S. 15.

58 | Mit der Veröffentlichung dieser beiden Bücher vollzieht der Autor den Verlagswechsel. Während »Wahnsinn und Gesellschaft« (1961) noch bei Plon erscheint, veröffentlicht Foucault »Die Geburt der Klinik« (1963) bei Presses Universitaires de France (PUF) und »Raymond Roussel« bei Gallimard. Vgl. Michael Fisch (2008 a): Michel Foucault, S. 23.

59 | Michel Foucault: RR, S. 173.

60 | Michel Foucault: Einführung. In: DE I, S. 174.

61 | Vgl. hierzu Arne Klawitter (2003 a): Die fiebernde Bibliothek. Foucaults Sprachontologie und seine diskursanalytische Konzeption moderner Literatur; und ders. (2004 a): Von der Ontologie der Sprache zur Diskursanalyse moderner Literatur.

62 | Michel Foucault: Die Sprache, unendlich. In: DE I, S. 348.

63 | Vgl. Michel Foucault: Sagen und Sehen bei Raymond Roussel. In: DE I, S. 284-297.

64 | Vgl. Michel Foucault: Warum gibt man das Werk von Raymond Roussel wieder heraus? Ein Vorläufer unserer modernen Literatur. In: DE I, S. 551-554.

65 | Ebd., S. 551.

66 | Vgl. Michel Foucault: Archäologie einer Leidenschaft. In: DE IV, S. 745.

67 | Ebd., S. 735.

68 | Michel Foucault: RR, S. 64.

69 | James Miller (1993 a): Die Leidenschaft des Michel Foucault, S. 191.

70 | Michel Leiris (1988 a): Roussel l'ingénu.

71 | Michel Foucault: Archäologie einer Leidenschaft. In: DE IV, S. 741.

72 | James Miller (1993 a): Die Leidenschaft des Michel Foucault, S. 27. Vgl. auch Michel Foucault: RR, S. 10.

73 | James Miller (1993 a): Die Leidenschaft des Michel Foucault, S. 47.

74 | Ebd., S. 215.

75 | Michel Foucault: Archäologie einer Leidenschaft. In: DE IV, S. 743. [Gespräch mit Charles Ruas.]

76 | Ebd., S. 742.

77 | Zitiert nach Bernhard H. F. Taureck (1997 a): Michel Foucault, S. 65.

78 | Michel Foucault: RR, S. 191.

79 | James Miller (1993 a): Die Leidenschaft des Michel Foucault, S. 47.

80 | Michel Foucault: SW II, S. 15.

81 | James Miller (1993 a): Die Leidenschaft des Michel Foucault, S. 48.

82 | Michel Foucault: RR, S. 191.

83 | Ebd., S. 10.

84 | Arne Klawitter (2004 a): Von der Ontologie der Sprache zur Diskursanalyse moderner Literatur, S. 124.

85 | Michel Butor (1950 a): Über die Verfahrensweisen Raymond Roussels, S. 100.

86 | Ebd., S. 103.

87 | Michel Foucault: RR, S. 124.

88 | Vgl. ebd., S. 22.

89 | Vgl. Michel Butor (1950 a): Über die Verfahrensweisen Raymond Roussels, S. 117.

90 | Michel Foucault: RR, S. 22-23.

91 | Ebd., S. 56.

92 | Roland Barthes (1977 a): Leçon/Lektion, S. 19.

93 | Michel Foucault: Die Sprache, unendlich. In: DE I, S. 343-344.

94 | Vgl. Michel Foucault: Schriften zur Literatur. Aus dem Französischen von Karin von Hofer. München: Nymphenburger 1974.

95 | Arne Klawitter (2004 a): Von der Ontologie der Sprache zur Diskursanalyse moderner Literatur, S. 126.

96 | Alain Robbe-Grillet: Énigmes et transparence chez Raymond Roussel. In: Critique (1963), S. 1027-1033. Maurice Blanchot: La Problème de Wittgenstein. In: Nouvelle Revue Française 131 (1963), S. 493.

97 | Michel Butor (1950 a): Über die Verfahrensweisen Raymond Roussels, S. 116.

98 | Ulrich Johannes Schneider (2004 a): Michel Foucault, S. 159.

99 | Michel Foucault: Das Denken des Außen. In: DE I, S. 673. Vgl. hierzu auch Jacques Derrida (1998 a): Bleibe – Maurice Blanchot; und ders. (2003 b): Ein Zeuge von jeher. Vgl. hierzu auch Petra Gehring (1997 a): Innen des Außen – Außen des Innen.

100 | Urich Johannes Schneider (2004 a): Michel Foucault, S. 159.

101 | Jean-Paul Richards: L'univers imaginaire de Mallarmé. Paris: Gallimard 1962. Vgl. auch ders.: Onze études sur la poésie moderne. Paris: Gallimard 1964.

102 | Jean-Paul Sartre (1960 b): Was kann Literatur?, S. 38.

103 | Vgl. Michel Butor (1961 a): Das Mallarmé-Porträt von Pierre Boulez, S. 87.

104 | Michel Foucault: J.-P. Richards »Mallarmé«. In: DE I, S. 560.

105 | Ebd., S. 560-561.

106 | Ebd., S. 562.

107 | Ebd., S. 563.

108 | Vgl. Michel Butor (1961 a): Das Mallarmé-Porträt von Pierre Boulez, S. 88.

109 | Stéphane Mallarmé (1992 a): Sämtliche Dichtungen, S. 366.

110 | Ebd., S. 570.

IX. Die Geburt der Klinik

1 | Michel Foucault: Die Geburt der Klinik, S. 7.

2 | Vgl. Gilles Deleuze (1962 a): Nietzsche und die Philosophie.

3 | Michel Foucault: WG, S. 216.

4 | Ebd., S. 8.

5 | Ulrich Johannes Schneider (2004 a): Michel Foucault, S. 84.

6 | Michel Foucault: Antwort auf eine Frage. In: DE I, S. 869-870.

7 | Michel Foucault: AW, S. 187.

8 | Vgl. Petra Gehring (2004 a): Foucault – Die Philosophie im Archiv, S. 63-66.

9 | Michel Foucault: GK, S. 7.

10 | Michel Foucault: RR, S. 41.

11 | Michel Foucault: Über die Archäologie der Wissenschaften. In: DE I, S. 920.

12 | Michael Ruoff (2007 a): Foucault-Lexikon, S. 27.

13 | Ebd., S. 28.

14 | Michel Foucault: GK, S. 109.

15 | Ebd., S. 209.

16 | Ebd., S. 208.

17 | Klaus Laermann (1986 a): Lacancan und Derridada, S. 36. Dieser Autor, der selbst einen »frankolatrischen« Bataille-Aufsatze schrieb, sollte sich zu schade sein, so vehement in das Horn der Ewiggestrigen zu blasen.

18 | Ebd., S. 36. Vgl. auch ders. (1985 a): Das rasende Gefasel der Gegenaufklärung.

19 | Jürgen Habermas (1985 a): Aporien einer Machttheorie, S. 214.

20 | Dirk Quadflieg (2006 b): Kultur als Kultur des Anderen, S. 294.

21 | Jacques Derrida: Brief an Toshihiko Isutzu. Zitiert nach Jan Rehmann (2004 a): Postmoderner Links-Nietzscheanismus, S. 369.

22 | Geoffrey Bennington (1991 a): Jacques Derrida, S. 332-333.

23 | Jacques Derrida (1956 a): Die Struktur, das Zeichen und das Spiel im Diskurs der Wissenschaften vom Menschen.

24 | Jacques Derrida (1962 a): Husserls Weg in die Geschichte am Leitfaden der Geometrie.

25 | Jacques Derrida (1967 b): Die Stimme und das Phänomen.

26 | Jacques Derrida (1967 a): Grammatologie; ders. (1967 b): Die Stimme und das Phänomen; und ders. (1967 c): Die Schrift und die Differenz.

27 | Vgl. Jacques Derrida (1991 b): Gesetzeskraft.

28 | Jacques Derrida: Je suis en guerre contremoi-même. In: Le Monde, 19. 8. 2004 [Interview mit Jean Birnbaum].

29 | Peter Sloterdijk (2007 a): Derrida ein Ägypter, S. 13.

30 | Vgl. Geoffrey Bennington (1991 a): Jacques Derrida, S. 50.

31 | Jacques Derrida (1967 a): Grammatologie, S. 17. Vgl. hierzu auch Geoffrey Bennington (1991 a): Jacques Derrida, S. 50-72.

32 | Jacques Derrida (1969 a): Die différance, S. 40.

33 | Vgl. Geoffrey Bennington (1991 a): Jacques Derrida, S. 79-92.

34 | Vgl. hierzu Dirk Quadflieg (2007 a): Differenz und Raum.

35 | Vgl. hierzu Jacques Derrida (1994 a): Politik der Freundschaft.

36 | Vgl. hierzu Andreas Hetzel (2002 a): Die Gabe der Gerechtigkeit.

37 | Jacques Derrida (2000 b): Marx Gespenster.

38 | Jacques Derrida (1992 a): Den Tod geben, S. 386.

39 | Vgl. Jacques Derrida (1991 a): Aus Liebe zu Lacan.

40 | Petra Gehring (1997 a): Innen des Außen – Außen des Innen, S. 108.

41 | Geoffrey Bennington (1991 a): Jacques Derrida, S. 282.

42 | Vgl. Jacques Derrida (1983 b): Geschlecht (Heidegger), S. 11-43.

43 | Vgl. ebd., S. 42-43.

44 | Vgl. Martin Heidegger (1927 a): Sein und Zeit, S. 63-114. [Paragraph 14-24.]

45 | Vgl. Jacques Derrida: »Les fins de l'homme«. In: Ders. (1968 a): Fines hominis; und Martin Martin Heidegger (1946 a): Brief über den Humanismus.

46 | Jacques Derrida (1987 a): Vom Geist, S. 139.

47 | Vgl. Geoffrey Bennington (1991 a): Jacques Derrida, S. 282.

48 | Vgl. Jacques Derrida (1963 a): Cogito und Geschichte des Wahnsinns.

49 | Ebd., S. 99.

50 | Ebd., S. 67.

51 | Ebd., S. 88.

52 | Gilles Deleuze (1986 d): Ein Porträt Foucaults, S. 150.

53 | Michel Foucault: Erwiderung auf Derrida. In: DE II, S. 348.

54 | Ebd., S. 351.

55 | Michel Foucault: WG, S. 68-70.

56 | Jacques Derrida (1963 a): Cogito und Geschichte des Wahnsinns, S. 99-100.

57 | Michel Foucault: Erwiderung auf Derrida. In: DE II, S. 350.

58 | Ebd., S. 330.

59 | Ebd., S. 366.

60 | Ebd., S. 367.

61 | Jacques Derrida (1992 b): Gerecht sein gegenüber Freud, S. 111.

62 | Ebd., S. 112.

63 | Ebd., S. 119-120.

64 | Michel Foucault: Die Prosa des Aktaion. In: DE I, S. 434-449.

65 | Michel Foucault: Die Wörter bluten. In: DE I, S. 555-559.

66 | Michel Foucault: Die Prosa des Aktaion. In: DE I, S. 448.

67 | Vgl. Michel Foucault: Einführung. In: DE I, S. 172.

68 | Achim Geisenhanslüke (1997 a): Foucault und die Literatur; ders. (2006 a): Tragödie und Infamie; Arne Klawitter (2003 a): Die fiebernde Bibliothek; ders. (2004 a): Von der On-

tologie der Sprache zur Diskursanalyse moderner Literatur; und Stefan Wunderlich (2000 a): Michel Foucault und die Frage nach der Literatur.

69 | Vgl. Michel Foucault: Die Sprache, unendlich. In: DE I, S. 346.

70 | Vgl. Michel Foucault: Distanz, Aspekt, Ursprung. In: DE I, S. 374.

71 | Gilles Deleuze (1969 a): Klossowski oder Die Körper-Sprache, S. 354.

72 | Ebd., S. 344.

73 | Michel Foucault: Die Prosa des Aktaion. In: DE I, S. 447.

74 | Gilles Deleuze (1969 a): Klossowski oder Die Körper-Sprache, S. 341.

75 | Ebd., S. 347.

76 | Michel Foucault: WG, S. 8.

77 | Gilles Deleuze (1969 a): Klossowski oder Die Körper-Sprache, S. 344.

78 | Pierre Klossowski (1965 a): Der Baphomet, S. 5.

79 | Walter Seitter (1987 a): Eine Ethnologie unserer Kultur, S. 50.

80 | Didier Eribon (1989 a): Michel Foucault, S. 233.

81 | Didier Eribon (1994 a): Michel Foucault und seine Zeitgenossen, S. 147.

82 | Pierre Klossowski (1969 a): Nietzsche und der Circulus vitiosus deus.

83 | Vgl. Michel Foucault: Allgemeine Einführung. In: DE I, S. 723-726. Vgl. auch ders.: Michel Foucault und Gilles Deleuze möchten Nietzsche sein wahres Gesicht zurückgeben. In: DE I, S. 708-712; und ders.: Zur Publikation der Nietzsche-Ausgabe. In: DE IV, S. 1022-1027.

84 | Friedrich Nietzsche: Œuvres philosophiques complètes. Paris: Gallimard 1967. Band V: Le Gai Savoir. Fragments posthumes (1881-1882). Vgl. hierzu auch Gilles Deleuze (1962 a): Nietzsche und die Philosophie; und ders. (1969 a): Klossowski oder Die Körper-Sprache.

85 | Pierre Klossowski (1969 a): Nietzsche und der Circulus vitiosus deus, S. 5.

86 | Friedrich Nietzsche (1882 a): Die fröhliche Wissenschaft, S. 364. Vgl. hierzu auch Michel Foucault: SW II, S. 15.

87 | Michel Foucault: Die Prosa des Aktaion. In: DE I, S. 437.

88 | Gilles Deleuze erkennt in der Verdoppelung des Blicks die Aufdeckung der Sprache und darin die Vervielfachung des Sprechers. Vgl. ders. (1969 a): Klossowski oder die Körper-Sprache, S. 346.

89 | Michel Foucault: Die Prosa des Aktaion. In: DE I, S. 436-437.

90 | Gilles Deleuze (1969 a): Klossowski oder Die Körper-Sprache, S. 343.

91 | Friedrich Nietzsche (1882 a): Die fröhliche Wissenschaft, S. 570.

92 | Michel Foucault: SW II, S. 11-13.

93 | Zitiert nach James Miller (1993 a): Die Leidenschaft des Michel Foucault, S. 413.

94 | Pierre Klossowski (1969 a): Nietzsche und der Circulus vitiosus deus, S. 11.

X. TUNIS UND VINCENNES

1 | Michel Foucault: AW, S. 178-179.

2 | Jelila Hafsia: Quand la passion de l'intelligence illuminait Sidi Bou Saïd. In: La Presse de Tunisie, 6. 7. 1984. Vgl. auch Jelila Hafsia: Un problème m'intéresse depuis longtemps,

c'est celui du système pénal. In: La Presse de Tunisie, 12. 8. 1971. [Interview mit Michel Foucault.]

3 | Jean Daniel (1985 a): Der Erinnerungsstrom, S. 61.

4 | Ebd., S. 62.

5 | Martina Meister (1990 a): Die Sprache, die nichts sagt und die nie schweigt, S. 237.

6 | Ebd., S. 240.

7 | Michel Foucault: Das Denken des Außen. In: DE I, S. 674.

8 | Michel Foucault: Diskussion über den Roman. In: DE I, S. 452.

9 | Der 9. April ist als »Tag der Märtyrer« tunesischer Feiertag. Das Datum erinnert an die Kämpfer, deren vergossenes Blut in der roten Farbe der tunesischen Flagge repräsentiert ist.

10 | Michel Foucault: Michel Foucault erklärt sein jüngstes Buch. In: DE I, S. 988.

11 | Michel Foucault: Gespräch mit Ducio Trombadori. In: DE IV, S. 97.

12 | Ebd., S. 98.

13 | Ebd., S. 99.

14 | Ebd., S. 101.

15 | Vgl. Michael Fisch: Zur Lage in Tunesien. [Interview von Manfred Götzke.] In: Deutschlandfunk vom 17. 1. 2011; und ders.: In jedem Seminar saß ein Spitzel [Interview von Johann Osel]. In: Süddeutsche Zeitung, 24. 1. 2011.

16 | Ferdinand de Saussure (1916 a): Grundfragen der Allgemeinen Sprachwissenschaft, S. 16.

17 | Ebd., S. 106.

18 | Ebd., S. 19.

19 | Jacques Derrida (1967 a): Grammatologie, S. 16.

20 | Ebd., S. 248.

21 | Mit »Induktionismus« ist die (überholte) Methode gemeint, die vom besonderen Einzelfall auf das Allgemeine schließt und mit »Konventionalismus« die (überholte) Methode gemeint, das Herkömmliche, das nicht Moderne zu bewahren.

22 | Vgl. Ferdinand de Saussure (2003 a): Linguistik und Semiologie; und ders. (2003 b): Wissenschaft als Sprache.

23 | Vgl. Ferdinand de Saussure (1967 a): Grundlagen der Allgemeinen Sprachwissenschaft, S. 44-75.

24 | Vgl. ebd., S. 108-113.

25 | Ferdinand de Saussure (2003 a): Linguistik und Semiologie, S. 338.

26 | Ebd., S. 340.

27 | Vgl. Jacques Lacan (1957 a): Das Drängen des Buchstabens im Unbewußten oder die Vernunft seit Freud.

28 | Michel Foucault: Eine Debatte zwischen Foucault und Preti. In: DE II, S. 462.

29 | Michel Foucault: Strukturalismus und Poststrukturalismus. In: DE IV, S. 526.

30 | Michel Foucault: Diskussion über den Roman. In: DE I, S. 489.

31 | Michel Foucault: Gespräch mit J. M. Merquior und S. P. Rouanet. In: DE II, S. 207-208.

32 | Michel Foucault: Michel Foucault, »Die Ordnung der Dinge«. In: DE I, S. 647.

33 | Ebd., S. 649.

34 | Michel Foucault: Einleitung. In: DE I, S. 932. Ferdinand de Saussure: Cours de linguistique générale. Herausgegeben von Charles Bally und Albert Sechehaye. Genf 1916.

35 | Michel Foucault: Linguistik und Sozialwissenschaften. In: DE I, S. 1047.

36 | Ebd., S. 1060.

XI. DIE ORDNUNG DER DINGE

1 | Michel Foucault: Das Denken des Außen. In: DE I, S. 672. Das zweite Kapitel von »Ordnung der Dinge« trägt den Titel »Die Prosa der Welt«. Foucault entnimmt ihn einem Manuskript von Merleau-Ponty aus den frühen fünfziger Jahren, das Jahre nach der »Ordnung der Dinge« posthum publiziert wird.

2 | Philipp Sarasin (2005 a): Michel Foucault zur Einführung, S. 83-84.

3 | Philipp Sarasin (2009 a): Darwin und Foucault, S. 57.

4 | Michel Foucault: OD, S. 462.

5 | Vgl. Ulrich Johannes Schneider (2004 a): Michel Foucault, S. 67.

6 | Gilles Deleuze (1966 a): Der Mensch, eine zweifelhafte Existenz, S. 138.

7 | Vgl. Michael Ruoff (2007 a): Foucault-Lexikon, S. 28 und 32.

8 | Vgl. Michel Foucault. Dies ist keine Pfeife. Mit zwei Briefen und vier Zeichnungen von René Magritte. Aus dem Französischen und mit einem Nachwort von Walter Seitter. München und Wien: Hanser 1974. [Zuerst 1973.] Auch in: DE I, S. 812-830.

9 | Michel Foucault: Die strukturalistische Philosophie gestattet eine Diagnose. In: DE I, S. 749.

10 | Wolfgang Detel (2006 a): Foucault und die Suche nach den großen Strukturen, S. 47.

11 | Hubert L. Dreyfus und Paul Rabinow (1987 a): Michel Foucault, S. 69.

12 | Vgl. ebd., S. 42.

13 | Wilhelm Schmid (1991 a): Auf der Suche nach einer neuen Lebenskunst, S. 129. Vgl. auch Hubert L. Dreyfus und Paul Rabinow (1987 a): Michel Foucault, S. 51-56.

14 | Michel Foucault: OD, S. 384.

15 | Andrea Hemminger (2004 a): Kritik und Geschichte, S. 101-110.

16 | Michel Foucault: OD, S. 17.

17 | Ebd., S. 18.

18 | Ebd., S. 17.

19 | Peter Bürger (1988 b): Die Wiederkehr der Analogie, S. 45.

20 | Peter Sloterdijk (1972 a): Michel Foucaults strukturale Theorie der Geschichte, S. 163.

21 | Vgl. Michel Foucault: OD, S. 108.

22 | Ebd., S. 95.

23 | Manfred Frank (1984 b): 10. Vorlesung, S. 202.

24 | Jürgen Habermas (1985 a): Aporien einer Machttheorie, S. 343.

25 | Peter Bürger (1988 b): Die Wiederkehr der Analogie, S. 51.

26 | Herbert Schnädelbach (1989 a): Das Gesicht im Sand, S. 241 und 251. Vgl. hierzu auch Petra Gehring (2007 b): Minotaurus zwischen den Regalen, S. 31.

27 | Martin Heidegger (1946 a): Brief über den Humanismus, S. 320. Vgl. hierzu auch Jan Rehmann (2004 a): Postmoderner Links-Nietzscheanismus, S. 75-81.

28 | Gérard Lebrun (1988 a): Zur Phänomenologie in der »Ordnung der Dinge«, S. 15-16.

29 | Peter Sloterdijk (1972 a): Michel Foucaults strukturale Theorie der Geschichte, S. 162.

30 | Ebd., S. 163.

31 | Ebd., S. 164.

32 | Ebd., S. 168.

33 | Ebd., S. 169.

34 | Vgl. »Geschichte der Gouvernementalität«. Michel Foucault: VL 77/78 und VL 78/79.

35 | Michel Foucault: Über verschiedene Arten, Geschichte zu schreiben. In: DE I, S. 767.

36 | Vgl. Clemens Kammler (2007 a): Foucaults Werk, S. 17.

37 | Michel Foucault: OD, S. 413.

38 | Ebd.

39 | Ebd., S. 413 und 425.

40 | Ebd., S. 412.

41 | Ebd.

42 | Gilles Deleuze (1966 a): Der Mensch, eine zweifelhafte Existenz, S. 135.

43 | Vgl. Jean-Paul Sartre (1945 a): Der Existentialismus ist ein Humanismus; und ders. (1957 a): Marxismus und Existentialismus.

44 | Claude Levi-Strauss: Die drei Stufen des Humanismus. In: Ders. (1973 a): Strukturale Anthropologie II, S. 308. Vgl. auch Axel Honneth (1987 a): Ein strukturalistischer Rousseau.

45 | Christoph Menke (1990 a): Zur Kritik der hermeneutischen Utopie, S. 103.

46 | Claudia Honegger (1982 a): Michel Foucault und die serielle Geschichte, S. 501.

47 | Gilles Deleuze (1966 a): Der Mensch, eine zweifelhafte Existenz, S. 136.

48 | Ebd.

49 | Peter Bürger (1988 b): Die Wiederkehr der Analogie, S. 49.

50 | Michel Foucault: OD, S. 77.

51 | Ebd.

52 | Michel Foucault: Vorrede zur Überschreitung. In: DE I, S. 335-336.

53 | Über Michel Foucaults Interpretation der »Hoffräulein« sind inzwischen viele Studien erschienen. Genannt sei an dieser Stelle stellvertretend Ellen Harlizius-Klück (1995 a): Der Platz des Königs.

54 | Hubert L. Dreyfus und Paul Rabinow (1987 a): Michel Foucault, S. 46.

55 | Jochen Hengst: Eine Werkstatt der Literaturarchäologie, S. 44.

56 | Vgl. Andrea Hemminger (2004 a): Kritik und Geschichte, S. 71-83.

57 | Michel Foucault: Das Denken des Außen. In: DE I, S. 671 und 673.

58 | Ebd., S. 674.

59 | Gilles Deleuze (1986 a): Foucault, S. 135.

60 | Pierre Macherey (1988 a): Foucault: Ethik und Subjektivität, S. 184.

61 | Pierre Macherey (1988 b): Für eine Naturgeschichte der Normen, S. 173.

62 | Michel Foucault: Das Denken des Außen. In: DE I, S. 674-676.

63 | Ebd., S. 676.

64 | Vgl. Didier Eribon (1989 a): Michel Foucault, S. 101.

65 | Vgl. Maurice Blanchot (1987 a): Michel Foucault vorgestellt von Maurice Blanchot.

66 | Jacques Derrida (2003 b): Ein Zeuge von jeher, S. 326.

67 | Maurice Blanchot: Die Apokalypse denken. In: Ders. (2007 c): Politische Schriften 1958-1993, S. 171.

68 | Vgl. James Miller (1993 a): Die Leidenschaft des Michel Foucault, S. 118-119.

69 | Vgl. Maurice Blanchot (2007 c): Politische Schriften 1958-1993.

70 | Vgl. Maurice Blanchot (2007 a): Das Unzerstörbare; und ders. (2008 a): Das Neutrale.

71 | Jacques Derrida (2003 b): Ein Zeuge von jeher, S. 328. Vgl. auch Maurice Blanchot (1982 a): Die Literatur und das Recht auf den Tod, S. 38.

72 | Jacques Derrida (2003 b): Ein Zeuge von jeher, S. 331.

73 | Jacques Derrida (1998 a): Bleibe – Maurice Blanchot, S. 115.

74 | Ebd., S. 116.

75 | Jacques Derrida (2003 b): Ein Zeuge von jeher, S. 329.

76 | Maurice Blanchot (2005 a): Die Schrift des Desasters, S. 114.

77 | Michel Foucault: Das Denken des Außen. In: DE I, S. 676.

78 | Maurice Blanchot (1982 a): Die Literatur und das Recht auf den Tod, S. 53.

79 | Vgl. Maurice Blanchot: Das Werk und die Kommunikation. In: Ders. (2007 a): Das Unzerstörbare, S. 9-30, hier S. 15.

80 | Maurice Blanchot: Die bestehende Ordnung zurückweisen. In: Ders. (2007 c): Politische Schriften 1958-1993, S. 157, 158 und 159.

81 | Vgl. Maurice Blanchot: Die Literatur und die ursprüngliche Erfahrung. In: Ders. (2007 a): Das Unzerstörbare, S. 31-79.

XII. Die Heterotopien und der utopische Körper

1 | Michel Foucault: DH, S. 9-10.

2 | Michel Foucault: Raum, Wissen und Macht. In: DE IV, S. 337.

3 | Michel Foucault: DH, S. 11.

4 | Ebd., S. 14.

5 | Michel Foucault: Von anderen Räumen. In: DE IV, S. 935-941.

6 | Michel Foucault: DH, S. 16-17.

7 | Michel Foucault: Von anderen Räumen. In: DE IV, S. 935.

8 | Michel Foucault: DH, S. 15.

9 | Ebd., S. 10-11.

10 | Michel Foucault: UK, S. 25.

11 | Ebd.

12 | Ebd., S. 26.

13 | Ebd., S. 27.

14 | Ebd., S. 31-32.

15 | Ebd., S. 34.

16 | Vgl. Roland Barthes (1953 a): Am Nullpunkt der Literatur.

17 | Vgl. Roland Barthes (1964 a): Elemente der Semiologie.

18 | Michel Foucault: Wie man sich vom Marxismus befreien kann. In: DE III, S. 753.

19 | Ebd.

20 | Ebd.

21 | Michel Foucault: Statt einer Konklusion. In: DE II, S. 521.

22 | Michel Foucault: Die Wahrheit und die juristischen Formen. In: DE II, S. 788.

23 | Michel Foucault: OD, S. 19.

24 | Ebd., S. 20.

25 | Jean Améry (1978 a): Michel Foucault und sein »Diskurs« der Gegenaufklärung.

26 | Michel Foucault: UK, S. 35.

27 | Zitiert nach Daniel Defert (1994 a): Zeittafel, S. 44.

28 | Vgl. später Michel Foucault: Foucault antwortet Sartre. In: DE I, S. 845-853.

29 | Die Rezension von Maurice Blanchot ist auch enthalten in dessen »L'Entretien infini« (1969) und die Besprechung von Roland Barthes in dessen »Essais critiques« (1964). Auf die strukturale Nähe von Michel Foucault und Michel Serres verweist Petra Gehring. Vgl. dies. (1992 a): Paradigma einer Methode.

30 | Jacques Derrida (1963 a): Cogito und Geschichte des Wahnsinns, S. 64.

31 | Vgl. Michel Serres (1969 a): Hermes I; und ders. (1972 a): Hermes II.

32 | Philipp Sarasin (2009 a): Darwin und Foucault, S. 378.

33 | Vgl. Michel Serres (1969 a): Hermes I, S. 32-35.

34 | Vgl. Clemens Kammler (2008 a): Foucault-Handbuch, S. 437.

35 | Vgl. Michel Serres (1972 a): Hermes II, S. 211-214.

36 | Urs Marti (1988 a): Michel Foucault, S. 52.

37 | Vgl. die Jahre 1830, 1848, 1871, 1936, 1968 und so fort.

38 | Vgl. James Miller (1993 a): Die Leidenschaft des Michel Foucault, S. 256.

39 | Didier Eribon (1989 a): Michel Foucault, S. 286.

40 | Auch Robert Castel wird berufen. Vgl. ders. (1986 a): Die Abenteuer der Praxis.

41 | James Miller (1993 a): Die Leidenschaft des Michel Foucault, S. 262.

42 | Ulrich Brieler (2008 a): Foucault und 1968: Widerspenstige Subjektivitäten, S. 19.

43 | Claude Mauriac (1976 a): Die Rue de la Goutte-d'Or, S. 91.

44 | Vgl. James Miller (1993 a): Die Leidenschaft des Michel Foucault, S. 216.

45 | Vgl. hierzu Bernard-Henri Lévy (2000 a): Sartre, S. 194-209. In der Beantwortung der Frage nach dem Verhältnis von Jean-Paul Sartre und Martin Heidegger untersucht Bernard-Henri Lévy folgende Themen: die Frage nach dem Subjekt, S. 194-196, die Frage nach der Geschichte, S. 196-199, die Frage nach der Sprache, S. 199-203, und die Frage nach dem Sein, S. 203-207.

46 | Andrea Roedig (1997 a): Foucault und Sartre, S. 135. Vgl. auch Ulrich Johannes Schneider (2007 a): Sartre und Foucault matching each other; auch Pierre Verstraeten (1988 a): Sartre und Foucault; und Traugott König (1988 a): Sartre und Bataille.

47 | Bernhard H. F. Taureck (1997 a): Michel Foucault, S. 78.

48 | Vgl. Jean-Paul Sartre (1945 a): Der Existentialismus ist ein Humanismus; und ders. (1957 a): Marxismus und Existentialismus.

49 | Andrea Roedig (1997 a): Foucault und Sartre, S. 136.

50 | Vgl. James Miller (1993 a): Die Leidenschaft des Michel Foucault, S. 236.

51 | Michel Foucault: Ist der Mensch tot? In: DE I, S. 699.

52 | Michel Foucault: Interview mit Michel Foucault. In: DE I, S. 839. Vgl. hierzu auch Ulrich Brieler: Der Einsatz Sartres. In: Ders. (1998 a): Die Unerbittlichkeit der Historizität, S. 175-178.

53 | Jean-Paul Sartre (1960 a): Kritik der dialektischen Vernunft, S. 633.

54 | Hans-Martin Schönherr-Mann (2005 a): Sartre, S. 153.

55 | Vgl. Jean-Paul Sartre (1983 a): Entwürfe für eine Moralphilosophie.

56 | Jean-Paul Sartre (1943 a): Das Sein und das Nichts, S. 253.

57 | Vgl. Hans-Martin Schönherr-Mann (2005 a): Sartre, S. 11.

58 | Jean-Paul Sartre (1960 a): Kritik der dialektischen Vernunft, S. 52 und 68.

59 | Vgl. Andrea Roedig (1997 a): Foucault und Sartre, S. 137.

60 | Jean-Paul Sartre (1945 a): Der Existentialismus ist ein Humanismus, S. 141. Vgl. hierzu Martin Heidegger (1946 a): Brief über den Humanismus; und Peter Sloterdijk (1999 a): Regeln für den Menschenpark.

61 | Jean-Paul Sartre (1952 a): Saint Genet, S. 662.

62 | Ebd., S. 663.

63 | Jean-Paul Sartre (1960 a): Kritik der dialektischen Vernunft, S. 34.

64 | Ebd., S. 36.

65 | Vgl. Hans-Martin Schönherr-Mann (2005 a): Sartre, S. 65.

66 | Jean-Paul Sartre (1943 a): Das Sein und das Nichts, S. 36.

67 | Vgl. Martin Heidegger (1927 a): Sein und Zeit, S. 15.

68 | Zitiert nach Bernard-Henri Lévy (2000 a): Sartre, S. 290.

69 | Ebd.

70 | Jean-Paul Sartre (1966 a): Jean-Paul Sartre répond, S. 90. Vgl. Hierzu Bernard-Henri Lévy (2000 a): Sartre, S. 248-250.

71 | Michel Foucault: Gespräch mit Ducio Trombadori. In: DE IV, S. 98.

72 | Bernhard H. F. Taureck (1997 a): Michel Foucault, S. 80.

73 | Jean-Paul Sartre (1943 a): Das Sein und das Nichts, S. 1052.

XIII. ARCHÄOLOGIE DES WISSENS

1 | Gilles Deleuze (1986 a): Michel Foucault, S. 31.

2 | Daniel Defert (1994 a): Zeittafel, S. 50.

3 | Vgl. Michel Foucault: AW, S. 276.

4 | Vgl. Didier Eribon (1989 a): Michel Foucault, S. 293.

5 | Vgl. Michel Foucault: Die Falle von Vincennes. In: DE II, S. 86.

6 | Ebd., S. 89.

7 | Zitiert nach Didier Eribon (1989 a): Michel Foucault, S. 292.

8 | Jules Vuillemin: Michel Foucault (1926-1984). Zitiert nach Didier Eribon (1989 a): Michel Foucault, S. 297.

9 | Michel Foucault: AW, S. 30.

10 | Michel Foucault: Der maskierte Philosoph. In: DE IV, S. 128.

11 | Michel Foucault: GK, S. 14.

12 | Gilles Deleuze (1986 d): Ein Porträt Foucaults, S. 147.

13 | Hinrich Fink-Eitel (1980 a): Michel Foucaults Analytik der Macht, S. 49.

14 | Michel Foucault: GK, S. 15.

15 | Michel Foucault: Über die Archäologie der Wissenschaften. In: DE I, S. 887.

16 | Vgl. Daniel Defert (2001 a): Es gibt keine Geschichte des Wahnsinns oder der Sexualität, wie es eine Geschichte des Brotes gibt.

17 | Gilles Deleuze (1986 a): Foucault, S. 9.

18 | Michel Foucault: AW, S. 33.

19 | Hinrich Fink-Eitel (1989 a): Michel Foucault zur Einführung, S. 55.

20 | Ebd., S. 56.

21 | Ebd., S. 57.

22 | Hubert L. Dreyfus und Paul Rabinow (1987 a): Michel Foucault, S. 105-127.

23 | Jochen Hengst (2000 a): Eine Werkstatt der Literaturarchäologie, S. 175-224.

24 | Ebd., S. 181.

25 | Ulrich Johannes Schneider (2004 a): Michel Foucault, S. 82.

26 | Michel Foucault: AW, S. 273.

27 | Claudia Honegger (1982 a): Michel Foucault und die serielle Geschichte, S. 518.

28 | Ebd., S. 519.

29 | Gilles Deleuze (1986 a): Foucault, S. 80-81.

30 | Claudia Honegger (1982 a): Michel Foucault und die serielle Geschichte, S. 504.

31 | Michel Foucault: OD, S. 24.

32 | Michel Foucault: AW, S. 108.

33 | Ebd., S. 171.

34 | Vgl. Michael Ruoff (2007 a): Foucault-Lexikon, S. 97.

35 | Michel Foucault: AW, S. 185.

36 | Ebd., S. 116.

37 | Vgl. Michael Ruoff (2007 a): Foucault-Lexikon, S. 96.

38 | Manfred Frank (1990 a): Was ist ein »Diskurs«?, S. 409.

39 | Ebd., S. 411.

40 | Claude Lévi-Strauss (1958 a): Strukturale Anthropologie I.

41 | Manfred Frank (1988 a): Zum Diskursbegriff bei Foucault, S. 29.

42 | Manfred Frank (1984 b): 10. Vorlesung, S. 208.

43 | Michel Foucault: OD, S. 25.

44 | Ebd., S. 22.

45 | Michel Foucault: AW, S. 18.

46 | Manfred Frank (1984 a): 9. Vorlesung, S. 180.

47 | Jacques Lacan (1957 a): Das Drängen des Buchstabens im Unbewußten oder die Vernunft seit Freud, S. 43.

48 | Jacques Lacan (1958 a): Die Bedeutung des Phallus, S. 125; vgl. auch ders. (1957 a): Das Drängen des Buchstabens im Unbewußten oder die Vernunft seit Freud, S. 44.

49 | Vgl. Manfred Frank (1990 a): Was ist ein »Diskurs«?, S. 426.

50 | Manfred Frank (1990 b): Ein Grundelement der historischen Analyse: die Diskontinuität, S. 365.

51 | Ebd., S. 369-370.

52 | Manfred Frank (1990 b): Ein Grundelement der historischen Analyse: die Diskontinuität, S. 372.

53 | Ebd.

54 | Vgl. Gilles Deleuze (1986 a): Foucault.

55 | Vgl. Jan Rehmann: Der Tod des Menschen und die ewige Wiederkehr. In: Ders. (2004 a): Postmoderner Links-Nietzscheanismus, S. 69-98.

56 | Ebd., S. 12.

57 | Ebd., S. 22. Vgl. auch Claudia Honegger (1982 a): Michel Foucault und die serielle Geschichte.

58 | Gilles Deleuze (1986 b): Die Dinge aufbrechen, die Worte aufbrechen, S. 126.

59 | Vgl. Gilles Deleuze (1972 a): Anti-Ödipus.

60 | Ebd., S. 479.

61 | Vgl. Gilles Deleuze (1967 a): Sacher-Masoch und der Masochismus.

62 | Gilles Deleuze (1974 a): Tausend Plateaus, S. 208.

63 | Ebd.

64 | Vgl. François Dosse (2007 a): Gilles Deleuze et Félix Guattari.

65 | Jürgen Link (1985 a): Warum Foucault aufhörte, Symbole zu analysieren, S. 109.

66 | Ebd.

67 | Gilles Deleuze (1986 b): Die Dinge aufbrechen, die Worte aufbrechen, S. 121.

68 | Ebd., S. 123.

69 | Gilles Deleuze (1986 c): Das Leben als Kunstwerk, S. 136.

70 | Vgl. Paul Veyne (2008 a): Foucault.

71 | Gilles Deleuze (1986 c): Das Leben als Kunstwerk, S. 137.

72 | Gilles Deleuze (1986 b): Die Dinge aufbrechen, die Worte aufbrechen, S. 121.

73 | Gilles Deleuze (1986 c): Das Leben als Kunstwerk, S. 164.

74 | Ebd., S. 136. Vgl. auch Markus Rölli (2003 a): Gilles Deleuze, S. 235.

75 | Gilles Deleuze (1986 d): Ein Porträt Foucaults, S. 150.

76 | Michel Foucault: SW II, S. 12 und 15.

77 | Henning Teschke (2008 a): Sprünge der Differenz, S. 82.

78 | Ebd., S. 22.

79 | Gilles Deleuze (1995 a): Schizophrenie und Gesellschaft, S. 235. [Anm. 5.]

80 | Vgl. Gilles Deleuze (1962 a): Nietzsche und die Philosophie.

81 | Michel Foucault: Strukturalismus und Poststrukturalismus. In: DE IV, S. 538.

82 | Vgl. Jan Rehmann (2004 a): Postmoderner Links-Nietzscheanismus, S. 26-68.

83 | Gilles Deleuze (1962 a): Nietzsche und die Philosophie, S. 11.

84 | Gilles Deleuze (1986 a): Foucault, S. 99.

85 | Gilles Deleuze (1986 c): Das Leben als Kunstwerk, S. 141.

86 | Michel Foucault: Allgemeine Einführung. In: DE I, S. 726. Vgl. hierzu ders.: Die unveröffentlichten Texte von Nietzsche. In: DE IV, S. 1022; und ders.: Zur Publikation der Nietzsche-Gesamtausgabe. In: DE IV, S. 1023-1027.

87 | Vgl. Michel Foucault: Theatrum philosophicum. In: DE II, S. 93-112; und ders.: Ariadne hat sich erhängt. In: DE I, S. 975-979.

88 | Michel Foucault: Theatrum philosophicum. In: DE II, S. 93.

89 | Gilles Deleuze: Ein neuer Kartograph. In: Ders. (1986 a): Foucault, S. 47.

90 | Vgl. Gilles Deleuze (1972 a): Anti-Ödipus.

91 | Vgl. Foucaults Diagramm. In: Gilles Deleuze (1986 a): Foucault, S. 169.

92 | Gilles Deleuze (1964 a): Proust und die Zeichen.

93 | Gilles Deleuze (1968 b): Spinoza und das Problem des Ausdrucks in der Philosophie.

94 | Gilles Deleuze (1988 a): Die Falte.

95 | Gilles Deleuze (1986 d): Ein Porträt Foucaults, S. 163.

96 | Gilles Deleuze (1986 a): Foucault, S. 134-135.

97 | Ebd., S. 169.

98 | Gilles Deleuze (1988 a): Die Falte, S. 30.

99 | Ebd., S. 62.

100 | Michel Foucault: Der Wahnsinn, Abwesenheit eines Werkes, S. 543 und 547.

101 | Vgl. Jacques Derrida (1995 a): Ich werde ganz allein umherirren müssen.

102 | Gilles Deleuze (1988 a): Die Falte, S. 72.

103 | Martin Stingelin (2007 a): Deleuze, Bartleby und Wakefield, Spinoza, S. 104. Vgl. auch Markus Rölli (2003 a): Gilles Deleuze, S. 15-20.

104 | Gilles Deleuze (1988 a): Die Falte, S. 90.

XIV. DIE ORDNUNG DES DISKURSES

1 | Peter Sloterdijk (1972 a): Michel Foucaults strukturale Theorie der Geschichte, S. 181.

2 | Vgl. Louis Althusser (1972 a): Lenin und die Philosophie.

3 | Vgl. Michel Foucault: J.-P. Richards »Mallarmé«. In: DE I, S. 559-571.

4 | Michel Foucault: Was ist ein Autor? In: DE I, S. 1003.

5 | Ebd.

6 | Ulrich Brieler (1998 a): Die Unerbittlichkeit der Historizität, S. 274.

7 | Michel Foucault: Was ist ein Autor? In: DE I, S. 1017.

8 | Ebd., S. 1020.

9 | Ebd., S. 1038.

10 | Petra Gehring (2007 b): Minotaurus zwischen den Regalen, S. 34.

11 | Pierre Daix (1970 a): Michel Foucault am Collège de France, S. 67.

12 | Didier Eribon (1989 a): Michel Foucault, S. 302.

13 | Vgl. Pierre Daix (1970 a): Michel Foucault am Collège de France, S. 68.

14 | Michel Foucault: IN, S. 9.

15 | Ebd., S. 9.

16 | Ebd., S. 10.

17 | Ebd., S. 10-11.

18 | Vgl. Michel Foucault: Titel und Arbeiten. In: DE I, S. 1069-1075.

19 | Michel Foucault: IN, S. 38.

20 | Ulrich Johannes Schneider (2001 b): Wissensgeschichte, nicht Wissenschaftsgeschichte, S. 221.

21 | Henning Ritter (2002 a): Hört mir auf mit dem Wort »Struktur«.

22 | Martina Meister (1990 a): Die Sprache, die nichts sagt und die nie schweigt, S. 238.

23 | Philipp Sarasin (2002 a): Ich werde jetzt etwas ungeheuer Naives sagen.

24 | Pierre Daix (1970 a): Michel Foucault am Collège de France, S. 69; und Ulrich Johannes Schneider (2004 a): Michel Foucault, S. 101.

25 | Michel Foucault: IN, S. 45-49. Vgl. auch ders.: Jean Hyppolite. 1907-1968. In: DE I, S. 991-998.

26 | Michel Foucault: Titel und Arbeiten. In: DE I, S. 1075.

27 | Michel Foucault: IN, S. 14.

28 | Vgl. auch Michel Foucault: Der Wille zum Wissen. In: DE II, S. 294-299.

29 | Peter Bürger (1988 a): Denken als Geste, S. 96-98.

30 | Philipp Sarasin (2002 a): Ich werde jetzt etwas ungeheuer Naives sagen.

31 | Michel Foucault: Monströsitäten der Kritiker. In: DE II, S. 262.

32 | Ebd., S. 263.

33 | Ebd.

34 | Ebd., S. 272.

35 | Michel Foucault: VL 81/82, S. 482.

36 | Michel Foucault: Ich sehe das Unerträgliche. In: DE II, S. 248.

37 | Elke Dauk (1989 a): Denken als Ethos und Methode, S. 68.

38 | Ebd., S. 67-68.

39 | Der Vortrag »Die Malerei von Manet«, gehalten am 20. 5. 1971 im Club Tahar Haddad in Tunesien, wird transkribiert von Rachida Triki. Er erscheint als Buch im Berliner Merve Verlag 1999. [Dieser Text fehlt in der Ausgabe der »Dits et Ecrits«.]

40 | Michel Foucault: Funktionen der Literatur. In: Ethos der Moderne. Foucaults Kritik der Aufklärung. Herausgegeben von Eva Erdmann und anderen. Frankfurt a.M. und New York: Campus 1990, S. 233. Gespräch mit Roger Pol-Droit am 20. 6. 1975. (Zuerst in: Le Monde, 6. 9. 1986.) Aus dem Französischen von Eva Erdmann. [Dieser Text fehlt in der Ausgabe der »Dits et Ecrits«.]

41 | Ebd.

42 | Vgl. Michel Foucault: Vorwort. In: DE II, S. 32-34.

43 | Michel Foucault: Présentation. In: Georges Bataille: Œuvres complètes. Band I, S. 5.

44 | Vgl. Daniel Defert (1994 a): Zeittafel, S. 24.

45 | Vgl. Michel Foucault: Vorrede zur Überschreitung. In: DE I, S. 320-342.

46 | Vgl. Georges Bataille: Œuvres complètes. Band I: Frühe Texte (1922-1940). Band II: Frühe Texte (1941-1949). Band III: Romane und Gedichte (1940-1949). Band IV: Romane und Gedichte (1950-1961). Band V: Aphoristische Texte (1940-1961). Band VI: Diskursive Texte (1940-1944). Band VII: Diskursive Texte (1945-1949). Band VIII: Diskursive Texte (1950-1954). Band IX: Diskursive Texte (1955-1958). Band X: Diskursive Texte (1959-

1961). Inzwischen ist ein großer Teil der Bücher von Georges Bataille auf Deutsch übersetzt. Das Gesamtwerk erscheint unregelmäßig im Verlag Matthes & Seitz.

47 | Vgl. Georges Bataille: L'Expérience intérieure. In: Œuvres complètes. Band X, S. 46.

48 | Ebd., S. 47.

49 | Ebd., S. 48.

50 | Vgl. Georges Bataille: Chronique nietzschéenne. In: Œuvres complètes. Band I, S. 477.

51 | Henning Teschke (2008 a): Sprünge der Differenz, S. 227.

52 | Ebd., S. 228.

53 | Vgl. Georges Bataille: Les Larmes d'Éros. In: Œuvres complètes. Band X, S. 580.

54 | Vgl. Georges Bataille: L'Abbé C. In: Œuvres complètes. Band III, S. 263-264.

55 | Vgl. hierzu Jacques Derrida (2003 a): Eine gewisse unmögliche Möglichkeit, vom Ereignis zu sprechen.

56 | Vgl. Georges Bataille: La littérature et le Mal. In: Œuvres complètes. Band IX, S. 193.

57 | Vgl. Georges Bataille: Historie de l'œil: sous le soleil de Séville. In: Œuvres complètes. Band I, S. 533.

58 | Ebd., S. 598.

59 | Vgl. Georges Bataille: La souveraineté. In: Œuvres complètes. Band VIII, S. 248.

60 | Kommunikation ist für Bataille das »au-delà de l'utilité«, die Verausgabung und Auflösung der subjektiven Grenzen.

61 | Vgl. Georges Bataille: L'Expérience intérieure. In: Œuvres complètes. Band X, S. 74.

62 | Michel Foucault: Vorrede zur Überschreitung. In: DE I, S. 325.

63 | Ebd., S. 327.

64 | Ebd., S. 321.

65 | Vgl. Georges Bataille: L'Érotisme. In: Œuvres complètes. Band X, S. 262.

66 | Ebd., S. 262-263.

67 | Michel Foucault: Présentation. In: Georges Bataille: Œuvres complètes. Band I, S. 5.

68 | James Miller (1993 a): Die Leidenschaft des Michel Foucault, S. 126.

69 | Vgl. Jacques Derrida (1966 a): Das Theater der Grausamkeit und die Geschlossenheit der Repräsentation. Vgl. hierzu auch Michel Foucault: SW III, S. 10-12.

70 | Vgl. Michel Foucault: Vorrede zur Überschreitung. In: DE I, S. 327.

71 | Vgl. Georges Bataille: Le coupable. In: Œuvres complètes. Band V, S. 354. Das Buch »Der Schuldige. Der Gott des Lachens« ist als dritter Band von »Lachen und Beben« noch nicht ins Deutsche übertragen.

72 | James Miller (1993 a): Die Leidenschaft des Michel Foucault, S. 127.

73 | Vgl. Georges Bataille: L'Expérience intérieure. In: Œuvres complètes. Band X, S. 157.

74 | Vgl. zur Auseinandersetzung mit den Maoisten eine Diskussion zwischen Gilles und Victor mit Michel Foucault vom 5. 2. 1972. Michel Foucault: Über die Volksjustiz. In: DE II, S. 424-461.

75 | Michel Foucault: Die große Einsperrung. In: DE II, S. 370.

76 | Michel Foucault: Manifest der G.I.P. – Gruppe Gefängnisinformation. In: DE II, S. 212.

77 | Michel Foucault: Über die Gefängnisse. In: DE II, S. 212-213. Vgl. auch Michel Foucault: Die Intellektuellen und die Macht. In: DE II, S. 385-386.

78 | Bernhard Kouchner (1985 a): Ein echter Samurai, S. 90.

79 | Robert Castel (1986 a): Die Abenteuer der Praxis, S. 73.

80 | Ebd., S. 80.

81 | Ebd., S. 81. Vgl. hierzu auch Michelle Perrot (1986 a): Lektionen der Finsternis, und François Ewald (1985 a): Eine Praktik der Wahrheit.

82 | Robert Castel (1986 a): Die Abenteuer der Praxis, S. 82.

83 | Philipp Sarasin (2005 a): Michel Foucault zur Einführung, S. 124-125.

84 | Michel Foucault: Die große Einsperrung. In: DE II, S. 374. Das Interview erscheint zuerst im Zürcher Tages-Anzeiger am 25. März 1972. Vgl. auch Michel Foucault: Kämpfe um das Gefängnis. In: DE III, S. 1005-1019.

85 | Vgl. Michel Foucault: Gefängnisse und Gefängnisrevolten. In: DE II, S. 530-539.

86 | Bernhard Kouchner (1985 a): Ein echter Samurai, S. 90.

87 | Vgl. beispielsweise Michel Foucault: Über die Gefängnisse. In: DE II, S. 213-214; ders.: Untersuchung über die Gefängnisse. In: DE II, S. 215-222; ders.: Das Gefängnis ist überall. In: DE II, S. 236-237; und weitere Interviews und sonstige Texte.

88 | Michel Foucault: Über die Natur des Menschen: Gerechtigkeit versus Macht. In: DE II, S. 589.

89 | Ebd., S. 606.

90 | Ebd., S. 614.

91 | James Miller: Interview mit Noam Chomsky vom 16. 1. 1990. In: Ders. (1993 a): Die Leidenschaft des Michel Foucault, S. 294.

92 | Ebd.

93 | Vgl. Human Nature: Justice versus Power. Herausgegeben von Fons Elders. London: Reflexive Water 1974. Jahrzehnte später erscheint es in deutscher Übersetzung in der Buchreihe »absolute«, die von Klaus Theweleit herausgegeben wird, unter dem Titel: Macht und Gerechtigkeit. Aus dem Englischen von Jürgen Reuß. Freiburg: orange press 2008.

94 | Michel Foucault: Die »Grammaire générale« von Port-Royal. In: Linguistique française, théories grammaticales 1967, S. 7-15. [Dieser Text wurde bislang nicht ins Deutsche übersetzt und auch nicht in die »Dits et Ecrits« aufgenommen. Eine erweiterte Fassung dieses Textes wird 1969 als Vorwort in die Neuausgabe der »Grammaire générale de Port-Royal« aufgenommen, erschienen bei Mercure de France (Paris) 1969.]

95 | Zitiert nach James Miller (1993 a): Die Leidenschaft des Michel Foucault, S. 295.

96 | Michel Foucault: Über die Natur des Menschen: Gerechtigkeit versus Macht. In: DE II, S. 627.

97 | James Miller: Interview mit Noam Chomsky vom 16. 1. 1990. In: Ders. (1993 a): Die Leidenschaft des Michel Foucault, S. 297.

98 | Michel Foucault: Über die Natur des Menschen: Gerechtigkeit versus Macht. In: DE II, S. 616-617.

99 | Bernhard Kouchner (1985 a): Ein echter Samurai, S. 94.

100 | Vgl. Katharina von Bülow (1986 a): Widersprechen ist eine Pflicht.

101 | Michel Foucault: Von der Archäologie zur Dynastik. In: DE II, S. 515.

102 | Ebd., S. 514.

103 | Ebd., S. 515.

104 | Ebd.
105 | Michel Foucault: Wahnsinn, Literatur, Gesellschaft. In: DE II, S. 145-146.
106 | Ebd., S. 151.
107 | Michel Foucault: Sexuelle Wahl, sexueller Akt. In: DE IV, S. 389.
108 | Claude Mauriac (1976 a): Die Rue de la Goutte-d'Or, S. 91. Vgl. auch ders. (1985 a): Zeugnis.
109 | Jean-Paul Sartre (1952 a): Saint Genet.
110 | Vgl. Daniel Defert (1994 a): Zeittafel, S. 60-61.
111 | Gilles Deleuze (1972 a): Die Intellektuellen und die Macht, S. 301. Vgl. auch Pierre Bourdieu (1985 a): Die Intellektuellen und die Macht.
112 | Gilles Deleuze (1972 a): Die Intellektuellen und die Macht, S. 302-303.
113 | Ebd., S. 303. Vgl. auch Michel Foucault: Die Intellektuellen und die Macht. In: DE II, S. 382-393.
114 | Claude Mauriac (1976 a): Die Rue de la Goutte-d'Or, S. 94.
115 | Michel Foucault: Gefängnisse und Gefängnisrevolten. In: DE II, S. 535.
116 | Ebd., S. 536.
117 | Ebd., S. 537.
118 | Ebd., S. 538.
119 | Ebd., S. 539.
120 | Claude Mauriac (1976 a): Die Rue de la Goutte-d'Or, S. 103.
121 | Ebd.
122 | Claude Mauriac (1977 a): Une certaine rage, S. 293.
123 | Zitiert nach Daniel Defert (1994 a): Zeittafel, S. 66.
124 | Vgl. Claude Mauriac (1976 a): Die Rue de la Goutte-d'Or, S. 112.
125 | Ebd., S. 113.

XV. DIE WAHRHEIT UND DIE JURISTISCHEN FORMEN

1 | Abd ar-Rahmen ibn Chaldun: Muqaddina. Zitiert nach Albert Hourani (1991 a): Die Geschichte der arabischen Völker, S. 253.
2 | Vgl. Michel Foucault: Gespräch mit Michel Foucault. In: DE II, S. 191-211.
3 | Michel Foucaults Vorlesungstext »A verdade e as formas juridicas« erscheint zuerst in: Cadernos da P.U.C. 16 (1974), S. 5-133. Die erste deutsche Übersetzung erscheint unter dem Titel »Die Wahrheit und die juristischen Formen« in Auszügen in: Lettre International 5 (1989), S. 68-72. Die französische Ausgabe mit dem Titel »La verité et les formes juridiques« erscheint bei Gallimard (Paris) 1994. Vgl. zur Editionspraxis Michael Fisch (2008 a): Michel Foucault. Hier wird zitiert nach Michel Foucault: Die Wahrheit und die juristischen Formen. In: DE II, S. 669-767. Ein Jahr nach der deutschen Veröffentlichung des zweiten Bandes der »Dits et Ecrits« erscheint eine Einzeledition dieses Vorlesungstextes mit einem exzellenten Nachwort. Vgl. Martin Saar (2003 a): Nachwort. Der edierte Vorlesungstext enthält im Anschluss eine Diskussion mit Maria Cristina Amaral, Rinaldo Oliveira Cruz, Casimir Katz, Claudio Lima, Roberto Machado, Roberto Muraro, Helio Pelegrino,

Mario João Pinto und Affonso Romano de Sant'Anna. Vgl. Michel Foucault: Die Wahrheit und die juristischen Formen. In: DE II, S. 768-792. Vgl. hier auch den editorischen Hinweise in: DE II, S. 524. Die Texte »Autor des Ödipus'« (Autour d'Oedipe) und »König Ödipus: Tragische Vertikalität und Überschuß« (Roi Oedipe) sind nicht in der Ausgabe der »Dits et Ecrits« enthalten. Sie erscheinen zuerst in: Jornal do Brasil 2 (1973), S. 4, und in: Lettre International 5 (1989), S. 71-72. »König Ödipus: Tragische Vertikalität und Überschuß« entspricht der zwölften (noch nicht veröffentlichten) Vorlesung aus »Der Wille zum Wissen« (1971).

4 | Auszüge aus diesem Vortrag erscheinen zuerst in »Estado de Minas« am 30. 5. 1973 und sind abgedruckt in »Dits et Ecrits«. Vgl. Michel Foucault: Der Philosoph Foucault spricht, denken Sie. In: DE II, S. 527-529.

5 | Vgl. das Gespräch mit Encarnaci Guitterez Rodriguez; zuerst gedruckt in: Journal do Brasil, 12. 11. 1974. Vgl. hier Michel Foucault: Wahnsinn, eine Frage der Macht. In: DE II, S. 811-815.

6 | Die erste Vorlesung trägt den Titel: »Die Krise der Medizin oder die Krise der Antimedizin«. (La crisis de la medicina o la crisis de la antimedicina.) Zuerst in: Educaciòn medica y salud 10 (1976), S. 152-169. Die zweite Vorlesung trägt den Titel: »Die Geburt der Sozialmedizin«. (El nacimiento de la medicina social.) Zuerst in: Revista Centroamericana de ciencas de la salud 6 (1977), S. 89-103. Die dritte Vorlesung trägt den Titel: »Die Einverleibung des Krankenhauses in die moderne Technologie«. (Incorporacion del hospital en la tecnologia moderna.) Zuerst in: Educaciòn medica y salud 12 (1978), S. 20-35. Alle drei Texte sind nicht in den »Dits et Ecrits« enthalten und werden voraussichtlich in einem der noch erscheinenden Vorlesungsbände veröffentlicht.

7 | Michel Foucault: Die strukturalistische Philosophie gestattet eine Diagnose. In: DE I, S. 749.

8 | Martin Saar (2003 a): Nachwort, S. 158.

9 | Vgl. Michel Foucault: Der Wille zum Wissen. In: DE II, S. 294.

10 | Vgl. Michel Foucaults Zusammenfassung im Annuaire du Collège de France (1971) in: DE II, S. 294-299. [La volonté de savoir 1970-1971; noch nicht auf Deutsch erschienen.] Irritierenderweise trägt der erste Band von »Sexualität und Wahrheit« den gleichen Titel, also »Der Wille zum Wissen« (1976).

11 | Vgl. Michel Foucaults Zusammenfassung im Annuaire du Collège de France (1972) in: DE II, S. 486-490. [Théorie et Institutions pénales 1971-1972; noch nicht auf Deutsch erschienen.]

12 | Vgl. Michel Foucaults Zusammenfassung im Annuaire du Collège de France (1973) in: DE II, S. 568-585. [La société punitive 1972-1973; noch nicht auf Deutsch erschienen.]

13 | Vgl. Michel Foucaults Zusammenfassung im Annuaire du Collège de France (1974) in: DE II, S. 829-843. [Vgl. die deutsche Ausgabe; Michel Foucault: VL 73/74.]

14 | Vgl. Michel Foucaults Zusammenfassung im Annuaire du Collège de France (1975) in: DE II, S. 1024-1031. [Vgl. die deutsche Ausgabe; Michel Foucault: VL 74/75.]

15 | Allerdings findet eine Auseinandersetzung mit Freud und mit Lacan nicht statt. Vgl. Bernhard Waldenfels (2003 a): Kraftproben des Foucaultschen Denkens, S. 17.

16 | Michel Foucault: Die Wahrheit und die juristischen Formen. In: DE II, S. 770.

17 | Gilles Deleuze (1972 a): Anti-Ödipus, S. 119.

18 | Michel Foucault: Die Wahrheit und die juristischen Formen. In: DE II, S. 688.

19 | Vgl. ebd., S. 700.

20 | Vgl. Martin Saar (2003 a): Nachwort, S. 164.

21 | Michel Foucault: Die Wahrheit und die juristischen Formen. In: DE II, S. 671.

22 | Ebd., S. 669-686.

23 | Ebd., S. 686-706.

24 | Ebd., S. 706-728.

25 | Ebd., S. 728-748.

26 | Ebd., S. 748-767.

27 | Martin Saar (2003 a): Nachwort, S. 175.

28 | Ebd., S. 176.

29 | Bernhard Waldenfels (2003 a): Kraftproben des Foucaultschen Denkens, S. 16.

30 | Ebd.

31 | Michel Foucault: Die Wahrheit und die juristischen Formen. In: DE II, S. 670.

32 | Michel Foucault: Das Spiel des Michel Foucault. In: DE III, S. 391-429.

33 | Ebd., S. 392.

34 | Ebd.

35 | Ebd., S. 395.

36 | Michel Foucault: Über die Archäologie der Wissenschaften. In: DE I, S. 889.

37 | Vgl. das Kapitel über Georges Canguilhem in diesem Buch.

38 | Michel Foucault: Gespräch mit Ducio Trombadori. In: DE IV, S. 70.

39 | Michel Foucault: Von anderen Räumen. In: DE IV, S. 934.

40 | Michel Foucault: Einführung. In: DE I, S. 168.

41 | Michel Foucault: Nietzsche, die Genealogie, die Historie. In: DE II, S. 166-191.

42 | Michel Foucault: Über verschiedene Arten Geschichte zu schreiben. In: DE I, S. 766-767.

43 | In deutscher Übersetzung sind vor allem die beiden Bücher zugänglich: Vgl. Gaston Bachelard (1938 a): Die Bildung des wissenschaftlichen Geistes; und ders. (1940 a): Die Philosophie des Nein.

44 | Michel Serres (1972 a): Hermes II. Die Interferenz, S. 211-215.

45 | Michel Serres (1975 a): Ethétiques, S. 86-89.

46 | Michel Serres (1969 a): Hermes I. Die Kommunikation, S. 189.

47 | Michel Foucault: Über die Archäologie der Wissenschaften. In: DE I, S. 887.

48 | Michel Foucault: GK, S. 206.

49 | Michel Foucault: Seine eigene Kultur in die Falle locken. In: DE II, S. 476-477.

XVI. PARALLELVITEN I

1 | Michel Foucault: SW I, S. 54.

2 | Vgl. Michel Foucault: Das Leben der infamen Menschen. In: DE III, S. 309-332.

3 | Michel Foucault: FR, S. 9 und 12.

4 | Moi, Pierre Rivière, ayant égorgé ma mère, ma sœur et mon frère. Un film de René Allio. Am 18. April 2009 wird dieser sechsundzwanzig Jahre alte Film (dreißig Jahre nach Foucaults Tunis-Aufenthalt) in Tunis an der Université La Manouba auf Initiative des Département de français aus Anlass eines Kolloquiums erneut gezeigt: »Gravite autour de trois axes: les écrivains cinéastes, les écrivains scénaristes et le cinéma comme thème littéraire.« Vgl. Hédi Khellil: Deux rencontres passionnantes et novatrices. Cinéma et littérature à Gabès et à Tunis. In: La Presse de Tunisie, 18. 4. 2009, S. III (Cinéma).

5 | Michel Foucault: Moi, Pierre Rivière. Paris: Gallimard 1973, S. 73.

6 | Michel Foucault: FR, S. 12.

7 | Vgl. ebd., S. 23.

8 | Vgl. ebd., S. 110.

9 | Michel Foucault: VL 74/75, S. 39. Vgl. ebd., S. 194-195.

10 | Michel Foucault: FR, S. 28.

11 | Vgl. ebd., S. 50.

12 | Michel Foucault: Anti-Retro. In: DE II, S. 810.

13 | Michel Foucault: FR, S. 234.

14 | Achim Geisenhanslüke (2006 a): Tragödie und Infamie, S. 106.

15 | Michel Foucault: Der Staub und die Wolke. In: DE IV, S. 16.

16 | Vgl. Michel Foucault: Zur Geschichte zurückkehren. In: DE II, S. 346.

17 | Michel Foucault: AW, S. 188.

18 | Vgl. hierzu Robert Castel (1973 a): Die Ärzte und die Richter.

19 | Ulrich Johannes Schneider (2004 a): Michel Foucault, S. 141.

20 | Michel Foucault: Irrenanstalt, Sexualität, Gefängnisse. In: DE II, S. 966.

21 | Michel Foucault: Sexualität und Politik. In: DE II, S. 667.

22 | Ebd., S. 669.

23 | Michel Foucault: Irrenanstalt, Sexualität, Gefängnisse. In: DE II, S. 965.

24 | Michel Foucault: Vorwort. In: DE III, S. 178 und 179.

25 | Ebd., S. 179.

26 | Vgl. hierzu Wilhelm Schmid (1987 a): Die Geburt der Philosophie im Garten der Lüste.

27 | Michel Foucault: Die Ethik der Sorge um sich als Praxis der Freiheit. In: DE IV, S. 879.

28 | Ebd., S. 881.

29 | Michel Foucault: SW III, S. 55.

30 | Vgl. François Dosse (2007 a): Gilles Deleuze et Félix Guattari.

31 | Vgl. Gilles Deleuze (1972 a): Anti-Ödipus; und ders. (1974 a): Tausend Plateaus.

XVII. DIE MACHT DES ÖDIPUS

1 | René Char (1983 a): Œuvres complètes, S. 160.

2 | Michel Foucault: VL 73/74, S. 13.

3 | Ebd., S. 14.

4 | Achim Geisenhanslüke (2006 a): Tragödie und Infamie, S. 97.

5 | Michel Foucault: WG, S. 512.

6 | Michel Foucault: VL 82/83, S. 107.

7 | Sigmund Freud (1905 b): Drei Abhandlungen zur Sexualtheorie, S. 129.

8 | Sigmund Freud (1908 a): Über infantile Seuxaltheorien, S. 175.

9 | Sigmund Freud (1910 a): Beiträge zur Psychologie des Liebeslebens, S. 192.

10 | Sigmund Freud (1920 a): Jenseits des Lustprinzips, S. 228.

11 | Sigmund Freud (1923 a): Das Ich und das Es, S. 301.

12 | Sigmund Freud (1912 a): Totem und Tabu, S. 430.

13 | Sigmund Freud (1924 a): Der Untergang des Ödipuskomplexes, S. 245.

14 | Sigmund Freud (1924 b): Das ökonomische Problem des Masochismus, S. 351.

15 | Sigmund Freud (1925 a): Einige psychische Folgen des anatomischen Geschlechts-unterschieds, S. 256.

16 | Sigmund Freud (1931 a): Über die weibliche Sexualität, S. 280. Vgl. hierzu Michel Foucault: VL 73/74, S. 321: »Die Entartung [die Kastration] ist also eine Prädisposition zur Anomalie«, und ebd., S. 476: »Diese berühmten Stigmata [Folgen der Kastration] waren offenbar sämtlich Reaktionen auf Anweisungen: ein Reiben oder eine Berührung auf dem Körper zu empfinden.«

17 | Jean Bollack (1993 a): Der Menschensohn, S. 653.

18 | Sigmund Freud (1887 a): Briefe an Wilhelm Fließ 1887-1904, S. 291.

19 | Jean Bollack (1993 a): Der Menschensohn, S. 658.

20 | Michel Foucault: VL 82/83, S. 115.

21 | Ebd.

22 | Hanna Gekle (1993 a): Geburt der Moral – Prometheus und Ödipus, S. 42.

23 | Vgl. Michel Foucault: Die wissenschaftliche Forschung und die Psychologie. In: DE I, S. 216.

24 | Vgl. Jean Laplanche und Jean-Baptiste Pontalis (1972 a): Das Vokabular der Psycho-analyse, S. 247. (Stichwort: »Kathartische Methode«).

25 | Jean Bollack (1993 a): Der Menschensohn, S. 647.

26 | Sigmund Freud (1887 a): Briefe an Wilhelm Fließ 1887-1904, S. 293.

27 | Ebd., S. 294.

28 | Jean Bollack (1993 a): Der Menschensohn, S. 648.

29 | Ebd.

30 | Ebd., S. 654.

31 | Ebd., S. 650.

32 | Ebd., S. 660.

33 | Ebd., S. 656.

34 | Sigmund Freud: Brief an Wilhem Fließ vom 21. September 1897. In: Sigmund Freud (1887 a): Briefe an Wilhelm Fließ 1887-1904, S. 284.

35 | Jean Bollack (1993 a): Der Menschensohn, S. 671.

36 | Sigmund Freud: Brief an Wilhelm Fließ vom 15. Oktober 1897. In: Sigmund Freud (1887 a): Briefe an Wilhelm Fließ 1887-1904, S. 293.

37 | Sigmund Freud: Brief an Wilhelm Fließ vom 3. Oktober 1897. In: Sigmund Freud (1887 a): Briefe an Wilhelm Fließ 1887-1904, S. 287.

38 | Sigmund Freud (1924 a): Der Untergang des Ödipuskomplexes, S. 246. Vgl. auch Jean-Paul Aron (1978 a): Der Penis und der sittliche Verfall des Abendlands, S. 148-148.

39 | Ebd., S. 249.

40 | Ebd.

41 | Sigmund Freud (1923 a): Das Ich und das Es, S. 304.

42 | Hanna Gekle (1993 a): Geburt der Moral – Prometheus und Ödipus, S. 44.

43 | Jean Laplanche und Jean-Baptiste Pontalis (1964 a): Fantasme originaire des origines et origine du fantasme. Vgl. hierzu Michel Foucault: Einführung. In: DE I, S. 112-116 und 143-148.

44 | Sigmund Freud (1905 b): Drei Abhandlungen zur Sexualtheorie, S. 71.

45 | Johann Wolfgang von Goethe: Faust. Vorspiel auf dem Theater. Zitiert nach Sigmund Freud (1905 b): Drei Abhandlungen zur Sexualtheorie, S. 71.

46 | Sigmund Freud (1924 a): Der Untergang des Ödipuskomplexes, S. 245.

47 | Michel Foucault: Die Wahrheit und die juristischen Formen. In: DE II, S. 686.

48 | Michel Foucault: VL 82/83, S. 150.

49 | Sigmund Freud (1923 a): Das Ich und das Es, S. 301.

50 | Ebd., S. 302.

51 | Sigmund Freud (1910 a): Beiträge zur Psychologie des Liebeslebens, S. 195.

52 | Hanna Gekle (1993 a): Geburt der Moral – Prometheus und Ödipus, S. 43.

53 | Sigmund Freud (1923 a): Das Ich und das Es, S. 318.

54 | Sigmund Freud (1924 b): Das ökonomische Problem des Masochismus, S. 351.

55 | Ebd., S. 353.

56 | Sigmund Freud (1887 a): Briefe an Wilhelm Fließ 1887-1904, S. 283.

57 | Ebd., S. 284.

58 | Jacques Lacan (1955 a): Das Seminar. Buch II: Das Ich in der Theorie Freuds und in der Technik der Psychoanalyse, S. 122.

59 | Michel Foucault: Nietzsche, Freud, Marx. In: DE I, S. 730.

60 | Ebd.

61 | Sigmund Freud (1917 b): Eine Schwierigkeit der Psychoanalyse, S. 7-11.

62 | Jacques Lacan (1955 a): Das Seminar. Buch II: Das Ich in der Theorie Freuds und in der Technik der Psychoanalyse, S. 122.

63 | Michel Foucault: Irrenanstalt, Sexualität, Gefängnisse. In: DE II, S. 966.

64 | Jacques Lacan (1955 a): Das Seminar. Buch II: Das Ich in der Theorie Freuds und in der Technik der Psychoanalyse, S. 124.

65 | Michel Foucault: Die Wahrheit und die juristischen Formen. In: DE II, S. 688.

66 | Ebd., S. 694-695.

67 | Ebd., S. 699.

68 | Gilles Deleuze (1972 a): Anti-Ödipus, S. 65.

69 | Michel Foucault: Irrenanstalt, Sexualität, Gefängnisse. In: DE II, S. 966.

70 | Gilles Deleuze (1972 a): Anti-Ödipus, S. 69.

71 | Ebd., S. 67.

72 | Ebd., S. 74.

73 | Ebd.

74 | Ebd., S. 82.

75 | Ebd., S. 119.

76 | Ebd., S. 73.

77 | Ebd., S. 83.

78 | Michel Foucault: Vorwort (zum Anti-Ödipus). In: DE III, S. 176-180.

79 | Michel Foucault: Die Wahrheit und die juristischen Formen. In: DE II, S. 686-706.

80 | Vgl. Michael Fisch (2008 a): Michel Foucault.

81 | Michel Foucault: VL 82/83.

82 | Michel Foucault: Die Wahrheit und die juristischen Formen. In: DE II, S. 770.

83 | Ebd., S. 671.

84 | Ebd., S. 672.

85 | »Mich interessiert die Analyse der Beziehungen zwischen Wissen und Macht.« Vgl. hierzu Michel Foucault: Wahnsinn, eine Frage der Macht. In: DE II, S. 811.

86 | Michel Foucault: Die Wahrheit und die juristischen Formen. In: DE II, S. 688.

87 | Friedrich Hölderlin: Anmerkungen zum Ödipus. Zitiert nach Henning Teschke (2008 a): Sprünge der Differenz, S. 187.

88 | Michel Foucault: Die Wahrheit und die juristischen Formen. In: DE II, S. 700. Vgl. hierzu auch ders.: Die psychiatrische Macht. In: DE II, S. 829.

89 | Ebd., S. 674.

90 | Sophokles: König Ödipus. Zitiert nach Michel Foucault: VL 82/83, S. 76.

91 | Michel Foucault: Die Wahrheit und die juristischen Formen. In: DE II, S. 674.

92 | Michel Foucault: VL 82/83, S. 116.

93 | Ebd., S. 123.

94 | Ebd., S. 115.

95 | Ebd., S. 144.

96 | Ebd., S. 153.

97 | Ebd., S. 198.

98 | Sigmund Freud (1887 a): Briefe an Wilhelm Fließ 1887-1904, S. 303.

99 | Michel Foucault: OD, S. 394.

100 | Nicht umsonst erscheint 1996 die deutschsprachige Einzelgabe des Gesprächs von Michel Foucault mit Ducio Trombadori unter dem prägnanten Titel »Der Mensch ist ein Erfahrungstier«. Vgl. Michel Foucault: DE IV, S. 51-119. Zu den bibliografischen Gründen vgl. Michael Fisch (2008 a): Michel Foucault, S. 161.

101 | Michel Foucault: PG, S. 126-127.

102 | Vgl. Michel Foucault: Einführung. In: DE I, S. 107-174.

103 | René Char: »Partage formel«. Zitiert nach Michel Foucault: Einführung. In: DE I, S. 107.

104 | Michel Foucault: Von seinen Lüsten träumen. In: DE IV, S. 561-594.

105 | Vgl. Michel Foucault: SW III, S. 7-51.

106 | Michel Foucault: SW III, S. 9.

107 | Vgl. Sigmund Freud (1900 a): Die Traumdeutung.

108 | Michel Foucault: SW III, S. 10-11.

109 | Michel Foucault: Von seinen Lüsten träumen. In: DE IV, S. 562.

110 | Michel Foucault: SW III, S. 13.
111 | Ebd., S. 14-15.
112 | Michel Foucault: Von seinen Lüsten träumen. In: DE IV, S. 567.
113 | Michel Foucault: SW III, S. 28. Vgl. hierzu auch ders.: Von seinen Lüsten träumen. In: DE IV, S. 575.
114 | Michel Foucault: SW III, S. 32. Vgl. hierzu auch ders.: Von seinen Lüsten träumen. In: DE IV, S. 578.
115 | Michel Foucault: SW III, S. 35. Vgl. hierzu auch ders.: Von seinen Lüsten träumen. In: DE IV, S. 581.
116 | Michel Foucault: SW III, S. 35.
117 | Ebd., S. 51.

XVIII. Überwachen und Strafen

1 | Michel Foucault: ÜS, S. 37.
2 | Vgl. Foucaults Reaktion darauf. Ders.: Auf dem Präsentierteller. In: DE II, S. 890.
3 | Jacques Donzelot (1986 a): Die Missgeschicke der Theorie, S. 143.
4 | Michel Foucault: ÜS, S. 60.
5 | Ebd.
6 | Achim Geisenhanslüke (2006 a): Tragödie und Infamie, S. 98.
7 | Hinrich Fink-Eitel (1989 a): Michel Foucault zur Einführung, S. 71.
8 | Michel Foucault: ÜS, S. 239-240.
9 | Michel Foucault: Macht und Körper. In: DE II, S. 934.
10 | Michel Foucault: ÜS, S. 170.
11 | Ebd., S. 37.
12 | Ebd., S. 34.
13 | Christoph Menke (2001 a): Zweierlei Übung, S. 288.
14 | Ebd., S. 293. Vgl. hierzu auch Michel Foucault: Was ist Aufklärung? In: DE IV, S. 849.
15 | Ulrich Johannes Schneider (2004 a): Michel Foucault, S. 127.
16 | Vgl. Michel Foucault: ÜS, S. 177.
17 | Hubert L. Dreyfus und Paul Rabinow (1987 a): Michel Foucault, S. 174.
18 | Achim Geisenhanslüke (2006 a): Tragödie und Infamie, S. 99.
19 | Vgl. Hubert L. Dreyfus und Paul Rabinow (1987 a): Michel Foucault, S. 143.
20 | Vgl. Thomas Lemke (1997 a): Eine Kritik der politischen Vernunft, S. 73.
21 | Jan Rehmann (2004 a): Postmoderner Links-Nietzscheanismus, S. 157. Vgl. auch ders. (2009 a): Wir müssen den Rechten den Freiheitsbegriff wegnehmen.
22 | Jan Rehmann (2004 a): Postmoderner Links-Nietzscheanismus, S. 180. Vgl. auch ders. (2008 a): Einführung in die Ideologietheorie.
23 | Michel Foucault: ÜS, S. 34.
24 | Ebd.
25 | Ebd.
26 | Hubert L. Dreyfus und Paul Rabinow (1987 a): Michel Foucault, S. 183.

27 | Michel Foucault: ÜS, S. 34.

28 | Michel Foucault: Die Maschen der Macht. In: DE IV, S. 233.

29 | François Ewald (1988 a): Eine Macht ohne Draußen, S. 163.

30 | Michel Foucault: ÜS, S. 269.

31 | Ebd., S. 275.

32 | Ebd., S. 292.

33 | Ebd., S. 65. Vgl. auch Jacques Donzelot (1986 a): Die Missgeschicke der Theorie, S. 148.

34 | Michel Foucault: Das Haus der Wahnsinningen. In: DE II, S. 854.

35 | Michel Foucault: Die Angst davor Recht zu sprechen. In: DE III, S. 379.

36 | Ebd., S. 382.

37 | Michel Foucault: ÜS, S. 232.

38 | Michel Foucault: Die Angst davor Recht zu sprechen. In: DE III, S. 387.

39 | Ebd.

40 | Michel Foucault: Die Entwicklung des Begriffs des »gefährlichen Menschen«. In: DE III, S. 581.

41 | Michel Foucault: Michel Foucault, die Ungesetzlichkeit und die Kunst des Strafens. In: DE III, S. 116.

42 | Hubert L. Dreyfus und Paul Rabinow (1987 a): Michel Foucault, S. 184-185.

43 | Vgl. das Kapitel »Die Mittel der guten Abrichtung«, in Michel Foucault: ÜS, S. 220-240.

44 | François Ewald (1988 a): Eine Macht ohne Draußen, S. 165.

45 | Ebd.

46 | Ebd., S. 166.

47 | Ebd., S. 170.

48 | Vgl. Michel Foucault: Vorwort. In: DE II, S. 844-850.

49 | Ebd., S. 845.

50 | Jacques Donzelot (1986 a): Die Missgeschicke der Theorie, S. 149.

51 | Michel Foucault: Vorwort. In: DE II, S. 848.

52 | Jacques Donzelot (1986 a): Die Missgeschicke der Theorie, S. 149. Vgl. hierzu ders. (1977 a): Die Ordnung der Familie und Michel Foucaults Vorlesung »In Verteidigung der Gesellschaft«; siehe ders.: VL 75/76.

53 | Michel Foucault: Die Strafgesellschaft. In: DE II, S. 580.

54 | Michel Foucault: Die Wahrheit und die juristischen Formen. In: DE II, S. 732.

55 | Michel Foucault: Von den Martern zu den Zellen. In: DE II, S. 883.

56 | Michel Foucault: Folter ist Vernunft. In: DE III, S. 505.

57 | Vgl. Daniel Defert (1976 a): Die Schlüsselposition der Gefängnisse. Vgl. hierzu auch Robert Castel (1986 a): Die Abenteuer der Praxis. Erste Texte aus dieser Zeit erscheinen in deutscher Übersetzung unter dem Titel »Mikrophysik der Macht« 1976 im Berliner Merve Verlag.

58 | Michel Foucault: Michel Foucault über Attica. In: DE II, S. 656.

59 | Ebd., S. 656-657. Vgl. hierzu Michel Foucault: Das Gefängnis aus der Sicht eines französischen Philosophen. In: DE II, S. 895-902; und auch ders.: Gespräch über das Ge-

fängnis; das Buch und seine Methode. In: DE II, S. 913-932; und nicht zuletzt Michel Foucault: Macht und Körper. In: DE II, S. 932-941.

60 | Michel Foucault: Jenseits von Gut und Böse. In: DE II, S. 282.

61 | Ebd., S. 283.

62 | Michel Foucault: Von den Martern zu den Zellen. In: DE II, S. 885.

63 | Axel Honneth (1988 a): Foucault und Adorno, S. 134.

64 | Ebd., S. 134-135.

65 | Ebd., S. 135.

66 | Ebd., S. 136.

67 | Ebd.

68 | Ebd., S. 137.

69 | Vgl. Axel Honneth (1985 a): Kritik der Macht.

70 | Zitiert nach Daniel Defert (1994 a): Zeittafel, S. 72-73.

71 | James Miller (1993 a): Die Leidenschaft des Michel Foucault, S. 7.

72 | Thomas Lemke (1995 b): Foucault auf der Streckbank.

73 | James Miller (1993 a): Die Leidenschaft des Michel Foucault, S. 7.

74 | Hans-Dieter Gondek (1998 a): Vorwort zur deutschen Ausgabe, S. 19.

75 | Vgl. hierzu Francisco Ortega (1997 a): Michel Foucault, S. 103.

76 | Anonymus (1993 a): Der Mensch verschwindet, S. 227. Vgl. zu dieser positiven Kritik des Buches von James Miller die negativen, moralisch aufgeladenen und beckmesserischen Leserbriefe von Hubertus von Amelunxen und anderen in: Der Spiegel 16 (1993), S. 12.

77 | Thomas Lemke (1995 b): Foucault auf der Streckbank.

78 | James Miller (1993 a): Die Leidenschaft des Michel Foucault, S. 558-559. Foucaults Vorstellung von einer SM-Kultur sind beispielsweise nachzulesen in: Michel Foucault: Sex, Macht und die Politik der Identität. In: DE IV, S. 902-909. Foucault bedauert, dass es keine Saunen für Heterosexuelle gibt. Vgl. hier Michel Foucault: Freundschaft als Lebensform. In: DE IV, S. 200-206.

79 | Hans-Dieter Gondek (1995 a): Krankheit der Liebe.

80 | James Miller (1993 a): Die Leidenschaft des Michel Foucault, S. 11.

81 | Thomas Lemke (1995 b): Foucault auf der Streckbank.

82 | Didier Eribon (1994 a): Michel Foucault und seine Zeitgenossen, S. 52.

83 | Vgl. Hervé Guibert (1990 a): Dem Freund, der mir das Leben nicht gerettet hat.

84 | Didier Eribon (1994 a): Michel Foucault und seine Zeitgenossen, S. 53.

85 | Hans-Dieter Gondek (1995 a): Krankheit der Liebe. Allerdings ist Gondek nicht ganz neutral; er steht eher auf der Seite von Didier Eribon. Nicht zuletzt hat er die deutsche Ausgabe des zweiten Buches über Michel Foucault von Eribon herausgegeben. Vgl. Hans-Dieter Gondek (1998 a): Vorwort zur deutschen Ausgabe.

86 | David Macey (1993 a): The Lives of Michel Foucault. Da nun als fünfte Lebensbeschreibung von Michel Foucault – nach Eribon (1989), Miller und Macey (beide 1993) und David M. Halperin (1995) – mein vorliegender Text (2011) die Rezeption erreicht, bleibt deren (gerechte und entspannte) Reaktion abzuwarten.

87 | Didier Eribon (1994 a): Michel Foucault und seine Zeitgenossen, S. 47.

88 | Thomas Lemke (1995 b): Foucault auf der Streckbank.

89 | Hans-Dieter Gondek (1995 a): Krankheit der Liebe.

90 | Didier Eribon (1994 a): Michel Foucault und seine Zeitgenossen, S. 33 und 58.

91 | Vgl. ebd., S. 33.

92 | Hans-Dieter Gondek (1995 a): Krankheit der Liebe. Vgl. auch Didier Eribon (1994 a): Michel Foucault und seine Zeitgenossen, S. 34.

93 | Michel Foucault: SW II, S. 40.

94 | Vgl. James Miller (1993 a): Die Leidenschaft des Michel Foucault, S. 557-560.

95 | Jacques Derrida (1992 b): Gerecht sein gegenüber Freud, S. 121.

96 | Michel Foucault: Ist es also wichtig zu denken? In: DE IV, S. 222.

97 | Ebd., S. 223.

98 | Didier Eribon (1994 a): Michel Foucault und seine Zeitgenossen, S. 81.

99 | Michel Foucault: WG, S. 368.

100 | Michel Foucault: Wer sind Sie, Professor Foucault? In: DE I, S. 787.

101 | Ebd., S. 788.

102 | James Miller (1993 a): Die Leidenschaft des Michel Foucault, S. 225.

103 | Michel Foucault: OD, S. 264.

104 | Roland Barthes (1967 a): Der Baum des Verbrechens.

105 | Jacques Lacan (1963 a): Kant mit Sade.

106 | Ebd., S. 135.

107 | Ebd., S. 144-145.

108 | Michel Foucault: Das Abendland und die Wahrheit des Sexes. In: DE III, S. 137.

109 | Ebd., S. 138.

110 | Michel Foucault: VL 74/75, S. 106.

111 | Michel Foucault: OD, S. 262.

112 | Michel Foucault: VL 74/75, S. 106 und 136-137.

113 | Michel Foucault: OD, S. 262.

114 | Vgl. hierzu Michel Foucault: VL 74/75, S. 137.

115 | Vgl. Marvin Chlada (2005 a): Heterotopie und Erfahrung, S. 61.

116 | Michel Foucault: Eine Debatte zwischen Foucault und Preti. In: DE II, S. 470.

117 | Michel Foucault: Sexualität und Wahrheit (Neue Einführung). In: DE III, S. 182.

118 | Ebd.

119 | Ebd.

120 | Marc-Christian Jäger (2008 b): Ordnungen des Sexuellen. Leider zitiert und bibliografiert der Autor nicht sauber, sodass einige ausgewiesene Foucault'sche Zitate Quellen nur ungenau oder gar nicht verfizierbar sind. Vgl. auch Marc-Christian Jäger (2008 a): Michel Foucaults Machtbegriff.

121 | Michel Foucault: SW I, S. 177.

122 | Ebd., S. 178.

123 | Michel Foucault: Sade, Offizier des Geschlechts. In: DE II, S. 1018.

124 | Ebd.

125 | Ebd., S. 1018-1019.

126 | Ebd., S. 1019.

127 | Ebd.

128 | Ebd., S. 1020.

129 | Vgl. Donatien Alphonse François Marquis de Sade (1999 a): Die 120 Tage von Sodom oder Die Schule der Ausschweifung.

130 | Michel Foucault: Sade, Offizier des Geschlechts. In: DE II, S. 1021.

131 | Ebd., S. 1023.

132 | Michel Foucault: Sex, Macht und die Politik der Identität. In: DE IV, S. 912-913.

133 | Michel Foucault: Que fabriquent donc les hommes ensemble? [Was also hält die Männer zusammen?] In: Le Nouvel Observateur, 22. 11. 1985. Zitiert nach Francisco Ortega (1997 a): Michel Foucault, S. 105. [Dieser Text ist nicht in den »Dits et Ecrits« enthalten.]

134 | Michel Foucault: Sexuelle Wahl, sexueller Akt. In: DE IV, S. 400.

135 | Vgl. Francisco Ortega (1997 a): Michel Foucault, S. 107.

136 | Michel Foucault: SW I, S. 177.

137 | Gilles Deleuze: Wunsch und Lust. In: Ders. (1995 a): Schizophrenie und Gesellschaft, S. 125.

138 | Vgl. Gilles Deleuze (1967 a): Sacher-Masoch und der Masochismus. Vgl. hierzu auch Sigmund Freud (1924 b): Das ökonomische Problem des Masochismus.

139 | Gilles Deleuze: Wunsch und Lust. In: Ders. (1995 a): Schizophrenie und Gesellschaft, S. 124.

140 | Gilles Deleuze (1967 a): Sacher-Masoch und der Masochismus, S. 35.

141 | Gilles Deleuze (1974 a): Tausend Plateaus, S. 341.

142 | Didier Eribon (1994 a): Michel Foucault und seine Zeitgenossen, S. 54.

143 | Vgl. Michel Foucault: VL 78/79.

144 | Gilles Deleuze (1974 a): Tausend Plateaus, S. 343.

145 | Philipp Sarasin (2006 a): Der Sex und das Symbolische, S. 112.

146 | Michel Foucault: OD, S. 264.

147 | Ebd.

148 | Marvin Chlada (2008 a): Lüste des Körpers oder Begehren der Organe?, S. 88.

149 | Ebd., S. 89.

150 | Vgl. hier Martin Saar (2007 b): Nachwort, S. 342-343 und im Folgenden René de Ceccatty (2004 a): Homosexuelle Freundschaft als Schöpfungskraft und Lebensweise; Jacques Derrida (1994 a): Politik der Freundschaft; und Francisco Ortega (1997 a): Michel Foucault [Rekonstruktion der Freundschaft].

151 | Michel Foucault: Sex, Macht und die Politik der Identität. In: DE IV, S. 915.

152 | Michel Foucault: OD, S. 263-264.

153 | Vgl. Donatien Alphonse François Marquis de Sade (1990 a): Justine und Juliette.

154 | Vgl. Marvin Chlada (2005 a): Heterotopie und Erfahrung, S. 62.

155 | Michel Foucault: SW I, S. 185. Vgl. auch Hubert L. Dreyfus und Paul Rabinow (1987 a): Michel Foucault, S. 173.

156 | Marvin Chlada (2005 a): Heterotopie und Erfahrung, S. 56.

157 | Ebd., S. 58.

158 | Marc-Christian Jäger (2008 b): Ordnungen des Sexuellen, S. 126.

159 | Gilles Deleuze: Wunsch und Lust. In: Ders. (1995 a): Schizophrenie und Gesellschaft, S. 124-125.

160 | Michel Foucault: Subjekt und Macht. In: DE IV, S. 279.

161 | Ebd., S. 277.

162 | Ebd., S. 275.

163 | Michel Foucault: Ein so schlichtes Vergnügen. In: DE III, S. 972-973.

164 | Michel Foucault: SW II, S. 16.

165 | Michel Foucault: Zärtlichkeit zwischen Männern als Kunst. In: DE IV, S. 379. Vgl. hierzu auch ders.: Was ist Aufklärung. In: DE IV, S. 702.

166 | Gilles Deleuze (1986 a): Foucault, S. 140.

167 | Michel Foucault: SW I, S. 82 und SW II, S. 10.

168 | Michel Foucault: Gebrauch der Lüste und Techniken des Selbst. In: DE IV, S. 680.

XIX. DIE ANORMALEN

1 | François Ewald (1988 a): Eine Macht ohne Draußen, S. 169.

2 | Michel Foucault: VL 74/75, S. 76-82. Vgl. auch Jean-Paul Aron (1978 a): Der Penis und der sittliche Verfall des Abendlands, S. 123-125.

3 | Ebd., S. 106.

4 | Michel Foucault: Die Anormalen. In: DE II, S. 1028-1029.

5 | Ebd., S. 1031.

6 | Vgl. Michel Foucault: VL 74/75, S. 344-379.

7 | Vgl. ebd., S. 316-319. Vgl. auch Jean-Paul Aron (1978 a): Der Penis und der sittliche Verfall des Abendlands, S. 141-143.

8 | Michel Foucault: VL 74/75, S. 395.

9 | Ebd., S. 323.

10 | Judith Butler (2002 a): Was ist Kritik?, S. 262.

11 | Vgl. Michel Foucault: VL 77/78; und ders: Historisches Wissen der Kämpfe um Macht. In: VL 75/76, S. 7-30.

12 | Francisco Ortega (1997 a): Michel Foucault, S. 115.

13 | Judith Butler (2002 a): Was ist Kritik?, S. 258.

14 | Ebd., S. 259.

15 | Vgl. Michel Foucault: VL 82/83.

16 | Judith Butler (2002 a): Was ist Kritik?, S. 260.

17 | Vgl. Francisco Ortega (1997 a): Michel Foucault, S. 123.

18 | Ebd., S. 321.

19 | Ebd., S. 327.

20 | Vgl. hierzu auch Michel Foucault: Das Wissen als Verbrechen. In: DE III, S. 105-115.

21 | Michel Foucault: Vorwort zu »Sexualität und Wahrheit«. In: DE IV, S. 713.

22 | Michel Foucault: Die gesellschaftliche Ausweitung der Norm. In: DE III, S. 101. Vgl. auch Michel Foucault: Hexerei und Wahn. In: DE III, S. 119-123. [Beide Gespräche mit Michel Foucault drehen sich um Thomas Szasz und dessen Buch »Fabriquer la folie« (1976).]

23 | Michel Foucault: VL 74/75, S. 337.

24 | Michel Foucault: Die Macht, ein großes Tier? In: DE III, S. 483. Vgl. hierzu auch ders.: Ein endliches System angesichts einer unendlichen Nachfrage. In: DE IV, S. 459.

25 | Michel Foucault: Die Macht, ein großes Tier? In: DE III, S. 484.

26 | Ebd., S. 485.

27 | Michel Foucault: VL 74/75, S. 62 und 72.

28 | Georges Canguilhem (1966 a): Das Normale und das Pathologische.

29 | Michel Foucault: VL 74/75, S. 71 und 123.

30 | Ebd., S. 127-135.

31 | Ebd., S. 132.

32 | Ebd., S. 139.

33 | Michel Foucault: SW I, S. 156.

34 | Ebd., S. 155.

35 | Philipp Sarasin (2009 a): Darwin und Foucault, S. 326.

36 | Michel Foucault: Die Angst davor Recht zu sprechen. In: DE III, S. 385.

37 | Vgl. Michel Foucault: Das Spiel des Michel Foucault. In: DE III, S. 392.

38 | Michel Foucault: SW I, S. 132.

39 | Michel Foucault: VL 74/75, S. 82.

40 | Ebd., S. 173-174 und 179-181.

41 | Ebd., S. 126.

42 | Michel Foucault: ÜS, S. 42.

43 | Michel Foucault: VL 74/75, S. 258.

44 | René Char (1959 a): Poésis – Dichtungen. Band 1, S. 239.

45 | Michel Foucault: Einleitung. In: DE I, S. 134.

46 | Vgl. René Char (1949 a): Zorn und Geheimnis/Fureur et mystère.

47 | Vgl. René Char (1945 a): Der herrenlose Hammer/Le Marteau sans maître.

48 | Vgl. Paul Veyne (1990 a): René Char et ses poèmes.

49 | René Char: »Partage formel«. Zitiert nach Michel Foucault: Einführung. In: DE I, S. 107.

50 | Ebd., S. 103.

51 | Paul Veyne (1990 a): René Char et ses poèmes. Zitiert nach Didier Eribon (1991 a): Michel Foucault, S. 104.

52 | René Char (1990 a): Die Nachbarschaften van Goghs, S. 21.

53 | Zitiert nach Didier Eribon (1991 a): Michel Foucault, S. 470.

XX. IN VERTEIDIGUNG DER GESELLSCHAFT

1 | René Char (1990 a): Die Nachbarschaften van Goghs, S. 21.

2 | Vgl. Michel Foucault: Vorlesung vom 7. Januar 1976. In: DE III, S. 213-231; und ders.: Vorlesung vom 14. Januar 1976. In: DE III, S. 231-250.

3 | Axel Honneth (1999 a): Verschüttete Traditionen.

4 | Vgl. Axel Honneth (1987 a): Ein strukturalistischer Rousseau; und ders. (1988 a): Foucault und Adorno.

5 | Vgl. Axel Honneth (2003 a): Foucault und die Humanwissenschaften.

6 | Vgl. Michel Foucault: VL 75/76. [hier vor allem die Vorlesungen vom 14. Januar 1976 und vom 4. Februar 1976.]

7 | Vgl. Axel Honneth (2003 b): Einleitung: Genealogie als Kritik, S. 117.

8 | Vgl. Michel Foucault: VL 75/76, S. 50.

9 | Vgl. Ulrich Johannes Schneider (2004 a): Michel Foucault, S. 130.

10 | Ebd.

11 | Michel Foucault: ÜS, S. 241.

12 | Ulrich Johannes Schneider (2004 a): Michel Foucault, S. 167.

13 | Vgl. Michel Foucault: SW I, S. 114.

14 | So unterschreibt Michel Foucault etwa mit anderen Intellektuellen und Politikern eine Erklärung, die das Schweigen der französischen Regierung zu den Menschenrechtsverletzungen im Iran verurteilt. Im Folgenden wird er sich hier konkret und strategisch engagieren.

15 | Ulrich Johannes Schneider (2004 a): Michel Foucault, S. 168-169.

16 | Michel Foucault: SW I, S. 112.

17 | Michel Foucault: ÜS, S. 259.

18 | Ulrich Johannes Schneider (2004 a): Michel Foucault, S. 170.

19 | Vgl. Michael Ruoff (2007 a): Foucault-Lexikon, S. 44.

20 | Ulrich Johannes Schneider (2004 a): Michel Foucault, S. 171. Der Leviathan ist ein im Buch Hiob beschriebenes Ungeheuer, welches Furcht und Schrecken auslöst und das die größte Macht auf Erden besitzt.

21 | Thomas Hobbes: Leviathan (1651). Zitiert nach Ulrich Johannes Schneider (2004 a): Michel Foucault, S. 171.

22 | Baruch de Spinoza: Ethica (1677). Zitiert nach Ulrich Johannes Schneider (2004 a): Michel Foucault, S. 172.

23 | Vgl. Louis Althusser (1964 a): Das Kapital lesen. Vgl. hierzu auch Peter V. Zima (2000 a): Ideologische Verdinglichung und »Normalisierung« des Subjekts.

24 | Vgl. Gilles Deleuze (1968 b): Spinoza und das Problem des Ausdrucks in der Philosophie; und ders. (1968 c): Spinoza. Vgl. hierzu auch Martin Stingelin (2007 a): Deleuze, Bartleby und Wakefield, Spinoza.

25 | Ulrich Johannes Schneider (2004 a): Michel Foucault, S. 174.

26 | Michel Foucault: SW I, S. 136.

27 | Martin Stingelin (1994 a): Naturtrieb gegen gute Sitten.

28 | Vgl. Clemens Kammler (1987 a): Antikes Ethos und postmoderne Lebenskunst.

29 | Michel Foucault: Subjekt und Macht. In: DE IV, S. 271.

30 | Gilles Deleuze (1972 b): Brief an einen strengen Kritiker, S. 15.

31 | Vgl. Gilles Deleuze (1964 a): Proust und die Zeichen.

32 | Vgl. Michel Foucault: Sexuelle Wahl, sexueller Akt. In: DE IV, S. 389. Michel Foucault spricht über das Buch »Proust and the Art of Love« (1980) von James Ernest Rivers.

33 | Vgl. Michel Foucault: Sexuelle Wahl, sexueller Akt. In: DE IV, S. 395. Siehe hierzu auch Jean-Yves Tadié (2008 a): Marcel Proust.

34 | Zweiter Teil des ersten Bandes »Du côté de chez Swann« von »À la recherche du temps perdu«.

35 | Michel Foucault: Archäologie einer Leidenschaft. In: DE IV, S. 737.
36 | Ebd., S. 744.

XXI. DAS LEBEN DER INFAMEN MENSCHEN

1 | Vgl. Franz Schuh (2001 a): Die Rückkehr der infamen Menschen.
2 | Vgl. Walter Seitter (2001 b): Nachwort.
3 | Vgl. Michel Foucault: Das Leben der infamen Menschen. In: DE III, S. 310-311.
4 | Ebd., S. 313-314.
5 | Ebd., S. 315.
6 | Ebd., S. 317-318.
7 | Ebd., S. 318.
8 | Vgl. auch Claude Mauriac (1983 a): Die Hoffnung darf man nicht töten, S. 116-128.
Claude Mauriacs Tagebuch-Aufzeichungen erstrecken sich über den Zeitraum vom 13. Juni
1977 bis zum 17. November 1977.
9 | Philipp Felsch (2008 a): Merves Lachen, S. 11.
10 | Brief des Merve Verlags an Sylvère Lotringer vom 25. März 1981. Zitiert nach Philipp
Felsch (2008 a): Merves Lachen, S. 12.
11 | Brief des Merve Verlags an Jürgen Hoch vom 17. August 1978. Zitiert nach Philipp
Felsch (2008 a): Merves Lachen, S. 13.
12 | Philipp Felsch (2008 a): Merves Lachen, S. 15.
13 | Brief des Merve Verlags an Pierre Klossowksi vom 28. Mai 1979. Zitiert nach Philipp
Felsch (2008 a): Merves Lachen, S. 18.
14 | Vgl. Michel de Certeau (1986 a): Das Lachen Michel Foucaults.
15 | Philipp Felsch (2008 a): Merves Lachen, S. 20.
16 | Brief des Merve Verlags an Sylvère Lotringer vom 25. März 1981. Zitiert nach Philipp
Felsch (2008 a): Merves Lachen, S. 21.
17 | Michel Foucault: Wir fühlten uns als schmutzige Spezies. In: DE III, S. 536.
18 | Michel Foucault: Wir fühlten uns als schmutzige Spezies. Zuerst in: Der Spiegel 52
(1977), S. 77-78; danach in: DE III, S. 534-538.
19 | Heidi Paris: Die Brille von Foucault. In: die taz, 22. 6. 1979. Zitiert nach Philipp Felsch
(2008 a): Merves Lachen, S. 21.
20 | Brief des Merve Verlags an Michel Foucault vom 12. Dezember 1977. Zitiert nach Phi-
lipp Felsch (2008 a): Merves Lachen, S. 21.
21 | Brief des Merve Verlags an Roland Barthes vom 9. Mai 1981. Zitiert nach Philipp
Felsch (2008 a): Merves Lachen, S. 22.
22 | Brief des Merve Verlags an Michel Foucault vom 23. März 1978. Zitiert nach Philipp
Felsch (2008 a): Merves Lachen, S. 22.
23 | Vgl. Michel Foucault: VL 77/78 und VL 78/79.
24 | Zitiert nach Daniel Defert (1994 a): Zeittafel, S. 86.
25 | Vgl. Katharina von Bülow (1986 a): Widersprechen ist eine Pflicht, S. 135. Vgl. auch
Philipp Felsch (2008 a): Merves Lachen, S. 16-19.

26 | Siehe das spätere Vorwort vom 26. März 1979 in der französischen Ausgabe des Buches von Peter Brückner »Staatsfeinde« (Berlin 1972 und Claix 1979). Vgl. Michel Foucault: Vorwort von Michel Foucault. In: DE III, S. 906-907.

27 | Zitiert nach Daniel Defert (1994 a): Zeittafel, S. 86.

28 | Ebd., S. 87.

29 | Vgl. Michel Foucault: VL 81/82, S. 49.

30 | Ebd., S. 243.

31 | Julien Offray de La Mettrie (1749 a): Der Mensch eine Maschine, S. 60.

32 | Ebd., S. 23.

33 | Ebd., S. 41.

34 | Vgl. Michel Foucault: VL 82/83 und VL 83/84.

35 | Vgl. Julien Offray de La Mettrie (1749 a): Der Mensch eine Maschine, S. 91.

36 | Vgl. ebd., S. 88.

37 | Vgl. Michel Foucault: VL 74/75, S. 249 und 377.

38 | Vgl. Michel Foucault: VL 81/82, S. 143.

39 | Julien Offray de La Mettrie (1744 a): Abhandlung über die Seele, S. 144.

40 | Julien Offray de La Mettrie (1749 a): Der Mensch eine Maschine, S. 89.

41 | Ebd., S. 90.

42 | Vgl. Michel Foucault: SW III und VL 81/82.

43 | Michel Foucault: Klappentext. In: DE III, S. 633.

44 | Vgl. Michel Foucault: Das Leben der infamen Menschen. In: DE III, S. 309-332.

45 | Vgl. Michel Foucault: Der Mensch ist ein Erfahrungstier. In: DE IV, S. 51-119.

46 | Julien Offray de La Mettrie (1749 a): Der Mensch eine Maschine, S. 87.

47 | Vgl. Michel Foucault: DE IV, S. 51-119. Vgl. hierzu Michael Fisch (2008 a): Michel Foucault, S. 161.

48 | Geoffrey Bennington (1991 a): Jacques Derrida.

XXII. PARALLELVITEN II

1 | Michel Foucault: VL 81/82, S. 196.

2 | Michel Foucault: Der geheimnisvolle Hermaphrodit. In: DE III, S. 783.

3 | Ebd.

4 | Michel Foucault: Ein ohne Komplex geführtes Gespräch mit dem Philosophen. In: DE III, S. 846.

5 | Ebd.

6 | Michel Foucault: Das wahre Geschlecht. In: ÜH, S. 14.

7 | Ebd., S. 13. Vgl. auch Michel Foucault: SW I, S. 184.

8 | Michel Foucault: Das wahre Geschlecht. In: ÜH, S. 12.

9 | Herculine Barbin, genannt Herculine BARBIN: Meine Erinnerungen. In: Michel Foucault: ÜH, S. 43.

10 | Michel Foucault: Das wahre Geschlecht. In: ÜH, S. 13.

11 | Vgl. ebd., S. 7-18; und ders.: DE IV, S. 142-152.

12 | Michel Foucault: Das wahre Geschlecht. In: ÜH, S. 14.

13 | Ebd., S. 15.

14 | Vgl. Michel Foucault: VL 77/78.

15 | Philipp Sarasin (2006 a): Der Sex und das Symbolische, S. 121.

16 | Michel Foucault: Das Leben der infamen Menschen. In: DE III, S. 333.

17 | Michel Foucault: VL 74/75, S. 92-93.

18 | Michel Foucault: »Der Grund, warum die Affäre um den Hermaphroditen von Rouen so bedeutsam ist, liegt darin, dass sie eindeutig die Bestätigung liefert, dass der Hermaphrodit ein Monster ist.« Ebd., S. 99.

19 | Ebd., S. 100-101.

20 | Ebd., S. 101.

21 | Michel Foucault: Der geheimnisvolle Hermaphrodit. In: DE III, S. 784.

22 | Michel Foucault: Ein ohne Komplex geführtes Gespräch mit dem Philosophen. In: DE III, S. 847.

23 | Vgl. Michel Foucault: ÜH, S. 205. Vgl. hier auch die historischen anatomischen Tafeln, S. 198 und 200.

24 | Philipp Sarasin (2006 a): Der Sex und das Symbolische, S. 123.

25 | Michel Foucault: SW I, S. 60.

26 | Vgl. Michel Foucault: ÜH, S. 246.

27 | Philipp Sarasin (2006 a): Der Sex und das Symbolische, S. 123.

28 | Jacques Lacan (1957 a): Das Drängen des Buchstabens im Unbewußten oder die Vernunft seit Freud, S. 35.

29 | Herculine Barbin, genannt Herculine BARBIN: Meine Erinnerungen. In: Michel Foucault: ÜH, S. 67.

30 | Judith Butler (1991 a): Das Unbehagen der Geschlechter, S. 147.

31 | Ebd., S. 152-153. Philipp Sarasin liest Judith Butler gegen Michel Foucault, was diese selbst nicht intendiert. Vgl. Philipp Sarasin (2006 a): Der Sex und das Symbolische, S. 125.

32 | Zitiert nach Daniel Defert (1994 a): Zeittafel, S. 89.

33 | Zitiert nach ebd., S. 90.

34 | Vgl. in diesem Kontext zu den Stichworten »Analerotik« und »Hysterie bei Knaben«. Michel Foucault: VL 73/74, S. 247 und 476.

35 | Sylvère Lotringer (1980 a): Editorial.

36 | Michel Foucault: Ein so schlichtes Vergnügen. In: DE III, S. 970-973.

37 | Manifest der GLF. Zitiert nach James Miller (1993 a): Die Leidenschaft des Michel Foucault, S. 374.

38 | Vgl. Guy Hocquenghem (1972 a): Das homosexuelle Verlangen.

39 | Michel Foucault: Interview mit Michel Foucault. In: DE IV, S. 817-818.

40 | Guy Hocquenghem (1972 a): Das homosexuelle Verlangen, S. 73.

41 | Ebd.

42 | Manifest der GLF. Zitiert nach James Miller (1993 a): Die Leidenschaft des Michel Foucault, S. 376.

43 | Michel Foucault: Sex, Macht und die Politik der Identität. In: DE IV, S. 914.

44 | Ebd., S. 910 und 915. Vgl. hierzu auch Philipp Sarasin (2006 a): Der Sex und das Symbolische, S. 111.

45 | Guy Hocquenghem (1972 a): Das homosexuelle Verlangen, S. 63.

46 | Michel Foucault: Geschichte und Homosexualität. In: DE IV, S. 351-352.

47 | Vgl. Michel Foucault: Das Sexualstrafrecht. In: DE III, S. 967-970.

48 | James Miller (1993 a): Die Leidenschaft des Michel Foucault, S. 377.

49 | Guy Hocquenghem: La loi de la pudeur (1979). Zitiert nach James Miller (1993 a): Die Leidenschaft des Michel Foucault, S. 377.

50 | Michel Foucault: Einsperrung, Psychiatrie, Gefängnis. In: DE III, S. 437.

51 | Michel Foucault: Das Sexualstrafrecht. In: DE III, S. 959.

52 | Ebd., S. 962-963.

53 | Ebd., S. 965.

54 | Michel Foucault: Gebrauch der Lüste und Techniken des Selbst. In: DE IV, S. 680.

55 | Michel Foucault: Freundschaft als Lebensform. In: DE IV, S. 203.

XXIII. ÜBER DIE REVOLUTION IM IRAN

1 | Zitiert nach Hartmut Bobzin (2010 a): Koran, S. 476.

2 | Gespräch der Redakteure Dieter Bednarz und Norbert F. Pötzl mit Kyros Resa Pahlewi in Paris. In: Der Spiegel. Geschichte 2 (2010), S. 122-125.

3 | Vgl. dagegen die widersprüchliche Behauptung von Katharina von Bülow; dies. (1986 a): Widersprechen ist eine Pflicht, S. 135.

4 | Didier Eribon (1989 a): Michel Foucault, S. 402. Vgl. hierzu auch David Macey (1993 a): The Lives of Michel Foucault, S. 406.

5 | Michel Foucault: Der Geist geistloser Zustände. In: DE III, S. 930.

6 | Ebd., S. 943.

7 | Ulrich Brieler (2008 a): Foucault und 1968: Widerspenstige Subjektivitäten, S. 31.

8 | Vgl. Philipp Sarasin (2009 a): Darwin und Foucault, S. 222.

9 | Albert Hourani (1991 a): Die Geschichte der arabischen Völker, S. 428.

10 | Michel Foucault befragt Thierry Voeltzel über sein Leben, und dieser redigierte Text erscheint ohne Nennung Foucaults, aber mit einem Vorwort von Claude Mauriac unter dem Titel »Vingt ans et après« 1978 im Verlag Grasset als Buch. Das Buch, das von Mauriac entworfen wird, handelt vor allem von dessen sexuellen Fantasien. Claude Mauriac ist von der heimlichen Homosexualität seines Vaters und ebenso von seinen eigenen homosexuellen Lüsten besessen. Vgl. hierzu René de Ceccatty (2004 a): Homosexuelle Freundschaft als Schöpfungskraft und Lebensweise, S. 204.

11 | Michel Foucault: Die Ideenreportagen. In: DE III, S. 885.

12 | James Miller (1993 a): Die Leidenschaft des Michel Foucault, S. 450.

13 | Didier Eribon (1989 a): Michel Foucault, S. 404.

14 | Michel Foucault: Der Schah ist hundert Jahre zurück. In: DE III, S. 852.

15 | Michel Foucault: Die Armee, wenn die Erde bebt. In: DE III, S. 832.

16 | Michel Foucault: Der Schah ist hundert Jahre zurück. In: DE III, S. 850.

17 | Ebd., S. 852.
18 | Ebd., S. 853-854.
19 | Michel Foucault: Teheran: Der Glaube gegen den Schah. In: DE III, S. 857.
20 | Im April 1979 schreibt Michel Foucault einen »Offenen Brief an Mehdi Bazargan«. In: DE III, S. 974-977.
21 | Michel Foucault: Wovon träumen die Iraner? In: DE III, S. 865.
22 | Michel Foucault: Teheran, der Glaube gegen den Schah. In: DE III, S. 856.
23 | Ebd., S. 862.
24 | Michel Foucault: Diskussion vom 20. Mai 1978. In: DE IV, S. 30.
25 | Thomas Lemke (1997 a): Eine Kritik der politischen Vernunft, S. 321.
26 | Michel Foucault: Nutzlos, sich zu erheben. In: DE III, S. 991.
27 | Vgl. hierzu Michel Foucault: Die »Ideenreportagen«. In: DE III, S. 885-886.
28 | Michel Foucault: Wovon träumen die Iraner? In: DE III, S. 869. »Ich höre bereits wie die Franzosen lachen, aber ich weiß, dass sie Unrecht haben.« Ebd., S. 870.
29 | Jörg Lau (2005 a): Der Meisterdenker und der Ajatollah, S. 211.
30 | Michel Foucault: Nutzlos, sich zu erheben. In: DE III, S. 990.
31 | Jörg Lau (2005 a): Der Meisterdenker und der Ajatollah, S. 207.
32 | Didier Eribon (1989 a): Michel Foucault, S. 409.
33 | Michel Foucault: Wovon träumen die Iraner? In: DE III, S. 864.
34 | Michel Foucault: Der Geist geistloser Zustände. In: DE III, S. 932.
35 | Jörg Lau (2005 a): Der Meisterdenker und der Ajatollah, S. 218.
36 | Ebd., S. 211.
37 | Ebd., S. 207.
38 | Thomas Lemke (1997 a): Eine Kritik der politischen Vernunft, S. 319.
39 | Michel Foucault: Wovon träumen die Iraner? In: DE III, S. 863.
40 | James Miller (1993 a): Die Leidenschaft des Michel Foucault, S. 453.
41 | Vgl. hierzu Michel Foucault: Wovon träumen die Iraner? In: DE III, S. 862-870.
42 | Jörg Lau (2005 a): Der Meisterdenker und der Ajatollah, S. 207.
43 | Ebd., S. 216.
44 | Michel Foucault: Pulverfass Islam. In: DE III, S. 949.
45 | Albert Hourani (1991 a): Die Geschichte der arabischen Völker, S. 505-506.
46 | Ebd., S. 519.
47 | Ebd., S. 520.
48 | Ruhallah Khomeini verstößt 1989 seinen »liebsten Bruder« Hussein Ali Montaseri wegen dessen Kritik am öffentlichen Mordaufruf gegen den Schriftsteller Salman Rushdie. Der späte Reformer Montaseri stirbt im Alter von siebenundachtzig Jahren im Dezember 2009 in seinem Haus in Ghom und überlebt Khomeini um zwei Jahrzehnte, der im Juni 1989 aus dem Leben scheidet.
49 | 1929 wird per Gesetz des ersten Schahs von Persien iranischen Männern verordnet, sich von Kopf bis Fuß westlich zu kleiden. Sieben Jahre später wird iranischen Frauen das Tragen des Schleiers verboten. Knapp ein halbes Jahrhundert später werden Kopftuch und Schleier wieder Pflicht.
50 | Albert Hourani (1991 a): Die Geschichte der arabischen Völker, S. 548.

51 | Ebd., S. 524.

52 | Michel Foucault: Das mythische Oberhaupt der Revolte im Iran. In: DE III, S. 896.

53 | Didier Eribon (1989 a): Michel Foucault, S. 414.

54 | Michel Foucault verweist auf die Formulierung »die Verrückten sind wache Träumer«. Vgl. ders.: VL 73/74, S. 409.

55 | James Miller (1993 a): Die Leidenschaft des Michel Foucault, S. 454.

56 | Vgl. Michel Foucault: Das mythische Oberhaupt der Revolte im Iran. In: DE III, S. 894-897.

57 | Michel Foucault: Wovon träumen die Iraner? In: DE III, S. 866. Chariat Madari sagt: »Wir erwarten die Wiederkehr des Iman, aber das heißt nicht, dass wir auf die Möglichkeit einer guten Regierung verzichten.« Ebd., S. 866.

58 | Michel Foucault: Das mythische Oberhaupt der Revolte im Iran. In: DE III, S. 896.

59 | Michel Foucault: Pulverfass Islam. In: DE III, S. 952.

60 | Vgl. Michel Foucault: Die iranische Revolte breitet sich mittels Tonbandkassetten aus. In: DE III, S. 888-894.

61 | Michel Foucault: Teheran: Der Glaube gegen den Schah. In: DE III, S. 859. Dieser Titel stamm von einem Redakteur des Corriere della sera. Der ursprüngliche Titel lautet »In Erwartung des Imam«.

62 | Hartmut Bobzin (1999 a): Der Koran, S. 9.

63 | Ebd., S. 18.

64 | Hartmut Bobzin (2000 a): Mohammed, S. 96.

65 | Ebd., S. 11.

66 | Ebd., S. 13.

67 | Ebd., S. 14 und 17.

68 | Hartmut Bobzin (2010 a): Koran, S. 34.

69 | Vgl. hierzu auch die Sure 2:192 »Gott ist bereit zu vergeben«, Sure 2:253 »Hätte Gott gewollt, sie hätten sich nicht bekämpft«, Sure 3:145 »Gott liebt die Geduldigen«, Sure 4:90 »Wenn sie euch Frieden anbieten, dann erlaubt euch Gott gegen sie keinen Weg«, Sure 5:64 »Gott aber liebt die nicht, die Unheil stiften« usw. Zitiert nach Hartmut Bobzin (2010 a): Koran, S. 30, 41, 62, 81 und 101.

70 | Ebd., S. 78-79.

71 | Der »erste Pfeil im Islam« wird von Sa'd Ibn Abi Waqqas, einem der ersten Muslime, abgeschossen. Es folgen Kriege (gihad) in der Schlacht von Badr (624), in der Schlacht am Berge Uhud (625) und im sogenannten Grabenkrieg (»handaq«, 627). Vgl. Hartmut Bobzin (2000 a): Mohammed, S. 100-103.

72 | Hartmut Bobzin (2010 a): Koran, S. 294.

73 | Vgl. Hartmut Bobzin (1999 a): Der Koran, S. 84.

74 | Hartmut Bobzin (2010 a): Koran, S. 168. Vgl. auch Sure 25:52 »Gehorche den Ungläubigen nicht, sondern bekämpfe sie heftig mit ihm«, Sure 33:18 »Gott kennt die Verhinderer unter euch, und die, die zu ihren Brüdern sagen: >Kommt her zu uns!< Doch kommen sie nur selten zum Kampf«, Sure 47:4 »Wenn ihr jedoch die trefft, die ungläubig sind, dann schlagt sie auf den Nacken, bis ihr sie ganz besiegt habt« usw. Zitiert nach Hartmut Bobzin (2010 a): Koran, S. 316, 367 und 450.

75 | Hartmut Bobzin (2010 a): Koran, S. 350.
76 | Hartmut Bobzin (2000 a): Mohammed, S. 111.

XXIV. GESCHICHTE DER GOUVERNEMENTALITÄT I

1 | Michel Foucault: SW I, S. 22.
2 | Gilles Deleuze (1991 a): Geophilosophie, S. 97.
3 | Ebd.
4 | Beispielsweise Tolkiens »Lord of the Rings«, aber auch theoretische Texte wie Jacob von Uexküll »Staatsbiologie« oder Karl Haushofer »Staatsbiologische Geopolitik« und nicht zuletzt Samuel Huntingtons »Clash of Civilization«, die Niels Werber heranzieht. Vgl. ders. (2007 a): Die Geopolitik der Literatur, S. 237-243.
5 | Michel Foucault: SW I, S. 131 und 134. Vgl. Maria Muhle (2008 a): Eine Genealogie der Biopolitik, S. 23.
6 | Vgl. Michel Foucault: VL 74/75.
7 | Ulrich Johannes Schneider (2004 a): Michel Foucault, S. 179. Vgl. auch das Kurzporträt in ders. (2008 a): Michel Foucault.
8 | Andreas Platthaus (2004 a): Der Kniff, Deutschland das Reich vergessen zu lassen.
9 | Ebd.
10 | Gilles Deleuze (1991 a): Geophilosophie, S. 111.
11 | Karl Marx (1850 a): Das Kapital, S. 260.
12 | Vgl. Gilles Deleuze (1991 a): Geophilosophie, S. 113.
13 | Ebd., S. 114.
14 | Immanuel Kant (1798 b): Der Streit der Fakultäten.
15 | Gilles Deleuze (1991 a): Geophilosophie, S. 116-117.
16 | Michel Foucault: Was ist Aufklärung? In: DE IV, S. 13.
17 | Vgl. Michel Foucault: AW, S. 189.
18 | Gilles Deleuze (1991 a): Geophilosophie, S. 131.
19 | Vgl. Michel Foucault: VL 77/78, S. 61.
20 | Vgl. Philipp Sarasin (2001 a): Reizbare Maschinen, S. 461.
21 | Michel Foucault: VL 78/79, S. 446. [Situierung der Vorlesungen.]
22 | Ebd., S. 443. [Zusammenfassung der Vorlesungen.]
23 | Vgl. Thomas Lemke (2007 a): Eine unverdauliche Mahlzeit?, S. 47-48.
24 | Vgl. Michel Foucault: VL 77/78, S. 163.
25 | Thomas Lemke (2001 a): Gouvernementalität, S. 108.
26 | Michel Foucault: Subjekt und Macht. In: DE IV, S. 291.
27 | Michel Foucault: Der Staub und die Wolke. In: DE IV, S. 14.
28 | Michel Foucault: VL 77/78, S. 525.
29 | Vgl. Petra Gehring (2006 b): Bioethik – ein Diskurs?, S. 181.
30 | Petra Gehring (2007 a): Foucaults »juridischer« Machttyp, die Geschichte der Gouvernementalität und die Frage nach Foucaults Rechtstheorie, S. 158.
31 | Vgl. Michel Foucault: Die Geburt der Sozialmedizin. In: DE III, S. 272-298.

32 | Vgl. Petra Gehring (2006 b): Bioethik – ein Diskurs?, S. 171.

33 | Michel Foucault: AW, S. 69.

34 | Michel Foucault: VL 75/76, S. 276.

35 | Vgl. Thomas Lemke (2007 b): Die Macht und das Leben, S. 136; vgl. hierzu auch ders. (2007 c): Biopolitik zur Einführung.

36 | Thomas Lemke (2007 b): Die Macht und das Leben, S. 278.

37 | Michel Foucault: SW I, S. 165.

38 | Philipp Sarasin (2003 c): Zweierlei Rassismus?, S. 58.

39 | Michel Foucault: VL 75/76, S. 294.

40 | Philipp Sarasin (2003 c): Zweierlei Rassismus?, S. 60. Zum Themenkomplex des Rassismus vgl. überdies Daniel Defert (2003 a): Macht, Krieg, Rassismus und ihre Analyseform; Thomas Lemke (2003 a): Rechtssubjekt und Biomasse?; ders. (2004 b): Die politische Ökonomie des Lebens; Jürgen Link (2003 a): Normativität versus Normalität; Angelika Magiros (1995 a): Foucaults Beitrag zur Rassismustheorie; Martin Stingelin (2003 b): Einleitung: Biopolitik und Rassismus.

41 | Michel Foucault: SW I, S. 166.

42 | Vgl. Julien Offray de La Mettrie (1749 a): Der Mensch eine Maschine.

43 | Thomas Lemke (2003 a): Rechtssubjekt und Biomasse?, S. 163.

44 | Michael Ruoff (2007 a): Foucault-Lexikon, S. 45.

45 | Thomas Lemke (2001 a): Gouvernementalität, S. 109.

46 | Michel Foucault: Ein Spiel um die Psychoanalyse. In: Ders.: Dispositive der Macht. Über Sexualität, Wissen und Wahrheit. Mit einem Vorwort von François Ewald. Bearbeitet von Monika und Jochen Metzger. Aus dem Französischen von Walter Seitter und Ulrich Raulff und aus dem Italienischen von Elke Wehr. Berlin: Merve 1978, S. 133. [Dieser Text ist nicht in den »Dits et Ecrits« enthalten.]

47 | Michel Foucault: Die Ethik der Sorge um sich als Praxis der Freiheit. In: DE IV, S. 899.

48 | Vgl. Jean Baudrillard (1977 a): Oublier Foucault/Foucault vergessen.

49 | Ebd., S. 12.

50 | Vgl. Michel Foucault: Strukturalismus und Poststrukturalismus. In: DE IV, S. 546-547.

51 | Michel Foucault: SW I, S. 113.

52 | Michel Foucault: Vorlesung vom 14. Januar 1976. In: DE III, S. 238.

53 | Pierre Macherey (1988 b): Für eine Naturgeschichte der Normen, S. 175.

54 | Michel Foucault: Gespräch mit Michel Foucault. In: DE III, S. 213.

55 | Vgl. Petra Gehring (2006 b): Bioethik – ein Diskurs?, S. 167.

56 | Martin Saar (2007 b): Macht, Staat, Subjektivität, S. 26.

57 | Michel Foucault: AW, S. 275. Vgl. hierzu Wilhelm Schmid: Was ist Archäologie? In: Ders. (1991 a): Auf der Suche nach einer neuen Lebenskunst, S. 102-111; und ders. (1991 b): Die Geburt der Geschichte.

58 | Michel Foucault: IN, S. 46.

59 | Michel Foucault: Die Ideenreportagen. In: DE III, S. 886.

60 | Michel Foucault: SW I, S. 115.

61 | Vgl. Claudia Honegger (1980 a): Überlegungen zu Michel Foucaults Reflexionsstufen einer kritischen Gesellschaftstheorie. Vgl. auch dies. (1982 a): Michel Foucault und die serielle Geschichte.

62 | Vgl. Hinrich Fink-Eitel (1980 a): Michel Foucaults Analytik der Macht. Vgl. auch ders. (1990 a): Zwischen Nietzsche und Heidegger. Vgl. dagegen Martin Saar (2007 b): Macht, Staat, Subjektivität; und ders. (2007 a): Genealogie als Kritik.

63 | Michel Foucault: Subjekt und Macht. In: DE IV, S. 247.

64 | Hans-Martin Schönherr-Mann (2009 a): Der Übermensch als Lebenskünstlerin, S. 74 und 81.

65 | Michel Foucault: Einführung. In: DE I, S. 249.

66 | Ebd.

67 | François Ewald (1985 a): Eine Praktik der Wahrheit, S. 10.

68 | Roland Barthes (1975 a): Über mich selbst, S. 72.

69 | Michel Foucault: Einführung. In: DE I, S. 236.

70 | Ebd., S. 248.

71 | Ebd., S. 236.

72 | Ebd., S. 244.

73 | Petra Gehring (2006 b): Bioethik – ein Diskurs?, S. 175. Vgl. auch dies. (2006 a): Was ist Biomacht?

74 | Michel Foucault: SW I, S. 63.

75 | Michel Foucault: VL 77/78, S. 494.

76 | Ebd., S. 43.

77 | Michel Foucault: Nein zum König Sex. In: DE III, S. 353.

78 | Michel Foucault: Gespräch mit Ducio Trombadori. In: DE IV, S. 67.

79 | Friedrich Nietzsche (1886 a): Jenseits von Gut und Böse, S. 40.

80 | Pierre Boulez (1979 a): Anhaltspunkte, S. 137.

81 | Vgl. Pierre Boulez (1986 a): Einige Erinnerungen.

82 | Zitiert nach musikfest berlin 10. Pour Pierre Boulez. Veranstaltet von den Berliner Festspielen in Zusammenarbeit mit der Stiftung Berliner Philharmoniker, S. 98.

83 | Vgl. Michel Foucault: VL 82/83, S. 291.

84 | Vgl. Michel Foucault: OD, S. 404-412.

85 | Vgl. Michel Foucault: ÜS, S. 394-399.

86 | Walter Privitera (1990 a): Stilprobleme, S. 106.

87 | Vgl. Michel Foucault: Archäologie einer Leidenschaft. In: DE IV, S. 746; ders.: Der Stil der Geschichte. In: DE IV, S. 801.

88 | Daniel Defert (1994 a): Zeittafel, S. 25.

89 | Maurice Pinguet (1986 a): Die Lehrjahre, S. 47.

90 | Roland Barthes: Savoir et folie. In: Critique 17 (1961).

91 | Michel Foucault: Gespräch mit Ducio Trombadori. In: DE IV, S. 56.

92 | Roland Barthes (1973 b): Variationen über die Schrift, S. 53.

93 | Vgl. Michel Foucault: Auf dem Präsentierteller. In: DE II, S. 890.

94 | Roland Barthes (1963 a): Die strukturalistische Tätigkeit, S. 153.

95 | Vgl. Roland Barthes (1969 a): Begebenheiten.

96 | Ebd., S. 40.

97 | Ebd., S. 44.

98 | Roland Barthes (1975 a): Über mich selbst, S. 175.

99 | Ebd., S. 145.

100 | Didier Eribon (1989 a): Michel Foucault, S. 135.

101 | Roland Barthes (1973 c): Textanalyse einer Erzählung von Edgar Allan Poe, S. 288.

102 | Ebd., S. 292.

103 | Zitiert nach Louis-Jean Calvet (1990 a): Roland Barthes, S. 293.

104 | Didier Eribon (1994 a): Michel Foucault und seine Zeitgenossen, S. 231.

105 | Vgl. Michel Foucault: Ein Spiel um die Psychoanalyse. In: Ders.: Dispositive der Macht. Über Sexualität, Wissen und Wahrheit. Mit einem Vorwort von François Ewald. Bearbeitet von Monika und Jochen Metzger. Aus dem Französischen von Walter Seitter und Ulrich Raulff und aus dem Italienischen von Elke Wehr. Berlin: Merve 1978, S. 29. [Dieser Text ist nicht in den »Dits et Ecrits« enthalten.]

106 | Vgl. Roland Barthes (1977 a): Leçon/Lektion, S. 11.

107 | Ebd., S. 18.

108 | Eva Erdmann (1990 a): Die Literatur und das Schreiben, S. 275.

109 | Michel Foucault: Roland Barthes (12. November 1915 – 26. März 1980). In: DE IV, S. 152.

110 | Roland Barthes (1975 a): Über mich selbst, S. 148.

111 | Der Text von 1981 erscheint sechs Jahre später als Buch bei Galilée in Paris und in deutscher Übersetzung im gleichen Jahr 1987 bei Nishen in Berlin. Hier wird zitiert nach Jacques Derrida: »Jedes Mal einzigartig, das Ende der Welt.« Passagen (Wien) 2007, S. 59-99.

112 | Diese Ausgabe der Zeitschrift Poétique, in der 1981 dieser Aufsatz zuerst erscheint, ist der Person und dem Werk von Roland Barthes gewidet.

113 | Jacques Derrida (1981 a): Die Tode von Roland Barthes, S. 59.

114 | Roland Barthes (1953 a): Am Nullpunkt der Literatur; und ders. (1980 a): Die helle Kammer. Vgl. Jacques Derrida (1981 a): Die Tode von Roland Barthes, S. 61.

115 | Jacques Derrida (1981 a): Die Tode von Roland Barthes, S. 59.

116 | Ebd., S. 74.

117 | Ebd., S. 71.

118 | Ebd.

119 | Ebd., S. 60.

120 | Roland Barthes (1953 a): Am Nullpunkt der Literatur, S. 15-16.

121 | Jacques Derrida (1981 a): Die Tode von Roland Barthes, S. 81.

122 | Ebd., S. 79.

123 | Roland Barthes (1975 a): Über mich selbst, S. 66.

124 | Ebd.

125 | Ebd.

126 | Jacques Derrida (1981 a): Die Tode von Roland Barthes, S. 81.

127 | Ebd., S. 89-90.

128 | Roland Barthes (1973 c): Textanalyse einer Erzählung von Edgar Allan Poe, S. 290-291. Bei der Analyse handelt es sich um den Text »Die Tatsachen im Falle Valdemar« von Edgar Allan Poe.

129 | Jacques Derrida (1981 a): Die Tode von Roland Barthes, S. 95.

130 | Ebd., S. 86.

131 | Vgl. Maurice Blanchot (1971 a): Die Freundschaft.

132 | Vgl. Michel Foucault: Freundschaft als Lebensform (1981). In: DE IV, S. 200-206; ders.: Eine Ästhetik der Existenz (1984). In: DE IV, S. 902-909; Jacques Derrida (1994 a): Politik der Freundschaft; René de Ceccatty (2004 a): Homosexuelle Freundschaft als Schöpfungskraft und Lebensweise.

133 | Michel Foucault: Roland Barthes (12. November 1915 – 26. März 1980). In: DE IV, S. 154.

134 | Hervé Guibert (1990 a): Dem Freund, der mir das Leben nicht gerettet hat, S. 249-250.

135 | Jacques Derrida (1981 a): Die Tode von Roland Barthes, S. 85.

136 | Guibert (1991 a): Mitleidsprotokoll, S. 200-201.

137 | Ebd., S. 62.

138 | Roland Barthes (1980 a): Die helle Kammer, S. 81.

139 | Jacques Derrida (1981 a): Die Tode von Roland Barthes, S. 73.

140 | Ebd., S. 76.

141 | Ebd., S. 89.

142 | Vgl. Louis-Jean Calvet (1990 a): Roland Barthes, S. 340.

XXV. GESCHICHTE DER GOUVERNEMENTALITÄT II

1 | Jacques Derrida (1981 a): Die Tode von Roland Barthes, S. 59.

2 | Thomas Lemke (2007 b): Die Macht und das Leben, S. 135.

3 | Der Begriff der Biopolitik taucht bereits in den zwanziger Jahren in Texten von Kurt Binding: Zum Werden und Leben der Staaten (1920), Eberhard Dennert: Der Staat als lebendiger Organismus (1922) oder bei Eduard Hahn: Der Staat, ein Lebewesen (1926) auf.

4 | Michel Foucault: SW I, S. 101. Die Repressionshypothese unterstellt, dass die Wirkung von Macht in erster Linie in »Verboten, Verweigerungen, Zensuren, Verneinungen« bestünde. Vgl. ebd., S. 22.

5 | Vgl. Maria Muhle (2008 a): Eine Genealogie der Biopolitik, S. 63.

6 | Michel Foucault: SW I, S. 102-103.

7 | Ebd., S. 165.

8 | Michael Ruoff (2007 a): Foucault-Lexikon, S. 45.

9 | Michel Foucault: Was ist Aufklärung? In: DE IV, S. 690.

10 | Michel Foucault: ÜS, S. 43.

11 | Michel Foucault: VL 78/79, S. 116.

12 | Michel Foucault: VL 74/75.

13 | Michel Foucault: AW, S. 30.

14 | Michel Foucault: VL 75/76, S. 289.

15 | Michel Foucault: VL 77/78, S. 513 und 144.

16 | Michel Foucault: VL 78/79, S. 19 und 115.

17 | Ebd., S. 52.

18 | Ebd., S. 43.

19 | Ebd., S. 153.

20 | Ebd.

21 | Thomas Lemke (1997 a): Eine Kritik der politischen Vernunft, S. 245.

22 | Michel Foucault: VL 78/79, S. 155.

23 | Ebd., S. 441.

24 | Ebd., S. 261.

25 | Zitiert nach Daniel Defert (1994 a): Zeittafel, S. 96.

26 | Zitiert nach ebd., S. 97.

27 | Vgl. Michel Foucault: Die Antworten von Pierre Vidal-Naquet und Michel Foucault. In: DE IV, S. 255.

28 | Vgl. Michel Foucault: Polen, und was danach? In: DE IV, S. 604-637.

29 | Pierre Bourdieu (2001 a): Die Regeln der Kunst, S. 316.

30 | Ebd., S. 283.

31 | Vgl. Pierre Bourdieu (1982 a): Rede und Antwort.

32 | Vgl. Pierre Bourdieu (2001 a): Die Regeln der Kunst.

33 | Vgl. hierzu Hannelore Bublitz (1997 a): Politische Erkenntnis-Praxen; Achim Geisenhanslüke (2003 a): Einführung in die Literaturtheorie; und Jürgen Link (2007 a): Dispositiv und Interdiskurs.

34 | Pierre Bourdieu (1982 a): Rede und Antwort, S. 31-32.

35 | Achim Geisenhanslüke (2003 a): Einführung in die Literaturtheorie, S. 134.

36 | Pierre Bourdieu (2001 a): Die Regeln der Kunst, S. 285.

37 | Achim Geisenhanslüke (2003 a): Einführung in die Literaturtheorie, S. 134.

38 | Michel Foucault: Das Leben: Die Erfahrung und die Wissenschaft. In: DE IV, S. 944.

XXVI. Hermeneutik des Subjekts

1 | Michel Foucault: Sexualität und Einsamkeit. In: DE IV, S. 212.

2 | Michel Foucault: Gespräch mit Ducio Trombadori. In: DE IV, S. 74.

3 | Michel Foucault: Nein zum König Sex. In: DE III, S. 359.

4 | Michel Foucault: Strukturalismus und Poststrukturalismus. In: DE IV, S. 526.

5 | Michel Foucault: Über sich selbst schreiben. In: DE IV, S. 508.

6 | Michel Foucault: Eine autobiographische Skizze. In: DE IV, S. 770.

7 | Michel Foucault: Eine Ästhetik der Existenz. In: DE IV, S. 909.

8 | Michel Foucault: Die Hermeneutik des Subjekts. In: DE IV, S. 423.

9 | Vgl. Michel Foucault: VL 82/83, S. 137.

10 | Michel Foucault: VL 81/82, S. 29.

11 | Seneca: Briefe an Lucilius über Ethik. Zitiert nach Michel Foucault: VL 81/82, S. 38.

12 | Epikur: Briefe an Menoikues. Zitiert nach ebd., S. 24.

13 | Platon: Alkibiades. Zitiert nach ebd., S. 80.

14 | Ebd., S. 273.

15 | Epiktet: Gespräche. Zitiert nach ebd., S. 157.

16 | Plutarch: Das Gastmahl der sieben Weisen. Zitiert nach ebd., S. 39.

17 | Ebd., S. 26.

18 | Ebd., S. 26-27.

19 | Ebd., S. 27.

20 | Ebd., S. 23.

21 | Platon: Charmides, 160 d. Zitiert nach ebd., S. 115.

22 | Ebd., S. 602.

23 | Plutarch: Von der Neugier. Zitiert nach ebd., S. 115.

24 | Ebd., S. 603.

25 | Marc Aurel: Wege zu sich selbst. Zitiert nach ebd., S. 277.

26 | Plutarch: Von der Neugier. Zitiert nach ebd., S. 277.

27 | Plinius: Sämtliche Briefe. Zitiert nach ebd., S. 135.

28 | Vgl. ebd., S. 67.

29 | Seneca: Briefe an Lucilius über Ethik. Zitiert nach Michel Foucault: Die Hermeneutik des Subjekts. In: DE IV, S. 427.

30 | Vgl. Michel Foucault: VL 81/82, S. 152-153, 196-197 und 245-246.

31 | Marc Aurel: The Correspondance of Marcus Cornelius Fronto with Aurelius Antonius. Zitiert nach ebd., S. 204-205.

32 | Ebd., S. 205.

33 | Vgl. Platon: VII. Brief, 337 a. Zitiert nach Michel Foucault: VL 82/84, S. 347.

34 | Michel Foucault: VL 82/83, S. 221.

35 | Michel Foucault: VL 81/82, S. 610-611.

36 | Seneca: Briefe an Lucilius über Ethik. Zitiert nach Michel Foucault: Die Hermeneutik des Subjekts. In: DE IV, S. 438.

37 | Marc Aurel: Wege zu sich selbst. Zitiert nach ebd.

38 | Epiktet: Gespräche. Zitiert nach ebd.

39 | Seneca: Briefe an Lucilius über Ethik. Zitiert nach ebd.

40 | Michel Foucault: VL 81/82, S. 615.

41 | Michel Foucault: Die Rückkehr der Moral. In: DE IV, S. 866.

42 | Vgl. hierzu Michel Foucault: Die Sorge um die Wahrheit. In: DE IV, S. 823-836; vgl. auch ders.: Gebrauch der Lüste und Techniken des Selbst. In: DE IV, S. 658-686.

43 | Michel Foucault: VL 81/82, S. 519.

44 | Michel Foucault: Von der Regierung der Lebenden. In: DE IV, S. 158.

45 | Ebd., S. 161.

46 | Michel Foucault: VL 81/82, S. 521.

47 | Michel Foucault: Subjekt und Macht. In: DE IV, S. 282.

48 | Michel Foucault: Strukturalismus und Poststrukturalismus. In: DE IV, S. 550.

49 | Vgl. Michel Foucault: VL 83/84, S. 29; und ders: VL 82/83, S. 89.

50 | Michel Foucault: VL 81/82, S. 179 und 216.

51 | Michel Foucault: Zur Genealogie der Ethik: Ein Überblick über die laufende Arbeit. In: DE IV, S. 482.

52 | Vgl. Michel Foucault: Die Sorge um die Wahrheit. In: DE IV, S. 833.

53 | Vgl. Michel Foucault: VL 81/82, S. 647.

54 | Michel Foucault: Subjektivität und Wahrheit. In: DE IV, S. 262.

55 | Michel Foucault: Zur Genealogie der Ethik: Ein Überbljck über laufende Arbeiten. In: DE IV, S. 494.

56 | Marc Aurel: Wege zu sich selbst. Zitiert nach Michel Foucault: VL 81/82, S. 269.

57 | Seneca: Briefe an Lucilius. Zitiert nach ebd.

58 | Ebd. Hier auch: nemo vitam suam respicit (Niemand blickt auf sein Leben zurück).

59 | Platon unterscheidet noch deutlich zwischen Körper und Seele. Bei ihm ist zunächst nur der Körper ein Gegenstand der Sorge. Darum betrachtet er etwa die Frage des Alters. Das Alter jedoch ist auch eine Voraussetzung des Subjektseins. Vgl. Michel Foucault: VL 81/82, S. 145 und 165.

60 | Ebd., S. 458.

61 | James Miller (1993 a): Die Leidenschaft des Michel Foucault, S. 475.

62 | Zitiert nach ebd. Die deutsche Ausgabe erscheint als »Diskurs und Wahrheit« (Die Problematisierung der Parrhesia). Herausgegeben von Joseph Pearson. Aus dem Englischen von Mira Köller. Berlin: Merve 1996. Die gesamt sechs Vorlesungen sind nicht in den »Dits et Ecrits« enthalten, gehen aber als Manuskript in veränderter Form in die posthum veröffentlichten Vorlesungen am Collège de France »Der Mut zur Wahrheit« ein. Vgl. Michel Foucault: VL 83/84.

63 | Michel Foucault: SW II, S. 19. Vgl. hierzu Wilhelm Schmid: Archäologie des Andersdenkens. In: Ders. (1991 a): Auf der Suche nach einer neuen Lebenskunst, S. 141-159.

64 | Michel Foucault: Wahrheit, Macht, Selbst. In: DE IV, S. 959.

65 | Michel Foucault: SW II, S. 16.

66 | Ulrich Johannes Schneider (2004 a): Michel Foucault, S. 209.

67 | Michel Foucault: Subjekt und die Macht. In: DE IV, S. 276.

68 | Michel Foucault: Zur Genealogie der Ethik: Ein Überblick über die laufende Arbeit. In: DE IV, S. 469.

69 | Roland Barthes (1953 a): Am Nullpunkt der Literatur, S. 47.

70 | Roland Barthes (1980 a): Die helle Kammer, S. 103.

71 | Michel Foucault: SW II, S. 16.

72 | Michel Foucault: Pierre Boulez, der durchstoßene Schirm. In: DE IV, S. 267.

73 | Michel Foucault: Technologien des Selbst. Herausgegeben von Luther H. Martin und anderen. Aus dem Französischen von Michael Bischoff. Frankfurt a.M.: S. Fischer 1993.

74 | Wilhelm Schmid (1994 a): Lohnendes Spiel Leben.

75 | Vgl. Petra Gehring (2006 b): Bioethik – ein Diskurs?, S. 180.

76 | Michel Foucault: AW, S. 83.

77 | Reiner Keller (2008 a): Michel Foucault, S. 13.

78 | Stéphane Mallarmé (1998 a): Kritische Schriften, S. 109.

79 | Vgl. musikfest berlin 10. Pour Pierre Boulez. Veranstaltet von den Berliner Festspielen in Zusammenarbeit mit der Stiftung Berliner Philharmoniker (Veranstaltungsprospekt).

80 | Stéphane Mallarmé: Le vierge, le vivace et le bel aujourd'hui. Aus dem Französischen von Carl Fischer. In: musikfest berlin 10. Pour Pierre Boulez. Veranstaltet von den Berliner Festspielen in Zusammenarbeit mit der Stiftung Berliner Philharmoniker, S. 94.

81 | Pierre Boulez (1979 a): Anhaltspunkte, S. 76.

82 | Ebd., S. 77.

83 | Ebd., S. 130.

84 | Ebd., S. 131.

85 | Stéphane Mallarmé (1998 a): Kritische Schriften, S. 108.

86 | Pierre Boulez (1979 a): Anhaltspunkte, S. 78.

87 | René Char (1959 a): Poésis – Dichtungen, S. 57.

88 | Pierre Boulez (1977 a): Wille und Zufall, S. 48.

89 | Pierre Boulez (1966 a): Werkstatt-Texte, S. 61.

90 | Pierre Boulez (1977 a): Wille und Zufall, S. 25.

91 | Michel Serres (1993 a): Die fünf Sinne, S. 161.

XXVII. Sexualität und Wahrheit

1 | Michel Foucault: VL 81/82, S. 16.

2 | Vgl. Michel Foucault: SW I, S. 192.

3 | Vgl. Michel Foucault: VL 81/82, S. 617.

4 | Ebd., S. 468.

5 | Ebd., S. 469.

6 | Wilhelm Schmid (1987 a): Die Geburt der Philosophie im Garten der Lüste, S. 13-14.

7 | Michel Foucault: Die Machtverhältnisse gehen in das Innere der Körper über. In: DE III, S. 301.

8 | Didier Eribon (1989 a): Michel Foucault, S. 459.

9 | Renate Schlesier (1984 a): Humaniora, S. 822.

10 | Wolfgang Detel (1998 a): Macht, Moral, Wissen, S. 153. Vgl. hier auch Michel Foucault: SW II, Kapitel IV: Erotik, S. 235-286.

11 | Michel Foucault: Politik und Ethik. Ein Interview. In: DE IV, S. 717.

12 | Ebd.

13 | Ebd., S. 720.

14 | Wilhelm Schmid (1991 a): Auf der Suche nach einer neuen Lebenskunst, S. 282.

15 | Michel Foucault: Zur Genealogie der Ethik: Ein Überblick über die laufende Arbeit. In: DE IV, S. 461.

16 | Michel Foucault: SW I, S. 18.

17 | Ebd.

18 | Ebd., S. 78.

19 | Michel Foucault: Ein Spiel um die Psychoanalyse. In: Ders.: Dispositive der Macht. Über Sexualität, Wissen und Wahrheit. Mit einem Vorwort von François Ewald. Bearbeitet von Monika und Jochen Metzger. Aus dem Französischen von Walter Seitter und Ulrich

Raulff und aus dem Italienischen von Elke Wehr. Berlin: Merve 1978, S. 118. [Dieser Text ist nicht in den »Dits et Ecrits« enthalten.]

20 | Ebd., S. 110-111.

21 | Ebd., S. 114.

22 | Vgl. Étienne Balibar (1988 a): Foucault und Marx, S. 44.

23 | Vgl. Michel Foucault: VL 74/75, S. 299-300.

24 | Michel Foucault: SW I, S. 135.

25 | Michel Foucault: VL 77/78, S. 87-134.

26 | Michel Foucault: SW I, S. 136.

27 | Ebd., S. 137.

28 | Vgl. Pierre Macherey (1988 b): Für eine Naturgeschichte der Normen, S. 172.

29 | Pierre Macherey (1988 a): Foucault: Ethik und Subjektivität, S. 181.

30 | Michel Foucault: SW, S. 315.

31 | Pierre Macherey (1988 a): Foucault: Ethik und Subjektivität, S. 182.

32 | Ebd.

33 | Michel Foucault: Nietzsche, die Genealogie, die Historie. In: DE II, S. 173.

34 | Michel Foucault: AW, S. 197.

35 | Michel Foucault: SW II, S. 10.

36 | Ebd., S. 12.

37 | Ebd., S. 314.

38 | Reiner Ruffing (2008 a): Michel Foucault, S. 93.

39 | Vgl. Xenophon: Kyrupaideai. In: Michel Foucault: SW II, S. 120.

40 | Ebd.

41 | Ebd.

42 | Wilhelm Schmid (1987 a): Die Geburt der Philosophie im Garten der Lüste, S. 21.

43 | Michel Foucault: Die »Gouvernementalität«. In: DE III, S. 806. Vgl. hierzu Jacques Donzelot (1984 a): Die Förderung des Sozialen; und Markus Wolf (2003 a): Kritische Neubeschreibung.

44 | Michel Foucault: Eine Ästhetik der Existenz. In: DE IV, S. 902-909. Eine deutsche Übersetzung dieses Gesprächs mit Alessandro Fontana erscheint unter dem Titel »Von der Freundschaft« im Berliner Merve Verlag (vgl. hier S. 133-142) und ist für die Rezeption des Foucault'schen Spätwerks von großer Bedeutung. Vgl. Michael Fisch (2008 a): Michel Foucault, S. 200.

45 | Martin Saar (2007 b): Nachwort, S. 321.

46 | Martin Saar (2005 a): Nachwort, S. 331.

47 | Martin Saar (2007 b): Macht, Staat, Subjektivität, S. 35.

48 | Martin Saar (2003 a): Nachwort, S. 343.

49 | Michel Foucault: Zur Genealogie der Ethik. In: DE IV, S. 472.

50 | François Ewald (1985 a): Eine Praktik der Wahrheit, S. 18.

51 | Michel Foucault: SW III, S. 91.

52 | Judith Butler (2002 a): Was ist Kritik?, S. 254.

53 | Michel Foucault: SW III, S. 93.

54 | Michel Foucault: SW II, S. 87.

55 | Judith Butler (2002 a): Was ist Kritik?, S. 266.

56 | Martin Saar (2007 b): Macht, Staat, Subjektivität, S. 40.

57 | Pierre Hadot (1988 a): Überlegungen zum Begriff der »Selbstkultur«, S. 221. Vgl. hierzu auch ders. (1981 a): Philosophie als Lebensform.

58 | Pierre Hadot (1988 a): Überlegungen zum Begriff der »Selbstkultur«, S. 227.

59 | Pierre Hadot (1981 a): Philosophie als Lebensform S. 144. Die deutsche Übersetzung erscheint 1991 im Berliner Gatza Verlag (mit dem Untertitel: Geistige Übungen in der Antike) und als Neuauflage (mit dem verändertem Untertitel: Antike und moderne Exerzitien der Weisheit) 2002 im Suhrkamp Verlag als Taschenbuch.

60 | Pierre Hadot (1988 a): Überlegungen zum Begriff der »Selbstkultur«, S. 221.

61 | Michel Foucault: Subjektivität und Wahrheit. In: DE IV, S. 258.

62 | Ebd., S. 259.

63 | Wolfgang Detel: Die wissenschaftliche Diät. In: Ders. (1998 a): Macht, Moral, Wissen, S. 120-150. Vgl. hier auch Michel Foucault: VL 82/83, S. 335 und 353.

64 | Vgl. Platon: Apologie. In: Michel Foucault: SW III, S. 87.

65 | Michel Foucault: Der Mensch ist ein Erfahrungstier«. In: DE IV, S. 83.

66 | Michel Foucault: Subjekt und Macht. In: DE IV, S. 275.

67 | René de Ceccatty (2004 a): Homosexuelle Freundschaft als Schöpfungskraft und Lebensweise, S. 203.

68 | Michel Foucault: Freundschaft als Lebensform. In: DE IV, S. 203.

69 | Vgl. Michel Foucault: Subjekt und Macht. In: DE IV, S. 287.

70 | Robert Badinter (1985 a): Im Namen der Wörter, S. 77.

71 | Claude Mauriac (1985 a): Zeugnis, S. 67.

72 | Ebd., S. 213.

73 | Michel Foucault, interviewt von Stephen Riggins. In: DE IV, S. 647.

74 | Michel Foucault: Historisches Wissen der Kämpfe um Macht. In: VL 75/76, S. 7-30.

75 | Michel Foucault: Gespräch mit Michel Foucault. In: DE III, S. 191.

76 | Michel Foucault: Historisches Wissen der Kämpfe um Macht. In: VL 75/76, S. 21-22.

77 | Michel Foucault: SW I, S. 166.

78 | Walter Privitera (1990 a): Stilprobleme, S. 101.

79 | Vgl. beispielsweise Michel Foucault: Subjekt und Macht. In: DE IV, S. 269-294.

80 | Michel Foucault: Was ist Kritik? Berlin: Merve 1992, S. 12. [Dieser Text ist nicht in der Ausgabe der »Dits et Ecrits« enthalten.]

81 | Michel Foucault: VL 75/76, S. 32.

82 | Ebd., S. 41.

83 | Michel Foucault: VL 81/82, S. 49.

84 | Vgl. hierzu auch Michel Foucault: Was ist Aufklärung? In: DE IV, S. 837-848; und ders.: Die politische Technologie der Individuen. In: DE IV, S. 999-1015.

85 | Pierre Macherey (1988 b): Für eine Naturgeschichte der Normen, S. 179.

86 | Pierre Macherey (1988 a): Foucault: Ethik und Subjektivität, S. 191.

87 | Michel Foucault: VL 77/78, S. 178.

88 | Ebd., S. 180.

89 | Francisco Ortega (1997 a): Michel Foucault, S. 111.

XXVIII. PARALLELVITEN III

1 | Jacques Rancière (1995 a): Das Unvernehmen, S. 18.

2 | Vgl. Michel Foucault: Das Leben der infamen Menschen. In: DE III, S. 309-332, hier besonders S. 319-329. Vgl. auch ders.: FK.

3 | Vgl. Michael Maset (2002 a): Diskurs, Macht und Geschichte, S. 94-98.

4 | Michel Foucault: Das Leben der infamen Menschen. In: DE III, S. 319.

5 | Michel Foucault: FK, S. 23.

6 | Ebd., S. 10.

7 | Michel Foucault: Die Folter, das ist die Vernunft. In: DE III, S. 510.

8 | Thomas Lemke (1997 a): Eine Kritik der politischen Vernunft, S. 143.

9 | Petra Gehring (2004 a): Foucault – Die Philosophie im Archiv, S. 80.

10 | Michel Foucault: SW I, S. 132.

11 | Ebd., S. 133.

12 | Michel Foucault: FK, S. 11.

13 | Ebd., S. 321.

14 | Ebd., S. 320.

15 | Vgl. Maria Muhle (2008 a): Eine Genealogie der Biopolitik, S. 25-30.

16 | Michel Foucault: Das Leben der infamen Menschen. In: DE III, S. 326.

17 | Ebd., S. 312.

18 | Ebd., S. 314.

19 | Petra Gehring (2004 a): Foucault – Die Philosophie im Archiv, S. 81.

20 | Michel Foucault: Das Leben der infamen Menschen. In: DE III, S. 325.

21 | Ebd.

22 | Ebd., S. 326.

23 | Ebd., S. 322.

24 | Ebd., S. 15-16.

25 | Gilles Deleuze (1974 a): Tausend Plateaus, S. 116-117.

26 | Petra Gehring (2004 a): Foucault – Die Philosophie im Archiv, S. 106 (Anm. 2).

27 | Vgl. zuletzt Peter Sloterdijk (2006 a): Zorn und Zeit.

28 | Maria Muhle (2008 a): Eine Genealogie der Biopolitik, S. 19.

29 | Ebd., S. 20.

30 | Michel Foucault: Von der Archäologie zur Dynastik. In: DE II, S. 510.

XXIX. DIE REGIERUNG DES SELBST UND DER ANDEREN I

1 | François Ewald (1987 a): Foucault verdauen, S. 53.

2 | Michel Foucault: VL 82/83, S. 64.

3 | Platon sagt die Wahrheit, indem er seine Vorlesung über das Wesen der Tugend, des Mutes und der Gerechtigkeit, das Verhältnis von Gerechtigkeit und Glück hält. Er sagt das Wahre. Vgl. ebd., S. 75. Die »parrhesia« existiert von dem Augenblick an, in dem Platon das

Risiko akzeptiert, verbannt, getötet, verkauft zu werden, wenn er die Wahrheit sagt. Vgl. ebd., S. 95.

4 | Vgl. ebd., S. 143.

5 | Michel Foucault: SW II, S. 99-91.

6 | Michel Foucault: VL 82/83, S. 92.

7 | Michel Foucault: SW II, S. 94.

8 | Ebd., S. 90.

9 | Ebd., S. 93.

10 | Ebd., S. 96.

11 | Ebd., S. 104.

12 | Aristoteles: Nikomachische Ethik III. Zitiert nach Wilhelm Schmid (1987 a): Die Geburt der Philosophie im Garten der Lüste, S. 32.

13 | Ebd., S. 106.

14 | Vgl. Michel Foucault: VL 81/82, S. 175.

15 | Vgl. Michel Foucault: AW, S. 155-156.

16 | Vgl. Michel Foucault: VL 82/83, S. 475.

17 | Ebd., S. 79.

18 | Ebd., S. 80.

19 | Ebd., S. 269.

20 | Vgl. Georges Dumézil (1982 a): Apollon sonore et autres essais; vgl. auch ders. (1968 a): Mythos und Epos; und ders. (1986 a): Le messager des dieux.

21 | Michel Foucault: VL 82/83, S. 101.

22 | Vgl. ebd., S. 345.

23 | Vgl. ebd., S. 466.

24 | Ebd., S. 207.

25 | Vgl. Jacques Derrida (1972 a): Dissemination.

26 | Michel Foucault: VL 82/83, S. 378.

27 | Michel Foucault: Politik und Ethik. Ein Interview. In: DE IV, S. 716.

28 | Michel Foucault: VL 82/83, S. 14.

29 | Ebd., S. 15 und 63.

30 | Ebd., S. 27.

31 | Ebd., S. 279 und 292.

32 | Jürgen Habermas nennt sein Buch mit zwölf Vorlesungen von 1985 »Der philosophische Diskurs der Moderne«.

33 | Michel Foucault: VL 82/83, S. 29. Vgl. dagegen Jürgen Habermas (1984 a): Mit dem Pfeil ins Herz der Gegenwart gezielt.

34 | Michel Foucault: VL 82/83, S. 30.

35 | Vgl. Hubert L. Dreyfus und Paul Rabinow (1990 a): Was ist Mündigkeit? Habermas und Foucault über »Was ist Aufklärung?«.

36 | Immanuel Kant (1784 a): Beantwortung der Frage: Was ist Aufklärung?; und ders. (1798 b): Der Streit der Fakultäten.

37 | Michel Foucault: VL 82/83, S. 40.

38 | Ebd., S. 39.

39 | Vgl. ebd., S. 54.

40 | Vgl. ebd., S. 55. Vgl. dagegen Jürgen Habermas‹ Klassiker über den Strukturwandel der Öffentlichkeit.

41 | Michel Foucault: VL 82/83, S. 58.

42 | Ebd., S. 61.

43 | Ebd., S. 236.

44 | Ebd., S. 308.

45 | Vgl. ebd., S. 469.

46 | Friedrich Hölderlin (1984 a): Frankfurter Ausgabe. Herausgegeben von D. E. Sattler. Band 5: Oden 2. Frankfurt a.M.: Stroemfeld 1984.

47 | Michel Foucault: VL 81/82, S. 209.

48 | Ebd., S. 26.

49 | Ebd., S. 62. »Man muss wissen, was das auto to auto genau ist.« Ebd., S. 79.

50 | Ebd., S. 67-68.

51 | Ebd., S. 86.

52 | Ebd., S. 168.

53 | Michel Foucault: Gebrauch der Lüste und Techniken des Selbst. In: DE IV, S. 666.

54 | Vgl. Michel Foucault: VL 82/83 und VL 83/84.

55 | Michel Foucault: SW II, S. 235-237.

56 | Vgl. auch Michel Foucault: VL 82/83, S. 449.

57 | Michel Foucault: Die Hermeneutik des Subjekts. In: DE IV, S. 431.

58 | Michel Foucault: VL 81/82, S. 33.

59 | Wilhelm Schmid (1987 a): Die Geburt der Philosophie im Garten der Lüste, S. 45.

60 | Ebd., S. 103.

61 | Friedrich Hölderlin (1984): Frankfurter Ausgabe. Herausgegeben von D. E. Sattler. Band 5: Oden 2. Frankfurt a.M.: Stroemfeld 1984.

62 | Platon: VII. Brief. Zitiert nach Michel Foucault: VL 82/83, S. 341.

63 | Vgl. hierzu Michel Foucault: SW II, S. 84-103. [Das Kapitel über die Enkrateia.]

64 | Elke Dauk (1989 a): Denken als Ethos und Methode, S. 233.

65 | Michel Foucault: SW II, S. 303-304.

66 | Ebd., S. 264-265.

67 | Michel Foucault: VL 1981/82, S. 66-67.

68 | Vor allem die abstrakte Denkweise der Professorenphilosophie schreckt Foucault ab. Darum gehören geradezu konsequent zu diesen einsprechenden Außenstehenden Jürgen Habermas und Dieter Henrich.

69 | Michel Foucault: SW II, S. 178.

70 | Michel Foucault: Politik und Ethik. Ein Interview. In: DE IV, S. 715.

71 | Ebd., S. 716. Vgl. auch Ulrich Johannes Schneider: Machtdenken und Subjektphilosophie (Habermas und Honneth). In: Ders. (2004 a): Michel Foucault, S. 182-185.

72 | Vgl. Jürgen Habermas (1985 a): Aporien einer Machttheorie; und ders. (1985 b): Vernunftkritische Entlarvung der Humanwissenschaften: Foucault.

73 | Michel Foucault: Politik und Ethik: ein Interview. In: DE IV, S. 717.

74 | Michel Foucault: ÜS, S. 248.

75 | Michel Foucault: Die Ethik der Sorge um sich als Praxis der Freiheit. In: DE IV, S. 898.

76 | Michel Foucault: VL 82/83, S. 299.

77 | Vgl. James Miller (1993 a): Die Leidenschaft des Michel Foucault, S. 492.

78 | Vgl. Michael Fisch (2008 a): Michel Foucault.

79 | James Miller (1993 a): Die Leidenschaft des Michel Foucault, S. 506.

80 | Didier Eribon (1989 a): Michel Foucault, S. 457.

81 | Hervé Guibert (1990 a): Dem Freund, der mir das Leben nicht gerettet hat, S. 27.

82 | Vgl. Michel Foucault: SW II, S. 15.

83 | Hervé Guibert (1990 a): Dem Freund, der mir das Leben nicht gerettet hat, S. 27.

84 | Zitiert nach James Miller (1993 a): Die Leidenschaft des Michel Foucault, S. 513.

85 | Das Gespräch ist dokumentiert in: Deutsche Zeitschrift für Philosophie 4 (1994), S. 703-708. Aus dem Französischen von Thomas Lemke. Vgl. Michel Foucault: Politik und Ethik: ein Interview. In: DE IV, S. 715-724.

86 | Vgl. Hubert L. Dreyfus und Paul Rabinow (1987 a): Michel Foucault.

87 | Hebräisch für »ein Schreiben bekannt machen«, »ein Körperteil entblößen« oder »ein Geheimnis lüften«.

88 | Synonym für Gunst.

89 | Eine Referenz an Martin Heidegger und dessen Aufsatz »Zur Seinsfrage«. Vgl. hierzu auch Geoffrey Bennington (1991 a): Jacques Derrida, S. 195-210 und 308-317.

90 | Synonym für Gattung.

91 | Hier eine »Gattung«, die wiederholt über diejenigen spottet, die sich affektiert benehmen (»se donnent un genre«).

92 | Glas meint Totenglocke und dient dem Wortspiel: »das letzte Stündlein schlagen« (»sonner le glas«) beziehungsweise im oft gebrauchten Sinne: »das Ende einer Idee«. Vgl. Jacques Derrida (2000 a): Glas.

93 | Vgl. Jacques Derrida (1983 a): Von einem neuerdings erhobenen apokalyptischen Ton in der Philosophie.

94 | Geoffrey Bennington (1991 a): Jacques Derrida, S. 177.

95 | Jacques Derrida (1983 a): Von einem neuerdings erhobenen apokalyptischen Ton in der Philosophie, S. 39.

96 | Ebd., S. 39-40.

97 | Immanuel Kant (1796 a): Von einem neuerdings erhobenen vornehmen Ton in der Philosophie, S. 389.

98 | Ebd., S. 391.

99 | Jacques Derrida (1983 a): Von einem neuerdings erhobenen apokalyptischen Ton in der Philosophie, S. 11. Vgl. hierzu auch Jacques Derrida (1967 c): Die Schrift und die Differenz.

100 | Jacques Derrida (1983 a): Von einem neuerdings erhobenen apokalyptischen Ton in der Philosophie, S. 17.

101 | Immanuel Kant (1796 a): Von einem neuerdings erhobenen vornehmen Ton in der Philosophie, S. 394.

102 | Ebd., S. 401.

103 | Ebd., S. 395.

104 | Ebd., S. 402. Vgl. hierzu Jacques Derrida (1967 b): Die Stimme und das Phänomen.

105 | Immanuel Kant (1796 a): Von einem neuerdings erhobenen vornehmen Ton in der Philosophie, S. 400.

106 | Jacques Derrida (1983 a): Von einem neuerdings erhobenen apokalyptischen Ton in der Philosophie, S. 19.

107 | Ebd., S. 18.

108 | Ebd., S. 23.

109 | Ebd., S. 25.

110 | Ebd., S. 29.

111 | Ebd., S. 27.

112 | Ebd., S. 33. Der Autor spielt auf das Buch »Versuch über die Hieroglyphen der Ägypten« von William Warburton an, zu dem er selbst einen Beitrag liefert. Frankfurt a.M.: Suhrkamp 1980.

113 | Ebd., S. 35. Der Autor erwähnt in diesem Kontext den Aufsatz »Das Drängen des Buchstabens im Unbewußten oder die Vernunft seit Freud« (1957) von Jacques Lacan an. Vgl. hierzu auch Jacques Derrida (1991 a): Aus Liebe zu Lacan.

114 | Jacques Derrida (1983 a): Von einem neuerdings erhobenen apokalyptischen Ton in der Philosophie, S. 71. Der Autor sieht eine »différence tonique« als eine eigentliche Spannung an. Vgl. Jacques Derrida (2000 a): Glas.

115 | Jacques Derrida (1983 a): Von einem neuerdings erhobenen apokalyptischen Ton in der Philosophie, S. 73. Vgl. hierzu Jacques Derrida (1969 a): Die différance und ders. (1975 a): Der Facteur der Wahrheit.

116 | Jacques Derrida (1983 a): Von einem neuerdings erhobenen apokalyptischen Ton in der Philosophie, S. 87.

117 | Ebd., S. 88. Der Autor denkt an den Kontext der Ableitung des Wortes »Geschick« durch Martin Heidegger in dessen Texten »Zur Seinsfrage« und »Der Satz vom Grund«.

XXX. DIE REGIERUNG DES SELBST UND DER ANDEREN II

1 | Michel Foucault: VL 83/84, S. 14.

2 | Paul Veyne (1991 a): Der späte Foucault und seine Moral, S. 216-217.

3 | Michel Foucault: Ist es also wichtig zu denken? In: DE IV, S. 220.

4 | Claude Mauriac (1985 a): Zeugnis, S. 71.

5 | Philippe Boggio: »Das Schweigen der Intellektuellen«. Zitiert nach Frédéric Gros: Situierung der Vorlesung. In: Michel Foucault: VL 82/83, S. 487-488.

6 | Hervé Guibert (1990 a): Dem Freund, der mir das Leben nicht gerettet hat, S. 35.

7 | Michel Foucault: SW I, S. 143.

8 | Hervé Guibert (1990 a): Dem Freund, der mir das Leben nicht gerettet hat, S. 28.

9 | Ebd., S. 92.

10 | Vgl. ebd., S. 95 und 99.

11 | Robert Badinter (1985 a): Im Namen der Wörter, S. 79.

12 | Ebd., S. 35.

13 | Hervé Guibert (1990 a): Dem Freund, der mir das Leben nicht gerettet hat, S. 25.

14 | Fritz J. Raddatz (1988 a): Ohne Ziel, ohne Programm.

15 | Michel Foucault: OD, S. 412.

16 | Jean-Paul Aron (1984 a): Les modernes, S. 65-66.

17 | Jean-Paul Aron (1988 b): August 1955, S. 26.

18 | Vgl. Jean-Paul Aron (1978 a): Der Penis und der sittliche Verfall des Abendlands; und ders. (1978 b): Die Verhängnisse des Körpers.

19 | Vgl. Didier Eribon (1989 a): Michel Foucault, S. 394; ders. (1994 a): Michel Foucault und seine Zeitgenossen, S. 270. Vgl. außerdem Jacques Bellefroid: Jean-Paul Aron, Michel Foucault et Cie.

20 | Jean-Paul Aron (1988 a): Mein AIDS.

21 | Hervé Guibert (1990 a): Dem Freund, der mir das Leben nicht gerettet hat, S. 7.

22 | Hérve Guibert (1991 a): Mitleidsprotokoll, S. 91.

23 | Ebd., S. 93.

24 | François Ewald (1985 a): Eine Praktik der Wahrheit, S. 9.

25 | Ebd.

26 | Hervé Guibert (1990 a): Dem Freund, der mir das Leben nicht gerettet hat, S. 32.

27 | James Miller (1993 a): Die Leidenschaft des Michel Foucault, S. 522.

28 | Zitiert nach ebd. Die hier beschriebene Fotografie wird zuerst in »Une histoire de la vérité« von Michel Foucault (Paris: Gallimard 1985) veröffentlicht und als Umschlagmotiv für die deutsche Ausgabe von »Die Leidenschaft des Michel Foucault« von James Miller benutzt.

29 | Hervé Guibert (1991 a): Mitleidsprotokoll, S. 134-135.

30 | Hervé Guibert (1990 a): Dem Freund, der mir das Leben nicht gerettet hat, S. 19.

31 | James Miller (1993 a): Die Leidenschaft des Michel Foucault, S. 534.

32 | Hervé Guibert (1990 a): Dem Freund, der mir das Leben nicht gerettet hat, S. 76.

33 | Ebd., S. 7.

34 | Hérve Guibert (1991 a): Mitleidsprotokoll, S. 239.

35 | Ebd., S. 9, 14, 20, 25, 49, 103 usw.

36 | Hervé Guibert (1990 a): Dem Freund, der mir das Leben nicht gerettet hat, S. 92.

37 | Hérve Guibert (1991 a): Mitleidsprotokoll, S. 130.

38 | Hervé Guibert (1988 a): Die Geheimnisse eines Mannes, S. 213.

39 | Hervé Guibert (1990 a): Dem Freund, der mir das Leben nicht gerettet hat, S. 214.

40 | James Miller (1993 a): Die Leidenschaft des Michel Foucault, S. 543.

41 | Ebd., S. 599.

42 | Interessanterweise schreibt Michel Foucault selbst einen Lexikonartikel zu seiner Person und zu seinem Werk, den er mit »Autobiographie« betitelt. Vgl. Michel Foucault: Autobiographie. Zuerst in: Dictionnaire des philosophes. Band 1. Herausgegeben von Denis Huisman. Paris: Presses Universitaires de France 1984, S. 942-944; später in: Deutsche Zeitschrift für Philosophie 4 (1994), S. 699-702, und zuletzt In: DE IV, S. 776-782.

43 | Friedrich Nietzsche (1886 a): Jenseits von Gut und Böse, S. 171.

44 | Michel Foucault: VL 83/84, S. 438.

45 | Michel Foucault: OD, S. 462.

46 | Michel Foucault: RR, S. 11.

Bibliografie

Verzeichnis der Hauptwerke von Michel Foucault mit zitierten Siglen (in chronologischer Reihenfolge)

PG Psychologie und Geisteskrankheit. Aus dem Französischen von Anneliese Botond. Frankfurt a.m.: Suhrkamp 1968. [Zuerst 1954 und überarbeitet 1962.]

PA Problèmes de l'anthropologie. Cours donné à l'Ecole Normale Supérieur Paris 1954-1955. Photocopie de feuillets manuscrits allographes [66 feuillets]. Institut Mémoires de l'Edition Moderne de Caen [IMEC]: Fonds Michel Foucault FCL 3.08. [Vorlesungs-Mitschrift von Jacques Lagrange. Aufgefunden von Maurice Erb.]

DE I Schriften in vier Bänden. Dits et Ecrits Band I: 1954-1969. Herausgegeben von Daniel Defert und François Ewald unter Mitarbeit von Jacques Lagrange. Aus dem Französischen von Michael Bischoff, Hans-Dieter Gondek und Hermann Kocyba. Frankfurt a.M.: Suhrkamp 2001. [Zuerst 1994.]

AP Anthropologie d'un point de vue pragmatique. Introduction à l'Anthropologie de Emmanuel Kant. Herausgegeben von Daniel Defert, François Ewald und Frédéric Gros. Paris: Vrin 2008. [Zuerst 1960.]

WG Wahnsinn und Gesellschaft. Eine Geschichte des Wahns im Zeitalter der Vernunft. Aus dem Französischen von Ulrich Köppen. Frankfurt a.M.: Suhrkamp 1969. [Zuerst 1961.]

GK Die Geburt der Klinik. Eine Archäologie des ärztlichen Blicks. Aus dem Französischen von Walter Seitter. München: Hanser 1973. [Zuerst 1963, 2., revidierte Auflage 1972.]

RR Raymond Roussel. Aus dem Französischen von Renate Hörisch-Helligrath. Frankfurt a.M.: Suhrkamp 1989. [Zuerst 1963.]

OD   Die Ordnung der Dinge. Eine Archäologie der Humanwissenschaften.
             Aus dem Französischen von Ulrich Köppen. Frankfurt a.m.: Suhrkamp
             1971. [Zuerst 1966.]

DH/UK   Die Heterotopien./Der utopische Körper. Zwei Radiovorträge. Aus dem
             Französischen von Michael Bischoff. Frankfurt a.m.: Suhrkamp 2005.
             [Zuerst 1966.]

AW   Archäologie des Wissens. Aus dem Französischen von Ulrich Köppen.
             Frankfurt a.m.: Suhrkamp 1973. [Zuerst 1969.]

IN   Die Ordnung des Diskurses. Inauguralvorlesung am Collège de France,
             2. Dezember 1970. Aus dem Französischen von Walter Seitter. Mün-
             chen: Hanser 1974. [Zuerst 1970.]

FR   Der Fall Rivière. Materialien zum Verhältnis von Psychiatrie und Straf-
             justiz. Herausgegeben von Michel Foucault. Aus dem Französischen
             von Wolf Heinrich Leube. Frankfurt a.m.: Suhrkamp 1975. [Zuerst 1973.]

DE II   Schriften in vier Bänden. Dits et Écrits Band II: 1970-1975. Herausgege-
             ben von Daniel Defert und François Ewald unter Mitarbeit von Jacques
             Lagrange. Aus dem Französischen von Michael Bischoff, Hans-Dieter
             Gondek, Hermann Kocyba und Jürgen Schröder. Frankfurt a.m.: Suhr-
             kamp 2002. [Zuerst 1994.]

VL 73/74 Die Macht der Psychiatrie. Vorlesung am Collège de France 1973-1974.
             Herausgegeben von Jacques Lagrange. Aus dem Französischen von
             Claudia Brede-Konersmann und Jürgen Schröder. Frankfurt a.m.: Suhr-
             kamp 2005. [Zuerst 2003.]

ÜS   Überwachen und Strafen. Die Geburt des Gefängnisses. Aus dem Fran-
             zösischen von Walter Seitter. Frankfurt a.m.: Suhrkamp 1976. [Zuerst
             1975.]

VL 74/75 Die Anormalen. Vorlesungen am Collège de France 1974-1975. Heraus-
             gegeben von Valerio Marchetti und Antonella Salomoni. Aus dem Fran-
             zösischen von Michael Ott. Frankfurt a.m.: Suhrkamp 2003. [Zuerst
             1999.]

SW I   Sexualität und Wahrheit. Erster Band: Der Wille zum Wissen. Aus dem
             Französischen von Ulrich Raulff und Walter Seitter. Frankfurt a.m.:
             Suhrkamp 1977. [Zuerst 1976.]

VL 75/76   In Verteidigung der Gesellschaft. Vorlesungen am Collège de France
            1975-1976. Herausgegeben von Mauro Bertani und Alessandro Fontana.
            Aus dem Französischen von Michaela Ott. Frankfurt a.m.: Suhrkamp
            1999. [Zuerst 1999.]

DE III   Schriften in vier Bänden. Dits et Ecrits Band III: 1976-1979. Heraus-
            gegeben von Daniel Defert und François Ewald unter Mitarbeit von
            Jacques Lagrange. Aus dem Französischen von Michael Bischoff, Hans-
            Dieter Gondek, Hermann Kocyba und Jürgen Schröder. Frankfurt a.m.:
            Suhrkamp 2003. [Zuerst 1994.]

VL 77/78   Geschichte der Gouvernementalität I: Sicherheit, Territorium und Be-
            völkerung. Vorlesungen am Collège de France 1977-1978. Herausgege-
            ben von Michel Sennelart. Aus dem Französischen von Claudia Brede-
            Konersmann und Jürgen Schröder. Frankfurt a.m.: Suhrkamp 2004.
            [Zuerst 2004.]

VL 78/79   Geschichte der Gouvernementalität II: Die Geburt der Biopolitik. Vor-
            lesungen am Collège de France 1978-1979. Herausgegeben von Michel
            Sennelart. Aus dem Französischen von Jürgen Schröder. Frankfurt
            a.m.: Suhrkamp 2004. [Zuerst 2004.]

DE IV   Schriften in vier Bänden. Dits et Ecrits Band IV: 1980-1988. Heraus-
            gegeben von Daniel Defert und François Ewald unter Mitarbeit von
            Jacques Lagrange. Aus dem Französischen von Michael Bischoff, Hans-
            Dieter Gondek, Hermann Kocyba und Jürgen Schröder. Frankfurt a.m.:
            Suhrkamp 2005. [Zuerst 1994.]

ÜH   Über Hermaphrodismus. [Zusammen mit Herculine Barbin.] Her-
            ausgegeben von Wolfgang Schäffner und Joseph Vogl. Frankfurt a.m.:
            Suhrkamp 1998. [Zuerst 1978.]

FK   Familiäre Konflikte: Die »Lettres de cachet«. Aus den Archiven der Bas-
            tille im 18. Jahrhundert. Herausgegeben und kommentiert von Arlette
            Farge und Michel Foucault. Aus dem Französischen von Chris E. Pa-
            schold und Albert Gier. Frankfurt a.m.: Suhrkamp 1989. [Zuerst 1982.]

VL 81/82   Hermeneutik des Subjekts. Vorlesungen am Collège de France 1981-
            1982. Herausgegeben von Alessandro Fontana und Frédéric Gros. Aus
            dem Französischen von Ulrike Bokelmann. Frankfurt a.m.: Suhrkamp
            2004. [Zuerst 2001.]

VL 82/83 Die Regierung des Selbst und der anderen. Vorlesungen am Collège de France 1982-1983. Herausgegeben unter der Leitung von François Ewald und Alessandro Fontana von Frédéric Gros. Aus dem Französischen von Jürgen Schröder. Frankfurt a.m.: Suhrkamp 2009. [Zuerst 2008.]

VL 83/84 Der Mut zur Wahrheit. Die Regierung des Selbst und der anderen II. Vorlesungen am Collège de France 1983-1984. Herausgegeben unter der Leitung von François Ewald und Alessandro Fontana von Frédéric Gros. Aus dem Französischen von Jürgen Schröder. Frankfurt a.m.: Suhrkamp 2009. [Zuerst 2009.]

SW II Sexualität und Wahrheit. Zweiter Band: Der Gebrauch der Lüste. Aus dem Französischen von Ulrich Raulff und Walter Seitter. Frankfurt a.m.: Suhrkamp 1986. [Zuerst 1984.]

SW III Sexualität und Wahrheit. Dritter Band: Die Sorge um sich. Aus dem Französischen von Ulrich Raulff und Walter Seitter. Frankfurt a.m.: Suhrkamp 1986. [Zuerst 1984.]

VERZEICHNIS DER FORSCHUNGSLITERATUR ZU MICHEL FOUCAULT (IN ALPHABETISCHER REIHENFOLGE)

Louis Althusser (1964 a): Das Kapital lesen. Zusammen mit Étienne Balibar. Aus dem Französischen von Klaus-Dieter Thieme. Reinbek: Rowohlt 1972 [Zwei Bände.]

Louis Althusser (1965 a): Für Marx. Aus dem Französischen von Karin Brachmann und Gabriele Sprigath. Frankfurt a.m.: Suhrkamp 1968.

Louis Althusser (1970 a): Ideologie und ideologische Staatsapparate. Anmerkungen für eine Untersuchung. In: Ders., Ideologie und ideologische Staatsapparate. Aufsätze zur marxistischen Theorie. Berlin: VSA 1977, S. 108-153.

Louis Althusser (1972 a): Lenin und die Philosophie. Aus dem Französischen von Klaus-Dieter Thieme. Reinbek: Rowohlt 1974.

Louis Althusser (1973 a): Marxismus und Ideologie. Probleme der Marx-Interpretation. Aus dem Französischen von Horst Arenz, Georg Fexer, Gerlinde Giesner und Karl-Heinz Schwiegelsohn. Berlin: Verlag für das Studium der Arbeiterbewegung 1973.

Louis Althusser (1973 b): Freud und Lacan. Aus dem Französischen von Klaus-Dieter Thieme. Berlin: Merve 1973.

Louis Althusser (1992 a): Die Zukunft hat Zeit. Die Tatsachen. Zwei autobiographische Texte. Aus dem Französischen von Hans-Horst Henschen. Frankfurt a.m.: S. Fischer 1993.

Louis Althusser (2010 a): Materialismus der Begegnung. Aus dem Französischen von Franziska Schottmann. Berlin: Diaphanes 2010.

Jean Améry (1973 a): Wider den Strukturalismus. Das Beispiel des Michel Foucault. In: Merkur 4/5 (1973), S. 468-482.

Jean Améry (1977 a): Michel Foucaults Vision des Kerker-Universums. In: Merkur 4 (1977), S. 389-394.

Jean Améry (1978 a): Michel Foucault und sein »Diskurs« der Gegenaufklärung. In: Die Zeit, 31. 3. 1978.

Anonymus (1993 a): Der Mensch verschwindet. In: Der Spiegel 14 (1993), S. 226-228.

Jean-Paul Aron (1978 a): Der Penis und der sittliche Verfall des Abendlands. In: Ders., Der sittliche Verfall. Bourgeoisie und Sexualität in Frankreich. Zusammen mit Roger Kempf. Aus dem Französischen von Eva Moldenhauer. Frankfurt a.m.: Suhrkamp 1982, S. 120-148.

Jean-Paul Aron (1978 b): Die Verhängnisse des Körpers. In: Ders., Der sittliche Verfall. Bourgeoisie und Sexualität in Frankreich. Zusammen mit Roger Kempf. Aus dem Französischen von Eva Moldenhauer. Frankfurt a.m.: Suhrkamp 1982, S. 183-203.

Jean-Paul Aron (1984 a): Les modernes. Paris: Gallimard 1984.

Jean-Paul Aron (1988 a): Mein AIDS. In: Die Zeit, 8. 1. 1988.

Jean-Paul Aron (1988 b): August 1955. In: Die Heidegger-Kontroverse. Herausgegeben von Jürg Altwegg. Aus dem Französischen von Dieter Hornig. Frankfurt a.M.: Athenäum 1988.

Jean-Paul Aron (1990 a): Michel Leiris. Brüssel: Édition de l'Université de Bruxelles 1990.

Jörg Baberowski (2005 a): Michel Foucault und die Macht der Diskurse. In: Ders., Der Sinn der Geschichte. Geschichtstheorien von Hegel bis Foucault. München: Beck 2005, S. 190-203.

Gaston Bachelard (1938 a): Die Bildung des wissenschaftlichen Geistes. Beitrag zu einer Psychoanalyse der objektiven Erkenntnis. Aus dem Französischen von Michael Bischoff. Frankfurt a.M.: Suhrkamp 1984.

Gaston Bachelard (1940 a): Die Philosophie des Nein. Versuch einer Philosophie des neuen wissenschaftlichen Geistes. Aus dem Französischen von Gerhard Schmitz und Manfred Tietz. Frankfurt a.M.: Suhrkamp 1980.

Robert Badinter (1985 a): Im Namen der Wörter. In: Michel Foucault. Eine Geschichte der Wahrheit. Aus dem Französischen von Gabriele Ricke und Ronald Voullié. München: Raben 1987, S. 77-88.

Étienne Balibar (1988 a): Foucault und Marx. Der Einsatz des Nominalismus. In: Spiele der Wahrheit. Michel Foucaults Denken. Herausgegeben von François Ewald und Bernhard Waldenfels. Aus dem Französischen von Hans-Dieter Gondek. Frankfurt a.M.: Suhrkamp 1991, S. 39-65.

Roland Barthes (1953 a): Am Nullpunkt der Literatur. Aus dem Französischen von Helmut Scheffel. Frankfurt a.M.: Suhrkamp 1982.

Roland Barthes (1963 a): Die strukturalistische Tätigkeit. In: Der französische Strukturalismus. Mode – Methode – Ideologie. Herausgegeben von Günther Schiwy. Reinbek: Rowohlt 1969, S. 153-158.

Roland Barthes (1964 a): Elemente der Semiologie. Aus dem Französischen von Eva Moldenhauer. Frankfurt a.M.: Suhrkamp 1983.

Roland Barthes (1967 a): Der Baum des Verbrechens. In: Das Denken des Marquis de Sade. Aus dem Französischen von Helmut Scheffel. München: Hanser 1969, S. 39-61.

Roland Barthes (1968 a): Die Historie und ihr Diskurs. In: Alternative 62/63 (1968), S. 171-180.

Roland Barthes (1969 a): Begebenheiten. Aus dem Französischen von Hans-Horst Henschen. Mainz: Dieterich 1988.

Roland Barthes (1971 a): Sade Fourier Loyola. Aus dem Französischen von Maren Sell und Jürgen Hoch. Frankfurt a.M.: Suhrkamp 1974.

Roland Barthes (1973 a): Saussure, das Zeichen und die Demokratie. In: Ders., Das semiologische Abenteuer. Aus dem Französischen von Dieter Hornung. Frankfurt a.M.: Suhrkamp 1988, S. 159-164.

Roland Barthes (1973 b): Variationen über die Schrift. Aus dem Französischen von Hans-Horst Henschen. Mainz: Dieterich 2006.

Roland Barthes (1973 c): Textanalyse einer Erzählung von Edgar Allan Poe. In: Ders., Das semiologische Abenteuer. Aus dem Französischen von Dieter Hornig. Frankfurt a.M.: Suhrkamp 1988, S. 266-298.

Roland Barthes (1975 a): Über mich selbst. Aus dem Französischen von Jürgen Hoch. München: Matthes & Seitz 1978.

Roland Barthes (1977 a): Leçon/Lektion. Antrittsvorlesung am Collège de France, 7. Januar 1977. Aus dem Französischen von Helmut Scheffel. Frankfurt a.M.: Suhrkamp 1980.

Roland Barthes (1980 a): Die helle Kammer. Bemerkungen zur Photographie. Aus dem Französischen von Dietrich Leube. Frankfurt a.M.: Suhrkamp 1985.

Jean Baudrillard (1977 a): Oublier Foucault/Foucault vergessen. Aus dem Französischen von Liliane Etienne, Heinz Feichtinger und Frieda Streit. München: G.S.O.F. 1978.

Jacques Bellefroid: Jean-Paul Aron, Michel Foucault et Cie. In: Cahiers de la différence 3 (1988), S. 3-10.

Raymond Bellour (1988 a): Auf dem Weg zur Fiktion. In: Spiele der Wahrheit. Michel Foucaults Denken. Herausgegeben von François Ewald und Bernhard Waldenfels. Aus dem Französischen von Hans-Dieter Gondek. Frankfurt a.M.: Suhrkamp 1991, S. 124-135.

Regina Benjowski (1991 a): Philosophie als Werkzeug. In: Denken und Existenz bei Michel Foucault. Herausgegeben von Wilhelm Schmid. Frankfurt a.M.: Suhrkamp 1991, S. 168-180.

Geoffrey Bennington (1991 a): Jacques Derrida. Ein Porträt. Zusammen mit Jacques Derrida. Aus dem Französischen von Stefan Lorenzer. Frankfurt a.m.: Suhrkamp 1994.

James W. Bernauer (1994 a): Foucaults Ethik. Zusammen mit Michael Mahon. In: Deutsche Zeitschrift für Philosophie 42 (1994), S. 593-608.

Thomas Biebricher (2005 a): Selbstkritik der Moderne. Foucault und Habermas im Vergleich. Frankfurt a.M. und New York: Campus 2005.

Ludwig Binswanger (1947 a): Zur phänomenologischen Anthropologie. Ausgewählte Vorträge und Aufsätze Band 1. Bern: Francke 1947.

Ludwig Binswanger (1949 a): Die Bedeutung der Daseinsanalytik Martin Heideggers für das Selbstverständnis der Psychiatrie. In: Martin Heideggers Einfluss auf die Wissenschaften. Bern: Francke 1949, S. 58-72. [Auch in 1955 a.]

Ludwig Binswanger (1954 a): Traum und Existenz. Aus dem Französischen und mit einem Nachwort versehen von Walter Seitter. Bern und Berlin: Gachnang & Springer 1992.

Ludwig Binswanger (1955 a): Zur Problematik der psychiatrischen Forschung. Und zum Problem der Psychiatrie. Ausgewählte Vorträge und Aufsätze Band 2. Bern: Francke 1955.

Ludwig Binswanger (1956 a): Erinnerungen an Sigmund Freud. Bern: Francke 1956.

Ludwig Binswanger (1992 a): Briefwechsel mit Sigmund Freud 1908-1938. Herausgegeben von Gerhard Fichtner. Frankfurt a.M.: S. Fischer 1992.

Ludwig Binswanger (1994 a): Vorträge und Aufsätze. Ausgewählte Werke Band 3. Herausgegeben von Max Herzog. Heidelberg: Lambert Schneider 1994.

Maurice Blanchot (1971 a): Die Freundschaft. Aus dem Französischen von Uli Menke und Ulrich Kunzmann. Berlin: Matthes & Seitz 2010.

Maurice Blanchot (1982 a): Die Literatur und das Recht auf den Tod. Aus dem Französischen von Susanne Lüdemann. Berlin: Merve 1982.

Maurice Blanchot (1982 b): Von Kafka zu Kafka. Aus dem Französischen von Elisabeth Dangel-Pelloquin. Frankfurt a.M.: Suhrkamp 1982.

Maurice Blanchot (1987 a): Michel Foucault vorgestellt von Maurice Blanchot. Aus dem Französischen von Barbara Wahlster. Tübingen: Edition Diskord 1987.

Maurice Blanchot (2005 a): Die Schrift des Desasters. Aus dem Französischen von Gerhard Poppenberg und Hinrich Weidemann. München: Fink 2005.

Maurice Blanchot (2007 a): Das Unzerstörbare. Ein unendliches Gespräch. Aus dem Französischen von Hans-Joachim Metzger und Bernd Wilczek. München und Wien: Hanser 2007.

Maurice Blanchot (2007 b): Die uneingestehbare Gemeinschaft. Aus dem Französischen und mit einem Kommentar von Gerd Bergfleth. Berlin: Matthes & Seitz 2007.

Maurice Blanchot (2007 c): Politische Schriften 1958-1993. Aus dem Französischen und mit einem Kommentar von Marcus Coelen. Berlin: Diaphanes 2007.

Maurice Blanchot (2008 a): Das Neutrale. Philosophische Schriften und Fragmente. Aus dem Französischen und mit einem Kommentar von Marcus Coelen. Berlin: Diaphanes 2008.

Hartmut Bobzin (1999 a): Der Koran. Eine Einführung. München: Beck 1999.

Hartmut Bobzin (2000 a): Mohammed. München: Beck 2000.

Hartmut Bobzin (2010 a): Koran. Aus dem Arabischen neu übertragen von Hartmut Bobzin unter Mitarbeit von Katharina Bobzin. München: Beck 2010.

Jean Bollack (1993 a): Der Menschensohn. Freuds Ödipusmythos. In: Psyche 7 (1993), S. 653

Pierre Boulez (1966 a): Werkstatt-Texte. Aus dem Französischen von Josef Häusler. Berlin: Wagenbach 1966.

Pierre Boulez (1977 a): Wille und Zufall. Gespräche mit Célestin Deliège und Hans Mayer: Stuttgart: Schott 1977.

Pierre Boulez (1979 a): Anhaltspunkte. Kassel: Henschel 1979.

Pierre Boulez (1986 a): Einige Erinnerungen. In: Denken und Existenz bei Michel Foucault. Herausgegeben von Wilhelm Schmid. Aus dem Französischen von Wilhelm Miklenitsch. Frankfurt a.M.: Suhrkamp 1991, S. 282-286.

Pierre Bourdieu (1967 a): Soziologie und Philosophie in Frankreich seit 1945. Zusammen mit Jean-Claude Passeron. In: Geschichte der Soziologie. Herausgegeben von Wolf Lepenies. Band 3. Frankfurt a.M.: Suhrkamp 1981, S. 496-551.

Pierre Bourdieu (1968 a): Soziologie als Beruf. Wissenschaftstheoretische Voraussetzungen soziologischer Erkenntnisse. Zusammen mit Jean-Claude Chamboredon und Jean-Claude Passeron. Aus dem Französischen von Hella Beister. Berlin: de Gruyter 1991.

Pierre Bourdieu (1972 a): Entwurf einer Theorie der Praxis. Aus dem Französischen von Bernd Schwibs. Frankfurt a.M.: Suhrkamp 1976.

Pierre Bourdieu (1979 a): Die feinen Unterschiede. Kritik der gesellschaftlichen Urteilskraft. Aus dem Französischen von Bernd Schwibs und Achim Russer. Frankfurt a.M.: Suhrkamp 1982.

Pierre Bourdieu (1982 a): Rede und Antwort. Aus dem Französischen von Bernd Schwibs. Frankfurt a.M.: Suhrkamp 1982.

Pierre Bourdieu (1982 b): Was heißt Sprechen? Die Ökonomie des sprachlichen Tauschs. Aus dem Französischen von Bernd Schwibs. Wien: Passagen 1990.

Pierre Bourdieu (1984 a): Homo academicus. Aus dem Französischen von Bernd Schwibs. Frankfurt a.M.: Suhrkamp 1988.

Pierre Bourdieu (1985 a): Die Intellektuellen und die Macht. In: Michel Foucault. Eine Geschichte der Wahrheit. Aus dem Französischen von Gabriele Ricke und Ronald Voullié. München: Raben 1987, S. 98-99.

Pierre Bourdieu (1988 a): Die politische Ontologie Martin Heideggers. Aus dem Französischen von Bernd Schwibs. Frankfurt a.M.: Suhrkamp 1988.

Pierre Bourdieu (1989 a): Staatsadel. Aus dem Französischen von Franz Hector und Jürgen Bolder. Konstanz: UVK 2004.

Pierre Bourdieu (1994 a): Praktische Vernunft. Zur Theorie des Handelns. Aus dem Französischen von Hella Beister. Frankfurt a.m.: Suhrkamp 1998.

Pierre Bourdieu (2001 a): Die Regeln der Kunst. Genese und Struktur des literarischen Feldes. Aus dem Französischen von Stephan Egger. Frankfurt a.m.: Suhrkamp 2001.

Pierre Bourdieu (2002 a): Ein soziologischer Selbstversuch. Aus dem Französischen von Stephan Egger. Frankfurt a.m.: Suhrkamp 2002.

Rüdiger Brede (1985 a): Aussage und Discours. Untersuchungen zur Discours-Theorie bei Michel Foucault. Frankfurt a.m. und New York: Campus 1985.

Ulrich Brieler (1998 a): Die Unerbittlichkeit der Historizität. Foucault als Historiker. Köln, Weimar und Wien: Böhlau 1998.

Ulrich Brieler (1998 b): Foucaults Geschichte. In: Geschichte und Gesellschaft 24 (1998), S. 248-282.

Ulrich Brieler (2001 a): Geschichte. In: Michel Foucault. Eine Einführung in sein Denken. Herausgegeben von Markus S. Kleiner. Frankfurt a.m. und New York: Campus 2001, S. 170-190.

Ulrich Brieler (2001 b): Blind Date – Michel Foucault. In: Michel Foucault. Zwischenbilanz einer Rezeption. Frankfurter Foucault-Konferenz 2001. Herausgegeben von Axel Honneth und Martin Saar. Frankfurt a.m.: Suhrkamp 2003, S. 311-334.

Ulrich Brieler (2007 a): Genealogie im »Empire«. Zum theoretischen Produktionsverhältnis von Antonio Negri und Michel Foucault. In: Foucault in den Kulturwissenschaften. Eine Bestandsaufnahme. Herausgegeben von Clemens Kammler und Rolf Parr. Heidelberg: Synchron 2007, S. 239-262.

Ulrich Brieler (2008 a): Foucault und 1968: Widerspenstige Subjektivitäten. In: Widerstand denken. Michel Foucault und die Grenzen der Macht. Herausgegeben von Daniel Hechler und Axel Philipps. Bielefeld: transcript 2008, S. 19-37.

Harold Brodkey (1994 a): Chronik eines angekündigten Todes. Autobiographischer Bericht über mein Sterben an AIDS. Aus dem Amerikanischen Englisch von Angela Praesent. In: Süddeutsche Zeitung Magazin 10 (1994), S. 10-22.

Harold Brodkey (1996 a): Die Geschichte meines Todes. Aus dem Amerikanischen Englisch von Angela Praesent. Reinbek: Rowohlt 1996.

Hannelore Bublitz (1997 a): Politische Erkenntnis-Praxen. Foucault und Bourdieu. In: Das Argument 5 (1997), S. 667-674.

Hannelore Bublitz (1999 a): Foucaults Archäologie des kulturellen Unbewussten. Zum Wissensarchiv und Wissensbegehren moderner Gesellschaften. Frankfurt a.M. und New York: Campus 1999.

Hannelore Bublitz (2003 a): Diskurs. Bielefeld: transcript 2003.

Katharina von Bülow (1986 a): Widersprechen ist eine Pflicht. In: Denken und Existenz bei Michel Foucault. Herausgegeben von Wilhelm Schmid. Aus dem Französischen von Monika Noll. Frankfurt a.m.: Suhrkamp 1991, S. 129-139.

Peter Bürger (1987 a): Aus dem Arbeitsheft: Notizen zu Foucault. In: Spuren 27 (1987), S. 39.

Peter Bürger (1988 a): Denken als Geste. Versuch über den Philosophen. In: Spiele der Wahrheit. Michel Foucaults Denken. Herausgegeben von François Ewald und Bernhard Waldenfels. Frankfurt a.M.: Suhrkamp 1991, S. 89-105.

Peter Bürger (1988 b): Die Wiederkehr der Analogie. Ästhetik als Fluchtpunkt in Foucaults »Die Ordnung der Dinge«. In: Diskurstheorien und Literaturwissenschaft. Herausgegeben von Jürgen Fohrmann und Harald Müller. Frankfurt a.M.: Suhrkamp 1988, S. 45-52.

Etienne Burin de Roziers (1986 a): Eine Begegnung in Warschau. In: Denken und Existenz bei Michel Foucault. Herausgegeben von Wilhelm Schmid. Aus dem Französischen von Monika Noll. Frankfurt a.M.: Suhrkamp 1991, S. 56-60.

Judith Butler (1991 a): Das Unbehagen der Geschlechter. Aus dem Amerikanischen von Angela Praesent. Frankfurt a.M.: Suhrkamp 1991.

Judith Butler (1995 a): Körper von Gewicht. Aus dem Amerikanischen von Angela Praesent. Frankfurt a.M.: Suhrkamp 1995.

Judith Butler (1995 b): Subjektivation, Widerstand, Bedeutungsverschiebung. Zwischen Freud und Foucault. In: Dies., Psyche der Macht. Aus dem Amerikanischen von Angela Praesent. Frankfurt a.M.: Suhrkamp 2001, S. 81-100.

Judith Butler (1997 a): Haß spricht. Zur Politik des Performativen. Aus dem Amerikanischen von Angela Praesent. Frankfurt a.M.: Suhrkamp 1998.

Judith Butler (2002 a): Was ist Kritik? Ein Essay über Foucaults Tugend. Aus dem Amerikanischen von Jürgen Brenner. In: Deutsche Zeitschrift für Philosophie 2 (2002), S. 249-266.

Judith Butler (2003 a): Noch einmal: Körper und Macht. Aus dem Amerikanischen von Rainer Ansén. In: Michel Foucault. Zwischenbilanz einer Rezeption. Frankfurter Foucault-Konferenz 2001. Herausgegeben von Axel Honneth und Martin Saar. Frankfurt a.M.: Suhrkamp 2003, S. 52-67

Michel Butor (1950 a): Über die Verfahrensweisen Raymond Roussels. In: Ders., Essays zur modernen Literatur und Musik. Aus dem Französischen von Helmut Scheffel. München: Beck 1965, S. 99-117.

Michel Butor (1955 a): Eine dialektische Autobiographie. In: Ders., Essays zur modernen Literatur und Musik. Aus dem Französischen von Helmut Scheffel. München: Beck 1965, S. 118-128.

Michel Butor (1961 a): Das Mallarmé-Porträt von Pierre Boulez. In: Ders., Essays zur modernen Literatur und Musik. Aus dem Französischen von Helmut Scheffel. München: Beck 1965, S. 85-96.

Louis-Jean Calvet (1990 a): Roland Barthes. Eine Biographie. Aus dem Französischen von Wolfram Beyer. Frankfurt a.M.: Suhrkamp 1993.

Georges Canguilhem (1966 a): Das Normale und das Pathologische. Aus dem Französischen von Michael Bischoff und Walter Seitter. München: Hanser 1974. [Zuerst 1943, überarbeitet 1966.]

Georges Canguilhem (1967 a): Tod des Menschen oder Ende des Cogito? In: Der Tod des Menschen im Denken des Lebens. Herausgegeben von Marcelo Marques. Tübingen: Kimmerle 1988, S. 17-49.

Georges Canguilhem (1971 a): Die Logik des Lebenden und die Geschichte der Biologie. In: Ders., Wissenschaft, Technik, Leben. Beiträge zur historischen Epistemologie. Berlin: Merve 2006, S. 85-102.

Georges Canguilhem (1974 a): Ein neuer Begriff in der Pathologie: Irrtum. In: Das Irrsal hilft. Herausgegeben von Rainer Maria Kiesow und Henning Schmidgen. Aus dem Italienischen von Monika Noll und Rolf Schubert. Berlin: Merve 2004, S. 47-62.

Georges Canguilhem (1979 a): Wissenschaftsgeschichte und Epistemologie. Gesammelte Aufsätze. Herausgegeben von Wolf Lepenies. Aus dem Französischen von Michael Bischoff und Walter Seitter. Frankfurt a.M.: Suhrkamp 1979.

Georges Canguilhem (1984 a): Über die Geschichte des Wahnsinns als Ereignis. In: Denken und Existenz bei Michel Foucault. Herausgegeben von Wilhelm Schmid. Aus dem Französischen von Wilhelm Miklenitsch. Frankfurt a.M.: Suhrkamp 1991, S. 61-66.

Georges Canguilhem (1989 a): Michel Foucault philosophe. Rencontre international. Paris: Grasset 1989.

Robert Castel (1973 a): Die Ärzte und die Richter. In: Der Fall Rivière. Materialien zum Verhältnis von Psychiatrie und Strafjustiz. Herausgegeben von Michel Foucault. Aus dem Französischen von Wolf Heinrich Leube. Frankfurt a.M.: Suhrkamp 1975, S. 279-296.

Robert Castel (1976 a): Die psychiatrische Ordnung. Das goldene Zeitalter des Irrenwesens. Aus dem Französischen von Ulrich Raulff. Frankfurt a.M.: Suhrkamp 1979.

Robert Castel (1982 a): Psychiatrisierung des Alltags. Produktion und Vermarktung der Psychowaren in den USA. Zusammen mit Françoise Castel und Anne Lovell. Aus dem Französischen von Christa Schulz. Frankfurt a.M.: Suhrkamp 1982.

Robert Castel (1986 a): Die Abenteuer der Praxis. In: Denken und Existenz bei Michel Foucault. Herausgegeben von Wilhelm Schmid. Aus dem Französischen von Wilhelm Miklenitsch. Frankfurt a.M.: Suhrkamp 1991, S. 73-90.

Robert Castel (2001 a): Die Metamorphosen der sozialen Frage. Aus dem Französischen von Ulrich Raulff. Frankfurt a.M.: Suhrkamp 2001.

René de Ceccatty (2004 a): Homosexuelle Freundschaft als Schöpfungskraft und Lebensweise. In: Foucault und die Künste. Herausgegeben von Peter Gente. Aus dem Französischen von Ronald Voullié. Frankfurt a.M.: Suhrkamp 2004, S. 203-219.

Michel de Certeau (1975 a): Das Schreiben der Geschichte. Aus dem Französischen von Walter Seitter. Frankfurt a.M.: Suhrkamp 1991.

Michel de Certeau (1980 a): Kunst des Handelns. Aus dem Französischen von Walter Seitter. Berlin: Merve 1988.

Michel de Certeau (1986 a): Das Lachen Michel Foucaults. In: Denken und Existenz bei Michel Foucault. Herausgegeben von Wilhelm Schmid. Aus dem Französischen von Wilhelm Miklenitsch. Frankfurt a.M.: Suhrkamp 1991, S. 227-240.

Michel de Certeau (1987 a): Theoretische Fiktionen. Geschichte und Psychoanalyse. Aus dem Französischen von Walter Seitter. Wien: Passagen 1997.

René Char (1945 a): Der herrenlose Hammer/Le Marteau sans maître. Aus dem Französischen von Peter Handke. Stuttgart: Klett-Cotta 2002.

René Char (1949 a): Zorn und Geheimnis/Fureur et mystère. Gedichte. Aus dem Französischen von Joachim Hübner und Lothar Klünner. Frankfurt a.M.: S. Fischer 1991.

René Char (1959 a): Poésis – Dichtungen. Herausgegeben von Jean-Paul Wilhelm und anderen. Aus dem Französischen von Wolfgang Fink. Frankfurt a.M.: S. Fischer 1959.

René Char (1964 a): Rückkehr stromauf. Gedichte 1964-1975. Aus dem Französischen von Peter Handke. München und Wien: Hanser 1984.

René Char (1983 a): Œuvres complètes. Paris: La Pléiade 1983.

René Char (1990 a): Die Nachbarschaften van Goghs. Aus dem Französischen von Peter Handke. München und Wien: Hanser 1990.

René Char (1992 a): Die Bibliothek in Flammen und andere Gedichte. Aus dem Französischen von Joachim Hübner und Lothar Klünner. Frankfurt a.M.: S. Fischer 1992.

Marvin Chlada (2002 a): Das Foucaultsche Labyrinth. Eine Einführung. Herausgegeben von Marvin Chlada zusammen mit Gerd Dembrowski. Aschaffenburg: Alibri 2002.

Marvin Chlada (2005 a): Heterotopie und Erfahrung. Abriss der Heterotopologie nach Michel Foucault. Aschaffenburg: Alibri 2005.

Marvin Chlada (2006 a): Das Universum des Gilles Deleuze. Eine Einführung. Herausgegeben von Marvin Chlada. Aschaffenburg: Alibri 2006.

Marvin Chlada (2008 a): Lüste des Körpers oder Begehren der Organe? Foucaults Kritik des Wunschbegriffs. In: Das Spiel der Lüste. Sexualität, Identität und Macht bei Michel Foucault. Herausgegeben von Marvin Chlada und Marc-Christian Jäger. Aschaffenburg: Alibri 2008, S. 83-90.

Jeannette Colombel (1986 a): Poetische Kontrapunkte. In: Denken und Existenz bei Michel Foucault. Herausgegeben von Wilhelm Schmid. Aus dem Französischen von Wilhelm Miklenitsch. Frankfurt a.M.: Suhrkamp 1991, S. 241-259.

Pierre Daix (1970 a): Michel Foucault am Collège de France. In: Denken und Existenz bei Michel Foucault. Herausgegeben von Wilhelm Schmid. Aus dem Französischen von Wilhelm Miklenitsch. Frankfurt a.M.: Suhrkamp 1991, S. 67-70.

Jean Daniel (1985 a): Der Erinnerungsstrom. In: Michel Foucault. Eine Geschichte der Wahrheit. Aus dem Französischen von Gabriele Ricke und Ronald Voullié. München: Raben 1987, S. 60-63.

Elke Dauk (1989 a): Denken als Ethos und Methode. Foucault lesen. Berlin: Reimer 1989.

Daniel Defert (1976 a): Die Schlüsselposition der Gefängnisse. In: Michel Foucault: Mikrophysik der Macht. Aus dem Französischen von Walter Seitter und Ulrich Raulff. Zusammen mit Jacques Donzelot. Berlin: Merve 1976, S. 7-15.

Daniel Defert (1985 a): Chronologie. In: Michel Foucault. Eine Geschichte der Wahrheit. Aus dem Französischen von Gabriele Ricke und Ronald Voullié. München: Raben 1987, S. 114-120.

Daniel Defert (1991 a): Popular Life and Insurance Technology. In: The Foucault Effect. Studies in Gouvernementality. Herausgegeben von Graham Burchell und anderen. Hempstead: University Press 1991, S. 211-233.

Daniel Defert (1994 a): Zeittafel. In: Michel Foucault: Schriften in vier Bänden. Dits et Ecrits Band I: 1954-1969. Herausgegeben von Daniel Defert und François Ewald unter Mitarbeit von Jacques Lagrange. Aus dem Französischen von Michael Bischoff. Frankfurt a.M.: Suhrkamp 2001, S. 15-105.

Daniel Defert (2001 a): Es gibt keine Geschichte des Wahnsinns oder der Sexualität, wie es eine Geschichte des Brotes gibt. In: Michel Foucault. Zwischenbilanz einer Rezeption. Frankfurter Foucault-Konferenz 2001. Herausgegeben von Axel Honneth und Martin Saar. Aus dem Französischen von Reiner Ansén. Frankfurt a.M.: Suhrkamp 2003, S. 355-368.

Daniel Defert (2003 a): Macht, Krieg, Rassismus und ihre Analyseform. In: Biopolitik und Rassismus. Herausgegeben von Martin Stingelin. Aus dem Französischen von Martin Stingelin. Frankfurt a.M.: Suhrkamp 2003, S. 260-270.

Daniel Defert (2004 a): Raum zum Hören. Nachwort. In: Michel Foucault: Die Heterotopien. Der utopische Körper. Zwei Radiovorträge. Aus dem Französischen von Michael Bischoff. Frankfurt a.M.: Suhrkamp 2005, S. 67-92.

Daniel Defert (2004 b): Sehen und Sprechen, für Foucault. In: Foucault und die Künste. Herausgegeben von Peter Gente. Aus dem Französischen von Ronald Voullié. Frankfurt a.M.: Suhrkamp 2004, S. 58-77.

Gilles Deleuze (1961 a): Spinoza. Praktische Philosophie. Aus dem Französischen von Bernd Schwibs. München: Rogner & Bernhard 1988.

Gilles Deleuze (1962 a): Nietzsche und die Philosophie. Aus dem Französischen von Bernd Schwibs. München: Rogner & Bernhard 1976.

Gilles Deleuze (1963 a): Kants kritische Philosophie. Die Lehre von den Vermögen. Aus dem Französischen von Mira Köller. Berlin: Merve 1990.

Gilles Deleuze (1964 a): Proust und die Zeichen. Aus dem Französischen von Henriette Beese. Frankfurt a.M., Berlin und Wien: Ullstein 1978.

Gilles Deleuze (1966 a): Der Mensch, eine zweifelhafte Existenz. In: Ders., Die einsame Insel. Texte und Gespräche 1953-1974. Aus dem Französischen von Eva Moldenhauer. Frankfurt a.M.: Suhrkamp 2003, S. 133-138.

Gilles Deleuze (1967 a): Sacher-Masoch und der Masochismus. Eine Studie. In: Leopold von Sacher-Masoch: Venus im Pelz. Übersetzung des Nachworts von Gertrud Müller. Frankfurt a.M.: Insel 1968, S. 167-295.

Gilles Deleuze (1968 a): Differenz und Wiederholung. Aus dem Französischen von Joseph Vogl. München: Fink 1991.

Gilles Deleuze (1968 b): Spinoza und das Problem des Ausdrucks in der Philosophie. Aus dem Französischen von Ulrich Johannes Schneider. München: Fink 1993.

Gilles Deleuze (1968 c): Spinoza. Praktische Philosophie. Aus dem Französischen von Hedwig Linden. Berlin: Merve 1988.

Gilles Deleuze (1969 a): Klossowski oder Die Körper-Sprache. In: Ders., Logik des Sinns. Aus dem Französischen von Bernhard Dieckmann. Frankfurt a.M.: Suhrkamp 1993, S. 341-364.

Gilles Deleuze (1972 a): Anti-Ödipus. Kapitalismus und Schizophrenie I. Zusammen mit Félix Guattari. Aus dem Französischen von Bernd Schwibs. Frankfurt a.M.: Suhrkamp 1974.

Gilles Deleuze (1972 b): Brief an einen strengen Kritiker. In: Ders., Unterhandlungen 1972-1990. Aus dem Französischen von Gustav Roßler. Frankfurt a.M.: Suhrkamp 1993, S. 7-17.

Gilles Deleuze (1972 a): Die Intellektuellen und die Macht. In: Ders., Die einsame Insel. Texte und Gespräche 1953-1974. Aus dem Französischen von Eva Moldenhauer. Frankfurt a.M.: Suhrkamp 2003, S. 301-312.

Gilles Deleuze (1974 a): Tausend Plateaus. Kapitalismus und Schizophrenie II. Zusammen mit Félix Guattari. Aus dem Französischen von Bernd Schwibs. Berlin: Merve 1992.

Gilles Deleuze (1986 a): Foucault. Aus dem Französischen von Hermann Kocyba. Frankfurt a.M.: Suhrkamp 1987.

Gilles Deleuze (1986 b): Die Dinge aufbrechen, die Worte aufbrechen. In: Ders., Unterhandlungen 1972-1990. Aus dem Französischen von Gustav Roßler. Frankfurt a.M.: Suhrkamp 1993, S. 121-135.

Gilles Deleuze (1986 c): Das Leben als Kunstwerk. In: Ders., Unterhandlungen 1972-1990. Aus dem Französischen von Gustav Roßler. Frankfurt a.M.: Suhrkamp 1993, S. 136-146.

Gilles Deleuze (1986 d): Ein Porträt Foucaults. In: Ders., Unterhandlungen 1972-1990. Aus dem Französischen von Gustav Roßler. Frankfurt a.M.: Suhrkamp 1993, S. 147-171.

Gilles Deleuze (1988 a): Die Falte. Leibniz und der Barock. Aus dem Französischen von Ulrich Johannes Schneider. Frankfurt a.M.: Suhrkamp 1995.

Gilles Deleuze (1990 a): Postskriptum über die Kontrollgesellschaften. In: Ders., Unterhandlungen 1972-1990. Aus dem Französischen von Gustav Roßler. Frankfurt a.M.: Suhrkamp 1993, S. 111-114.

Gilles Deleuze (1991 a): Geophilosophie. In: Ders., Was ist Philosophie? Zusammen mit Félix Guattari. Aus dem Französischen von Bernd Schwibs und Joseph Vogl. Frankfurt a.M.: Suhrkamp 1996, S. 97-131.

Gilles Deleuze (1992 a): Woran erkennt man den Strukturalismus? Aus dem Französischen von Eva Brückner-Pfaffenberger und Donald Watts-Tuckwiller. Berlin: Merve 1992.

Gilles Deleuze (1995 a): Schizophrenie und Gesellschaft. Texte und Gespräche 1975-1995. Aus dem Französischen von Eva Moldenhauer. Frankfurt a.m.: Suhrkamp 2005.

Jacques Derrida (1956 a): Die Struktur, das Zeichen und das Spiel im Diskurs der Wissenschaften vom Menschen. In: Ders., Die Schrift und die Differenz. Aus dem Französischen von Rodolphe Gasché. Frankfurt a.m.: Suhrkamp 1972, S. 103-128.

Jacques Derrida (1959 a): »Genesis und Struktur« und die Phänomenologie. In: Ders., Die Schrift und die Differenz. Aus dem Französischen von Rodolphe Gasché. Frankfurt a.m.: Suhrkamp 1972, S. 236-258.

Jacques Derrida (1962 a): Husserls Weg in die Geschichte am Leitfaden der Geometrie. Aus dem Französischen von Rüdiger Henschel und Andreas Knop. München: Fink 1987.

Jacques Derrida (1963 a): Cogito und Geschichte des Wahnsinns. In: Ders., Die Schrift und die Differenz. Aus dem Französischen von Rodolphe Gasché. Frankfurt a.m.: Suhrkamp 1972, S. 53-101.

Jacques Derrida (1966 a): Das Theater der Grausamkeit und die Geschlossenheit der Repräsentation. In: Ders., Die Schrift und die Differenz. Aus dem Französischen von Rodolphe Gasché. Frankfurt a.m.: Suhrkamp 1972, S. 351-379.

Jacques Derrida (1967 a): Grammatologie. Aus dem Französischen von Hans-Jörg Rheinberger und Hanns Zischler. Frankfurt a.m.: Suhrkamp 1974.

Jacques Derrida (1967 b): Die Stimme und das Phänomen. Ein Essay über das Problem des Zeichens in der Philosophie Husserls. Aus dem Französischen von Hans-Dieter Gondek. Frankfurt a.m.: Suhrkamp 1979.

Jacques Derrida (1967 c): Die Schrift und die Differenz. Aus dem Französischen von Rodolphe Gasché. Frankfurt a.m.: Suhrkamp 1972

Jacques Derrida (1968 a): Fines hominis. In: Ders., Randgänge der Philosophie. Aus dem Französischen von Eva Pfaffenberger-Brückner. Wien: Passagen 1999, S. 133-157.

Jacques Derrida (1969 a): Die différance. In: Ders., Randgänge der Philosophie. Aus dem Französischen von Eva Pfaffenberger-Brückner. Wien: Passagen 1999, S. 31-56.

Jacques Derrida (1972 a): Dissemination. In: Ders., Dissemination. Aus dem Französischen von Hans-Dieter Gondek. Wien: Passagen 1995.

Jacques Derrida (1973 a): Die Archäologie des Frivolen. Aus dem Französischen von Hans-Dieter Gondek. Berlin: Merve 1993.

Jacques Derrida (1975 a): Der Facteur der Wahrheit. In: Ders., Die Postkarte von Sokrates bis an Freud und jenseits. 2. Lieferung. Aus dem Französischen von Hans-Joachim Metzger. Berlin: Brinkmann & Bose 1987, S. 183-281.

Jacques Derrida (1981 a): Die Tode von Roland Barthes. Roland Barthes (1915-1980). In: Ders., Jedes Mal einzigartig, das Ende der Welt. Herausgegeben von Peter Engelmann. Aus dem Französischen von Gabriele Ricke und Ronald Voullié (Überarbeitet von Markus Sedlaczek). Wien: Passagen 2007, S. 59-99.

Jacques Derrida (1983 a): Von einem neuerdings erhobenen apokalyptischen Ton in der Philosophie. In: Ders., Apokalypse. Aus dem Französischen von Michael Wetzel. Herausgegeben von Peter Engelmann. Graz und Wien: Böhlau 1985, S. 9-90.

Jacques Derrida (1983 b): Geschlecht (Heidegger). Aus dem Französischen von Peter Engelmann. Wien: Passagen 1988.

Jacques Derrida (1987 a): Vom Geist. Heidegger und die Frage. Aus dem Französischen von Alexander García Düttmann. Frankfurt a.M.: Suhrkamp 1988.

Jacques Derrida (1990 a): Louis Althusser. Louis Althusser (1918-1990.) In: Ders., Jedes Mal einzigartig, das Ende der Welt. Herausgegeben von Peter Engelmann. Aus dem Französischen von Markus Sedlaczek. Wien: Passagen 2007, S. 149-155.

Jacques Derrida (1991 a): Aus Liebe zu Lacan. Die Geschichte des Wahnsinns im Zeitalter der Psychoanalyse. In: Ders., Vergessen wir nicht die Psychoanalyse. Aus dem Französischen von Hans-Dieter Gondek. Frankfurt a.M.: Suhrkamp 1998, S. 15-58.

Jacques Derrida (1991 b): Gesetzeskraft. Der mystische Grund der Autorität. Aus dem Französischen von Alexander García Düttmann. Frankfurt a.M.: Suhrkamp 1991.

Jacques Derrida (1992 a): Den Tod geben. Aus dem Französischen von Hans-Dieter Gondek. In: Gewalt und Gerechtigkeit. Derrida – Benjamin. Herausgegeben von Anselm Haverkamp. Frankfurt a.M.: Suhrkamp 1994, S. 331-445.

Jacques Derrida (1992 b): Gerecht sein gegenüber Freud. Die Geschichte des Wahnsinns im Zeitalter der Psychoanalyse. Michel Foucault (1926-1984). In: Ders., Jedes Mal einzigartig, das Ende der Welt. Herausgegeben von Peter Engelmann. Aus dem Französischen von Hans-Dieter Gondek. Wien: Passagen 2007, S. 111-123.

Jacques Derrida (1994 a): Politik der Freundschaft. Aus dem Französischen von Stefan Lorenzer. Frankfurt a.M.: Suhrkamp 2000.

Jacques Derrida (1995 a): Ich werde ganz allein umherirren müssen. Gilles Deleuze (1925-1995). In: Ders., Jedes Mal einzigartig, das Ende der Welt. Herausgegeben von Peter Engelmann. Aus dem Französischen von Thierry Chervel. Wien: Passagen 2007, S. 239-242.

Jacques Derrida (1998 a): Bleibe – Maurice Blanchot. Aus dem Französischen von Hans-Dieter Gondek. Herausgegeben von Peter Engelmann. Wien: Passagen 2003.

Jacques Derrida (2000 a): Glas. Aus dem Französischen von Hans-Dieter Gondek und Markus Sedlaczek. München: Fink 2006.

Jacques Derrida (2000 b): Marx Gespenster. Aus dem Französischen von Stefan Lorenzer. Frankfurt a.M.: Suhrkamp 2000.

Jacques Derrida (2003 a): Eine gewisse unmögliche Möglichkeit, vom Ereignis zu sprechen. Aus dem Französischen von Susanne Lüdemann. Berlin: Merve 2003.

Jacques Derrida (2003 b): Ein Zeuge von jeher. Nachruf auf Maurice Blanchot (1907-2003). In: Ders., Jedes Mal einzigartig, das Ende der Welt. Herausgegeben von Peter Engelmann. Aus dem Französischen von Susanne Lüdemann. Wien: Passagen 2007, S. 325-334.

Wolfgang Detel (1997 a): Ein wenig Sex muss sein. Zum Problem der Referenz auf die Geschlechter. In: Deutsche Zeitschrift für Philosophie 45 (1997), S. 63-98.

Wolfgang Detel (1998 a): Macht, Moral, Wissen. Foucault und die klassische Antike. Frankfurt a.M.: Suhrkamp 1998.

Wolfgang Detel (2001 a): Einleitung: Ordnungen des Wissens. In: Michel Foucault. Zwischenbilanz einer Rezeption. Frankfurter Foucault-Konferenz 2001. Herausgegeben von Axel Honneth und Martin Saar. Frankfurt a.M.: Suhrkamp 2003, S. 181-191.

Wolfgang Detel (2006 a): Foucault und die Suche nach den großen Strukturen. In: Die Abwesenheit des Werkes. Nach Foucault. Herausgegeben von Klaus-Michael Bogdal und Achim Geisenhanslüke. Heidelberg: Synchron 2006, S. 37-51

Jacques Donzelot (1977 a): Die Ordnung der Familie. Aus dem Französischen von Ulrich Raulff. Mit einem Nachwort von Gilles Deleuze. Frankfurt a.M.: Suhrkamp 1980.

Jacques Donzelot (1984 a): Die Förderung des Sozialen. Aus dem Englischen von Alfred Berlich und Richard Schwarz. In: Ders., Zur Genealogie der Regulation. Anschlüsse an Foucault. Mainz: Decaton 1994, S. 109-160.

Jacques Donzelot (1986 a): Die Missgeschicke der Theorie. Über Michel Foucaults »Überwachen und Strafen«. In: Denken und Existenz bei Michel Foucault. Herausgegeben von Wilhelm Schmid. Aus dem Französischen von Wilhelm Miklenitsch. Frankfurt a.M.: Suhrkamp 1991, S. 140-158.

François Dosse (1991 a): Histoire du structuralisme. Tome 1: Le champ du signe. Paris: La Découverte 1991.

François Dosse (1992 a): Histoire du structuralisme. Tome 2: Le chant du cygne. Paris: La Découverte 1992.

François Dosse (2007 a): Gilles Deleuze et Félix Guattari. Biographie croisée. Paris: La Découverte 2007.

Hubert L. Dreyfus und Paul Rabinow (1987 a): Michel Foucault. Jenseits von Strukturalismus und Hermeneutik. Mit einem Nachwort von und einem Interview mit Michel Foucault. Aus dem Amerikanischen von Claus Rath und Ulrich Raulff. Frankfurt a.M.: Athenäum 1987.

Hubert L. Dreyfus und Paul Rabinow (1990 a): Was ist Mündigkeit? Habermas und Foucault über »Was ist Aufklärung?«. In: Ethos der Moderne. Foucaults Kritik der Aufklärung. Herausgegeben von Eva Erdmann, Rainer Forst und Axel Honneth. Aus dem Englischen von Mechthild Groß-Forst. Frankfurt a.M. und New York: Campus 1990, S. 55-69.

Roger-Pol Droit (2004 a): Michel Foucault, entretiens. Paris: Jacob 2004.

Georges Dumézil (1968 a): Mythos und Epos. Die Ideologie der drei Funktionen in den Epen der indoeuropäischen Völker. Frankfurt a.M.: Campus 1989.

Georges Dumézil (1982 a): Apollon sonore et autres essais. Vingt-cinq esquisses de mythologie. Paris: Seuil 1982.

Georges Dumézil (1986 a): Le messager des dieux. In: Magazine Littéraire 229 (1986), S. 19-39.

Angelika Epple (2004 a): Wahrheit, Macht, Subjekt. Historische Kategorien im Werk Michel Foucaults. In: Handbuch der Kulturwissenschaften. Herausgegeben von Friedrich Jäger und Jürgen Straub. Band 2: Paradigmen und Disziplinen. Stuttgart und Weimar: Metzler 2004, S. 416-429.

Maurice Erb (2006 a): Wahnsinn und Mensch in Michel Foucaults Frühwerk. [Unveröffentlichte] Lizentiatsarbeit der Philosophischen Fakultät der Universität Zürich 2006.

Eva Erdmann (1990 a): Die Literatur und das Schreiben. »L'écriture de soi« bei Michel Foucault. In: Ethos der Moderne. Foucaults Kritik der Aufklärung. Herausgegeben von Eva Erdmann, Rainer Forst und Axel Honneth. Frankfurt a.M. und New York: Campus 1990, S. 260-279.

Eva Erdmann (2007 a): Der Foucaultianer. Eine literarische Figur. In: Foucault in den Kulturwissenschaften. Eine Bestandsaufnahme. Herausgegeben von Clemens Kammler und Rolf Parr. Heidelberg: Synchron 2007, S. 201-218.

Didier Eribon (1988 a): Das Nahe und das Ferne. Zusammen mit Claude Lévi-Strauss. Aus dem Französischen von Hans-Horst Henschen. Frankfurt a.M.: S. Fischer 1989.

Didier Eribon (1989 a): Michel Foucault. Eine Biographie. Aus dem Französischen von Hans-Horst Henschen. Frankfurt a.M.: Suhrkamp 1991.

Didier Eribon (1994 a): Michel Foucault und seine Zeitgenossen. Aus dem Französischen übersetzt von Michael von Killisch-Horn. München: Boer 1998.

François Ewald (1985 a): Eine Praktik der Wahrheit. In: Michel Foucault. Eine Geschichte der Wahrheit. Aus dem Französischen von Gabriele Ricke und Ronald Voullié. München: Raben 1987, S. 9-60. [Zusammen mit Arlette Farge und Michelle Perrot.]

François Ewald (1986 a): Der Vorsorgestaat. Aus dem Französischen von Hans-Dieter Gondek. Frankfurt a.M.: S. Fischer 1993.

François Ewald (1987 a): Foucault verdauen. In: Spuren 27 (1987), S. 53-56.

François Ewald (1988 a): Eine Macht ohne Draußen. In: Spiele der Wahrheit. Michel Foucaults Denken. Herausgegeben von François Ewald und Bernhard Waldenfels. Aus dem Französischen von Hans-Dieter Gondek. Frankfurt a.M.: Suhrkamp 1991, S. 163-170.

François Ewald (1990 a): Die Philosophie als Akt. Zum Begriff des philosophischen Akts. In: Ethos der Moderne. Foucaults Kritik der Aufklärung. Aus dem Französischen von Martina Meister. Herausgegeben von Eva Erdmann, Rainer Forst und Axel Honneth. Frankfurt a.M. und New York: Campus 1990, S. 87-100.

François Ewald (1991 a): Michel Foucault. Grundzüge einer Ethik. In: Denken und Existenz bei Michel Foucault. Herausgegeben von Wilhelm Schmid. Aus dem Französischen von Wilhelm Miklenitsch. Frankfurt a.M.: Suhrkamp 1991, S. 197-207.

François Ewald (2006 a): Michel Foucaults Aktualitäten. In: Die Abwesenheit des Werkes. Nach Foucault. Herausgegeben von Klaus-Michael Bogdal und Achim Geisenhanslüke. Heidelberg: Synchron 2006, S. 67-72.

Arlette Farge (1986 a): Arbeiten mit Michel Foucault. In: Denken und Existenz bei Michel Foucault. Herausgegeben von Wilhelm Schmid. Aus dem Französischen von Monika Noll. Frankfurt a.M.: Suhrkamp 1991, S. 223-226.

Philipp Felsch (2008 a): Merves Lachen. In: Zeitschrift für Ideengeschichte 4 (2008), S. 11-30.

Hinrich Fink-Eitel (1980 a): Michel Foucaults Analytik der Macht. In: Austreibung des Geistes aus den Geisteswissenschaften. Programme des Poststrukturalismus. Herausgegeben von Friedrich Kittler. Paderborn, München, Wien und Zürich: Schöningh 1980. S. 38-78.

Hinrich Fink-Eitel (1989 a): Michel Foucault zur Einführung. Hamburg: Junius 1989.

Hinrich Fink-Eitel (1990 a): Zwischen Nietzsche und Heidegger. Michel Foucaults »Sexualität und Wahrheit« im Spiegel neuerer Sekundärliteratur. In: Philosophisches Jahrbuch 97 (1990), S. 367-390.

Hinrich Fink-Eitel (1994 a): Die Philosophie und die Wilden. Über die Bedeutung des Fremden für die europäische Geistesgeschichte. Hamburg: Junius 1994.

Michael Fisch (2008 a): Michel Foucault. Bibliographie der deutschsprachigen Veröffentlichungen in chronologischer Folge – geordnet nach den französischen Erstpublikationen – von 1954 bis 1988. Bielefeld: Aisthesis 2008.

Michael Fisch (2010 a): Hundert Jahre Ödipus-Komplex und seine Folgen. Sophokles und Freud, Deleuze und Guattari, Lacan und Foucault. Vortrag an der Faculté des Lettres, des Arts et des Humanités der Université La Manouba in Tunis am 5. März 2010. [Unveröffentlichtes Manuskript.]

Michael Fisch (2010 b): Was ist Aufklärung? Ein Aufsatz und seine Folgen. Kant und Heidegger und Foucault. Vortrag am L'Institut Supérieur des Langues de Moknine der Université de Monastir am 6. April 2010. [Unveröffentlichtes Manuskript.]

Michael Fisch (2010 c): Über die Revolution im Iran. Michel Foucaults Berichte aus der Zeit der Erhebung von 1978 bis 1979. Vortrag an der Université de Gabès am 3. Oktober 2010. [Unveröffentlichtes Manuskript.]

Jürgen Fohrmann (2001 a): Einleitung. In: Die Kommunikation der Medien. Herausgegeben von Jürgen Fohrmann und Eberhard Schüttpelz. Tübingen: Niemeyer 2001, S. 1-3.

Jürgen Fohrmann (2006 a): Die Möglichkeit (mit Foucault gelesen) von Kritik. In: Die Abwesenheit des Werkes. Nach Foucault. Herausgegeben von Klaus-Michael Bogdal und Achim Geisenhanslüke. Heidelberg: Synchron 2006, S. 169-180.

Manfred Frank (1984 a): 9. Vorlesung. In: Ders., Was ist Neostrukturalismus? Frankfurt a.M.: Suhrkamp 1984, S. 174-195.

Manfred Frank (1984 b): 10. Vorlesung. In: Ders., Was ist Neostrukturalismus? Frankfurt a.M.: Suhrkamp 1984, S. 196-215.

Manfred Frank (1988 a): Zum Diskursbegriff bei Foucault. In: Diskurstheorien und Literaturwissenschaft. Herausgegeben von Jürgen Fohrmann und Harald Müller. Frankfurt a.M.: Suhrkamp 1988, S. 25-44.

Manfred Frank (1990 a): Was ist ein »Diskurs«? Zur »Archäologie« Michel Foucaults. In: Ders., Das Sagbare und das Unsagbare. Studien zur deutsch-französischen Hermeneutik und Texttheorie. Frankfurt a.M.: Suhrkamp 1990, S. 408-426.

Manfred Frank (1990 b): Ein Grundelement der historischen Analyse: die Diskontinuität. Die Epochenwende von 1775 in Foucaults »Archäologie«. In: Ders., Das Sagbare und das Unsagbare. Studien zur deutsch-französischen Hermeneutik und Texttheorie. Frankfurt a.M.: Suhrkamp 1990, S. 362-407

Sigmund Freud (1887 a): Briefe an Wilhelm Fließ 1887-1904. Ungekürzte Ausgabe. Herausgegeben von Jeffrey Moussaieff Masson. Bearbeitung der deutschen Fassung von Michael Schröter. Transkription von Gerhard Fichtner. Frankfurt a.M.: S. Fischer 1986.

Sigmund Freud (1900 a): Die Traumdeutung. In: Ders., Studienausgabe. Band II: Die Traumdeutung. Herausgegeben von Alexander Mitscherlich und anderen. Frankfurt a.M.: S. Fischer 1969.

Sigmund Freud (1905 a): Bruchstück einer Hysterie-Analyse. In: Ders., Studienausgabe. Band VI: Hysterie und Angst. Herausgegeben von Alexander Mitscherlich und anderen. Frankfurt a.M.: S. Fischer 1971, S. 83-186.

Sigmund Freud (1905 b): Drei Abhandlungen zur Sexualtheorie. In: Ders., Studienausgabe. Band V: Sexualleben. Herausgegeben von Alexander Mitscherlich und anderen. Frankfurt a.M.: S. Fischer 1972, S. 37-145.

Sigmund Freud (1908 a): Über infantile Sexualtheorien. In: Ders., Studienausgabe. Band V: Sexualleben. Herausgegeben von Alexander Mitscherlich und anderen. Frankfurt a.M.: S. Fischer 1972, S. 147-184.

Sigmund Freud (1910 a): Beiträge zur Psychologie des Liebeslebens. In: Ders., Studienausgabe. Band V: Sexualleben. Herausgegeben von Alexander Mitscherlich und anderen. Frankfurt a.M.: S. Fischer 1972, S. 185-228.

Sigmund Freud (1912 a): Totem und Tabu. Einige Übereinstimmungen im Seelenleben der Wilden und der Neurotiker. In: Ders., Studienausgabe. Band IX: Fragen der Gesellschaft. Ursprünge der Religion. Herausgegeben von Alexander Mitscherlich und anderen. Frankfurt a.M.: S. Fischer 1974, S. 385-430.

Sigmund Freud (1914 a): Zur Einführung in den Narzissmus. In: Ders., Studienausgabe. Band III: Psychologie des Unbewussten. Herausgegeben von Alexander Mitscherlich und anderen. Frankfurt a.M.: S. Fischer 1975, S. 37-68.

Sigmund Freud (1915 a): Zeitgemäßes über Krieg und Tod. In: Ders., Studienausgabe. Band IX: Fragen der Gesellschaft. Ursprünge der Religion. Herausgegeben von Alexander Mitscherlich und anderen. Frankfurt a.M.: S. Fischer 1974, S. 33-60.

Sigmund Freud (1917 a): Vorlesungen zur Einführung in die Psychoanalyse. In: Ders., Studienausgabe. Band I: Vorlesungen zur Einführung in die Psychoanalyse/Neue Folge der Vorlesungen in die Psychoanalyse. Herausgegeben von Alexander Mitscherlich und anderen. Frankfurt a.M.: S. Fischer 1969.

Sigmund Freud (1917 b): Eine Schwierigkeit der Psychoanalyse. In: Ders., Studienausgabe. Band I: Vorlesungen zur Einführung in die Psychoanalyse/Neue Folge der Vorlesungen in die Psychoanalyse. Herausgegeben von Alexander Mitscherlich und anderen. Frankfurt a.M.: S. Fischer 1969.

Sigmund Freud (1920 a): Jenseits des Lustprinzips. In: Ders., Studienausgabe. Band III: Psychologie des Unbewussten. Herausgegeben von Alexander Mitscherlich und anderen. Frankfurt a.M.: S. Fischer 1975, S. 213-272.

Sigmund Freud (1921 a): Massenpsychologie und Ich-Analyse. In: Ders., Studienausgabe. Band IX: Fragen der Gesellschaft. Ursprünge der Religion. Herausgegeben von Alexander Mitscherlich und anderen. Frankfurt a.M.: S. Fischer 1974, S. 61-134.

Sigmund Freud (1923 a): Das Ich und das Es. In: Ders., Studienausgabe. Band V: Sexualleben. Herausgegeben von Alexander Mitscherlich und anderen. Frankfurt a.M.: S. Fischer 1972, S. 301-348.

Sigmund Freud (1924 a): Der Untergang des Ödipuskomplexes. In: Ders., Studienausgabe. Band V: Sexualleben. Herausgegeben von Alexander Mitscherlich und anderen. Frankfurt a.M.: S. Fischer 1972, S. 231-250

Sigmund Freud (1924 b): Das ökonomische Problem des Masochismus. In: Ders., Studienausgabe. Band V: Sexualleben. Herausgegeben von Alexander Mitscherlich und anderen. Frankfurt a.M.: S. Fischer 1972, S. 351-382.

Sigmund Freud (1925 a): Einige psychische Folgen des anatomischen Geschlechtsunterschieds. In: Ders., Studienausgabe. Band V: Sexualleben. Herausgegeben von Alexander Mitscherlich und anderen. Frankfurt a.M.: S. Fischer 1972, S. 253-277.

Sigmund Freud (1926 a): Hemmung, Symptom und Angst. In: Ders., Studienausgabe. Band VI: Hysterie und Angst. Herausgegeben von Alexander Mitscherlich und anderen. Frankfurt a.M.: S. Fischer 1971, S. 227-308.

Sigmund Freud (1930 a): Das Unbehagen in der Kultur. In: Ders., Studienausgabe. Band IX: Fragen der Gesellschaft. Ursprünge der Religion. Herausgegeben von Alexander Mitscherlich und anderen. Frankfurt a.M.: S. Fischer 1974, S. 191-270.

Sigmund Freud (1931 a): Über die weibliche Sexualität. In: Ders., Studienausgabe. Band V: Sexualleben. Herausgegeben von Alexander Mitscherlich und anderen. Frankfurt a.M.: S. Fischer 1972, S. 279-299.

Sigmund Freud (1933 a): Warum Krieg? In: Ders., Studienausgabe. Band IX: Fragen der Gesellschaft. Ursprünge der Religion. Herausgegeben von Alexander Mitscherlich und anderen. Frankfurt a.M.: S. Fischer 1974, S. 271-286.

Ute Frietsch (2002 a): Michel Foucaults Einführung in die Anthropologie Kants. In: Paragrana 11 (2002), S. 11-37.

Ute Frietsch (2002 b): Die Abwesenheit des Weiblichen. In: Dies., Epistemologie und Geschlecht von Michel Foucault bis Evelyn Fox Keller. Frankfurt a.M. und New York: Campus 2002, S. 26-57.

Petra Gehring (1992 a): Paradigma einer Methode. Der Begriff des Diagramms im Strukturdenken von Michel Foucault und Michel Serres. In: Diagrammatik und Philosophie. Herausgegeben von Petra Gehring und Thomas Keuter. Amsterdam: Rodopi 1992, S. 89-105.

Petra Gehring (1994 a): Von Biomacht und Bio-Körpern. Leibfassungen heute. In: Korrespondenz 8 (1994), S. 9-19.

Petra Gehring (1997 a): Innen des Außen – Außen des Innen. Foucault – Derrida – Lyotard. München: Fink 1997.

Petra Gehring (2002 a): Spiel der Identitäten? Zu Michel Foucaults L'usage des plaisirs. In: Transitive Identität. Der Prozesscharakter des modernen Selbst. Herausgegeben von Joachim Renn und Jürgen Straub. Frankfurt a.M. und New York: Campus 2002, S. 374-391.

Petra Gehring (2004 a): Foucault – Die Philosophie im Archiv. Frankfurt a.M. und New York: Campus 2004.

Petra Gehring (2004 b): Sind Foucaults Widerstandspunkte Ereignisse oder sind sie es nicht? Versuch der Beantwortung einer Frage. In: Ereignisse auf Französisch. Zum Erfahrungsbegriff der französischen Gegenwartsphilosophie. Herausgegeben von Marc Rölli. München: Fink 2004, S. 275-284.

Petra Gehring (2006 a): Was ist Biomacht? Vom zweifelhaften Mehrwert des Lebens. Frankfurt a.M. und New York: Campus 2006.

Petra Gehring (2006 b): Bioethik – ein Diskurs? In: Foucault: Diskursanalyse der Politik. Eine Einführung. Herausgegeben von Brigitte Kerchner und Silke Schneider. Wiesbaden: Verlag für Sozialwissenschaften 2006, S. 167-190.

Petra Gehring (2007 a): Foucaults »juridischer« Machttyp, die Geschichte der Gouvernementalität und die Frage nach Foucaults Rechtstheorie. In: Michel Foucaults »Geschichte der Gouvernementalität« in den Sozialwissenschaften. Internationale Beiträge. Herausgegeben von Susanne Krasmann und Michael Volkmer. Bielefeld: transcript 2007, S. 157-179.

Petra Gehring (2007 b): Minotaurus zwischen den Regalen. Foucault in der Philosophie. In: Foucault in den Kulturwissenschaften. Eine Bestandsaufnahme. Herausgegeben von Clemens Kammler und Rolf Parr. Heidelberg: Synchron 2007, S. 29-44.

Petra Gehring (2007 c): Arbeit am Menschenmaterial. Die Frage, mit welchen Mitteln sich der Mensch optimieren ließe, sorgt auch hierzulande für brisante politische Debatten. Ein Grund, sich den Begriff der Biopolitik näher anzusehen. In: Frankfurter Allgemeine Zeitung, 19. 11. 2007.

Achim Geisenhanslüke (1997 a): Foucault und die Literatur. Eine diskurskritische Untersuchung. Opladen: Westdeutscher Verlag 1997.

Achim Geisenhanslüke (2001 a): Literatur und Diskursanalyse. In: Michel Foucault. Eine Einführung in sein Denken. Herausgegeben von Markus S. Kleiner. Frankfurt a.M. und New York: Campus 2001, S. 60-71.

Achim Geisenhanslüke (2003 a): Einführung in die Literaturtheorie. Von der Hermeneutik zur Medienwissenschaft. Darmstadt: Wissenschaftliche Buchgesellschaft 2003, S. 122-128.

Achim Geisenhanslüke (2006 a): Tragödie und Infamie. Literatur und Recht bei Michel Foucault. In: Die Abwesenheit des Werkes. Nach Foucault. Herausgegeben von Klaus-Michael Bogdal und Achim Geisenhanslüke. Heidelberg: Synchron 2006, S. 91-109.

Achim Geisenhanslüke (2007 a): Gegendiskurse. Literatur und Diskursanalyse bei Michel Foucault. Heidelberg: Synchron 2007.

Achim Geisenhanslüke (2007 b): Foucault in der Literaturwissenschaft. In: Foucault in den Kulturwissenschaften. Eine Bestandsaufnahme. Herausgegeben von Clemens Kammler und Rolf Parr. Heidelberg: Synchron 2007, S. 69-81.

Achim Geisenhanslüke (2008 a): Das Schibboleth der Psychoanalyse. Liminalität bei Freud. In: Grenzräume der Schrift. Herausgegeben von Achim Geisenhanslüke und Georg Mein. Bielefeld: transcript 2008, S. 9-22.

Hanna Gekle (1993 a): Geburt der Moral – Prometheus und Ödipus. In: Moral. Erkundungen eines strapazierten Begriffs. Herausgegeben von Ruthard Stäblein. Bühl-Moos: Elster 1993, S. 27-48.

Eckart Goebel (2006 a): Traumfeuer. Ludwig Binswangers Analyse Michel Foucaults. In: Die Abwesenheit des Werkes. Nach Foucault. Herausgegeben von Klaus-Michael Bogdal und Achim Geisenhanslüke. Heidelberg: Synchron 2006, S. 75-89.

Hans-Dieter Gondek (1995 a): Krankheit der Liebe. James Miller zum Leben und Schreiben von Foucault. In: Süddeutsche Zeitung, 11. 10. 1995.

Hans-Dieter Gondek (1998 a): Vorwort zur deutschen Ausgabe. In: Didier Eribon: Michel Foucault und seine Zeitgenossen. Aus dem Französischen übersetzt von Michael von Killisch-Horn. München: Boer 1998, S. 9-21.

Hervé Guibert (1988 a): Die Geheimnisse eines Mannes. Hinrich Schmidt-Henkel. Hamburg: Männerschwarmskript 1988.

Hervé Guibert (1990 a): Dem Freund, der mir das Leben nicht gerettet hat. Roman. Aus dem Französischen von Hinrich Schmidt-Henkel. Reinbek: Rowohlt 1991.

Hervé Guibert (1991 a): Mitleidsprotokoll. Roman. Aus dem Französischen von Hinrich Schmidt-Henkel. Reinbek: Rowohlt 1992.

Jürgen Habermas (1984 a): Mit dem Pfeil ins Herz der Gegenwart gezielt. Zu Foucaults Vorlesung über Kants »Was ist Aufklärung?«. In: taz – die tageszeitung, 7. 7. 1984.

Jürgen Habermas (1985 a): Aporien einer Machttheorie. In: Ders., Der philosophische Diskurs der Moderne. Zwölf Vorlesungen. Frankfurt a.m.: Suhrkamp
1985, S. 313-343.

Jürgen Habermas (1985 b): Vernunftkritische Entlarvung der Humanwissenschaften: Foucault. In: Ders., Der philosophische Diskurs der Moderne. Zwölf Vorlesungen. Frankfurt a.m.: Suhrkamp 1985, S. 279-312.

Pierre Hadot (1981 a): Philosophie als Lebensform. Antike und moderne Exerzitien der Weisheit. Aus dem Französischen von Hans-Dieter Gondek. Frankfurt
a.m.: Suhrkamp 2002.

Pierre Hadot (1988 a): Überlegungen zum Begriff der »Selbstkultur«. In: Spiele
der Wahrheit. Michel Foucaults Denken. Herausgegeben von François Ewald
und Bernhard Waldenfels. Aus dem Französischen von Hans-Dieter Gondek.
Frankfurt a.m.: Suhrkamp 1991, S. 219-228.

Pierre Hadot (1995 a): Wege zur Weisheit oder was lehrt uns die antike Philosophie? Aus dem Französischen von Hans-Dieter Gondek. Berlin: Merve 1999.

David M. Halperin (1990 a): One Hundred Years of Homosexuality and Other Essays on Greek Love. New York: University Press 1990.

David M. Halperin (1995 a): Saint Foucault. Towards a Gay Hagiography. New York:
Oxford Books 1995.

Ellen Harlizius-Klück (1995 a): Der Platz des Königs. »Las Meniñas« als Tableau
des klassischen Wissens bei Michel Foucault. Wien: Passagen 1995.

Georg Wilhelm Friedrich Hegel (1807 a): Phänomenologie des Geistes. Herausgegeben von Hans-Friedrich Wessels und Heinrich Clairmont. Hamburg: Meiner
1988.

Georg Wilhelm Friedrich Hegel (1812 a): Wissenschaft der Logik. Erster Band: Die
objektive Logik. Erstes Buch: Das Sein. Herausgegeben von Hans-Jürgen Gawoll. Hamburg: Meiner 1999.

Georg Wilhelm Friedrich Hegel (1813 a): Wissenschaft der Logik. Erster Band: Die
objektive Logik. Zweites Buch: Die Lehre vom Wesen. Herausgegeben von
Hans-Jürgen Gawoll. Hamburg: Meiner 1999.

Georg Wilhelm Friedrich Hegel (1816 a): Wissenschaft der Logik. Zweiter Band:
Die subjektive Logik oder die Lehre vom Begriff. Herausgegeben von Friedrich
Hogemann. Hamburg: Meiner 2003.

Martin Heidegger (1924 a): Der Begriff der Zeit. Tübingen: Niemeyer 1989.

Martin Heidegger (1927 a): Sein und Zeit. Tübingen: Niemeyer 1986.

Martin Heidegger (1929 a): Kant und das Problem der Metaphysik. Frankfurt a.M.:
Klostermann 1965.

Martin Heidegger (1929 b): Was ist Metaphysik? In: Ders., Wegmarken. Frankfurt
a.M.: Klostermann 1978, S. 103-122.

Martin Heidegger (1933 a): Die Selbstbehauptung der deutschen Universität.
Frankfurt a.M.: Klostermann 1990.

Martin Heidegger (1935 a): Der Ursprung des Kunstwerkes. In: Ders., Holzwege.
Frankfurt a.M.: Klostermann 1980, S. 1-72.

Martin Heidegger (1936 a): Nietzsche. Band I. Pfullingen: Neske 1936.

Martin Heidegger (1938 a): Die Zeit des Weltbildes. In: Ders., Holzwege. Frankfurt a.m.: Klostermann 1980, S. 73-110.

Martin Heidegger (1946 a): Brief über den Humanismus. In: Ders., Wegmarken. Frankfurt a.m.: Klostermann 1978, S. 311-360.

Martin Heidegger (1953 a): Die Frage nach der Technik. In: Ders., Vorträge und Aufsätze. Pfullingen: Neske 1990, S. 9-40.

Martin Heidegger (1959 a): Unterwegs zur Sprache. Pfullingen: Neske 1959.

Martin Heidegger (1961 a): Nietzsche. Band II. Pfullingen: Neske 1961.

Martin Heidegger (1962 a): Die Technik und die Kehre. Pfullingen: Neske 1962.

Martin Heidegger (1966 a): Nur noch ein Gott kann uns retten. In: Der Spiegel 23 (1976).

Andrea Hemminger (2004 a): Kritik und Geschichte. Foucault – ein Erbe Kants? Berlin und Wien: Philo 2004.

Jochen Hengst (2000 a): Eine Werkstatt der Literaturarchäologie. Foucault mit Lacan. In: Ders.: Ansätze zu einer Archäologie der Literatur. Mit einem Versuch über Jahnns Prosa. Stuttgart und Weimar: Metzler 2000, S. 21-224.

Heidrun Hesse (2003 a): Ästhetik der Existenz. Foucaults Entdeckung des ethischen Subjekts. In: Michel Foucault. Zwischenbilanz einer Rezeption. Frankfurter Foucault-Konferenz 2001. Herausgegeben von Axel Honneth und Martin Saar. Frankfurt a.m.: Suhrkamp 2003, S. 300-308.

Andreas Hetzel (2002 a): Die Gabe der Gerechtigkeit. Ethik und Ökonomie bei Jacques Derrida. In: Phänomenologische Forschungen 50 (2002), S. 231-250.

Norbert Hinske (1966 a): Kants Idee der Anthropologie. In: Die Frage nach dem Menschen. Aufriss einer philosophischen Anthropologie. Festschrift für Max Müller zum 60. Geburtstag. Herausgegeben von Heinz Rombach. Freiburg und München: Rombach 1966, S. 410-427.

Norbert Hinske (1981 a): Was ist Aufklärung? Beiträge aus der Berlinischen Monatsschrift. Herausgegeben von Norbert Hinske. Darmstadt: Wissenschaftliche Buchgesellschaft 1981. [3. Auflage.]

Denis Hollier (1988 a): Gottes Wort: »Ich bin tot«. In: Spiele der Wahrheit. Michel Foucaults Denken. Herausgegeben von François Ewald und Bernhard Waldenfels. Frankfurt a.m.: Suhrkamp 1991, S. 106-123.

Guy Hocquenghem (1972 a): Das homosexuelle Verlangen. Aus dem Französischen von Burkhard Kroeber. München: Hanser 1974.

Guy Hocquenghem (1976 a): Co-ire. Kindheitsmythen. Zusammen mit René Scherer. Aus dem Französischen von Burkhard Kroeber. München: Hanser 1977.

Guy Hocquenghem (1980 a): Gespräch mit David Thorstadt. In: Knaben, die Männer lieben und Männer, die Knaben lieben. Herausgegeben von Sylvère Lotringer. Aus dem Englischen von Jürgen Peter Schirrmacher. Berlin: rosa Winkel 1981, S. VI-XIV.

Guy Hocquenghem (1980 b): Gespräch mit Michel Foucault und Jean Danet. In: Knaben, die Männer lieben und Männer, die Knaben lieben. Herausgegeben von Sylvère Lotringer. Aus dem Englischen von Jürgen Peter Schirrmacher. Berlin: rosa Winkel 1981, S. XXVII-XXIX.

Claudia Honegger (1980 a): Überlegungen zu Michel Foucaults Reflexionsstufen einer kritischen Gesellschaftstheorie. Dissertation Bremen 1980.

Claudia Honegger (1982 a): Michel Foucault und die serielle Geschichte. Über die »Archäologie des Wissens«. In: Merkur 407 (1982), S. 500-523.

Axel Honneth (1985 a): Kritik der Macht. Reflexionsstufen einer kritischen Gesellschaftstheorie. Frankfurt a.M.: Suhrkamp 1985.

Axel Honneth (1987 a): Ein strukturalistischer Rousseau. Zur Anthropologie von Claude Lévi-Strauss. In: Merkur 463 (1987), S. 819-828.

Axel Honneth (1988 a): Foucault und Adorno. Zwei Formen einer Kritik der Moderne. In: Postmoderne oder der Kampf um die Zukunft. Herausgegeben von Peter Kemper. Frankfurt a.M.: S. Fischer 1988, S. 127-144.

Axel Honneth (1999 a): Verschüttete Traditionen. Michel Foucaults Vorlesungen am Collège de France. In: Frankfurter Rundschau, 24. 11. 1999.

Axel Honneth (2003 a): Foucault und die Humanwissenschaften. Zwischenbilanz einer Rezeption. In: Michel Foucault. Zwischenbilanz einer Rezeption. Frankfurter Foucault-Konferenz 2001. Herausgegeben von Axel Honneth und Martin Saar. Frankfurt a.M.: Suhrkamp 2003, S. 15-25.

Axel Honneth (2003 b): Einleitung: Genealogie als Kritik. In: Michel Foucault. Zwischenbilanz einer Rezeption. Frankfurter Foucault-Konferenz 2001. Herausgegeben von Axel Honneth und Martin Saar. Frankfurt a.M.: Suhrkamp 2003, S. 117-121.

Albert Hourani (1991 a): Die Geschichte der arabischen Völker. Von den Anfängen des Islam bis zum Nahostkonflikt unserer Tage. Aus dem Englischen von Manfred Ohl und Hans Sartorius. Frankfurt a.M.: S. Fischer 2001.

Jean Hyppolite (1971 a): Figures de la pensée philosophique. Écrits 1931-1968. Paris: Seuil 1991 [2. Auflage in zwei Bänden.]

Marc-Christian Jäger (2008 a): Michel Foucaults Machtbegriff. In: Das Spiel der Lüste. Sexualität, Identität und Macht bei Michel Foucault. Herausgegeben von Marvin Chlada und Marc-Christian Jäger. Aschaffenburg: Alibri 2008, S. 11-75.

Marc-Christian Jäger (2008 b): Ordnungen des Sexuellen. Foucaults Unterscheidung von sadistischer Disziplinarmacht und SM-Kultur. In: Das Spiel der Lüste. Sexualität, Identität und Macht bei Michel Foucault. Herausgegeben von Marvin Chlada und Marc-Christian Jäger. Aschaffenburg: Alibri 2008, S. 117-130.

Curt Paul Janz (1993 a): Friedrich Nietzsche. Biographie. München: Hanser 1993. [2. revidierte Auflage.]

Andreas Kablitz (2008 a): Michel Foucault. In: Metzler Lexikon Literatur- und Kulturtheorie. Ansätze – Personen – Grundbegriffe. Herausgegeben von Ansgar Nünning. Stuttgart und Weimar: Metzler 2008, S. 214-216.

Clemens Kammler (1986 a): Michel Foucault. Eine kritische Analyse seines Werkes. Bonn: Bouvier 1986.

Clemens Kammler (1987 a): Antikes Ethos und postmoderne Lebenskunst. Foucaults Studien zur Geschichte der Sexualität. Zusammen mit Gerhard Plumpe. In: Philosophische Rundschau 34 (1987), S. 186-194.

Clemens Kammler (2006 a): Die Abwesenheit der Theorie. Zur Frage der Anwendbarkeit des Foucaultschen Diskursbegriffs auf die Literatur. In: Die Abwesenheit des Werkes. Nach Foucault. Herausgegeben von Klaus-Michael Bogdal und Achim Geisenhanslüke. Heidelberg: Synchron 2006, S. 231-241.

Clemens Kammler (2007 a): Foucaults Werk. Konzeptualisierungen und Rekonstruktionen. In: Foucault in den Kulturwissenschaften. Eine Bestandsaufnahme. Herausgegeben von Clemens Kammler und Rolf Parr. Heidelberg: Synchron 2007, S. 11-25.

Clemens Kammler (2008 a): Foucault-Handbuch. Leben – Werk – Wirkung. Herausgegeben zusammen mit Rolf Parr und Ulrich Johannes Schneider. Stuttgart und Weimar: Metzler 2008.

Immanuel Kant (1781 a): Kritik der reinen Vernunft. In: Ders., Gesammelte Schriften. Herausgegeben von der Königlich Preußischen Akademie der Wissenschaften. Abteilung 1, Werke Band 3. Berlin: Reimer 1912, S. 35-142.

Immanuel Kant (1784 a): Beantwortung der Frage: Was ist Aufklärung? In: Ders., Gesammelte Schriften. Herausgegeben von der Königlich Preußischen Akademie der Wissenschaften. Abteilung 1, Werke Band 8. Berlin: Reimer 1912/13, S. 33-42.

Immanuel Kant (1784 b): Idee zu einer allgemeinen Geschichte in weltbürgerlicher Sicht. In: Ders., Gesammelte Schriften. Herausgegeben von der Königlich Preußischen Akademie der Wissenschaften. Abteilung 1, Werke Band 8. Berlin: Reimer 1912/13.

Immanuel Kant (1785 a): Bestimmung des Begriffs einer Menschrasse. In: Ders., Gesammelte Schriften. Herausgegeben von der Königlich Preußischen Akademie der Wissenschaften. Abteilung 1, Werke Band 8. Berlin: Reimer 1912/13.

Immanuel Kant (1786 a): Was heißt: Sich im Denken orientieren? In: Ders., Gesammelte Schriften. Herausgegeben von der Königlich Preußischen Akademie der Wissenschaften. Abteilung 1, Werke Band 8. Berlin: Reimer 1912/13, S. 131-147.

Immanuel Kant (1786 b): Mutmaßlicher Anfang der Menschengeschichte. In: Ders., Gesammelte Schriften. Herausgegeben von der Königlich Preußischen Akademie der Wissenschaften. Abteilung 1, Werke Band 8. Berlin: Reimer 1912/13.

Immanuel Kant (1788 a): Kritik der praktischen Vernunft. In: Ders., Gesammelte Schriften. Herausgegeben von der Königlich Preußischen Akademie der Wissenschaften. Abteilung 1, Werke Band 4. Berlin: Reimer 1900.

Immanuel Kant (1790 a): Kritik der Urteilskraft. In: Ders., Gesammelte Schriften. Herausgegeben von der Königlich Preußischen Akademie der Wissenschaften. Abteilung 1, Werke Band 5. Berlin: Reimer 1900, S. 236-254.

Immanuel Kant (1791 a): Über das Mißlingen aller philosophischen Versuche in der Theodizee. In: Ders., Gesammelte Schriften. Herausgegeben von der Königlich Preußischen Akademie der Wissenschaften. Abteilung 1, Werke Band 8. Berlin: Reimer 1912/13.

Immanuel Kant (1795 a): Zum ewigen Frieden. In: Ders., Gesammelte Schriften. Herausgegeben von der Königlich Preußischen Akademie der Wissenschaften. Abteilung 1, Werke Band 8. Berlin: Reimer 1900.

Immanuel Kant (1796 a): Von einem neuerdings erhobenen vornehmen Ton in der Philosophie. In: Ders., Gesammelte Schriften. Herausgegeben von der Königlich Preußischen Akademie der Wissenschaften. Abteilung 1, Werke Band 8. Berlin: Reimer 1912/13, S. 387-406.

Immanuel Kant (1797 a): Über ein vermeintliches Recht aus Menschenliebe zu lügen. In: Ders., Gesammelte Schriften. Herausgegeben von der Königlich Preußischen Akademie der Wissenschaften. Abteilung 1, Werke Band 8. Berlin: Reimer 1912/13, S. 423-430.

Immanuel Kant (1798 a): Anthropologie in pragmatischer Hinsicht. In: Ders., Gesammelte Schriften. Herausgegeben von der Königlich Preußischen Akademie der Wissenschaften. Abteilung 1, Werke Band 7. Berlin: Reimer 1900.

Immanuel Kant (1798 b): Der Streit der Fakultäten. In: Ders., Gesammelte Schriften. Herausgegeben von der Königlich Preußischen Akademie der Wissenschaften. Abteilung 1, Werke Band 7. Berlin: Reimer 1900.

Reiner Keller (2008 a): Michel Foucault. Konstanz: UVK 2008.

Günter Kettermann (2008 a): Atlas zur Geschichte des Islam. Mit einer Einleitung von Adel Theodor Khoury. Darmstadt: Primus 2008.

Arne Klawitter (2003 a): Die fiebernde Bibliothek. Foucaults Sprachontologie und seine diskursanalytische Konzeption moderner Literatur. Heidelberg: Synchron 2003.

Arne Klawitter (2004 a): Von der Ontologie der Sprache zur Diskursanalyse moderner Literatur. In: Foucault und die Künste. Herausgegeben von Peter Gente. Frankfurt a.M.: Suhrkamp 2004, S. 122-140.

Markus S. Kleiner (2001 a): Apropos Foucault. In: Michel Foucault. Eine Einführung in sein Denken. Herausgegeben von Markus S. Kleiner. Frankfurt a.M. und New York: Campus 2001, S. 17-24.

Pierre Klossowski (1956 a): Das Bad der Diana. Aus dem Französischen von Gerhard Goebel. Reinbek: Rowohlt 1970.

Pierre Klossowski (1965 a): Der Baphomet. Aus dem Französischen von Gerhard Goebel. Reinbek: Rowohlt 1968.

Pierre Klossowski (1965 b): Die Gesetze der Gastfreundschaft. Aus dem Französischen von Sigrid von Massenbach. Reinbek: Rowohlt 1966.

Pierre Klossowski (1969 a): Nietzsche und der Circulus vitiosus deus. Aus dem Französischen von Ronald Vouillé. Mit einem Nachwort von Gerd Bergfleth. München: Matthes & Seitz 1986.

Hans-Herbert Kögler (1990 a): Fröhliche Subjektivität. Historische Ethik und dreifache Ontologie beim späten Foucault. In: Ethos der Moderne. Foucaults Kritik der Aufklärung. Herausgegeben von Eva Erdmann, Rainer Forst und Axel Honneth. Frankfurt a.M. und New York: Campus 1990, S. 202-226.

Hans-Herbert Kögler (1994 a): Michel Foucault. Stuttgart und Weimar: Metzler 2004. [2. aktualisierte und erweiterte Auflage.]

Hans-Herbert Kögler (2007 a): Die Macht der Interpretation. Kritische Sozialwissenschaften im Anschluss an Foucault. In: Foucaults Machtanalytik und Soziale Arbeit. Herausgegeben von Roland Anhorn. Wiesbaden: Verlag für Sozialwissenschaften 2007.

Joachim Köhler (1989 a): Zarathustras Geheimnis. Friedrich Nietzsche und die verschlüsselte Botschaft. Nördlingen: Greno 1989.

Traugott König (1988 a): Sartre und Bataille. In: Sartre. Ein Kongress. Herausgegeben von Traugott König. Reinbek: Rowohlt 1988, S. 365-381.

Traugott König: (1991 a): Zur Neuübersetzung. In: Jean-Paul Sartre: Das Sein und das Nichts. Versuch einer phänomenologischen Ontologie. Reinbek: Rowohlt 1991, S. 1073-1088.

Alexandre Kojève (1975 a): Hegel. Eine Vergegenwärtigung seines Denkens. Kommentar zur »Phänomenologie des Geistes«. Aus dem Französischen von Iring Fetscher und Gerhard Lehmbruch. Frankfurt a.M.: Suhrkamp 1975.

Bernhard Kouchner (1985 a): Ein echter Samurai. In: Michel Foucault. Eine Geschichte der Wahrheit. Aus dem Französischen von Gabriele Ricke und Ronald Voullié. München: Raben 1987, S. 89-94.

Tilman Krause: Ferner, fremder Michel Foucault. In: Die Welt, 25. 6. 2009.

Manfred Kühn (2003 a): Kant. Eine Biographie. Aus dem Englischen von Martin Pfeiffer. München: Beck 2003.

Jacques Lacan (1933 a): Das Problem des Stils und die psychiatrische Auffassung paranoischer Erlebnisformen. In: Ders., Schriften I. Ausgewählt und herausgegeben von Norbert Haas und Hans-Joachim Metzger. Aus dem Französischen von Brigitte Weidmann. Weinheim und Berlin: Quadriga 1973, S. 55-59.

Jacques Lacan (1936 a): Das Spiegelstadium als Bildner der Ichfunktion, wie sie uns in der psychoanalytischen Erfahrung erscheint. In: Ders., Schriften I. Ausgewählt und herausgegeben von Norbert Haas und Hans-Joachim Metzger. Aus dem Französischen von Peter Stehlin. Weinheim und Berlin: Quadriga 1973, S. 61-70.

Jacques Lacan (1953 a): Funktion und Feld des Sprechens und der Sprache in der Psychoanalyse. In: Ders., Schriften II. Ausgewählt und herausgegeben von Norbert Haas und Hans-Joachim Metzger. Aus dem Französischen von Wolfgang Fietkau. Weinheim und Berlin: Quadriga 1975, S. 71-169.

Jacques Lacan (1954 a): Das Seminar. Buch I: Freuds technische Schriften. Herausgegeben von Norbert Haas und Hans-Joachim Metzger. Aus dem Französischen von Werner Hamacher. Weinheim und Berlin: Quadriga 1990.

Jacques Lacan (1955 a): Das Seminar. Buch II: Das Ich in der Theorie Freuds und in der Technik der Psychoanalyse. Aus dem Französischen von Michael Turnheim. Weinheim und Berlin: Quadriga 1980.

Jacques Lacan (1956 a): Vom Signifikanten und vom Signifikat. In: Ders., Das Seminar. Buch III: Die Psychosen. Herausgegeben von Jacques-Alain Miller. Aus dem Französischen von Michael Turnheim. Weinheim und Berlin: Quadriga 1990, S. 189-289.

Jacques Lacan (1957 a): Das Drängen des Buchstabens im Unbewußten oder die Vernunft seit Freud. In: Ders., Schriften II. Ausgewählt und herausgegeben von Norbert Haas. Aus dem Französischen von Norbert Haas. Weinheim und Berlin: Quadriga 1986, S. 15-55.

Jacques Lacan (1958 a): Die Bedeutung des Phallus. In: Ders., Schriften II. Ausgewählt und herausgegeben von Norbert Haas. Aus dem Französischen von Chantal Creusot, Norbert Haas und Samuel M. Weber. Weinheim und Berlin: Quadriga 1986, S. 119-132.

Jacques Lacan (1959 a): Subversion des Subjekts und Dialektik des Begehrens im freudschen Unbewußten. In: Ders., Schriften II. Ausgewählt und herausgegeben von Norbert Haas. Aus dem Französischen von Chantal Creusot, Norbert Haas und Samuel M. Weber. Weinheim und Berlin: Quadriga 1986, S. 175-202.

Jacques Lacan (1960 a): Die Stellung des Unbewussten. In: Ders., Schriften II. Ausgewählt und herausgegeben von Norbert Haas. Aus dem Französischen von Norbert Haas. Weinheim und Berlin: Quadriga 1986, S. 205-230.

Jacques Lacan (1961 a): Maurice Merleau-Ponty. In: Ders., Schriften III. Ausgewählt und herausgegeben von Norbert Haas und Hans-Joachim Metzger. Aus dem Französischen von Hans-Joachim Metzger. Weinheim und Berlin: Quadriga 1986, S. 237-249.

Jacques Lacan (1963 a): Kant mit Sade. In: Ders., Schriften II. Ausgewählt und herausgegeben von Norbert Haas und Hans-Joachim Metzger. Aus dem Französischen von Wolfgang Fietkau. Weinheim und Berlin: Quadriga 1986, S. 133-163.

Jacques Lacan (1964 a): Die vier Grundbegriffe der Psychoanalyse. Das Seminar, Buch XI. Herausgegeben von Norbert Haas und Hans-Joachim Metzger. Aus dem Französischen von Werner Hamacher. Olten und Freiburg: Walter 1978.

Jacques Lacan (1965 a): Die Wissenschaft und die Wahrheit. In: Ders., Schriften III. Ausgewählt und herausgegeben von Norbert Haas und Hans-Joachim Metzger. Aus dem Französischen von Hans-Joachim Metzger. Weinheim und Berlin: Quadriga 1986, S. 111-123.

Jacques Lacan (1966 a): Die logische Zeit und die Assertion der antizipierten Gewißheit. In: Ders., Schriften III. Ausgewählt und herausgegeben von Norbert Haas und Hans-Joachim Metzger. Aus dem Französischen von Hans-Jörg Rheinberger. Weinheim und Berlin: Quadriga 1986, S. 251-263.

Klaus Laermann (1985 a): Das rasende Gefasel der Gegenaufklärung. Dietmar Kamper als Symptom. In: Merkur 39 (1985), S. 211-220.

Klaus Laermann (1986 a): Lacancan und Derridada. Über die Frankolatrie in den Kulturwissenschaften. In: Kursbuch 84 (1986), S. 34-43.

Daniel Lagache (1967 a): Einleitung. In: Jean Laplanche und Jean-Baptiste Pontalis: Das Vokabular der Psychoanalyse. Aus dem Französischen von Emma Moersch. Frankfurt a.M.: Suhrkamp 1972, S. 7-10.

Jacques Lagrange (1987 a): Lesarten der Psychoanalyse im Foucaultschen Text. In: Foucault und die Psychoanalyse. Zur Geschichte einer Auseinandersetzung. Herausgegeben von Marcelo Marques. Tübingen: Kimmerle 1990, S. 11-74.

Julien Offray de La Mettrie (1749 a): Der Mensch eine Maschine. Aus dem Französischen von Theodor Lücke. Mit einem Nachwort von Holm Tetens. Stuttgart: Reclam 2001.

Jean Laplanche und Jean-Baptiste Pontalis (1964 a): Fantasme originaire des origines et origine du fantasme. In: Les Temps Modernes 215 (1964), S. 1844-1846

Jean Laplanche und Jean-Baptiste Pontalis (1972 a): Das Vokabular der Psychoanalyse. Aus dem Französischen von Eva Moldenhauer. Frankfurt a.M.: Suhrkamp 1972.

Jörg Lau (2005 a): Der Meisterdenker und der Ajatollah. Michel Foucaults iranisches Abenteuer. In: Merkur 671 (2005), S. 207-218.

Gérard Lebrun (1988 a): Zur Phänomenologie in der »Ordnung der Dinge«. In: Spiele der Wahrheit. Michel Foucaults Denken. Herausgegeben von François Ewald und Bernhard Waldenfels. Frankfurt a.M.: Suhrkamp 1991, S. 15-38.

Michel Leiris (1939 a): Mannesalter. Aus dem Französischen von Helmut Scheffel. Neuwied: Luchterhand 1963.

Michel Leiris (1946 a): De la littérature considérée comme une tauromachie. Paris: Gallimard 1946.

Michel Leiris (1948 a): Streichungen. Die Spielregel Band 1. Aus dem Französischen von Helmut Scheffel. München: Matthes & Seitz 1982.

Michel Leiris (1988 a): Roussel l'ingénu. Paris: Gallimard 1988.

Thomas Lemke (1995 a): Der Eisberg der Politik. Foucault und das Problem der Regierung. In: kultuRRevolution 31 (1995), S. 31-41.

Thomas Lemke (1995 b): Foucault auf der Streckbank. Eine Mischung aus Anekdoten und Exegese: James Millers gewaltige Biographie des französischen Philosophen. In: Frankfurter Rundschau, 11. 10. 1995.

Thomas Lemke (1996 a): Das Michel Foucault-Zentrum in Paris. In: Information Philosophie 145/146 (1996), S. 5.

Thomas Lemke (1997 a): Eine Kritik der politischen Vernunft. Foucaults Analyse der modernen Gouvernementalität. Berlin und Hamburg: Argument 1997.

Thomas Lemke (1999 a): Antwort auf eine Frage. Ist Foucaults Geschichte der Wahrheit eine wahre Geschichte? In: Das Wuchern der Diskurse. Perspektiven der Diskursanalyse Foucaults. Herausgegeben von Hannelore Bublitz und anderen. Frankfurt a.M. und New York: Campus 1999, S. 177-193.

Thomas Lemke (2000 a): Die Regierung der Risiken. Von der Eugenik zur genetischen Gouvernementalität. In: Gouvernementalität der Gegenwart. Studien zur Ökonomisierung des Sozialen. Herausgegeben von Ulrich Bröckling, Susanne Krasmann und Thomas Lemke. Frankfurt a.M.: Suhrkamp 2000, S. 227-264.

Thomas Lemke (2000 b): Neoliberalismus, Staat und Selbsttechnologien. Ein kritischer Überblick über die »gouvernementality studies«. In: Politische Vierteljahresschrift 1 (2000), S. 31-47.

Thomas Lemke (2001 a): Gouvernementalität. In: Michel Foucault. Eine Einführung in sein Denken. Herausgegeben von Markus S. Kleiner. Frankfurt a.M. und New York: Campus 2001, S. 108-122.

Thomas Lemke (2001 b): Freiheit ist die Bedingung der Freiheit. Michel Foucault und die Menschenrechte. In: Vorgänge. Zeitschrift für Bürgerrechte und Gesellschaftspolitik 3 (2001), S. 270-276.

Thomas Lemke (2001 b): Andere Affirmationen. Gesellschaftsanalyse und Kritik im Postfordismus. In: Michel Foucault. Zwischenbilanz einer Rezeption. Frankfurter Foucault-Konferenz 2001. Herausgegeben von Axel Honneth und Martin Saar. Frankfurt a.M.: Suhrkamp 2003, S. 259-274.

Thomas Lemke (2003 a): Rechtssubjekt und Biomasse? Reflexionen zum Verhältnis von Rassismus und Exklusion. In: Biopolitik und Rassismus. Herausgegeben von Martin Stingelin. Frankfurt a.M.: Suhrkamp 2003, S. 160-183.

Thomas Lemke (2004 a): Räume der Regierung. Kunst und Kritik der Menschenführung. In: Foucault und die Künste. Herausgegeben von Peter Gente. Frankfurt a.M.: Suhrkamp 2004, S. 162-180.

Thomas Lemke (2004 b): Die politische Ökonomie des Lebens. Biopolitik und Rassismus bei Michel Foucault und Giorgio Agamben. In: Disziplinen des Lebens. Zwischen Anthropologie, Literatur und Politik. Herausgegeben von Ulrich Bröckling und anderen. Tübingen: Niemeyer 2004, S. 257-274.

Thomas Lemke (2005 a): Geschichte und Erfahrung. Michel Foucault und die Spuren der Macht. In: Michel Foucault: Analytik der Macht. Herausgegeben von Daniel Defert und François Ewald unter Mitarbeit von Jacques Lagrange. Frankfurt a.M.: Suhrkamp 2005, S. 319-348.

Thomas Lemke (2006 a): Gouvernementalität und Biopolitik. Wiesbaden: Verlag für Sozialwissenschaften 2006.

Thomas Lemke (2007 a): Eine unverdauliche Mahlzeit? Staatlichkeit, Wissen und die Analytik der Regierung. In: Michel Foucaults »Geschichte der Gouvernementalität« in den Sozialwissenschaften. Internationale Beiträge. Herausgegeben von Susanne Krasmann und Michael Volkmer. Bielefeld: transcript 2007, S. 47-73.

Thomas Lemke (2007 b): Die Macht und das Leben. Foucaults Begriff der »Biopolitik« in den Sozialwissenschaften. In: Foucault in den Kulturwissenschaften. Eine Bestandsaufnahme. Herausgegeben von Clemens Kammler und Rolf Parr. Heidelberg: Synchron 2007, S. 135-155

Thomas Lemke (2007 c): Biopolitik zur Einführung. Hamburg: Junius 2007.

Jacques Le Rider (1997 a): Nietzsche in Frankreich. Aus dem Französischen von Joseph Vogl. München: Fink 1997.

Claude Lévi-Strauss (1949 a): Die elementaren Strukturen der Verwandtschaft. Aus dem Französischen von Eva Moldenhauer. Frankfurt a.M.: Suhrkamp 1981.

Claude Lévi-Strauss (1955 a): Traurige Tropen. Aus dem Französischen von Eva Moldenhauer. Frankfurt a.M.: Suhrkamp 1978.

Claude Lévi-Strauss (1958 a): Strukturale Anthropologie I. Aus dem Französischen von Hans Naumann. Frankfurt a.M.: Suhrkamp 1967.

Claude Lévi-Strauss (1962 a): Das wilde Denken. Aus dem Französischen von Hans Naumann. Frankfurt a.M.: Suhrkamp 1968.

Claude Lévi-Strauss (1973 a): Strukturale Anthropologie II. Aus dem Französischen von Eva Moldenhauer, Hans-Henning Ritter und Traugott König. Frankfurt a.M.: Suhrkamp 1975.

Bernard-Henri Lévy (2000 a): Sartre. Der Philosoph des 20. Jahrhunderts. Aus dem Französischen von Petra Willim. München und Wien: Hanser 2002.

Jürgen Link (1983 a): Elementare Literatur und generative Diskursanalyse. München: Fink 1983.

Jürgen Link (1985 a): Warum Foucault aufhörte, Symbole zu analysieren. Mutmaßungen über »Ideologie« und »Interdiskurs«. In: Anschlüsse. Versuche nach Foucault. Herausgegeben von Gesa Dane. Tübingen: Diskord 1985, S. 105-114.

Jürgen Link (1988 a): Literaturanalyse als Interdiskursanalyse. Am Beispiel des Ursprungs literarischer Symbolik in der Kollektivsymbolik. In: Diskurstheorien und Literaturwissenschaft. Herausgegeben von Jürgen Fohrmann und Harald Müller. Frankfurt a.M.: Suhrkamp 1988, S. 284-307.

Jürgen Link (1996 a): Versuch über den Normalismus. Wie Normalität produziert wird. Göttingen: Vandenhoeck & Ruprecht 2006. [3. ergänzte, überarbeitete und neu gestaltete Auflage.]

Jürgen Link (1998 a): Von der Macht der Norm zum flexiblen Normalismus. Überlegungen nach Foucault. In: Zeitgenössische französische Denker. Eine Bilanz. Freiburg: Alber 1998, S. 251-268.

Jürgen Link (1999 a): Was ist normal? Eine Bibliographie der Dokumente und Forschungsliteratur seit 1945. Zusammen mit Rolf Parr und Matthias Thiele. Oberhausen: Westdeutscher Verlag 1999.

Jürgen Link (2003 a): Normativität versus Normalität. Kulturelle Aspekte des guten Gewissens im Streit um die Gentechnik. In: Biopolitik und Rassismus. Herausgegeben von Martin Stingelin. Frankfurt a.M.: Suhrkamp 2003, S. 184-205.

Jürgen Link (2003 b): Wieweit sind (foucaultsche) Diskurs- und (luhmannsche) Systemtheorie kompatibel? Vorläufige Skizze einiger Analogien und Differenzen. In: kultuRRevolution 45/46 (2003), S. 58-62.

Jürgen Link (2003 c): Zum Anteil der Diskursanalyse an der Öffnung der Werke. Das Beispiel der Kollektivsymbolik. In: Literaturwissenschaft und Linguistik von 1960 bis heute. Herausgegeben von Ulrike Haß und Christoph König. Göttingen: Wallstein 2003, S. 189-198.

Jürgen Link (2007 a): Dispositiv und Interdiskurs. Mit Überlegungen zum »Dreieck« Foucault – Bourdieu – Luhmann. In: Foucault in den Kulturwissenschaften. Eine Bestandsaufnahme. Herausgegeben von Clemens Kammler und Rolf Parr. Heidelberg: Synchron 2007, S. 219-238.

Ursula Link-Heer (1998 a): Foucault und die Literatur. In: Zeitgenössische französische Denker. Eine Bilanz. Herausgegeben von Joseph Jurt. Freiburg: Alber 1998, S. 119-142.

Sylvère Lotringer (1980 a): Editorial. In: Knaben, die Männer lieben und Männer, die Knaben lieben. Herausgegeben von Sylvère Lotringer. Aus dem Englischen von Jürgen Peter Schirrmacher. Berlin: rosa Winkel 1981, S. III-V.

Sylvère Lotringer (1980 b): Gespräch mit Mark Moffett. In: Knaben, die Männer lieben und Männer, die Knaben lieben. Herausgegeben von Sylvère Lotringer. Aus dem Englischen von Jürgen Peter Schirrmacher. Berlin: rosa Winkel 1981, S. XIX-XXIV.

Jenny Lüders (2007 a): Ambivalente Selbstpraktiken. Eine Foucault'sche Perspektive auf Bildungsprozesse in Weblogs. Bielefeld: transcript 2007.

Pierre Macherey (1988 a): Foucault: Ethik und Subjektivität. In: Denken und Existenz bei Michel Foucault. Herausgegeben von Wilhelm Schmid. Aus dem Französischen von Wilhelm Miklenitsch. Frankfurt a.M.: Suhrkamp 1991, S. 181-196.

Pierre Macherey (1988 b): Für eine Naturgeschichte der Normen. In: Spiele der Wahrheit. Michel Foucaults Denken. Herausgegeben von François Ewald und Bernhard Waldenfels. Aus dem Französischen von Hans-Dieter Gondek. Frankfurt a.M.: Suhrkamp 1991, S. 171-192.

David Macey (1993 a): The Lives of Michel Foucault. London: Hutchinson 1993.

Angelika Magiros (1995 a): Foucaults Beitrag zur Rassismustheorie. Hamburg: Argument 1995.

Stéphane Mallarmé (1966 a): Ein Würfelwurf. Aus dem Französischen von Marie-Louise Erlenmayer. Olten und Freiburg: Walter 1966.

Stéphane Mallarmé (1983 a): Poésies. Œuvres complètes I. Historisch-kritische Ausgabe. Herausgegeben von C. P. Barbier und Charles Gordon Millan. Paris: Flammarion 1983.

Stéphane Mallarmé (1992 a): Sämtliche Dichtungen. Aus dem Französischen von Carl Fischer und Rolf Stabel. München und Wien: Hanser 1992.

Stéphane Mallarme (1998 a): Kritische Schriften. Aus dem Französischen von Joachim Hübner und Lothar Klünner. Gerlingen: Schneider 1998.

Urs Marti (1988 a): Michel Foucault. München: Beck 1999. [2., überarbeitete Auflage.]

Karl Marx (1844 a): Zur Kritik der Hegelschen Rechtsphilosophie. In: Karl Marx und Friedrich Engels: Werke. Band 1. Berlin: Dietz 1988, S. 378-391.

Karl Marx (1844 b): Ökonomisch-philosophische Manuskripte. In: Karl Marx und Friedrich Engels: Werke. Band 40. Berlin: Dietz 1994, S. 465-588.

Karl Marx (1845 a): Thesen über Feuerbach. In: Karl Marx und Friedrich Engels: Werke. Band 3. Berlin: Dietz 1983, S. 5-7.

Karl Marx (1846 a): Die deutsche Ideologie. Kritik der neuesten deutschen Philosophie in ihren Repräsentanten Feuerbach, B. Bauer und Stirner, und des deutschen Sozialismus in seinen verschiedenen Propheten. In: Karl Marx und Friedrich Engels: Werke. Band 3. Berlin: Dietz 1983.

Karl Marx (1848 a): Manifest der kommunistischen Partei. In: Karl Marx und Friedrich Engels: Werke. Band 4. Berlin: Dietz 1986, S. 459-493.

Karl Marx (1850 a): Das Kapital. Dritter Band: Berlin: Dietz 1965, S. 260.

Michael Maset (2002 a): Diskurs, Macht und Geschichte. Foucaults Analysetechniken und die historische Forschung. Frankfurt a.m. und New York: Campus 2002.

Michael Maset (2007 a): Foucault in der deutschen Geschichtswissenschaft. In: Foucault in den Kulturwissenschaften. Eine Bestandsaufnahme. Herausgegeben von Clemens Kammler und Rolf Parr. Heidelberg: Synchron 2007, S. 45-68.

Claude Mauriac (1976 a): Die Rue de la Goutte-d'Or. In: Denken und Existenz bei Michel Foucault. Herausgegeben von Wilhelm Schmid. Aus dem Französischen von Monika Noll. Frankfurt a.M.: Suhrkamp 1991, S. 91-115.

Claude Mauriac (1976 b): Le Temps immobile. Et comme l'espérance est violante. Paris: Grasset 1976.

Claude Mauriac (1977 a): Une certaine rage. Paris: Laffont 1977.

Claude Mauriac (1983 a): Die Hoffnung darf man nicht töten. In: Denken und Existenz bei Michel Foucault. Herausgegeben von Wilhelm Schmid. Aus dem Französischen von Monika Noll. Frankfurt a.M.: Suhrkamp 1991, S. 116-128.

Claude Mauriac (1985 a): Zeugnis. In: Michel Foucault. Eine Geschichte der Wahrheit. Aus dem Französischen von Gabriele Ricke und Ronald Voullié. München: Raben 1987, S. 64-71.

Pravu Mazumdar (1998 a): Über Foucault. Einleitung. In: Foucault. Ausgewählt und vorgestellt von Pravu Mazumdar. München: Diederichs 1998, S. 15-78.

Pravu Mazumdar (2004 a): Repräsentation und Aura. Zur Geburt des modernen Bildes bei Foucault und Benjamin. In: Foucault und die Künste. Herausgegeben von Peter Gente. Frankfurt a.M.: Suhrkamp 2004, S. 220-237.

Pravu Mazumdar (2008 a): Der archäologische Zirkel. Zur Ontologie der Sprache in Michel Foucaults Geschichte des Wissens. Bielefeld: transcript 2008.

Martina Meister (1990 a): Die Sprache, die nichts sagt und die nie schweigt. Literatur als Übertretung. In: Ethos der Moderne. Foucaults Kritik der Aufklärung. Herausgegeben von Eva Erdmann, Rainer Forst und Axel Honneth. Frankfurt a.M. und New York: Campus 1990, S. 235-259.

Christoph Menke (1990 a): Zur Kritik der hermeneutischen Utopie. Habermas und Foucault. In: Ethos der Moderne. Foucaults Kritik der Aufklärung. Herausgegeben von Eva Erdmann, Rainer Forst und Axel Honneth. Frankfurt a.M. und New York: Campus 1990, S. 101-129.

Christoph Menke (1994 a): Für eine Politik der Dekonstruktion. Jacques Derrida über Recht und Gerechtigkeit. In: Gewalt und Gerechtigkeit. Derrida – Benjamin. Herausgegeben von Anselm Haverkamp. Frankfurt a.M.: Suhrkamp 1994, S. 279-287.

Christoph Menke (2001 a): Zweierlei Übung. Zum Verhältnis von sozialer Disziplinierung und ästhetischer Existenz. In: Michel Foucault. Zwischenbilanz einer Rezeption. Frankfurter Foucault-Konferenz 2001. Herausgegeben von Axel Honneth und Martin Saar. Frankfurt a.M.: Suhrkamp 2003, S. 283-299.

Dieter Mersch (1999 a): Anders denken. In: Das Wuchern der Diskurse. Perspektiven der Diskursanalyse Foucaults. Herausgegeben von Hannelore Bublitz und anderen. Frankfurt a.M. und New York: Campus 1999, S. 162-176.

Detlev Meyer (1992 a): Nekrophiles Feuilleton. Hervé Guibert, Michel Foucault und AIDS im deutschen Literaturbetrieb. In: Neue Rundschau 1 (1992), S. 173-177.

Katrin Meyer (2008 a): Rationales Regieren. Michel Foucault, die Frankfurter Schule und die Dialektik der Gouvernementalität. In: Das Feld der Frankfurter Kultur- und Sozialwissenschaften. Herausgegeben von Richard Faber und Eva-Maria Ziege. Würzburg: Königshausen und Neumann 2008, S. 85-100.

Jacques-Alain Miller (1988 a): Michel Foucault und die Psychoanalyse. In: Spiele der Wahrheit. Michel Foucaults Denken. Herausgegeben von François Ewald und Bernhard Waldenfels. Aus dem Französischen von Hans-Dieter Gondek. Frankfurt a.M.: Suhrkamp 1991, S. 66-73.

James Miller (1993 a): Die Leidenschaft des Michel Foucault. Aus dem Amerikanischen von Michael Büsges. Unter Mitwirkung von Hubert Winkels. Köln: Kiepenheuer & Witsch 1995.

Maria Muhle (2008 a): Eine Genealogie der Biopolitik. Zum Begriff des Lebens bei Foucault und Canguilhem. Bielefeld: transcript 2008.

Friedrich Nietzsche (1873 a): Über Wahrheit und Lüge im außermoralischen Sinne. In: Ders., Kritische Studienausgabe. Herausgegeben von Giorgio Colli und Mazzino Montinari. Band 1. Berlin: de Gruyter 1988, S. 873-890.

Friedrich Nietzsche (1874 a): Vom Nutzen und Nachteil der Historie für das Leben. [Unzeitgemäße Betrachtung II.] In: Ders., Kritische Studienausgabe. Herausgegeben von Giorgio Colli und Mazzino Montinari. Band 1. Berlin: de Gruyter 1988, S. 243-334.

Friedrich Nietzsche (1874 b): Schopenhauer der Erzieher. [Unzeitgemäße Betrachtung III.] In: Ders., Kritische Studienausgabe. Herausgegeben von Giorgio Colli und Mazzino Montinari. Band 1. Berlin: de Gruyter 1988, S. 335-428.

Friedrich Nietzsche (1882 a): Die fröhliche Wissenschaft. In: Ders., Kritische Studienausgabe. Herausgegeben von Giorgio Colli und Mazzino Montinari. Band 3. Berlin: de Gruyter 1988, S. 343-651.

Friedrich Nietzsche (1883 a): Also sprach Zarathustra. In: Ders., Kritische Studienausgabe. Herausgegeben von Giorgio Colli und Mazzino Montinari. Band 4. Berlin: de Gruyter 1988, S. 9-408.

Friedrich Nietzsche (1886 a): Jenseits von Gut und Böse. In: Ders., Kritische Studienausgabe. Herausgegeben von Giorgio Colli und Mazzino Montinari. Band 5. Berlin: de Gruyter 1988, S. 9-243.

Friedrich Nietzsche (1886 b): Die Geburt der Tragödie. Aus dem Geiste der Musik. Versuch einer Selbstkritik. In: Ders., Kritische Studienausgabe. Herausgegeben von Giorgio Colli und Mazzino Montinari. Band 5. Berlin: de Gruyter 1988, S. 415-544.

Friedrich Nietzsche (1887 a): Zur Genealogie der Moral. In: Ders., Kritische Studienausgabe. Herausgegeben von Giorgio Colli und Mazzino Montinari. Band 5. Berlin: de Gruyter 1988, S. 245-412.

Friedrich Nietzsche (1888 a): Der Antichrist. In: Ders., Kritische Studienausgabe. Herausgegeben von Giorgio Colli und Mazzino Montinari. Band 6. Berlin: de Gruyter 1988, S. 165-254.

Friedrich Nietzsche (1888 b): Ecce Homo. In: Ders., Kritische Studienausgabe. Herausgegeben von Giorgio Colli und Mazzino Montinari. Band 6. Berlin: de Gruyter 1988, S. 255-321.

Friedrich Nietzsche (1888 c): Götzen-Dämmerung. In: Ders., Kritische Studienausgabe. Herausgegeben von Giorgio Colli und Mazzino Montinari. Band 6. Berlin: de Gruyter 1988, S. 55-162.

Francisco Ortega (1997 a): Michel Foucault. Rekonstruktion der Freundschaft. München: Fink 1997.

Holger Ostwald (2001 a): Foucault und Nietzsche. In: Michel Foucault. Eine Einführung in sein Denken. Herausgegeben von Markus S. Kleiner. Frankfurt a.m. und New York: Campus 2001, S. 205-223.

Michelle Perrot (1980 a): L'impossible prison. Paris: Seuil 1980.

Michelle Perrot (1986 a): Lektionen der Finsternis. Michel Foucault und das Gefängnis. In: Comparativ 5-6 (2003), S. 50-66. [Zuerst in Actes. Cahiers d'Action juridique 54 (1986).]

Detlef J. K. Peukert (1988 a): Die Unordnung der Dinge. Michel Foucault und die deutsche Geschichtswissenschaft. In: Spiele der Wahrheit. Michel Foucaults Denken. Herausgegeben von François Ewald und Bernhard Waldenfels. Frankfurt a.m.: Suhrkamp 1991, S. 320-333.

Jean Piel (1986 a): Foucault in Uppsala. In: Denken und Existenz bei Michel Foucault. Herausgegeben von Wilhelm Schmid. Aus dem Französischen von Wilhelm Miklenitsch. Frankfurt a.m.: Suhrkamp 1991, S. 51-55.

Maurice Pinguet (1986 a): Die Lehrjahre. In: Denken und Existenz bei Michel Foucault. Herausgegeben von Wilhelm Schmid. Aus dem Französischen von Wilhelm Miklenitsch. Frankfurt a.m.: Suhrkamp 1991, S. 41-50.

Andreas Platthaus (2004 a): Der Kniff, Deutschland das Reich vergessen zu lassen. Michel Foucault kannte alle Tricks aus der guten alten Zeit: In seinen Vorlesungen führt er sie vor. In: Frankfurter Allgemeine Zeitung, 26. 11. 2004.

Regine Prange (2001 a): Der Verrat der Bilder. Foucault über Magritte. Freiburg: Alber 2001.

Walter Privitera (1990 a): Stilprobleme. Zur Epistemologie Michel Foucaults. Frankfurt a.M. und New York: Campus 1990.

Dirk Quadflieg (2006 a): Das Sein der Sprache. Foucaults Archäologie der Moderne. Berlin: Parodos 2006.

Dirk Quadflieg (2006 b): Kultur als Kultur des Anderen. Jacques Derrida (1930-2004). Zusammen mit Stephan Moebius. In: Culture Club II. Klassiker der Kulturtheorie. Herausgegeben von Martin Ludwig Hofmann und anderen. Frankfurt a.M.: Suhrkamp 2006, S. 293-311.

Dirk Quadflieg (2007 a): Differenz und Raum. Zwischen Hegel, Wittgenstein und Derrida. Bielefeld: transcript 2007.

Qur'an (2001 a): Qurân Tajweed. Die annähernde Bedeutung in deutscher Sprache. Mit einem Verzeichnis der Themen des Koran. Aus dem Arabischen von Dar-El-Maarifa. Damaskus: Dar-El-Maarifa 2001.

Fritz J. Raddatz (1988 a): Ohne Ziel, ohne Programm. Von der Vernunft zur Revolution der Gleichgültigkeit. In: Die Zeit, 4. 3. 1988.

John Rajchman (1988 a): Foucault: Ethik und Werk. In: Spiele der Wahrheit. Michel Foucaults Denken. Herausgegeben von François Ewald und Bernhard Waldenfels. Aus dem Amerikanischen von Hans-Dieter Gondek. Frankfurt a.M.: Suhrkamp 1991, S. 207-218.

Jacques Rancière (1991 a): Die Namen der Geschichte. Versuch einer Poetik des Wissens. Aus dem Französischen von Richard Steurer. Frankfurt a.M.: S. Fischer 1994.

Jacques Rancière (1995 a): Das Unvernehmen. Philosophie und Politik. Aus dem Französischen von Richard Steurer. Frankfurt a.M.: Suhrkamp 2002.

Jan Rehmann (2004 a): Postmoderner Links-Nietzscheanismus. Deleuze und Foucault. Eine Dekonstruktion. Hamburg: Argument 2004.

Jan Rehmann (2008 a): Einführung in die Ideologietheorie. Hamburg: Argument 2008.

Jan Rehmann (2009 a): Wir müssen den Rechten den Freiheitsbegriff wegnehmen. Über Anforderungen an eine marxistische Ideologiekritik, die Notwendigkeit von Staatskritik und die Auseinandersetzung mit dem Neoliberalismus. Gespräch mit Jan Rehmann, geführt von Thomas Wagner. In: Junge Welt vom 3. und 4. 1. 2009, S. 1-2.

Judith Revel (2002 a): Le vocabulaire de Foucault. Paris: Galilee 2002.

Judith Revel (2004 a): Vertikales Denken. Eine Ethik der Differenz. In: Foucault und die Künste. Herausgegeben von Peter Gente. Frankfurt a.M.: Suhrkamp 2004, S. 23-42.

Judith Revel (2008 a): Dictionnaire Foucault. Paris: Galilee 2008.

Henning Ritter (1984 a): Normal/Normalität. In: Historisches Wörterbuch der Philosophie. Herausgegeben von Henning Ritter. Band 6. Basel: Francke 1984, S. 920-928.

Henning Ritter (2002 a): Hört mir auf mit dem Wort »Struktur«. Mit einzelgängerischer Energie: In seinen Interviews spricht Michel Foucault aus dem Exil falschen Wissens. In: Frankfurter Allgemeine Zeitung, 8. 10. 2002.

Tom Rockmore (1995 a): Heidegger und die französische Philosophie. Aus dem Amerikanischen und Französischen von Thomas Laugstien. Lüneburg: Klampen 2000.

Andrea Roedig (1997 a): Foucault und Sartre. Die Kritik des modernen Denkens. Freiburg und München: Alber 1997.

Markus Rölli (2003 a): Gilles Deleuze. Philosophie des transzendentalen Empirismus. Wien: Turia und Kant 2003.

Élisabeth Roudinesco (1993 a): Jacques Lacan. Bericht über ein Leben. Geschichte eines Denksystems. Aus dem Französischen von Hans-Dieter Gondek. Köln: Kiepenheuer & Witsch 1996.

Reiner Ruffing (2008 a): Michel Foucault. Paderborn: Fink 2008.

Michael Ruoff (2007 a): Foucault-Lexikon. Entwicklung – Kernbegriffe – Zusammenhänge. Paderborn: Fink 2007.

Matthias Rüb (1990 a): Das Subjekt und sein Anderes. In: Ethos der Moderne. Foucaults Kritik der Aufklärung. Herausgegeben von Eva Erdmann, Rainer Forst und Axel Honneth. Frankfurt a.M. und New York: Campus 1990, S. 187-201.

Martin Saar (2003 a): Nachwort. In: Michel Foucault: Die Wahrheit und die juristischen Formen. Aus dem Französischen von Michael Bischoff. Frankfurt a.M.: Suhrkamp 2003, S. 157-187.

Martin Saar (2005 a): Nachwort. In: Michel Foucault: Analytik der Macht. Herausgegeben von Daniel Defert und François Ewald unter Mitarbeit von Jacques Lagrange. Frankfurt a.M.: Suhrkamp 2005, S. 319-347.

Martin Saar (2007 a): Genealogie als Kritik. Geschichte und Theorie des Subjekts nach Nietzsche und Foucault. Frankfurt a.M. und New York: Campus 2007.

Martin Saar (2007 b): Macht, Staat, Subjektivität. Foucaults Geschichte der Gouvernementalität im Werkkontext. In: Michel Foucaults »Geschichte der Gouvernementalität« in den Sozialwissenschaften. Internationale Beiträge. Herausgegeben von Susanne Krasmann und Michael Volkmer. Bielefeld: transcript 2007, S. 23-45.

Martin Saar (2007 b): Nachwort. In: Michel Foucault: Ästhetik der Existenz. Schriften zur Lebenskunst. Herausgegeben von Daniel Defert und François Ewald unter Mitarbeit von Jacques Lagrange. Frankfurt a.M.: Suhrkamp 2007, S. 321-343.

Donatien Alphonse François Marquis de Sade (1987 a): Juliette oder die Wonnen des Lasters. Aus dem Französischen von Raoul Haller. Nördlingen: Greno 1987.

Donatien Alphonse François Marquis de Sade (1990 a): Justine und Juliette. Herausgegeben und aus dem Französischen übersetzt von Stefan Zweifel und Michael Pfister. München: Matthes & Seitz 1990.

Donatien Alphonse François Marquis de Sade (1999 a): Die 120 Tage von Sodom oder Die Schule der Ausschweifung. Aus dem Französischen übersetzt und mit einem Nachwort von Marion Luckow. München: Belleville 1999.

Philipp Sarasin (1998 a): Der öffentlich sichtbare Körper. Vom Spektakel der Anatomie zu den »curiosités physiologiques«. In: Physiologie und industrielle Gesellschaft. Studien zur Verwissenschaftlichung des Körpers im 19. und 20. Jahrhundert. Herausgegeben von Philipp Sarasin und Jacob Tanner. Frankfurt a.M.: Suhrkamp 1998, S. 419-452.

Philipp Sarasin (2001 a): Reizbare Maschinen. Eine Geschichte des Körpers 1765-1914. Frankfurt a.M.: Suhrkamp 2001.

Philipp Sarasin (2002 a): Foucault, Burckhardt, Nietzsche – und die Hygieniker. In: Geschichte schreiben mit Foucault. Herausgegeben von Jürgen Martschukat. Frankfurt a.M. und New York: Campus 2002, S. 195-218.

Philipp Sarasin (2003 a): Infizierte Körper, kontaminierte Sprachen. Metaphern als Gegenstand der Wissenschaftsgeschichte. In: Geschichtswissenschaft und Diskursanalyse. Herausgegeben von Philipp Sarasin. Frankfurt a.M.: Suhrkamp 2003, S. 191-230.

Philipp Sarasin (2002 a): Ich werde jetzt etwas ungeheuer Naives sagen. Aber daraus ist dann doch nichts geworden – und nun erweist sich der zweite Band der »Schriften«, der Michel Foucaults unruhiges Denken nach dem Mai 68 zeigt, als hochaktive Gedankenblitzanlage. In: Süddeutsche Zeitung, 9. 10. 2002.

Philipp Sarasin (2003 a): Vom Realen reden? Fragmente einer Körpergeschichte der Moderne. In: Ders.: Geschichtswissenschaft und Diskursanalyse. Frankfurt a.M.: Suhrkamp 2003, S. 122-149.

Philipp Sarasin (2003 b): Agamben – oder doch Foucault? Zu Giorgio Agamben: Homo Sacer. In: Deutsche Zeitschrift für Philosophie 51 (2003), S. 348-353.

Philipp Sarasin (2003 c): Zweierlei Rassismus? Die Selektion des Fremden als Problem in Michel Foucaults Verbindung von Biopolitik und Rassismus. In: Biopolitik und Rassismus. Herausgegeben von Martin Stingelin. Frankfurt a.M.: Suhrkamp 2003, S. 55-79.

Philipp Sarasin (2005 a): Michel Foucault zur Einführung. Hamburg: Junius 2005.

Philipp Sarasin (2006 a): Der Sex und das Symbolische. Zu Michel Foucaults Analyse der modernen Sexualität. In: Die Abwesenheit des Werkes. Nach Foucault. Herausgegeben von Klaus-Michael Bogdal und Achim Geisenhanslüke. Heidelberg: Synchron 2006, S. 111-128.

Philipp Sarasin (2006 b): Une analyse structurale du signifié? Zur Genealogie der Foucault'schen Diskursanalyse. In: Historische Diskursanalysen. Genealogie, Theorie, Anwendungen. Herausgegeben von Franz X. Eder. Wiesbaden: Verlag für Sozialwissenschaften 2006, S. 115-129.

Philipp Sarasin (2007 a): Diskurs. In: Grundkurs Geschichte. Herausgegeben von Hans-Jürgen Goertz. Reinbek: Rowohlt 2007, S. 199-217. [3., revidierte Auflage.]

Philipp Sarasin (2007 b): Unternehmer seiner selbst. Über Michel Foucaults Geschichte des Gouvernementalität, Band 1 und 2. In: Deutsche Zeitschrift für Philosophie 3 (2007), S. 473-479.

Philipp Sarasin (2008 a): Die Sprache des Fehlers. Foucault liest Canguilhem. In: Begriffsgeschichte der Naturwissenschaften. Zur historischen und kulturellen Dimension naturwissenschaftlicher Konzepte. Herausgegeben von Ernst Müller und Falko Schmieder. Berlin und New York: de Gruyter 2008.

Philipp Sarasin (2009 a): Darwin und Foucault. Genealogie und Geschichte im Zeitalter der Biologie. Frankfurt a.M.: Suhrkamp 2009.

Jean-Paul Sartre (1936 a): Die Imagination. In: Ders., Gesammelte Werke. Herausgegeben von Vincent von Wroblewsky. Philosophische Schriften 1. Aus dem Französischen von Hans Schöneberg. Reinbek: Rowohlt 1994.

Jean-Paul Sartre (1940 a): Das Imaginäre. In: Ders., Gesammelte Werke. Herausgegeben von Vincent von Wroblewsky. Philosophische Schriften 2. Aus dem Französischen von Hans Schöneberg. Reinbek: Rowohlt 1994.

Jean-Paul Sartre (1943 a): Das Sein und das Nichts. In: Ders., Gesammelte Werke. Herausgegeben von Vincent von Wroblewsky. Philosophische Schriften 3. Aus dem Französischen von Hans Schöneberg und Traugott König. Reinbek: Rowohlt 1994.

Jean-Paul Sartre (1945 a): Der Existentialismus ist ein Humanismus. In: Ders., Gesammelte Werke. Herausgegeben von Vincent von Wroblewsky. Philosophische Schriften 4. Aus dem Französischen von Hans Schöneberg. Reinbek: Rowohlt 1994.

Jean-Paul Sartre (1947 a): Was ist Literatur? In: Ders., Gesammelte Werke. Herausgegeben von Traugott König. Schriften zur Literatur 2. Aus dem Französischen von Traugott König. Reinbek: Rowohlt 1986.

Jean-Paul Sartre (1952 a): Saint Genet. In: Ders., Gesammelte Werke. Herausgegeben von Traugott König. Schriften zur Literatur 3. Aus dem Französischen von Ursula Dörrenbächer. Reinbek: Rowohlt 1986.

Jean-Paul Sartre (1957 a): Marxismus und Existentialismus. Versuch einer Methodik. Aus dem Französischen von Traugott König. Reinbek: Rowohlt 1964.

Jean-Paul Sartre (1960 a): Kritik der dialektischen Vernunft. Band I: Theorie der gesellschaftlichen Praxis. Aus dem Französischen von Traugott König. Reinbek: Rowohlt 1967.

Jean-Paul Sartre (1960 b): Was kann Literatur? In: Ders., Gesammelte Werke. Herausgegeben von Traugott König. Schriften zur Literatur 2. Aus dem Französischen von Traugott König. Reinbek: Rowohlt 1986.

Jean-Paul Sartre (1966 a): Jean-Paul Sartre répond. [Interview.] In: L'Arc 30 (1966), S. 87-96.

Jean-Paul Sartre (1979 a): Mallarmés Engagement. In: Ders., Gesammelte Werke. Herausgegeben von Traugott König. Schriften zur Literatur 4. Aus dem Französischen von Traugott König. Reinbek: Rowohlt 1986.

Jean-Paul Sartre (1983 a): Entwürfe für eine Moralphilosophie. Aus dem Französischen von Hans Schönberg und Vincent von Wroblewsky. Reinbek: Rowohlt 2005.

Ferdinand de Saussure (1916 a): Grundfragen der Allgemeinen Sprachwissenschaft. Herausgegeben von Charles Bally und Albert Sechehaye. Aus dem Französischen von Hermann Lommel. Berlin: de Gruyter 1967.

Ferdinand de Saussure (2003 a): Linguistik und Semiologie. Notizen aus dem Nachlass. Texte, Briefe und Dokumente. Herausgegeben von Johannes Fehr. Aus dem Französischen von Johannes Fehr. Frankfurt a.M.: Suhrkamp 2003.

Ferdinand de Saussure (2003 b): Wissenschaft als Sprache. Neue Texte aus dem Nachlass. Herausgegeben von Ludwig Jäger. Aus dem Französischen von Elisabeth Birk und Mareike Buss. Frankfurt a.M.: Suhrkamp 2003.

Thomas Schäfer (1990 a): Aufklärung und Kritik. Foucaults Geschichte des Denkens als Alternative zur »Dialektik der Aufklärung«. In: Ethos der Moderne. Foucaults Kritik der Aufklärung. Herausgegeben von Eva Erdmann, Rainer Forst und Axel Honneth. Frankfurt a.M. und New York: Campus 1990, S. 70-86.

Thomas Schäfer (1995 a): Reflektierte Vernunft. Michel Foucaults philosophisches Projekt einer antitotalitären Macht- und Wahrheitskritik. Frankfurt a.M.: Suhrkamp 1995.

Thomas Schäfer (2001 a): Ursprung eines Werkes. Michel Foucaults frühe »Schriften«. In: Die Zeit, 12. 12. 2001.

Thomas Schäfer (2002 a): Der Gefängnisphilosoph. Der zweite Band von Michel Foucaults »Schriften« zeigt ein Leben an den Grenzen der Macht. In: Die Zeit, 13. 12. 2002.

Renate Schlesier (1984 a): Humaniora. Eine Kolumne. In: Merkur 38 (1984), S. 817-823.

Johanna Schmeller (2009 a): Halten Sie mich für einen Anarchisten? Fünfundzwanzig Jahre nach seinem Tod ist der französische Philosoph Michel Foucault so präsent, wie er es im Leben gewesen war. In: Die Welt, 25. 6. 2009.

Wilhelm Schmid (1987 a): Die Geburt der Philosophie im Garten der Lüste. Michel Foucaults Archäologie des platonischen Eros. Frankfurt a.M.: Athenäum 1987.

Wilhelm Schmid (1990 a): Ethik und Aktualität. Zur Frage der Aufklärung bei Michel Foucault. In: Deutsche Zeitschrift für Philosophie 10 (1990), S. 903-911.

Wilhelm Schmid (1991 a): Auf der Suche nach einer neuen Lebenskunst. Die Frage nach dem Grund und die Neubegründung der Ethik bei Foucault. Frankfurt a.M.: Suhrkamp 1991.

Wilhelm Schmid (1991 b): Die Geburt der Geschichte. Historizistische und offene Geschichte bei Michel Foucault. In: Deutsche Zeitschrift für Philosophie 4 (1991), S. 366-375.

Wilhelm Schmid (1994 a): Lohnendes Spiel Leben. Ein Seminar mit Michel Foucault zur Sorge des Einzelnen um sich selbst. In: Der Tagesspiegel, 21. 8. 1994.

Wilhelm Schmid (1996 a): Wer war Michel Foucault. In: Michel Foucault: Der Mensch ist ein Erfahrungstier. Gespräch mit Ducio Trombadori. Frankfurt a.M.: Suhrkamp 1996, S. 6-22.

Wilhelm Schmid (1998 a): Philosophie als Lebenskunst. Eine Grundlegung. Frankfurt a.M.: Suhrkamp 1998.

Wilhelm Schmid (2004 a): Aus dem Leben ein Kunstwerk machen. Versuch über Kunst und Lebenskunst, ausgehend von Foucault. In: Foucault und die Künste. Herausgegeben von Peter Gente. Frankfurt a.M.: Suhrkamp 2004, S. 181-202.

Herbert Schnädelbach (1989 a): Das Gesicht im Sand. Foucault und der anthropologische Schlummer. In: Zwischenbetrachtungen. Im Prozeß der Aufklärung. Jürgen Habermas zum 60. Geburtstag. Herausgegeben von Axel Honneth, Thomas McCarthy, Claus Offe und Albrecht Wellmer. Frankfurt a.M.: Suhrkamp 1989, S. 231-261.

Ulrich Johannes Schneider (1988 a): Eine Philosophie der Kritik. Zur amerikanischen und französischen Rezeption Michel Foucaults. In: Zeitschrift für philosophische Forschung 42 (1988), S. 311-317.

Ulrich Johannes Schneider (1990 a): Die Vergangenheit des Geistes. Eine Archäologie der Philosophiegeschichte. Frankfurt a.M.: Suhrkamp 1990, S. 13-25.

Ulrich Johannes Schneider (1991 a): Foucault in Deutschland. Ein Literaturbericht. In: Allgemeine Zeitschrift für Philosophie 16 (1991), S. 71-86.

Ulrich Johannes Schneider (1995 a): Architekt des Denkraums. Vom »barocken« Haus zum wuchernden Rhizom: Zum Tod des französischen Philosophen Gilles Deleuze. In: Die Zeit, 10. 11. 1995.

Ulrich Johannes Schneider (1999 a): Foucault und die Aufklärung. In: Das achtzehnte Jahrhundert 1 (1999), S. 13-25.

Ulrich Johannes Schneider (2001 a): Foucault und Heidegger. In: Michel Foucault. Eine Einführung in sein Denken. Herausgegeben von Markus S. Kleiner. Frankfurt a.M. und New York: Campus 2001, S. 224-238.

Ulrich Johannes Schneider (2001 b): Wissensgeschichte, nicht Wissenschaftsgeschichte. In: Michel Foucault. Zwischenbilanz einer Rezeption. Frankfurter Foucault-Konferenz 2001. Herausgegeben von Axel Honneth und Martin Saar. Frankfurt a.M.: Suhrkamp 2003, S. 220-229.

Ulrich Johannes Schneider (2001 c): Kleine Schlachten der Differenz. Michel Foucault verlegt den Straßenkampf ins Denken: Die »Dits et Ecrits« [Band 1]. In: Berliner Zeitung, 9. 10. 2001.

Ulrich Johannes Schneider (2004 a): Michel Foucault. Darmstadt: Wissenschaftliche Buchgesellschaft 2004.

Ulrich Johannes Schneider (2004 b): Ordnung als Schema und als Operation. Die Bibliothek Herzog Augusts. In: Foucault und die Künste. Herausgegeben von Peter Gente. Frankfurt a.M.: Suhrkamp 2004, S. 315-338.

Ulrich Johannes Schneider (2007 a): Sartre und Foucault matching each other. What history meant for both of them. In: History and theory 46 (2007), S. 272-280.

Ulrich Johannes Schneider (2008 a): Michel Foucault. In: Klassiker der Philosophie. Herausgegeben von Ottfried Höffe. Band 2. München: Beck 2008, S. 311-322.

Hans-Martin Schönherr-Mann (2000 a): Politischer Liberalismus in der Postmoderne. Zivilgesellschaft, Individualisierung, Popkultur. München: Beck 2000.

Hans-Martin Schönherr-Mann (2005 a): Sartre. Philosophie als Lebensform. München: Beck 2005.

Hans-Martin Schönherr-Mann (2009 a): Der Übermensch als Lebenskünstlerin. Nietzsche, Foucault und die Ethik. Berlin: Matthes & Seitz 2009.

Franz Schuh (2001 a): Die Rückkehr der infamen Menschen. In: Die Zeit, 19. 7. 2001.

Sven Seebach und Robert Feustel (2008 a): Freiheit im Vollzug. Foucaults Vorlesungen von 1978/79. Eine Replik auf Philipp Sarasin. In: Deutsche Zeitschrift für Philosophie 1 (2008), S. 1532-1554.

Walter Seitter (1980 a): Ein Denken im Forschen. Zum Unternehmen einer Analytik bei Michel Foucault. In: Philosophisches Jahrbuch 87 (1980), S. 340-363.

Walter Seitter (1980 b): Von Husserl zu Goethe. In: Kodikas II/2 (1980), S. 35-72.

Walter Seitter (1983 a): Michel Foucault und die Malerei. In: Michel Foucault: Dies ist keine Pfeife. Frankfurt a.M., Berlin und Wien: Ullstein 1983, S. 61-68.

Walter Seitter (1985 a): Erkenntnispolitik. In: Anschlüsse. Versuche nach Foucault. Herausgegeben von Gesa Dane. Tübingen: Diskord 1985, S. 115-121.

Walter Seitter (1987 a): Eine Ethnologie unserer Kultur. Zum Raum- und Zeitprofil von Foucaults Werk. In: Spuren 27 (1987), S. 50-52.

Walter Seitter (1990 a): Michel Foucault: Von den Geisteswissenschaften zum Denken des Politischen. In: Deutsche Zeitschrift für Philosophie 7 (1990), S. 922-930.

Walter Seitter (1992 a): Nachwort. In: Ludwig Binswanger: Traum und Existenz. Aus dem Französischen von Walter Seitter. Mit einer Einleitung von Michel Foucault. Bern und Berlin: Gachnang und Springer 1992, S. 138-146.

Walter Seitter (2001 a): Politik der Wahrheit. In: Michel Foucault. Eine Einführung in sein Denken. Herausgegeben von Markus S. Kleiner. Frankfurt a.M. und New York: Campus 2001, S. 153-169.

Walter Seitter (2001 b): Nachwort. Michel Foucault: Das Leben des infamen Menschen. Aus dem Französischen von Walter Seitter. Berlin: Merve 2001, S. 45-53.

Walter Seitter (2004 a): Kriegskunst, Friedenskunst. Eine Problematik in Foucaults »Geschichtskunst«. In: Foucault und die Künste. Herausgegeben von Peter Gente. Frankfurt a.M.: Suhrkamp 2004, S. 148-161.

Michel Sennelart (2004 a): Situierung der Vorlesungen. In: Michel Foucault: Geschichte der Gouvernementalität II. Die Geburt der Biopolitik. Vorlesungen am Collège de France 1978-1979. Herausgegeben von Michel Sennelart. Aus dem Französischen von Jürgen Schröder. Frankfurt a.M.: Suhrkamp 2004, S. 445-489.

Michel Serres (1969 a): Hermes I. Die Kommunikation. Herausgegeben von Günther Rösch. Aus dem Französischen von Michael Bischoff. Berlin: Merve 1991.

Michel Serres (1972 a): Hermes II. Die Interferenz. Herausgegeben von Günther Rösch. Aus dem Französischen von Michael Bischoff. Berlin: Merve 1992.

Michel Serres (1975 a): Ethétiques. Sur Carpaccio. Paris: Gallimard 1975.

Michel Serres (1993 a): Die fünf Sinne. Aus dem Französischen von Eva Moldenhauer. Frankfurt a.m.: Suhrkamp 1993.

Peter Sloterdijk (1972 a): Michel Foucaults strukturale Theorie der Geschichte. In: Philosophisches Jahrbuch 79 (1972), S. 161-185.

Peter Sloterdijk (1986 a): Der Denker auf der Bühne. Nietzsches Materialismus. Frankfurt a.m.: Suhrkamp 1986.

Peter Sloterdijk (1993 a): Weltfremdheit. Frankfurt a.m.: Suhrkamp 1993.

Peter Sloterdijk (1998 a): Vorbemerkung. In: Foucault. Ausgewählt und vorgestellt von Pravu Mazumdar. München: Diederichs 1998, S. 9-13.

Peter Sloterdijk (1999 a): Regeln für den Menschenpark. Ein Antwortschreiben zu Heideggers Brief über den Humanismus. Frankfurt a.m.: Suhrkamp 1999.

Peter Sloterdijk (2000 a): Die Verachtung der Massen. Versuch über Kulturkämpfe in der modernen Gesellschaft. Frankfurt a.m.: Suhrkamp 2000.

Peter Sloterdijk (2001 a): Die Sonne und der Tod. Dialogische Untersuchungen. Zusammen mit Hans-Jürgen Heinrichs. Frankfurt a.m.: Suhrkamp 2001.

Peter Sloterdijk (2001 b): Nicht gerettet. Versuche nach Heidegger. Frankfurt a.m.: Suhrkamp 2001.

Peter Sloterdijk (2005 a): Im Weltinnenraum des Kapitals. Für eine philosophische Theorie der Globalisierung. Frankfurt a.m.: Suhrkamp 2005.

Peter Sloterdijk (2006 a): Zorn und Zeit. Politisch-psychologischer Versuch. Frankfurt a.m.: Suhrkamp 2006.

Peter Sloterdijk (2007 a): Derrida ein Ägypter. Über das Problem der Pyramide. Frankfurt a.m.: Suhrkamp 2007.

Hans Sluga (1986 a): Foucault in Berkeley. Der Autor und der Diskurs. In: Denken und Existenz bei Michel Foucault. Herausgegeben von Wilhelm Schmid. Aus dem Französischen von Wilhelm Miklenitsch. Frankfurt a.m.: Suhrkamp 1991, S. 260-277.

Urs Stäheli (2000 a): Poststrukturalistische Theorien. Bielefeld: transcript 2000.

Urs Stäheli (2001 a): Foucault – ein Theoretiker der Moderne. In: Theorien der Gesellschaft. Einführung in zentrale Paradigmen der soziologischen Gegenwartsanalyse. Herausgegeben von Claudia Stark und Christiane Lahusen. München: Oldenbourg 2001, S. 237-265.

Urs Stäheli (2004 a): Semantik und/oder Diskurs? Updating Luhmann mit Foucault? In: kultuRRevolution 47 (2004), S. 14-19.

Martin Stingelin (1994 a): Naturtrieb gegen gute Sitten. Psychiatrie und Rechtsgeschichte. In: Frankfurter Allgemeine Zeitung, 19. 10. 1994.

Martin Stingelin (2000 a): Das Netzwerk von Deleuze. Immanenz im Internet und auf Video. Berlin: Merve 2000.

Martin Stingelin (2000 b): Psychiatrisches Wissen, juristische Macht und literarisches Selbstverständnis. Daniel Paul Schrebers Denkwürdigkeiten eines

Nervenkranken im Licht von Michel Foucaults Geschichte des Wahnsinns. In: Scientia Poetica. Jahrbuch für Geschichte der Literatur und der Wissenschaften 4 (2000), S. 131-164.

Martin Stingelin (2000 c): Der Medizinmann hat heilende Wörter. Kein Dr. Klarsicht: Gilles Deleuze verschafft dem Leser Rauschzustände. In: Frankfurter Allgemeine Zeitung, 17. 10. 2000.

Martin Stingelin (2003 a): Nachwort. In: Michel Foucault: Schriften zur Literatur. Herausgegeben von Daniel Defert und François Ewald unter Mitarbeit von Jacques Lagrange. Frankfurt a.M.: Suhrkamp 2003, S. 371-400.

Martin Stingelin (2003 b): Einleitung: Biopolitik und Rassismus. Was leben soll und was sterben muss. In: Biopolitik und Rassismus. Herausgegeben von Martin Stingelin. Frankfurt a.M.: Suhrkamp 2003, S. 7-26.

Martin Stingelin (2007 a): Deleuze, Bartleby und Wakefield, Spinoza. In: Deleuze und die Künste. Herausgegeben von Peter Gente und Peter Weibel. Frankfurt a.M.: Suhrkamp 2007, S. 95-105.

Ann Laura Stoler (2002 a): Foucaults Geschichte der Sexualität und die koloniale Ordnung der Dinge. In: Jenseits des Ethnozentrismus. Postkoloniale Perspektiven in den Geschichts- und Kulturwissenschaften. Herausgegeben von Sebastian Conrad und Shalini Randeria. Frankfurt a.M. und New York: Campus 2002, S. 313-334.

Jean-Yves Tadié (2008 a): Marcel Proust. Biographie. Aus dem Französischen von Max Looser. Frankfurt a.M.: Suhrkamp 2008.

Bernhard H. F. Taureck (1988 a): Französische Philosophie im 20. Jahrhundert. Analysen, Texte, Kommentare. Reinbek: Rowohlt 1988.

Bernhard H. F. Taureck (1991 a): Nietzsches Alternativen zum Nihilismus. Reinbek: Rowohlt 1991.

Bernhard H. F. Taureck (1992 a): Psychoanalyse und Philosophie. Lacan in der Diskussion. Frankfurt a.M.: S. Fischer 1992.

Bernhard H. F. Taureck (1997 a): Michel Foucault. Reinbek: Rowohlt 1997.

Bernhard H. F. Taureck (2002 a): Foucault im Kontext der französischen Philosophie. In: Das Foucaultsche Labyrinth. Eine Einführung. Herausgegeben von Marvin Chlada und Gerd Dembrowski. Aschaffenburg: Alibri 2002.

Henning Teschke (2008 a): Sprünge der Differenz. Literatur und Philosophie bei Deleuze. Berlin: Matthes & Seitz 2008.

Gerhard Unterthurner (2007 a): Foucaults Archäologie und Kritik der Erfahrung. Wahnsinn – Literatur – Phänomenologie. Wien: Passagen 2007.

Pierre Verstraeten (1988 a): Sartre und Foucault. In: Sartre. Ein Kongress. Herausgegeben von Traugott König. Reinbek: Rowohlt 1988, S. 334-364.

Paul Veyne (1971 a): Geschichtsschreibung – und was sie nicht ist? Aus dem Französischen von Gustav Roßler. Frankfurt a.M.: Suhrkamp 1990.

Paul Veyne (1976 a): Brot und Spiele. Gesellschaftliche Macht und politische Herrschaft in der Antike. Aus dem Französischen von Gustav Roßler. Frankfurt a.m.: Suhrkamp 1990.

Paul Veyne (1978 a): Foucault: Die Revolutionierung der Geschichte. Aus dem Französischen von Gustav Roßler. Frankfurt a.m.: Suhrkamp 1992.

Paul Veyne (1981 a): Der Eisberg der Geschichte. Foucault revolutioniert die Historie. Berlin: Merve 1981.

Paul Veyne (1986 a): Ideologie nach Marx und Ideologie nach Nietzsche. In: Ders., Aus der Geschichte. Berlin: Merve 1986, S. 77-110.

Paul Veyne (1988 a): Foucault und die Überwindung (oder Vollendung) des Nihilismus. In: Spiele der Wahrheit. Michel Foucaults Denken. Herausgegeben von François Ewald und Bernhard Waldenfels. Aus dem Französischen von Hans-Dieter Gondek. Frankfurt a.m.: Suhrkamp 1991, S. 334-338.

Paul Veyne (1990 a): René Char et ses poèmes. Paris: Albin Michel 1990.

Paul Veyne (1991 a): Der späte Foucault und seine Moral. In: Denken und Existenz bei Michel Foucault. Herausgegeben von Wilhelm Schmid. Aus dem Französischen von Wilhelm Miklenitsch. Frankfurt a.m.: Suhrkamp 1991, S. 208-219.

Paul Veyne (2001 a): Michel Foucaults Denken. In: Michel Foucault. Zwischenbilanz einer Rezeption. Frankfurter Foucault-Konferenz 2001. Herausgegeben von Axel Honneth und Martin Saar. Frankfurt a.m.: Suhrkamp 2003, S. 27-51.

Paul Veyne (2008 a): Foucault. Sa pensée, sa personne. Paris: Albin Michel 2008.

Paul Veyne (2009 a): Foucault. Der Philosoph als Samurai. Aus dem Französischen von Ursula Blank-Sangmeister und Anna Raupach. Stuttgart: Reclam 2009.

Rudi Visker (1988 a): Foucaults Anführungszeichen. Eine Gegenwissenschaft? In: Spiele der Wahrheit. Michel Foucaults Denken. Herausgegeben von François Ewald und Bernhard Waldenfels. Frankfurt a.m.: Suhrkamp 1991, S. 298-319.

Rudi Visker (1991 a): Michel Foucault. Genealogie als Kritik. München: Fink 1991.

Joseph Vogl (1988 a): Mimesis und Verdacht. Skizze zu einer Poetologie des Wissens nach Foucault. In: Spiele der Wahrheit. Michel Foucaults Denken. Herausgegeben von François Ewald und Bernhard Waldenfels. Frankfurt a.m.: Suhrkamp 1991, S. 193-204.

Bernhard Waldenfels (1983 a): Daseinsanalyse und Psychoanalyse. Präsenz und Absenz. In: Ders., Phänomenologie in Frankreich. Frankfurt a.m.: Suhrkamp 1983, S. 441-476.

Bernhard Waldenfels (1986 a): Verstreute Vernunft. Zur Philosophie von Michel Foucault. In: Phänomenologische Forschung 18 (1986), S. 30-50.

Bernhard Waldenfels (1988 a): Ordnung in Diskursen. In: Spiele der Wahrheit. Michel Foucaults Denken. Herausgegeben von François Ewald und Bernhard Waldenfels. Frankfurt a.m.: Suhrkamp 1991, S. 277-297.

Bernhard Waldenfels (1994 a): Frage und Antwort im Rahmen von Diskursen. Foucault und Lyotard. In: Ders., Antwortregister. Frankfurt a.m.: Suhrkamp 1994, S. 137-149.

Bernhard Waldenfels (1995 a): Auskehr des Denkens. In: Ders., Deutsch-französische Gedankengänge. Frankfurt a.m.: Suhrkamp 1995, S. 198-210.

Bernhard Waldenfels (2003 a): Kraftproben des Foucaultschen Denkens. In: Philosophische Rundschau 1 (2003), S. 1-26.

Ingo H. Warnke (2007 a): Diskurslinguistik nach Foucault. Dimensionen einer Sprachwissenschaft jenseits textueller Grenzen. In: Diskurslinguistik nach Foucault. Theorie und Gegenstände. Herausgegeben von Ingo H. Warnke. Berlin und New York: de Gruyter 2007, S. 3-24.

Peter Weibel (2004 a): Die Diskurse von Kunst und Macht: Foucault. In: Foucault und die Künste. Herausgegeben von Peter Gente. Frankfurt a.m.: Suhrkamp 2004, S. 141-147.

Wolfgang Welsch (1988 a): Präzision und Suggestion. Bemerkungen zu Stil und Wirkung eines Autors. In: Spiele der Wahrheit. Michel Foucaults Denken. Herausgegeben von François Ewald und Bernhard Waldenfels. Frankfurt a.m.: Suhrkamp 1991, S. 136-149.

Wolfgang Welsch (1998 a): Geschichte der Philosophie seit 1945. Semester I und II. Mülheim: Auditorium-Netzwerk 1998. [CD-Box.]

Niels Werber (2007 a): Die Geopolitik der Literatur. Eine Vermessung der medialen Weltraumordnung. München und Wien: Hanser 2007.

Markus Wolf (2003 a): Kritische Neubeschreibung. Michel Foucaults Beitrag zu einer kritischen Theorie sozialer Praxis. In: Dialektik 2 (2003), S. 27-50.

Peter V. Zima (2000 a): Ideologische Verdinglichung und »Normalisierung« des Subjekts. Von Foucault und Althusser zum Normalismus. In: Ders., Theorie des Subjekts. Subjektivität und Identität zwischen Moderne und Postmoderne. Tübingen und Basel: Francke 2000, S. 237-254.

Peter V. Zima (2006 a): Anwesenheit und Abwesenheit des Werks. Zu Foucaults Subjekt- und Werkbegriff. In: Die Abwesenheit des Werkes. Nach Foucault. Herausgegeben von Klaus-Michael Bogdal und Achim Geisenhanslüke. Heidelberg: Synchron 2006, S. 181-191.

Register